U0887279

理想国译丛序

“如果没有翻译”，批评家乔治 · 斯坦纳（George Steiner）曾写道，“我们无异于住在彼此沉默、言语不通的省份。”而作家安东尼 · 伯吉斯（Anthony Burgess）回应说，“翻译不仅仅是言词之事，它让整个文化变得可以理解。”

这两句话或许比任何复杂的阐述都更清晰地定义了理想国译丛的初衷。

自从严复与林琴南缔造中国近代翻译传统以来，译介就被两种趋势支配。

它是开放的，中国必须向外部学习，它又有某种封闭性，被一种强烈的功利主义所影响。严复期望赫伯特 · 斯宾塞、孟德斯鸠的思想能帮助中国获得富强之道，林琴南则希望茶花女的故事能改变国人的情感世界。他人的思想与故事，必须以我们期待的视角来呈现。

在很大程度上，这套译丛仍延续着这个传统。此刻的中国与一个世纪前不同，但她仍面临诸多崭新的挑战，我们迫切需要他人的经验来帮助我们应对难题，保持思想的开放性是面对复杂与高速变化的时代的唯一方案。但更重要的是，我们希望保持一种非功利的兴趣：对世界的丰富性、复杂性本身充满兴趣，真诚地渴望理解他人的经验。

理想国译丛主编

梁文道　刘瑜　熊培云　许知远

本译丛获理想国文化发展基金会赞助支持

[南非] 纳尔逊 · 曼德拉 著　　谭振学 译

漫漫自由路

曼德拉自传

NELSON MANDELA

LONG WALK TO FREEDOM

广西师范大学出版社
· 桂林 ·

LONG WALK TO FREEDOM
by Nelson Mandela
Copyright © 1994, 1995 by Nelson Rolihlahla Mandela
This edition published by arrangement with Little, Brown and Company, New York, New York, USA.
All rights reserved.
著作权合同登记图字：20-2010-224

图书在版编目(CIP)数据

漫漫自由路：曼德拉自传 / (南非) 曼德拉著；谭振学译. —3版.
—桂林：广西师范大学出版社，2014.9（2025.5 重印）

ISBN 978-7-5495-5490-4

Ⅰ. ①漫… Ⅱ. ①曼… ②谭… Ⅲ. ①曼德拉，N.（1918～2013）– 自传
Ⅳ. ①K834.787=5

中国版本图书馆CIP数据核字(2014)第117429号

本书中部分图片由CFP提供

广西师范大学出版社出版发行

广西桂林市五里店路9号　邮政编码：541004
网址：www.bbtpress.com

出 版 人：黄轩庄

全国新华书店经销

发行热线：010-64284815

山东临沂新华印刷物流集团有限责任公司

临沂高新技术产业开发区新华路　邮政编码：276017

开本：965mm × 635mm　1/16

印张：42　插页：16　字数：625千字　图片：30幅

2014年9月第3版　2025年5月第14次印刷

定价：128.00元（精装）

如发现印装质量问题，影响阅读，请与出版社发行部门联系调换。

导读

光辉岁月

熊培云

一切个人传记必然是“断章取义”的。这未必是坏事。曼德拉愿意以“Long Walk to Freedom”为主题来回溯自己的一生，既是为了在书面上为自己的人格赋予意义，也是在表明他对自由的态度——追求自由，是他生死以之的志业。

早先读《漫漫自由路》的时候，我也注意到网上有一些关于曼德拉的负面评价。比如他脑子里还有些列宁、斯大林式国家主义的东西，作为总统不懂市场经济，等等。批评者感叹曼德拉在破除南非种族隔离政策和促进族群和解方面光彩照人，其他细节却被世人有意无意地忽略了。

不过依我之见，上述细节即便是事实，历史也会将它们慢慢淡忘。世人乐于铭记的还是那个意义最大化的曼德拉。正如乔治·华盛顿虽然曾经有过不光彩的蓄奴经历，但这些并不影响美国人将他尊为国父。没有谁是完人，英雄、圣人、伟人都不是。你我肉身凡胎所能企及的“完人”高度，也不过是尽量做个能完成自己某一天命的人。前提是，你还要知道自己有何天命，因何而往。

或许每个人都有自己的天命，只是有的人并不知道自己有何天命，或虽知其天命，大多又都辜负了自己的天命。就后者而言，他们不是死在人生的结尾，而是死在人生的中途。曼德拉的幸运在于他很早就发现了自己的天命，并且坚持到了人生最后。此天命就在于让四分五裂的南非走向团结与自由。对于这样一个人物，了解他的优点远比缺点更重要，因为他的某些缺点已广泛地存在于同时代人物当中，而他在完成天命时所具有的良知、勇气在同时代却是屈指可数的。

《漫漫自由路》是一本关于南非黑人争取自由历程的书。在回忆自己的童年生活时，曼德拉曾谈到自己并非生来就渴望自由，因为他生下来就是自由的。那时候他可以在家里自由地奔跑，在村旁的小河里自由地游泳，在星光下自由地烤玉米，在牛背上自由地歌唱。这些都是符合人之本性的。但是随着年岁的增长，他发现生活中的不自由越来越多。换句话说，这种不自由感是从他的生活经验中慢慢生长出来的。而当他意识到“不仅我的自由被剥夺，像我一样的每个人的自由都被剥夺了”的时候，他开始担负自己的天命，开始从一个胆怯的青年变成了一个勇敢的青年，从一个遵纪守法的律师变成了一个“罪犯”，从一个热爱家庭的丈夫转变成了一个无家可归的人，从一个热爱生活的人转变成了一个“修道士”。

曼德拉的传奇主要集中在两段人生：一是为反对种族隔离而坐了二十七年牢，二是当选总统后致力于推动南非族群和解。这两段人生在本质上一以贯之，都是避免一个国家处在事实的分裂之中。作为新南非的领导者，曼德拉更希望建立起一套制度，使“一群人压迫另一群人”的悲剧永远不再发生，希望太阳永远照耀在“这个辉煌的人类成就之上”。

监禁，这一剥夺人类自由的刑罚，比起直接戕害身体的刑罚貌似进步。米歇尔·福柯将监禁视为精神的刑罚，其作用主要在于规训，在于摧毁人的意志。在此意义上，曼德拉又是幸运的。他不仅没有被驯服，反而在二十七年后破茧而出。

曾经关押过他十八年的罗本岛监狱如今早已列入“世界文化遗产”，并被人称为“曼德拉学校”。正是在那些漫长而寂寞的监禁岁月里，曼德拉更好地理解了自由和奴役。一方面，他从对自己的自由的渴望变成了对所有的、不论黑人或白人的自由的渴望；另一方面，正像被压迫者的亲身感受一样，压迫者必须得到解放，因为剥夺别人自由的人才是真正可恨的囚犯，他们被锁在幽暗人性的铁窗背后。两种解放所针对的，都是被束缚的人性。曼德拉洞悉人性中被遮蔽的光亮。他相信每个人的内心深处都存在着一定的仁慈和慷慨。他相信没有一个人由于他的肤色、背景或宗教而天生仇恨另一个人。既然恨是后天学来的，那么爱也一定可以通过后天学习获得，而且爱在人类的心中远比恨来得更自然。

获得自由的人，同样要经受自由的考验，才能真正拥有自由。对自由的理解让曼德拉变得宽宏大量，也更好地认识了自己的天命。“当我走出监狱的时候，解放被压迫者和压迫者双方就成了我的使命。有人说，这个使命已经完成了，但是我认为，情况并非如此。事实上，我们还没有自由，我们仅仅是获得了要自由的自由，获得了不被压迫的权利……获得自由不仅仅是摆脱自己身上的枷锁，而是尊重和增加别人的自由的一种生活方式。我们献身于自由的考验才刚刚开始。”

回想人类历史中的无数革命与苦难，这段话尤显意味深长。笔者相信，真正伟大的革命，不在于摆脱自己身上的枷锁，翻身做主人，而在于让这个国家从此不生产奴隶。

在《漫漫自由路》中，读者可以轻而易举地找到一些与曼德拉精神有关的词汇：勇敢、仁慈，以及心怀希望。这些品质也并非与生俱来。如其所述，“我知道，勇敢并不是不畏惧，而是战胜了畏惧。我记不清我自己有多少次感到畏惧，但是我把这种畏惧藏在了勇敢的面具后面。勇敢的人并不是感觉不到畏惧的人，而是征服了畏惧的人”。关于这一点，我读马丁·路德·金的传记时也深有体会。这是一种在恐惧面前让自己免于恐惧的自由。

曼德拉曾经在法庭上念完自己四个多小时的稿子后，静静等待死刑判决。但只要是活下来了，哪怕是在监狱里，也要积极生活——哲学意义上，我们谁又不是在狱中求存呢？在此，我愿意将他的狱中生活概括为“小处安身，大处立命”。

相信许多人都在曼德拉身上看到影片《肖申克的救赎》里主人公的影子：坚守心中的维度，不被监狱体制化，与恶周旋同时坚守底线，相信人性中的善。此外，力求从小处着手改变自己的生活。比如，曼德拉和狱友们不仅一度争取到了《经济学人》杂志，还给自己开辟了网球场。甚至，曼德拉还在罗本岛监狱为自己争取到了一块菜地。1982年，曼德拉被转移到波尔斯穆尔监狱后，有了更大的菜园，近900株植物让他变成了一个“菜农”。种植菜园成了曼德拉在狱中最愉快的消遣，也是他“逃避周围单调乏味的混凝土世界的一种方式”。这些植物的荣发生长除了给了他耐心和时间感，还有其他意义。而且，曼德拉很快注意到，当狱警吃了囚犯种的番茄后，举起皮鞭的手不再那么有力了。

历史上任何直接针对人性的改造都以失败告终，真正有希望的变革是将人性置于美好的关系（制度）之中，让人性之恶得到规避，人性之善得到弘扬。所以说，不是人坏，是关系（制度）坏。但这并不意味着在坏的关系（制度）彻底改变之前，人必定甘于束缚而无所作为。若真如此，新关系（制度）也必然无从建立。

曼德拉谙熟“小处安身”的道理，他很快意识到在任何囚犯的生活中，最重要的人物不是司法部部长、监狱管理局局长，甚至也不是监狱长，而是负责其监禁区的狱警。前者会以不合规定（制度）为由拒绝给你一条毯子，但走廊内的那位狱警可能会二话不说，立即到仓库里给你拿条毯子。这样的交往在曼德拉眼里意义非凡——狱警身上那些若隐若现的人性，虽然短暂无比，但作为人性永不熄灭的火种，却能给他无穷信心。另一方面，监狱里的这些“小处安身”，也是曼德拉“与敌人对话”的开始，所谓“设法教育所有的人，甚至包括我们的敌人”。

当然，上述权宜之计和细碎的希望并不能掩饰苦难本身，肩负天命者还必须于“大处立命”，融入时代的洪流。熟悉南非转型历史的人知道，南非最终能够平稳转型，仍决定于那是一个敌友双方都是英雄辈出的时代。这一合力，远非曼德拉一人所能完成。除了大主教图图、流亡律师奥比·萨克斯，更有白人政府时期的当政者德克勒克。人势已有，时势同样重要。如果没有东欧剧变，苏联无力支持非国大，一直拒绝对话的非国大能否与南非白人政府走向谈判桌？如果德克勒克是个铁血的独裁者，曼德拉又是否可以平安地走出监狱？

从这些方面说，曼德拉和南非是幸运的。1993年，放下权柄的德克勒克与走出监狱的曼德拉同时获颁诺贝尔和平奖，彰显转型时期当政者与反对派联手推进的积极意义。相较于曼德拉，许多人并不熟悉德克勒克也获过诺奖，大概是因为前者人生实在过于传奇，以至于闪现在德克勒克身上的人性的光辉被部分遮蔽了。对于德克勒克，图图大主教在《没有宽恕就没有未来》中有较为公允的评价——德克勒克当时的言行为他带来的巨大功绩，是无论如何都无法抹杀的。“如果他没有做出他已做的一切，我们就会历经许多人预测的、使南非在劫难逃的血腥屠杀。”当然，幸运同样给了德克勒克。如果德克勒克遇到的是个一心复仇，誓死让白人以血还血的人，他也可能无所作为。

2013 年 12 月 5 日，曼德拉在约翰内斯堡走完了他九十五年的人生历程。曾经有人问他，希望世人如何纪念他，他的回答是——“我希望在我的墓志铭上写一句话：埋葬在这里的是已经尽了自己职责的人”。

为自己尽责，在我看来就是“以己任为天下”，就是“以不负自己之天命而不负世界”。曼德拉的上述遗言让我想起刻在伦敦西敏寺地下无名墓碑上的文字：

> 当我年轻的时候，我的想象力从没有受到过限制，我梦想改变这个世界。
>
> 当我成熟以后，我发现我不能改变这个世界，我将目光缩短了些，决定只改变我的国家。
>
> 当我进入暮年后，我发现我不能改变我的国家，我的最后愿望仅仅是改变一下我的家庭。但是，这也不可能。
>
> 当我躺在床上，行将就木时，我突然意识到：如果一开始我仅仅去改变我自己，然后作为一个榜样，我可能改变我的家庭；在家人的帮助和鼓励下，我可能为国家做一些事情。然后谁知道呢？我甚至可能改变这个世界。

据说这是块改变了曼德拉一生的墓碑。几十年前，他因为看到这篇碑文而茅塞顿开，从此放弃了急功近利、以暴易暴的思维，努力于让自己成为亲友和同胞眼中的榜样。几十年后，他终于因为改变并坚持那个最好的自己而改变了他的国家。我不确定这段传闻是否属实，但我确定西敏寺已经在 2014 年 3 月宣布将为曼德拉安放纪念石，因为这位黑人的确改变了世界。

曼德拉是一个传说，他将以意义曼德拉的形式在世界流传。2013 年初，我在美国开始第二次为期一月的旅行。为更好地了解这个国家的非暴力抗争史，我横穿大陆，多次搭乘了夜间巴士赶往下一座小城。在那一次次漫长而孤独的旅程中，伴我最多的歌声是黄家驹为曼德拉出狱而写的《光辉岁月》。记得有个晚上，当大巴车穿行至一片雪地山林时，耳畔正好传来"今天只有残留的躯壳，迎接光辉岁月，风雨中抱紧自由"，一时竟至热泪盈眶。

一个来自东方的游子，在美国的风雪中怀想起远在非洲的曼德拉，这是一幅怎样穿透黑夜的人类精神交流图景？我们总是盼着自由来临的时候，将迎来光辉岁月，其实光辉岁月并非只在将来，更在我们承受并拒绝苦难之时。

2014 年 8 月 8 日，于东京大学访学期间

译 序

勇者曼德拉

谭振学

勇者曼德拉自传的创作本身就充满着传奇色彩。在狱友瓦尔特·西苏陆和凯西的建议下，曼德拉于 1975 年在罗本岛狱中开始撰写自己的回忆录。罗本岛监狱当局当时对以曼德拉为首的政治犯管理很严，撰写回忆录只能在秘密状态下进行。开始数周，曼德拉白天去石料厂劳动，晚上吃过晚饭后先睡一觉，然后从晚上 10 点钟开始在墙上撑起的简易书桌上伏案写作。后来，由于身体实在是吃不消，于是只好请病假不去石料厂劳动。监狱当局似乎对此并不介意。因此，曼德拉得以白天睡觉，夜间秘密地撰写回忆录。为了不让监狱当局发现，曼德拉及其狱友建立起了一条处理手稿的“流水线”。每天，曼德拉把写好的手稿设法交给凯西，凯西看过后再设法把手稿交给瓦尔特，瓦尔特看过后再交给拉鲁·奇巴。最后，由拉鲁·奇巴把手稿转换成微型速记稿。经过 4 个月的机智而辛勤的劳作，他们终于共同完成了回忆录的初稿。按照刑期，狱友麦克将于 1976 年出狱，因此将手稿带出罗本岛监狱的重任就落到了他的肩上。在麦克出狱之前，厚达 500 页的手稿必须妥善隐藏。为此，在狱友的帮助下，曼德拉把书稿分成三捆，分别用塑料布包好后埋在了院子内的角落里。不幸的是，后来其中的一捆被监狱当局无意中发现了。这给曼德拉及其狱友带来了不小的麻烦。

麦克于 1976 年 12 月份被释放。几经周折，麦克成功地把书稿带到了伦敦。在伦敦，麦克对书稿进行了整理，并设法将书稿打印成册。直到 1994 年，曼德拉就任南非总统之后，书稿才经过认真整理正式由英国 Little, Brown and Company 出版。该书一面世立即引起了轰动，很快成为全世界最畅销的书。1995 年该书由 Abacus（阿巴克斯）公司再次出版。此后，其印刷次数达到 27 次之多。

曼德拉出身于南非泰姆布贵族家庭。他的父亲既是泰姆布国王的参事，也是姆卫佐部落的酋长。曼德拉 9 岁时父亲就去世了。不久，泰姆布代理国王容欣塔巴收养了他。容欣塔巴对他非常好，像对待自己的亲生儿子一样对待他。在代理国王的监护下，曼德拉完成了初级和中级学业，并顺利地考取了福特黑尔大学。在学校里，曼德拉不但是一位好学上进的学生，而且也是一位满腔热情的社会活动积极分子。遗憾的是，由于曼德拉坚持原则，拒绝向学校当局低头，最终他不得不选择了中途辍学。

按照他的监护人对他的定向培养，曼德拉本来也可以像其父亲一样做泰姆布国王的参事。但是，为了逃避代理国王为他安排的婚姻，曼德拉毅然决然地与代理国王的儿子一起离家出走。他们两人几经周折来到约翰内斯堡，从而彻底改变了自己的命运。

在约翰内斯堡，曼德拉受尽了各种苦难和磨炼，先后干过金矿保安、律师事务所学徒、律师。在入不敷出的艰难困苦中，他边谋生边学习，依靠坚忍不拔的毅力，顺利通过了南非大学考试，拿到了福特黑尔大学毕业证。随后，他又考取了威特沃特斯兰德大学，获得了法学学士学位。这为他后来兴办律师事务所创造了条件，也为他从事反对白人专制和种族隔离政治奠定了坚实的基础。

在从事律师工作期间，曼德拉亲眼目睹了南非种族隔离制度的野蛮和黑暗。他义无反顾地投身于南非人民的解放事业，并为此献出了自己的一生。早在1944年，曼德拉参加了“非洲人国民大会”(简称非国大)，并参与组建了“非洲人国民大会青年团”。他先后担任过德兰士瓦省非洲人国民大会主席、南非非洲人国民大会第一副主席、南非非洲人国民大会主席。

1961年，曼德拉创建了非洲人国民大会的军事组织——民族长矛军(又译“民族之矛”)，从而结束了非洲人国民大会无法对南非独裁政府开展武装斗争的历史。为应对南非独裁政府要取缔非洲人国民大会组织，曼德拉起草了著名的“曼德拉方案”，简称“曼氏方案”。该方案在后来的斗争中发挥了重要作用。

曼德拉参与领导了一系列反对种族歧视、种族压迫和种族迫害的斗争。最著名的是“沙佩维尔反通行证法大示威”和“全国抗议日大罢工”。随着斗争的深入，南非白人独裁政府对曼德拉及其他非国大党人的迫害和镇压也逐步升级。曼德拉曾经多次被“禁止”(一种限制人身和言论自由的治安处罚)和逮捕：1953年被禁止参加集会2年；1956年被禁止参加政治活动5年；1962年8月被逮捕入狱，同年11月被判处5年监禁；1964年6月12日被判处终身监禁。曼德拉在监狱里度过了27个春秋，其中在罗本岛监狱里就被关押了18年。

即使是在极其艰难的监狱生活中，曼德拉也依然保持着高昂的斗志。他把监狱里的斗争看作整个南非反对种族歧视、种族压迫和种族迫害斗争的一部分，把监狱变成了与白人独裁政府作战的战场和学习的课堂。有人甚至把罗本岛监狱称作“曼德拉大学”。

长期恶劣的斗争和监禁生活并没有摧毁他的身躯和意志，反而使他政治上更加成熟，观察问题更加周全，人格魅力得到了升华。曼德拉的伟大人格和坚强意志甚至感动了监管他的狱警，后来他们彼此竟然成了朋友。这种非凡的人格魅力帮助曼德拉成为南非第一个黑人总统、世界上最受敬重的政治家。他的贡献已经超越了他的国土。因此，他当之无愧地荣获了许多世界级荣誉：1991 年，他与南非总统德克勒克一起获得了联合国教科文组织颁发的“乌弗埃－博瓦尼和平奖”；1993 年 7 月 4 日，曼德拉获得了美国克林顿总统授予的“费城自由勋章”；1993 年 10 月，曼德拉与德克勒克一起荣获“诺贝尔和平奖”；1998 年 9 月，曼德拉又获得了美国“国会金奖”，成为第一个获此奖项的非洲人；2000 年 8 月，南部非洲共同体授予他“卡马奖”；2005 年，曼德拉被联合国任命为“联合国亲善大使”。

作为一位当代伟人，曼德拉博大宽广的胸怀备受世人敬仰。2000 年，南非全国警察总署发生了这样一件严重的种族歧视事件：在总部大楼的一间办公室里，当工作人员开启电脑时，电脑屏幕上的曼德拉头像竟逐渐变成了“大猩猩”，全国警察总监和公安部长闻之勃然大怒，南非人民也因之义愤填膺。消息传到曼德拉的耳朵里，他反而非常平静，对这件事并不“过分在意”。他说：“我的尊严并不会因此而受到损害。”几天后，在参加南非地方选举投票时，当投票站的工作人员例行公事地看着曼德拉身份证上的照片与其本人对照时，曼德拉慈祥地一笑：“你看我像大猩猩吗？”逗得在场的人笑得合不拢嘴。此后不久，在南非东部农村地区一所新建学校的竣工典礼上，曼德拉不无幽默地对孩子们说：“看到你们有这样的好学校，连大猩猩都十分高兴。”话音刚落，数百名孩子直笑得前仰后合，曼德拉也会心地笑了。他善于巧用别人对自己的恶作剧来活跃气氛。在这里，幽默成为曼德拉博大胸怀的自然写照，书写着一种坦荡而豁达的胸襟，也体现着一种“厚德载物”的至高境界。

2003 年年底，我有幸去南非参加了商务部机电司在约翰内斯堡举行的“中国机电产品展览会”。正是利用这次机会，我购得曼德拉先生的自传——*Long Walk to Freedom*。当时购买此书的目的仅仅是为了拜读，并没有翻译出版的打算。

当我用了一个月的时间读完了这本巨著之后，曼德拉先生那坎坷的人生和志存高远、好学上进、百折不挠、豁达开朗、虚怀若谷、甘愿为人民的利益和正义事业献身的精神深深地感动了我。因此，产生了把这本书译成中文、介绍给广大中国读者的强烈愿望，以便让中国读者深入了解这位南非历史上第一个黑人总统、当今世界伟人——纳尔逊·曼德拉。我的这个想法得到了山东大学出版社的大力支持。于是，我从1月份正式开始动笔翻译。在周围朋友和同事们的热情鼓励和帮助下，翻译工作进展得十分顺利。到7月份，基本完成了全书的翻译工作。

翻译中遇到的最大的困难是书中出现的南非人名的翻译问题。尽管这些人名都采用英文字母书写，但是，由于这些人来自不同的种族和不同的部落，其发音往往与英文习惯大相径庭。据了解，即便是南非人，其中包括南非英国人、南非荷兰人，甚至南非其他部落的人，对于出自不同种族、不同部落的人的名字，也很难正确无误地把它们读出来。例如，曼德拉的父亲给曼德拉起的名字是“Rolihlahla”。这个名字按照英文发音应该译成“劳利赫拉赫拉”，但是，根据科萨人的发音，这个名字则应该译成“豪利沙沙”。按照英文翻译这个名字不但听起来别扭，而且也无法让南非科萨人接受。为了尽量准确地把书中涉及的大量人名翻译出来，我利用8月份第二次去南非的机会，请教了许多不同种族、不同部落的南非人，使本书中涉及的每一个名字都基本上得到了核准。

在本书的翻译过程中，我的同事及亲朋好友都为我提供了无私的帮助。在此，我要特别感谢李建生和张台安同志，他们为本书提供了多幅照片，感谢我的同学及好友李华轩同志，他是本书译稿的第一个读者，并为译稿提出了宝贵的意见。我还要特别感谢姜洪和王萍女士，她们俩在百忙中为我打印了部分译稿，王萍女士还对部分打印稿进行了校对。

另外，由于时间紧，特别是由于自己的翻译水平有限，不当之处在所难免。敬请广大读者批评指正。

最近，广西师范大学出版社的曹凌志先生通过我单位办公室的同事与我取得联系，出版社已委托博达著作权代理有限公司购得了翻译出版 *Long Walk to Freedom* 一书的版权，为曼德拉自传再次与中国读者见面创造了条件，也为我修改和完善这部巨著的译文提供了机会。

与第 1 版相比，本版中除对个别地方进行了必要的译文修订外，没有太大的变动，基本完整地保留了初版的原貌。

为了方便读者阅读，再版增加了“译名对照表”部分，一一列出了书中出现的人名、地名和重要历史事件的名称。

好了！说起曼德拉，译者总是有着说不尽、道不完的赞美之情。但是，作为序言已经说得不算少了，因此只好就此住笔。

借此机会，我十分感谢广西师范大学出版社对本书的厚爱！

2010 年 5 月于济南

谨以本书

献给我的 6 个子女：马迪巴和马卡紫薇（我的大女儿）——

他们现在已经去世，以及马卡托、马卡紫薇、泽尼和津泽，

我十分珍惜他们的支持和爱；

献给我的 21 个孙辈和 3 个曾孙辈，他们给了我巨大的欢乐；

献给我所有的同志、朋友和那些我为之服务的南非同胞，

他们的鼓励、决心和爱国精神一直是我的精神源泉。

致　谢

正如读者将会发现的那样，本书具有很长的历史。早在我被囚禁于罗本岛期间的1974年，我便暗暗地开始创作本书。没有我的老同志瓦尔特·西苏陆和阿迈德·卡特拉达孜孜不倦的提醒和鼓励，能否完成本书的书稿值得怀疑。

我随身保存的手稿被监狱当局发现并没收了。但是，除了他们独到的书写技巧之外，我的狱友麦克·马哈拉基和伊苏·奇巴确保将书稿安全地转移到了目的地。1990年出狱后，我也恢复了对本书的完善工作。

自从出狱后，我的日程一直被数不清的责任事务所挤占，因此，留给我写作的自由时间少之又少。幸运的是，我有乐于奉献的同事、朋友和专业人士的帮助。最终，他们帮助我完成了出书工作。在此，我向他们表示感谢！

我十分感谢理查德·斯腾格尔（Richard Stengel），他与我合作完成了本书的创作。在对本书第一部分的编辑和改写中，以及在后面部分的写作中，他提供了宝贵的帮助。回想起我们在特兰斯凯一起散步的那些清晨，在约翰内斯堡谢尔大厦和我在霍顿的家中的许多次长时间的采访，总是令人高兴。特别感谢马丽·普法夫，她协助理查德完成了他的工作。同样感谢法蒂玛 · 弥尔、皮特 · 马古巴尼、纳丁 · 戈迪默和伊齐基尔 · 莫法莱勒，他们的意见和支持使我受益匪浅。

我要特别感谢我的同志阿迈德 · 卡特拉达，他在对本书的修改、校订方面花费了很多时间，为书中信息的准确性提供了帮助。多谢我的非国大办公室的职员们，他们耐心地承担起了后勤工作，特别是芭芭拉 · 马塞凯拉，她为本书提供了高效的协调工作。同样感谢伊克巴尔 · 梅尔，他在本书的商务方面花费了许多时间和心血。我十分感谢我的编辑——“Little, Brown”出版公司的威廉姆 · 菲利普斯，他早在 1990 年就开始对本书的出版工作提供了指导意见，后来又对文本进行了编辑工作；也感谢他的同事乔丹 · 帕夫林、斯蒂夫 · 谢利得、麦克曼 · 马提尔和唐娜 · 彼得森。我也想感谢盖尔 · 格哈特教授，她基于事实对书稿内容做了审核工作。

纳尔逊 · 曼德拉

目 录

影像集　自由之路（1918—2013）

19 岁的曼德拉（1937 年）

身着科萨传统民族装的曼德拉

行割礼后的科萨族少年

1952 年，曼德拉在他与奥利佛 · 塔博开办的律师事务所办公室，那是约翰内斯堡第一家黑人开办的律师事务所。

曼德拉练习拳击

曼德拉与温妮结婚照（1958 年）

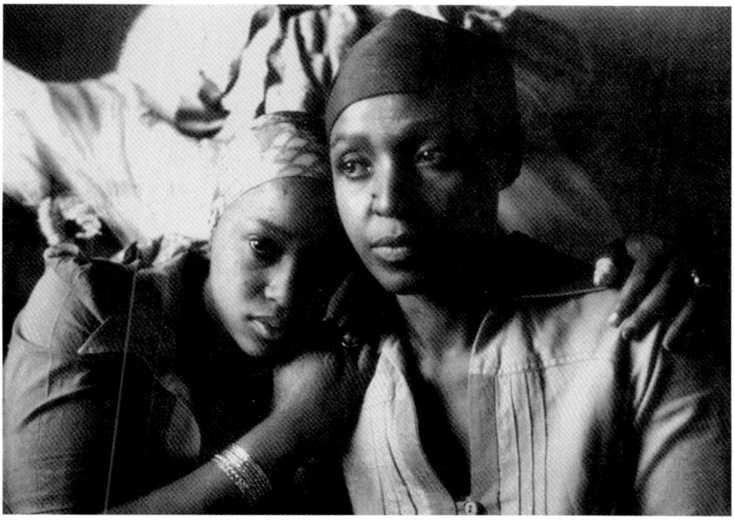

温妮与女儿津泽

温妮与曼德拉的母亲

1958 年叛国罪审判期间的曼德拉

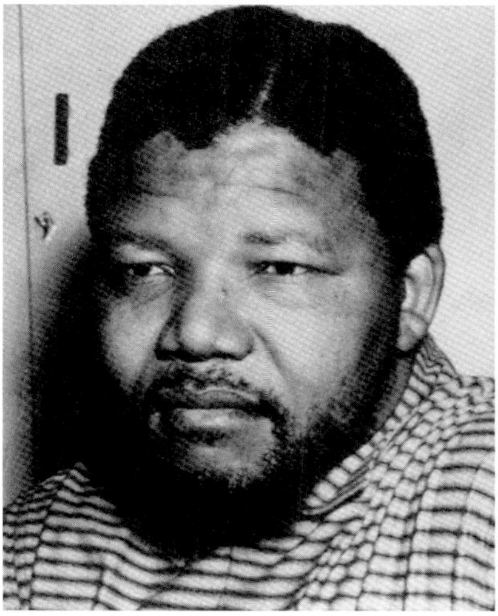

转入地下工作的曼德拉（1962 年）

曼德拉在伦敦

曼德拉与西苏陆在罗本岛监狱交谈（1966 年）

2011 年 2 月，南非比勒陀利亚的最高法院司法大厦底下的囚室，墙上写着著名的“自由宪章”。1963—1964 年利沃尼亚审判中的政治犯们被囚于此，曼德拉在审判期间发表了著名的演讲——“我已做好赴死的准备”。（CFP 供图）

2003 年 11 月 28 日，南非开普敦罗本岛监狱旧址中曾经关押曼德拉的牢房。（CFP 供图）

1990 年 2 月 12 日，南非开普敦，曼德拉出狱后第二日。左起：德斯蒙德·图图大主教、曼德拉、温妮 · 曼德拉和瓦尔特　西苏陆。（CFP 供图）

曼德拉与孙子巴姆巴塔

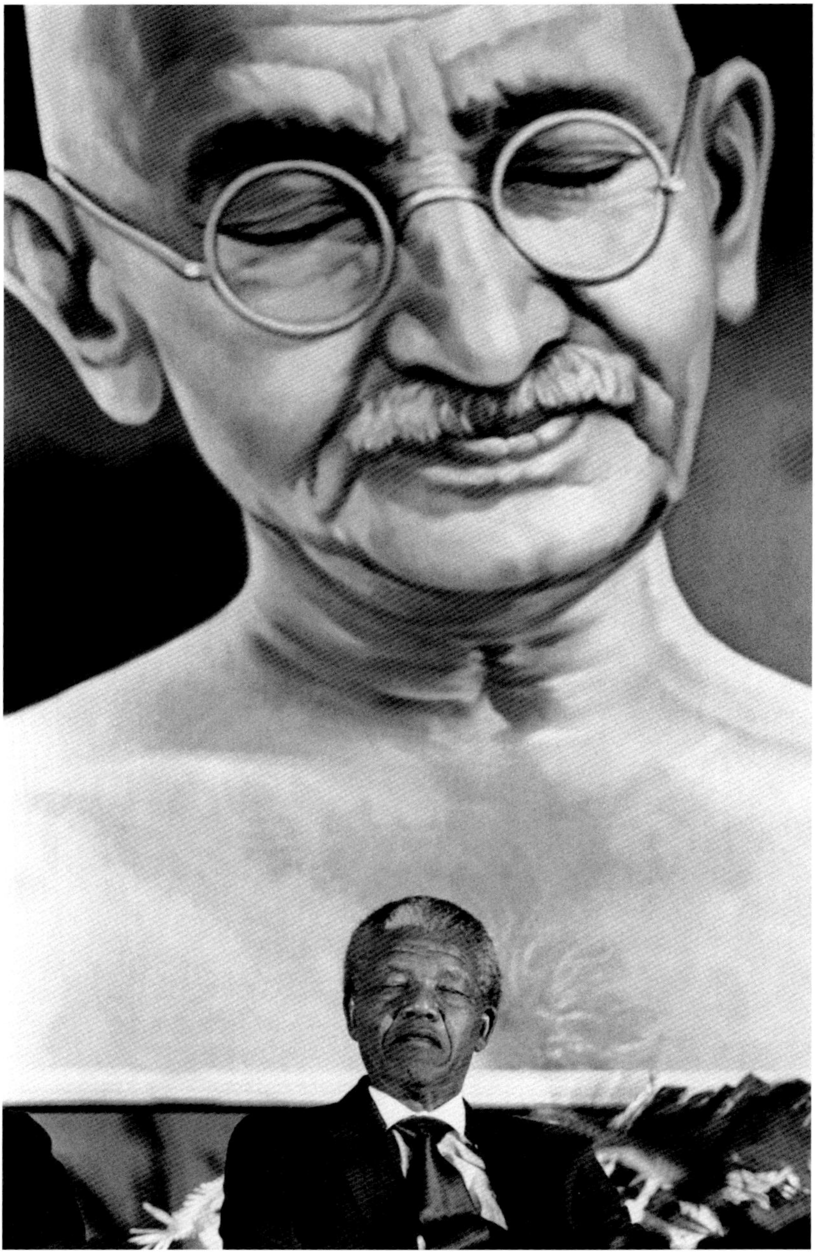

1990 年 10 月 15 日，曼德拉访问印度新德里时在圣雄甘地巨幅像下，似在冥想之中。（CFP 供图）

1994 年 4 月，南非举行首次不分种族的大选，黑人城镇居民排队等待投票，多数黑人期待非洲人国民大会和曼德拉获胜。（CFP 供图）

1994 年 5 月 10 日，曼德拉宣誓就职南非总统，成为南非历史上第一位黑人总统。

1993 年 12 月 10 日，曼德拉与当时的南非总统德克勒克共同接受诺贝尔和平奖。

上图：曼德拉在开普敦会见法国总统密特朗；中图：曼德拉在英国与克林顿和布莱尔一起出席文艺晚宴；下图：英国女王伊丽莎白二世访问曼德拉。

2007 年 7 月 18 日，南非约翰内斯堡，曼德拉迎来 89 岁寿辰，他发起创建的国际长者会也于当日宣告成立。这个独立的智囊机构旨在汇集这些前任领导者丰富的政治经验和智慧，为一些全球性问题的解决提供新思路。图中左起：曼德拉、美国前总统卡特和图图大主教。（CFP 供图）

2010 年 5 月 29 日，约翰内斯堡，曼德拉与国际长者会成员会面。左起：曼德拉夫人格拉萨、巴西前总统卡多佐、图图大主教、美国前总统卡特、爱尔兰前总统玛丽·罗宾逊、前联合国秘书长安南、挪威前首相布伦特兰夫人、芬兰前总统阿赫蒂萨里、印度自我就业妇女协会创始人埃拉·巴特、前联合国特使拉赫达尔·卜拉希米与曼德拉（坐者）。（CFP 供图）

2011年6月21日，曼德拉在家中会见到访的美国第一夫人米歇尔·奥巴马和她的两个女儿。（CFP供图）

2013年6月30日，南非开普敦，美国总统奥巴马偕同夫人米歇尔及两个女儿探访曼德拉在罗本岛监狱时的牢房。（CFP供图）

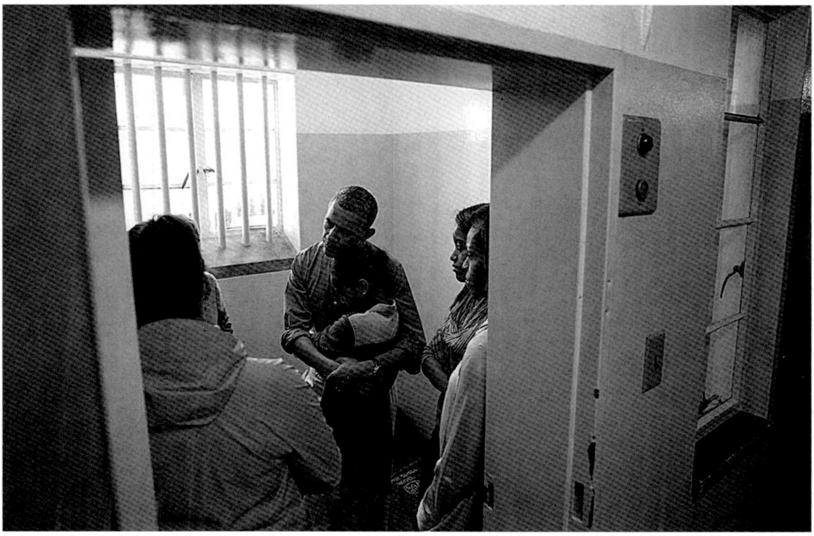

2013 年 12 月 15 日，南非前总统曼德拉的世纪葬礼在南非的库努村举行。库努村是曼德拉的故乡，他幼时在此地度过了近 10 年的快乐时光。在经历了壮阔、伟大的一生后，曼德拉终于魂归故里。(CFP 供图)

第一部

乡村童年

1...

除了让我具有强壮体格并与泰姆布王室有着永恒联系的一条生命外，我父亲还给了我一个名字——豪利沙沙。在科萨语中，豪利沙沙字面是“拽树枝”的意思，但其口语意思更为准确，意思是“惹是生非的家伙”。我不相信名字能决定命运，或者说，我不相信我父亲在一定程度上已经预测了我的前途。但是，后来的岁月中，亲戚朋友竟然认为我出生时的名字注定会给我带来许多风风雨雨。直到上学的第一天，我才有了更让人熟悉的英文名字，即教名。但是，现在我正在超越我自己。

1918 年 7 月 18 日，我出生在姆卫佐。这是一个位于乌姆塔塔地区穆巴谢河边的小村庄。乌姆塔塔是特兰斯凯的首府。我出生的那年，世间发生了两件大事：一是第一次世界大战结束，在这场大战中，南非爆发了流感，数百万人在这场流感中死于非命；二是非洲人国民大会派代表团参加了“凡尔赛和会”，代表们在会上讲述了南非人民的苦难。但是，姆卫佐是一个偏僻的地方，一个与世隔绝的小地方。生命数百年来一直平静地在这里延续着。

特兰斯凯距离开普敦 800 英里，距离约翰内斯堡 550 英里。它位于凯伊河和纳塔尔边界之间，北有德拉肯斯山脉，东有蓝色的印度洋。这是一个美丽的、群山连绵起伏的地区。这里土壤肥沃，数千条小河使它一年四季保持湿润。特兰斯凯曾经是南非最大的行政区划区之一，其占地面积有瑞士那么大，拥有大约 350 万科萨人，另外还有少量的巴索托人和白人。它是泰姆布人的家园，而泰姆布人又是科萨民族的一部分，我本人是科萨民族中的一员。

我父亲名叫格达拉 · 亨利 · 穆帕卡尼斯瓦，他从血缘和传统上说都是一个酋长。泰姆布国王任命他为姆卫佐部落的酋长，但是，在英国人的统治下，他的任命需要政府承认。姆卫佐政府以地方行政长官的形式实施统治。作为一位政府认可的酋长，他可以得到一份薪金和一部分由政府从该部落征收的牲畜接种疫苗税和公共牧场税。尽管酋长是一个德高望重、受人尊敬的角色，但在75年前，这一角色由于白人政府统治的冷漠无情而早已经被贬低了。

泰姆布部落向上追溯20代到雷戴王朝，按照传统，泰姆布人往往居住在德拉肯斯山脉的山脚下。他们从16世纪开始向沿海迁徙，在沿海与科萨民族融为一体。至少从11世纪算起，科萨人就是居住在南非富饶而气候温和的东南沿海地区的恩古尼人的一部分。恩古尼人在这里以狩猎和捕鱼为生。这个东南沿海地区横跨北起内地大草原、南到印度洋的大片土地。恩古尼人可以被划分为北部部落和南部部落。北部部落由祖鲁人和斯威士人构成；而南部部落则由阿马巴查、阿马崩瓦纳、阿马嘎莱卡、阿马木棼古、阿马木旁多米斯、阿马木旁多、阿比索托和阿比泰姆布组成，他们一起构成了科萨民族。

科萨民族是一个富有自豪感的父系民族，他们拥有表达力强且悦耳动听的语言。他们崇尚法律、教育和礼节，组成了一个平衡而和睦的社会。在这个社会里，人人都知道自己的位置。每一个科萨人都属于向上追溯到一个祖先的氏族。我是马迪巴氏族的一员。马迪巴氏族是以一位泰姆布酋长的名字命名的，这位酋长在18世纪曾统治着特兰斯凯。作为对我的尊称，常常有人叫我“马迪巴”。

恩古奔库卡死于1832年。他是伟大的君主之一，是他把泰姆布部落联合在了一起。作为传统习惯，他拥有三个后宫：大后宫、右后宫和伊基巴宫。王位继承人通常是从大后宫选择。有人也把伊基巴宫叫做左后宫。解决国王家的争端是左后宫儿子们的责任。大后宫的长子穆提克拉克拉继承了恩古奔库卡的王位。他的儿子中还有恩干盖里兹韦和马叹兹玛。萨巴塔是恩干盖里兹韦的孙子，他从1954年开始统治泰姆布。恩干盖里兹韦是卡尔泽·达里旺伽的长辈。萨巴塔还有一个更为人熟悉的名字是K. D.马叹兹玛，是特兰斯凯的前首相。从法律和血缘关系上说，他是我的侄子，也是马叹兹玛氏族的后代。伊基巴宫的长子是西玛卡德，其弟弟就是我爷爷曼德拉。

尽管数十年中有许多关于我是泰姆布王室的后裔的传说，但是，我刚刚简要叙述的宗谱表明，那些传言都是荒诞之说。尽管我是王室眷属中的成员，但我并不属于作为王位继承人来培养的少数特权人员之列，而是作为伊基巴王室的后代之一，被预备担任像我父亲一样的王室参事。

我父亲有着高高的个子、黑黑的皮肤，为人正直，姿态严肃。我认为自己继承了他的这些特点。他有一头盖在额头以上的簇状白发，孩提时代，我往往弄一些白灰搓在头发上去模仿他。父亲很严厉，对孩子从不娇生惯养。他意志坚强，这也是他传给儿子的又一个特点。

我父亲有时被误认为是达林迪叶波在泰姆布当政时期的首相。达林迪叶波是萨巴塔的父亲，他在位于20世纪20年代早期，据说他的儿子容欣塔巴继承了他的王位。其实这是误传，根本就没有达林迪叶波这个朝代。但是我父亲所担任的角色与首相并没有什么差别。作为辅佐过两代君主的参事，他经常伴驾外出，并且每当有国王会见英国政府官员的重要活动时，他经常陪伴在国王的身边。他是一位公认的科萨历史专家，部分原因是他作为一名参事得到了承认。我个人早就对历史感兴趣，父亲也鼓励我了解历史。虽然我父亲既不会读也不会写，但是，他仍然被誉为优秀的演说家。他通过传播欢乐和知识让听众对他的演讲着迷。

后来，我发现父亲不但是国王的参事，而且还是国王的拥立人。20世纪20年代，容欣利兹韦过早地辞世之后，大王后的儿子萨巴塔因为年幼而不能登基。于是，围绕其他王后所生的容欣塔巴、达布拉曼兹和麦里塔法三个最大的王子中谁来继承王位而展开争论。王室征求我父亲的意见，他推荐容欣塔巴继承王位，理由是容欣塔巴受过最好的教育。他说，容欣塔巴不仅是最好的王位继承人，而且还是幼小王子的一位优秀的辅佐。我父亲和几个有影响的酋长都十分重视教育。他们经常在没有受过教育的人中讲这个问题。大家对推荐容欣塔巴继承王位存有争议，因为其母亲的地位相对较低。但是，我父亲的意见最终被泰姆布王室和英国政府采纳了，容欣塔巴后来以我父亲当时无法想象的方式作了报答。

众所周知，我父亲有四个妻室，其中的第三个就是我母亲诺塞凯尼·范妮。她是恩凯达玛的女儿。恩凯达玛出生于科萨民族中的阿马穆俳夫家族，属于右妻室。大妻室、右妻室（我母亲）、左妻室和伊夸狄（也叫家务助理）四个妻室都有自己的克拉尔。一个克拉尔就是一处家园和田产，通常由存放牲畜的围栏、种植农作物的田地和一座或多座圆草顶房子构成。我父亲四个妻室的克拉尔彼此相距数英里，他定期轮流在四个克拉尔居住。我父亲和四个妻室共生了十三个孩子，其中四个男孩、九个女孩。我是他右妻室的长子，也是他四个儿子中最小的。我有三个姊妹，她们是巴利韦、诺坦楚和玛库茨瓦娜，其中巴利韦在三姊妹中最大。尽管父亲的长子是穆拉尔瓦，但是，父亲作为酋长的继承人是大妻室生的达利基里。达利基里死于20世纪30年代。除了我以外，父亲的儿子都已经去世，他们从年龄和家庭地位上说都高于我。

当我还是一个新生婴儿的时候，我父亲陷入了一场围绕剥夺他的姆卫佐酋长职务的争论。此事充分反映了他的人格素质。我相信他的这种素质也传给了他的儿子。我坚持认为教养而非天性，是人格的主要造型材料。但是，我父亲具有一种富有自尊心的叛逆性格和追求公道的、百折不挠的正义感。这也是从我自己身上可以找得到的性格。作为一个酋长，或者正如白人经常说的那样叫首领，我父亲必须不但要服从泰姆布国王的领导，还要服从当地英国政府的行政长官的领导。有一天，我父亲管辖下的一个老百姓因丢失了一头牛而告了他。行政长官立即送信要我父亲去见他。当我父亲收到这封召见信的时候，他作了如下回复："Andizi, ndisaqula"（我不去，我还准备战斗）。当时，这种违抗英国政府的行为被认为是大逆不道的。

我父亲所作出的反应说明，他相信英国政府没有法定的权力能对他怎么样。当遇到氏族问题时，他不是按照英国国王的法律去处理，而是按照泰姆布惯例去处理。这件事不是一个愿意去或不愿意去的问题，而是一个原则性问题。他是在维护他作为一个酋长的传统权力而向英国政府挑战。

当这位行政长官收到我父亲的回复时，他立即指控我父亲犯上作乱。但没有人对此事进行询问和调查，因为这种指控只适用于白人公务员。这位行政长官干脆罢免了我父亲，于是曼德拉家族的酋长地位就结束了。

当时我并不知道这件事情，不过我并没有受到什么影响。我的父亲按照当时的标准是一个富有的贵族，这样一来，他既失去了财富，又失去了官职。他被剥夺了绝大多数本属于他的牲畜和土地，也失去了这些牲畜和土地给他带来的收入。由于我们陷入了这样的困境，母亲只好搬到库努去居住。那是一个位于姆卫佐北面比较大一点的村子，在那里她可以得到亲戚朋友的接济。虽然我们在库努的居住条件不太体面，但正是在乌姆塔塔附近的这个小村落里，我度过了孩提时代中最愉快的岁月。并且正是在那里，我开始了我最初的记忆。

2...

库努村位于狭窄而杂草丛生的山谷，清清的小河在这里相互交错，村子被环抱于青山之中。这里不过居住着几百人，都是清一色的茅草房。这种茅草房的结构如同蜂窝，墙是泥巴墙，房中央立着一根柱子，支撑着用草搭成的锥形房顶。地面是用粉碎了的蚁巢上面的土丘硬壳铺成的，通过定期涂上新鲜牛粪使它保持光滑。烟从房顶上冒出，房子唯一与外面相通的就是一个低矮的门道。人们必须弯下腰才能从门道里通过。居住区内的茅草房一般是成组建造的，并且选择在玉米地附近。那里没有大路，只有被赤脚的小孩和妇女们在草地上踏出的羊肠小道。村子里的妇女和小孩身上都裹着用赭石染成的毯子，只有很少的基督教徒穿西式服装。牛、绵羊、山羊和马都在公共牧场上吃草。库努周围的土地上基本没有树，只有远处的小山上有一片白杨。土地本身归国家所有。那时，非洲人在南非几乎没有土地，租种土地的人每年要向政府缴纳租金。在这个地区，有两所私立小学、一座仓库和一个用来为牲畜洗去寄生虫和污物的水池。

玉蜀黍（西方称玉米）、高粱、大豆和南瓜构成了我们的主要食品。这不是因为我们对这些食品情有独钟，而是因为南非人买不起其他富有营养的食品。村里的富裕户另外会有茶、咖啡和糖之类的食品。不过，对库努村的大多数人来说，这些食品是他们无法得到的奢侈品。浇地、做饭、洗涮用水都是用水桶从河里或泉边打来的，这是妇女们干的活儿。的确，库努是一个妇女儿童村：多数成年男人大部分时间都在遥远的农场或矿脉一带的金矿上打工。矿脉是一个由含金量很高的岩石和页岩构成的山脉，它形成了约翰内斯堡的南部边界。他们可能一年回两次家，主要是回乡耕作自己的土地。锄地、拔草和收割等农活都留给妇女和孩子们去做。村子里极少数人能读书写字，教育这个概念对多数人仍然是陌生的。

我母亲在库努有三座茅草房。根据我的记忆，三座茅草房内总是被亲戚家的幼童挤得满满的。实际上，在我的记忆中，我作为一个孩子似乎从来没有独处过。在非洲文化中，姑姨叔舅家的儿女都被认为是兄弟姐妹，而不是堂兄弟姐妹或表兄弟姐妹。我们不像白人那样划分亲属关系。我们没有堂兄弟姐妹和表兄弟姐妹。我母亲的姊妹我也叫母亲，我叔叔的儿子也是我的兄弟，我兄弟的孩子也是我的子女。

我母亲的三座茅草房，一座用来做饭，一座用来睡觉，一座用来储藏东西。我们睡觉的那座房子里，没有西方意义上的家具。我们睡在席子上，坐在地板上。在去穆克孜韦尼之前，我从来没有见过枕头。我母亲在房间中心或房子外面点起的火堆上用三脚锅做饭。我们吃的一切都是我们自己种的和制作的。我母亲自己耕种并收割玉米，玉米干了以后才从地里收获回家。玉米被装在袋子里或放在地里挖的坑内储存。妇女们用不同的方法对玉米进行加工。她们用石磨将玉米加工成玉米粉，用来做面包；或者是先把玉米煮熟，然后再加工成“阿穆佛苏拉”（一种就酸奶吃的玉米面）或“阿蒙苦梢”（玉米面粥，有时也掺上大豆）。玉米有时供应不足，但从我们家的牛和羊身上挤出的奶却总是充足的。

从年龄不大的时候开始，我的空余时间多数都是在多岩石的草地上度过的，和我们同村里的其他男孩子一起玩耍和打斗，因为整天在家里围着母亲围裙转的男孩被认为是懦夫。晚上，我把我的食物和毯子同这些孩子一起分享。不到 5 岁的时候，我就成了一个牧童，在田野上照料牛羊。我发现，科萨人给牛加上了几乎神秘的色彩。他们不但把牛作为食物和财富的来源，而且也把它们看作上帝的赏赐和幸福的源泉。正是在田野里，我学会了如何用弹弓把飞鸟从天空打落，如何采集野生蜂蜜、水果和可食根类，如何直接从牛的乳房吸取热而甜的牛奶，如何在又清又凉的河中游泳，如何用线和一头磨尖的铁丝钓鱼。我还学会了“棍战”，这是一种乡下非洲男孩都要掌握的基本格斗知识，也是各种格斗技术的基础。例如，“躲闪出击”、“声东击西”、“快步逃脱”。在这些时光中，我建立起对多岩石的草地、广阔的田野、大自然的简单之美以及清晰的地平线的热爱。

作为男孩子，我们可以毫无约束地玩耍。我们玩自己制作的玩具，用黏土制作各种飞禽走兽，用树枝制作牛拉雪橇，大自然就是我们的运动场。库努周围的小山上到处都是平滑的石块，我们用石块做成“过山车”。我们坐在平滑的石块上从平滑的大岩石上滑下来，一直玩到我们的屁股酸痛无比、无法坐下为止。我在断了奶的小牛背上练习骑术，摔下几次后就学会了这种技术。

一天，我从一头没有驯服的驴子那里得到了一个教训。我们轮流在驴背上爬上爬下，轮到我的时候，我一跃爬上了驴背，驴子一阵狂奔后钻进附近的荆棘丛中，它猛一低头想把我摔下来。我还真的被它摔了下来，我的脸被荆棘刺破了。这时，我的朋友们来到了我的面前。像东方人一样，非洲人很有自尊心，或者说非洲人如同中国人所说的很要“面子”。我在朋友面前丢了脸。尽管是一头驴子把我摔下来的，但是，我懂得了羞辱别人就是让人家遭受一种不必要的、残酷无情的打击。即使是在很小的时候，我打败了我的对手，我也不会羞辱他们。

通常，男孩子会找男孩子玩。但是，有时候也容许我们的姐妹和我们一起嬉戏。男孩和女孩都玩诸如“恩迪兹”（ndize，捉迷藏）和“埃塞阔”（icekwa，抓人游戏）之类的游戏。不过，我最喜欢与女孩子们玩的游戏是我们叫做“基萨”（khetha）或“挑选你最喜欢的那一位”的游戏。这不是一种很有组织的游戏，而是一种在我们请到一群年龄同我们相仿的女孩子后即兴玩的游戏，要求她们每人从我们中间挑选一位她喜欢的男孩。我们的游戏规则规定，尊重女孩子的选择，一旦选中她所喜欢的男孩，她可以在她喜欢的那个幸运男孩的护送下继续她的行程。但是，女孩子都很聪明，比我们这些愚蠢的男孩子精明得多。她们常常商议后再挑选一个男孩，通常是最平庸的一位，然后她们会在回家的路上戏耍他一路。

男孩子最普通不过的游戏莫过于“森提”（thinti），和大多数男孩子们玩的游戏一样，“森提”是一种富有孩子气的战争模仿游戏。两根棍子作为打击的靶子，将一头牢牢地直插入地中，彼此间相距 100 英尺。游戏的最终目标是每个队向对方的靶子扔棍子并将靶子打倒。我们每人都要捍卫自己的靶子，并设法阻止对方补给棍子。随着年龄的增长，我们还组织起来同邻村的男孩子们进行比赛。在这种友谊赛中，获得胜利的那些人很让人羡慕，作为获得胜利的大将理所当然要接受大家的庆贺。

做完这种游戏后，我回到母亲的克拉尔，这时母亲正在那里做饭。我父亲常常给我讲历史战争和科萨战争英雄的故事，而母亲则常常会给我讲科萨人的传奇故事和寓言。这些故事往往让我非常入迷。这些传奇故事和寓言是一代一代传下来的，已经流传了无数代。这些故事激发了我幼年的想象力，其中就包含一些伦理道德方面的内容。记得母亲曾经给我讲过一个行人的故事：有一个行人遇见了一位双目患严重白内障的老婆婆。她请求这个行人给予帮助，而他没有帮她。然后又来了一位行人，老婆婆又赶上前去，请求他帮她治疗自己的眼睛。尽管第二位行人有点不愿意帮她，但最终还是按照老婆婆的请求做了。白内障奇迹般地好了，老婆婆变得年轻又漂亮，最后这个行人与她结了婚，并从此富了起来。这是一个情节简单的故事，但是，它有着深刻的寓意：行善和慷慨助人总会得到自己意想不到的报答。

像所有的科萨孩子一样，我主要靠观察积累知识。我们的父辈要求我们通过效仿和竞争获得知识，而非通过提问来增长见识。当我第一次到白人家里去的时候，我对孩子们向他们的父母提问的次数和性质以及他们的父母无不愿意一一回答感到惊奇。在我家里，孩子向大人提问题是令人厌烦的事情，成年人只有认为有必要时才回答你的问题。

我的生活，也是当时绝大多数人的生活，是由当时的习惯、礼节和戒律决定的。毫无疑问，这是我们生命的全部。男人们沿着父辈为他们铺设的路子往前走；女人们则过着与其母亲所过的相同的生活。虽然没有人告诉我，但我很快懂得了男女之间相处的规矩。我发现一个男人不能进入刚刚生过孩子的妇女的房间，一个刚刚结婚的女人不举行仪式不能进入新家的克拉尔。我还懂得了忘记自己的祖先会招来厄运并在生活中失败。如果你做了有辱你祖先的事，唯一的赎过办法就是求助于传统司神人员或氏族长辈与祖先沟通并表达深深的歉意。所有这些信仰对我来说都是很自然的。

孩提时代，我在库努很少见到白人。当地的行政长官当然是白人，他也是距离库努最近的一个商店的店主。偶尔有白人或白人警察从这里路过，这些白人对我来说看上去就像上帝那样尊贵，他们既让人畏惧又让人尊敬。但是，他们在我生活中的影响是遥远的，我一般很少想或根本就不想我们自己的人民与这些令人好奇而距离遥远的人之间的关系。

在库努这个小小的世界里，不同氏族或氏族部落之间的唯一矛盾是科萨部落与阿马木莽古部落之间的隔阂。阿马木莽古是居住在我们村里的一个少数氏族部落。埃马非卡尼时代，阿马木莽古部落在逃离沙卡祖鲁军队后来到了东开普。1820—1840 年，由于沙卡祖鲁国的崛起，爆发了大战和移民浪潮。在此期间，祖鲁军队企图用武力征服和统一所有的部落。阿马木莽古部落是来自埃马非卡尼的难民，他们原不是讲科萨语的氏族。他们被迫去做其他非洲人不愿意干的工作，在白人的农场和白人企业中劳作。这些都是科萨人看不起的工作。但是阿马木莽古人民是勤劳的人民，他们与欧洲人接触，因而往往比其他非洲人接受的教育更多，也更西方化。

当我还是个孩子的时候，阿马木莽古是最先进的部落。他们为我们提供职员、警察、教师、公务员和翻译。他们也是最早信仰基督教、最早建造好房子、最早用科学方法从事农业生产的非洲人。他们比他们的科萨同胞更富有一些。他们接受了传教士的公理，即信仰基督教就是文明化，文明化就是信仰基督教。科萨人对阿马木莽古人仍然有些敌对情绪，但我认为这更多的是出于嫉妒，而不是部落之间的敌对。根据我小时候的观察，这种敌对形式是相对无害的。在那个阶段，我没有目睹也不会怀疑，发生暴力的部落之间的这种敌对情绪最后会被南非的白人统治者进一步激化。

我父亲不赞成当地人对阿马木棼古人的偏见，并且他还与阿马木棼古两兄弟乔治和本·穆贝克拉成了朋友。两兄弟在库努村非同一般：他们受过教育并皈依了基督教。老大乔治是一位退休教师，本·穆贝克拉是一名警察士官。尽管穆贝克拉兄弟信奉另外的宗教，但我父亲却仍然远离基督教而坚持自己的信仰，坚定不移地信仰伟大的科萨精神——“夸马塔”——父辈的上帝。我父亲是一个非正式任命的神职人员。他主持宰杀牛羊的宗教仪式，并且主持关于种植、收割、出生、婚嫁、入会、丧葬等当地传统礼仪。其实，他不需要被任命，因为科萨传统宗教是以博大为特点的，所以在神圣与世俗、自然与超自然之间只有很小的区别。

虽然穆贝克拉兄弟没有在我父亲身上产生影响，但他们的确影响了我母亲，她皈依了基督教。事实上，范妮就是她的基督教教名，因为她是在教堂里开始叫这个名字的。由于穆贝克拉兄弟的影响，我自己也成了卫理公会的教徒，或者按照当时的叫法，我成了“美以美教派”的教徒，并且被送进了学校。穆贝克拉兄弟经常看见我在一边玩耍或放羊，并经常过来与我谈话。一天，乔治·穆贝克拉拜访了我母亲。“你儿子是个聪明的小家伙，”他说，“他应该去上学。”我母亲没有吭声。我们家没有人上过学，所以我母亲对穆贝克拉的建议没有思想准备。但是，她还是把这个问题留给了我父亲去作决定。也许是因为他自己没有受过教育，我父亲立刻决定他的小儿子应该去上学。

学校只有一间房子，屋顶是西式的房顶，在库努山的另一侧。我当时 7 岁，在我上学的头一天，我父亲把我拉到一边告诉我，要上学必须要适当着装。直到那时，我同库努村里的其他男孩子一样，身上只有一条毯子，把毯子绕一边肩膀一裹，然后别在腰间。我父亲拿了他的一条裤子，在膝盖处一剪，然后让我穿上。这条裤子长短倒基本合适，但裤腰太肥。我父亲就用细绳对裤腰进行了收缩处理。我穿着这条裤子一定是一副滑稽相，但是，我感觉穿什么衣服都比不上穿父亲这条裤子更骄傲。

上学的第一天，我的老师穆丁佳尼女士给我们每人起了个英文名字，并告诉我们，从今以后这个英文名字就是我们在学校里用的名字。这在那个年月是非洲人的习惯，但毫无疑问，这是英国人对我们教育的偏见造成的。我所接受的教育是一种英国教育，在这种教育下，英国思想、英国文化和英国政体自然被认为是最优越的。在非洲文化中根本就没有这种事。

我这一代非洲人，即使是今天，一般都有两个名字，一个英文名字，一个非洲名字。白人不是不能就是不愿意念非洲名字，他们认为有一个非洲名字是不文明的。那天，穆丁佳尼女士告诉我，我的新名字叫纳尔逊。我不知道她为什么给我起这个名字。可能与英国伟大的船长纳尔逊爵士有某种关系，但这仅仅是一种猜测。

3...

我 9 岁的时候，有一天晚上我预感到家中要出乱子。我父亲回来了，他通常轮流去看望他的四位妻子，大概一个月来我们这里住一个礼拜。然而，这一次却不是他通常来的时候。我看见他在我母亲的房间里仰面朝天地躺在地上，一阵阵地咳嗽。凭我这个小孩的目光也能看出，父亲将不久于人世了。他患了某种肺病，但到底是什么病并没有确诊，因为我父亲从来就没有找医生看过病。他连续在房内躺了好几天，既不动弹也不讲话。随后，有一天夜里，他的病情加重了。我母亲和我父亲最小的夫人娜达伊玛妮正伺候在他身旁。那天深夜，他呼喊娜达伊玛妮："给我拿烟来。"我母亲和娜达伊玛妮经商量后认为，在他处于这种状态下抽烟是不明智的。但是，他却坚持要抽。最后，娜达伊玛妮只好给他装好烟袋，点上后递给他。

我父亲抽上烟并安静了下来。他几乎不住地抽了一个小时，然后就去世了。他的烟袋仍然冒着烟。

在我的记忆中，我从来没有经历过如此大的悲痛。尽管我母亲是我生存的核心，但是，我还是认为自己不能没有父亲。当时，我并没有想到父亲的去世会立刻改变我的一生。经过一段时间的哀悼之后，母亲告诉我，我将要离开库努。我没有问她为什么，也没有问上哪里去。

有一天大清早，我带上属于我的几样东西，向西踏上了新的旅途。我为父亲的去世感到悲伤，更为我行将离开的这片土地感到悲伤。库努是我知道的全部，我以一个小孩热爱他的第一家乡的方式无条件地热爱着它。在身后那些小山丘在我的视线中消失之前，我回转身来，寻找想象中的村庄是什么样子。我能够看到那简陋的房屋和四处奔波的村民，我能够看到我曾经与其他孩子一起戏水的小河，我能够看到那一片片的玉米地和成群的牛羊正在懒洋洋地吃草的草场。我想象我的小朋友们外出打鸟、直接从牛的乳房吸食甜甜的牛奶、在小河尽头的水池里跳跃的情形。尤其是，我的目光停留在了那三座圆顶茅草房上，在那里，我得到了母亲的慈爱和呵护。正是在这三座圆顶茅草房内，我感受到了世间所有的幸福和愉快。就这种生活本身，我为在离开前没有亲近它们而感到后悔。我无法想象，我面对的将来能从哪些方面与我就要抛在身后的过去相比拟。

我们默默地步行，直到太阳慢慢地接近地平线。但是，母亲与儿子之间的沉默并不是孤独的。母亲和我之间的话本来就很少，但是，我们并不需要有很多的话语。我绝不怀疑她对我的爱和支持。这是一次筋疲力尽的长途跋涉，我们沿着多石而尘土飞扬的道路，越过起伏的山峦，穿过无数的村庄，一路上没有停步。傍晚时分，在一个绿树环绕的山谷里，我们来到了一个村庄。村庄中心有一个大宫殿，这是一座我从来没有见过的“大宫殿”。望着它，我只有感到惊奇。大宫殿的建筑由两个长方形的大房子和七个圆形的大房子构成，都刷着白色的石灰，在落日的余晖中显得更加耀眼夺目。宫殿前有一个大菜园，玉米地四周种着桃树。宫殿后有一个更大的菜园，里面有苹果树、蔬菜，还有一个狭长的花园和一片金合欢。宫殿附近是一个白灰粉刷的教堂。

主房前面的门道上有两棵增光添彩的橡胶树，树荫下大约坐着 20 位长者。宫殿周围有一大群牛羊在茂盛的草地上吃草，至少有 50 头牛和 500 只羊。一切是那样井井有条。这是一派我想象不到的、富庶而有秩序的景象。这个宫殿叫穆克孜韦尼，是泰姆布临时首府，也是泰姆布人民的摄政王——容欣塔巴 · 达林迪叶波的王宫。

正当我被这座壮丽的宫殿深深地吸引住的时候，一辆豪华轿车隆隆地驶进西大门，坐在树下的那些人立刻摘下帽子，然后站起来呼喊："Bayete a-a-a, Jongintaba!"（向容欣塔巴致敬！）这是科萨人向其首领致意的传统礼节。从车内（后来我才知道这种气派的汽车就是福特 V-8）走出一位身穿华丽服装、身材不高但体格健壮的人。我能看出他是一位充满信心、习惯于行使权力的人，他的名字对他来说也很合适，因为容欣塔巴字面上就是"雄视群山"的意思。他受人敬仰、强健有力、仪表非凡，黑黑的皮肤，容貌儒雅。他随和地与树下的那些人一一握手。后来我才知道，树下的这些人是泰姆布最高行政院的组成人员。这就是即将成为我的监护人并且是今后十年中抚养我的那个人。

在惊奇地看到容欣塔巴及他的行政院班子的那一刻，我感觉自己好像是一棵从地里连根拔起并被扔进河中心的小树苗，无法抵抗那强大的水流。我既感到迷惑，又感到敬畏。到这时，我除了高兴之外没有任何别的想法。我除了想吃好并成为一名棍战冠军之外再没有别的野心。我本来不想有钱、有地位、有名声或有权力。但是，一个新世界忽然展现在我的面前。来自贫穷家庭的孩子在忽然面对时来运转的时候，经常发现自己被许多诱惑所欺骗，我也不例外。我感觉许多已经树立起的信仰和忠诚开始渐渐消失，父母给我打下的单薄的基础开始动摇。在那个时刻，我看到生活可能会给我带来比当棍战冠军更好的前程。

后来我才知道，在我父亲临去世前，容欣塔巴提出要当我的监护人。他将会把我当做他自己的孩子，我将得到和他的孩子们一样的待遇。我母亲没有别的选择，她没有拒绝摄政王的提议。尽管她会想念我，但让她高兴的是，在摄政王的呵护下我将会得到更好的教育。摄政王没有忘记，正是在我父亲的干预下，他才成为至高无上的代理国王。

我母亲在穆克孜韦尼住了一两天后就回了库努。我们之间的别离并没有激动。她没有训诫，没有嘱托，也没有与我吻别。我知道，她不想让我为她的离去而感到伤心。当然，这种伤心是毫无疑问的。我知道我父亲在世的时候就希望我受教育，以便将来有好的前程。然而在库努，我无法实现他寄予我的厚望。她那温柔的表情就是我所需要的一切母爱和支持。在她即将离我而去的那一时刻，她转过身来对我说："Uqinisufokotho, Kwedini !"（振作起来，我的孩子！）小孩子常常最不会伤感，特别是在他们正沉溺于某种欢乐之中的时候。就连我亲爱的母亲也是我最亲爱的朋友即将离开我的时候，我仍然满脑子沉浸于新家的兴奋之中。我怎么会不振作起来呢？我已经穿上我的监护人专门为我新买的漂亮衣服。

我很快适应了穆克孜韦尼的日常生活。一个小孩的适应能力往往是很强的，虽说并非完全适应，但是我已经习惯了这个大王宫，就好像我一直生活在这里。对于我来说，它是一个奇幻的王国，一切都那样令人愉快。在库努是平淡的日常生活，而在穆克孜韦尼却变成了冒险。当我没有上学的时候，我曾经是农夫、车夫和牧童。我骑马，用弹弓打鸟，找别的男孩子一起玩骑马打仗的游戏。有时，我们跳舞，并聆听泰姆布少女美妙的歌声和掌声。尽管我想念库努和母亲，但是，我完全被这个新的世界吸引住了。

我在一所与王宫相邻的独屋学校里上学，在那里学习英语、科萨语、历史和地理。我们学的是 *Chambers English Reader*。我们在黑色石板上做作业。我们的老师是法达纳先生，后来是吉克瓦先生，他们对我特别感兴趣。我在学校里学习好不是因为我聪明，而是因为我勤奋。我的自我约束能力在姑妈法斯维的帮助下得到了加强。她就住在王宫里，她每天晚上都要仔细检查我的作业。

穆克孜韦尼是卫理公会的一个传教站，远比库努繁华，西方化的程度也比库努高。那里的人穿着时髦，男士穿西装，女士受新教派传教士的影响，身穿又厚又长的裙子和高领衬衫，并且肩上披着披肩，头上围着头巾。

如果穆克孜韦尼的世界是以摄政王为核心，那么我的小世界就是以摄政王的两个孩子为核心。老大佳士提斯是摄政王唯一的儿子，是王室的继承人；诺玛福是摄政王的大女儿。我同他们生活在一起，受到完全相同的待遇。我们吃的是同样的饭，穿的是同样的衣，干的是同样的事。后来萨巴塔的大哥、王位继承人恩凯考也加入了我们的行列。我们四人组成了一曲“四重奏”。摄政王和王后对我就像对他们自己的孩子一样，把我抚养长大。他们为我操心，教育我，也惩戒我。这一切都是出于对我的爱。容欣塔巴为人严肃，但我从来不怀疑他对我的爱。他们叫我“塔陶木库鲁”，这是对我的爱称，是“爷爷”的意思。因为他们说，当我很认真的时候，看上去就像是个老年人。

佳士提斯比我大四岁，在我眼中，他是除了我父亲之外的第一个英雄，我非常敬重他。他已经在克拉基伯雷上学，那是一所寄宿学校，离穆克孜韦尼大约 60 英里。他身材高大、英俊潇洒、体格健壮，是一位优秀的运动员，特别擅长田径及场地项目，如板球、橄榄球、英式足球；他快活外向，是一位天生的演员。他有使观众为之倾倒的歌喉，他的舞蹈也能使观众迷得目瞪口呆。他有一大群女性追随者，不过对他持批评态度的也大有人在。有些人认为他是纨绔子弟、花花公子。佳士提斯和我成了最好的朋友，尽管我们在很多方面不同：他性格外向，而我性格内向；他无忧无虑、漫不经心，我严肃认真；他什么都来得容易，而我必须依靠自己努力。我认为，年轻人在各方面都要向他看齐，都要以他为榜样。虽然待遇相同，但我们的命运却是不同的：佳士提斯将根据继承权成为泰姆布最有权力的酋长，而我则将取决于摄政王的慷慨，他让我干什么我就干什么。

我每天在王宫里出出进进地做事，当然是为摄政王做事。我最愿意干的事是给摄政王熨衣服，这是一项非常令我引以为豪的工作。他有六套西装，我要花个把小时才能把他裤子上的褶子熨平。他的王宫可以说由两所薄顶西式房子构成。那个年月，没有几个非洲人拥有西式房子，它们被认为是拥有巨大财富的象征。围绕着主房呈半圆形坐落着六座圆形房子，里面都是木地板铺地，这是我以前从来没有见过的。摄政王和王后住在右面的圆形房子里，王后的妹妹住中间那座，左面的圆形房子是餐厅。王后的妹妹住的那个圆形房子地板下面有蜂房，我们有时掀开一两块地板就可以美美地吃上一顿蜂蜜。我搬来穆克孜韦尼不久，摄政王和王后就搬进了中间那个圆形房子里，它自然就成了大王后宫。大王后宫附近有三个小一点的圆形房子：一个供摄政王的母亲住；一个供来访的客人住；一个供佳士提斯和我共同居住。

在穆克孜韦尼，左右我生活的两条原则是王权和基督教教规。尽管当时我没有把这两条原则看成是相互对立的，但它们之间并不容易协调。依我看，基督教与其说是一种信仰体系，倒不如说是马替奥罗牧师个人的信条。我认为，他的存在体现了基督教的诱惑。他与摄政王一样家喻户晓、令人敬爱，可以说是摄政王在精神方面的领路人，这个事实给我留下了深刻的印象。但教堂与这个世界的关系是，事实上可以说非洲人所有的成就似乎都是来自教堂的传教。宗教学校培训传教士、翻译和警察，而当时这些人代表了非洲人的最高理想。

马替奥罗牧师是一个 55 岁左右的矮胖子，他用一副低沉有力的嗓子讲道和吟诵。当他在穆克孜韦尼西部的那座简易教堂讲道时，大厅里总是挤满了人，大厅里响彻着信徒们的赞美之声。此时，女士们会跪在他的脚下乞求得到拯救。我到了王宫听到的第一个故事是，他仅仅用一部《圣经》和一个灯笼就赶走了一个危险的魔鬼。我认为，在这个故事里，既没有不真实性也没有矛盾。马替奥罗牧师讲的卫理公会有所不同，掺杂着一点万物有灵的味道。上帝是聪明和万能的，但是，他也是个复仇心很强的上帝，不会让任何邪恶逃脱惩罚。

在库努，我唯一一次去教堂是我受洗礼的那一天。宗教是我因为母亲而迷上的一种仪式，我对这种仪式并没有别的意思。但是，在穆克孜韦尼，宗教是生活的一部分，我每个礼拜天都跟随摄政王和王后去教堂。摄政王对他的宗教信仰非常认真。事实上，他给我的唯一一次庇护是在我没有去教堂做礼拜而是去参加了与另一个村里的孩子打架的时候，后来我再也没有犯过这样的错误。

这不是我由于冒犯传教士而受到的唯一一次指责。一天下午，我溜进马替奥罗牧师的菜园偷了一些玉米，并在菜园里藏着吃起来。一位小姑娘看见我在菜园里吃玉米，立即向牧师告了密。这个消息很快就被传扬了出去，并传到了摄政王王后那里。那天晚上，她一直等到祈祷的时间——这是每天在家中举行宗教仪式的时间。对我所犯的错误，她责备我拿了一个可怜的上帝服务人员的食物，给家里丢了人。她说，小鬼一定会带我去赎罪。我感到既害怕又羞愧：怕的是我将受到上帝的惩罚，羞愧的是我玷污了摄政王，毁坏了家里的名声。

因为摄政王受到白人和黑人的普遍尊敬，而且拥有似乎不可动摇的权力，所以我认为王权就是生活的中心。王权的力量和影响在穆克孜韦尼渗透到我们生活的各个方面，也是任何人能获得影响和地位的主要方法。

我后来关于王权的认识是通过观察摄政王和他的内阁而受到深

刻影响的情况下形成的。我经常通过王宫召开的部落会议进行观察和学习。这些会议并非预先计划举行的，而是根据需要举行，研究各种国家大事，如旱灾、确定宰杀的牛、行政长官要出台的政策，或者英国政府新颁布的法律。所有的泰姆布人都可以自由参加，他们都骑马或步行来开会。

在这种场合，摄政王都是被他的智囊团或者被称为高参的一伙人簇拥着，这些高参起着摄政王的议会和司法部的作用。他们都是有智慧的人士，脑子里装着部落的历史和风俗，他们的意见具有举足轻重的分量。

召集开会的通知从摄政王的王宫发到参加会议的那些部落首领和酋长那里后，泰姆布王国各地的重要人物很快都会来到王宫。客人集中在摄政王王宫前面的大院内，摄政王将首先感谢大家来参加会议，并说明为什么把他们召来，然后宣布正式开会。从这个时候开始，他就不发表任何意见了，直到会议接近尾声的时候他才开始讲话。

每个参加会议的人都可以发表意见，这是最单纯的民主。在这些讲话的人中，可能有重要人物，但是每个人都必须发表意见，包括酋长和庶民、军人和医生、店主和农民、农场主和雇工。一个人讲话时，不准有人打断。会议要持续好几个小时。自我管理的基础是大家都能自由地发表他们的意见。他们的意见意味着公民是具有平等价值的（女人恐怕天生就是二等公民）。

开会的这一天要举行盛大宴会，我总是边听边吃，常常由于吃得太多而肚子痛。我看到，有的人胡吹海侃，却似乎总是说不到点子上，而有的人直接切入话题，观点清晰而有说服力；我看到，有的人在发表意见的时候，试图用情感和戏剧语言来打动听众，而有的人则镇定、平和，避免激动的情绪。

起初，我对会议的热烈气氛感到吃惊。人们热烈、直率地批评摄政王，不仅仅是有人批评他，事实上，他常常是批评的主要目标。

但是，不管对他的批评何等激烈，摄政王总是认真听，也不为自己辩护，丝毫也不激动。

会议一直开到达成某种共识后，在和谐的气氛中结束。但和谐有时是由不和谐达成的协议，等到一个更恰当的时间再提出解决办法，民主的意思就是让大家都发表意见，并且集中大家的意见后形成一种决议。“大多数原则”只是外国人的一种概念，少数人的意见也不能因大多数原则而不予理睬。

只有到了会议将要结束的时候，随着太阳将要落山，摄政王才发表讲话。他讲话的目的首先是总结大家所讲的内容，并且在不同意见中形成某些共同的认识。但是，不会有强加于持不同意见者的结论。如果达不成共识，他将再召集会议进行研究。会议结束时，唱颂歌的歌手或者诗人会向古代的国王献颂歌，对现在的领导人则既称赞又讽刺。在摄政王的带领下，观众会哄堂大笑。

作为一个领导人，我总是遵循我起初在王宫看到的摄政王演示过的原则。我总是努力倾听参加讨论的每一个人发表的意见，然后才发表自己的意见。通常情况下，我自己的意见仅仅是我在讨论中听到的一种共同认识。我总是记着摄政王的至理名言。“一个领导，”他说，“就像一个牧羊人。他站在羊群后面，让最敏捷、最聪明的羊走在前面，而其它羊则紧随其后。不要指望从羊群后面对它们发号施令。”

正是在穆克孜韦尼，我才开始培养起对非洲历史的兴趣。直到那时，我只听说过科萨英雄的故事。但是，在王宫内我又知道了其他的非洲英雄，如巴培迪国王塞库库尼、巴索托国王摩舒舒、祖鲁国国王丁冈，另外还有巴木巴塔、辛沙、马卡纳、蒙齐瓦和科嘎玛。我是从王宫解决争端和审理案件的酋长和头领那里听到这些英雄人物的。这些人虽然不是律师，但是他们介绍案情，然后再对案件进行裁决。有时，他们早早办完事后就坐下来讲故事，我则徘徊于他们的周围静静地听。他们使用我以前从来没有听过的方言，演讲严谨而庄重，神情不慌不忙。我们语言的传统节奏富有长长的韵味和表演性。

开始时，他们撵我走，说我太小了，听不懂。后来，他们让我为他们取火或者打水，或者告诉女士他们要喝茶。在早些日子里，他们分派我的差事太多，无法听全他们的谈话。但是后来，他们允许我待在那里听，我知道了许多抵抗西方统治的伟大的非洲爱国志士。这些非洲战士的光荣事迹激发了我的想象力。

最老的一位酋长是兹韦立班纪利 · 兆伊。他用古老的故事招待聚集在一起的老人。他是恩古奔库卡国王的大王后生的儿子。兆伊酋长太老了，他长满褶子的皮肤罩在身上就像一件宽松的外衣。他慢条斯理地讲着故事，并且常常由于一阵阵激烈的咳嗽而被迫中断几分钟。兆伊酋长是泰姆布历史的权威，因为他在这个历史进程中生活了许多年。

但是，兆伊酋长经常就像个孩子一样，当讲到恩干盖里兹韦国王军队中的战士们抗击英军的时候，他似乎一下子年轻了几十岁。兆伊酋长一边讲着胜利和失败的故事，一边挥动着长矛，沿着草原潜行，他还讲述过恩干盖里兹韦的英雄主义、慷慨和谦让。

兆伊酋长讲的故事人物并不全是泰姆布人。他第一次讲到科萨人以外的战士时，我不知其所以然。我就像一个崇拜当地足球英雄的男孩，对于与自己没有联系的外国球队的球星不感兴趣。直到后来，我才被非洲历史的广阔范围和所有非洲英雄人物的事迹所感动。

兆伊酋长控诉白人，他认为是他们故意分裂科萨部落，使科萨兄弟四分五裂。白人告诉泰姆布人，他们真正的领袖是大西洋对面伟大的英国女王，泰姆布人是她的臣民。但是，英国女王除了给黑人带来苦难和不忠不义之外，什么也没有带来。如果她是一个领袖，那她也是一个罪恶的领袖。兆伊酋长的战争故事和他对英国的控诉使我感到气愤和上当受骗，好像我已经被剥夺了生存的权利。

兆伊酋长说，非洲人民，直到白人带着冒火的武器来到非洲之前，一直生活在相对安静的生活之中。他说，以前泰姆布人、旁多人、科萨人和祖鲁人都是同一个父亲的儿子，他们像兄弟一样生活，白人破坏了各部落之间的兄弟情义。白人对土地十分渴望和贪婪，而黑人同他们分享土地，就像同他们分享空气和水一样，土地并非个人所有，但白人就像一个人牵走另一个人的马一样占有了这片土地。

我并不知道，我们国家的真实历史并没有写进标准的英国教科书。英国教科书声称，南非历史从简·范·里贝克于 1652 年在好望角登陆开始。从兆伊酋长那里，我开始发现，讲班图语的这些人的历史在遥远的北方，那是一个有湖泊、有绿色的平原和山谷的国家，经过数千年的漫漫迁徙，我们南下到了这个伟大大陆的南端。但是后来我发现，兆伊酋长关于非洲历史的说明并非那么准确，特别是 1652 年之后的历史。

在穆克孜韦尼，我的感觉与每一个刚到大城市的乡村男孩并无不同，穆克孜韦尼远比库努发达，库努人被穆克孜韦尼人认为是落后的。摄政王不愿意让我去库努探亲，害怕我会倒退，回到我老家那帮坏伙伴之中。当我真正回到库努，我感觉摄政王已经向我母亲简单介绍了我的情况，因为她会详尽地问我同哪些人玩。摄政王也曾多次安排把我母亲和妹妹接到王宫去住。

当我刚到穆克孜韦尼的时候，我的同辈人把我当做乡巴佬，认为我无法像在王宫那样一切都很讲究的气氛中生存。作为一个青年人，我努力做到举止文雅、成熟。一天，在教堂里，我看见一个可爱的年轻姑娘，她是马替奥罗牧师的女儿，名叫温妮娅。我请她出来，她同意了。她对我很热情，但是她姐姐诺玛木旁多却认为我是一个非常蠢笨的人。她告诉她妹妹，我是一个野孩子，不配和马替奥罗的女儿一起玩。为了向她妹妹证明我如何不开化，她邀请我到教区长家里去吃午饭。我们仍习惯于在家里吃饭，在家里我们不使用刀子和叉子。在她家的饭桌上，这个顽皮的姐姐递给我一个盘子，盘子里有一个鸡翅。但是鸡翅没煮烂，所以鸡肉不容易从骨头上弄下来。

我观察别人熟练地使用刀子和叉子，于是我也拿起了刀子和叉子。观察了别人一会儿后，我就想割那个小鸡翅。一开始，鸡翅在我的刀叉并用下在盘子里直打转，我希望把肉从骨头上弄下来；然后，我把鸡翅叉住，用刀子割，但是也没有成功。在一次一次的失败中，我的刀子捣得盘子叮当作响。我一次一次地努力着。此刻我发现那位姐姐在冲着我笑，并故意看她的妹妹，好像在说："我告诉过你他是一个很蠢笨的孩子。"我努力了又努力，搞得浑身是汗，但是我不愿意承认失败，于是我用双手抓起了那个小东西。那天的午饭我并没有吃到多少鸡肉。

后来，那位姐姐告诉她妹妹："如果你爱上这么蠢笨的一个男孩儿，你将毁掉你这一辈子。"但是，我高兴地说，那位年轻的姑娘没有听她姐姐的话，尽管我很蠢笨，但她仍然爱我。后来，我们当然各奔东西，彼此离开了对方。她上了另一所学校，并成了一名合格的教师。我们通信联系了几年，后来与她失去了联系。不过，到了那个时候，我在饭桌上的礼节已经得到了相当大的提高。

4...

当我满 16 岁的时候，就到了摄政王决定让我成为成年男子汉的岁数。在科萨传统中，这只能通过一个办法来实现，就是举行割礼。在我们的传统中，一个没有行割礼的男性不能继承其父亲的财产，不能结婚或者行使部落宗教仪式。因为没行割礼的科萨男人从词语上讲就是矛盾的，因为他根本就不被当成一个成年男子汉，只是一个男孩子。对于科萨人来说，行割礼代表男性正式融入了社会。它不仅是一个外科手术，更是准备做成年男子汉的一种冗长的、精细安排的礼仪。作为一个科萨人，我从行割礼的那天计算作为成年男人的年龄。

割礼训练的传统仪式主要是为佳士提斯安排的，我们其余的 24 个人在那里主要是为他做伴儿。新年伊始，我们来到穆巴谢河岸僻静山谷里的两座小草房前。这个山谷叫提亚拉哈，是泰姆布国王行割礼的传统地方。两座草房是很幽静的住所，我们将与社会隔离居住在这里。这是一个神圣的时刻，我感到高兴，我将完成加入到我们的人民中间的习俗，并准备由男孩变为男子汉。

在行割礼仪式的前几天，我们就搬到了河边上的提亚拉哈。作为男孩子的最后几天是与其他开始做成年男子汉的人一起度过的，我们之间建立了令人愉快的友情。我们的住所就在巴纳巴基 · 布拉伊家的附近。巴纳巴基 · 布拉伊是这次割礼培训中最有钱、最知名的一个男孩儿。他是一个有魅力的孩子，也是一名棍战冠军和衣着亮丽的孩子，他的许多女朋友使我们不断地有好东西吃。尽管他既不能读，也不能写，但他却是我们中间最有才气的一个。他给我们讲述他去约翰内斯堡旅行的故事，那是我们都没有去过的地方。这些故事使我们很振奋。他劝我说，当一个矿工比当一个君主更有吸引力。矿工有一种神秘性，当一名矿工意味着强壮和勇敢，这是成年男子汉的理想。后来，我认识到，正是像巴纳巴基这样的男孩子所夸大的神话故事，才使那么多青年男子跑到约翰内斯堡的矿上去打工。在那里，他们往往牺牲了自己的健康和生命。在那些日子里，在矿上工作几乎与取得割礼培训合格证一样重要，但这是一个有助于矿主而不是有助于我们的人民的神话。

割礼训练这种习俗是一个人必须在行割礼前完成的勇敢行为。在古时候，这种习俗可能包括与牛搏斗，甚至包括参加一次战役，不过在我们这个时代，这种英雄事迹更多地表现为恶作剧而不是什么勇敢行为。在我们搬到提亚拉哈的两个夜晚之前，我们决定偷一头猪。在穆克孜韦尼，有一个族人养着一头老猪。为避免出声引起这个农户的警觉，我们想了一个让这头猪成全我们的办法。我们拿了一把家酿非洲啤酒的酒渣，猪喜欢这种气味很浓的酒渣，把它放在猪的上风处，这种气味对那头猪非常有诱惑力，于是它走出了克拉尔，沿着我们放的酒渣一步一步地向我们这里走来，边哼哼，边吃酒渣。当它走到我们身边的时候，我们把这个可怜的家伙抓获并杀掉。然后点起了一堆火，在星光下吃起了烤猪肉。在这之前和之后，我们从来也没有吃过那么香的猪肉。

行割礼之前的那个夜晚，在我们住的小房前举行了一个仪式，大家尽情地唱歌、跳舞。女士们从附近的村子里赶过来，我们伴随她们的歌声和掌声翩翩起舞。随着音乐节奏的加快和声音的加大，我们的舞蹈也越来越疯狂，使我们忘记了即将到来的那个时刻。

天快要黎明的时候，星星仍然挂在天上，我们开始作准备。我们被送到寒冷的河水中进行沐浴，这是在举行割礼仪式前所进行的一种净身仪式。割礼仪式定在中午举行，我们被要求在离那条河有一段距离的空地上排成一行。有一群父母和亲戚，其中包括摄政王以及少数酋长和参事聚集在那片空地上。那天，我们每个人围了一条毯子，当仪式开始的时候，随着咚咚不停的鼓声，我被吩咐双腿向前伸开，坐在地上的一个毯子上。我感到有些紧张，不知道这一刻到来的时候将会作何反应。畏缩和哭叫被认为是软弱的表现，也是对其成年荣誉的污辱。我决心不给自己这一伙人和我的监护人丢脸。割礼是一种对勇敢和坚强的检验：不使用麻药，行割礼的人必须默默地忍受疼痛。

通过眼睛的余光，在右边我看见一位瘦瘦的年长者从帐篷里走出来并跪在一个男孩子面前。人群中一阵激动，我也有点战栗，知道仪式将要开始。老人是一位来自基卡雷卡兰的著名割礼专家，他用木柄标枪一下子就让我们从男孩子变成成年男人。

忽然，我听见第一个男孩喊出声来："Ndiyindoda!"（我是一个男子汉！）这是我们在训练期间要求在行割礼时说的一句话。几秒钟后，我听见佳士提斯那低沉的嗓音发出了同样的喊声。现在，再有两个男孩就轮到我了，我的心里一定是一片空白，因为没等我反应过来，老人就已经跪在了我的面前，我直勾勾地盯着他的眼睛，他面色黯淡，尽管那一天很冷，他的脸上仍然闪动着汗水。他的手是那么快，似乎是受另一个世界的力量所控制。他一言未发，就捏住我的包皮，向前一拽，然后一标枪刺下去。我感觉好像是火焰注入了我的血管，疼痛是那样的剧烈，我把我的下巴紧紧地贴在了胸前。若干秒过后我才想起那句话，然后我醒过神来并喊了一句："Ndiyindoda!"

我低下头，看见了一块整齐的包皮，干净并呈圆形，好像是一个环。但是我感到羞愧，因为其他男孩似乎比我更坚强。他们更及时地喊出了那句话。我为自己的没用而难过，尽管疼痛很短暂，我仍竭力地加以掩饰。一个男孩可以失声恸哭，但一个男子汉则要隐藏他的疼痛。

现在，我迈出了每个科萨男子汉生命中最重要的一步。现在，我可以结婚，建立自己的家庭，耕种自己的田地。现在，我可以成为社团的一员，我的意见也将被人重视。在行割礼的仪式上，我被给予了割礼名："达利班佳"，意思是"班佳的创始人"，班佳是特兰斯凯传统统治的体现。按照科萨人的传统意思，这个名字比我的其他两个名字豪利沙沙或纳尔逊更好听。我自豪地听到我的新名字：达利班佳。

行完割礼后，一位跟随割礼大师的助手把割下来的包皮从地上拾起来并把它绑在我的毯子的一个角上。然后，我们的伤口被用一种有助于愈合的植物叶子包扎起来，这种植物叶外面多刺，但里面平滑，可以吸收血和其他分泌物。

在仪式结束的时候，我们回到了小草房，房内点起了一堆木柴，冒出浓浓的烟，这种烟被认为可以加速伤口愈合。我们被吩咐仰面朝天地躺在满是浓烟的草房内，一条腿伸直，另一条腿弯着。我们开始进入了男子汉的世界。我们得到一位监护人的照料，这位监护人向我们说明，如果想正常地进入男子汉时期，就必须遵守戒律。

监护人的第一项工作是在我们赤身露体并刮过汗毛的身子上，从头到脚涂上一层白色的赭石涂料，把我们变成小鬼。白色象征我们的纯洁，至今我仍然记得身上有这层干了的涂料而产生的那种僵直感。

第一天夜里夜半时分，有一个随从人员围着房子爬行，轻轻把我们每个人唤醒。我们在他的引领下离开草房，摸黑去掩埋我们被割下来的包皮。传统理由是，这样我们被割下的包皮不等男巫用它们来干坏事就已经被藏了起来，同时，我们也象征性地把我们的孩提时代埋入了地下。我不想离开温暖的草房并在灌木丛中摸黑行走，而是走进树林，并在几分钟后解下我被切下的包皮埋进了地里。我感觉好像现在抛弃了自己孩提时代最后的剩余物。

我们住在两间草房内，每间 13 人，直到我们的伤口愈合为止。在房外的时候，我们裹上毯子，因为不准让女人看见。这是一个平静的时期，也是即将做男子汉的一种精神准备。在我们重新出现在众人面前的那一天，我们一早就走进河里，用穆巴谢河水把身上的白色赭石洗掉。一旦身子洗净并晾干后，我们又被涂上红色的赭石粉。根据传统，一个人被涂上红色赭石粉，就应当与一个女人睡觉，这个女人后来将成为他的妻子，她会用她的身体擦掉他身上的涂料。但是，我身上的涂料是用植物油和猪油的混合物除掉的。

在我们的世外生活结束的时候，草房和其他用品都要被烧掉，把我们与孩提时代的最后联系彻底销毁。为欢迎我们作为男子汉回到社会上而举行了一个大型仪式。我们的家人、朋友和当地的酋长聚集在一起发表讲话、唱歌、赠送礼物。我被赠予了两头小母牛和四只绵羊，这些东西使我感觉远比以前任何时候都更为富有，因为我作为一个以前一无所有的人忽然拥有了财产。尽管赠给我的礼物与赠给佳士提斯的礼物相比是微不足道的，但是，我仍然感到很兴奋。赠给佳士提斯的是一整群牛羊。我不羡慕佳士提斯的礼物，因为他是一个国王的儿子，我从命运上讲最多只能成为国王的一位参事。那天，我感觉浑身是劲、满心自豪。我记得那天走路都与往常不一样，身子挺得更直、更高，也更坚定。我内心充满希望，认为有一天我将会拥有金钱、财产和地位。

那天的主讲人是梅利格立酋长，他是达林迪叶波的儿子。听了他的讲话后，我那充满色彩的梦想忽然被蒙上了一层阴影。他以传统的话语开场，讲我们正在如何更好地继承我们的传统，这个传统已经延续了任何人都可以想象的那样久远。然后，他转向我们，调门忽然变了。“这里坐着我们的儿子，”他说，“他们年轻、健康、漂亮，是我们科萨部落的花朵，也是我们大家的骄傲。我们刚刚为他们举行了割礼，许诺他们进入成年男子时代，但是我在这里告诉你们，这是一个空虚而骗人的许诺，也是一个永远不能兑现的许诺。因为，我们科萨人和所有的南非黑人一样，是一个被征服了的民族。我们是我们自己国家内的奴隶，我们是我们自己土地上的佃户。我们没有力量、没有权力，不能在自己出生的这片土地上把握自己的命运。你们将走向城市，在那里，你们将住简易房，喝低价酒。所有这些都是因为我们没有把繁荣昌盛、繁衍生息的土地赠给你们。你们将在白人们深深的矿井中把自己的肺咳嗽出来而毁掉健康，并且永不见天日，而白人却可以不平等地过着繁荣富足的日子。在你们这些年轻人中，有的将会成为有职无权的酋长，因为我们没有权力来管理我们自己；有的会成为永远不去打仗的战士，因为我们没有打仗的武器；有的会成为永不教书的学者，因为我们没有地方让他们授课。你们这些年轻人的才能、知识和前途将被消耗在维持生计的艰难之中，去为白人做最简单、最不用脑子的工作。今天的礼物是微不足道的，因为我们根本没有‘自由’和‘独立’这些最好的礼物可以赠予你们。我深信上帝能看到一切，因为他从不睡觉。但是，我怀疑上帝可能正在打盹。如果是这样，但愿我死得越快越好，因为这样我就能看见上帝并把他唤醒，告诉他恩古奔库卡的孩子们——科萨民族的花朵正在枯萎。”

随着梅利格立酋长的讲话越来越激昂，听众们越来越肃静。我认为，他们越来越气愤。没有一个人想听他那天讲的话，我知道我自己也不想听。酋长的话不仅对我不是一种鼓励，而且让我感到气愤，认为他的话是一个无知者发表的诽谤性评论，他不能欣赏白人给我们国家带来的教育和有益的价值。那时候，我不把白人看作压迫者，而是看作造福者，我认为这位酋长忘恩负义。这位令人反感的酋长毁了我的重要日子，他的错误讲话伤害了我的自豪感。

但是，不知道为什么，他的话很快在我身上发生了作用。他播下了一粒种子，尽管我认为种子将休眠一个季度，但是它最终会生长。后来我才认识到，无知者不是那位酋长，而是我自己。

行完割礼后，我回到了那条河边，看着它蜿蜒向前流淌，流向许多许多英里以外的远方，并消失在印度洋。我从来没有渡过那条河，对河那边知道得很少，或者说一点都不知道，那是一个当时向我招手的地方。太阳几乎就要落山了，我赶忙回到我们一直居住的那些小房子。尽管在焚烧那些房子的时候禁止往后看，但是，我并没有抵挡住往后看的诱惑。当我再回到那里的时候，所有剩下的东西只有两堆用含羞树烧成的金字塔形的灰烬。在这两堆灰烬中，有一个失去的、充满愉快的世界，那是我在库努和穆克孜韦尼生活过的童年世界，是一个甜蜜的、无忧无虑的世界。现在我成了成年男子，我将再也不去玩森提游戏、偷玉米或者在母牛的乳房上喝牛奶。我开始为自己的少年时代哀悼。回首从前，我知道那天我还不是一个男子汉，而真正成为一个男子汉还需要许多年。

5...

与曾经和我在一起参加割礼训练的其他大多数人不同，我并没有命中注定要在矿脉金矿上工作。摄政王经常告诉我，如果让你去给白人挖金矿，你绝不知道如何写你的名字。我的命运是要当萨巴塔的参事，为此，我必须要接受教育。行完割礼后，我回到了穆克孜韦尼。但是，在那里没有住多久，因为我要越过穆巴谢河，第一次去位于恩科波地区的克拉基伯雷寄宿学院深造。

于是，我又离开了家，我急于知道在更广阔的世界上我如何生活。摄政王亲自用他那辆气派的福特 V-8 把我送到恩科波。动身之前，他组织了一场庆祝会，祝贺我通过了标准五级考试并被克拉基伯雷寄宿学院录取。那天杀了一头羊，人们尽情地跳舞和歌唱，这是第一次专门为我举行的庆祝活动，因此我非常兴奋。摄政王给了我一双皮靴，这是我的第一双皮靴，这也是成年男子汉的一种标志。那天晚上，尽管它本来已经锃亮，但我还是把它擦拭一新。

克拉基伯雷寄宿学院建于 1825 年，它坐落在特兰斯凯最古老的魏斯勒阳地区。那时候，克拉基伯雷是非洲泰姆布地区的最高学府。摄政王本人上的就是克拉基伯雷寄宿学院，佳士提斯也曾在那里学习过。它既是一所中学，也是一所教师培训学院。不过，它也提供更多的技术培训，例如木工、裁剪和白铁工。

在路上，摄政王就我的举止和前途提出了要求。他激励我只能做为萨巴塔和他本人争光的事情，我向他作了保证。然后，他向我简要地介绍了该学院的院长——哈利斯牧师。他说哈利斯牧师是一个独特的人，是一个白色人种的泰姆布人，是一个心中热爱、理解泰姆布人的白人。摄政王说，当萨巴塔老了的时候，他会把将来的国王委托给哈利斯牧师，哈利斯牧师将把他培养成既是一位基督教教徒，同时又是一位传统的统治者。他说，我必须向哈利斯牧师学习，因为我将注定为哈利斯牧师塑造的那位领袖服务。

在穆克孜韦尼，我见过许多白人商人和政府官员，其中包括行政长官和警官，这些都是有地位的人。摄政王对他们很客气，但是并不奴颜媚骨。他像他们对他那样平等地对待他们。有时，我甚至看到他责备他们，尽管这种情况很少见。我直接与白人打交道的机会很少。

摄政王从来没有告诉过我如何同白人交往，我总是观察他并以他为榜样。但是，在谈论哈利斯牧师时，摄政王第一次就如何与白人打交道向我谈了意见。他说，我必须像对待他一样尊重和服从这位牧师。

克拉基伯雷远比穆克孜韦尼大得多。学校本身就有大约 24 栋殖民地风格的漂亮建筑物，其中包括个人住宅、图书馆和各种授课厅。这是我住过的第一个西式而不是非洲式的住所，我感觉进入了一个新的世界，但对其中的规矩当时尚不清楚。

我们被带进哈利斯牧师的书房，在那里，摄政王把我介绍给了哈利斯。我站在那里同他握了手，这是我有生以来第一次与白人握手。哈利斯牧师热情、友好，对摄政王特别客气。摄政王对他说，我将被培养成国王的一位参事，希望哈利斯牧师特别予以关照。传教士点头答应，并说，克拉基伯雷的学生们在学习以外的时间里需要参加手工劳动。

结束谈话时，摄政王向我告别，并给了我 1 英镑作零用钱，这是我曾拥有的最大的一笔钱。我向他说再见，并保证不会让他失望。

克拉基伯雷是一所泰姆布学院，他是伟大的泰姆布国王——恩古奔库卡提供土地建造的。作为恩古奔库卡的一位后人，我认为自己在克拉基伯雷也会受到在穆克孜韦尼曾经企盼得到的那种尊重。但是，我痛苦地发现我想错了。因为我所受到的待遇与其他学生没有任何差别。没有人知道或关心我是不是显赫的恩古奔库卡的一个后代。校方没有吹喇叭欢迎我，我的同学在我面前也不鞠躬。在克拉基伯雷，许多男孩子都有显赫的血统，我并不是独一无二的。这是一个重要教训，因为我怀疑在那些日子里我有点高傲自大。我很快认识到，我必须以自己的能力而不是凭借血统开辟自己的道路。我的同学多数在运动场上超过我，在课堂上思维也比我敏捷，我还有很多东西需要奋起直追。

课程从第二天早晨开始，我与同学一起爬到了我们的教室所在的二楼。教室内铺着华丽的木质地板。在第一天上课的时候，我穿上了那双新皮鞋。以前我从来没穿过皮鞋，第一天走路就像是一匹新钉了掌的马。上楼时，差一点摔一跤，几乎打了好几次滑。当我迈着沉重的脚步进入教室的时候，我的皮鞋重重地撞击在光滑的木质地板上，我发现坐在前排的两个女生正在瞪大了眼睛盯着我那走了形的脚步。其中比较漂亮的那位依在另一位的身上用足以让大家听得到的声音说："这个农村男孩穿皮鞋不习惯。"此时，她的那个朋友笑了。我感到既气愤又尴尬，两眼直冒火花。

她名叫玛托娜，她有点自作聪明，那天我发誓永远不和她说话。但是，随着怨恨的慢慢消失，加上我穿皮鞋走路也习惯了，我逐渐了解了她。她成了我在克拉基伯雷时最好的朋友。她是我第一位真正的女性朋友，我们平等相待、相互信任、共享秘密。在各个方面，她都成了我后来与女士建立友情的典范，我发现与女士交往时我能较为放松，并会坦诚自己的弱点和胆怯，而这些我是绝不会向任何男人透露的。

我很快习惯了克拉基伯雷的生活。我尽可能参加运动和比赛项目，但是，我的成绩仅仅是一般水平。我参加体育活动是出于爱好，而不是为了荣誉，因此我也没有得到过荣誉。我们用自制木板打草地网球，赤着脚在光秃秃的地上踢英式足球。

我第一次听本身受过正规教育的教师给我们讲课。他们中有好几个人有本科学位，这在当时是很少见的。一天，我正在与玛托娜一起学习，我向她透露害怕自己到年底英语和历史考不及格。她告诉我不要担心，因为我们的教师格特鲁德·恩特拉巴提是第一个取得 B. A（学士学位）的黑人女教师。"她太聪明了，不会让我们考不及格。"玛托娜说。我还没有学会不懂装懂，由于我对 B. A 只有模模糊糊的概念，于是我请教玛托娜。"咳，是的，当然，"她回答说，"B. A 是一本很厚很难的书。"我对她的回答深信不疑。

另一位有文科学士学位的非洲教师是本·马拉赛拉。我们崇拜他不仅是因为他的学术成就，更是因为他不惧怕哈利斯牧师。就是白人教师在哈利斯牧师面前也规规矩矩，但是马拉赛拉先生竟然大摇大摆地出入牧师的办公室，有时连帽子都不摘！他与牧师平等相待，有时也发表与牧师不同的意见，而别人对牧师的意见往往是一味地同意。尽管我尊敬哈利斯牧师，但是，我欣赏马拉赛拉先生不惧怕哈利斯牧师这一事实。那时候，一位有 B. A 学位的黑人勉强能与一位受过小学教育的白人相提并论。不论一个黑人学识多么高，他仍然被认为不如水平最低的白人。

哈利斯牧师以铁手腕和一贯公平的理念经营着克拉基伯雷学院。克拉基伯雷学院与其说是一个教师培训学院，倒不如说是一所军事院校，即使是最小的过错也会立即受到惩处。在大会上，哈利斯总是面带冷峻的表情，不会有任何轻率的表现。当他走进某个房间时，全部职员，包括培训部和中学的白人校长、工业学院的黑人校长都要起立。

在学生中，他与其说是受人爱戴倒不如说让人惧怕，但在花园里我所见到的却是一个完全不同的哈利斯牧师。在他的花园里劳动有两个好处：一种对收拾花园和种植蔬菜的终身热爱在我身上深深地扎了根，也有助于我去了解这位牧师和他的家人。这是我以前从来没有与之如此亲近的第一个白人家庭。于是，我发现哈利斯牧师有两副面孔，一是公共面孔，另一个是私下的态度。两者有很大的差别。

在这位牧师的严厉面孔的背后，是一颗友善、宽宏的心。他由衷地相信教育年轻非洲人的重要性。我常常发现他在花园里陷入沉思。我不打搅他，很少与他讲话。但是，作为一位无私地献身于慈善事业的好人，他是我学习的榜样。

与他的沉默寡言相反，他夫人却十分健谈。她是一位可爱的女士，经常到花园里来同我闲聊。我再也记不起她讲了些什么，但是我仍然能回味起许多下午她送给我吃的香喷喷的面饼。

在慢慢的、平淡的学习生活开始之后，我努力学好一切功课，并加快学习速度，只用了两年的时间就拿到了通常需要三年才能拿到的初级文凭。我因此得到了一个记忆力强的好名声，但是，事实上我不过是勤奋而已。在我离开克拉基伯雷的时候，我与玛托娜失去了联系。她是一个全日制的学生，她父母不想送她去进一步深造。她是一个特别聪明、特别有天赋的人，但她的潜力由于家庭出身而受到了限制。这种事情在南非特别典型，不是能力限制了我们的人民，而是我们的人民没有机会。

在克拉基伯雷的这段时间里，我的视野变得更开阔了。但是，到我离开那里的时候，我还不能说我已经是一位心胸开阔、没有偏见的年轻人。我遇见了来自特兰斯凯各地的学生，也遇见过一些来自约翰内斯堡和巴苏陀兰的学生。正如当时大家了解莱索托一样，他们中有的很老练、很大气，相比之下我感到自己有点乡土气。尽管我想赶超他们，但是，我从来没有认为一个来自农村的孩子有可能与他们匹敌。我不羡慕他们，甚至在我离开克拉基伯雷的时候，我打心眼里认为我仍然是一个泰姆布人。我怎么想就怎么做，并为此感到自豪。我的根就是我的命运，正如我的监护人所要求的那样，我认为自己将会成为泰姆布国王的参事。我的视野没有超越泰姆布国土，我认为做一个泰姆布人是世界上最令人羡慕的事情。

6...

1937 年，我 19 岁。我同佳士提斯一起在希尔德顿博福特堡的魏斯勒阳学院学习。这里距离乌姆塔塔大约 175 英里，位于乌姆塔塔的西南方。在 19 世纪，博福特堡是所谓“边境战争”期间的英国前哨之一。在这期间，白人定居者一步一步地侵占，使各个科萨部落逐步失去了他们的土地。在一个多世纪的冲突中，许多科萨战士因勇猛顽强而著名，例如马克汉达、山迪勒和穆考玛。其中后两人被英国当局投进了罗本岛监狱，并在狱中牺牲了生命。当我到达希尔德顿的时候，上个世纪的战争遗迹已经所剩无几。主要遗迹是博福特堡：过去只有科萨人在那里生活和耕种，而此时却成了一座白人城镇。

希尔德顿坐落在一条曲折迂回的道路的末端，周围是翠绿的群山。它远比克拉基伯雷美丽，当时是赤道南最大的非洲院校，有1000多名男女学生在那里学习。殖民地式的建筑物上覆盖着常青藤，校园内树荫幽幽，给人一种特别宜人的感觉，是名副其实的校园绿洲。和克拉基伯雷一样，希尔德顿也是一所卫理公会教会学校，它提供英国基督教和智力开发式教育。

希尔德顿学院的院长是阿瑟·威灵顿博士，他是一个胖大而拘谨的英国人。他声称，自己与威灵顿公爵有血缘关系。在开学典礼上，威灵顿博士走上主席台，用他那低沉的嗓音说："我是伟大的贵族、议员、大将军威灵顿公爵的后代。他在滑铁卢打败了法国的拿破仑，从而拯救了欧洲文明，也拯救了你们。"此时，我们会热情地高呼。我们每个人都为威灵顿公爵的后代竟然不辞劳苦来教育像我们这样的土著人而充满感激之情。受过教育的英国人是我们的榜样。我们每个人都立志做一个"黑色的英国人"，正如我们经常被这样不无嘲笑地称呼一样。他们教导我们，最好的思想是英国思想，最好的政府是英国政府，最好的人是英国人。

希尔德顿学院的生活是很严格的。第一遍钟声是早上6点，6点40分去餐厅吃早饭。早饭是干面包加热糖水。餐厅的墙上有英王乔治六世的画像。买得起黄油的可以在伙房里购买，而我吃的是干面包片。上午8点，我们在宿舍外的院子里集合，站在那里等候女生们从女生宿舍走出来。我们在教室里一直学到12点45分，然后去吃午饭。午饭有玉米面片、酸奶和大豆，很少有肉。午饭后我们一直学到下午5点，然后是一小时的做操时间，做完操后再接着学习，从晚上7点学到9点。晚上9点30分熄灯。

希尔德顿吸引了全国各地的学生，也有来自巴苏陀兰和斯威士兰地区的学生。尽管多数是科萨部落的学生，但也有来自其他部落的学生。放学后或周末，来自同一部落的学生会聚集在一起，甚至不同的科萨部落如阿马木旁多等部落的学生也会被相互吸引在一起。我也坚持这样的生活方式，但是，我在希尔德顿结交了第一个讲索托语的朋友。他叫扎查里亚·莫莱泰。我认为，有一个非科萨部落的朋友是勇敢的表现。

我们的动物学教师名叫弗兰克·勒本特莱勒。他也是一个莱索托人，学生们都很熟悉他。他长得很帅气，并且平易近人，又比我们大不了几岁，因此，在学生中很有人缘。他甚至参加了学院里的第一支足球队，并且成了一个球星。最让我们惊奇的是，他与来自乌姆塔塔的一个科萨女孩结了婚。当时，不同的部落之间通婚是很少见的。在此之前，我从没认识过与同部落之外的人结婚的人。我们一直接受禁止这种婚姻的教育。但是，看到弗兰克和他的夫人，我们这种狭隘意识开始动摇，并渴望冲破仍然束缚着我们的部落主义，我也开始觉察到我作为一个非洲人，而不仅仅是一个泰姆布或科萨人的身份。不过这仍然是一种初步的认识。

我们的宿舍里有 40 张床，一边 20 张，中间是过道。我们的课外教师是性格开朗的 S. S. 莫基提弥牧师。后来，他成了南非卫理公会的第一个非洲主教。莫基提弥也是一位莱索托人。作为一位现代的、有觉悟并理解我们苦楚的人，他在学生中很受敬仰。

莫基提弥牧师给我们留下深刻印象的另一个原因是，他敢于顶撞威灵顿博士。一天晚上，两个班级长在学院的主干道上发生了口角。班级长的责任是防止学生之间发生口角，而不是挑动学生争吵。莫基提弥牧师被叫来做调解工作。威灵顿博士从城里回来，忽然出现在发生口角的人群中。他的出现使我们大为震惊，就好像是上帝下凡来解决我们人间的凡事一样。

威灵顿博士自视甚高，想要了解发生了什么事。莫基提弥的头顶只能够到威灵顿的肩膀，他说："威灵顿博士，事情已经解决了，我明天向你报告。”威灵顿博士没有因此而罢休，他不高兴地说：“不行，我现在就要知道到底发生了什么事情。”莫基提弥坚持自己的意见说：“威灵顿博士，我是课外教师，我已经告诉你了，我明天向你报告。这就是我要做的事情。”我们都吓得目瞪口呆。我们从来没看到有人特别是黑人敢于顶撞威灵顿博士。我们等待着事态的发展。但是，威灵顿博士仅仅说了声“那好”，然后就走了。当时，我认识到，威灵顿博士并不是上帝，莫基提弥也不是卑躬屈膝之辈，黑人没有必要主动地屈从于白人，不管白人的地位有多高。

莫基提弥牧师试图把改革引入学院。我们都支持他为改善学生的生活和待遇所作的努力，包括他提出的关于学生有责任自己管理自己的建议。但是，有一件事让我们担心，特别是我们这些来自乡下的学生——莫基提弥提出了一项建议，让男女学生礼拜天一起在餐厅里吃午饭。我对此感到十分不快，原因很简单，就是我仍然不习惯使用刀子和叉子，不想在眼睛尖尖的女生面前丢人现眼。但是，莫基提弥带头组织大家这样吃午饭，于是，我只好每个礼拜天中午饿着肚子扫兴地离开餐厅。

但是，我很喜欢在操场上参加体育活动。希尔德顿学院的体育运动水平比克拉基伯雷寄宿学校好得多。在第一年中，我的体育水平还不能参加正式比赛。但是，到了第二年，我的朋友劳吉·恩扎迈拉鼓励我从事一种新的体育运动：长跑。他是希尔德顿学院的长跑冠军。我是个瘦高个，劳吉·恩扎迈拉说瘦高个是长跑运动员的理想身材。在他的指点下，我开始练长跑。我喜欢长跑运动的训练方法和独立性，可以让我逃离学校生活的喧嚣。同时，我还参加了一项似乎不适合我的运动——拳击。我训练刻苦，一年后体重增加了好几磅，并且开始参加拳击赛。

在希尔德顿学院学习的第二年，我被莫基提弥牧师和威灵顿博士任命为班级长。班级长有各种各样的工作，新任命的班级长要干其他班级长最不愿意干的工作。开始，在下午劳动的时间里，我负责领着一伙学生擦窗子，每天清洁一幢建筑物。

我很快得到了提升，我的职责变成了值夜班。在值夜班过程中，我从来没有出过问题。但是，有一次，我遇到了一个道德方面的疑惑。这个疑惑一直留在了我的记忆里。我们的宿舍里没有厕所，但在宿舍的后面大约100英尺处有一个厕所。晚上下雨的时候，学生们半夜醒来，不愿意穿过杂草丛生的泥泞小路到外面的厕所里去解手，而是站在阳台上直接把尿撒在灌木丛中。当然，这种行为是学校明令禁止的。班级长的任务之一就是把“干坏事”的学生记录下来。

一天夜里，我正在值班，外面下着大雨，因此我抓住了好多从阳台上撒尿的学生，可能有15位之多。天快亮的时候，我又看见一个学生从宿舍里走出来，他左右望了望，然后就站在阳台的一端往外撒尿。我朝着他走过去，告诉他他被抓了。当他转身的时候，我才发现他是一位班级长。这让我犯了难。在法律上有这么一句话：“谁来管管理别人的人？”如果班级长不遵守规章制度，怎么指望让学生们去遵守？事实上是班级长凌驾于规章制度之上，因为，他们就相当于规章制度，一个班级长不会去告发另一个班级长。但是，我认为不告发那位班级长，只把别的学生记下来是不公平的。于是，我干脆把记下的名单撕掉，一个也没有报告。

在最后一年中，发生了一件事情，这对我来说就像是一颗彗星从天空划过一样。快到年底的时候有人通知我们，伟大的科萨诗人库鲁尼·木卡伊要来这所学院参观。木卡伊实际上是一个赞美歌手、历史讲解员，他用诗歌赞美当代的大事和历史。这对他的人民具有特殊的意义。

学院为他的到来专门放了一天假。在指定的那个上午，学院里的全体人员，包括黑人和白人教职员工，都集中在餐厅里。这里也是我们举行全院大会的地方。餐厅里的一头有个台子，从这里经过一道门就可以直接走到威灵顿博士的房子里。门本身并没有什么特别之处，但是，我们把它看作威灵顿博士的象征，因为除了威灵顿博士本人，谁也没有走过这道门。

忽然，这道门开了，走出来的不是威灵顿博士，而是一个身着民族豹皮服装、头戴豹皮帽子、手握木柄标枪的人。威灵顿博士一会儿也跟了出来。但看到穿部落服装的黑人从那道门通过，我身上就像触了电一样。这对我们的冲击是很难说清的。宇宙似乎被翻了个个儿。当木卡伊紧挨着威灵顿博士在主席台上就座的时候，我几乎无法控制我的兴奋之情。

但是，当木卡伊站起来讲话的时候，坦白地说我感觉很失望。他在我们的心目中早就形成了一种形象。根据我的想象，像木卡伊这样的科萨民族英雄，应该身材魁梧、仪表堂堂，脸上闪烁着智慧的光芒。但是，他实际并没有什么特别的地方，除了服装外，似乎完全与普通人一样。当他用科萨语讲话时，他的语速很慢，时讲时停，常常停下来搜寻适当的词汇。当找到适当的词汇时，他又一遍一遍地加以重复。

当讲到一个重要问题时，他会举起他的标枪以示强调。不巧的是，标枪一下子戳在了他头顶上方悬挂台幕的金属丝上，造成了一阵哗啦哗啦的响声，悬在上面的台幕也在不住地摆动。诗人看了看他的标枪尖，又向上看了看那根金属丝，然后陷入了深思，并在主席台上来回走动。几分钟后，他停住了脚步，面对着我们又来了精神。他为刚才的偶然事件而感叹。"标枪戳金属丝象征非洲文化与欧洲文化之间的冲突。"他提高了嗓门说，"标枪代表非洲历史上的英雄和真理，它是非洲人作为战士的标志，也是非洲人作为艺术家的标志。这根金属丝，"他指着上面说，"是西方制造的标志，它包含着技术，但却冷冰冰的，聪明而没有灵魂。"

"我要说的，"他继续往下讲，"并不是一块骨头触及一块金属，或者一种文化和另一种文化的重叠，我要说的是土生土长的、好的东西与外国的、坏的东西之间的撞击。我们不能容忍这些不关心我们的文化的外国人抢走我们的国家。我预测，有一天，非洲社会的力量将会战胜入侵者。我们屈服于这些白人假上帝已经太久了。但是，我们将摆脱这些外国杂种。”

我几乎不敢相信自己的耳朵。他在威灵顿博士和其他白人在场的情况下谈这些敏感的问题，这种胆量真是让我们吃惊。同时，他也唤醒和激发了我们，让我们开始改变对威灵顿这样的人的认识。我原来一直认为他们是我们的恩人。

木卡伊然后开始背诵他的著名诗篇。在诗中，他把天上的星星比喻成世界上的各个民族。这是我从来没有听说过的。他在主席台上慢慢地走来走去，用标枪指着天对欧洲人说——法国人、德国人还有英国人——“我给了你们银河这个最大的天体，因为你们是稀奇古怪的人。你们充满着贪婪和嫉妒，你们贪得无厌。”他把一些星星分给亚洲人、南美洲人和北美洲人。然后，他讨论非洲，并把非洲大陆分成许多个国家，把特定的天体分给非洲不同的部落。他一直在主席台上手舞足蹈，挥舞着标枪，转换着说话的腔调。然后他忽然安静下来，并压低了说话的声音。

“现在，科萨人你们过来，”他边说边低下身子并单膝跪倒，“因为你们是自豪而强大的人民，所以我给你们一颗最重要、最超凡的星——晨星，它是计算成年男子年岁的星。”当他说最后一句话的时候，他深深地低下头。我们站起来，一边鼓掌一边欢呼，我不想停止鼓掌和欢呼。此时此刻，我感到那么自豪。我并不是作为一个非洲人而自豪，而是作为一个科萨人而自豪。我感觉自己好像是杰出人民的一员。

木卡伊的表演使我激动，同时也使我困惑。他从民族解放和包罗万象的非洲统一这个大题目讲到范围比较小的，即我就是其中一员的科萨民族的问题。当我在希尔德顿的学习生活快要结束的时候，我的脑海里有许多新的、有时相互矛盾的问题。我开始明白，各部落的非洲人有许多相似的地方，尽管此时伟大的木卡伊在高度赞扬科萨人；我看到了一个非洲人与一个白人站在一起的可能，但我仍然在努力寻找白人带来的好处，而这常常需要屈从。从某种意义上说，木卡伊在焦点问题上的转变就是我自己心情的一面镜子。因为，我自己也处在为自己是一个科萨人而自豪和与其他非洲人血缘关系相近的感受之间前后徘徊。但是，当我年底离开希尔德顿的时候，我认为自己首先是一个科萨人，其次才是一个非洲人。

7...

直到 1960 年，位于希尔德顿以东大约 20 英里的艾丽斯市的福特黑尔大学仍然是南非高学历黑人的唯一聚集中心。福特黑尔不仅是来自南部、中部和西部非洲学者的灯塔，而且对于像我这样的南非黑人青年而言，也是一所与牛津、剑桥、哈佛和耶鲁一样著名的大学。

摄政王急于让我去福特黑尔大学读书，我也很高兴去那里深造。在我去福特黑尔大学之前，摄政王给我买了一套服装，这是我自己拥有的第一套双排扣灰色服装。穿上它让我感觉长大了许多，也成熟了许多。那时我 21 岁，还无法想象福特黑尔大学的学生有谁能比我穿得时髦。

我感觉自己是世界上的佼佼者。令我高兴的是，摄政王也将会有一位具有大学学位的亲属。佳士提斯仍然在希尔德顿学院攻读初等文凭。他喜欢玩，不怎么喜欢学习，他是一个满不在乎的学生。

福特黑尔大学是 1916 年由苏格兰传教士在东开普要塞遗址上建立起来的，这里曾经是 19 世纪最大的要塞。它建造在岩石平台上，丘脉河像护城河一样在它附近流过。福特黑尔位置优越，使英国人能够与英勇的科萨王山迪勒作战。山迪勒是拉哈贝王朝最后一个国王，他在 19 世纪最后一次要塞战役中被英国人击败。

福特黑尔大学只有150名学生，我当时已经知道，其中有十来个学生来自克拉基伯雷和希尔德顿。我第一次见面的K. D.马叹兹玛就是其中的一个。尽管按照部落血统，他是我的侄子，但是我比他小，也远不如他老练。他个头高大修长，并且特别自信。他是三年级学生，对我关心爱护有加，而我就像尊重佳士提斯那样尊重他。

我们两人都属于卫理公会，我被安排与他住在一起。这个住所叫韦斯雷旅社，是一所漂亮的两层楼房，位于大学附近。在他的引领下，我同他一起去拉夫迪附近的一个教堂做礼拜，并开始跟着他踢足球（他是英式足球高手）。对于他的意见，我都认真听取。摄政王一般不给在学校读书的孩子们寄钱，如果不是马叹兹玛的资助，我衣袋里只会是空无一文。和摄政王一样，他知道我将来要成为萨巴塔国王的参事，因此他建议我学习法律。

福特黑尔大学同克拉基伯雷和希尔德顿一样，也是一所教会学校。我们要接受劝善教育，要服从上帝，要尊敬政府官员，并感谢教会和政府给我们提供了接受教育的机会。这些学校，由于政治态度和实践都有殖民主义倾向，因此经常受到批评。即使有这些短处，我也认为它们给我们带来的益处更多一些。当政府不同意或不能开办学校的时候，教会却为我们开办和经营学校。尽管教会学校常常在精神上要求很严格，但是，其学习环境比种族歧视盛行的官办学校要开放得多。

福特黑尔大学既是非洲大陆一些知名的伟大的非洲学者的家园，也是他们的摇篮，Z. K.马修斯教授就是其中的典型。他是矿工的儿子，深受布克·华盛顿自传《从奴隶到总统》（*Up from Slavery*）的影响。这本书宣扬通过努力和中庸之道获得成功。他教授社会人类学和非洲法律，并公开反对政府的社会政策。

在德育方面，福特黑尔大学深受D. D. T.佳巴福教授的影响。在这所大学于1916年开办时，他是第一位员工。佳巴福教授被伦敦大学授予英文学士学位，这在当时几乎是不可能的奇迹。佳巴福教授教科萨文，也教拉丁文、历史和人类学。当讲起科萨谱系学的时候，他简直就是一本活的百科全书。他告诉了我一些我从来就不知道的关于我父亲的事情。他也是一位非洲人权代言人，1936年，他成为“全非大会”的第一任主席。该组织一直反对关于终止开普普选权的立法。

记得有一次我从福特黑尔乘火车去乌姆塔塔，坐在非洲人专用车厢里。这是唯一一节向黑人卖票的车厢。一个白人检票员过来检票，当发现我是从艾丽斯上的车的时候，他说：“你也是佳巴福教授那个大学的学生吗？”我点头说是。这个检票员立即高兴地给我检了票，并喃喃地说：“佳巴福是个好人。”

在第一年，我学习英文、人类学、政治、土著管理学和罗马－荷兰法。土著管理学是研究有关非洲人法律的一门学科。如果有人想到土著事务部门去工作，他就必须要学习这门学科。尽管马叹兹玛一直在劝我学习法律，但是，我却决心要当一名土著事务部门的翻译或公务员。那时候，当一名公务员对于一个非洲人来说是一件特别荣耀的事，也是一个黑人能够渴望得到的最高职位。在乡下，行政长官办公室里的一名翻译，被认为只比行政长官低一级。第二年，福特黑尔大学开设了翻译专业，由提亚姆扎西授课。提亚姆扎西是一位从法院退休的著名翻译。我成了这个专业的第一批学生之一。

福特黑尔大学堪称是一个精英荟萃的地方。和许多高等学府一样，它也存在一些共性的问题。例如，高年级的学生往往对低年级的学生傲慢无礼。当我第一次来到这个校园的时候，我在中心大院碰到了卡马利尔·法巴萨。他比我大几岁，在克拉基伯雷上学的时候，我一直和他在一起。我热情地向他打招呼，但是，他对我却很冷淡、很傲慢。他有些看不起地对我说，我将住在新生宿舍。然后他告诉我，他尽管是我们宿舍的委员会组成人员，但是，作为一个高年级的学生，他不再与别的同学住一个宿舍。我认为这件事很奇怪，也不民主。但是，这却是必须面对的现实。

一天晚上，我们一伙学生议论起宿舍委员会里没有新生代表的问题。我们决定要摆脱传统做法，选出由两组学生组成的宿舍委员会。我们举行了讨论会，让所有住在那个宿舍里的学生都参加。只用了几周，我们就击败了高年级的学生，选出了我们自己的宿舍委员会。我本人是组织者之一，也被选进了这个新组成的委员会。

但是，高年级的学生并不是那么容易被征服的。他们召集开会，会上，一个名叫莱克斯·塔塔尼的学生用一口流利的英语说："新生的这种行为是无法让人接受的。我们高年级的学生怎么能够被曼德拉这样几乎连英语都讲不好的乡下落后的新生推翻呢！"然后，他模仿我的说话方式，让我听起来带有浓重的嘎莱卡口音，他的同伙对此捧腹大笑。塔塔尼的轻蔑讲话使我们更加坚定了决心。我们新生组成了正式的宿舍委员会，反过来分配高年级的学生去干他们最不愿干的工作。当然，这对他们来说是一件很丢面子的事。

大学的学监 A. J. 库克牧师知道了这场争端，他把我们召到了他的办公室。我们认为理在我们一边，因此不准备屈服。塔塔尼呼吁学监推翻我们的意见，说着说着，他还停下来擦眼抹泪。学监要求我们改变立场，但是我们没有屈服。像多数恃强凌弱的人一样，塔塔尼也有脆弱的一面。我们告诉学监，如果不采纳我们的意见，我们将全体退出宿舍委员会，使宿舍委员会本身失去完整性和权威性。最后，学监决定不再干预这件事。我们坚持自己的坚定立场并取得了胜利。这是我与当局之间展开的第一次交锋，我感受到了公理、正义的力量。但在以后与大学当局的交锋中，我就没有那么幸运了。

我在福特黑尔所受的教育是室外、室内相结合的教育。我比在希尔德顿时更热爱体育。这有两个原因：我的个子更高了，我的体格也更强壮了；但更重要的是，福特黑尔大学比希尔德顿学院小得多，所以我的竞争者很少。我有能力参加足球和越野赛跑。越野赛跑对我的教育很有帮助，在越野赛跑中，训练比固有的能力更重要，我可以通过勤奋和自律弥补自己的天赋不足。我把这种思想运用到我所做的一切事情上。作为一个学生，我发现许多青年人虽然天资聪明，但却没有充分发挥其天赋的自律能力和韧劲。

我还参加了戏剧社，并曾在一个关于亚伯拉罕 · 林肯的戏剧中参与演出。这个戏剧是我的同学林肯 · 木肯塔尼改编的。木肯塔尼出生于特兰斯凯地区的一个著名家庭，他是又一个我所仰视的人。“仰视”也是字面意义上的事实，因为他在福特黑尔大学是唯一比我个子高的学生。木肯塔尼扮演他的同名人，而我扮演约翰·威尔克斯·布斯，即林肯的刺客。木肯塔尼对于林肯的塑造是庄严而正统的。他背诵了林肯在葛底斯堡演讲中最精彩的一段，赢得了经久不息的热烈欢呼。我扮演的是一个小角色，尽管我是这个戏的寓意的载体，说明冒大险的人常常需要承担大的责任。

我成了学生基督教协会的成员，并负责礼拜天在附近的村子里讲《圣经》。和我共同负责此事的是一位理科学生。我是在足球场上认识他的，他来自特兰斯凯地区的旁多兰，名叫奥利佛 · 塔博。我从一开始就认为他的才能很高，是一位思路敏捷的雄辩家。他不愿意接受我们许多人自觉自愿接受的陈词滥调。奥利佛住在博达豪尔，这是一个英国教徒开办的旅馆，虽然我在福特黑尔大学与他接触不多，但是可以看出，他将来一定会有大出息。

有时，我们一伙礼拜天步行到艾丽斯城内的某个餐馆去吃饭。餐馆是白人开的，那些年月，一个黑人直接从前门进入餐馆是不可想象的，在里面吃饭的黑人就更少。然而，我们却倾尽所有，围着厨房吃了一圈，想吃什么就要什么。

我在福特黑尔大学不仅学习物理等科学知识，而且还学习交际舞。对着餐厅内的一台音调嘶哑的破留声机，我们花好几个小时练习狐步和华尔兹。我们每人都轮流跳男步和女步。我们的偶像是维克多 · 西尔维斯特，他是交际舞世界冠军。我们的教练员是一位同学，名叫司马利·西万德拉，他后来成了交谊舞高手。

在一个邻近的村子里，有一个非洲人舞厅，名叫恩彩拉曼兹。它迎合了当地黑人社会的需求，但对在校学习的学生来说却是个禁地。但是，一天晚上，由于急于找女舞伴练习舞步，我穿上衣服溜出了宿舍,直奔那个舞厅而去。那是一个豪华的地方,我感觉很新奇。我看见对面有一位可爱的女士，于是就请她跳舞。一会儿，她就投入了我的怀抱。我们一起跳得很默契，我能想象我当时的舞姿是多么的神气。几分钟后，我询问起她的名姓。“鲍克韦太太。”她温柔地说。我几乎要把她丢在现场快速离去。我朝对面望去，发现了劳斯伯瑞·鲍克韦先生。他是当时最受人尊敬的非洲领袖和学者之一。他当时正在那里和他的内弟、我的教授 Z. K. 马修斯闲聊。我向鲍克韦太太表示歉意，然后在鲍克韦和马修斯教授的目光下腼腆地把她护送到一边。我真想钻入地下，我违反了许多条校规。但是，在福特黑尔大学负责纪律的马修斯教授从来没有批评过我。他认为，只要你努力学习，就是令人高兴的事，他就能容忍。自从恩彩拉曼兹那个夜晚之后，我学习更加努力了。

福特黑尔大学的特点在于它的复杂程度，无论是从学术方面还是社会方面，对我来说都是新鲜而惊奇的。按照西方标准，福特黑尔大学的开放程度可能不怎么样。但是对于像我这样一个来自乡下的青年，它已经够开放了。我第一次穿睡衣，开始感觉不舒服，但慢慢地习惯了。我以前从来没用过牙刷和牙膏，在家里，我们用灰把牙齿擦白，用牙签清洁牙齿。连冲水厕所和洗热水澡对我来说也是新鲜事。我开始使用香皂，而在家里，多年来我一直使用蓝色的清洗剂。

可能是由于这些不熟悉的事情，我十分想念我在孩提时代就熟悉的一些简单的娱乐活动。有这种感情的并不是只有我一个。我参加了一个探险小组，晚上秘密到学校的农场去探险。在那里，我们点起篝火烤玉米吃。我们坐在篝火周围，边吃玉米，边讲荒诞不经的故事。我们这样并不是因为饥饿，而是出于重新捕捉那些对我们来说最有乡间趣味的一种需要。我们有胆识，有健美的体格，吹嘘我们毕业后将挣多少多少钱。尽管我认为自己已经是一个成熟的青年，但是，实际上我仍然是一个迷恋乡间乐趣的乡下男孩。

在福特黑尔大学与世界隔绝的同时，我们则热心关注第二次世界大战的进展情况。和我的同学们一样，我是大不列颠的热心支持者，并且，当我知道在我大学第一学期期末典礼上讲话的那个人将成为英国驻南非的大律师的时候，我特别高兴。他名叫扬·史末资，是南非前总理。福特黑尔大学以主人身份招待他，并把他拥戴为世界政治家，这是莫大的荣誉。当总理J. B.赫索格主张中立的时候，后来成了副总理的史末资，正在全国发动南非向德国宣战的运动。我非常渴望亲眼看到像史末资这样的世界领袖。

三年前，当赫索格发起运动取消开普非洲人的投票选举权的时候，我发现史末资对非洲人表示同情。我更关心的是，他帮助建立了“国际联盟”，在世界上倡导民主，而不是在国内压制自由。

史末资讲了支持大不列颠向德国宣战的意义，以及英国主张的西方价值思想——我们作为南非人也同样主张。我记得，他的英语口音几乎与我的英语口音一样糟糕！我同我的同学们一起衷心地为他欢呼，拥护他关于为自由而战的号召，而忘记了我们在自己的土地上还没有自由。

史末资在福特黑尔大学对那些改变信仰的人传教。每天晚上，住在韦斯雷旅馆里的学监都要分析欧洲的军事形势。夜深人静的时候，我们会簇拥在一台老式收音机旁，收听BBC广播电台播放的温斯顿·丘吉尔富有鼓动性的讲话。尽管我们支持史末资的立场，但是，他的来访也引发了许多争论。在一次讨论会上，我的一个同龄人，名叫尼亚提·康基萨，虽然被认为是一个特别聪明的学生，但他却谴责史末资是一个种族歧视主义者。他说，我们可以考虑考虑我们这些“黑色英国人”自己，英国人企图使我们文明化的同时也在压迫我们。他说，荷裔南非人与英国南非人之间不管相互如何对立，但是，两个白人集团总是会团结起来对付黑人的威胁。康基萨的观点使我们很吃惊，他似乎是个危险的极端分子。一个同学低声对我说，尼亚提是“非洲人国民大会”的成员。我模模糊糊听说过非洲人国民大会这个组织，但知之甚少。随着南非向德国宣战，赫索格辞了职，史末资成了总理。

在福特黑尔大学学习的第二年，我邀请我的朋友保罗·马哈巴内与我一起去特兰斯凯过寒假。保罗来自布隆方丹，由于他父亲扎丘斯·马哈巴内牧师的原因而在福特黑尔大学很出名。他父亲曾经两次出任非洲人国民大会的主席。他与这个组织有联系，因而得到了一个叛逆者的罪名。当时，我对这个组织并不怎么了解。

在寒假期间的一天，保罗和我去了特兰斯凯的首府——乌姆塔塔。当时，乌姆塔塔只有几条大街和一些政府建筑物。我们站在邮局的外面，这时当地的行政长官——一位60多岁的白人走到保罗面前，让保罗到邮局里面为他买几张邮票。任何白人让任何黑人去为自己办事，这在当时是很平常的事。行政长官说着就想给保罗钱，但是，保罗并没有要。这位行政长官很生气。“你知道我是谁吗？”他的脸涨得红红地说。“没有必要问你是谁，”马哈巴内说，“我知道你是谁。”行政长官问他说这句话的意思是什么。“我的意思是说你是个无赖！”行政长官大怒，说：“你要为此付出大的代价！”然后就走了。

我对保罗的行为感到很不舒服。我佩服他的勇气，但也认为他这是惹是生非。行政长官很熟悉我，如果他让我而不是让保罗去办这件事，我会老实地照他的吩咐去做，并把这件事忘掉。但是，我钦佩保罗的所作所为，尽管我自己还不能也这样做。我开始认识到，一个黑人并非必须接受每天被白人强加在身上的侮辱。

寒假过后，在新的一年里，我早早返回了学校。我感觉到自己更加有力量，并且感觉什么东西都变新了。我努力学习，一直到10月份考试。在这一年的时间里，我想我将成为一位有大学学位的学生，就像格特鲁德·恩特拉巴提一样。我认为大学学位不仅是做官的通行证，也是在经济上获得成功的条件。校长亚历山大·克尔、佳巴福和马修斯教授一直一遍一遍地教导我们，作为福特黑尔大学毕业的学生，我们是非洲的精英。我相信，世界将在我的脚下展开。

作为一名大学毕业生，我最终能使我母亲重新得到财富和荣誉。这些财富和荣誉是她在我父亲去世后失去的。我将在库努为她建造一所像样的房子，并配备花园和现代家具。我将支援她和我的姐妹们，以使她们买得起这么长时间买不起的东西。这就是我的梦想，它似乎是我能够实现的梦想。

那一年，我被提名为“学生代表委员会”的候选人，学生代表委员会在福特黑尔是最高的学生组织。当时，我不知道围绕选举竞争将制造许多麻烦，而这些麻烦又将改变我的命运。学生代表委员会选举在那年的年末举行。当时，我们正在准备期末考试。按照福特黑尔大学的章程，从全体学生中选出 6 名学生代表委员会委员。选举前不久，学校召开了全体学生大会，讨论有关问题并让大家发表意见。学生们一致认为福特黑尔大学伙食不能令人满意，并且学生代表委员会的权力应当增加，以便让它在学校管理中不只是一个橡皮图章。我同意这两个动议。如果学校当局不接受我们的要求，学生将投票联合抵制这次选举。我同他们一起参加了投票。

这次大会后不久，预定的投票选举开始了。多数学生都抵制选举，但是 25 个学生（约为全体学生的 1/6）参加了投票，并选出了 6 位学生代表委员会的委员，其中也包括我本人。同一天，6 位当选的委员碰头讨论选举中出现的问题。我们一致决定集体辞职，因为我们支持联合抵制选举并且也没得到多数学生的投票支持。然后，我们起草了一封辞职信，并交给了克尔博士。

但是，克尔博士很聪明。他收下了我们的辞职信，然后通知第二天晚饭时在餐厅举行新的选举。这将确保让所有的同学都参加选举，以避免产生借口，说学生代表委员会没有得到全体学生的支持。那天晚上，选举按照校长的要求如期举行。但是，同样只有那 25 个学生投了票，同样还是那 6 个学生当选学生代表委员会委员。似乎一切还是老样子。

正是这个时候，我们 6 个人召开了碰头会，讨论我们应该采取的立场。投票差异很大，其他 5 位当选人坚持：我们是在全体学生中当选的。我认为事实上没有什么变化。尽管全体学生都在选举现场，但是多数人并没有投票，说我们拥有他们的信任从道理上是讲不通的。既然我们一开始的目标是联合抵制选举，这是全体学生一致赞成采取的行动，我们应该仍然坚持那个决定，不能被校方的某些诡计所蒙蔽。我没能说服我的那 5 位当选伙伴，只好第二次辞职，我是 6 位当选的学生中唯一第二次辞职的。

第二天，我被校长召了去。克尔博士是爱丁堡大学的毕业生，实际上他也是福特黑尔大学的创始人，是个很受尊重的人。他严肃地回顾了过去几天内所发生的事情，然后让我重新考虑我的辞职决定。我告诉他我不能重新考虑。他让我晚上睡觉时再仔细考虑考虑，第二天告诉他我的最后决定。但是，他警告说，他绝不允许他的学生不负责任，并说，如果我坚持辞职，他将只好把我开除出福特黑尔大学。

他说的话使我震惊，并使我度过了一个不安的夜晚。以前我从来没有作过如此沉重的决定。那天晚上，我咨询了我的朋友兼辅导老师 K. D. 马叹兹玛。他认为，作为一个原则问题，我辞职是正确的，不应该屈服。当时我觉得，我相信 K. D. 马叹兹玛胜过相信克尔博士。于是我谢别 K. D. 马叹兹玛，回到了宿舍。

尽管我认为我所做的在道理上是完全正确的，但是，我仍然拿不准我的辞职正确与否。难道是我正在为一个无关紧要而抽象的原则毁掉我的大学生涯吗？我发现把坚持自己的私利而牺牲自己看作是对学生们负责的原则是难以接受的一种想法。我打定主意，不能在我的同学们眼里当孬种。同时，我也不想放弃我在福特黑尔大学的学业。

第二天上午我去克尔博士办公室的时候，我仍然处于难下决定的心态。直到他问我是否作出了决定时，我才真的拿定了主意。我告诉他我决心已定，我无法问心无愧地为学生代表委员会服务。克尔博士似乎对我的回答有点吃惊。他沉思了一会儿，然后说："很好。当然，那是你的决定，我也对这个问题再考虑考虑。我建议，如果你参加学生代表委员会，明年你可以再回到福特黑尔大学继续读书。曼德拉，你有一整个夏天的时间考虑这件事。"

正如克尔博士一样，我对自己的回答也感到有些意外。我也知道离开福特黑尔大学是鲁莽的。但是，我需要折中的时候却又无法折中，似乎我身上有一种什么东西不让我搞折中。我在感激克尔博士的立场和愿意再给我一次考虑机会的同时，也非常愤恨他决定我命运的绝对权力。如果我愿意，我应该有退出学生代表委员会的权利。这个不公正的处理痛苦地留在了我的记忆里。这时我才明白，克尔博士不是一个大救星，而是一个并非总是和蔼可亲的独裁者。那年年末我离开福特黑尔大学的时候，我心里充满了被遗弃的痛苦感觉。

8...

我通常总是怀着愉快的心情回到穆克孜韦尼，但这次则不然。考过试并回到家后，我把学校里发生的事情告诉了摄政王。他很生气，他无法理解我的做法，认为我的做法完全没有意义。甚至没听我解释完，他就不客气地告诉我，要服从校长的指示，秋天返回福特黑尔大学。他的语气没有商量的余地。如果我与我的资助人发生争论，那将是没有道理的，也是对他的不尊重。所以，我决定暂时往后放放这件事。

佳士提斯也回到了穆克孜韦尼，我们彼此相见非常高兴。不管佳士提斯和我分别多久，连接我们的兄弟情义是不会改变的。佳士提斯去年离开了学校，现在住在开普敦。

几天内，我恢复了在家里的传统生活。我给摄政王料理事情，包括他的牛群以及与其他酋长的关系。我没有细想在福特黑尔大学的情况，但是，生活总有办法强迫那些犹豫不决的人作出决断。那完全是与我必须要干的事——学习——没有关系的事情。

回家几周后，摄政王把佳士提斯和我叫到他面前。“我的孩子，”他用很严肃的语气说，“我恐怕在这个世界上活不了几年了，在我去见祖先前，我有责任看着我的两个儿子结婚。当然，我已经为你们兄弟两人安排好了婚事。”

他的这番话让我们两人感到很突然，佳士提斯和我怀着一种担心而无助的心情彼此看着对方。摄政王说，两位女孩出生于很好的家庭。佳士提斯要迎娶著名的泰姆布贵族安卡利巴的女儿，而豪利沙沙（摄政王总是这样称呼我），将迎娶当地泰姆布牧师的女儿。他说，婚礼要马上举行。彩礼通常以牛的形式由新郎的父亲办理，对于佳士提斯来说，部落将为他置备彩礼，而我则由摄政王亲自置办。

佳士提斯和我都没说什么。这不是我们向摄政王提问题的地方，而且，只要他关心，问题就定了。摄政王不允许讨论：新娘已经选好了，彩礼也置备齐了，事情最后就这么定了。

佳士提斯和我低着头从摄政王那里走出来，心里感到茫然而沮丧。摄政王是按照泰姆布的法律和风俗习惯办的，他的动机也是无可非议的，他要求我们在他有生之年都安顿下来。我们以前认为摄政王有权为我们安排婚姻大事，但是现在，这不再是绝对的了。两位新娘并不特别出众，据我们所知，她们不过是有血有肉的女流之辈而已。

尽管我对女方家庭十分尊重，但是，如果说摄政王为我选择的新娘就是我梦想中的伴侣，那也不是事实。她的家庭是显赫而令人尊重的，她那种特有的尊严也是很有魅力的。但是，这位小姐恐怕早就爱上了佳士提斯，可摄政王对此却不会知道。因为，父母很少知道他们子女爱情的浪漫的一面。毫无疑问，对于与我成婚，我的那位已经选定的伴侣也不会比我更热切。

那时候，我在社会方面比政治方面更超前。在我还没有考虑反对白人的政治制度的时候，就做好了反对我们自己人民的社会制度的准备。具有讽刺意义的是，这间接地也是摄政王自己的过失，因为正是他出钱让我们接受的教育才使我们背叛这种传统的社会制度。我与女士们一起在中学和大学里待了好几年，难免有一点点风流韵事。我是浪漫的，我不准备让任何人，甚至摄政王，为我选择伴侣。

我与王后——摄政王夫人，定了一个君子之约，那就是把我的婚姻大事托付给她。我不能告诉她无论如何不让摄政王为我选择新娘，因为她当然不会同意。我想出了一个折中方案，告诉她我想在她的亲戚中选择一位我认为理想的伴侣。这个姑娘确实很漂亮，但我不知道她对我印象如何。我说，我一完成学业就立即娶她。这在某种程度上是个骗局，但总比摄政王的主意要好。虽然王后在这个问题上同我站在一起，但是摄政王并没有被说服。他已经作出了决定，并且不会改变这个决定。

我认为好像他不给我选择的余地，但我不能接受这桩婚事。我认为这是不公平的，也是欠考虑的。同时我也认为，如果我拒绝了摄政王为我安排的这桩婚事，我将无法再在他的庇护下生活。佳士提斯也同意我的看法，我们俩认为唯一的选择就是溜之大吉，而且，唯一可去的地方就是约翰内斯堡。

回想起这件事，我认为我们当时并不是没有更好的选择，我们可以设法通过中间人与摄政王商量，也许通过商量就使这个问题在我们部落和家庭的范围内得以解决。我可以去请求摄政王的堂兄孜林德劳佛酋长，他是穆克孜韦尼内阁最开明、最有影响的酋长。但是，我太年轻、太急躁，没有看到耐心等待的好处，一味认为逃走似乎是唯一的办法。

我们在保守秘密的同时制订出了详细的逃跑方案。首先，我们需要机会。摄政王认为佳士提斯和我在一起会出乱子，至少佳士提斯喜欢冒险和狂欢会对我比较保守的立场产生影响。因此，他想方设法尽量不让我们在一起。当摄政王打算出游的时候，他一般都让我们其中一人跟随，这样当他不在宫内的时候，我们就无法在一起。他更多的是带着佳士提斯，因为他喜欢让我留在穆克孜韦尼照料他的事情。但是，我们得知摄政王准备外出一个礼拜，去参加特兰斯凯立法大会，这次我们两个他谁也不带，我们认为这是逃走的最理想的机会。我们决定，摄政王一动身去开会我们就去约翰内斯堡。

我没有什么衣服，我们把所有的东西都装进一个箱子里。摄政王礼拜一一早就走了。我们准备接近中午的时候再动身。但是，正当我们准备要走的时候，没想到他又回来了。我们看见他的车开进了王宫，就立刻跑进了花园，并藏在玉米秸中。摄政王一进屋就问："两个孩子上哪里去了？"有人回答说："啊，他们就在附近。"但是，摄政王有些怀疑，对这个回答并不满意。他说他回来是因为忘记带泻盐了，他四处观察了一会儿，然后似乎还满意。我想他可能有某种预感，因为他可以在城里很容易地买到泻盐，当他的车消失在群山之中的时候，我们也上了路。

我们俩都几乎没有钱，但是，那天上午我们去了当地的一个商人那里，说好把摄政王的两头牛卖给他。那位商人认为是摄政王吩咐我们来卖牛的，我们也没有纠正他的错误想法。他给了我们一个非常好的价钱。我们用卖牛的钱租车去了当地的火车站。我们打算从那里乘火车去约翰内斯堡。

一切似乎进行得很顺利。但是，我们不知道摄政王已经驾车来过火车站，并告诉车站经理，如果有两个青年人来买去约翰内斯堡的车票，一定不要卖给他们，因为他不允许他们离开特兰斯凯。我们到了火车站，发现那位经理说什么也不卖给我们票。我们问他为什么，他说："你们的父亲来过这里，说你们想跑。"我们大吃一惊，赶紧回到我们租的那辆车上，告诉司机把我们送到下一个车站。下一个车站距离这个站大约50英里,我们用了一个多小时才到达那里。

我们好不容易才上了车。但这趟车最远到昆斯敦。在20世纪40年代，一个黑人外出旅行是件很复杂的事情。所有满16岁的非洲人必须有土著事务局颁发的“土著人通行证”,要求遇到白人警察、公务员或雇工老板都要出示这种通行证。不出示通行证就会被逮捕，送上法庭，判处监禁或罚款。通行证上记有持证人的住址、酋长姓名,是否缴纳了人头税等。当时,这种人头税只向非洲人征收。后来，这种通行证变成了小册子，即“身份证”。据悉，这种身份证记录了持有人的详细资料，并且每月必须由持有人的雇工老板签字。

佳士提斯和我都已办好通行证。但是，一个非洲人要离开原属地到另一个地区去工作或居住，还需要有旅行文件，即此人的雇工老板（像我们这样的就需要监护人）出具的许可证或许可函，而这些我们都没有。就是这些文件都有，警察也可能因为其中有的文件没签字或日期不对找你的碴儿。如果根本没有这些文件，那就很危险。我们的计划是在昆斯敦下车，然后去一家亲戚那里办理这些文件。这也是一个欠考虑的计划，不过幸运的是我们在昆斯敦遇见了穆旁多比尼酋长。他是摄政王的一个弟弟，对佳士提斯和我都很好。

穆旁多比尼酋长热情地接待了我们。我们说明了需要当地行政长官签发的旅行文件，并编造我们需要这些文件的原因，谎称我们出来是为摄政王办事的。穆旁多比尼是从土著事务局退休的翻译，与行政长官很熟悉。他没有理由怀疑我所说的话。他不但领着我们去找行政长官，而且还为我们担保，并说明我们所遇到的困难。行政长官听了酋长的说明后，马上为我们办理了所需要的文件，并加盖了公章。佳士提斯和我相互看了一眼，满意地笑了。但是，正当行政长官准备把这些文件递到我们手上的时候，他似乎忽然想起了什么事情，说：作为礼节，应当告知乌姆塔塔的行政长官，我们认为这件事是在他的管辖范围内。他的话让我们很不安，但是我们仍然安坐在他的办公室里。行政长官用他的电话与乌姆塔塔的行政长官取得了联系。糟糕的是，摄政王正在拜访乌姆塔塔行政长官，此时他正坐在行政长官的办公室里。

当昆斯敦的行政长官把我们两人的情况告诉了乌姆塔塔的行政长官时，乌姆塔塔的行政长官似乎说："啊，他们的父亲正好在这里！"然后让摄政王接了电话。当昆斯敦行政长官把我们的请求告诉摄政王时，摄政王勃然大怒。"把两个孩子抓起来！"他高声说，足以让我们通过话筒听见他的声音，"把他们抓起来，然后立即把他们送回来！"行政长官放下电话，对我们很生气。"你们两个是小偷，并且撒谎。"他对我们说，"你们企图欺骗我，现在我要把你们抓起来。"

我立即站起来为我们辩解。通过在福特黑尔学习，我懂一点法律，这回派上了用场。我说，我们向你们说谎是事实，但是我们并没有违反法律，你们不能仅仅依据摄政王的建议就逮捕我们，何况他又正好是我们的父亲。这位行政长官作了让步，没有逮捕我们。但他让我们离开他的办公室，并且不允许我们再登他办公室的门。

穆旁多比尼酋长也很气愤，他也不再管我们的闲事。佳士提斯想起在昆斯敦有一位朋友，名叫西德尼·恩克苏，在白人律师事务所工作。我们去找此人，把我们的情况告诉了他。他对我们说，他为之打工的那个白人的母亲正打算开车去约翰内斯堡，他问问看，是否能让我们搭个便车。随后，他告诉我们，如果我们付 15 英镑，他母亲就让我们搭她的车。这是一个比较大的价钱，比买火车票贵得多。搭车费让我们掏空了腰包，但是又没有别的办法。我们决定冒险，到约翰内斯堡后再办理有效的旅行文件。

第二天一早，我们动身去约翰内斯堡。在那些日子里，如果白人开车，按照习惯，黑人必须在后排就座。我们两人也是按照这样的方式就座的。佳士提斯坐在那位女士的身后。佳士提斯是个友好而精力充沛的人，他一落座就和我闲聊起来，这使那个老太太感到很不舒服。她显然从来没有同一个对白人毫不在乎的黑人在一起待过。行驶几公里后，她吩咐佳士提斯同我换换座位，这样她就可以监视他。在剩余的路途中，她就像鹰一样监视着他。但是，一会儿，佳士提斯的魅力在她身上起了作用，她竟然偶尔被他的话逗得大笑。

那天晚上，大约10点钟，我们发现前面灯光闪烁。迷人的灯光似乎向四面八方放射开来。对我来说，电总是神奇而奢侈的，而这里却是电的世界、灯的海洋。看到从孩提时代就听说过的这座城市，我特别激动。约翰内斯堡一直被描绘成梦幻般的城市。这是一个充满危险和机会的城市，在这里，一个贫穷的农民可以变成富有的财主。我想起了巴纳巴基在割礼训练期间讲过的一个又一个故事：那里的楼房高得让你看不到楼顶，那里的人讲的语言是你从来没有听过的语言，那里到处都是豪华的汽车、漂亮的女人和横冲直撞的魔鬼。这是一座黄金之都，我很快就要在这里安家落户！

在城市的近郊，交通越来越拥挤。我从来没有看到过路上同时有那么多汽车。即使是乌姆塔塔，充其量也不过有几辆汽车，而这里却有成千上万辆。我们绕城环行，而没有直接进城。但是，我能隐约看见那一片一片的高楼大厦，在昏暗的夜空中显得更加昏暗。在路上，我看见巨大的广告牌上展示着香烟、糖和啤酒广告。所有这一切，似乎特别地富有魅力。

很快，我们来到了大片的豪宅区，即使最小的豪宅也比摄政王的王宫大。豪宅前都有草坪和高大的铁门。我们开车进入其中一所豪宅的停车道，这里是老太太的女儿居住的地方。佳士提斯和我被安排在佣人居住的偏房，我们将在那里住一宿。向老人道谢之后，我们就进入了房间，躺在地板上休息。但是，约翰内斯堡的繁荣让我如此激动，我感觉仿佛自己那天晚上是在漂亮的羽毛褥垫上睡的觉。希望似乎是无限的，此时的我就像是经过长长的跋涉到达了终点。但事实上，这只是在更长更长的旅途中迈出的第一步，它将以我当时没有想象到的方式继续考验我。

第二部

约翰内斯堡

9...

当我们到达克朗金矿办公室的时候，已经是黎明了。克朗金矿位于约翰内斯堡附近的一个寂静、昏暗的大山丘平原上。约翰内斯堡是由于威特沃特斯兰德发现金矿于 1886 年建立起来的一座黄金城市，而克朗金矿则是这座黄金城市中最大的金矿。我本想能在这里看见像乌姆塔塔市内的政府大厦那样的大楼，但克朗金矿的办公室却原来是建在金矿前面的锈迹斑斑的铁皮房子。

金矿并没有什么奇特的地方，光秃秃、坑坑洼洼，到处是污泥垢土，但就是没有树，四周围着篱笆墙。金矿就像是经过战争破坏过的战场，到处是刺耳的噪音：有轴式卷扬机的摩擦声，有电钻的冲击声，有发电机的轰鸣声，有下达命令的吼叫声。所见之处，到处是身穿工作服、看上去疲惫不堪、压弯了腰的黑人。他们住的是凄凉阴冷、单一性别的简陋房，房子里有几百个水泥床，彼此相隔只有几英寸。

在威特沃特斯兰德，采金的成本很高，这是因为矿石的含金量低、矿井深。只有成千上万工作时间长、收入低、无人权可言的廉价黑人劳力的存在，才能使白人拥有的、建筑于黑人脊背之上的矿业公司有利可图，掘取比克罗伊斯（Croesus，公元前 6 世纪吕底亚最后一代国王，以财富闻名）还要富有的财富。以前我从来没见过这样的企业、这样大的机器、这样得法的组织、这样辛苦的工作，这是我第一次看到南非的资本主义。我知道，我即将接受一种全新的教育。

我们直接去找工头。皮利索是一个粗暴的老工头，依靠他的冷酷无情谋生。他知道佳士提斯，因为摄政王几个月前曾写过一封信，要求为他安排一个管理工作。这种工作在金矿上是最令人羡慕、最受人尊重的工作。但他不了解我。佳士提斯解释说，我是他的弟弟。

“我只接受佳士提斯，”皮利索回答说，“你父亲的信没有提你弟弟的事。”他十分怀疑地看着我。但佳士提斯请求说，那仅仅是个疏忽，摄政王对我的事也发过信。皮利索那无情的外表之下也隐藏着有同情心的一面，于是，他让我担任金矿上的保安，并说，如果干得好，三个月后将给我安排一份管理工作。

摄政王的话在克朗金矿很有分量。在南非，所有的酋长都是如此。采矿官员都想从农村招募劳工，各个酋长对他们所需要的人都有控制权。他们需要酋长们鼓励自己的老百姓来矿脉做苦工。酋长的待遇与普通人大不相同。当他们来金矿参观时，矿主总是提供特别优厚的吃住条件。酋长的一封信足以使一个人得到一份好工作。由于我们的关系，佳士提斯和我受到特别照顾。我们工作没有定额，我们被安排了较好的睡觉的地方，并且有少量的工资。第一天晚上，我们没有住简陋的铁皮房。出于对摄政王的尊重，皮利索邀请佳士提斯和我与他住在一起。

许多矿工，特别是那些来自泰姆布兰的矿工，拿佳士提斯像酋长一样对待，他们用现金作为礼物欢迎他。当酋长来参观时，这通常是一种惯例。这些人多数都住在同一个住所，矿工们通常是按部落隔离安排住处。矿主这样安排是为了防止不同部落为了共同的不满情绪而团结在一起，因此有利于管理。但隔离安排住处也常常会导致不同部落、不同民族之间发生派系争斗。对于这种争斗，矿主没有刻意地加以防止。

佳士提斯把他得到的礼物也分给我一些，并且作为奖金另给我一点额外的英镑。开始那几天，我们的口袋里总是叮当响着新的有钱人通常有的那种硬币碰击声。我感觉自己就好像成了一个百万富翁。我开始觉得我是一个幸运的孩子，幸运之光就在我身上闪耀，如果我们不是在大学里浪费了宝贵的时间，说不定我们真的已经成了百万富翁！我又一次看到，命运把我抛弃了。

很快，我作为一名值夜班的金矿保安开始工作。矿上给我发了一身保安服、一双皮靴、一顶钢盔、一个手电筒、一个哨子和一根圆头木棒。这是一种一端有大圆球的木棒。工作很简单：站在写着“注意，土著人从这里穿行”的警示牌的矿井入口，检查每个从这里出入的人是否有通行证。开始几天，我在矿上巡查并未发现任何事故隐患。然而，有一天深夜，我确实逮住了一位喝醉了酒的矿工。但是，他温顺地出示了通行证，然后就回了他的住所。

由于让成功冲昏了头脑，佳士提斯和我向我们在家就认识的一位朋友吹嘘起了我们的聪明，这个人也在这个金矿上工作。我们对他说，我们如何逃出王宫，如何欺骗摄政王等。尽管我们让那人为我们保密，但是，他却直接去找那位工头告了密。一天以后，皮利索召见了我们。他问佳士提斯的第一个问题就是：“摄政王批准你弟弟出来工作的证明在哪里？”佳士提斯说他对此事已经作了说明，摄政王已经寄了证明信。皮利索并没有由于他的回答而态度有所缓和。我们感觉似乎出了什么事情。然后，他从写字台里拿出了一封电报。“我与摄政王已经取得了联系。”他用严肃的口气说，并把电报递给了我们。电报上说：“立即把两个孩子送回家。”

然后，皮利索对我们大为恼火，骂我们向他撒谎，说我们滥用他的热情和摄政王的好名声。他告诉我们，他准备在矿工中集资，买火车票把我们送回特兰斯凯。佳士提斯反对回家，并说，我们仅仅是要在矿上工作，我们能自己做主。但是，皮利索根本不予理睬。我们感觉很丢面子，也感到受了侮辱。于是，我们离开了他的办公室，但下定决心不回特兰斯凯。

我们很快想出了另一个主意，去找 A. B. 埃克苏玛医生。他是摄政王的一个老朋友，也是非洲人国民大会的主席。埃克苏玛医生来自特兰斯凯，是一位非常受尊敬的医生。

埃克苏玛医生见到我们很高兴，并非常热情地向我们打听穆克孜韦尼家乡的情况。我们告诉他许多有关我们来约翰内斯堡的半真半假的情况，并说很想在金矿上找个工作。埃克苏玛医生说他愿意帮助我们，并马上给金矿协会的维尔比拉伍德先生打了电话。金矿协会是代表矿主的很有权威的组织，专门管理矿工雇用事务。埃克苏玛医生告诉维尔比拉伍德先生，我们是如何如何优秀，他应该给我们找个地方。我们谢别了埃克苏玛医生，马上去找维尔比拉伍德先生。

维尔比拉伍德先生是一个白人，他的办公室比我见过的任何办公室都气派。他的写字台似乎有足球场那么大。我们在一位名叫费斯特尔的金矿老板的陪同下见到了他。我们把说给埃克苏玛医生的原话又向他复述了一遍，维尔比拉伍德先生对我说的来威特沃特斯兰德大学继续深造但并非完全是事实的理由印象很深。“好吧，小伙子们，”他说，“我将介绍你们去与克朗金矿的经理皮利索联系，我告诉他给你们安排个管理工作。”他说他与皮利索在一起工作了30 年，在这么长的时间里，皮利索从来没有对他不忠过。佳士提斯和我听后感觉局促不安，但是并没有说什么。尽管有些担心，但我们幼稚地认为，我们现在比皮利索占优势，因为我们有他的上司维尔比拉伍德为我们撑腰。

我们又回到了克朗金矿办公室。由于我们递交了维尔比拉伍德的信，那里的一位白人经理对我们很客气。就在这时，皮利索从办公室门前经过，他一眼看见了我们，于是气势汹汹地走了进来。“你们这两个青年人！你们又回来了！”他生气地说，“你们在这里干什么？”

佳士提斯很镇定。“我们是维尔比拉伍德先生派来的。”他回答说，语气中带有一点挑衅的味道。皮利索先生考虑了一会儿。“你告诉他你们是背着父亲偷着跑出来的了吗？”皮利索反问道。佳士提斯没有吭声。

“你们不用指望在我管理的金矿上找到工作！”他吼叫着说，“现在，你们给我走远点！”佳士提斯挥舞了一下维尔比拉伍德先生的信。“我不在乎这封信！”皮利索说。我观察那位白人经理，希望他能管管皮利索。但是，他却像雕塑一样在那里不吭声，似乎像我们一样胆怯。我们拿皮利索毫无办法，只好乖乖地离开那个办公室，感觉比第一次还要沮丧。

我们的时运开始逆转：没有工作，没有希望，也没有地方住。佳士提斯在约翰内斯堡认识各种各样的人，他进城为我们寻找居住的地方。与此同时，我提着我们的行李箱，打算随后在约翰内斯堡南面的小城镇乔治高诗与他碰头。

我请求在老家就认识的一位名叫比基沙的人帮我把箱子提到前门，有一位保安把我们挡在门口，说是要搜查一下箱子。比基沙不同意，说箱子里没有犯法的东西。保安说搜查是例行公事。他草率地搜查了一下箱子，连里面的衣服都没有翻动。比基沙是个高傲的人，当保安正准备盖上箱子的时候，他说："你为什么找这个麻烦？我告诉你，里面没有什么犯法的东西。"这句话激怒了保安，他决定仔细检查箱子里的东西。当他搜查箱子里的每个角落并搜查每个衣服口袋的时候，我越来越紧张。他一直翻到了箱子底，找到了我不希望他找到的那件东西：裹在我的衣服里面的那把左轮连发手枪。

他转身对比基沙说："你被捕了。"然后，他吹响了哨子，哨音唤来了一群保安。当他们把他带往当地警察局的时候，比基沙用担心而困惑的神情看着我。我与他们保持一段距离，跟在他们后面考虑对策。老式左轮连发手枪是我父亲的遗物，是他临死前留给我的，我从来没有用过。但是，为了防身，我把它带在身上来到了这座城市。

我不能让朋友承担罪名，在他们进了警察局不久，我就进去要找负责此事的警察官。我被带到了一个警察官面前，尽量直截了当地坦承："先生，在我朋友的箱子里发现的那支枪是我的。它是在特兰斯凯从我父亲那里传给我的。我把它带到这里，是怕遇上强盗。"我向他们解释说，我是福特黑尔大学的学生，我仅仅是暂时住在约翰内斯堡。警察官随着我的解释也和气了一点，他说，他将马上释放我的朋友。并说，尽管他不逮捕我，但是因为我拥有枪支，必须把我送上法庭。需要我做的第一件事就是礼拜一上午去法庭应诉。我很感激他，告诉他我礼拜一上午一定去法庭。那天上午我真的去了，在法庭上我只收到了一张象征性的罚单。

与此同时，我也作出了安排，准备去乔治高诗镇，住在我的堂哥戈利克·穆贝基尼家。他是一个卖衣服的小商贩，只有一间盒子大小的小房子。他友好而热情，到了那里不久，我就把我准备当一名律师的真实愿望告诉了他。他称赞我有志气，并说他将对我说的话认真加以考虑。

几天后，戈利克告诉我，他准备带我去见"约翰内斯堡一个最好的人"。我们乘坐去市场大街的汽车来到了一个财产代理公司。市场大街是一个人口密度大、玩耍娱乐地方多的去处。这里的每条街道都有满载旅客的有轨电车和布满摊贩的人行道，让人感觉财富就在每一个角落。

那时的约翰内斯堡既是一个新开发的城市，又是一个现代化的城市。屠夫就在办公大楼临近的大街上卖肉，拥挤的商店附近到处都是帐篷，高耸入云的大楼旁边晾晒着女士们洗好的衣物。工业由于战争而得到振兴。1939年，南非作为一个英联邦的成员国曾向纳粹德国宣战，农村为战争输送人力和物力。劳工们的需求量很大，约翰内斯堡成了吸引非洲人从农村到城市寻找工作的"磁铁"。我在约翰内斯堡的1941年到1946年之间，这座城市里的非洲人成倍地增加。每天早晨，人们会感觉这座城市又比昨天扩大了一圈。男士们在非欧洲化城镇上寻找工作和住处。这些城镇包括纽克莱尔、乔治高诗、亚历山大、索菲亚顿和西部土著人乡镇。数千个火柴盒式的房子像监狱般建造在光秃秃的土地上。

戈利克和我坐在财产代理公司的会客厅里，一位可爱的黑人招待员向办公室里面的老板报告了我们的到来。报告完此事之后，她那灵巧的手指开始随着打印信函在键盘上来回舞动。我以前从来没有见过非洲人打字员，见到女性黑人打字员的机会就更少。在我参观过的乌姆塔塔和福特黑尔为数不多的政府部门和贸易公司里，打字员总是白人和男士。我之所以对这位年轻女士印象特别深，是因为那些白人男打字员只能用两个慢慢移动的手指打字。

她很快让我们进了办公室，在那里我被介绍给一位男士。此人看上去有30多岁，长着一张聪明、善良、表情丰富的脸。他身穿一件双排扣的上衣，尽管年龄不大，但在我看来却很老练。他也是特兰斯凯人，但他却能讲一口流利的英语。通过人来人往的会客厅和写字台上堆着厚厚的材料判断，他是一个忙忙碌碌、事业有成的男士。不过，他并没有草率地应付我，似乎对我的到来由衷地感兴趣。他名叫瓦尔特·西苏陆。

西苏陆的办公室专门配备了非洲办公用具，在20世纪40年代，仍然有一些地区允许非洲人购买不动产。非洲人购买的小农场大多坐落在像亚历山大和索菲亚顿这样的地方。非洲人连续几代都在其中一些地方拥有自己的家。其余的非洲人则居住在城市，城市里有许多火柴盒式房子，住户需要向约翰内斯堡市政厅缴纳租金。

西苏陆由于既是商人又是当地的领导人而出名，他已经是社团的代表人物。在我叙述我在福特黑尔遇到的困难、准备当律师的决心和想在南非大学注册以便通过函授教育取得学位的过程中，他一直认认真真地倾听。由于疏忽，我没有告诉他我到约翰内斯堡的情况。当我说完后，他身子往后一仰，靠在椅子上沉思我所讲的事情。然后，他看了看我说，他的同事中有一个白人律师，名叫拉泽·希代尔斯基，并称赞他是一位高雅而进步的人。他说，希代尔斯基对非洲教育很热心，他将与他谈谈，让我当他的合同雇员。

在那些日子里，我相信英语娴熟和生意成功都是获得高学历的直接结果。我推断，西苏陆事业有成，他当然是一个大学毕业生。但让我大吃一惊的是，在我们离开西苏陆的办公室后，我堂兄告诉我，西苏陆从来没有通过标准六级教育考试。在约翰内斯堡，我必须忘却从福特黑尔大学得到的这个教训。我一直接受这样的教育：

取得文科学士学位就意味着当官，要想当官就必须有文科学士学位。但是，在约翰内斯堡，我发现许多杰出的官员根本就没上过大学。即便是我学完文科学士学位所要求的全部英语课程，我的英语流利水平和口才也比不上我在约翰内斯堡遇见的许多从来没有获得学历毕业证的人。

与堂兄一起住了短短的一段时间后，我准备搬到圣公会教堂的J. 马布托牧师家里去住。他家位于亚历山大镇第八大街。马布托牧师是泰姆布人，也是我家的朋友。他是一个慷慨、信奉上帝的人。他的夫人（我通常称她高诰），是一位热情好客而乐意帮助别人的人，她也是一位高级厨师。作为一个对我家庭很熟悉的泰姆布人，马布托牧师认为有责任帮助我。他经常对我说："我们的祖先教导我们，有福共享，有难同当。"

但我还是没有从克朗金矿的经历中吸取教训，因为我没有把我离开特兰斯凯的情况告诉马布托牧师。搬到马布托牧师家中不久，有一位客人来拜访马布托牧师，我陪着他们喝茶。不凑巧的是，来客正是金矿协会的费斯特尔先生。当佳士提斯和我去找维尔比拉伍德先生的时候，费斯特尔一直在场。费斯特尔先生和我以彼此相识的方式相互打了招呼。尽管我们没提上次见面的事，但第二天，马布托牧师就把我叫到一边，明确告诉我，我不能再在他家住下去了。

我埋怨自己没有把全部真实情况告诉他。我变得如此习惯于说谎，甚至不需要说谎的时候也说谎。我相信，如果我事先把全部真实情况告诉他，他肯定不会介意。但是，他从费斯特尔那里知道了我的情况后，他感觉上当受骗了。在约翰内斯堡短暂的逗留期间，我说了一路的谎话，而每次说谎最终都会给我带来苦果。当时，我认为没有别的办法，因为我胆小且没有经验。我知道，我还没有在新的生活中迈出正确的一步。在这种情况下，马布托牧师可怜我，于是又给我找了一个居住的地方，让我与他的邻居库玛住在一起。

库玛先生是亚历山大很少的拥有土地的黑人精英之一。他的家在第七大街46号。房子很小，特别是他有6个孩子，房子就更显得狭小。房子虽小但很温馨，不但有一个圆形房子，而且房子前还有一个微型菜园。为了勉强度日，库玛先生像许多亚历山大居民一样，只好向外租赁住房。他在房子后面建了一个薄顶房，比棚子好不了多少，地面又脏又乱，没有取暖设施、没有电、没有自来水，但是它却是我自己的一个小天地。有这样一个小房子住，我已经感到心满意足了。

同时，在瓦尔特先生的推荐下，拉泽·希代尔斯基同意我取得文科学士学位时聘用我。“维特金－希代尔斯基－埃代尔曼”三人公司是约翰内斯堡最大的律师事务所之一，受理黑人和白人的诉讼案子。除了学习法律和通过一定水平的考试之外，为了在南非成为一个合格的律师，还必须经过几年的学徒生涯，这种学徒叫供职约定。但是，为了能获得供职约定，我必须首先取得文科学士学位。为达到这一目的，我在南非大学读函授。这是一种很受欢迎的教育形式，人们可以通过函授获得学历证书和学位。

除了受理常规诉讼案子之外，该律师事务所还向非洲诉讼委托人提供财产交易方面的法律服务。瓦尔特给这个律师事务所介绍了许多需要财产抵押的诉讼委托人，律师事务所将受理他们的贷款申请，然后收取代理费。这种代理费需要分给非洲财产代理公司。事实上，律师事务所拿大头，剩下的一小部分留给非洲财产代理公司。黑人只能拿到一点零头作报酬，并且别无选择。

就是这样，该律师事务所也比其他绝大多数律师事务所自由得多。这是一家犹太人开办的事务所。根据我的经验，我认为犹太人在种族和政治问题上比白人心胸宽阔得多。这可能是因为他们自己就是历史上偏见的牺牲品。作为律师事务所的合伙人之一，拉泽·希代尔斯基能接受一个非洲青年作为约定雇员，这在当时是没有听说过的新鲜事儿。这个事实也是该律师事务所更崇尚自由的一个证明。

希代尔斯基先生是威特沃特斯兰德大学的毕业生。我非常尊敬他，他对我也特别好。我到该事务所工作的时候，他只有35岁左右。他热心于非洲教育，为非洲学校捐钱，有时免费服务。他身材修长，有尊严、有礼貌，留着整齐的八字胡。对我的事，他是真心实意地关心。他告诉我，教育对我个人和全体非洲人都非常重要，只有大规模地开展教育，我们的人民才能获得自由。他认为，一个受过教育的人不会遭受压迫，因为他能够自我思考。他一遍一遍地告诉我，成为一个成功的律师也就为非洲人树立了成功的榜样。这就是我应该走的最有价值的道路。

上班的第一天，我在办公室里与该事务所的多数职员见了面，其中包括一位名叫高尔·瑞德贝的非洲雇员。我与高尔就在一个办公室。高尔比我大十岁，他既是一个职员，又是翻译和通信员。他个子不高，但肌肉发达，很结实。他能流利地讲英语、索托语和祖鲁语，并能用这些语言准确地表达自己。他很幽默，很有信心，也有很强的判断能力和辩论能力。在约翰内斯堡的黑人社会里，他是一个著名的人物。

在律师事务所上班的第一天上午，一位年轻的白人秘书丽波曼女士把我拉到一边说："纳尔逊，在这个律师事务所里没有肤色隔阂。"一位服务生托着茶盘和杯子来到了前会客厅。她说："为了你的到来，我们为你和高尔买了两个新杯子，秘书负责给几位主管端茶倒水，而你和高尔需要自己端，我们也都是自己端。当茶水来了的时候我会叫你们，然后你们可以拿你们的新茶杯。"她还让我把这些话告诉高尔。对她的殷勤我很感激。但是我知道，她那么认真地提及"两个新杯子"只不过就是她声称不存在肤色隔阂的一种证明。秘书们可以与两个非洲人共同喝茶，但喝茶的杯子不能混用。

当我把秘书丽波曼的话转告给高尔的时候，我注意到了他的表情变化，他说："正如你所知道的那样，一种有害的思想进入了一个小孩的头脑中。纳尔逊，在喝茶的时候不要担心，看我怎么做你就怎么做。"11点钟，丽波曼女士告诉我们茶水来了。秘书和其他职员面前都有了茶水，高尔走到茶盘前假装没有看见那两个新杯子，而是从旧杯子中选了一个，紧接着大方地放入糖、牛奶，然后倒上茶水。他慢慢地搅动着杯子里的茶水，然后站在那里非常自我满足地喝起来。丽波曼瞪大眼睛看了看高尔。此时高尔向我点了点头，好像是说："轮到你了，纳尔逊。"

我困惑了一会儿，我既不想冒犯丽波曼，也不想疏远我这位新同事。因此，我决定采取对我来说似乎是最谨慎的应对方式：我一点都不想喝茶，我不渴。当时我 23 岁，作为一个男子汉，作为一个约翰内斯堡的居民，作为一个有上百人律师事务所的雇员，我才刚刚独立，我把中间道路看作最好、最理智的道路。从此之后，一到喝茶的时间，我总是独自一人到事务所内的小厨房里去喝茶。

秘书也并非总想得那么周到。过了一段时间后，我在所里也更有经验了。有一天，我正在向一位白人秘书口授情况，这时，这位秘书认识的一位白人诉讼委托人走进了办公室，使她感到很不好意思。为显示她并不是在听一个非洲人口授，她从钱包里掏出 6 个便士，傲慢地说："纳尔逊，出去到化妆品商店给我买些香波。"于是，我离开办公室去给她买香波。

开始，我在律师事务所里干的都是些很基础性的工作，既是一个法律职员，又是一个通信员。找资料、整理资料、资料归档，这都是我要干的活。后来，我又为非洲诉讼委托人起草合同。但是，不管活多么小，希代尔斯基先生总是向我说明为什么干和为什么让我干。他是一个有耐心、宽厚待人的师长，不但努力向我传授法律知识，而且还告诉我背后的道理。他的法律知识面很宽，因为他认为法律是可以用来改变社会的工具。

在希代尔斯基先生传授他的法律观点的时候，他警告我要抵制政治方面的影响。他说，政治会在人们中间产生坏的影响，政治是麻烦和腐败的根源，应当不惜一切代价避免政治的影响。他认为，如果沾染上政治，我将有可能陷入可怕的境地。他忠告我，不要与他认为是制造麻烦和煽动是非的人在一起，特别是高尔·瑞德贝、瓦尔特·西苏陆。希代尔斯基在尊重他们的才能的同时，也厌恶他们的政治倾向。

高尔的确是一个“制造麻烦的人”，这种表述恰如其分。他是一个在非洲社团内有影响的人，但对于其影响方式，希代尔斯基先生并不知道，或者说只是有点怀疑。他是西部土著人镇上的咨询委员会成员，该委员会是选举产生的，由 4 位为了镇上的问题出面与当局交涉的人组成。尽管权力不大，该委员会在土著人中却有很高的威望。我很快知道，高尔也是一位重要人物。他既是非洲人国民大会的成员，又是南非共产党党员。

高尔是个很有主心骨的人。他对我们的雇主并不客气，常常因为几位雇主对非洲人不公而谴责他们。他会说：“你们的人窃取了我们的土地，并奴役我们，现在你们又无情地剥削我们。”一天，我外出办完事回来走进了希代尔斯基的办公室，高尔转身对他说：“看！你坐在这里和老爷一样，而我们四处奔忙为你们办事。这种局面应该倒过来，有一天是会倒过来的，我们将把你们赶进大海里去。”然后高尔离开了办公室，希代尔斯基在那里沮丧地直摇头。高尔虽然没有文科学士学位，但他却是比带着闪光的学位离开福特黑尔大学的那些人水平还高的一个榜样。这不仅表现在他接受知识快，也因为他勇敢而自信。尽管我有意为完成学业、获取学位去法学院学习，但是，我从高尔那里得知，学位本身并不是晋升的保证，只有走出大学、融入社会中证明自己，学位才有价值。

在“维特金－希代尔斯基－埃代尔曼”律师事务所，我并不是唯一的约定职员。一个年龄与我差不多的人名叫耐特·布瑞格曼，他在我被录用前不久才开始在该事务所工作。耐特聪明、友好、思路开阔，似乎完全“色盲”，可以说是我的第一个白人朋友。他模仿能力很强，可以逼真地模仿扬·史末资、富兰克林·罗斯福、温斯顿·丘吉尔的声音。我经常见他对法律事务和办公程序发表意见，并不知疲倦地帮助别人。

有一天吃午饭的时候，我们正坐在办公室里，耐特掏出了一包三明治。他拿了一个三明治对我说:“纳尔逊,拿着三明治的那一头。”我不知他为什么让我这样做，但是，我饿了，因此决定按照他的要求去做。“好，掰一块。”他说。于是我就掰了一块，三明治变成了两块。“好吧，让我们一起吃。”他对我说。在我嚼着三明治的时候，耐特说：“纳尔逊，我们现在做的就象征着共产党的理论——分享我的一切。”他告诉我他是一名共产党员，并向我介绍了共产党的基本知识。我知道高尔是共产党党员，但是他从来没有向我介绍过共产党的基本知识。那天我听了耐特的话，后来，他在宣传共产主义优越性的时候试图劝我加入共产党。我听出他的意思，也提问了问题，但是并没有参加。我不想参加任何政治组织，希代尔斯基的忠告还在我的耳边萦绕。我对宗教相当执著，共产党对宗教的立场使我对它敬而远之。不过，我很感激那半块三明治。

我喜欢与耐特在一起，我们经常到外面走走，其中包括去听演讲和参加共产党的会议。我出去参加这些活动，主要是出于知识分子的好奇心。我越来越了解我们国家种族压迫的历史，并且把南非的斗争看成是纯粹的种族斗争。但是，共产党则是通过阶级斗争的透镜观察南非问题，他们认为是有没有压迫的问题。这个理论激发了我的兴趣和好奇心，但我又觉得这种理论与今天的南非似乎没有特别的关系。它可能适用于德国、英国或俄国，但对我所了解的这个国家似乎不适用。即便如此，我仍然去听、去学这些东西。

耐特邀请我参加了几次聚会，那里各种人混杂在一起，白人、非洲人、印度人，也有有色人。这些聚会是由共产党组织的，多数参加者都是共产党员。我记得第一次参加这样的活动时自己心里有些担心，主要是因为没有适当的服装。在福特黑尔大学，我们接受的教育是，参加任何社会活动都要系领带、穿正规衣服。尽管我的衣柜里的衣服极其有限，但我还是设法找到了一条领带去参加聚会。

我发现了一群有生气且喜欢群居的人，他们似乎根本不在乎肤色。这是我第一次参加各色人种混杂在一起的聚会。我与其说是一位参加聚会者，倒不如说是一位观望者。我感到羞涩，担心出现什么差错，不习惯参加海阔天空、情绪激昂的对话。与我周围发表成熟见解的人相比，我的思想似乎还没有开化。

那天晚上，通过别人介绍，我认识了迈克尔·哈迈尔先生。我听说他是罗德斯大学毕业的英文硕士。我对他的这一学位印象尤其深刻，但到我见到他的时候，心中却在犯嘀咕："这个人有硕士学位，竟然没有打领带！"对于这个认识上的矛盾，我无法理解。后来，迈克尔和我成了好朋友。我开始佩服他，在一定程度上是因为他帮我抛弃了极其愚蠢的旧思想。他不仅是一个卓越的作家，也是一个执著的共产主义者，尽管他能够享受很富有的生活，但是，他却坚持与非洲人相同的生活方式。

10...

亚历山大的生活是愉快的，也是令人感到不稳定的。那里的气氛活跃，那里的精神富有冒险性，那里的人民足智多谋。尽管那里的城镇也有个别漂亮的建筑，但是公正地说，那里可以用"贫民窟"、"当局对那里的生活漠不关心"来描述。那里的道路什么也没铺，脏乱不堪，饥饿、营养不良的儿童半裸着身子四处乱跑。空气中混合着浓浓的、从马口铁火盆里和炉灶里冒出的煤烟。几户人家共用一个水龙头，从路旁流下汇聚而成的一摊摊死水蛆满为患，散发着恶臭。由于根本没有电，亚历山大被认为是一座"黑暗城镇"。夜间步行回家非常危险，因为没有灯光。寂静偶尔被喊叫声、狂笑声和枪声打破。这种黑暗与特兰斯凯的黑暗完全不同，那里的黑暗似乎是把一个人包裹在欢迎的怀抱里。

城镇区拥挤得令人绝望，每平方英尺土地不是被摇摇欲坠的房子占据，就是被铁皮屋子充斥。在特别差的地方，邪恶暴力经常发生。生命在这里是廉价的，夜里经常发生动刀动枪的暴力事件。这里身带弹簧刀的强盗很多，也很出名，当地人把这些强盗称作“曹次司”（tsotsis，歹徒）。那个年月，他们模仿美国电影明星，头戴浅顶呢帽，身穿双排扣上衣，系着宽而华丽的领带。在亚历山大，警察出警是生活中的一大特点。警察经常大量地抓人，因为那里的人行施暴力，拥有烈性酒，也不缴纳人头税。几乎每个角落里都有铁皮屋地下酒吧、非法沙龙，这些地方都出售自酿啤酒。

尽管亚历山大的生活像地狱，但是，这里也是个致富之地。作为南非为数不多的非洲人可以积累私有财产的地区之一，他们可以在此经营自己的产业。在这里，非洲人不必向白人市政管理当局磕头。亚历山大是一片希望的沃土，见证了我们的人民冲破当地的约束、成为城市永久居住者的历程。为了让非洲人生活在农村或在矿上打工，白人政府坚持认为非洲人本质上就是农村人，不适合城市生活。亚历山大尽管存在这样那样的问题，但是它却戳穿了这种无耻的谎言。其居民来自各个非洲部落，完全适应城市的生活和政治意识。城市生活有利于抹掉部落之间和种族之间的隔阂，我们不是科萨人、索托人、祖鲁人或山杠人，我们是亚历山大人。这种生活创造的团结意识，在白人当局中引起了巨大的震动。白人政府在处理非洲人的时候总是采取“分而治之”的策略和依靠人民中的种族分裂势力。但是在亚历山大这样的地方，这些差别是不存在的。

亚历山大在我心中占据着重要位置，因为这是我离家之后居住的第一个地方。尽管后来我居住在索韦托地区的奥兰多，而且居住的时间远比居住在亚历山大的时间长，但是，我总是这样看，虽然在亚历山大没有自己的房子，但它却是自己的家，而奥兰多虽然有自己的房子，但它却不是自己的家。

在亚历山大的第一年，我比在库努生活的孩提时代更加了解贫穷的含义。我似乎从来就没有钱，我想方设法依靠各种生活资源生存。律师事务所每周付给我 2 英镑，其中包括合同约定职员一般要付给律师事务所的一大块学徒费。在每周 2 英镑的收入中，作为房费，我每月支付库玛先生 13 先令 4 便士；来往亚历山大最便宜的交通方式是只供非洲人乘坐的“土著人巴士”，每月要支付 1 英镑 10 便士，这用去了我收入中相当大的一部分。为了通过函授完成学业，我还要支付南非大学的各种学习费用；另外大约 1 英镑是生活费。薪金的一部分还要购买更重要的物品——蜡烛，没有蜡烛我就无法学习。我买不起一盏煤油灯，蜡烛陪伴着我每天苦读到深夜。

显然，每个月我都要差几便士。为了节省车费，每月有几天我要早晨走 6 英里去城里上班，晚上再走 6 英里回家。我常常饿着肚子度过一天又一天，衣服也无钱更换。有一次，希代尔斯基先生把他的一身旧衣服给了我，他与我一般高。衣服缝了又缝、补了又补，五年中我几乎天天穿着它，到后来，那套衣服到处是补丁摞补丁。

一天下午，我乘巴士回亚历山大，与一个年龄和我差不多的人坐在一起。他是那种喜欢穿美国电影中强盗穿的服装的青年人。我发现我的衣服刚刚触及他的衣服边，他就看到了，于是他非常在乎地动了动身，使我的衣服不再靠在他的衣服上。这是一个微不足道的小动作，想起来有点可笑，但当时却令人痛心。

帮助穷人是没有什么好说的，但是，帮助穷人常常是真实友情的孵化器。当有钱的时候，许多人都会向你表示友好，但是，当你贫穷的时候，则很少有人与你交往。如果财富是一块吸铁石，那么贫穷就是一个排斥器。贫穷也常常会引起别人的同情。一天早晨，为了省钱，我决定步行去城里上班。在路上认出了一位年轻女士，她是我在福特黑尔大学的同学，名叫皮利斯 · 马赛库。她在大街的同一侧向我走来。我由于穿得太破而不好意思见她，因此想横过大街，希望她认不出我。但是，我听她喊“纳尔逊……纳尔逊”！我停住了脚步，并转身走上前去，假装这时才认出了她。她见到我很高兴，但是，我不知道自己看上去有多么寒碜。“纳尔逊，”她说，“这是我的地址，奥兰多东 234 号，请你到我家里去玩。”我决心不再自己羞辱自己，但有一天我需要正常地吃一顿饭，于是就来到了她的家里。她没有因为我贫穷而小看我，从那以后，我经常去看她。

我的房东库玛并不富裕，但是，他是一位慈善家。每个礼拜天，我往往一整天都在挨饿，他和他的夫人总是为我提供免费午餐。那些蒸猪肉和蔬菜常常是我一周能吃上的唯一一顿热饭。不管我在哪里或做什么，礼拜天我决不会不到库玛先生家。其余时间，我都是靠面包维持生活。有时候，所里的秘书们也会给我带些吃的。

那时候我很落后，贫穷和乡土习惯有时会闹出笑话。有一天，我搬到库玛先生家里时间不长，我走在从约翰内斯堡回家的路上，十分饥饿。我已经节余了一点钱，决定挥霍一次，买点鲜肉。我好久没有吃到肉了。因为周围没有正规的屠宰肉店，于是我走进了一家熟食店。这是我来到约翰内斯堡之后才看到的一种商店，透过玻璃，我看见一大块令人馋涎欲滴的肉。我叫站在柜台后面的一位先生给切了一块。他把肉包好递给了我。我拿着那块肉，抱着有一顿美餐等着我的梦想直奔家中而去。

当我回到亚历山大我的房间的时候，我招呼房东的小女儿。她只有 7 岁，但她是一个聪明的小女孩。我对她说：“你把这块肉拿去让你姐姐帮我做熟好吗？”我看她想笑，但又控制着没笑出来。因为她十分尊敬长者。我感觉有些不对劲，于是问她是否有什么差错。她乖乖地说：“这块肉是熟的。”我问她说什么，她解释说我买的是一块火腿，可以直接吃。这对我完全是一件新鲜事。我没有承认自己完全无知，告诉她我知道那是一块做熟了的火腿，但我想热一下。她知道我是在不懂装懂，便跑着离开了我。那块肉好吃极了。

在亚历山大，我与生性活泼的爱伦·恩卡彬德续上了旧。我在希尔德顿读书时就认识她，这时她正在亚历山大的一所学校里教书。

事实上，爱伦和我已经坠入了爱河。在希尔德顿，我对她只是稍有了解。直到在亚历山大我们重逢的时候，我们之间的爱情种子才开始绽开花朵。那时，我与她在一起的空闲时间太少了，谈情说爱很困难：我们周围总是有那么多人，几乎没有适合谈恋爱的地方。我们唯一能单独在一起的地方就是外面的露天场所，因此，爱伦和我只好在亚历山大城内的草地上或小山上走一走。我们大多只是在一起走走而已，当时间允许的时候，我们也有可能搞一次野炊。

爱伦是斯威士人，尽管城内的部落观念越来越淡薄，但是，我的一位朋友却说我们之间的关系纯粹是建立在部落基础上的关系，我明确反对这种观点。但是，我们的不同背景也带来了一定的问题。马布托太太对爱伦不感兴趣，主要因为她是斯威士人。有一天，我正在马布托家里，马布托太太听见有人叫门。是爱伦，她正在找我。但马布托太太却说我不在。后来她才对我说："哼！纳尔逊，有位姑娘曾经来这里找你。"然后马布托太太问我："那个姑娘是山杠人吧？"尽管山杠人是名门望族，但是在当时，山杠人是个贬义词。我对此很生气，说："不，她不是山杠人，她是斯威士人。"马布托太太坚持认为我应该找个科萨姑娘。

这个劝告并没有阻止住我。我喜欢爱伦、尊敬爱伦。我认为，不听这个劝告倒是有点绅士风度。这种关系对我来说是新鲜的，与一位非科萨姑娘交往使我感觉自己很有胆识。我年轻，在城里无依无靠，爱伦不但担当了我的浪漫伴侣的角色，而且还担负起母亲般的责任。她支持我，给我信心、力量和希望。但是，几个月后，爱伦就搬走了，我们痛苦地相互失去了联系。

库玛先生有 5 个女儿，每个都十分可爱。最令人喜爱的是他的那个名叫迪迪的女儿。迪迪和我差不多大，她多数时间都在约翰内斯堡郊外的白人区里做家政服务。我刚刚搬进她家的时候，很少能见到她。但是，后来当我对她熟悉了的时候，我也爱上了她。但是迪迪对我却不屑一顾，原因是我只有一套补丁外衣和一件脏衬衣，形象与一个流浪汉没有什么两样。

迪迪每周末都返回亚历山大，总是在一位年轻小伙子的陪同下回家。我估计送她回家的那个年轻小伙子是她的男朋友，他帅气而又有钱,还有汽车,这是很少见的。他身穿昂贵的美国式双排扣服装，头上戴着宽边帽子,很注意外表。他可能干过强盗,对此我不敢肯定。他站在房子外面的院子里，双手插在西装背心的衣袋里，显得很神气。他客气地与我打招呼，但能看得出来，他并没有把我看作他的情敌。

我渴望告诉迪迪我爱她,但是我又害怕她不认真对待我的求爱。我几乎算不上风流小伙儿，在女士面前有些腼腆。我不知道或不懂得浪漫，而别人似乎玩浪漫丝毫都不费劲。周末的时候，迪迪的母亲有时让迪迪给我送一盘食物，迪迪会端着盘子来到我的门口。她似乎只是尽快地完成她的差使，而我则尽量让她多停留一会儿。我会问她对一些事情的看法，有各种各样的问题："你在学校里达到了几级水平？"我问她。她回答说五级。"你为什么不继续上学？"我又问。她说上烦了。"你一定要回学校继续上学，"我继续说，"你与我年龄差不多，这个年龄重新回学校学习不会错。不然，到老了的时候你会后悔的。你必须认真考虑考虑你的前途。你现在条件很好，年轻、漂亮，有很多人追求你，但是，你需要一个独立的职业。"

我知道这些话并不是一个年轻男士向他爱上的年轻女士说的最浪漫的话，但是，我不知道另外再对她说些什么。她听得很认真，但是，我不知道她是否对我说的话感兴趣，或者说，她是否认为她比我更优越。

我想向她求爱，但又不愿意这样做，除非我确信她会答应我。尽管我爱她，但我不想让她因为拒绝我而得到满足。我想追求她，但又没有勇气和决心。搞恋爱不像搞政治，小心谨慎通常不是好事。我既没有足够的信心去想我能够成功，也没有足够的勇气去忍受万一不成功而带来的痛苦。

我在那个房子里大约住了一年，最终我也没有表露我的这种情感。因为迪迪既没有对她的那位男朋友不感兴趣的任何表示，也没有对我更有意的任何意思。我怀着对她的友谊和对她全家的热情款待十分感激的心情告别了她和她的家人，随后好多年没有见到她。后来有一天，我在约翰内斯堡当律师的时候，有一位年轻女士和她母亲走进了我的办公室。那位年轻女士已经有了孩子，但她的男朋友仍然不愿意同她结婚，她想起诉她的那位男朋友。那位女士就是迪迪。只是当时她看上去有些憔悴，并且穿着一身褪了色的衣服。我看见她感到很难过，我想，事情怎么会是这样的一种结局？最终，她没有起诉她那位男朋友，从此之后我再也没有见到过她。

尽管缺少浪漫，但我还是渐渐适应了城市生活，开始养成了一种自立感，相信自己能够在我长大成人的这个世界上干出一番事业。我慢慢发现，我不必依靠我的王室关系或家庭支持去发展。我已经与那些不知道或不关心我与泰姆布王室有联系的人建立起了关系。我有我自己的家，尽管我的这个家很简陋，我要培养支撑自立所需要的自信和自力更生的精神。

1941 年年末，我接到摄政王准备访问约翰内斯堡并想见我的信。我很紧张，但是我知道应该见他，而且我也确实想见他。他住在威特沃特斯兰德土著劳工协会总部大院。威特沃特斯兰德土著劳工协会是一个沿矿脉招募矿工的办事机构。

摄政王几乎变成了另一个人，也可能是因为我的变化很大。他不再提我离家出走、福特黑尔大学和给我安排婚姻的事。他对我客气又关心，以慈父的方式询问了我的学习和未来的打算。他知道我的生活正在认认真真地开始，并且与他为我设想的完全不同。他没有试图劝我离开我自己要走的道路，他对我绝对信任，这使我十分感激。

我与摄政王的见面起到了双重作用：我不但恢复了自我，同时也恢复了我对他和泰姆布王室的崇敬。我对我的旧亲属关系不再看得那么重要，这是我在一定程度上证明离家出走的正确性的一种姿态，它同时也缓解了我与我热爱并看重的世界相隔离的痛苦。这是对我回到摄政王温暖怀抱中的一种安慰。

在摄政王似乎对我很满意的同时，他对佳士提斯却很生气。他说，佳士提斯必须回穆克孜韦尼。佳士提斯已经与一个年轻女士形成了恋爱关系，我知道他没有回家的打算。摄政王走后，摄政王的一位大臣潘金达沃起诉了佳士提斯。当土著人特派员传唤佳士提斯的时候，我答应帮助他。在听证的时候，我指出，佳士提斯已经是成年人，他不必仅仅因为他父亲让他回去就回穆克孜韦尼。潘金达沃讲话时，他没有就我的主张予以反驳，只是指责我对摄政王不忠。他叫着我的氏族名字"马迪巴"，这样称呼的目的是提醒我不要忘记自己的泰姆布血统。"马迪巴，"他说，"摄政王关心你，供你上学，对你就像对待自己的亲生儿子一样，现在你却让他的亲生儿子离开他。这是与你的监护人的意志相违背的，也是与他为佳士提斯铺设的道路背道而驰的。"

潘金达沃的话狠狠地打在我的心上。佳士提斯确实与我的命运不同，他是摄政王的儿子，将来有权继承王位。听了潘金达沃的这番话后，我告诉佳士提斯我的主意变了，我认为他应该回去。他对我的这个反应不理解，拒绝听我的话，决心留下来。他一定是把我的劝告告诉了他的女朋友，因为从此之后她再也没有理我。

1942 年初，为了节约费用，并尽可能住得离约翰内斯堡市中心近一点，我从库玛家后面的那个小房子搬到了威特沃特斯兰德土著劳工协会大院。我得到了金矿协会的费斯特尔先生的帮助，他在我的生活中又一次起到了至关重要的作用。他主动决定在金矿协会大院免费为我提供食宿。

威特沃特斯兰德土著劳工协会大院是一个多种族、多语言社团，那里有索托人、茨瓦纳人、文达人、祖鲁人、佩迪人、山杠人、纳米比亚人、莫桑比克人、斯威士人和科萨人。那里很少有人讲英语，而是讲混合语，也叫法纳加洛语，是一种多种语言混杂而成的语言。在那里，我不仅看见种族之间的对立，而且看到不同背景的人也有可能联合在一起。我仍然感觉不太适应，我不是在地下当矿工，而是在一个律师事务所学习和工作。在那里，我唯一的体力活动就是去外面办事或整理资料。

威特沃特斯兰德土著劳工协会大院是来访酋长的落脚之地，因此，我能见到来自南非各地的部落首领。记得有一次，我见到了现在叫莱索托、过去叫巴苏陀兰的摄政王后曼彩博·摩什威士韦。王后由两个酋长陪着，他们都认识萨巴塔的父亲容欣利兹韦。我向他们请教了有关容欣利兹韦的事情，他们谈了一个小时。在他们绘声绘色地讲述他早年的故事的时候，我似乎又回到了泰姆布兰。

王后特别注意我，有时直接与我谈话。不过，她讲的是塞索托语，我只懂得只言片语。塞索托语是索托人和茨瓦纳人的语言，他们中有一大批人住在德兰士瓦和奥兰治自由邦。她用怀疑的目光看着我，然后用英语说："你连自己的语言都不懂，将来还当什么律师和领导人？"我没有回答。这个问题使我很难堪，也使我清醒。它使我认识到自己目光短浅，没有做好为自己的人民服务的准备，我自觉不自觉地屈服于白人政府鼓励的种族区分，不知道如何同自己的亲属朋友讲话。因为没有语言就无法与人们交流，也就谈不上理解他们；没有语言，就不能共享他们的希望和理想，也不能掌握他们的历史、欣赏他们的诗词和歌曲。我又一次认识到，我们不是讲不同语言的不同的人，我们是讲不同语言的同一种人。

摄政王访问约翰内斯堡之后不到6个月，佳士提斯和我得到了他去世的消息，那是1942年的冬天。当我最后一次见到他的时候，他身体很差，他的去世并不十分令人感到突然。我们是在报纸上看到他去世的消息的，因为发给佳士提斯的电报给丢失了。我们立即动身去特兰斯凯，到达的前一天，摄政王的葬礼已经举行了。

尽管我因为没有赶上摄政王的葬礼而痛心，但是又为在他去世前与他消除了隔阂而庆幸。然而我依然感到内疚，我一直知道，即使是我与摄政王疏远的时候，虽然我的朋友可能会抛弃我，我的一切计划可能会落空，我的希望可能都会破灭，但是，摄政王绝不会抛弃我。即使是这样，我仍然背离了他，我不知道我的离家出走是否与他的逝世有关。

摄政王的逝世使政治舞台上失去了一位开明的、宽容的领袖。他实现了一切伟大的领袖人物所追求的标志性目标：让他的人民团结一致。大家都忠于他，不论自由主义者还是保守主义者、传统派还是改革派、白领官员还是蓝领矿工。不是因为他们总是与他保持一致，而是因为他倾听和尊重不同的意见。

葬礼后，我在穆克孜韦尼待了将近一周，这是一段回顾与发现的时间。没有什么事情像回到什么也没有发生变化的地方而自己的生活却已经发生变化那样令人浮想联翩。大王宫依然如故，与我在那里长大的时候没有任何差别。但是，我发现我自己的观点和世界观已经发生了演变。我不再向往在公共事业中服务或在土著事务局担任翻译的职业；我不再认为我的前途与泰姆布兰和特兰斯凯捆绑在一起；我甚至认为我的科萨语不再那么纯正，受到了祖鲁语的影响。祖鲁语是矿脉一带的主要语言之一。在约翰内斯堡的生活中，我接触了像高尔·瑞德贝这样的人；我在律师事务所获得的经验从根本上改变了我的信仰。我回想起当年那位年轻小伙子，他离开了穆克孜韦尼，作为一位土著人，他的视野很小。现在，我相信我是从事情的本来面貌理解这些事情的。当然，这也是一种幻觉。

我仍然感觉自己的大脑和心灵之间存在着内在的冲突。我的心告诉我，我是一个泰姆布人，我被抚养成人，并被送进学校读书，这样我就在维护王权中起到了特别的作用。难道我对去世的先人没有感激之情？难道我对使我得到摄政王的关爱的我的父亲没有感激之情？难道我对像亲生父亲一样关爱我的摄政王本人没有感激之情？但是我的大脑却告诉我，按照自己的意愿计划自己的未来、选择自己的生活是每个人的权利。难道不允许我作出自己的选择吗?

佳士提斯的情况与我的情况的确不同。摄政王去世后，他担负起了新的重要责任。他继承了摄政王的王位并决定留在穆克孜韦尼，享受他生来就有的权力。我必须返回约翰内斯堡，甚至不能参加他的就职典礼。在我们的语言中有这样一句话："Ndiwelimilambo enamagama"（我渡过了著名的河流）。意思是说，一个人已经走了很远的路，从中获得了丰富的经验和智慧。在我独自一人回约翰内斯堡的时候，我想起了这句话。从 1934 年开始，我在自己的土地上也渡过了许多重要河流：在我去希尔德顿的时候，我渡过了穆巴谢河和大凯河；在我去约翰内斯堡的路上，我渡过了奥兰治河和法尔河。但是，我还有许多河流需要渡过。

1942 年年末，我通过了最后一次文科学士学位考试，取得了我曾经梦寐以求的资格。我为取得学位而自豪。不过，我也知道，学位本身既不是轻易取得成功的法宝，也不是轻易取得成功的通行证。

在律师事务所，我与高尔的关系越来越密切，这让希代尔斯基越来越恼火。高尔说，教育对我们的进步是基础，但是，他指出，至今没有哪国人民或哪个民族仅仅通过教育而获得自由。"教育确实是好东西，"高尔说，"但是，如果我们准备依赖教育，我们将需要等上 1000 年才能等来我们的自由。我们贫穷，我们几乎没有教师，甚至连学校都没有。我们甚至没有教育自己的权利。"

高尔认为，解决的办法不能到滔滔不绝的理论中去寻找。他断言，对于非洲人来说，变化的引擎是非洲人国民大会，非洲人国民大会的政策是在南非寻求权利的最好方式。他强调，非洲人国民大会倡导变革的历史十分久远，它建立于 1912 年，是南非最早的全国性非洲人组织。它的章程公开谴责种族歧视，其领导人来自不同的部落团体，倡导非洲人的目标是全南非公民化。

尽管高尔缺乏正规教育，但他事实上从各方面都是我的老师。中午吃饭休息期间，他常常即兴发表演说。他借书给我读，推荐人士同我交流，推荐会议让我参加。在福特黑尔大学，我学过两个学期的现代史，尽管我也知道许多历史事件，但是，高尔能解释历史事件的过程和人们采取行动的原因。我感觉好像是在身临其境地学习历史。

让我印象最深的是高尔全身心地投入为自由而进行的斗争，他似乎是为自由而生。高尔有时一天出席几个会，在会上他总是作为演说家给人留下深刻的印象。他似乎只考虑革命，而不考虑别的任何事情。

我与高尔一起去参加城区咨询委员会和非洲人国民大会组织的会议。我是以观察者而不是以参会人员的身份参加这些会议的，因为我从没想过在会上发表任何讲话。我是为了解讨论的问题、评价争论的焦点、领教演讲人员的口才而参加会议的。咨询委员会的会议大多马虎、敷衍、官僚，而非洲人国民大会的会议则往往充满活力，讨论的问题包括议会、通过法律、公共汽车票价等一切对非洲人有影响的公共话题。

1943 年 8 月，我与高尔和其他一万多人参加了游行，支持亚历山大公共汽车职员罢工，抗议公共汽车票价由 4 便士涨到 5 便士。高尔是这次罢工的组织者之一。在这次罢工中，我认真观察了高尔。这次罢工对我产生了很大的影响。我初步告别了观察者的身份，真正成为一个参与者。我发现，与人民一起游行是令人高兴和鼓舞的事情。我也对那次罢工的效果留下了深刻的印象：罢工后连续 9 天公共汽车一直空车运行，公共汽车公司不得不把车费又恢复到了 4 便士。

在律师事务所里，高尔的观点并不是我唯一注意的观点。有时，与希代尔斯基一起做生意的白人地产商汉斯·穆勒讨论问题也吸收我参加。他是一个典型的商人，完全从供求关系这个棱镜观看世界。一天，穆勒先生指着窗外说："看外面，纳尔逊，你看没看见那些男男女女在大街上跑来跑去？他们在追逐什么？他们为什么那么卖力地工作？我告诉你，他们都在追逐钱财。因为钱财就等于幸福，也是你必须为之奋斗的东西：金钱，不是别的，是金钱，一旦你有了足够的金钱，你生活中就再也不缺别的东西了。"

威廉·史密斯是一个做非洲人财产生意的有色人，经常在我们事务所附近转。史密斯是工商工人联盟的老盟员。工商工人联盟是柯莱门茨·卡德利埃发起成立的南非第一个黑人商会。但是，史密斯的观点自从这个时候发生了很大的变化。"纳尔逊，"他说，"我涉足政治已经很长时间了，我现在每时每刻都在为此而后悔。我的年华都浪费在了徒劳之中，为空虚而自私的人服务，这些人把自己的利益置于人民的利益之上。他们假装为政治服务，凭我的经验，那不过是从穷人身上窃取钱财的骗局。"

希代尔斯基不参加这些讨论，他好像认为讨论政治几乎与参与政治一样浪费时间。他一次又一次地劝我远离政治，他以高尔和瓦尔特·西苏陆为例提醒我："这些人会毒害你的大脑。""纳尔逊，"他问我，"你要当一名律师对不对？"我说"对"。"如果你要当律师，你就要当一个成功的律师，难道不对吗？"我又回答说"对"。"那好，如果你参与政治，"他说，"你的工作就要遭受损失。你将与当局产生麻烦，而这些人又往往是你工作中的同盟者。你将失去客户，面临破产。你的家庭就会破裂，最终你将被投入监狱。如果你涉足政治，这就是你的结局。"

我听着这些人说的话，认真掂量这些话的分量。这些话都有一定的道理。我已经倾向于某种政治，但是，我不知道我所倾向的政治是什么政治和为什么倾向这种政治。我正在边缘上徘徊，不知如何是好。

只要一涉及我的工作，高尔就不仅仅是在劝告我了。1943 年初，这时我已经在律师事务所工作了将近两年。他把我拽到一边说："我的小伙子，只要我在这个律师事务所，他们就绝不会与你签订工作合同，不管你有没有学位。"我感到惊讶，告诉高尔说，这不可能是真的。因为，他又没参加成为律师的培训，他的工作怎么会影响我与该律师事务所签订工作合同。“那不重要，纳尔逊，”他继续说，“他们将会说，‘我们有高尔，他能对我们的人讲法律，我们为什么再要一个呢？高尔已经为我们律师事务所带来了客户。’但是，他们不会当面对你说这件事。他们只是往后推，拖延时间。你当律师，这对我们在这个国家里的斗争前途是很重要的。因此，我准备离开这个律师事务所，自己开办一个房产代理公司。当我走了的时候，他们除了与你签订劳动合同之外没有别的选择。”

我请求他不要辞职，但是，他已经拿定了主意。几天内，他向希代尔斯基递交了辞呈，正如高尔说的那样，希代尔斯基最终与我签订了劳动合同。我说不清高尔的辞职与这件事有没有关系，但是，他的辞呈是他慷慨无私的又一证明。

1943 年初，我通过了南非大学的考试之后，需要回福特黑尔大学办理毕业手续。在我动身去福特黑尔大学之前，我决定为自己买一身合适的衣服。为此，我不得不向瓦尔特 · 西苏陆借钱。当我要去福特黑尔大学读书的时候，摄政王为我买过一身新衣服，现在在这里毕业的时候，我要自己给自己买一身新衣服。当时，我还从我的朋友兼校友兰道尔 · 皮特尼那里借了一身校服。

我的侄子 K. D. 马叹兹玛已于几年前毕业，他开车把我母亲和摄政王的遗孀“非英格兰”送到福特黑尔大学参加我的毕业仪式。我为母亲来参加我的毕业仪式感到很高兴，事实上，“非英格兰”王后来参加我的毕业仪式使我感觉好像是摄政王亲自为我的毕业祝福。

毕业后，我在达利旺伽（马叹兹玛的氏族名，我通常这样称呼他）家里住了几天。达利旺伽已经选择了世袭酋长的道路。他按照世袭关系要出任泰姆布兰埃米格兰特的酋长。埃米格兰特位于特兰斯凯的最西部。我同他在一起的时候，他劝我当上律师后回乌姆塔塔工作。“你为什么住在约翰内斯堡？”他问道，“你更需要在这里工作。”

这个建议有一定道理：在德兰士瓦的专业非洲人员当然比在特

兰斯凯的专业非洲人员多。我告诉达利旺伽，他的建议为时尚早。但是，我心中知道自己正朝着另一个方向发展。通过与高尔和瓦尔特结识，我开始认识到自己的责任是要为全南非人服务，而不是仅仅为某一个局部或某一部分人服务。我感觉到生命中的潮流正在把我从特兰斯凯冲走，冲向似乎是属于中心的地带，冲向忠于地区利益让位于忠于全南非的共同利益的某个地方。

在福特黑尔大学毕业给了我自省和反思的时间。自己的旧设想与实际经历之间的反差强烈地震撼了我，使我丢弃了以前那种大学毕业自然要当官做老爷和我与泰姆布王室的亲属关系自然保证我的尊贵地位的想法。有一份成功的职业和可观的薪金不再是我的最终目标。我发现自己被拉进了政治领域，因为我不再满足于我原有的信仰。

在约翰内斯堡，我进入了见识和实际经验比高学历更重要的圈子里。我恰恰在得到学位的时候才发现，在大学里学的东西好像与我的新环境没有什么关系。在大学里，老师们羞答答地避开诸如种族压迫、非洲人缺少机会、镇压黑人的法律和规定这样的课题。但是，在约翰内斯堡的生活中，我几乎天天遇到这些问题。从来没有人提出如何消除种族歧视的建议，我不得不通过不断摸索进行学习。

在我 1943 年初回到约翰内斯堡的时候，我考入了威特沃特斯兰德大学，攻读法学学士。对于一个律师来说，这是预备性培训。威特沃特斯兰德大学，大家习惯称“威特大学”，位于约翰内斯堡市中心偏北部的布拉姆方丹，许多人认为它是南非第一所讲英语的大学。

在律师事务所工作使我第一次接触白人，而在福特黑尔大学我只是偶尔接触到来自格拉姆斯敦的罗德斯大学的白人学生。但是，在威特大学，我却直接与白人一起上课。这对他们和对我一样，都感到新鲜，因为我是法律系唯一的非洲学生。

南非讲英语的大学是自由价值的孵化器，这是对这些接收黑人学生的大学的一种赞扬。对于南非白人大学来说，这种事情是不可思议的。

尽管这所大学提倡自由价值，但我在那里从来没有真正感到舒服过。除了服务人员外，始终只有我一个黑人。往最好处说，我被别人当珍奇人物看待；往最坏处说，我被别人看作一位闯入者。这并不是一种愉快的经历。我对自己的一举一动都要十分警惕。我既遇到过慷慨，也遇到过敌意。尽管我设法寻找同情自己的白人，而且这些白人成了我的朋友，后来又成了我的同事，但是，威特大学的大多数白人并非不是种族歧视者或不抱种族成见的人。记得有一天，我上大堂课时迟到了几分钟，因此没注意与一个名叫萨雷尔·替基的同学靠着找了个座位坐了下来，他后来成为合众党的一位议员。尽管这堂课已经开始，并且只有几个空位子，但是，他却故意收拾起东西挪到离我比较远的座位上。这种行为并不是个别、偶然的现象。没有人说“卡非尔”（非洲黑人）这个词，他们的敌意虽已较为温和，但是，我的感觉倒是没有什么区别。

我们的法学教授哈罗先生是一个严格而聪明的人，不允许他的学生有过多的独立性。当他谈到女人和非洲人的时候，他坚持一种奇怪的法律观点。他说女人和非洲人不应该当律师，他认为法律是社会科学，而女人和非洲人的大脑没有受过足够的训练，不能掌握错综复杂的法律内涵。他曾经告诉我，我不应该在威特大学学习，而是应该通过南非大学取得学位。尽管我不赞成他的观点，但是，我无法证明他的这些观点是错误的。因为，我作为一个非洲学生的处境是十分凄惨的。

我在威特大学遇到了许多人，他们与我一起经历了解放斗争的兴衰。没有他们，我将没有成就可言。许多白人学生让我感到超乎寻常的温暖。在威特大学第一学期，我认识了乔 · 斯洛沃和他未来的夫人鲁思 · 弗斯特。那时和现在一样，乔是我遇见的头脑最敏锐、思维最敏捷的人物之一。他是一位热情的共产主义者，因为精神高尚而闻名。鲁思具有外向的个性，也是一位有天赋的作家。他们两人都是南非犹太移民的孩子。我开始与乔治·毕佐斯和布拉姆·费希尔建立了终生友谊。乔治是希腊移民的孩子，是一个富有同情心且头脑敏捷的人。布拉姆·费希尔业余时间当助教，他是一个著名的南非白人*家庭的子孙。他爷爷曾是奥兰治殖民地的总理，父亲则是奥兰治自由邦的首席法官。尽管他或许可以担任南非的总理，但是，他却成为我所知道的为自由而斗争的最勇敢、最坚强的朋友之一。我与托尼·奥多德和哈罗德·沃尔佩成了朋友，他们都是政治激进分子和共产党党员。朱利斯·布朗德及其夫人也是我的朋友，他们都是反对南非种族隔离事业的精英。

我也与许多印度学生建立了亲密的友谊。尽管在福特黑尔大学也有一小部分印度同学，但他们住在另一个旅店里，我很少与他们接触。在威特大学，我认识了伊斯梅尔·弥尔、J. N. 辛格、阿迈德·布拉和拉姆拉尔·布里亚，并同他们成了朋友。这个紧密团体的中心是伊斯梅尔的住处，位于市中心住宅区考尔沃德平房 13 号，有 4 个房间。我们在那里学习、谈话，甚至跳舞，一直到第二天凌晨。这里成了年轻自由战士的司令部。如果太晚，赶不上回奥兰多的火车，我有时就住在那里。

伊斯梅尔·弥尔是一个聪明而严肃认真的人，他出生于纳塔尔。在威特大学法学院的时候，他成为德兰士瓦南非印度人大会的主要成员。J. N. 辛格是一个多数人喜欢的漂亮小伙子，与所有有色人都处得很融洽，他也是一名共产党党员。有一天，伊斯梅尔、J. N. 辛格和我正在急急忙忙地去考尔沃德平房，尽管事实上是印度人能乘而非洲人不能乘有轨电车，但是，我们还是都乘坐了有轨电车。还没走多远，有轨电车的售票员就用南非荷兰语对伊斯梅尔和 J. N. 辛

---

* 本书中“南非白人”（Afrikaner），指 17—19 世纪移居南非的白人后裔，以荷兰裔为主，又称阿非利卡人、布尔人。与后来的英国殖民者有所区别。——编注

格说不允许他们的“卡非尔”朋友乘坐。伊斯梅尔和J. N. 辛格对那位售票员非常气愤，告诉对方他连“卡非尔”这个词都不懂，用这样的名字称呼我是对我的冒犯。那位售票员立即让电车停下来去喊警察，警察把我们逮捕并送进警察局控告我们，并命令我们第二天去法院应诉。那天夜里，伊斯梅尔和J. N. 辛格安排布拉姆·费希尔为我辩护。第二天，地方法院院长似乎了解布拉姆的家庭关系，我们很快就被无罪释放。我第一次看到，执法人员的眼睛一点儿都不会放过黑人。

威特大学为我打开了一个新世界，一个理想、政治信仰与辩论的世界，一个人们对政治满腔热情的世界。我融入了我们自己那一代的白人和印度知识分子之中，这些青年人将在随后几年中成为最重要的政治运动的先锋。我第一次看到，我们这个年龄的人正在坚定地开展自由解放斗争，尽管他们都有这样那样的不足之处，但是他们都做好了准备：为了被压迫人民的事业献出自己的一切。

第三部

一个自由战士的诞生

11...

当我知道我将在自由解放斗争中度过我的一生的时候，我已经记不清是在什么时刻被政治化了。在南非做一个非洲人意味着他从出生的那一时刻就被打上了政治的烙印，不管他知道这个事实与否。一个非洲儿童，要在只有非洲人的医院里出生，要在只有非洲人乘坐的公共汽车里被抱回家，要生活在只有非洲人生活的区域，如果要上学则只能上只有非洲人就读的学校。

当他长大成人的时候，他只能做只有非洲人才做的工作，只能租住只有非洲人居住的村镇的房子，只能乘坐只有非洲人乘坐的火车。无论白天还是黑夜，有人让他在哪里停下他就得在哪里停下，要他出示通行证，没有通行证他就会被逮捕并被投入监狱。他的生活要受种族歧视性法律、法规的制约，从而使他的成长受到阻碍，他的潜力发挥受到限制，他的生命遭到扼杀。这就是现实，一个人可以采取各种各样的方式应对这个现实。

我没有灵光一现的顿悟，没有奇特的启示，没有上帝的显灵。但是，我有无数次的被轻视和慢待，无数次的被侮辱和伤害，无数次的愤怒和反抗，我无数次地希望与束缚我们人民的制度开战。我不知道在哪一个特定的日子说过“从今以后我将为人民的解放而献身”，但是，我完全知道我正在这样做，而且是别无选择。

我提到了许多对我有影响的人，但是，我越来越崇拜英明的瓦尔特·西苏陆。瓦尔特身体强壮、通情达理、老练且富有献身精神；他在危急关头绝不会不知所措，他往往在别人大喊大叫的时候保持沉默；他坚信非洲人国民大会是改变南非的有效方式，是黑人希望和理想的源泉。我知道，有时候可以通过参加某个组织的人去判断这个组织，所以我为参加瓦尔特参加的任何组织而自豪。那时，几乎没有供选择的余地。非洲人国民大会是欢迎每个人参加的一个组织，大家把这个组织看成是一个巨大的保护伞，在它的下面，所有的非洲人都能得到保护。

20 世纪 40 年代，政治风云发生了变化。1941 年，罗斯福和丘吉尔签署了《大西洋宪章》，再次肯定了个人的尊严，推出了许多民主原则。西方有人把这个宪章看作空头许诺，但是，我们非洲没有人这么看。在《大西洋宪章》和联合作战反对专制与压迫政策的鼓舞下，非洲人国民大会制定了自己的宪章，称为“非洲声明”。它规定所有的非洲人都有完整的公民权，都有购置土地的权利，要求废除一切歧视性的立法。我们希望政府和普通的南非人都能看到，他们在欧洲为之战斗的原则也是我们在南非提倡的原则。

瓦尔特在奥兰多的家就是南非先进分子和非洲人国民大会会员的“麦加”，是一个温暖而热情的地方。我经常去那里，在那里或是举行讨论，或是品尝西苏陆太太烹调的美味食品。有一天夜晚，我遇见了安东·莱彼德(他有文科硕士和法学学士双学位)和 A. P. 穆达。从我听莱彼德讲话那一时刻开始就感觉到，他有强大的人格魅力。他思考问题的方式独特，能令人耳目一新。当时，他已经是南非为数不多的黑人律师之一，是德高望重的皮克雷 · 卡赛弥博士的法定伙伴。皮克雷 · 卡赛弥是非洲人国民大会的创始人之一。

莱彼德说，非洲大陆是黑人的大陆，只有非洲人才有权利主张对它拥有主权。他反对黑人是次等公民的理论，谴责对西方及西方思想的崇拜和偶像化。他断言，次等公民的主张是消除种族歧视的最大障碍。他指出，哪里的非洲人被给予机会，哪里的非洲人就有能力与白人一样地发展，他列举的这方面的非洲英雄有马库斯 · 加维、杜波伊斯和海尔 · 塞拉西。“我们的皮肤，”他说，“就像我们非洲的黑色土壤，是美丽的。”他认为黑人在能够发动大规模行动之前，必须改善自己的形象。他提倡自力更生、独立自主，并且把他的理论称作“非洲主义”。我们认为，他理所当然地应当成为非洲人国民大会的领袖。

莱彼德声明：新的精神正在人民中传播，种族差别正在消失，青年人不分男女都要想到自己最重要的首先是非洲人，不要认为自己仅仅是科萨人，或恩德贝勒人，或茨瓦纳人。莱彼德的父亲是纳塔尔一个没有受过教育的祖鲁农民，而他则毕业于亚当斯学院的师范系。这是一所美洲人开办的教会学校。他在奥兰治自由邦任教数年，学习了南非荷兰语，开始把南非白人的民族主义看作非洲民族主义的典型例证。

正如莱彼德后来在纳塔尔一家名叫 *Inkundla ya Bantu* 的非洲报纸上发表文章所说的那样：

> 现代历史是民族主义的历史。民族主义已经在人民的斗争中和战火中得到了考验，被认为是抵制外国统治和现代帝国主义的唯一解毒剂。正是由于这个原因，帝国主义列强才疯狂地、竭尽全力在他们统治的人民中阻止和根除民族主义倾向。为达此目的，他们投入大量的钱财反对民族主义。他们贬称民族主义是“狭隘的”、“没开化的”、“不文明的”、“恶魔般的”，等等。有些外国统治下的人也成了这种险恶宣传的上当受骗者，成了帝国主义的工具。因此，他们受到了帝国主义的高度赞扬，到处宣扬他们是“文明的”、“思想解放的”、“进步的”、“胸怀宽阔的”，等等。

莱彼德的观点打动了我的心弦。我也一直对家长式的英国殖民主义和白人关于“文明”、“进步”、“开化”的要求有所怀疑。我已经被拉上充当英国人企图在非洲培养黑人精英的道路，这也是从摄政王到希代尔斯基对我的要求。但是，这是个幻想。像莱彼德那样，我开始把富有战斗精神的非洲民族主义看作一剂抵制外国统治和现代帝国主义的解毒剂。

莱彼德的朋友兼伙伴皮特·穆达被大家称呼为“A. P.”。莱彼德偏重于高谈而冗长，而穆达则倾向于节制且准确；莱彼德可能显得含糊和神秘，而穆达则崇尚清晰和科学。穆达的这种可操作性对莱彼德的理想主义正好是一种完美的衬托。

其他年轻人考虑问题的思路都相同，我们准备凑在一起讨论这些思路。除了莱彼德和穆达之外，这些人还包括瓦尔特·西苏陆、奥利佛·塔博、兰奈尔·马乔宝兹、维克多·穆珀博，他们都是我在希尔德顿大学上学时的老师；还有医学专业的学生、共产党员威廉·恩考茂，记者乔丹·恩古巴尼，他是 *Inkundla* 报和非洲最大的报纸《班图世界报》的记者；还有非洲人国民大会驻德兰士瓦书记大卫·博帕佩，他也是共产党党员。另外还有很多人。他们很多人认为非洲人国民大会从整体上看已经成了陈旧的、战斗精神不强的、有特权的非洲精英垄断的组织，关心得更多的是他们自己的利益，而不是群众的利益。这种评价可能是有失公允的，但大家的共识是必须采取某种措施。马乔宝兹建议组建一个青年组织，能够在非洲人国民大会的领导层下面点一把火。

1943 年，由莱彼德、穆达、西苏陆、塔博、恩考茂和我组成了一个代表团去见埃克苏玛医生。他是非洲人国民大会的主席，住在索菲亚顿的一所相当大的住宅里。埃克苏玛医生除了有一个小农场外，还有一个外科诊所。他对非洲人国民大会贡献很大。当该组织在卡赛弥领导下其规模和地位都受到削弱时，他使它摆脱了低迷状态。在他就职该组织主席的时候，非洲人国民大会的财力只有 17 先令 6 便士。而在他的领导下，非洲人国民大会的财力猛增到 4000 英镑。传统领导人都很赞赏他，他也与内阁官员们建立了联系，使该组织通过他而有了安全感和信心。但是，他自己也开始表现出与一个群众组织的领袖不相称的傲慢姿态。随着他对非洲人国民大会作出的贡献日渐明显，他的诊所也获得了优先权。埃克苏玛把持了代表团的选举、人员的委任、信函和电报等工作。一切都采取英国方式，其思想是，尽管我们有分歧，但我们都是正人君子。他愿意与白人建立联系，不想采取政治行动损害白人的利益。

在会见中，我们告诉他我们想组建青年团，以赢得更多群众的支持。我们随身带了一份起草的章程和宣言。我们告诉埃克苏玛，如果我们不振作起来采取新的方式和方法，我们就会面临危险。埃克苏玛感觉受到了我们这个代表团的威胁，因此坚决反对成立青年团的章程。他认为青年团应该是一个松散型组织，主要发挥非洲人国民大会招募委员会的作用。埃克苏玛以家长式的口吻说，非洲人作为一个团体，其组织性和纪律性都很差，不能搞群众运动。如果搞这样的群众运动，那将是鲁莽的，也是很危险的。

与埃克苏玛医生会见后不久，在威廉·恩考茂的领导下，我们建立了一个临时性的青年团委员会。该委员会的委员们参加了1943年12月在布隆方丹举行的非洲人国民大会。在这次会议上，我们建议正式成立青年团，以协助非洲人国民大会招募新会员。这个建议被采纳了。

青年团正式建立于1944年复活节，建立地点是位于埃劳佛大街的班图男士社交中心，大约由100人组成，最远的来自比勒陀利亚。这是一个有代表性的团体，一个由精英组成的团体，多数都是福特黑尔大学的毕业生，我们根本不是在搞群众运动。莱彼德作了一个关于民族史的报告，他从古希腊讲到中世纪欧洲，然后讲到殖民化时代。他强调了非洲和非洲人民所取得的历史性成就，说明白人把自己看作优秀人种和天生的优越种族是何等的愚蠢。

乔丹·恩古巴尼、A. P. 穆达和威廉·恩考茂都在会上讲了话，强调了非洲民族主义精神的崛起。莱彼德被选为青年团主席，奥利佛·塔博任书记，瓦特尔·西苏陆任财政部长，A. P. 穆达、乔丹·恩古巴尼、兰奈尔·马乔宝兹、康古莱斯·穆巴塔、大卫·博帕佩和我本人被选进了执行委员会。后来又吸收了一些著名的青年人，例如大学生戈佛雷·皮彻（他后来当了教师和律师），医生阿瑟·莱泰勒、威尔逊·康考、迪利扎·穆吉、恩塔托·莫特拉纳；还有贸易联合会会员旦·图鲁麦，大学生乔·马修斯、杜马·诺克韦、罗伯特·索布克韦。随后，各省很快也建立起了分支机构。

青年团的基本方针与1912年制定的非洲人国民大会第一个章程没有差别。不过，我们重申和强调了那些原来就关心的问题，其中许多问题已经被搁置到了一边。我们的战斗口号是非洲民族主义。我们的宗旨是构建一个多部落的民族，推翻白人的霸权政治，建立一个真正民主的政府。我们在宣言中声明："我们相信非洲的民族解放要靠非洲人民自己实现……大会青年团必须做非洲民族主义精神的智囊团和加油站。"

宣言公开反对"托管政治"，反对关于白人政府终究会关心非洲人民利益的见解。我们列举了自1913年《土地法》开始40年来极其有害的反非立法，这项立法最终从黑人手中攫取了生养他们的87%的土地；1923年的《城市区域法》，为了给白人的工业提供廉价的劳动力而制造了许多贫民窟，他们却把这些贫民窟美其名曰"土著人居住点"；1926年出台的《种族隔离法》，禁止非洲人从事他们所熟悉的贸易活动；1927年出台的《土著人管理法》，使不列颠王国政府而不是使那些最高酋长成了所有非洲人地区的最高长官；最后，1936年出台的《土著人代表权利法》，剥夺了非洲人在开普地区的普选权。这就彻底粉碎了关于白人会让非洲人控制自己命运的一切幻想。

我们对共产主义特别谨慎，所以在宣言中声明："我们可以借鉴外国思想，但是，我们反对把外国思想完全照搬进非洲。"这是对共产党人的一种含蓄的指责。莱彼德和其他许多人，也包括我本人，认为"外国"思想不适合非洲的形势。莱彼德认为，共产党由白人支配，完全破坏了非洲的独立自主和自信。

当天还成立了几个委员会，但是，青年团的主要目的是为非洲人国民大会在探索政治自由中指引方向。尽管我也同意这个观点，但是，我当时对参加青年团仍有些紧张，仍然顾虑政治对我的约束程度。那时，我全日工作，并利用业余时间学习，除了这两项活动外几乎没有时间。我仍然有些局促不安，认为自己与瓦尔特、莱彼德和穆达相比在政治上是落后的。他们是胸有成竹的人，而我仍然不成熟。我对演讲仍然缺少自信，并且在青年团内用得特别多的口才方面有些胆怯。

莱彼德的"非洲主义"没有得到广泛的支持，因为他的思想以种族排他性为特点，从而引起了其他青年团员的某种反感。有的青年团员认为，包括有同情心的白人在内的民族主义更为理想。包括我在内的其余人则认为，如果黑人坚持多种族斗争形式，他们将仍然迷恋白人文化，继续受自卑感之害。当时，我坚决反对允许共产主义者或白人加入青年团。

瓦尔特的房子就是我的家。20 世纪 40 年代初期，那里的确是我的家，因为当时我没有别的住处。瓦尔特的房子里总是住满了人，似乎那里正在进行着无休止的政治讨论。瓦尔特的夫人阿尔博提娜是一个聪明的大好人，也是瓦尔特政治活动的坚定支持者。在他们的结婚典礼上，安东 · 莱彼德说："阿尔博提娜，你现在是与一个已经结了婚的人结婚，瓦尔特在与你结婚之前早就与政治结了婚。"

正是在西苏陆家的休息室里，我认识了我的第一任妻子艾韦琳 · 马赛。她是一个安静而漂亮的农村姑娘，她似乎没有对西苏陆家里来来往往的人过于吃惊。当时，她与阿尔博提娜和皮特 · 穆达的夫人罗斯一起在约翰内斯堡非欧洲人总医院参加护士培训。

艾韦琳来自特兰斯凯的英格考勃，从乌姆塔塔向西还有一段距离。她父亲是矿工，当她还是婴儿的时候，她父亲就去世了。在她 12 岁的时候，她又失去了母亲。完成初级教育后，她被送到约翰内斯堡读中学。她与哥哥萨姆 · 马赛一起生活。萨姆 · 马赛当时就住在西苏陆家里。瓦尔特的母亲西苏陆太太是艾韦琳的祖母的妹妹。西苏陆夫妇拿艾韦琳当掌上明珠，他们给了她许多爱。

第一次与艾韦琳见面不久，我就约她出去玩，并很快坠入了爱河。几个月后我要求她嫁给我，她答应了。我们在约翰内斯堡土著人传教的教堂里举行了公证式结婚典礼。只需要签个字并有人证婚就算结了婚，因为我们办不起传统式结婚典礼，也办不起结婚筵席。我们当时最迫切的问题就是找个地方安顿下来。开始时，我们住在位于奥兰多东面她哥哥的家里，后来又住在深矿市她姐姐家里。她姐夫姆孙古利·穆古达尔瓦是矿上的一个职员。

12...

1946 年发生的几个重大事件决定了我的政治发展和斗争方向。首先是矿工大罢工，整个矿脉地区有 7 万名非洲矿工参加了罢工。这使我受到了很大的影响。在 J. B. 马科斯、旦·图鲁麦、高尔·瑞德贝和许多非洲人国民大会积极分子的发动下，非洲矿工工会（AMWU）于 20 世纪 40 年代一直酝酿组织这次大罢工。矿脉地区有 40 万非洲矿工，他们多数人一天只挣两个先令。矿工工会多次要求矿业协会最少一天支付每个矿工 10 先令，另外给矿工提供住处并每年提供两周的休息时间。矿业协会对矿工工会的要求不予理睬。

在这次南非历史上最大的罢工中，矿工们团结一致，坚持罢工一周。政府野蛮地进行了报复，领头罢工的人遭到了逮捕，矿工大院被警察团团围住，非洲矿工工会各办公室遭到了洗劫，游行队伍遭到了警察的野蛮镇压，有 12 名矿工被打死。土著人代表委员会以休会表示抗议。我有几个亲戚是矿工，罢工期间我看望了他们，同他们讨论了出现的问题，对他们表示支持。

J. B. 马科斯是非洲人国民大会的资深会员和共产党党员，当时任非洲矿工工会的主席。马科斯出生在德兰士瓦的一个混血家庭里。他是一个富有魅力而十分幽默的人，高高的个头，肤色不太黑。在罢工期间，我经常同他一起从一个矿到另一个矿，与矿工交谈，谋划斗争策略。从早到晚，他一直表现出冷静而理智的领导才能，他的幽默甚至可以使大的危机化险为夷。矿工工会组织及其控制矿工的能力给我留下了深刻的印象，即使是在这样的野蛮镇压面前，工会组织仍然没有失控。

最终，政府占了上风：罢工被镇压，工会被破坏。这次罢工使我与马科斯开始建立了亲密关系，我经常到他家去拜访他，一起详细讨论我对共产主义所持的反对意见。马科斯是共产主义坚定分子，但是，他绝不会因为我的反对意见就对我个人抱有成见。他认为，青年人拥抱民族主义是很自然的，但是，随着年龄的增长和经验的丰富，我的视野会更宽阔。我与摩西·考塔尼和玉苏福·达杜也讨论过同样的问题，他们两人与马科斯一样，都认为共产主义必须与非洲的形势相结合。非洲人国民大会的其他共产党人谴责我和其他青年团团员，而马科斯、考塔尼和达杜绝不会这样做。

罢工后，有 52 人被逮捕并起诉，其中包括考塔尼、马科斯及其他共产主义者。开始他们被指控煽动罢工，然后又被指控挑动叛乱。这是一种政治审判，是一种政府表示不会对红色威胁手软的努力。

同年，另一件重大事件迫使我彻底改变了对政治工作的态度。1946 年，史末资政府通过了《亚洲人土地占有权利法》。这个法律禁止印度人自由迁移，限制印度人居住和经商的区域，严格禁止他们购置不动产的权利。作为回报，他们以白人替代者的身份被授予议会代表权。德兰士瓦南非印度人大会主席达杜医生把这种禁令和提供议会代表权谴责为“一种虚伪的选举权的虚假授予”。而大家把这个法律叫做《贫民窟法》，视之为对印度社团的严重污辱，是《社团区域法》的前奏，最终将限制全南非有色人的自由。

印度社团非常气愤，他们发起了为时两年、协调一致的消极抵抗运动来反对这些措施。在达杜医生和纳塔尔南非印度人大会（NIC）主席 G. M. 奈克医生的领导下，印度社团开展了群众运动，其组织和献身精神给我们留下了深刻的印象。家庭妇女、牧师、医生、律师、学生、商人和工人，都走上抗议斗争的前线。两年中，他们不怕牺牲、坚持战斗。他们多次举行群众大会，占领白人保留的土地，至少有 2000 名志愿者被抓进了监狱，达杜医生和奈克医生都被判罚 6 个月的重体力劳动。

参加这个运动的组织仅限于印度社团，并不鼓励其他社团组织参加。即使如此，埃克苏玛医生和其他非洲领导人还是在几次会议上讲了话，与青年团一起对印度人民的斗争给予道义上的全力支持。政府用严厉的法律和威胁对这次抵抗运动进行镇压，但是，我们作为青年团团员并以非洲人国民大会会员的身份亲眼目睹了印度人民以非洲人和非洲人国民大会没有采取过的方式对种族压迫表示反对。伊斯梅尔·弥尔和 J. N. 辛格中止了学业，告别了他们的家人，走进了监狱；阿迈德 · 卡特拉达还是一位中学生，也被投进了监狱。我过去经常去阿米纳 · 帕哈德家里去吃午饭，那时，这位漂亮、动人的女士忽然为了信仰而放下围裙被关进了监狱。如果我过去曾经对印度社团反对压迫的精神有过怀疑，那么，现在我对此不再有任何怀疑。

印度社团的斗争在我们青年团所要求的那种反抗斗争方式方面成了一个典范，从而在人民中灌输了一种反抗和激进主义精神，使人民不再害怕坐牢，提高了纳塔尔南非印度人大会和德兰士瓦印度人大会（TIC）的知名度和影响力。他们提醒我们，自由斗争不仅仅是作演讲、召开大会、通过决议和派代表团的问题，而是一个精心组织、发动群众，特别是要有牺牲精神的问题。印度人的这次运动使我回想起 1913 年的消极反抗运动。在那次运动中，圣雄甘地领导一支喧闹的南非印度人游行队伍，由纳塔尔非法越境前往德兰士瓦。那次运动已经成为历史，而这次运动就发生在我的眼前。

1946 年初，艾韦琳和我搬进了奥兰多东我们自己租用的一套两室平房里，随后又搬进了奥兰多西 8115 号稍大一点的房子里。奥兰多西是一个灰尘满布、到处是方盒子式小房子的一个区域，后来成了大索韦托的一个部分。“索韦托”是西南城镇的缩写。我的房子位于一个被这里的居民称作西悬崖的地方，其北面就是迷人的白人居住区。

我的新房子的月租金为17先令6便士。房子本身与数百处其他房子一样，都是沿着泥泞的街道建造在巴掌大小的一块地皮上。房顶是标准的铁皮房顶，地面是清一色的水泥，厨房不大，后面有间斗室作卫生间。尽管外面有路灯，但由于房子都没有通电，所以房内点的是煤油灯。卧室很小，一张双人床几乎占满了整个房间。这些房子是城市管理部门专门为必须在城市附近居住的工作人员建造的。为了缓解单调乏味，有的人开辟了一小块花园或把门涂上醒目的颜色。虽然房子很小，但它是我拥有的第一个真正的家，我因此感到非常自豪。一个男人直到有了自己的房子后才算是一个真正的男子汉。当时我并不知道，这所房子将是我以后多年的唯一住处。

政府之所以把这个房子分给我和艾韦琳，是因为我们不再是一个两口之家，而是一个三口之家。那年，我的第一个儿子马迪巴·泰姆比基勒降生到了这个世界。他被起了个马迪巴的氏族名字，但是，大家都称呼他的小名泰姆比。他是个健康活泼的小男孩，多数人都说他更像他的母亲。现在，我有了继承人，尽管我没有东西可以留给他。但是我留给了他曼德拉这个姓和马迪巴这个氏族名，这是一个科萨男性的基本责任。

我终于有了一个固定的住所，实现了由到别人家做客到在自己家里招待客人的转变。我妹妹丽比叶和我们住在一起，我把她送到铁路对面的奥兰多中学去读书。按照我们的文化习惯，一个家庭的所有成员都有责任款待本家庭的其他成员。我亲属众多，又有新的房子，这两条就意味着我有许多客人。

我几乎没有时间去享受家庭生活，但是，我热爱家庭生活，我喜欢与泰姆比一起玩，给他洗澡、喂食，讲故事哄他睡觉。事实上，我喜欢与小孩们玩耍和聊天，这也一直是使我感到最安逸的事情之一。我喜欢在家里松弛一下，静静地读书，闻着从厨房里沸腾的锅中散发出的甜甜的、香喷喷的饭菜味。不过，我很少在家里享受这一切。

那年下半年，迈克尔·斯克特牧师开始在我家居住。斯克特是一位英国国教会的神职人员，也是一位伟大的非洲人权运动的战士。有一个名叫科莫的人一直在找他。科莫正在约翰内斯堡外面的一个棚户区谋求住处，而政府打算对那个地方实施搬迁。科莫要求斯克特出面反对这个搬迁计划。斯克特说："只有你要占的那个地方也算上我的一份，我才帮你这个忙。"他准备搬到那个棚户区并在那里传教。斯克特为无家可归的人在一个岩石圆丘上建造了一个棚户区，这个棚户区在北非战争结束后被居住在那里的人称作"陶布卢克"。礼拜天早上，我有时带泰姆比去那里玩，因为他喜欢在那里捉迷藏。在斯克特建立起他的传教点之后，他发现科莫正在侵吞人们为反对搬迁而捐的钱财。当斯克特去找科莫理论此事时，科莫把斯克特从棚屋里轰了出来，并威胁说要要他的命。

斯克特来奥兰多我的家中避难，并带了一个名叫德拉米尼的黑人神甫。德拉米尼也有妻子儿女。我家很小，斯克特住在会客室里，德拉米尼一家住在另一个房间里，而我只好把所有的孩子都安排在厨房里。斯克特是一个很谦虚、很平易近人的人，而德拉米尼则有点难以相处。有时，他抱怨饭菜不好。"看这里，"他说，"这块肉太瘦、太硬，根本没做熟，我不喜欢吃这种肉。"斯克特对此感到很吃惊，并劝他不要挑剔，但德拉米尼却不在乎。第二天晚上，他可能又说："好，这次比昨天好了点，但是离好吃还差得远。曼德拉，你夫人就是不会做饭。"

德拉米尼间接地使问题得到了解决，因为我想尽快让他离开我家，所以，我亲自到了那个棚户区，说斯克特不像科莫，是他们的真正朋友，要求那里的居民在这两个人中挑选一个。他们随后组织了选举，斯克特在选举中取得了胜利。于是，他又搬回了棚户区，并把德拉米尼神甫一起带回了棚户区。

1947 年初，我完成了硬性规定的三年见习期，在“维特金－希代尔斯基－埃代尔曼”律师事务所里的合同见习期已满。我决心做全日制学生，以便获得法律学士学位，这样我就可以通过自己努力开启律师生涯。我在希代尔斯基那里每月挣 8 英镑 10 先令 1 便士的薪金没有了，这种损失简直就是灾难性的。我向约翰内斯堡南非民族学院的班图福利信托公司申请 250 英镑贷款，以支撑我的学业。这笔钱包括大学学费、教科书费和生活用度。最后，我获得了 150 英镑的贷款。

三个月以后，我又向福利信托公司写了申请，说明我太太要休产假，每月我们将失去 17 英镑的工资，而这个钱是我们生活所绝对必需的。我真的又得到了一笔贷款，我为此而非常感激，但是贷款后的境况却很不幸。我女儿马卡紫薇的出生并没有什么困难，但是，她的体质比较差。从此之后，我们担心会发生最坏的情况。许多夜晚，艾韦琳和我轮流看护着她。我们不知道是什么病正在危及这个小女孩的生命，医生也没有说清她到底患的是什么病。艾韦琳以一位母亲的不知疲倦和一位护士的专业技能监护着这个小生命。在 9 个月大的时候，马卡紫薇夭折了。艾韦琳十分伤心，唯一能减轻我的悲伤的事就是设法安慰她。

在政治上，不管你考虑得多么周密，环境条件常常起到决定性的作用。1947 年 7 月，我与莱彼德就青年团的事举行了一次非正式的讨论。他对我说，他的胃突然疼痛，而且伴随着发冷。当疼痛恶化时，我把他送进了嘉勉医院，当天夜里，他就去世了，当时他只有 33 岁。许多人为他的去世而感伤，瓦尔特 · 西苏陆似乎无法忍受这种巨大的悲痛。他的去世是非洲青年运动的一大损失，因为莱彼德是思想的源泉，他能把其他人吸引到这个组织里来。

莱彼德的职务由皮特 · 穆达接任，他的分析方法、清楚而简单地表达自己的能力和丰富的斗争经验，使他成为一个卓越的政治家和青年团的杰出领袖。穆达比较瘦弱，不愿意多说话。他对不同的观点能够兼容并包，他的思想比莱彼德更成熟、更先进。我认为，穆达的领导水平在莱彼德之上。

穆达认为，青年团应当在非洲人国民大会内起到内部增压器和民族起飞的翅膀的作用，以便把非洲人国民大会推向一个新的纪元。那时，非洲人国民大会连一个全日制工作人员都没有，组织一般很差，运行缺少计划性（后来瓦尔特成了非洲人国民大会第一个也是唯一一个专职职员，薪金极为微薄）。

在 Z. K. 马修斯和人类学讲师戈佛雷 · 皮彻的指导下，穆达在福特黑尔大学建立了青年团支部。他们在那里招募大学生，为青年团吸收新鲜血液和思想，其中最杰出的是马修斯教授的儿子乔和罗伯特 · 索布克韦。罗伯特是一个令人眼花缭乱的演说家和卓越的思想家。

穆达在民族主义方面比莱彼德温和，他的思想没有莱彼德那种激进的色彩。他仇恨白人压迫和白人统治，但不是仇恨白人本身。他对共产党也不像莱彼德和我那样极端。我是青年团成员中对白人内部左派持怀疑态度的人。尽管我有许多白人共产党朋友，但我警惕白人对非洲人国民大会的影响，反对与共产党联合行动。我担心，共产党会在联合行动的幌子下接管我们的民族运动。我认为，我们的运动是纯粹的非洲民族主义运动，而不是马克思主义或多种族主义运动，通过这种运动可以使我们获得自由。我甚至与青年团中的几个同事一起在主席台上闹事，扯掉标语，抢夺麦克风，破坏共产党的大会。在 12 月份召开的非洲人国民大会全国大会上，青年团通过了一项决议，要求驱逐共产党人。但是，我们遭到了惨重的失败。尽管受 1946 年印度非暴力反抗运动的影响，我担心印度人同担心共产党人一样，害怕他们谋求在非洲人国民大会中获得主导地位，部分原因是他们在受教育、经验和训练方面都优于我们。

1947 年，我被选进德兰士瓦非洲人国民大会的执行委员会，在德兰士瓦省非洲人国民大会主席 C. S. 拉默哈诺的领导下工作。这是我在非洲人国民大会中的第一个正式职务，它代表着我献身这个组织的一个里程碑。直到这个时候，我所作出的牺牲仅仅是周末不能在家陪伴我的太太，晚上回家很晚。我没有直接介入任何大的运动，我还不懂得一个自由战士的生活是何等危险和困难。我不必为我的献身而付出大的代价。自从被选进德兰士瓦省执行委员会，我开始认识到自己与非洲人国民大会是一个整体，不论是希望还是失望、成功还是失败，我此时全身心地投入到了非洲人国民大会的事业之中。

拉默哈诺是另一个让我受益匪浅的人。他是一个坚强的民族主义者和卓越的组织者，能权衡不同的看法，从而达成折中认识。尽管拉默哈诺不同情共产党人，但是他仍然能够与共产党人很好地交往。他认为，非洲人国民大会是一个全国性的民族主义组织，应该欢迎一切支持我们事业的人。

1947 年，在印度非暴力反抗运动的启发下，埃克苏玛、达杜、奈克分别以非洲人国民大会、德兰士瓦南非印度人大会和纳塔尔南非印度人大会主席的名义签署了“医生公约”，同意联合起来反对共同的敌人。这是朝着非洲人与印度人联合在一起所迈出的重要一步。不是创立一个核心政体去领导所有的运动，而是同意在共同利益问题上开展合作。后来，“非洲人民组织”（APO）也参加了这一合作。当时，非洲人民组织是一个有色人的组织。

不过，这种协议至少是一种尝试，因为每个民族集团所面对的问题不尽相同。例如，“通行证法”只影响印度人和有色人，而“犹太人法”对印度人的抗议活动是一种促进，但对非洲人也有影响。有色人当时更关心种族划分和工作保留问题，而这些问题并没有严重地影响到非洲人和印度人。

“医生公约”为将来非洲人、印度人和有色人之间的合作奠定了基础，因为它关系到每个民族的独立，并且也说明通过一致行动可以获得成效。“医生公约”在全国促成了一系列非激进的反政府运动，其目的是把自由斗争中的非洲人、印度人团结在一起。在这些运动中，首先是第一次德兰士瓦和奥兰治自由邦人民公投选举大会，这是一个把选举权推广到全南非的运动。在我主持的一次非洲人国民大会紧急会议上，埃克苏玛宣布了此事。当时我认为，这一运动将在非洲人国民大会的控制之下进行，但是，当我得知非洲人国民大会不准备领导这个运动的时候，德兰士瓦执行委员会决定，非洲人国民大会应当立即从运动中退出。当时，我的想法是非洲人国民大会应该只介入自己领导的运动。与关心运动能否成功相比，我更关心谁能获得信任。

即使在退出运动之后，非洲人国民大会德兰士瓦省主席拉默哈诺又发表了一个紧急声明，号召本省非洲人参加普选，明确反对德兰士瓦执行委员会的决定。这是执行委员会不能容忍的背叛行动。在为解决这个问题举行的一次会议上，有人要求我提出一个不信任动议，反对拉默哈诺违反执行委员会的决定。我感觉在义务与个人忠诚之间、组织责任与个人友情之间存在着尖锐矛盾。我十分清楚，我将要谴责的是这样一个人的行动——我对他的忠诚和奉献毫不怀疑，他在解放斗争中的牺牲远比我的牺牲要大；我知道，他号召采取的这种行动实际上是崇高的行动，因为他认为非洲人应该帮助他们的印度兄弟。

但是，拉默哈诺违抗上级的决定，其性质是严重的。虽然像非洲人国民大会这样的组织是由个体组成的，但是，它比任何一个个体都要大，忠于组织胜过忠于个人。我同意带头对他展开斗争，于是提出了谴责他的动议。这种谴责得到了奥利佛·塔博的支持，这在非洲人国民大会内部引起了一场轩然大波，支持其主席的与会者与站在执行委员会一边的与会者之间展开了唇枪舌剑的争斗，会议在混乱中收场。

13...

非洲人不能投票，但这并不意味着我们不关心谁赢得了选举。在 1948 年的白人大选中，执政的合众党在史末资将军的领导下反对复兴的国民党。当时，合众党正处于国际威望鼎盛时期。在史末资使南非加入了第二次世界大战同盟国阵营的同时，国民党拒绝支持英国而公开同情纳粹德国。国民党的竞选运动以“黑人危险”为中心，在竞选中打出了两个口号：“黑鬼待在他该待的地方”、“苦力们滚出这个国家”。苦力是南非白人对印度人的贬称。

在前荷兰归正会的牧师、一家报社的编辑丹尼尔·马伦的领导下，国民党是一个受仇恨驱使的党派。他们对英国人充满仇恨，英国人几十年来一直把他们当做次等人；他们对非洲人也充满仇恨，国民党人认为黑人是对南非白人文化的繁荣和纯度的威胁。非洲人对史末资将军谈不上忠诚，而我们对国民党就更没什么忠诚可言。

马伦的理论平台就是种族隔离。“种族隔离”是新术语、旧思想。其字面的意思是“隔开”，它代表的是一种压迫制度下的所有法律、法规的总和，这些法律和法规使非洲人在地位上低于白人达几个世纪。这种或多或少的非法现实无情地被合法化。在过去 300 年中，偶然的隔离常常被巩固成一种社会制度，在这种制度下，其行政手段是残忍的，行政范围是无所不包的，行政权力是至高无上的。种族隔离的前提是白人比非洲人、有色人和印度人都优越，其作用就是永远维护白人的霸权地位。正如国民党人所指出的那样：“白人必须始终保留其上司地位。”他们的理论平台是建立在“白人至高无上”这一基础之上的，“白人至高无上”的含蓄意思就是在各个领域内保持白人的绝对统治。这个理论得到了荷兰归正会的支持。荷兰归正会用宗教理论为种族隔离提供依据。这种宗教理论暗示南非白人是上帝的选民，黑人是南非白人的附属。按照南非白人的世界观，种族隔离和教会两大武器要同时并举。

国民党的胜利是英国人结束对南非白人的控制的开始。英语作为一种官方语言仅次于南非荷兰语。国民党的口号包藏了他们的使命："我们自己的人民，我们自己的语言，我们自己的土地。"按照南非白人扭曲的宇宙理论，国民党的胜利就像以色列人到"应许之地"一样。这是上帝应许的实现，在他们看来，南非应该永远是白人的国家。

这次胜利也是一种震惊。合众党和史末资将军打败了纳粹，他们也一定能击败国民党。大选的那天，我与奥利佛·塔博及另外几个人一起在约翰内斯堡开了一个会议。我们几乎没探讨国民党人政府的问题，因为我们没想到会有这个政府。会议进行了一整夜，天亮的时候我们看见有一个卖报的售货亭正在出售《兰德每日邮报》：国民党人胜利了。我感到吃惊和失望，而奥利佛的态度更见考量。他说："我喜欢这个结果。"我想象不出他为什么说这句话。他解释说："现在我们明确了谁是我们的敌人和我们将采取什么立场。"

就连史末资将军也认识到了这种理论的危险，他把"种族隔离"谴责为"狂热的概念"，是由于偏见和恐惧而产生的理论。自从国民党人当选的那一时刻，我们就知道，我们的土地从今以后将成为紧张、冲突的战场。在南非历史上，一个唯我独尊的南非白人政党第一次把持了南非政府。马伦在他大选胜利后演讲时宣布："南非属于我们了。"

同一年，青年团在穆达起草的、执行委员会公布的文件中阐述了自己的方针，这就是号召一切爱国青年推翻白人独裁统治。我们反对南非共产党人关于非洲人主要是作为一个阶级受压迫而不是作为一个种族受压迫的见解，并且指出，我们必须在非洲民族主义的旗帜下，由非洲人自己领导发动一个强大的民族解放运动。

我们提倡在公平合理的基础上对土地进行重新分配，废除禁止非洲人从事技术工作的种族歧视法律，要求实行免费的义务教育。

该文件也重点批评了更极端的马库斯·加维主张的“非洲是非洲人的非洲”的民族主义与青年团的非洲民族主义两大理论之间相互拆台的做法，后者承认南非是一个多种族的国家。

我赞成非洲民族主义的极端革命倾向。我对白人不满，而不是对种族主义不满。虽然我不准备把白人赶进大海，但是如果他们爬上他们的轮船自愿地离开这个大陆，我将十分高兴。

青年团或多或少地对印度人和有色人更友好一些，与非洲人一样，青年团把印度人也视作被压迫的人民。但印度人有自己可以依靠的祖国——印度。有色人也是被压迫人民，但是他们不像印度人，他们除了非洲之外并没有自己的祖国。如果他们接受我们的方针政策，我愿意接受印度人和有色人。但是，他们的利益与我们的利益是不相同的，我怀疑他们是否能够真的投入到我们的事业中来。

马伦立即开始实行他的恶毒纲领。上台几周内，国民党政府就赦免了战时的叛徒罗贝·雷布朗特——他曾经组织叛乱，支持纳粹德国。国民党政府企图限制商会运动，废除印度人、有色人和非洲人有限的权利。《选民分离代表法》最终剥夺了有色人在议会中的代表权。《禁止通婚法》于1949年出台，紧接着又出台了《不道德行为法》，使白人与非白人之间的性关系非法化。《人口登记法》把南非人按种族加注标签，使肤色成了个人最重要的仲裁条件。马伦出台了《社团区域法》，并把这个法描述成“种族隔离的核心”，要求为每个种族社团划分居住区。过去，白人依靠武力夺取土地，现在他们又通过立法把掠夺的土地合法化。

面对来自政府的这种新的强大威胁，非洲人国民大会开始走上不平常的历史性道路。1949年，非洲人国民大会作出了里程碑式的努力，把自身变成了一个真正的群众组织。青年团起草了行动纲领，纲领的核心就是发动群众运动。

在布隆方丹举行的非洲人国民大会年会上，非国大采纳了青年团的行动纲领，号召举行联合抵制、罢工、消极抵抗、抗议示威及其他形式的群众行动。这是一个巨大的变化。过去，非洲人国民大会的斗争策略一直是把其活动控制在法律允许的范围之内。我们青年团团员早就看到了采取合法的手段打击种族压迫的失败。现在，整个非洲人国民大会组织开始迈出了更积极的一步。

如果没有内部的剧烈变动，这些变化是不会发生的。在召开年会的前几周，瓦尔特·西苏陆、奥利佛·塔博和我在索菲亚顿埃克苏玛医生的家里私下会见了埃克苏玛。我们向他说明，按照甘地在印度发动的非暴力抗议活动和1946年开展的消极抵抗运动，我们认为采取群众行动的时机已经到来，并坚持认为非洲人国民大会在压迫面前太软弱。我们说，非洲人国民大会的领导人终究要准备冲破法律的束缚，并且如果有必要则愿意像甘地那样为了自己的信仰去坐牢。

埃克苏玛坚决反对，声称这种策略是不成熟的，只能让政府抓住镇压非洲人国民大会的借口。他说，这种形式的抗议，最终必然会在南非发生，但是，在眼下这个时刻迈出这一步是致命的。他明确表态，他是一个远近闻名且事业有成的医生，他不会去坐牢，把自己置于危险的境地。

我们向埃克苏玛摊了牌：如果他支持我们建议的行动纲领，我们将在下一次非洲人国民大会主席选举中支持他；如果他不支持我们的纲领，我们就不会支持他。埃克苏玛生气了，骂我们是敲诈，断然拒绝我们为他投票的条件。他说我们年轻气盛，不尊重他。我们规劝他，但是没起作用，他没有支持我们的建议。

深夜11点，他不礼貌地把我们从他家中轰出门外，然后立即关上了门。索菲亚顿没有路灯，那天又是一个没有月亮的夜晚，并且所有的公共交通早就停止运行，而我们则住在几英里外的奥兰多。奥利佛说，埃克苏玛至少应该为我们提供交通工具。瓦尔特在附近有个朋友，我们说服他留我们在那里住了一宿。

在12月份召开的大会上，青年团团员都知道不投埃克苏玛的票。由于只有两个候选人，我们准备选J. S. 莫罗卡为主席。他本来不是我们的第一选择，Z. K. 马修斯才是我们想选的人，但是，马修斯认为我们太激进，我们的行动计划太不可行。他称我们是幼稚的狂热分子，说我们随着年龄的增长才会成熟起来。

莫罗卡先生是一位希望不大的候选人。他是全非大会会员，当时全非大会是托洛茨基分子把持的组织。当他同意反对埃克苏玛的时候，青年团把他作为会员吸收进非洲人国民大会。开始时，他坚持把非洲人国民大会作为全非洲的“国务院”。他对非洲人国民大会并不太了解，也不是一个有经验的活动家，但是他尊重别人，支持我们的纲领。和埃克苏玛一样，他也是一位医生，也是一位南非很富有的黑人。他在爱丁堡和维也纳上过学，而他的曾祖父曾经是奥兰治自由邦的总统。19 世纪，他曾祖父曾经张开双臂欢迎南非白人，并且向南非白人赠送土地，后来却被出卖了。埃克苏玛被击败了，莫罗卡医生成了非洲人国民大会的主席，瓦尔特 · 西苏陆当选为非洲人国民大会的总书记，奥利佛 · 塔博当选为全国执行主席。

在这次年会上行动纲领获得通过，它号召通过联合抵制，即罢工、不服从政府和不与政府合作，去争取政治权利。另外，大会还号召一个全国性停止工作日，抗议政府的种族歧视和反动政策。这是一种脱离单纯地依靠温和抗议的腾飞，许多老的非洲人国民大会坚定分子在这个富有更伟大的战斗精神的新时代变得大为逊色。如今，青年团团员登上了非洲人国民大会的舞台。我们正在引导非洲人国民大会走上更积极、更革命的道路。

我只能在远处庆祝青年团的胜利，因为我不能出席大会。当时我正在一个新的律师事务所工作，上司不准我请两天假去布隆方丹参加会议。这家律师事务所虽然是一个没有种族歧视的律师事务所，但是，要求我忘记政治，把全部精力用在工作上。如果我去参加大会，我将丢掉工作，我经不起这个损失。

群众的革命精神十分高涨，但是我却对共产党人和印度人一起采取的任何行动仍然抱有怀疑。1950 年 3 月，由德兰士瓦非洲人国民大会、德兰士瓦印度人大会、非洲人民组织和共产党地区委员会一起组织的“捍卫自由演讲大会”，吸引了上万人集中在约翰内斯堡的贸易广场上。莫罗卡医生没经过咨询执行主席，就主持了“捍卫自由演讲大会”，这是一个成功的大会。但是，我仍然对此保持警惕，因为其背后的发起者是共产党。

在共产党和南非印度人大会的鼓动下，大会通过了举行一天总罢工的决议，这一天是 5 月 1 日，被称作自由日。这次罢工要求废除“通行证法”及所有种族歧视性法规。尽管我支持这些目标，但是，我认为共产党人企图抢夺非洲人国民大会全国抗议日的胜利果实。因为非洲人国民大会没有首先发起这次运动，所以我反对五一大罢工，并认为我们应该集中力量搞自己的运动。

阿迈德 · 卡特拉达当时只有 21 岁，和其他青年一样，他极力为准备大干而摩拳擦掌。他是德兰士瓦印度青年大会的一名骨干。他听说我对五一大罢工持反对态度。一天，当我走在总督大街上的时候，碰见了卡特拉达。他很生我的气，指责我和青年团不想同印度人或有色人合作。他用挑衅的口吻说：“你是非洲人的一个领导，我是一个印度青年，但是我相信非洲群众是支持五一大罢工的。我向你提出挑战。你可以指定在任何一个非洲人居住的城镇召开一次会议，我保证那里的人民将会支持我。”这纯粹是一种恐吓，但也使我很气愤。我甚至要求非洲人国民大会、南非印度人大会和共产党三方执行委员会召开联席会议，并准备在会上提出申诉，但是伊斯梅尔 · 弥尔劝我冷静下来。他说：“纳尔逊，他年轻，头脑发热，不要和他一般见识。”最后，我对我的这一行动感觉有点厌倦，并撤回了申诉。尽管我与卡特拉达有分歧，但是我佩服他的激情，我们之间出现的小插曲仅仅是个偶然事件。

运动在没有非洲人国民大会的正式支持下提前进行。正如预料的那样，政府禁止 5 月 1 日这天召开任何会议和集会。这一天，三分之二以上的非洲人都在家中静坐。当天夜晚，尽管政府禁止集会，但是群众仍然在奥兰多聚集。当时，瓦尔特和我就在奥兰多西区自由日群众集会的外围。天上的月亮皎洁而明亮，当我们看着整齐的抗议队伍游行的时候，我们发现500码以外的小河对面有一伙警察正在集中。他们一定也看见了我们，因为他们忽然向我们这个方向开枪。我们假装被击倒在地上，看着警察冲向人群用警棍击打群众。我们躲进附近的一个护士宿舍里，在那里听见子弹射入墙中的声音。在这次不加区别的、无缘无故的袭击中，有18名非洲人被打死，另有许多非洲人被打伤。

尽管这次暴行遭到了抗议和谴责，但是民族主义者的反应却是保持克制。几周后，政府出台了臭名昭著的《镇压共产主义条例》，非洲人国民大会在约翰内斯堡召开了紧急会议。这个法律宣布南非共产党是非法的，使参加共产党成了犯罪，最多可判处10年监禁。这个法律的打击面太大，它把一切仅仅是最温和地向政府提出的抗议也列为违法，把犯罪范围扩大到在工会内进行任何引起“政治、工业、社会或经济骚乱或混乱”的理论宣传。这个法律基本上允许政府随意把任何一个组织列为非法组织，禁止任何个人反对政府的政策。

非洲人国民大会、南非印度人大会和非洲人民组织再次召开会议讨论新对策。除了其他人在会上发表了讲话外，达杜医生也讲了话，他说，允许过去的分歧阻碍联合阵线反抗政府是愚蠢的。我发言支持他的观点：显然，对任何一个自由团体的镇压都是对所有自由团体的镇压。在这次会上，奥利佛说了一句预言性的话：“今天镇压的是共产党，明天将会是我们的商会、我们的南非印度人大会、我们的非洲人民组织和我们的非洲人国民大会。”

在南非印度人大会和非洲人民组织的支持下，非洲人国民大会决定将1950年6月26日定为全国性抗议活动日，抗议政府5月1日杀害18名非洲人和通过《镇压共产主义条例》。这项建议获得了批准，在准备全国抗议日的过程中，我们进一步密切了与南非印度人大会、非洲人民组织和南非共产党的关系。我相信，我们面临着很大的威胁，但这种威胁可以使我们与我们的印度盟友和共产党盟友携起手来。

这一年年初，我被选进了非洲人国民大会的执行委员会，接替了埃克苏玛医生的位置。埃克苏玛在再次竞选非洲人国民大会主席落败后辞去了职务。我并非没有注意到这样的事实：在我10年前来到约翰内斯堡的时候，是埃克苏玛医生设法为我安排了第一份工作，当时我还没有介入政治的想法。现在，作为非洲人国民大会全国执行委员会的一名成员，我与非洲人国民大会中资历最深的人一道工作。在非洲人国民大会中，我已经由一个"牛虻"变成了一个我一直反对的实权人物。这是一种很难理解的感觉，让我百感交集。从某种程度上说，当一个异见人士更容易一些，因为他没有责任。但是，作为一个执行委员会的成员，我必须权衡各种意见并作出决定，而且还要预料到来自像我自己这样的反对者的批评。

群众运动在南非是危险的。在这里，非洲人举行罢工是犯罪，言论自由和集会运动的权利被无情地剥夺。举行罢工，一个非洲人不但要承担丢掉工作的危险，而且还有可能丢掉他的全部生活条件，甚至还会丢掉他在本地居住的权利。根据我的经验，政治性罢工要比经济性罢工更危险。因为出于政治上的不满而举行的罢工，与因为一个明确的利益诉求而举行的罢工相比——诸如要求提高工资或减少劳动时间，是一种更危险的活动，需要特别有效的组织。全国抗议日正是一次政治性罢工，而不是一次经济性罢工。

在酝酿6月26日大罢工的过程中，瓦尔特走遍了全国，征求各地领导人的意见。在他外出期间，我主持繁忙的非洲人国民大会办公室的日常工作，这里是组织这次全国性大罢工的指挥中心。每天，各种各样的领导人都到这个办公室了解按计划准备这次罢工的进展情况。他们有：达杜医生、迪利扎·穆吉、德兰士瓦省非洲人国民大会的主席 J. B. 马科斯、玉苏福·凯查利亚和他的弟弟莫拉维、行动委员会书记高尔·瑞德贝、迈克尔·哈迈尔、皮特·拉宝罗克、恩塔托·莫特拉纳。我负责协调全国各地的行动，与各地领导人保持电话联系。我们一点闲空都没有，匆匆忙忙地做着各种谋划。

全国抗议日是非洲人国民大会第一次尝试在全国范围内举行的政治性大罢工，也是一次恰到好处的、成功的大罢工。在城市里，多数工人都待在家里，黑人经营的商店和公司都关门停止营业。在贝瑟尔，后来成为德兰士瓦省非洲人国民大会主席的格特·西班德领导了5000人的游行队伍，这次活动成为全国各大报纸的重要新闻。全国抗议日鼓舞了我们的士气，使我们看到了自己的力量，给马伦政府传递了一个警示：我们不会在种族隔离面前一直保持被动。因此，6 月 26 日成为自由斗争中的一个里程碑。在解放运动中，它被看作自由日。

这是我第一次在全国运动中担任重要角色。我感觉到一种由于计划周密而取得对敌斗争胜利迸发出来的兴奋感和与可怕的敌人斗争中产生的同志情谊。

我正在学习的斗争是非常耗费精力的。如果一个人投身于斗争中，他就成了一个没有家庭生活的人。在准备全国抗议日期间，我的第二个儿子马卡托·莱瓦尼卡出生了。他来到这个世界上的时候，我正在医院里陪着艾韦琳。但是，这仅仅是一段短暂的日常休息时间。他的名字来源于两个伟大人物：一个是自 1917 年到 1924 年担任非洲人国民大会第二任主席的赛法库·马宝高·马卡托，一个是赞比亚一位领导者莱瓦尼卡。马卡托是一个佩迪酋长的儿子，他曾经带领志愿者反对不允许非洲人在比勒陀利亚人行道上行走的种族歧视性法令，他的名字对我来说是胆识和勇气的象征。

在全国抗议日的准备期间，有一天我太太告诉我，我那当时只有 5 岁的大儿子泰姆比问她：“我父亲住在哪里？”我一直是深夜他已入睡的时候才回到家里，第二天他还没醒我就早早地离开了家。

我不想离开我的孩子，在那些日子里，我十分想念他们，不知不觉我竟然几十天没和他们在一起。

在那些日子里，我根本不知道自己在追求什么，更不知道自己在反对什么。我长期坚持反对共产党的立场发生了动摇。共产党的总书记、非洲人国民大会执行委员会的成员摩西·考塔尼经常深夜来我家，我们常常一直辩论到第二天早上。考塔尼头脑清醒、自学成才，是德兰士瓦省一位农民的儿子。他说："纳尔逊，你为什么反对我们？我们都反对同样的敌人，我们不想独揽非洲人国民大会的权力，我们也是为非洲民族主义工作。"最后，我无法找到理由反驳他的观点。

由于我与考塔尼、伊斯梅尔·弥尔和鲁思·弗斯特之间的友情和我对他们的自我牺牲精神的观察，我越来越难找到对共产党抱有偏见的正当理由。在非洲人国民大会内部，像J. B. 马科斯、埃德温·莫福参亚纳、旦·图鲁麦和大卫·博帕佩这样的共产党人比别人更埋头苦干、努力工作，他们作为伟大的自由战士是无可挑剔的。达杜医生，1946年抵抗运动的领袖人物之一，也是一位著名的马克思主义者。他作为一个争取人权的战士而起到的作用使他成为各个团体组织的英雄。我不能再怀疑这些人的诚意。

即使我不再怀疑他们的献身精神，但是我仍然可以对马克思主义的理论基础从哲学和实践角度提出问题。然而，我对马克思主义又知之甚少。在与我的共产主义者朋友开展的政治讨论中，我常常由于对他们的理论的无知而陷入尴尬的境地。我决定改变这种状况。

我找来了马克思、恩格斯、列宁、斯大林、毛泽东等人的全套著作，探寻辩证唯物主义和历史唯物主义的哲理。我没有时间认真研究这些著作。虽然我对《共产党宣言》产生了兴趣，但是研读《资本论》却让我疲惫不堪。不过，无阶级社会的思想却深深地吸引了我。我认为，这种思想与非洲传统思想很相似。在非洲传统思想中，生活是共同享受的，财产是共有的。我赞成马克思的基本理论，它既简单明了又慷慨无私："各尽所能，按需分配。"

辩证唯物主义似乎既是驱赶种族压迫黑暗的明灯，又是用来结束种族压迫的工具。我认识到要通过辩证唯物主义，而不是通过黑人与白人之间的关系去认识形势。因为，如果我们的斗争要取得胜利，我们必须超越黑人和白人的概念。我对辩证唯物主义的科学理论产生了浓厚的兴趣，因为我总是倾向于相信我能证实的东西。我认为马克思关于经济的唯物主义分析很有道理。商品价值是由进入该商品中的劳动量决定的，这个思想特别适合南非。统治阶级支付给非洲劳工仅供生存的工资，然后在商品成本中增加价值，这种增加的价值被他们自己留下了。

马克思主义号召采取革命行动像音乐一样萦绕于自由战士的耳畔。他关于通过斗争取得历史进步和革命飞跃中发生变化的思想同样富有感染力。在研读马克思主义著作的过程中，我学到了大量的知识，这些知识对于一个政治家解决面临的问题是很有针对性的。马克思主义者对民族解放运动给予了很大的关注，苏联特别支持许多殖民地人民的民族解放斗争。这就是我为什么改变对共产党人的看法、接受非洲人国民大会欢迎马克思主义者加入的另一个原因。

有一个朋友曾经问我为什么能在坚持非洲民族主义的同时相信辩证唯物主义。对我来说，这并不矛盾。我首先是一个为我们从少数统治者那里解放出来而战、为控制自己命运的权利而战的非洲民族主义者，但同时，南非和非洲大陆也是世界的一部分。我们的问题除了鲜明性和特殊性之外并不是独一无二的。因此，一个把问题置于世界范围和历史过程之内进行研究的思想是有价值的。我愿意使用一切必要的方式、方法加速清除人类偏见，加速结束沙文主义的、暴力的民族主义。我不必要为了同他们一道工作而成为一个共产党人。我发现，非洲民族主义者和非洲共产主义者应当更多地加强团结，而不是加剧分裂。怀疑者总是说共产主义者正在利用我们，但是谁又能说我们不是在利用他们呢？

14...

如果说在国民党上台之前我们还对他们抱有某种希望或幻想，那么我们很快也就把这些希望和幻想放弃了。他们威胁要把卡非尔人置于应有的位置上并不是一句空话。除了《镇压共产主义条例》以外，1950 年又通过了《人口登记法》和《社团区域法》两部法律，这些法律形成了种族隔离的基础。正如我所提到的，《人口登记法》使政府有权按照种族把南非人划分成若干类别。如果当时种族还不是南非社会等级划分的先决条件的话，而实施新的法律后也将会是如此。这种专横地、毫无意义地把黑人从有色人中划分出来或把有色人从白人中划分出来的做法常常导致悲剧的发生。在这种情况下，同一个家庭的成员也可能被划分成不同的人种，划分的标准完全是依据孩子肤色的深浅。一个人能不能在某个地方居住和工作，要依据他的头发是卷是直、嘴唇是大是小作出荒唐的划分。

《社团区域法》是实现种族隔离居住的基础。按照这个法律的规定，每个种族社团可以拥有自己的土地，房产占地和经商只能在该种族拥有的独立区域内进行。因此，印度人只能在印度人区域内生活，非洲人只能在非洲人区域内生活，有色人只能在有色人区域内生活。如果白人需要另一个种族社团的土地或房子，他们只需简单地宣布这块土地是一个白人区即可拿走。《社团区域法》开始了一个强迫搬迁的时代。一旦非洲社区、城镇和村庄被划成“白人”居住区，那么其中的非洲人就被强迫搬到别的地方居住，因为附近的白人土地拥有者不让非洲人住在他们附近，或者说白人仅仅是为了取得他们的土地。

列入搬迁名单的第一个城镇是索菲亚顿，这是一个拥有 5 万人的生气勃勃的社区，也是约翰内斯堡最古老的一个黑人居住区。尽管索菲亚顿比较贫穷，但是这里却充满着丰富的生活气息，它是非洲人生活和文化中许多新的有价值的东西的孵化器。甚至在政府努力对其实施搬迁政策之前，尽管人口不多，但索菲亚顿对非洲人却具有象征性的重要意义。

第二年，政府又出台了两个直接侵犯有色人和非洲人权利的法律。《分离代表投票法》目的是把有色人转移到开普省的分离投票处，从而淡化他们享受了一个多世纪的特权。《班图管理机构法》解散了土著代表委员会这个间接的非洲人全国代表机构，由政府指派的氏族酋长等级制度取而代之，目的是恢复传统的、主要由保守的种族酋长享受的权力，使开始腐朽的种族差别永远存在下去。两个法律充分暴露了国民党政府的道德嘴脸，都谎称保留他们企图消灭的种族，明明是剥夺人民权利的法律，却一定要标榜成恢复人民权利的法律。

有色人举行集会反对《分离代表投票法》，他们于 1951 年 3 月在开普敦组织了大规模的示威活动，4 月份他们又举行商店关门罢市、学生罢课活动。正是在印度人、有色人和非洲人积极行动精神的鼓励下，瓦尔特 · 西苏陆第一次向我们中的小部分人提出了全国公民表示不服从的抗议活动思想。他草拟了一个计划，从各个社团中挑选不怕坐牢的志愿者，以反对某些种族歧视性法律。

这个思想立即对我产生了影响，同时也感染了其他人。但是，在挑选谁参加的问题上，我与瓦尔特持有不同的意见。我当时刚刚成为青年团的全国主席，我以我的这个新职务的名义力主全部挑选非洲人。我说，普通非洲人仍然对与印度人和有色人采取联合行动存有戒心。虽然我在对待共产主义的态度上已经有了进步，但是我仍然害怕印度人的影响。另外，我的许多非洲支持者都把印度人看成是黑人劳工的剥削者，因为他们是商店老板和商人。

瓦尔特坚决不同意这种观点，他建议印度人、有色人和非洲人紧紧地团结在一起。这个问题被提交到非洲人国民大会全国执行委员会上，我的意见遭到了否决，甚至那些被认为是最坚定的非洲民族主义者也坚持否决我的意见。但是，我仍然坚持自己的意见，把这个问题又提交到1951年12月举行的全国会议上。和在全国执行委员会上一样，我的意见又被代表们坚决地否决了。既然我的观点在非洲人国民大会最高级别的会议上被否决，那么，我完全接受和同意大家的立场。虽然大家对我发表的主张非洲人单独行动的讲话反应冷淡，但是，在青年团宣誓支持联合行动的新政策之后，我以青年团主席的身份发表的讲话却受到了热烈的欢迎。

在莫罗卡医生、瓦尔特、J. B. 马科斯、玉苏福·达杜组成的联合计划委员会的要求下，非洲人国民大会通过了一项决议，要求政府废除《镇压共产主义条例》、《社团区域法》、《分离代表投票法》、《班图管理机构法》、"通行证法"，以及1952年2月29日出台的《限制牲畜法》。出台《限制牲畜法》的目的是减少牛的数量，防止过度放牧。但是，这个法律将使非洲人的土地进一步减少。联合委员会决定，非洲人国民大会将在1952年4月6日举行示威活动，作为发动抗议不公平法律运动的序幕。同一天，南非白人将庆祝简·范·里贝克于1652年到达好望角300周年。4月6日是南非白人一年一度地庆祝他们的国家建立的纪念日，非洲人则把这一天诅咒为"300年受奴役的开始日"。

非洲人国民大会给总理写了信，把这些决定告诉他，并提出了他废除这些法律的最终期限。这封信是以莫罗卡的名义发出的，而莫罗卡并没有参与写这封信。按照上级的指示，我驾车到萨巴恩楚把这封信送到了他的家里。萨巴恩楚是奥兰治自由邦布隆方丹附近的一个小城镇，而奥兰治自由邦是南非的一个保守地区。我差一点没能赶去那里见他。

仅仅几周前，我刚刚参加了汽车驾驶执照考试。那时候，驾驶执照对于一个非洲人不是一件寻常的事情，因为没有几个黑人能够有汽车。在指定的那一天，我借了一辆车去参加考试。我有点过于自信，决定自己开车去。我出发时有点晚，所以开车开得太快。当我驾驶着汽车沿大街的一侧行驶到一条主干道上的时候，由于没有观察左右两侧是否有汽车，与来自另一个方向的汽车撞在了一起。撞得虽然不怎么厉害，但是我却误了考试的时间，与我撞车的那位驾驶员是一位通情达理的人，我们双方同意分别担负自己修车的费用了事。

当我到达考场的时候，我看见一个白人妇女正在我前面接受考试，她开得很好，也很小心。当考完试的时候，考官说："谢谢你，请把车停到那边去。"他用手指了指附近的一片空地。她圆满地通过了考试，但是，当她去停车的时候却没注意拐弯，后轮轧在了路边石上。考试官立即赶过去说："对不起，太太，你没有通过这次考试，请另约定时间重新参加考试。"我感觉自己信心也不大了。如果这个考官设圈套不让这位白人女士考试过关，我还有什么希望？但是在考试的时候，我表现不错。当考官告诉我把车停在考场一端时，我非常小心，甚至担心他会因为我开得太慢而不让我通过考试。

一旦能够合法地驾驶汽车，我立即成了一个"私人出租车司机"。我把让同志和朋友搭车看成是自己的义务，所以，我也就有责任去给莫罗卡医生送这封信。这对我来说并不是什么难事，我总是把驾着汽车透过车玻璃看着外面当做一大乐趣。当我驾车穿过农村、外面的风从窗子吹进车内的时候，我的心情似乎会处于最佳状态。

在去萨巴恩楚的路上，要穿过克龙斯塔德。这是一个保守的自由邦的小城镇，在约翰内斯堡以南大约 120 英里的地方。当我开着车爬上一座小山时，我看见两个白人孩子正在前面骑自行车。我的驾驶技术仍然不怎么熟练，当我行驶到他们身边的时候，其中却有一个孩子忽然没来由地来了个急转弯，于是，我们撞在了一起，他被从自行车上撞了下来。当我下车去扶他的时候，他在地上直呻吟。正当我让他伸出胳膊想把他抱起来的时候，一个白人卡车司机喊我不要动那个孩子。卡车司机使小孩产生了恐惧，他放下了胳膊，似乎不让我把他抱起来。那个孩子并没有严重受伤，卡车司机把他领到了附近的警察局。

当地警察很快就到了，警察中士看了我一眼说："卡非尔人，你今天要拉屎（shit）了！"我为这次事故及他说话的凶狠态度而十分担心，但是我仍然态度鲜明地告诉他："我愿意什么时候拉就什么时候拉，不用警察来指点。"听了我这句话，那位中士掏出了笔记本开始记录我的详细情况。如果一个黑人能讲英语，不用多说，南非白人警察会感到非常吃惊。

我就我的身份作了自我介绍之后，他转身去查看汽车，并仔仔细细地进行搜查。从车内的垫子底下，他抽出了一份左翼周报《卫报》。这份周报是我在发生事故后立即藏在垫子下面的，同时，我把给莫罗卡的信偷偷放进了我的衬衣里。他看了周报的标题，然后举在空中，就好像是一个海盗得到了战利品："我抓到了一个共产党人！"他一边喊叫一边挥舞着那份周报匆匆地离我而去。

四个小时后，那个中士又回来了，同他一起来的还有一位官员。这位官员也是一个南非白人，他想正常地履行他的公务。他说他要勘察一下事故的现场，并填写警察记录表。我告诉那位中士说，事故是白天发生的，到了晚上再勘察是不适当的。我又说我打算在萨巴恩楚住宿，我不能住在克龙斯塔德。那位中士不耐烦地看了看我说："你叫什么名字？"

"曼德拉。"我回答。

"不，我问你的名字而不是问你姓什么。"他对我说。我告诉他我叫纳尔逊。

"纳尔逊，"那位中士说，就好像是在同一个小孩子说话，"我想帮助你重新上路。但是，如果你想找麻烦，我只好与你过不去，把你铐一夜。"这些话让我心中有了数，于是我同意他进行勘察。

那天晚上很晚我才重新上了路。第二天早晨，我正穿过伊克赛尔西亚地区的时候，我的汽车抛了锚，车没有油了。我走到附近的一个农户家里，用英语向一个老太太说我想买点汽油。她把门一关说："我没有汽油卖给你。"我又好歹向前行了2英里，来到了另一个农户家里。由于第一次失败的教训，我采取了另一种方式。我请求见这个农户，他露面的时候我很谦卑地说："我的巴士（baas）跑没油了。"（baas是南非荷兰语，是老板的意思，也有奉承之意）。这个农户很友好，也很乐意帮助别人。他是总理大臣斯特里德的一个亲戚。我想，如果我向他说了实话并不使用baas这个讨厌的词的话，他可能不会给我汽油。

我与莫罗卡的会面并不像我在去那里的路上那样值得一提。他接受了那封信之后，我就回了约翰内斯堡。回来的路上也没遇到什么麻烦。给总理的信表明，非洲人国民大会在我们的建议下将利用一切可利用的宪法手段争取合法权益，我们的要求是到1952年2月29日废除6部不公平的法律，不然，我们将采取宪法以外的行动。马伦通过他的私人秘书作了回复，声称白人天生有权采取措施保护自己作为独立社团的身份，并且最后威胁说，如果你们采取行动，政府将毫不犹豫地利用一切手段进行镇压。

我们把马伦拒绝我们的要求看作是一种宣战。现在，我们没有别的路可走，只能诉诸公民抑制、抗议。我们开始竭尽全力准备发动群众运动。招募和训练志愿者是组织这场运动的基础工作之一，这在很大程度上关系到这场运动的成败。4月6日，在约翰内斯堡、比勒陀利亚、伊丽莎白港、德班、开普敦举行了初步的示威活动。当莫罗卡在对约翰内斯堡自由广场的人群发表讲话的同时，我正在服装工人工会向准备担当志愿者的人群讲话。我向几百名非洲人、印度人和有色人解释说，由于政府当局可能会恐吓、拘禁，甚至袭击志愿者，因此，志愿者运动是一个困难的甚至危险的任务。无论政府当局采取什么手段，志愿者不能以牙还牙，不然，我们的整个计划就会遭到破坏。志愿者必须用非暴力对付暴力，必须不惜一切代价维持纪律。

5 月 31 号，非洲人国民大会和南非印度人大会的执行委员们在伊丽莎白港召开了会议，宣布抗议活动将在 6 月 26 日开始，这天是全国抗议日活动一周年纪念日。他们还组建了一个全国行动委员会指导运动，建立了一个全国志愿者委员会招募和培训志愿者。我被任命为全国运动志愿者统帅和行动委员会与志愿委员会主席。我的职责是组织运动、协调各地区分支机构的关系、动员志愿者和筹集资金。

我们还就运动是否遵循非暴力的甘地原则或“不合作主义”展开了讨论。不合作主义是一种设法通过转化来征服对方的斗争方法。有的人站在纯道德的立场上赞成非暴力原则，并认为从道德上讲，非暴力原则比其他任何原则都优越。马尼拉 · 甘地十分赞成这个思想。他是圣雄甘地的儿子，也是《印度舆论》(*Indian Opinion*) 的编辑和南非印度人大会的著名成员。马尼拉 · 甘地举止文雅，俨然就是非暴力主义的化身。他坚持认为，抗议运动要遵循其父亲在印度举行抗议活动时所采取的路线。

其他人则认为，我们不应从原则的观点，而应该从战略战术的角度来探讨这个问题，应该根据情况选择斗争方式。如果某种斗争方法或战略战术能够让我们打败我们的敌人，那么，我们就应该采用这种斗争方法或战略战术。在当前情况下，政府远比我们强大，我们任何使用暴力的企图都会遭到毁灭性的镇压。这种情况使非暴力成为实践的必然，而不是一种选择。这是我的观点，我按照甘地的模式看待非暴力。不能把非暴力看作一种神圣不可违背的原则，而应当把它看作一种根据形势需要而使用的战略战术。正如甘地本人认为的那样，这个原则并没重要到即使它已在妨碍我们的目的时，仍需坚持不变。我们主张非暴力抵抗，但前提是它是有效的。尽管马尼拉 · 甘地坚决反对，但是这种观点仍然占了上风。

联合计划委员会同意根据情况灵活运用不合作和非暴力战略战术，并建议采取两个阶段进行抗争。第一阶段，少量训练有素的志愿者将在几个市区违反要求废除的法律。他们不经允许就进入前面讲过的区域，使用只有白人才允许使用的设施，例如卫生间、火车厢、会客室和邮局入口。他们将故意在宵禁后滞留在市区。每批反抗人员都有一个领导人，由他提前把这些不服从行为告诉警察，这样，小范围的骚乱就会导致逮捕行动的发生。第二阶段，按预想的谋划采取大规模反抗活动，同时在全国举行大罢工和其他大规模行动。

在开始发动反抗行动前，我们于 6 月 22 日在德班召开了一个大会，并取名“志愿者日”。纳塔尔非洲人国民大会主席鲁图利酋长、纳塔尔南非印度人大会主席奈克医生都在会上讲了话，表示全力以赴地参加这个运动。我在那天前就驾车来到了德班，而且是这次德班会议的主要发言人。大约有一万人出席了会议，我告诉大家，这次反抗运动将是南非被压迫群众采取的最大的行动。在此之前，我从来没有在那么多人面前发表过讲话，这是一次令人兴奋不已的经历。一个人面对广大的听众发表讲话不可能像面对少数人发表讲话一样，但是，我总是试图做得就像面对少数人发表讲话一样。我告诉大家他们将创造历史，要求他们密切注意南非的种族歧视政策。我强调，黑人，其中包括非洲人、有色人和印度人，要加强团结。在南非，这一点终将成为现实。

在全国各地，那些参加 6 月 26 日反抗运动的人们就是带着勇气、热情和历史感这样做的。当天一大清早，反抗运动在伊丽莎白港开始。在那里，33 名反抗者在雷蒙德·穆拉巴的带领下，从只允许白人进入的一个入口进入火车站并遭到逮捕。他们高唱着自由歌曲，在朋友和亲属的喝彩声中往前行进着。反抗者和聚集的群众一唱一和地高声呼喊：“Mayibuye Afrika!”（让非洲再回来！）

26 日上午，我在非洲人国民大会办公室里密切关注着当天的示威活动。德兰士瓦的志愿者计划中午在约翰内斯堡东面一个靠近非洲人居住区的城镇上采取反抗行动。在 N. B. 坦茨的带领下，他们将由于未经允许而进入博克斯堡市区而被法院拘留。坦茨是一位上了年纪的人，他是非洲卫理公会英国教堂的牧师，也是德兰士瓦非洲人国民大会的执行主席。

那是快到中午的时候，我正在等待坦茨牧师从比勒陀利亚过来，他从办公室给我打来了电话。他声音中带着遗憾告诉我，他的医生反对他参加反抗运动和去坐牢。我向他保证，我们将为他提供暖和的衣服，并且保证他只在监狱里住一个晚上。但是，我的努力没有起作用。这使我很失望，因为坦茨牧师是一个著名人物，我们选择他的目的是向政府表明我们并不是一伙年轻的闹事者。

我们很快找到了一个同样德高望重的人代替坦茨牧师——德兰士瓦南非印度人大会的主席纳纳·西塔。他在 1946 年的抗议运动中因为消极反抗而在监狱里待了一个月。尽管他年龄偏大，而且患有关节炎，但是，西塔是一个斗士，他愿意带领我们的反抗者进行抗议。

下午，正当我们准备去博克斯堡的时候，我发现德兰士瓦非洲人国民大会的书记不知去向，我们本来打算让他陪着纳纳·西塔去博克斯堡。这是又一个紧急事件，我转身对瓦尔特说："你必须去。"这是我们在德兰士瓦的第一件大事，必须有著名的人物带领反抗者，不然，当群众遭受惩罚的时候，领导人倒显得畏缩不前。尽管瓦尔特是组织者之一，并且按计划是在运动的后期参加反抗，但是他还是欣然同意了。我主要担心他正穿着的西装不适合监狱，但我们设法给他另弄到了一些旧衣服让他换上了。

然后，我们动身去博克斯堡。在那里，玉苏福·凯查利亚和我打算给博克斯堡的市长发一封信，告诉他，我们 50 名志愿者将在那天不经允许进入他辖区里的非洲城镇。当我们到达市长办公的地方时，我发现有大批的新闻记者聚集在那里。当我把信递给市长的时候，摄影记者纷纷拍照。市长躲开照相机的闪光灯，然后邀请玉苏福和我到他的办公室里私下进行商谈。他是一个通情达理的人，他说，他的办公室总是对我们敞开的，但是过多的公开将只能使问题进一步恶化。

我们从市长办公室直接去了市区，那里正在进行着示威活动，即使是在半英里以外，也能听见我们的志愿者和前来鼓励他们的大批支持者的高昂歌声。到了现场，我们看见进入市区的大铁门被上了锁，我们的志愿者耐心地在门外等候着，要求进入市区。总共有52名志愿者，其中有非洲人，也有印度人，另外还有几百名热情的围观者和记者。瓦尔特站在志愿者的最前列，他的存在显然起到了预期的作用。但是，示威者的精神领袖是纳纳·西塔，尽管他患有关节炎，但他仍然精神饱满地在示威者中间走动，用他的自信鼓励示威者，使他们增强了胜利的信心。

不到一个小时便出现了僵局，警察从来没有那么克制，他们的行为使我们感到困惑。难道他们的克制是一种消耗志愿者斗志的策略？难道他们等候记者们散去后再在黑暗的掩护下采取大屠杀？难道由于逮捕我们将会面临进退两难的局面，因此他们将按我们的要求去做？就在我们捉摸不定的时候，形势突然发生了变化——警察命令把门打开。志愿者立即跨过大门，这样志愿者们就违反了法律。一个警察中尉吹了声口哨，几秒钟后，警察就包围了志愿者，并开始逮捕他们。运动正在按计划进行，示威者被用车送到当地的警察局并被提起公诉。

同一天晚上，行动委员会的几个领导人，其中包括奥利佛·塔博、玉苏福·凯查利亚和我本人，在市内出席了一个会议，讨论白天要采取的行动，并计划下一周要采取的措施。开会的地点就在由非洲人国民大会中心支部主席弗拉格·博西亚罗带领的第二批反抗者被司法拘留的场所附近。晚上11点过后不久，我们发现他们整齐地行进在大街上。按规定，宵禁在晚上11点钟开始，此时非洲人在外面活动需持有许可证。

会议一直开到午夜，我感到疲惫不堪，此时我正在想的不是反抗，而是吃一顿热饭并睡上一觉。就在这时，一个警察走到玉苏福和我的面前。很明显，当时我们正准备回家，而不是准备去参加反抗。“不，曼德拉，”那个警察说，“你跑不掉了。”他用警棍指了指停在附近的警车说：“上车。”我想向他解释，我负责抗议运动的日常组织运行，而不打算这么早就自己参加反抗并受到逮捕。当然，这有点对牛弹琴。我看着他逮捕了玉苏福。面对这具有讽刺意味的一切，玉苏福突然大笑起来。他笑着被警察带走的情景简直就是一幅生动的图画。

不大工夫，玉苏福和我来到了弗拉格·博西亚罗带领的那50多位志愿者面前，他们正在被用卡车送到被称作马歇尔广场的红砖警察局。作为行动委员会的领导人，我们担心别人不知道我们的去向，我也关心谁将领导下一步的行动。但是，我们的精神是振奋的。就是在走向监狱的路上，警车在反抗者高唱的《上帝保佑非洲》（*Nkosi Sikelel' iAfrika*）的歌声中摇晃着向前行驶，那是一曲曲调优美的南非国歌。

第一天晚上，我们有位同志在军队操练大院里被一位白人狱警野蛮地推倒在几步之外，扭伤了脚脖子。我对那个狱警的野蛮行径提出了抗议，他一脚踢在我的胫骨上。我要求给受伤的人治疗，发动了一个规模不大但却声势强烈的示威活动。我们被告知，如果受伤的人希望去治疗，第二天可以申请找医生。那天，我们听见他痛苦地呻吟了一整夜。

当时，我虽然只在监狱里度过了很短的时间，但是，这却是使我第一次具有强烈仇恨的一次经历。马歇尔广场是肮脏而黑暗的地方，但是，我们大家在一起情绪十分高涨，因而似乎没有注意到周围的环境。反抗战士之间的友谊使我们感到那两天的监狱生活过得十分快乐。

在举行反抗运动的第一天，全国有250多名志愿者因违反不公平法律而被投进了监狱。这是一个好的开端。我们的队伍是一支整齐的、守纪律的、充满信心的队伍。

在随后5个月的时间里，共有8500人参加了反抗运动。医生、工人、律师、教师、学生、牧师中都有人因参加反抗运动而走进了监狱。他们唱着："嗨，马伦！打开监狱门，我们要进去。"运动不仅蔓延到威特沃特斯兰德、德班、伊丽莎白港、东伦敦和开普敦等大城市，也蔓延到了东开普和西开普等地区的小城镇，甚至渗透到了农村地区。多数人所犯的"罪"都比较小，受的惩罚从监禁几天到最多监禁几周，罚款很少超过10英镑。反抗运动得到了广泛的支持，非洲人国民大会的会员从2万人左右猛增到10万人。会员数量增长最快的地区是东开普，有一半新会员来自那里。

在历时6个月的反抗运动期间，我在全国走了很多地方。我一般都是驾驶汽车天不亮就出发。我去了开普、纳塔尔和德兰士瓦，向一个个小型的社团宣传反抗运动，有时只能在一个城镇内挨家挨户地宣传。我的任务大多是为了消除准备发起运动与当时刚刚发起过运动的地区间的分歧。那时候，非洲人的群众通信手段是原始的，或者说是根本不存在的，在政治方面也是目光短浅的。我们必须一个人一个人地去争取人民的支持。

有一次，我开车去东开普，解决与艾尔克特·格温奇有关的争端。当时，艾尔克特·格温奇正在东伦敦开展活动。他是一个成功的商店店主，曾在两年前组织"6·26东伦敦罢工"中起到过重要作用。这次反抗运动一开始，他就毅然走进了监狱。他是一个能力很强的人，但是，他又是一个个人主义很严重的人，他无视执行委员的劝告，单独作出决定。现在，他与执行委员又发生了争执。这种问题主要发生在知识分子之间。

格温奇明白如何利用特定的问题对付他的对手。他会在当地工人会员而不是知识分子会员面前演讲，而且用的是科萨语，他从来就不用英语，因为英语是知识分子使用的语言。他说："同志们，我想你们知道，我在这次斗争中遭受了很大的损失。我本来有一份好工作，但是在反抗运动一开始我就进了监狱并丢了工作。现在我虽然出了监狱，但这些知识分子来了，他们对我说，‘格温奇，我们受的教育比你好，也比你有能力，应该让我们领导这次反抗运动’。”

在我了解情况的时候，我发现格温奇确实没有理会执行委员的劝告。但是，他后面有群众支持，他造就了一支训练有素、组织严密的志愿者队伍，这支志愿者队伍在格温奇进了监狱之后仍然以整齐的阵容参加了反抗。尽管如此，我仍然认为格温奇无视执行委员是错误的，但是他工作做得不错，他的权力地位很牢固，难以直接罢免他的职务。当我见到执行委员们的时候，我说，现在对现状进行任何变动都是不切合实际的，如果想更改，只有在下一轮选举中击败他。我第一次看见他们如此鲁莽地违背人民的意愿。群众不赞成，采取什么行动都没有用，因为强迫将是不可能的。

政府把这次反抗运动看作对他们本身的安全和种族隔离政策的一种威胁。他们不是把公民的不顺从看作一种抗议活动，而是看作一种犯罪，他们因为非洲人和印度人之间的合作而忧心忡忡。种族隔离本来是打算把种族分开，但是，我们却表明不同的种族能够在一起工作。非洲人和印度人、温和派和激进派之间组成联合阵线的前景使他们大伤脑筋。国民党人坚持认为，共产主义鼓吹者煽动并领导了这次反抗运动。司法部长宣布，他将很快通过立法对付我们的反抗。在 1953 年议会召开会议期间，作为对我们的威胁手段通过了《公共安全法》和《刑法修正案》。《公共安全法》授权政府可以宣布戒严令，不经审判即可逮捕人；而《刑法修正案》则授权政府可对反抗者实施肉体惩罚。

政府使用了许多卑鄙手段阻挠这次运动。政府宣传喉舌一再叫嚷，运动的领导人都在舒舒服服地过日子，而群众却在监狱里受苦。这种指控远非事实，但是却起到了一定的作用。政府还派遣间谍和密探打入非洲人国民大会组织。非洲人国民大会自然是欢迎任何人士加入的。尽管我们的志愿者在被选中参加反抗活动之前已经经过了认真的挑选，但是警察还是设法不仅打进了我们的地方分支机构，而且也打进了某些志愿者队伍。当我被捕后被送到马歇尔广场的时候，我看见反抗志愿者中有两个人，其中一个我从来没见过。他身上穿着非同一般的监狱服装：系着领带，身穿外套，脖子上还有一条丝绸围巾。什么样的人在监狱里还有这身打扮？他名叫拉麦拉，第三天我们被如期释放时，他干脆消失了。

第二个人名叫马克汉达，他因为举止酷似军人而十分显眼。我们都是来自农村，情绪都很高。反抗者们走到玉苏福和我的面前都要给我们敬礼。马克汉达是个瘦高个，他以军人的姿态走到我们两人面前行了个非常正规的军礼。许多人都与他开玩笑，说他敬礼敬得那么好，一定是个警察。

马克汉达以前只是非洲人国民大会的一个看门人。他很勤快，人缘也算不错，因为不管谁饿了，他都会出去买鱼和炸薯条。但是，在后来的审判大会上，我们发现马克汉达和拉麦拉两人都是警察派来的间谍。经证实，拉麦拉打进了反抗者的队伍，而那个被认为信得过的马克汉达原来是警探中尉莫特龙。

非洲人当间谍对付他们自己的兄弟一般都是为了钱。南非很多黑人认为，黑人向白人挑战的任何努力都是有勇无谋的，并注定要失败，因为白人太精明、太强大。这些间谍认为我们的行动不是对白人权力构成威胁，而是对黑人利益构成威胁，因为白人会由于少数煽动闹事者的所作所为而虐待所有的黑人。

也有许多黑人警察偷偷地帮助我们。他们是正派人，知道自己的处境在道德上是进退两难的。他们忠于他们的雇主，需要有个工作来养家糊口，但是又对我们的事业非常同情。我认识少数在安全警察局工作的黑人官员，当警察要袭击和搜捕我们的时候，他们会向我们通风报信。这些人是在冒着生命危险帮助我们的爱国志士。

政府不是我们的唯一障碍物，其他一度帮助过我们的人也可能会成为我们的绊脚石。在反抗运动处于高潮的时候，合众党派了两个议员督促我们停止反抗运动。他们说，如果我们响应合众党领导人 J. G. N. 斯特劳斯的号召，放弃我们的反抗运动，将有助于该党在下一轮选举中击败国民党。我们拒绝了这个要求，因此斯特劳斯也开始采用国民党人的手段攻击我们。

我们还受到一个从非洲人国民大会分裂出去的“民族意识团体”组织的攻击。当 J. B. 马科斯当选德兰士瓦非洲人国民大会主席的时候，在前全国执行委员会成员赛罗佩 · 苔玛的领导下，这个团体从非洲人国民大会中分裂了出去。苔玛是《班图世界报》的编辑，他在他的报纸上对反抗运动进行了猛烈的批评，声称共产党人把持了非洲人国民大会的大权，印度人的经济利益与非洲人的经济利益是冲突的。虽然他们在非洲人国民大会中只是少数，但是苔玛的这种观点在一些激进青年团团员中产生了一定的影响。

5 月份，J. B. 马科斯在反抗运动中期遭到了“禁止”，依据的是 1950 年《镇压共产主义条例》，罪名是“继续坚持共产主义目标”。这种“禁令”是政府下达的一种法律命令，一般是强制被禁止的人脱离某些组织，并被严格禁止参加任何形式的集会，具有监外关押的性质。禁止某一个人，政府不需要证据、不需要起诉，由司法部长作简单宣布即可。这是一种用来限制个人参加斗争，只允许他远离政治、在一个规定的狭小空间中生活的措施。如果违反或无视禁令，就意味着请你去坐牢。

在那年 10 月召开的德兰士瓦大会上，我被提名取代被禁止的 J. B. 马科斯，他推荐我继任他的职务。我是青年团全国主席，是继任马科斯职位的最佳人选。但是，我的候选人资格却遭到了德兰士瓦非洲人国民大会内部一些人的反对。这些人自称“Bafabegiya”（宁死不屈的人），主要由极端非洲民族主义者组成。他们企图切断与印度积极分子的一切联系，把非洲人国民大会拉到对抗主义策略的方向上去。他们的领导人是麦克唐纳·马赛库和赛皮瑞皮尔·马如朋。麦克唐纳 · 马赛库以前是共产党人，曾经在反抗运动期间担任过非洲人国民大会奥兰多分部的主席；赛皮瑞皮尔 · 马如朋则是威特沃特斯兰德反抗运动志愿者的带头人。马赛库和马如朋都想当德兰士瓦非洲人国民大会的主席。

人们大多认为马如朋有点儿像蛊惑人心的政客。他习惯于穿带有肩章和金色扣子的卡其布军衣，随身带着因陆军元帅蒙哥马利而闻名的那种类似于警棍的东西。他常常把警棍夹在腋下站在会场的主席台上说：“我等自由等得不耐烦了，我现在就要自由！我要在十字路口见马伦，并告诉他我所要的东西。”然后，把警棍往讲台上一放，高声说：“我现在就要自由！”

因为他的这番讲话，马如朋在反抗运动期间特别出名。但是，在选举中被大家熟悉仅仅是一个因素。他认为，自己最近一段时间知名度高，因此一定能当上主席。在选举前，当我已经知道自己将是候选人的时候，我走到他面前说：“我想让你当执行委员会的候选人，这样，我当上主席你就可以与我一起干。”他对我所说的话不屑一顾，认为我实际上是让他降级，他拒绝了我，自己坚持要当主席。但是他失算了，因为我以压倒多数的选票当选了主席。

1952 年 7 月 30 日，反抗运动正处在高潮期。当时，我在 H. M. 巴斯纳律师事务所工作，警察拿着逮捕证来抓我，罪名是违反了《镇压共产主义条例》。政府同时在约翰内斯堡、伊丽莎白港和金伯利逮捕了许多反抗运动的负责人。在那个月初，警察在全国各地突袭了非洲人国民大会和南非印度人大会人士的家和办公室，并没收了资料和文件。这种突袭以前很少见，它开了普遍非法搜查的先河，非法搜查到后来成为政府行为的一大特点。

我和其他人士被逮捕后，一直到 9 月份才进行审判。在约翰内斯堡有 21 人被指控，包括非洲人国民大会、南非印度人大会、非洲人国民大会青年团和德兰士瓦南非印度人大会的主席和总书记。在约翰内斯堡受审的有莫罗卡医生、瓦尔特 · 西苏陆和 J. B. 马科斯。几位印度领袖人物也遭到逮捕，其中包括达杜医生、玉苏福 · 凯查利亚和阿迈德 · 卡特拉达。

我们出现在法庭时，法庭很快就变成了一场政治集会。大批示威群众穿过约翰内斯堡大街，聚集在地方法院。其中有来自威特沃特斯兰德大学的白人学生，有来自亚历山大非洲人国民大会的老会员，也有来自小学和中学的印度学生。各种年龄、各种肤色的人都有。这个法院过去从来没有见过这么多人。审判大厅也挤满了人，此起彼伏的“Mayibuye Afrika!”喊声不时打断审判的进程。

这次审判也应被看成一次显示决心和团结的机会，但是，它却由于莫罗卡医生制造的信仰分裂而变得逊色。非洲人国民大会的主席、反抗运动的头面人物莫罗卡自己雇用辩护律师之举使我们感到震惊。我们的计划是大家一起被审判。我们这批被指控的人让我去同莫罗卡商量此事，想说服他不要把自己同大家分开。审判前的那天，我到约翰内斯堡迪珀村去见了莫罗卡医生。

在我们见面一开始的时候，我向他提了几条建议，但是他都不感兴趣，反而有几次表现得很不冷静。他认为，他已经被排除在运动策划者之外。莫罗卡对非洲人国民大会的事相当不感兴趣，并且以后也会如此。他说，最让他不安的是与我们其他人一起进行辩护，那样的话他就会跟共产党扯上了关系。莫罗卡与政府一样对共产主义怀有仇恨。我规劝他，说与任何反对种族压迫的人合作是非洲人国民大会的传统。但是，莫罗卡没有被说服。

最令人震惊的是，莫罗卡为了让拉姆颇福法官对他从轻判决而提出了一个耻辱的请求，他当着证人的面正式同意放弃非洲人国民大会确立的原则。当他被问及是否认为在南非的黑人与白人之间应该平等的时候，莫罗卡回答说绝不会平等。对此，我们感到非常失望。当他的律师问他在反抗者中是否有共产主义者时，莫罗卡真的用手指指向了许多人，包括达杜医生和瓦尔特·西苏陆。法官告诉他没有必要那样做。

他的表现对组织是一次严重的打击。我们马上意识到，莫罗卡作为非洲人国民大会主席的日子已经不多了。他犯了把个人利益置于组织和人民的利益之上的错误。他不愿意因为政治信仰危害他的医生生涯和财富，因此，他毁坏了他个人通过三年代表非洲人国民大会和反抗运动所作的大无畏努力而树立起来的形象。我认为这是一个悲剧，因为，莫罗卡医生在法庭上的背信弃义有损反抗运动的光辉形象。曾经到全国各地宣传反抗运动并具有重要意义的人现在却背离了反抗运动。

12 月 2 日，我们都被拉姆颇福法官判定犯有"法定共产主义罪"。换句话说，就是大家都知道的共产主义。按照《镇压共产主义条例》的规定，事实上，任何人以任何方式反对政府都可以被判处"法定共产主义罪"，哪怕是你从来就没有参加过共产党。拉姆颇福法官很公正，也很理智。他说我们策划的行动属于"公开不遵守法律并达到了与叛国罪相等的程度"，但是，他承认我们一贯坚持要求我们的会员"遵循和平行动原则，避免任何形式的暴力"。我们被判处 9 个月的监禁，并参加重体力劳动，但缓期两年执行。

我们犯了许多错误，但是，反抗运动标志着斗争历史翻开了新篇章。我们列出的 6 部歧视性法律没有被废除，当时，我们从来没有幻想过他们会废除这 6 部法律。我们选择的这 6 部法律是压在人民身上的直接负担，最好的办法是让广大的人民都参加斗争。

在这次反抗运动之前，非洲人国民大会说得多但采取行动少。我们没有付给组织者们任何报酬，也没有付给非洲人国民大会工作人员和会员任何报酬，我们所做的充其量不过是为我们的事业提供嘴皮子服务。作为反抗运动的结果，我们的会员一下子剧增到 10 万人。非洲人国民大会真正作为一个以群众为基础的组织展现在世人面前。它拥有一支活跃而富有经验的积极分子队伍，敢于直接面对警察、法院和监狱。这是一个伟大的成就，因为害怕坐牢是解放斗争的一大障碍。因参加反抗运动而走进监狱，在非洲人中成为一种荣誉标志。

我们为自己在 6 个月反抗运动期间的作为而感到特别骄傲和自

豪。我们没有采取过任何暴力行动，我们的反抗战士的纪律性堪称楷模。在反抗运动的后期，伊丽莎白港和东伦敦发生了暴乱，40 多人在这场暴乱中丧生。尽管这些暴乱与反抗运动没有任何关系，但是，政府却企图把这些暴乱与我们联系在一起。在这个问题上，政府是成功的。因为暴乱使一些白人的观点发生了转变，不然的话，这些白人是会同情我们的。

非洲人国民大会内部有些人抱有不切实际的幻想，他们相信通过反抗运动能推翻政府。我们提醒他们，反抗运动的目的是让政府了解我们的冤情，而不是想推翻政府。他们坚称我们要让政府疲于应对,我们应该无限期地进行反抗运动。我插话说,这个政府太强大，也太残忍，用这样的方式无法推翻它。我们能反抗它，但是，通过反抗运动去推翻它是不可能的。

实际上，我们开展反抗运动的时间太长了，当初我们应该听从埃克苏玛医生的劝告。当计划委员会在反抗运动收尾期间去看望埃克苏玛医生的时候，他告诉我们，反抗运动的势头很快就会减弱，在它完全失去动力之前立即刹车是聪明的。在反抗运动仍然处于高潮阶段的时候立即停下来，将是具有重大新闻效应的明智之举。埃克苏玛医生是正确的，反抗运动的势头很快就衰减了下来，但是，我们却凭着我们的热情，甚至是高傲自大，把他的劝告放在了一边。我的内心想把这场反抗运动继续进行下去，但是，我的大脑却让我把运动停下来。我主张停下来，但是没有坚持自己的主张，而是从众了。到了那年年底，反抗运动真的衰败了下来。

反抗运动从来没有超过第一阶段主要由市民构成的反抗队伍的规模，群众性的大规模反抗，特别是在农村的大规模反抗，从来没有实现过。东开普是唯一把反抗运动成功地推进到第二阶段的地区。在那里，农村出现了声势浩大的反抗运动。从总体上说，我们没有把反抗运动渗透到农村，这是非洲人国民大会的一个历史性缺点。反抗运动实际上是受到了没有专业组织者的限制。我想去组织，但是我必须同时要干律师工作，没有办法组织大规模的反抗运动。我们仍然是反抗运动的业余组织者。

但是，我仍然有很大的成就感和满足感：我从事了一种正义的事业，我有力量为这个正义事业去战斗，并在战斗中取得胜利。反抗运动使我摆脱了我也许仍然存在的不自信或自卑感，使我从被某种力量压倒的感觉中和白人及其制度似乎永远不可战胜的感觉中解放了出来。现在，白人已经感觉到了我们的力量，我能够抬着头像男子汉那样走路了，也可以用自尊的目光去看每一个人了。这种尊严来自没有屈服于镇压和恐吓。我已经成长为一名自由战士。

第四部

斗争是我的生命

15...

在 1952 年年末召开的非洲人国民大会年会上，我们的领导班子有了新的变化。非洲人国民大会任命了新的、更有朝气的主席，开创了一个新的、更积极的时代，即阿尔伯特 · 鲁图利酋长时代。按照非洲人国民大会宪章，我作为德兰士瓦省级非洲人国民大会主席，成了非洲人国民大会四个副主席之一。而且，全国执行委员会任命我为第一副主席。鲁图利作为为数不多的有实权的酋长之一，积极主持非洲人国民大会的工作，坚决抵制政府的种族歧视政策。

鲁图利是“基督复临安息日会”的一位牧师的儿子，生于当年的南罗得西亚，在纳塔尔接受教育。他在德班附近的亚当学院接受过师范教育。他个头相当高，体格粗壮有力，皮肤乌黑，笑声爽朗；他谦虚而非常有信心，也很有耐心，是一个坚韧不拔的人；他讲话不慌不忙，口齿清楚，好像每个字都一样重要。

我在 20 世纪 40 年代第一次见到他，他当时是土著代表委员会的一个成员。1952 年 9 月，距离召开非洲人国民大会年会只有几个月，鲁图利被召到比勒陀利亚。他被下了最后通牒：政府要求他必须放弃非洲人国民大会会员身份，并不再支持反抗运动，不然，他将被免去已当选并由政府支付薪水的酋长职务。鲁图利是一位教师，是虔诚的基督教教徒，也是引以为豪的祖鲁部落酋长。不过，他更是坚定地献身于反抗种族隔离斗争的志士。鲁图利拒绝辞去非洲人国民大会的职务，因此，政府撤销了他的酋长职务。作为回应，他发表了一项原则声明“通向自由的道路避不开十字架”，在声明中，他重申对非暴力消极反抗运动的支持，并用至今仍悲哀地回响着的一句话对他的选择进行辩护：“谁会否认我 30 年的生命中一直在徒劳地、耐心地、顺从地、谦让地叩响那扇紧闭且上了闩的大门？”

我支持鲁图利酋长，但是，我却不能出席会议。开会前几天，全国 52 名非洲人国民大会的领导人遭到了禁止，6 个月内不准出席任何会议或集会。我就属于这 52 人中的一员。6 个月中，我的活动范围被限制在约翰内斯堡地区之内。

对我的禁止包括参加各种会议，并不仅仅限于政治性会议。例如，我连我儿子的生日舞会也不能参加，并且也不准我同时与一个以上的人谈话。这是政府对那些为种族隔离而战的领导人实行全面封杀而作出的一系列努力的一部分。他们不让这些领导人说话，对这些领导人实行迫害，限制这些领导人的行动。这也是对我采取的一系列封杀中的第一次，这种封杀断断续续地进行着，直到几年后，我被剥夺了一切自由。

禁止不仅是从肉体上进行限制，而且也从精神上进行禁锢。禁止还会导致一种心理上的幽闭恐惧症，被禁止的人不仅渴望行动自由，而且渴望精神上的逃脱。禁止是一种危险的处罚，因为被禁止的人并没有被铐在或锁在监狱里。法律、法规就是监狱，这种法律、法规是可以轻而易举地违反的，并且常常被违反。一个人可以短时间地迅速走开，并且可以暂时幻想自由，但禁止后面隐藏着的影响是，被禁止的人在某个时刻开始感到压迫者并非来自外界，而是已经潜入内心。

尽管不准我参加 1952 年的年会，但是有人立即把会上发生的情况告诉了我。其中一个重要的决定在当时是要保密的，不能公布于众。

与许多其他人一样，我相信政府将会宣布非洲人国民大会和南非印度人大会为非法组织，就像宣布共产党为非法组织一样。政府似乎必然要尽快禁止我们以合法组织开展工作。心里想到了这个问题后，我建议全国执行委员会必须有一个应付不测情况发生的方案。我说，我们作为人民的领导人，如果没有这样的方案，那就是失职。全国执行委员会让我起草一个能使非洲人国民大会在地下运转的方案。这个方案后来被称作“曼德拉方案”，简称“曼氏方案”。

曼氏方案的主导思想是建立一种能使非洲人国民大会上下政令畅通的组织体系，通过这个体系，最高层形成的决议不需要召开会议就可迅速传达到整个组织。换句话说，通过这个组织体系，一个非法的组织仍可继续发挥作用，被禁止的领导人仍可继续起到领导作用。曼氏方案可以使非洲人国民大会招募新会员，能够对地方和全国性问题作出反应，使会员与地下领导之间保持正常的联系。

我与非洲人国民大会和南非印度人大会的领导（包括被禁止的和没有被禁止的）召开了几次秘密会议，共同讨论方案的内容。我花了几个月的时间，最后完成了这个组织系统的起草工作。该系统涉及面很宽，适合地方的条件，也不会挫伤个人的积极性。就详细程度而言，它足以保证工作秩序。最小的单位是基层组织，在城市内，一个基层组织基本由一条街上的 10 户人家构成。每个基层组织有一个干事负责。如果一条街道有 10 户以上人家，那么街道干事将负责整条街道的组织工作，基层干事要接受街道干事的领导。几条街道组成一个区，这个区由一名区长负责，该区长又对非洲人国民大会当地分支机构的书记处负责。当地分支机构的书记处是分支执行委员会的基层委员会，负责向省级书记报告情况。我们主张，每个基层干事和街道干事应当熟悉本组织内的每个人和每个家庭。因此，干事就会得到本组织内各组织成员的信任，并且也会知道谁值得信任。基层干事负责召集基层会议，组织政治学习班，并收缴会费。基层组织的干事是该方案的关键环节。尽管这个方案从战略上主要是以市区为主，但也适合于农村地区。

该方案被采用了，并准备立即实施。我们随即通知各分支机构开始准备秘密调整组织机构。尽管多数分支机构都接受了这个组织方案，但是边远地区的分支机构的某些人士却认为，这个计划是约翰内斯堡为加强对边远分支机构控制的一种努力。

作为曼氏方案的组成部分，非洲人国民大会引入了对全国会员讲授政治基础知识的机制。这种讲座的目的不仅是对会员进行教育，而且也是一种把全国非洲人国民大会团结在一起的方法。讲座由分支机构的领导人秘密进行，听过讲座的会员依次再把听到的讲座内容传达给各基层成员。开始，讲座内容不太系统，几个月后，我们有了成套的课程。

当时有三种教材，即《我们生活的这个世界》、《我们是如何被统治的》和《变革的必要性》。在第一种教材中，我们讨论了世界和南非之间不同的政治和经济制度。这是一种概括了解资本主义和社会主义发展情况的教材。例如，我们探讨了南非黑人如何作为一个种族和经济阶级受压迫的问题。讲授者多数都是被禁止的会员，我本人也经常在晚上开授讲座。这种安排有利于保持被禁止的个人之间的沟通，也有利于使会员与这些被禁止的领导人保持联系。

在这个时期，被禁止的领导人经常秘密地单独见面，然后再设法与现任的领导人见面。新老领导人之间配合得很好，决策程序和以前一样，仍然是通过集体研究。我们有时感到，似乎除了必须秘密见面之外，并没有发生什么变化。

曼氏方案构思很好，但是，实施情况却并不理想，事实上从来没有真正普及到基层。实施情况最好的地区还是东开普和伊丽莎白港。反抗运动的精神在其他地区早已销声匿迹之后仍然在东开普继续着，那里的非洲人国民大会会员们认为，贯彻曼氏方案是继续反抗政府的有效途径。

该方案遇到了许多问题：在会员中宣传不够，没有专职的组织者负责实施或监督，分支机构内常常意见不一致，无法形成实施这项方案的一致意见。有的省级领导人抵制这一方案，因为他们认为这个方案不利于他们的权力。对有的人来说，政府的镇压似乎还很遥远，因此，他们没有必要提前采取措施。但是，当政府的铁拳落下来的时候，他们却没有任何准备。

16...

在反抗运动期间，我的生活遵循着两条不同的轨迹：我在斗争中工作，并通过当律师维持生计。在非洲人国民大会中，我从来也没有专职担任过组织者。非洲人国民大会只有一个专职组织者，那就是托马斯·提图斯·恩考比。我要做的工作必须围绕我作为律师的计划作出安排。1951 年，我与“维特金－希代尔斯基－埃代尔曼律师事务所”的劳动合同期满后，我又到“特布兰奇－布雷基施合伙律师事务所”工作。在完成合同约定见习后，我仍然不是一个羽翼完全丰满的律师，我的工作只是起草辩护书、寄送传票、找证人谈话，都属于一个律师必须在案子递交法庭前所做的工作。

离开希代尔斯基之后，我找了许多家白人律师事务所，因为当时没有黑人律师事务所。我对这些律师事务所的收费标准很感兴趣。我非常气愤地发现许多获利最大的律师事务所对黑人收取的刑事案件和民事案件律师费远远高于他们对富裕的白人当事人的收费。

在“特布兰奇－布雷基施律师事务所”工作了大约一年后，我又加入了海尔曼－迈克尔合伙律师事务所。这是一家思想自由的律师事务所，也是一家为数不多的对黑人收费合理的律师事务所。另外，这家律师事务所以热心于黑人教育著称，他们在捐助黑人教育方面非常慷慨。海尔曼先生是律师事务所的第一合伙人，在很少有人关注黑人事业之前就开始参与黑人事业。该律师事务所的另一个合伙人罗德尼·迈克尔是第二次世界大战后的一位退伍军人，思想也十分开明。他是一名飞行员，几年后，他帮助南非非洲人国民大会的人在镇压最严重的时期飞离南非。迈克尔的唯一恶习是抽烟，他一天到晚都在办公室不住地抽烟。

我在海尔曼－迈克尔律师事务所工作了几个月，当时我正在准备律师资格考试，一旦通过这个考试，我就会成为一个合格的正式律师。在几次未能通过考试后，我不得不放弃在威特沃特斯兰德大学攻读法律学士学位。我选择了参加律师资格考试，因为只有通过这种考试我才能当律师，并且能挣足够的钱养家糊口。那时候，我妹妹和我们在一起生活，我母亲也经常来。艾韦琳当见习护士的工资加上我那点少得可怜的收入，并不足以让家中的每个人都吃饱穿暖。

通过了律师资格考试后，我在 H. M. 巴斯纳律师事务所当了一名正式的律师。巴斯纳一直是参议院的非洲人代表，是一位比较早的共产党员，也是非洲人权事业的热情支持者。作为一名律师，他是非洲领导人和非洲商会领导层的辩护人。在那里工作的几个月时间里，我经常代表事务所出庭为许多非洲委托人辩护。巴斯纳先生是一个杰出的老板，只要我做好所里的工作，他就鼓励我参加政治活动。在该律师事务所取得经验后，我准备离开那里，去开办自己的律师事务所。

1952 年 8 月，我自己的律师事务所正式开门营业。我早期能够事业有成，还应该感谢我的秘书祖备达·帕特尔。我是在她去 H. M. 巴斯纳律师事务所取代讲南非荷兰语的秘书科克女士时认识她的，科克女士拒绝过我的口授。祖备达是我朋友凯西姆 · 帕特尔的太太，凯西姆当时是南非印度人大会的会员。祖备达没有丝毫种族歧视的思想，她的朋友圈子很大，在法律界认识很多人，在我出去自己开办律师事务所的时候，她同意跟着我干。她通过她的门路给我带来了大批生意。

奥利佛 · 塔博当时在一家叫“考瓦尔斯基－塔克合伙律师事务所”工作。在他的午餐时间，我经常去看他，我们进的是只有白人才能进的会客室，坐的是只有白人才能坐的椅子。奥利佛是我很要好的朋友，在午餐期间我们主要讨论非洲人国民大会的事情。我第一次对他产生印象还是我在福特黑尔大学读书的时候。在那里，我注意到他思维敏捷，特别善于辩论，他的冷静和重逻辑的风格可以击败任何对手。更准确地说，这种才能在法庭上更为有用。在去福特黑尔大学之前，他一直是约翰内斯堡圣皮特学校的优秀学生。他遇事冷静，这与我容易冲动形成了鲜明的对照，很值得我学习。奥利佛笃信宗教，并且一直期许成为一名神职人员。他也是我的一个老乡，来自旁多兰地区的毕扎纳，是特兰斯凯的一部分，他脸上有明显的氏族印记。我们一起做事似乎是很自然的事，我邀请他跟我合伙干。几个月后，奥利佛可以从他工作的律师事务所脱身了，于是，我们在约翰内斯堡市中心开办了我们自己的律师事务所。

我们的办公地点设在法官大厦，办公室门上挂着“曼德拉－塔博律师事务所”的铜牌。法官大厦位于约翰内斯堡市中心，与市法院前高耸的大理石正义女神雕像相隔一条马路。这座大厦属于印度人，是市内为数不多允许非洲人租用办公室的几个地方之一。从一开业，“曼德拉－塔博律师事务所”就被委托人围得水泄不通。当时，我们虽然不是南非仅有的非洲人律师，但是，我们的事务所却是南非唯一一家非洲人开办的律师事务所。对于非洲人来说，我们这个律师事务所是首选的最后的求助对象。每天早晨到办公室上班，我们都不得不从拥在走廊里、楼梯上和我们的小会客室里的人群中挤过去。

非洲人对于在政府大厦中获得法律援助往往感到失望：走只有白人才能走的门是犯罪；乘坐只有白人才能乘坐的公交汽车是犯罪；使用只有白人才能使用的饮水机是犯罪；行走在只有白人才能在上面行走的海滩上是犯罪；晚上 11 点后在大街上走是犯罪；没有通行证是犯罪；通行证上签字有误是犯罪；在不恰当的地方被解雇是犯罪；在不恰当的地方被雇用是犯罪；在某些地方居住是犯罪；没有地方居住也是犯罪。

我们每周都会接待从农村来的老汉，他们告诉我们，他们祖祖辈辈都在一块荒凉的土地上劳作，现在他们被驱逐出了那块土地。我们每周都接待老妪，她们以酿造非洲啤酒作为她们微不足道的收入的一种补贴，而现在她们却面临着被判处监禁或被罚她们支付不起的款项的困境。我们每周都会接待一些委托人，他们在同一座房子里已经住了好几十年，但是，现在那里被宣布为白人居住区，他们被迫在没有任何补偿的条件下离开自己的房子。每天，我们都会听到和看到普通非洲人日常生活中遭遇的形形色色的侮辱性事件。

奥利佛有惊人的工作能力。他在每一位委托人身上都要花费大量的时间，并不是因为专业上的问题，而是因为他是一个有无限同情心和耐心的人。他完全进入了当事人的案情和生活之中，被群众的困境，即作为一个群体的困境和单个人的困境所触动。

我很快认识到，“曼德拉－塔博律师事务所”就是普通非洲人的家。这是一个他们可以随时进来并能找到同情和支持的场所，一个不会被拒绝和欺骗的场所，一个他们可以实实在在地为有与自己肤色相同的代表而骄傲的场所。这是我当初选择当律师的原因，我的工作常常使我感觉自己作出了正确的决定。

我常常一上午处理五六个案子，整天在法院里进进出出。有些法院对我们很客气，而有的法院则对我们不怎么尊重。即使是我们准备充分，经过论战打赢官司的时候，我们也始终很清楚，无论我们作为律师工作做得多么好，我们也不会成为监察员、地方法官或法官。尽管我们在与能力不比我们强的官员打交道，但是，他们的权威却是建立在他们的肤色基础之上并因他们的肤色而受保护的。

我们常常在法庭上受到不公正的待遇，白人证人常常拒绝回答黑人律师的质询。地方法官并不指责他们藐视法庭，而是重复提出他们没有回答我们的问题。我例行公事地让警察到庭，向他们提出质询。尽管我能当场抓住他们说话前后不一致和撒谎，但是，他们绝不把我放在眼里，他们认为我只不过是“黑人律师”。

记得有一次，一开庭我就被要求确认身份，这本是一个惯例。我说：“我是纳尔逊·曼德拉，是当事人的辩护律师。”地方法官说：“我不认识你，你的执照在哪里？”营业执照是镶在框子里并挂在墙上的证书，并不是律师随身携带的一种文件。这就像是要求人出示大学学位证书一样。我请求地方法官开庭，到时候我会提交我的营业执照。但是，地方法官拒绝听案情，甚至让一名官员赶我出去。

这显然违反了法庭的有关规定。这件事最终被上诉到最高法院，我的朋友乔治·毕佐斯律师出庭为我辩护。在听审会上，首席法官批评了那位地方法官的违规行为，并责成另一位地方法官审理那个案子。

尽管我是一名律师，但也不能保证受人尊重。有一天，在我的办公室附近，我看见一位白人老太太的汽车被夹在两辆车中间，我立即走上前去帮助她把车推出来。说英语的老太太转身对我说："谢谢，约翰。"约翰是白人用来向任何不知姓名的黑人打招呼时的称呼，然后她递给我一枚6便士的硬币。我很客气地谢绝了。她又一次强塞给我，我又一次谢绝了她。她大声说："你拒绝6便士，是想要1先令，对不对？但是你捞不到！"她说完后，把钱扔在地上就开着车走了。

不到一年，奥利佛和我发现，按照《城市区域法》，没有部一级的批准，不允许我们在市内拥有经营场所。我们的申请被拒绝，但是，按照《社团区域法》我们得到了临时许可。临时许可很快就要到期，当局拒绝为我们办理新的临时许可，要求我们把办公室搬到许多英里之外的非洲人居住区。事实上，我们的当事人到不了那里去。我们认为，这是当局为把我们挤出律师这个行当而出的黑点子。他们不断地以驱逐相威胁，并非法侵占了我们的营业场所。

在南非，当律师意味着在一种恶劣的法律制度下工作。那不是一种神圣、平等的法律制度，而是一种根本无平等可言的制度。在这方面，最说明问题的例子是《人口登记法》，这个法使不平等合法化。有一次，我接了一位有色男子的案子。由于疏忽，他被错划为非洲人。第二次世界大战期间，他为南非去北非和意大利参战，但回来的时候，一位白人官僚却把他划成了非洲人。这是一个在南非比较典型的案子，它为我们提供了一个道德拼板难题。我不支持也不承认《人口登记法》的原则，但是，我的当事人需要一种代表权，他被划进了他本不属于的那个群体。被划成有色人而不是非洲人，有很多好处。例如，有色人就不需要随身携带通行证。

我代表他上诉到人口划分委员会，该委员会负责审理有关《人口登记法》的案子。该委员会由一名地方法官和两名其他官员组成，他们都是白人。我为这个案子收集了许多证据，检察官也正式表示他不反对我们的上诉。但是，那位地方法官似乎对我们收集的证据和检察官的意见不感兴趣。他直视着我的委托人，并粗暴地让他转过身去，让他背对着审判台。他仔仔细细地打量了我的委托人的肩膀，在发现他属陡肩型后，才向另外两个官员点头示意，确认了这一上诉。那时候，当权的白人认为，陡肩是有色人典型的体形特征。这样，这位男士的命运纯粹由地方法官对其肩膀的结构形状的认识来决定。

我们受理了许多涉及警察施暴的案子，尽管我们的胜诉率很低。警察施暴问题通常难于取证。警察很聪明，总是拘留被施暴的犯人很长时间，直到他的伤口愈合、伤痕消退。而且，警察的陈述常常与我们的委托人的陈述不一致。地方法官自然是站在警察一边。警察监管下的验尸官所作的死亡结论常常是“多种原因造成死亡”，或者作一个模糊不清的解释，使警察轻易就能摆脱责任。

当我受理约翰内斯堡以外的案子时，我就申请暂时对我解除禁止，而且常常会得到批准。例如有一次，我去东德兰士瓦为卡罗莱纳镇的一个当事人辩护。我的到来引起了相当大的轰动，因为许多人以前从来没见过非洲人律师。我受到了当地法官和检察官的热情接待，案子等了好大一阵子才开庭，因为他们就我的职业和怎样成为律师问了我许多问题。当时，法院里挤满了看热闹的城镇居民。

在附近的村子里，我遇到了一个当地医生被指控使用巫术的案子。这个案子也吸引了很多人，他们不是来看我，而是看白人的法律是否适用于桑戈人。那位医生在当地有很大的势力，许多人对他既崇拜，又害怕。在法庭上，我的当事人强烈地打喷嚏，使法庭产生了混乱，多数人都认为他正在施巫术。他被证明无罪，不过我怀疑，当地人并不把这次胜诉归功于我的辩护技巧，而是归功于那位医生的巫术。

作为一名律师，我在法庭上很红火。在白人的法庭上我并没有感觉黑人低人一等，而是感觉大家不论黑人白人都是法庭上的客人。当我介绍案情的时候，我常常做大幅度的挥手动作，使用夸张的语言。对于法庭规定，我常常是一丝不苟，但是，有时我也同证人使用非正统的语言技巧。我喜欢盘问对方，常常制造出一种紧张气氛。听众席上常常坐满了人，因为城镇上的人把出席法庭当成一种消遣。

我记得有一次为一个非洲女士辩护的情景。她在城里做家政工作，当时被指控偷了她的“太太”的衣服。依照要求，被偷的衣服被摆在法庭里的一张桌子上。那位“太太”举证后，我走到放物证的桌子前开始质问。我仔细地查看了那堆衣服，然后用铅笔尖挑起了一件女人的内衣。我慢慢转身走到证人席挥舞着那件内衣问：“太太，这个……是你的吗？”“不是。”她快速回答，窘迫使她不承认那件内衣是她的。因为这个回答和她所作的证词存在着矛盾，所以地方法官驳回了这个案子。

17...

在约翰内斯堡市中心以西大约 4 英里，在露出地面的岩石上坐落着非洲人城镇索菲亚顿。该城镇最伟大的朋友之一特瑞弗 · 赫德尔斯顿神甫曾经把它比作意大利的一座山城。从一定的距离远远看去，那里确实有许多漂亮的东西：彼此紧紧挨着的红顶房屋、袅袅升入粉红色天空的炊烟、高耸云霄的橡胶树，但近距离则只能看到贫穷和悲惨。太多太多的索菲亚顿人就生活在这种贫穷和悲惨中。那里街道狭窄，并且是土路，街道两旁都是拥挤不堪的简陋小房。

索菲亚顿是西部城区的一部分，同属西部城区的还有马丁代尔和纽克莱尔。这个地方原本被划为白人区，一家房地产商在这里为白人买主建造了许多房子。因为市政部门拒绝为这里提供服务，所以白人另选了其他地方，房地产商只好把这些房子卖给了非洲人。索菲亚顿是德兰士瓦地区非洲人在 1923 年《城市区域法》出台前能购买小块地皮的为数不多的地区之一。许多砖石结构的铁皮圆顶房屋仍然耸立在索菲亚顿城内，使它具有一种古朴、优雅的感觉。随着约翰内斯堡工业的发展，索菲亚顿成为快速膨胀起来的非洲劳工的家园。这里距离市区很近，生活十分方便。劳工们就住在老住户前后院内建造的简陋小房子里。他们可能几家人共住一个小房子，40 人共用一个自来水龙头。尽管贫穷，但是索菲亚顿很有特色，对于非洲人来说，它就是巴黎的左岸和纽约的格林威治村。它是作家、艺术家、医生和律师的家园。它既时髦又传统，既有生气又非常安静。它既是埃克苏玛医生的家乡（埃克苏玛曾在那里行医），也是各种各样的强盗横行之所，住在那里的著名强盗有柏林帮和美国帮——他们都采用美国电影明星的名字，例如约翰·韦恩和亨弗莱·鲍嘉等。索菲亚顿有约翰内斯堡为非洲儿童建的唯一的游泳池。

在约翰内斯堡，西部搬迁计划意味着要把索菲亚顿、马丁代尔和纽克莱尔腾出来。当时，这三个城镇共有 6 万到 10 万人口。1953 年，国民党政府买了一片名叫“牧场”的土地，距离市区 13 英里。三个城镇的人将分成 7 个不同的种族重新在那里安置。政府的借口是清除贫民窟，这是试图把整个市区都划为白人区，只准非洲人临时在市区居住而放的烟幕弹。

政府受到了来自维斯特迪恩和纽兰兹周围地区支持者的压力。这些地区是相对贫穷的白人区，那里的白人羡慕索菲亚顿黑人拥有的好房子。另外，政府要控制一切非洲人的活动，而这种控制在自由拥有不动产的城镇是很难做到的。在那里，黑人可以有自己的房地产，人们来去自由。尽管通行证制度仍然实行，但是，非洲人进入自己永久拥有房地产的城镇不需要特别许可，不像非洲人进入市内某些区域那样，必须要获得特别许可。非洲人在索菲亚顿生活并拥有自己的房地产已经有 50 多年的历史。现在，政府无情地计划把索菲亚顿的全部非洲人都搬到另一个黑人城镇，政府的计划是如此不怀好意，以至安置搬迁户的房子还没有建好就开始实施搬迁。索菲亚顿的搬迁是继反抗运动之后对非洲人国民大会及其同盟组织能力的又一次重要考验。

尽管政府对索菲亚顿的搬迁计划从 1950 年就已经开始，但由于非洲人国民大会的努力，使得它直到 1953 年才开始实施。到了 1953 年年中，非洲人国民大会、德兰士瓦印度人大会（TIC）和当地纳税人协会发动人们进行抵制。1953 年 6 月，非洲人国民大会和德兰士瓦印度人大会省级执行委员会在索菲亚顿奥丁电影院召开了公共大会，讨论反对搬迁的问题。这是一个非常活跃而很有生气的大会，有 1200 多人参加了会议，他们根本不惧怕全副武装的大批警察的存在。

召开这次会议的前几天，我和瓦尔特的禁止期满。这意味着我们不再被禁止出席会议和在会上发表讲话，因此，根据安排，我要在奥丁电影院发表讲话。

会议马上就要开始的时候，一个官员看见我和瓦尔特正在电影院外与反对搬迁的一位带头人赫德尔斯顿神甫讲话。旁边的一位官员告诉我，我们作为被禁止的人无权到那里去，然后命令警察逮捕我。赫德尔斯顿神甫冲着朝我走过来的警察高声说：“不，亲爱的，你们要逮捕就逮捕我。”警察命令老人站在一边，但是，他拒绝躲开。在警察把老人推到一边的时候，我对那位警察说：“你们必须搞清楚我们是否仍然是被禁止的人。小心，我们的禁止已经期满，你们对我们逮捕是错误的。你想，如果我们的禁止期未满，我们今天晚上能在这里与你说话吗？”

那位官员以不做记录而广为人知，当禁止期满的时候，他常常并不清楚，要不就是装傻。那位官员和我一样对此心知肚明，他掂量了一会儿,然后命令警察退后。他们站在一边,看着我们走进大厅。

在大厅里，警察仍然傲慢无礼。他们挎着手枪和来复枪，大摇大摆地四处走动，不时地推搡人群，说伤害别人的话。我同其他几位领导人在主席台上就座，正当会议准备开幕的时候，我看见普林斯陆少校带领着几个武装警察从通往主席台的门大摇大摆地走进来，我冲着他的眼睛打了个手势，意思是说:“找我？”他摇了摇头，然后走上主席台，命令逮捕玉苏福 · 凯查利亚。此时，玉苏福已经在演讲台的后面开始演讲。就在他们抓住玉苏福的胳膊往下拽的同时，警察在外面已经逮捕了罗伯特 · 莱沙和阿迈德 · 卡特拉达。

人群开始喊叫并发出阵阵嘘声，我发现如果不控制事态的发展，将一发不可收拾。我跳上演讲台，带领大家唱起著名的抗议之歌。我一唱出歌曲的开头几个字，大家就同我一起唱起来。如果大家失去控制，我担心警察会开枪。当时，非洲人国民大会每天晚上都在索菲亚顿城镇中心的自由广场举行会议，动员大家反对搬迁。这些会议的场面声势浩大，会上不时回响着“Asihambi!”（我们不想搬迁！）的喊声和“Sophiatown likhaya lam asihambi”（索菲亚顿是我们的家，我们不想搬迁）的歌声。在会上发表讲话的有非洲人国民大会领导人、房产持有人、租房户和镇上的政务委员。赫德尔斯顿神甫不顾警察让他把行为限制在教堂事务之内的警告，也频频在会上发表讲话。

有一个礼拜天晚上，在奥丁电影院发生那次事件后不久，我准备在自由广场发表讲话。那天，大家心情很激动，他们的激情无疑影响了我的情绪。那天晚上有许多年轻人在场，他们义愤填膺，准备采取行动。和往常一样，警察聚集在周围，身上带着枪和铅笔，铅笔用来记录谁在会上发表了讲话和讲了些什么。我情愿与警察保持透明，让他们知道我们并没有什么要隐藏的。即使是他们厌恶的东西，我们也想让他们知道。

我开始讲话，话题从反抗运动之后政府的镇压愈演愈烈开始。我说，政府现在惧怕非洲人民的力量。发表讲话时，我越讲越激动。那年月，我被认为是煽动闹事的演说家。我喜欢鼓动群众，并且那天晚上我正是这样干的。

当我谴责政府残暴、不讲法律的时候，我有点讲过了头。我说，消极反抗的时期结束了，非暴力是一种行不通的反抗策略，依靠这样的策略绝不会推翻不惜一切代价维护自己统治地位的少数白人政权。那天晚上，我说暴力是唯一能够消灭种族隔离的武器，我们必须准备在不久的将来使用这个武器。

大家都很激动，特别是青年人，他们一阵一阵地鼓掌和欢呼。他们准备按照我当时说的去做。那时，我开始唱起一首自由之歌，歌词是："有敌人，让我们拿起武器，对他们展开袭击。"大家也跟着唱起来。当唱完这首歌曲的时候，我指着警察说："那里有我们的敌人！"大家又开始欢呼，并冲着我指的方向做出挑衅的手势。警察看上去有些紧张，他们有的人指着我，似乎在说："曼德拉，我要让你对此事负责。"我没有理会，在我头脑发热的时候，我没有想到后果。

我那天晚上说的话并不是没有道理，我一直在考虑未来怎么办。政府采取了措施，防止再次发生反抗运动之类的事情。我开始分析考虑其他斗争方式。非洲人国民大会决心开展群众斗争，让南非广大的工人、农民都投入到同一个运动之中，形成足够强大的、能推翻白人压迫的力量。但是，国民党政府正在千方百计地使一切合法的表示异议或抗议的方式都变成不可能的事情。我看到，政府无情地镇压广大非洲人举行的任何合法的抗议活动，一个警察政府是绝不会善罢甘休的。

我开始怀疑，合法的和宪法规定之外的抗议都将很快失去可能性。在印度，甘地一直与外国统治势力周旋，最后外国势力变得更实际、更有远见。南非的白人却是另一种情况。只要坚持同样的准则，非暴力消极反抗就会是有效的。但是，如果和平抗议中发生暴力，其作用也就变得不复存在。在我看来，非暴力并不是一种道德原则，而是一种斗争策略。使用无效的武器就没有道义可言。不过，在这个问题上，当时我的思想还不成熟，对我来说还是一件言之过早的事情。

非暴力消极反抗当然是全国执行委员会的一贯原则。当他们知道我发表了这个讲话的时候，我因为宣扬这个有违既定方针的激进思想而受到了严厉责备。尽管全国执行委员会也有人同情我的观点，但是，没有人支持我发表这些观点的过激方式。他们告诫我，我宣传的思想不但太超前，而且是很危险的。这样的讲话在敌强我弱的情况下将会导致敌人彻底摧毁我们的组织。我接受了执行委员会的批评，从此之后，我在公开场合都忠实地捍卫非暴力策略。但是，我心中明白，非暴力策略并不是最终解决问题的方式。

那些日子，我常常与执行委员会发生摩擦。1953 年初，鲁图利酋长、Z. K. 马修斯教授和非洲人国民大会一小部分高级领导人被邀请与一伙正在组建自由党的白人见了面。后来，非洲人国民大会执行委员会召开会议，会上，我们几个人要求他们提交与自由党人会见情况的报告。而参加会见自由党人的几个人拒绝提交这样的报告，说他们是以个人身份而不是以非洲人国民大会的名义与那几个自由党人会的面。我们继续就此事与他们纠缠，最后，马修斯教授说，那是一个被特别授权的会谈。马修斯也是一位律师，我有点气愤地说："你们能与白人自由党讨论问题，事后又不在非洲人国民大会内与大家通报情况，你们是什么领导人？那是你们找的麻烦，你们惧怕白人，你们把与他们合作看得比与你们的非洲同志合作还要重要。"

这次冲突使马修斯教授和鲁图利酋长都很恼火。首先，马修斯教授反驳说："曼德拉，你们了解过白人吗？我告诉你，不管你是否了解过白人，你仍然是无知的。即便是现在，你也仅仅是刚刚脱下学生服装罢了。”鲁图利则冷冰冰地发着火说：“好，如果你们责怪我害怕白人，我没有别的办法，只好辞职。如果你那样说，那么我也就那样干。”我不知道鲁图利是否在吓唬人，但是，他的威胁确实让我很害怕。我说话太鲁莽，没加考虑，不负责任，现在我很后悔。我马上收回我对他们的指责，并向他们赔礼道歉。我是个年轻人，企图用战斗性弥补自己的无知。

我在索菲亚顿发表讲话的同时，瓦尔特·西苏陆告诉我，他被邀请以客人的身份出席在布加勒斯特召开的“世界和平与友谊”青年学生节。由于邀请的时间紧迫，他没有机会向全国执行委员会请示。我十分希望他去，不管请示执行委员会与否，我都鼓励他去出席会议。瓦尔特决心去参加这个会议，我帮助他办理了证明他身份和国籍的代用护照（政府绝对不发给他正式护照）。以瓦尔特·西苏陆和杜马·诺克韦为团长的代表团，将乘坐唯一允许持代用护照者乘坐的一个以色列航空公司的航班，飞往布加勒斯特出席会议。

尽管我遭到了执行委员会的责备，但是，我仍然相信国民党人的政策将很快使非暴力策略变成一个更有局限性、更不起作用的策略。瓦尔特知道我的想法，在他动身去布加勒斯特之前，我向他提了个建议：他应该设法顺访中华人民共和国，同他们讨论向我们提供武器以便开展武装斗争的可能性。瓦尔特赞成这个主意，答应顺便访问中华人民共和国。

这些行动纯粹是我的个人行动，也是很大胆的行动。从某种程度上讲，这些行动是出自一个头脑发热的革命者未经认真思考且无组织纪律的行动，是由于种族隔离的不道德和政府在维护这种不道德中残酷无情而迫使受害者所采取的行动。

瓦尔特的出访在执行委员会中引起了一场风波。我承担起了转达他的个人辩解的任务。不过，我没有提及我建议他顺访中国的事情。鲁图利批评说，这是无视非洲人国民大会的行为规范，马修斯教授对瓦尔特出访社会主义国家感到惊愕，执行委员会对瓦尔特的出访动机产生了怀疑，要求我对情况作出说明。有的人提出要处分瓦尔特和我，但是后来并没有给我们处分。

瓦尔特设法到了中国，在那里，他受到了中国领导人的热情接待。他们对我们的斗争表示支持，但是，当瓦尔特谈及进行武装斗争的想法时，中国领导人有些担心和谨慎。他们告诫瓦尔特，武装斗争是极端严肃的行动，他们询问南非的解放运动是否成熟到可以采取武装斗争的程度。瓦尔特带着中国领导人的鼓励回到了南非，但是他并没有带回枪支。

18...

在约翰内斯堡，我变成了一个城市人。我身上穿着整齐的西装，开着巨大的奥兹莫比尔（Oldsmobile）轿车，并且熟悉市内的大街小巷。我每天都要到市内我的办公室去工作。但事实上我从内心里认为自己仍然是一个农村小伙子，没什么东西比蓝天、草原和青草更使我兴奋。9月份，当我的禁止期满的时候，我决定利用我获得自由的机会暂时离开这个城市。我要去奥兰治自由邦真正自由一番。

开车从约翰内斯堡到自由邦通常需要几个小时，我凌晨3点钟就从奥兰多出发了。外出时，我通常喜欢在这个钟点动身，我无论如何也算得上是一个喜欢早起的人。早上3点，路上空无一人，十分清静，很适合静静地思考。我喜欢看黎明的到来和从黑夜到白天的变化过程。这种变化是恢弘壮丽的，这个时间也是出发最方便的时间，因为这个时间通常不会碰到警察。

尽管一些白人极端种族歧视者称自由邦是他们的家，但是，奥兰治自由邦对我总是有一种神奇的作用。那里有一眼望不到头的平原沃土，有辽阔无边的苍穹，有一片又一片金黄色的玉米地，有无拘无束的灌木丛。不管心境如何，自由邦的风光总会使我心旷神怡。当我抵达那里的时候，我感觉什么东西也不能把我封闭起来，我的思想可以任意翱翔，直到海角天涯。

那里的风光残留着南非白人克里斯田·德·维特将军的烙印。在英国人与南非白人之间的战争进入最后几个月的交锋中，他远远胜过了英国人。他毫无畏惧，自信而明智，如果他一直为南非人的权利而不是仅仅为南非白人的权利而战，他将一直是我崇拜的英雄。他显示了一个战败者的勇气和智慧，代表着一支不很成熟但却爱国的军队敢于抗击久经战争锻炼的军队的力量。我一边开着车，一边想象德·维特将军部队的埋伏地点，不知这些埋伏地点是否有一天也会埋伏非洲反叛者。

驾车去维莱也给我带来了很大的乐趣。当9月3日上午我走进一个基层法院的时候，在安全的错觉下，我并未意识到一纸禁令正在等待着我。我发现，那里有一伙警察正在等着我。他们二话没说就对我宣布，根据《镇压共产主义条例》，要求我退出非洲人国民大会，两年内把我限制在约翰内斯堡地区，禁止我出席任何会议和集会。我知道这种禁止将会到来，但是，我没想到会在遥远的维莱听到对我的禁止。

我当时35岁，新一轮更严厉的禁止使我结束了近10年的非洲人国民大会政治生涯。这几年是我政治觉醒与成长的时期，是我逐步投身于斗争的时期。斗争成了我的生命。从此以后，我为非洲人国民大会和解放斗争所采取的一切行动和出谋划策都成了秘密的和非法的。禁止生效后，我必须立即回到约翰内斯堡。

对我的禁止使我从斗争的核心转到了外围，从主角转为配角。常常有人来咨询我，而且我的影响仍能左右斗争的方向，但是，这都是远距离的作用，而且是在被明确要求时才产生的作用。我不再认为自己是非洲人国民大会的一个重要器官，例如像心脏、肺和脊椎那样，而是觉得自己成了一节断肢。即使是自由战士，至少在当时也要遵守法律。那时候，为冲破对我的禁止而去坐牢，对非洲人国民大会和我自己都是徒劳无益的。当时，我们没有必要作为公开的革命者而不惜一切代价公开与政府开战。当时，我们认为在地下活动比走进监狱要好些。当我被迫退出非洲人国民大会的时候，组织不得不解除我在非洲人国民大会的职务，不管我原来是什么角色，但现在我不能再行使我曾经拥有过的权力。在我驾车回约翰内斯堡的路上，自由邦的风光已经不再像以前那样使我神清气爽了。

19...

当我接到对我的禁止处罚的时候，德兰士瓦非洲人国民大会会议正准备在下个月举行，我已经起草了我的主席就职讲话。这个讲话后来由执行委员会的成员安德鲁·库耐尼在会上进行了宣读。在后来被称作“艰难的自由路”的这个讲话中，我从贾瓦哈拉尔·尼赫鲁那里借鉴了一条思路。我说，群众现在必须准备采取新的政治斗争形式。政府出台的新法律和新策略使旧的群众抗议斗争形式，其中包括召开公共大会、发表声明、静坐等，变得特别危险，并且有自我毁灭的可能。报纸不发表我们的声明，印刷公司拒绝为我们印刷宣传册子，他们都害怕被指控违反了《镇压共产主义条例》。我说：“这些变化需要我们研究新的政治斗争形式。现在使用老的斗争方法无异于‘自杀’。”

“被压迫人民与压迫者之间现在是水火不相容的。自由力量与反动力量之间的清算日为时不会太远，我一点都不怀疑这一天的到来。真理和正义将会取得胜利……被压迫人民的感情已经痛苦不堪。人民的困境驱使他们与统治我们国家的强盗所采取的卑鄙政策反抗到底。推翻压迫已经得到全人类的支持，并且也是每个自由战士的最高理想。”

1954 年 4 月，德兰士瓦法律协会向最高法院申请把我的名字从被认可的律师名单中取消，理由是我因参加政治活动而被证明有罪，因而有不称职、不名誉行为。这件事发生在“曼德拉－塔博律师事务所”正非常红火的时候，当时我每周都要在法庭上露面十多次。

申请将我除名的文件被送到了我的办公室，这个申请一公开，立即有人对我进行声援和支持，甚至许多非洲白人律师也表示帮助我。他们中有许多是国民党的支持者，但是，他们仍然认为这个申请有失公正。他们对此事的反应告诉我，即使是在种族歧视的南非，职业上的团结一致有时也能超越肤色，仍然有律师和法官拒绝当不道德政权的橡皮图章。

我的案子由约翰内斯堡律师协会主席、王室法律顾问瓦尔特·波拉克为我辩护。在我雇瓦尔特 · 波拉克作为我的辩护律师的时候，有人建议再雇一个与斗争没有牵连的人做我的辩护律师，因为那样会对德兰士瓦的律师界产生积极的影响。因此，我们请威廉 · 阿龙桑作为我的指导律师。威廉 · 阿龙桑是约翰内斯堡一家历史最悠久的律师事务所的掌门人。两位律师都免费为我辩护。我们坚持这个申请是对正义的亵渎，我有天生的权利为我的政治信仰而战斗，这是每一个法治国家的每个人都享有的权利。

最有分量的辩护理由是波拉克引用了一个叫斯揣敦的人的案情。在第二次世界大战期间，他与 B. J. 沃斯特（他后来成为总理）一起被拘留，罪名都是因为以前坚持过纳粹立场。斯揣敦除了企图逃跑未遂，还被发现犯有偷车罪。后来被释放后，他向律师协会申请当辩护律师。尽管他犯过罪，并且有律师协会的强烈反对，法庭仍决定接受他所犯的罪是基于政治的，而一个人不能因为政治信仰而被剥夺担当辩护律师的权利。波拉克说：“当然，斯揣敦与曼德拉是不同的。曼德拉不是国民党人，曼德拉也不是白人。”

法官拉姆斯博顿听说过这个案子，他是法官的楷模，拒绝当国民党人的喉舌，坚持司法独立。在审理这个案子时，他完全支持了我的请求，认为我有权为我的政治信仰而战斗，即使这些信仰是反政府的。他驳回了法律协会的申请，并破天荒地让法律协会承担己方的诉讼费。

20...

索菲亚顿反对搬迁的斗争是一场持续时间很长的激烈斗争。我们坚持我们的立场，政府坚持政府的立场。从 1954 年到 1955 年，每个礼拜的礼拜三和礼拜五晚上都举行大会。会上的演讲者一个接一个，继续谴责政府的搬迁计划。在埃克苏玛的指导下，非洲人国民大会和纳税人协会以书信和请愿书的形式向政府提出抗议。我们打着“从我们的尸体上跨过去”的口号开展反对搬迁运动。这个口号成为台上演讲者和台下听众的共同口号。有一天晚上，这个口号甚至使小心谨慎的埃克苏玛喊出震撼人心的、19 世纪用来联合非洲战士参加战斗的口号：“Zemk’ inkomo magwalandini”（胆小鬼，敌人抢夺了我们的牛）。

政府计划在 1955 年 2 月 9 日完成搬迁。随着这一日期的逼近，奥利佛·塔博和我白天都在城内，会见当地的领导人，讨论行动计划，从我们的专业角度为那些已经被赶走或遭起诉的人出谋划策。我们试图设法向法庭证明，政府的文件常常是错误的，因此政府颁发的指令也常常是非法的。但是，这仅仅是临时措施，政府不会让几个非法的指令挡他们的路。

在完成搬迁的日子即将到来之前，我们计划在自由广场召开一个特别大会，届时将有一万人集中在一起听鲁图利酋长的演讲。但是，鲁图利酋长刚一到约翰内斯堡，禁令就落到了他的头上，强迫他返回纳塔尔。

搬迁之前的那个夜晚，当地非洲人国民大会领导中最投入的领导人之一乔·毛迪斯召集了一个500多名青年积极分子参加的紧急会议。他们希望非洲人国民大会下达命令向警察和军人开战。他们准备连夜修筑防御工事，第二天用武器和手中任何可以拿到的东西对付警察。他们借用我们的口号说："只有跨过我们的尸体，索菲亚顿才能搬迁。"

但是，与包括我在内的非洲人国民大会领导人充分讨论后，乔还是告诫青年人冷静下来。他们非常气愤，感觉非洲人国民大会背叛了他们。但是，我们相信暴力将是一场灾难。我们指出，一个武装行动需要认真策划，不然就无异于自杀。也就是说，我们还没有做好对敌人以牙还牙的准备。

2月9日天刚蒙蒙亮的时候，4000多名警察和部队士兵封锁了索菲亚顿。同时，有工人开始把清空的房子拆毁，政府派来的卡车开始把住户从索菲亚顿搬到牧场。那天天黑之前，非洲人国民大会已经把几户人家安排到了事先安排好的市内前非洲人国民大会人士的家里。但是，我们的努力是微不足道的，并且也来得太迟，不过是权宜之计。军队和警察进行了残酷的镇压，几周后，我们的反抗就失败了。我们多数地方领导人都被禁止或逮捕，最后，索菲亚顿没有被摧毁于炮火声中，却被摧毁于隆隆的卡车和大锤声中。

如果是在第二天的报纸上看到这条新闻，那么你对一个政治行动总会有一个正确的认识。但是，当你处于政治斗争的核心，你却没有时间去回想它。在西部城区反对搬迁运动中，我们暴露出许多缺陷，得到了许多教训。"从我们的尸体上跨过去！"这是一个很有鼓动性的口号，但是，实践证明这个口号的负面作用大于正面作用。一个口号是组织与其试图领导的群众之间的重要纽带，理应把特定的不满情绪融入简明扼要的语言中，借以动员人民去战斗。我们的口号抓住了人民的想象，但是，却使他们误认为我们将誓死反对这次搬迁。事实上，非洲人国民大会根本就没有准备那样去做。

我们从来没有为人们提供搬迁到牧场之外的另一种选择。当索菲亚顿的群众认识到我们既阻拦不住政府的搬迁，又没有别的地方可供居住时，他们自己的反抗情绪也不会那么大，流向牧场的人就会增多。许多租房户愿意搬迁，因为他们在牧场会有更宽绰、更干净的房子住。我们不曾考虑房主和租房户的不同处境。虽然房主有理由留下来，但许多租房户却愿意搬走。非洲人国民大会受到许多非洲主义人士的批评，他们指责非洲人国民大会以牺牲租房户的利益为代价来保护房主的利益。

我从这次运动中吸取的教训是，我们始终没有别的办法武装起来进行抵抗。我们一次又一次地使用我们“武器库”中所有的非暴力武器，例如演讲、派请愿团、威胁、游行、罢工、自愿去坐牢。这些“武器”都没有效果，因为不管我们采取哪种方式都会遭到铁拳的打击。一个自由战士逐渐明白了这个艰难历程，即由压迫者确定斗争的性质，被压迫者常常没有别的选择，只能去借鉴压迫者。也就是说，发展到一定时刻，只能以火救火。

教育是个人成长的巨大动力，正是通过教育，一个农民的儿子才能成为医生，一个矿工的儿子才能成为一个矿长，一个农场雇工的孩子才能成为一个伟大国家的总统。我们依靠自力更生，而不是依靠别人的馈赠，以求得发展。这种发展也就使人与人之间出现了差别。

自进入 20 世纪以来，非洲人拥有了受教育的机会。最初，外国教会和传教团创办了学校。在合众党的领导下，非洲人中学和白人中学的教育大纲基本是一样的。教会中学为非洲人提供了西式英语教育，我所接受的就是这种教育。但是，我们却受到了教学设施的限制。

即使是在国民党人上台之前，投资上的差别也说明了这种种族主义教育的事实。通常，政府花在每个白人学生身上的教育经费是花在每个非洲学生身上的经费的 6 倍。对非洲人的教育并不是义务性的，只有在小学纸年级时才实行免费。有一多半非洲学龄儿童根本就没有上学的机会，并且只有少数非洲人学到中学毕业。

即使是花在非洲学生身上的教育经费如此之少，仍然使国民党人感到不快。非洲白人对非洲人的教育历来不感兴趣。对他们来说，这简直是一种浪费，因为非洲人天生无知、懒惰，什么样的教育也不能弥补他们的这些不足。非洲白人从传统上就对非洲人学习英语有敌意，因为英语对非洲白人来说是一种外来语言，而对我们则是一种求解放的语言。

1953 年，国民党统治下的议会通过了《班图教育法》，这个法律企图把种族隔离的“图章”加盖在非洲人的教育事业上。这个法律把非洲人的教育管理权从教育部转到了土著事务管理局。根据这个法律，由教会和传教机构负责的非洲人的小学和中学可以选择靠拢政府否则只能接收逐渐减少的补贴，或者由政府接管对非洲人的教育，否则干脆取消对非洲人的教育。非洲人教师不得批评政府或学校当局。这是在知识方面搞白人至上，也是教育歧视制度化的一种手段。

班图教育部长亨德里克·沃尔沃德解释说：“必须根据其生活中的机遇进行培训和教育。”他的意思是，非洲人现在没有并且将来也没有任何机会，那么，为什么要教育他们呢？他说：“在欧洲人社区里，班图人也就只能停留在劳工阶层。”总而言之，非洲人应当被训练成低贱的劳工仆役，处于永久附属于白人的地位。

对于非洲人国民大会来说，这个法律是一个非常险恶的法律，其目的在于从总体上阻止非洲人的文明进步，如果获得通过，将会使非洲人民的自由斗争受到扼杀，将来非洲人的智力前景也就成了问题。正如马修斯教授当时所说：“在沃尔沃德的学校里的愚昧教育和歧视性教育，比根本没有教育更糟糕。”

这个法律和沃尔沃德的拙劣行径引起了黑人和白人的广泛愤

慨。除了支持种族隔离的荷兰归正会和路德宗传教团之外，所有的基督教教会都反对这个新法律。但是，这种反对仅限于谴责，而没有进行抵制。英国国教会采取了抵制政策，他们对这项新政策的批评最大胆，也最坚决。约翰内斯堡大主教安布罗斯·里夫斯采取了极端行动，干脆把他的学校都关闭了。在他的学校里就读的儿童总数达 1 万名之多。但是，南非教堂的大主教，为了不让孩子们流落街头，把其余的学校都交给了政府。尽管他们表示抗议，但除了罗马天主教、基督复临安息日会、联合犹太改革圣教没有政府的经费仍然坚持下去之外，其他教派都开始执行这个法律。即使是我自己所属的魏斯勒阳(Wesleyan)教会，也把 20 万名非洲学生交给了政府。如果其他教派都像坚持抵制的教派那样，政府将面临僵局而可能被迫作出让步。但是，政府却踏着我们的尸体过去了。

把学校管理交给土著管理局这项法律定于 1955 年 4 月 1 日正式施行。非洲人国民大会开始讨论当天学校联合抵制方案。我们执行委员会内部首先秘密讨论了我们是否宣告持久地进行抵制，以便在《班图教育法》生效前就使它失败等问题。讨论是激烈的，两种意见都有一定的道理。坚持持久抵制的人认为，《班图教育法》是一杯毒水，渴死也不能喝。以任何方式接受它都会造成不可挽回的危害。他们说，国家正处于临爆状态，人民正在渴盼采取比抗议更强烈的抵制活动。

尽管我有煽动闹事者的坏名声，但是我总认为，组织绝不应作出做不到的承诺，因为，那样会使人民失去信心。我的观点是，我们的行动不应该基于理想主义的思考之上，而应基于对现实的思考。持久抵抗需要大规模的组织系统和大量的资源，而那是我们所欠缺的，我们过去的运动没有迹象表明我们能够做到这一点。快速建立我们的学校以容纳成千上万的学生，这对我们来说简直是不可能的。如果我们不能向我们的人民提供一个解决问题的办法，我们提供的任何东西就几乎都等于零。与其他人一起，我坚持主张开展为期一周的抵制活动。

全国执行委员会决定，从 4 月 1 日开始进行为期一周的学校联合抵制活动。这是 1954 年 12 月在德班举行的年会上建议的，但是，代表们拒绝了这个建议，大家赞成开展持久的抵抗运动。年会是最高级别的会议，它比执行委员会级别还要高，我们不得不肩负起几乎没有可能产生效果的一种抵制运动。沃尔沃德声明，政府将永久性关闭所有进行抵制活动的学校，参加罢课的学生将被禁止重新上学读书。

由于这次抵制活动，学生家长和社团将不得不介入教育，取代学校的位置。我向学生家长们和非洲人国民大会会员们发表讲话，告诉他们，每一个家庭、每一间简陋房屋以及每一个社团组织都必须变成培养我们的孩子的学习中心。

抵制活动从 4 月 1 日开始，并出现了复杂局面，因为这种抵制常常是偶然发生的、无组织和无效果的。在东兰德，有大约 7000 名学童受到了影响。黎明前举行了游行，并号召学生家长们让孩子待在家中。许多妇女在学校里放哨，动员已经进入学校的学生们离开学校。

在城市东南的一个名叫格米斯顿的小镇上，非洲人国民大会地方分支机构的主席乔舒亚 · 马库伊，为 800 名参加抵制运动的学生开办了一所学校，这所学校持续了三年之久。在伊丽莎白港，巴雷特 · 铁西辞掉了正式的教学职位，专门为参加抵制的学生兴办学校。1956 年，他让其中的 70 名学生去参加六级标准考试，除了三名学生之外，其他都通过了考试。许多地方都有临时学校（为了避免引起当局的注意，对外称“文化俱乐部”），为参加抵制活动的学生提供学习机会。政府后来出台了一个法律，从事未经批准的教育工作可处以罚款和监禁，警察经常骚扰这些俱乐部，但是许多仍然坚持在地下活动。最后，社团学校衰败了，面临接受歧视性教育还是干脆不接受任何教育的学生家长大多选择了前者。我自己的孩子在基督复临安息日会的学校学习，这是一所私立学校，不依靠政府补贴。

这次抵制运动应当从两个层面判断其是否成功：是否达到了直接的目标，是否使更多的人提高了政治觉悟并把他们吸引到斗争中来。从第一个层面看，这次抵制运动显然是失败了，我们没有使全国的学校都关门，也没有使自己摆脱《班图教育法》。但是，我们要求修改这个法律的抗议活动，使政府受到了很大的震动，沃尔沃德被迫宣布：教育应该一视同仁。政府在 1954 年 11 月起草的教育大纲就是对原先根据种族改造教育体制的主张的让步。最终，我们除了“两害相权取其轻”之外没有别的选择，同意接受一种被降格的教育。但是,“班图教育”的后果却出乎意料地给政府带来了麻烦。正是由于实行“班图教育”，才使 20 世纪 70 年代出现了在这个国家从未看到过的最愤怒、最叛逆的一代黑人青年。当这些在“班图教育”下的儿童进入他们的青年时代的时候，他们满怀着愤慨和叛逆的激情出现在了世人面前。

鲁图利酋长当选非洲人国民大会主席几个月后，Z. K. 马修斯教授结束了在美国一年的访问学者生涯，带着改变斗争策略的思想回到了南非。他在于开普举行的非国大年会上发表的讲话中说：“我想知道这样一个时刻是否还没有到来——即非洲人国民大会考虑召开一个全国大会，为将来的民主南非起草《自由宪章》。这个大会要代表南非所有公民，不管他是什么种族、什么肤色。”

几个月内，非洲人国民大会全国会议收到了提案，要求建立一个人民大会政务院，让鲁图利担任主席，瓦尔特·西苏陆和玉苏福·凯查利亚联合担任书记。人民大会准备制定一套建立新南非的原则，新宪章将听取人民的建议，全国非洲人国民大会领导人被授权以书面形式听取本地区每个人的意见。这个宪章将是一个来自人民的文件。

人民大会代表了非洲人国民大会内部存在的两种主要观点之一，即非洲人国民大会似乎将不可避免地遭到政府取缔。许多人坚持非洲人国民大会必须做好转入地下争取秘密活动的准备。同时，我们也不想放弃重要的公开策略和行动，以给非洲人国民大会带来关注和群众支持。人民大会将是一种公开的力量展示。

我们关于人民大会的梦想是让它成为自由斗争历史中的划时代的大事，通过联合所有南非被压迫人民和进步力量，形成要求改变南非现状的强烈的呼声。我们的希望是有一天会看到像 1912 年建立非洲人国民大会那样庄严的场面。

我们设想吸引最广泛的赞助组织，并邀请 200 个左右的组织出席人民大会，不管是白人组织、黑人组织、印度人组织或有色人组织，我们都请他们派代表参加 1954 年 3 月在德班附近的汤加特召开的筹备会。在会上成立了全国行动委员会，委员会由 8 名委员组成，分别来自 4 个赞助组织。该委员会由鲁图利酋长担任主席，书记处由“南非印度人大会”的瓦尔特 · 西苏陆（后来由于对他的禁止而被迫退出该组织，其职位由奥利佛接任）、玉苏福 · 凯查利亚，“南非有色人组织”（SACPO）的斯坦利·洛兰和“民主人士大会”（COD）的莱昂内尔 · 波恩斯坦组成。

南非有色人组织由有色人领袖人物和商业工会人士于 1953 年 9 月在开普敦成立，是一个为了在开普保留有色人投票权而开展的斗争中迟到的产物，该组织是有色人利益的代表。在南非有色人组织成立的大会上，奥利佛 · 塔博和玉苏福 · 凯查利亚发表了讲话。在反抗运动的鼓舞下，民主人士大会于 1952 年下半年成立，它是一个激进的、反政府的左派白人政党。民主人士大会虽然是一个小组织，主要局限于约翰内斯堡和开普敦，但是，其影响与其人数却不成比例。民主人士大会的成员如迈克尔 · 哈迈尔、布拉姆 · 费希尔、拉斯迪 · 波恩斯坦，都是我们争取自由事业的雄辩家。民主人士大会紧密地与非洲人国民大会和南非印度人大会保持一致，提倡普遍公民权和黑人与白人完全平等。我把民主人士大会看作直接就我们的观点与白人共和党相联系的桥梁。民主人士大会对非洲人起到了一种重要的象征作用，因为反对白人而参加斗争的黑人发现，确实有一些平等对待黑人的心怀善意的白人。

全国行动委员会邀请所有的参与组织及其追随者对《自由宪章》提出自己的建议。传阅函被发往全国的每个乡镇和村庄，传阅函上写着：**“如果让你制定法律……你将怎么办？你将如何把南非变成所有生活在南非的人的幸福乐园？”**有的传单充满着体现宪章特点的诗一般的理想主义：

> 我们呼唤南非的黑人和白人，让我们一起讲自由！
>
> 让所有人的声音都能被听到，让所有使我们自由的要求都记录在案，让这些要求统统写进《自由宪章》。

这种号召体现了人民的想象力，各地的运动和文化俱乐部、宗教团体、纳税人协会、妇女组织、学校、商业工会纷纷提出建议，有些建议就写在餐巾上、从练习本撕下来的纸上、锥形纸帽上、我们发的传单的背面。看到普通人的建议远比领导人的建议更高明，这本身就是一件令人羞愧的事情。最集中的要求是“一人一票”制。大家的共识是，这个国家属于所有以它为家的公民。

非洲人国民大会分支机构在起草《宪章》的过程中做了大量工作，事实上两份最好的草稿来自德班和彼得马里茨堡。这些草稿经过综合整理，然后再发往各地和各委员会征求意见。全国行动理事会有一个专门班子负责起草《宪章》，然后由南非非洲人国民大会全国执行委员会负责审阅。

《宪章》需要提交人民大会讨论，每个条目都要经过代表批准。6月份，在召开大会的前几天，我们的一个小组审阅了《宪章》的草案。我们仅仅作了很小的修改，因为时间紧迫，并且这个文件已经很像样。

人民大会在约翰内斯堡西南数英里之外的克里普敦举行，这是一个坐落在草原上的村庄。大会会期是1955年6月25日至26日，这两天晴空万里，阳光明媚。3000多代表不顾警察的威胁和恐吓参加了大会并表决通过了《宪章》的最后文本。他们有的自己驾驶汽车，有的乘坐公共汽车、卡车，有的步行来到会场。尽管大多数的代表都是黑人，但是，其中也有 300 多名印度人、200 多名有色人和 100 多名白人。

我与瓦尔特一起驾车到了克里普敦。因为我们两位都遭到了禁止，所以，我们两个人在会场边缘一个不显眼的地方坐了下来。与会的人数和良好的秩序给大家留下了深刻的印象。佩戴着黑、绿、黄袖章的“自由志愿者”迎接每位代表的到来，并负责给他们安排座位。有身穿会议裙、会议衬衫、会议头巾的老太太和青年女士，也有戴着会议袖章和会议帽子的老头和青年男士。到处挂满了“**我们终身自由，斗争万岁**”的标语。主席台上五彩缤纷：在象征四个联盟组织的四色四辐条巨型车轮前就座的，有来自民主人士大会的白人，有来自南非印度人大会的印度人，也有来自南非有色人组织的有色人。白人警察、黑人警察及特警侦探在会场周围不时地走动，他们又是拍照，又是记录，徒劳地试图对参会者进行威胁和恐吓。

在会上，大家演唱了许多歌曲，许多人在会上发表了讲话。会议期间，代表们统一安排就餐。会议的气氛既严肃又活泼。第一天下午，分别用英语、塞索托语、科萨语向与会者逐段大声宣读了《宪章》。每读完一段，代表们都会高呼“Afrika!”（非洲！）和“Mayibuye!”（回来！）表示赞同。会议的第一天是成功的。

第二天，《宪章》每一段都在代表们的欢呼声中得到通过，当下午 3 时 30 分准备最后投票通过《宪章》的时候，一伙荷枪实弹的警察和特警侦探蜂拥跑上主席台，一个警察拿起麦克风用粗哑的声音宣布我们有谋反的嫌疑，未经警察允许任何人不准离开会场。警察开始把主席台上的人都赶下了台，并没收了他们的文件和照片，甚至在文件上做上“肉汤”和“素汤”的标志。另一伙持来复枪的警察在会场周围布置了警戒线。会议代表高唱《上帝保佑非洲》，表达强烈的抗议。然后代表们被允许一个一个地离开会场，警察一个一个地进行盘问，并把每个人的名字记下来。当警察开始袭击的时候，我正在会场边上，我本能地想站出来为代表们说话，但是，我想到谨慎似乎是聪明之举，因为如果我站出来，我们立即就会被逮捕入狱。会后立即在约翰内斯堡召集了紧急会议，我回去后也参加了这个会议。在回约翰内斯堡的路上，我意识到这次袭击是政府将要采取更严厉措施的信号。

尽管人民大会遭到了破坏，但是《宪章》本身却成了指引解放斗争的伟大灯塔。像其他不朽的政治文献如美国的《独立宣言》、法国的《人权宣言》和《共产党宣言》一样，《自由宪章》是现实目标和诗一般的语言相结合的产物。它赞美废除种族歧视和人人获得平等的权利，欢迎热爱自由并参与创造一个民主的、没有种族歧视的南非的所有人士。它代表着人民的希望和梦想，成为解放斗争和国家未来的蓝图。《宪章》的前言部分说：

> 我们南非人民向全国和全世界宣布：
>
> 南非属于一切居住在南非的全体人民，没有黑人和白人之分，除非根据人民的意愿，没有任何政府能够声称对它享有统治权；
>
> 我们的人民被建立在不公正、不平等基础之上的政府剥夺了他们在这片土地上的与生俱来的权利——自由与和平；
>
> 我们的国家，只有我们的所有人民都和睦相处、共享平等和机会的时候才能繁荣昌盛；
>
> 只有一个建立在所有人民的意愿之上的民主政府才能保证他们每一个人都有与生俱来的权利，不管他或她是什么肤色、什么种族、什么性别或什么信仰；
>
> 因此，我们南非人，不管是黑人或白人，大家以彼此平等的同胞和兄弟的身份接受《自由宪章》。我们决心一起努力，不惜牺牲自己的一切，直到获得民主。

然后,《宪章》为一个自由、民主的南非提出了要求：

人民当家做主!

每个男人和女人都将有立法部门的选举权和被选举权；

所有的人都将有权参与国家的管理；

人民的权利，不分种族、肤色或性别，都是平等的；

少数人统治的一切机构，包括咨询委员会、政务部门和当权机构，都将被民主政府部门所取代。

全国一切团体都有平等的权利!

全国各团体、各种族在政府各部门、法院、学校将享有平等的地位；

全国各团体将受法律保护,使种族和民族自尊不再受到伤害;

所有的人都有使用他们自己的语言、发展他们自己的文化和习惯的平等权利；

宣传和实施民族、种族或肤色歧视或轻视将是一种犯罪行为;

一切种族隔离政策都将被废除。

人民共享国家的财富!

我们国家的财富、南非的所有遗产都要归还给人民；

地下的矿产、银行及垄断性产业都要总体上归人民所有；

将对其他所有工业和商业强化管理，使它们有助于为人民造福；

所有的人都将享有平等权利在他们选择的地方经商、生产，并可进入各种贸易、手艺和专业领域。

在土地上劳作的人们共同分享土地!

以种族为基础的土地所有制将被废除，所有的土地都将由在其上劳作的人们重新分配，以消灭饥荒和土地匮乏者……

南非非洲人国民大会中有的人，特别是反共产党、反白人的一部分非洲主义者，对《宪章》持反对态度，因为它与南非非洲人国民大会整个历史上所要求的南非根本不同。他们声称《宪章》有利于社会主义，并认为国民党人和白人共产党人对《宪章》的意识形态有很大的影响。1956 年 6 月，我在《解放》月刊上发表文章指出，《宪章》赞成私有企业，将会首先使资本主义在非洲人中繁荣。《宪章》保证，当自由到来时，非洲人将有机会以他们自己的名义拥有自己的生意、自己的房子和自己的财产，总之，将过上资本家和企业主那样的生活。《宪章》中没有说要消灭阶级和私有财产，或生产资料公有，或公布任何科学社会主义信条。《宪章》中关于矿产、银行和垄断性行业可能国有化的条款，是如果经济不仅仅由白人商人拥有和经营则需要采取的一种措施。

《宪章》事实上是一个革命性的文件，因为，如果不从根本上改变南非的经济结构和政治结构，《宪章》所展望的变化就不可能实现。它并不是要搞资本主义或社会主义，而是关于人民要求结束压迫的总体主张。在南非，实现公平就必须废除隔离，因为隔离恰恰是不公平的体现。

21…

1955 年 9 月初，我的禁止期满。我上一次休假还是在 1948 年。当时我在南非非洲人国民大会中还是一个没有经验的轻量级人物，除了参加德兰士瓦执行委员会的会议和偶尔在公共大会上发表讲话之外，没有多少责任。现在到了38岁的年纪，我进入了次重量级级别，可以承担更重的担子和更多的责任。我在约翰内斯堡被禁止了两年，忙于法律和政治工作，忽视了特兰斯凯那边曼德拉家族的事情。我渴望再去农村看一看，再体验一下我孩提时代那开阔的草原和连绵起伏的山峦。我渴望见到我家中的亲人，并就涉及特兰斯凯的问题与萨巴塔和达利旺伽谈谈。同时，南非非洲人国民大会也很希望我就政治问题同他们一起探讨一下。我将休一个工作假，这也是我唯一知道如何度过的一次假期。

我动身之前的那个夜晚，许多朋友聚集在我的家里为我送行，杜马·诺克韦也在其中。他当时是全国青年团书记，是一个年轻而厚道的高级律师。杜马曾经陪同瓦尔特去布加勒斯特参加世界青年节。那天，他为我们唱了他在青年节期间所学的俄国歌曲和中国歌曲。半夜时分，正当我的客人们准备离去的时候，我的女儿马卡紫薇醒了，当时她只有两岁。她问我，她能不能与我一起去。我同我的家人在一起的时间一直很少，马卡紫薇的请求使我产生了一阵内疚。我去特兰斯凯的热情忽然消失了。但是，我最后还是把她放回床上，并吻了她，道了晚安。当她睡着了以后，我也为我的特兰斯凯之行做完了最后的准备。

我准备动身去进行一番实地调查，通过这次调查我将得到多种喜悦，既看了农村，又看了亲朋好友和同志。我一直被隔绝于南非其他地方的发展之外，很想亲眼看看内地发生了什么变化。尽管我看过全国各地的报纸，但是，那只不过是对实际情况的不真实报道。了解他们的情况对于一位自由战士是重要的，不是因为这种了解可以反映事实真相，而是因为可以通过这种方式披露某些新闻的炮制者和读者的偏见。在这次旅途中，我将首先要同在地里劳动的人民谈一谈。

午夜过后不久，我就动身了。不到一个小时，我就行驶在了去德班的公路上。路上没有车辆和行人，伴我而行的只有星星和德兰士瓦的微风。尽管我一夜没睡觉，但是我的心情十分舒畅。天亮的时候，我穿过福尔克斯勒斯特到纳塔尔，那曾是祖鲁最后的独立的国王塞奇瓦约的国家。1879 年，他们的部队在伊散德尔瓦纳击败了英国的一个纵队。但是，塞奇瓦约国王没有顶住英国人的炮火，最后被打败了。越过纳塔尔边界上的一条河流时，我看见了马柱巴群山，这里有陡峭的悬崖。塞奇瓦约失败后不到两年，一小股布尔人部队在这里伏击并打败了英国红衣军团的一支驻军。在马柱巴山，南非白人通过顽强抵抗英国帝国主义来保卫他们的独立，他们为民族主义而战。现在，原来那些自由战士的后代却正在迫害我们的人民，而我们的人民正在为独立而斗争，这正是南非白人曾经为之战斗并献出生命的共同事业。我驾车穿过这些具有历史意义的山峰，没怎么考虑这些具有历史讽刺意味的事情——他们从受压迫者变成压迫者，考虑得较多的是残酷无情的南非白人，应该从我的人民中得到他们自己在马柱巴山给英国人留下的教训。

这种苦涩的沉思被车上收音机里班图电台播放的欢快的乐曲所打断。虽然我对政府经营的南非广播公司资助起来的班图广播电台的保守政治宣传持鄙视态度，但是，我却对它播放的音乐非常着迷（在南非，一般是非洲艺术家创作音乐，但白人录制公司从中赢利）。我收听的是一个大众节目，名叫“转播服务”，这个节目主要播放南非最著名的歌星演唱的歌曲，他们是米瑞亚姆·麦克巴、多利·拉斯比、多萝西·马苏库、陶库·舒库玛和曼哈顿弟兄等。我喜欢各种音乐，不过这种本就在我血脉中流淌着的音乐更能直达我心。非洲音乐的美妙之处在于，它好像是在诉说一个个悲惨的故事。你可能很穷，你可能只有一间摇摇欲坠的房子，你可能失去了工作，但是，这种音乐会给你希望。非洲音乐能够反映非洲人民的理想，它能使那些不关心政治的人点燃起政治激情。在非洲人的集会中，你可以亲耳听到这种富有感染力的歌声。政治可以借助于音乐而得到加强，但是音乐有时也有一种反抗政治的力量。

我在纳塔尔作了几次逗留，秘密地会见了那里的南非非洲人国民大会领导人，在快要抵达德班的地方，我顺便到了彼得马里茨堡，在那里与晁塔·摩特拉、摩西·马布黑达和其他几位朋友共同度过了一个整夜，共同分析了国内的政治形势。然后我又到了格鲁特维勒，与鲁图利一起过了一天。尽管他遭到禁止已经一年多，但是，他对南非非洲人国民大会的活动仍然很熟悉。他为约翰内斯堡的南非非洲人国民大会越来越集权、使地区的权力越来越弱化而感到不安。我向他保证，我们将会使各地区维持强大的权力。

我的下一站是去德班与奈克医生和纳塔尔印度人大会执行委员会的委员们见面，在那里我提出了一个敏感的问题：全国执行委员会认为，印度人大会最近有点消极，由于奈克比我年长，而且是一个比我遭受了更大打击的人，所以我本不愿意这样做，但是，我们是在探讨克服政府限制的办法。

离开德班，我驱车沿海岸线向南行驶，经过谢普斯通港和圣约翰斯港，这是点缀在印度洋上的两个小殖民地城市。在被这个美不胜收的地区迷住的同时，我也不断地对命名建筑物和街道的白人帝国主义者深有感触，是他们镇压了原本属于这个地方的人们。在这里，我调转方向朝内地行驶，去乌姆兹姆库陆与南非非洲人国民大会财政部部长康考会面，进一步探讨了出现的问题。

然后，我满怀兴奋的心情直奔乌姆塔塔。当我行驶在乌姆塔塔的主要街道——约克大道上的时候，我立即产生了一种亲近感，并找到了一种长时间离家后又重新回到家乡的感觉。我离开这里已经13年了，尽管没有彩旗和肥牛欢迎我这个游子回到故里，但是，见到我的母亲、我的草舍和我小时候的朋友，我非常高兴。不过，我到特兰斯凯还有第二个目的：我要与一个专门考察小组在这里见面。该考察小组此行的目的是了解特兰斯凯由棒哈管理体制向班图管理体制的过渡情况。

棒哈管理体制由108名成员组成，四分之一是白人，四分之三是黑人，其作用是在当地就非洲人立法以及当地事务的管理问题，如税收和道路的管理方面，给政府当参谋。棒哈体制虽然是特兰斯凯最有影响的政治体制，但是，其决议是咨询性的，其决定要接受所属地区白人行政长官的审查。白人给棒哈体制多大的权力，它就有多大的权力。而按照班图管理法，它即将被一种更有约束力的管理体制所取代。这种管理体制是封建式的管理体制，其基础是政府控制下的世袭制和部落制。政府嘴上说是通过实行班图管理体制将使人民摆脱地方白人长官的控制，但是，这实际上是政府暗中破坏民主、制造部落矛盾的烟幕弹。南非非洲人国民大会认为，接受班图管理体制就意味着向政府投降。

到达乌姆塔塔的那天晚上，我立即会见了特兰斯凯的议员和我的侄子 K. D. 马叹兹玛，我一直称他为达利旺伽。达利旺伽在说服棒哈人接受班图管理体制方面起到了主导作用，因为新的管理体制将强化他作为移居泰姆布兰的酋长的权力。在这个问题上，达利旺伽与我意见并不一致。我们的分歧在于：他选择了传统的领导体制，并准备与这种体制合作。但是，那天太晚了，无法与他深谈，我们决定第二天再谈。

我在市内的一家寄宿公寓住了一夜，第二天起得很早，两位当地酋长在我房间里一边喝着咖啡，一边谈论他们在新的班图管理体制中所担当的角色。在我们谈话期间，寄宿公寓的女东家神情紧张地把一个白人领进了我的房间。那个白人问：“你是曼德拉吗？”

“你是什么人？”我问。

他报了姓名，说自己是保安警察局的侦探中士。

“请出示你的证件好吗？”我问道。显然他对我的大胆冒犯很生气，但是他还是不情愿地拿出了他的身份证明。我告诉他：“是的，我是纳尔逊·曼德拉。”他告诉我：“警察局局长要见你。”我说：“如果他想见我，他知道我在哪里。”然后，那个中士让我跟他去警察局。我问他是否要逮捕我，他说不是。

“那样的话，”我说，“我不想去。”他对我的拒绝感到有些吃惊，但是他知道我的拒绝是合法的。于是，他盘问了我一连串的问题：我是什么时候离开约翰内斯堡的？我到了哪些地方？我与谁谈了话？我有没有进入特兰斯凯的许可证？准备在特兰斯凯住多久？我告诉他，特兰斯凯是我的家，进入自己的家不需要许可证。随后，那位中士离开了我的房间。

两位酋长对我的行为感到吃惊，责备我太无礼。我解释说，我仅仅是以其人之道还治其人之身。两位酋长没能理解我，显然认为我是一个自找麻烦的年轻人。这两位酋长就是我打算劝他们反对班图管理体制的人，显然，我没给他们留下什么好的印象。这件意外的事情提醒我，如今回到了家乡，我已经不再是13年前离开家乡的那个我。

特兰斯凯的警察是不识时务的，自从我离开那家寄宿公寓，他们就一直跟着我，我与任何人讲完话后，总有警察走到与我谈话的人的面前说：“如果你与曼德拉谈话，我们就来逮捕你。”

我与一位当地南非非洲人国民大会领导人进行了短暂的会晤，并且得知南非非洲人国民大会缺少资金，对此我很吃惊。但是，此时此刻我主要想到的不是组织，而是我的下一站：库努。我是在那里长大的，我母亲仍然在那里居住。

我叫醒了我母亲，她猛然看见我吃惊得像是看见一个幽灵一样。但是，她非常高兴。我给她带来了食物，有水果、肉、糖、盐和一只鸡。然后，我母亲为我生炉子沏茶。我们没有拥抱和亲吻，因为拥抱和亲吻不是我们的习惯。尽管我回到家里很高兴，但是看到她老人家一个人生活在那样差的环境中，我很内疚。我试图说服她随我去约翰内斯堡住在一起，但是，她说她不愿意离开她热爱的农村。我不止一次地想，一个人置自己家庭的幸福于不顾，而为别人的幸福去奋斗，这是否是合理的。难道能有比照顾自己年迈的母亲更重要的事情？难道政治就是推卸自己的责任和原谅自己没有尽职的借口？

我同我母亲一起待了一个小时左右，然后动身去穆克孜韦尼过夜。到了那里已经是夜晚，我兴奋地鸣着汽车的喇叭，根本没有考虑人们如何理解这种噪音。人们担心地从他们的房子里走出来，可能以为来了警察。但是，当他们认出我来的时候，一群乡亲开始惊喜地问这问那。

我没有像一个孩子躺在原来的床上那样香甜地入睡，而是翻来覆去地睡不着，我又在思考我所走的路是否正确。从道义上讲，我认为我所选择的道路是正确的。我并不是说自由斗争比照顾家庭更重要，因为自由斗争和照顾家庭是完全不同的两码事。

第二天返回库努后，我用了一天的时间与乡亲们叙旧，到村子的田地里转转。我也看望了我的妹妹马贝尔，她是我的姐妹中最老练最通情达理的一个，我十分欣赏她。马贝尔已经结了婚，但是，她的出嫁还有一段有趣的故事。我的另一个妹妹巴利韦比马贝尔大，她与一个小伙子订了婚，并且也收了人家的彩礼。但是，在出嫁前两个礼拜，勇敢的巴利韦却逃之夭夭。接受了人家的彩礼又无法退回，所以，家里决定让马贝尔代替巴利韦出嫁，马贝尔竟然同意了。

那天下午，我很晚才回到穆克孜韦尼去休息。我又是夜晚到达那里，并高声鸣着车喇叭告诉大家我回来了。不过，这次人们认为是他们的酋长佳士提斯回来了。佳士提斯被政府免去了酋长职务，当时他住在德班。尽管政府指定一个人代替了他的酋长位置，但是酋长是世袭的，是因为他的血统才能行使权威的。他们见到我，很高兴，但是，他们更希望能欢迎佳士提斯回家。

在我到达我的第二个母亲、摄政王的遗孀“非英格兰”的克拉尔的时候，她早就休息了，但当她穿着睡衣出现在我的面前的时候，她还是非常高兴，立即让我开车拉着她去附近的亲戚家去庆祝我的到来。她跳进我的车内，我们立即驱车穿过荒芜的草地，来到她亲戚家的圆形房子。在那里，我们还拜访了另一户人家。最后，直到拂晓前才躺下睡觉，虽然筋疲力尽，但我却很高兴。

接下来的两个礼拜，我往来于库努和穆克孜韦尼之间，轮流住在我母亲和“非英格兰”的克拉尔里，不是走亲访友，就是接待来客。我吃的是与我小时候吃的一样的饭菜，我走的是与小时候走的一样的路，白天看的是与小时候所看的一样的天空，晚上看的是与小时候所看的一样的星星。保持与自己的根接触对一个自由战士是重要的，喧闹的城市生活容易把过去抹去。这次回家访问使我重新恢复了我对生我养我的那个地方的感情。我又一次想起我是我母亲原来那个房子里的儿子，我又一次想起摄政王对我的抚养。

这次访问也是检测我与我家乡所产生的距离的一种方式。我看到我自己的人民仍然停留在一个地方，而我却不停地迁移，去感受新鲜事物，去获得新的思想。如果我以前没有认识到这个问题，那么此时我知道了当年在福特黑尔大学读完书后没回特兰斯凯是正确的。如果当时我回到特兰斯凯，我政治命运的变化将不会如此之快。

当专门委员会考虑推迟采用班图管理体制的时候，达利旺伽和我前往乌姆塔塔医院看望了萨巴塔。我希望与萨巴塔谈谈班图管理体制，但是他的身体却不允许这样做。我要求萨巴塔病情好转立即和他弟弟达利旺伽谈谈这个问题，并把它搞清楚。组织恩古奔库卡的两个后人共商大事使我感到自豪，我思忖着一个具有讽刺意味的事情，许多年之前就准备把我培养成萨巴塔的参事，而我最终也起到了这种作用。

达利旺伽与我一同驱车从乌姆塔塔前往佳马塔，在那里我们见到了达利旺伽的弟弟乔治。当时，乔治是一个实习律师，他的两位合同见习职员与我很熟悉，我见到他们很高兴。这两位合同见习职员就是 A. P. 穆达和采波 · 莱特拉卡。他们两人都是南非非洲人国民大会的坚决拥护者，并因此而放弃了教学，决定做律师。在佳马塔，我们围坐在一起，研究强制实行的班图管理体制问题。

我此行的目的是说服天生要在特兰斯凯的政治中担任领导角色的达利旺伽，反对强迫接受班图管理体制。我不希望我们的会谈变成一次摊牌或论战，我也不希望坐视不管或挑毛病，而是希望在心中装着人民和国家最高利益的人之间展开一次认真的讨论。

在许多方面，达利旺伽仍然把我看作他的下级，不论是从泰姆布的等级制度还是从我自己的政治发展上看，我都应该是他的下级。虽然在以前的王国中我是他的臣民，但是，我认为我的政治见解已经超过了以前的参事。他关心的是他自己的部落，而我是从整个国家的角度来考虑这个问题的。我不想引用政治理论的大道理使讨论复杂化，我只依靠历史常识和事实说明问题。在我们开始讨论前，达利旺伽邀请穆达、莱特拉卡和他的弟弟乔治参加，他们有点犹豫，坚持听我们两人的意见。穆达带着尊敬的口吻说："让侄子与叔叔进行辩论。"按照礼节，我要先发表我的意见，而达利旺伽不能在中间插话，然后，在达利旺伽发表意见的时候，我再当听客。

首先，我说班图管理体制是不适合实际的，因为越来越多的非洲人已经从农村搬到了城市。政府的政策是想把非洲人圈在民族部落里，因为他们害怕非洲人团结起来的力量。我说，人民要民主，政治领袖身份要建立在功绩之上，而不是建立在出身状况之上。班图管理体制是民主的倒退。

达利旺伽的意见是想恢复他被英国人毁掉的王室地位。他强调部落制和传统领导的重要性和生命力，不想反对把这些东西奉若神明的班图管理体制。他也期待一个自由的南非，但他认为这个目标通过政府的隔离发展政策能够更快、更和平地实现。他说，南非非洲人国民大会将带来流血和灾难。他最后责备我置自己在泰姆布王室的地位于不顾，不支持传统的领导体制，他对此感到吃惊和担心。

当达利旺伽说完了的时候，我说，尽管我十分理解你个人作为一个酋长的地位，但是，我认为你自己的利益与部落的利益是相冲突的。我还说，如果我处在与你相同的位置上，我会试图让自己的利益服从人民的利益。我立即对我最后说的话感到后悔。因为我认识到，在讨论中采取从道义上比对方优越的口吻说话是绝对没有益处的。我注意到在自己说这句话的时候,达利旺伽板起了面孔。因此,我立即把话题转到了更一般性的问题上。

我们谈了一整夜，但是没有取得一致意见。当太阳正在冉冉升起的时候，我们分手了。我们走上了不同的道路，不同的道路当然会使我们彼此发生冲突。这使我很难过，因为没有几个人能像达利旺伽那样曾经鼓励过我，没有什么事情能比与他一起战斗给我的愉快更多。但是，将来则不同了。我们在家庭问题上发生纠纷仍能保持友好，但在政治上，我们是属于彼此敌对的两个阵营。

那天上午我回到了库努，在那里又住了几天。我穿过草地走亲访友，但是，孩提时代的那种奇幻的世界已不复存在。一天晚上，我告别了母亲和妹妹。我去医院看望了萨巴塔，祝愿他很快康复。凌晨3点，我又行驶在去开普敦的公路上。明亮的月光和清新的微风一直伴我渡过了凯河。行驶在步步登高、崎岖不平的山路上，随着太阳的升起，我的心境也开阔起来。18年前，当容欣塔巴开车送我去希尔德顿时，我就曾经走过这条路。

我发现路边有一个跛腿行走的男士举手向我示意，于是我把车速降了下来。我本能地停下来让他搭车。他大约和我年纪差不多，身材不高，很邋遢，看样子已经有些日子没洗澡了。他对我说，他的车坏在了乌姆塔塔另一侧，他要去伊丽莎白港，已经走了好几天。我发现他说的话有些漏洞，我问他车是什么牌子的，他说是别克。我又问他车牌号，他告诉了我一个牌照号。几分钟后我又问他是什么车牌号，他告诉了我一个不同的牌照号。我怀疑他是个警察，因此决定少说话。

我的谨慎并没有引起他的注意，因为他一直唠叨到伊丽莎白港。他似乎对这个地区的历史很熟悉，讲了许多奇闻轶事。他没问我姓甚名谁，我也没有告诉他我的名字。但是他很有意思，我发现他说的话很有用，也很令我感兴趣。

我在东伦敦停了一下，与几个南非非洲人国民大会会员谈话。

离开东伦敦之前，我还与其他一些人有过交谈，其中一个人有可能是便衣警察。搭我车的那个人知道了我的身份，我们回到车上几分钟之后，他对我说 :“曼德拉，我怀疑那个人是警察。”这更让我对他产生了怀疑，于是对他说 :“你知不知道，我怎么知道你自己不是警察？你必须告诉我你是什么人，不然我就再把你丢在路上。”

他辩解说 :“不是，我将对你说实话。”他坦白说，他是一个走私犯，一直在从旁多兰沿海一带走私大麻。当时，他遭到了警察的封堵。当发现有警察时，他跳出了车，企图逃跑。警察向他开了枪，打伤了他的腿，这就是他腿瘸和没有交通工具的原因。他之所以搭我的车，是因为他认为警察正在追捕他。

我问他为什么选择这么危险的生计。他告诉我，他本想当教师，但是他父母太穷，无法供他上大学。中学毕业后他只好在一家工厂里工作，但是工资太低，连自己都养活不了。所以，他开始走私大麻以补贴生计。他很快发现这个买卖很赚钱，于是就离开了工厂。他说在世界上其他任何一个国家，他都能找到发挥才能的机会。“我发现那些才能比我差的白人所赚的钱竟然是我的 50 倍。”停了好长一段时间后，他用认真的语气说 :“我也是一位南非非洲人国民大会会员。”他告诉我，他参加了 1952 年的反抗运动，曾经在伊丽莎白港多个当地委员会内供职。我问起几个南非非洲人国民大会人士，他似乎都了解。后来，在伊丽莎白港我确认了他的话是实话。事实上，在那次反抗运动期间，他是走进监狱的最可靠的自由战士之一。自由斗争的大门对选择从其通过的所有的人都是敞开的。

作为一名曾经受理过大案的律师，我对这种事很熟悉，我一次又一次地看到与我这位朋友一样精明的人为了生计而走上了犯罪的道路。虽然我确实认为，有的人天生或由于教育不良而去犯罪，但是我相信种族隔离使许多遵纪守法的公民变成了罪犯。完全可以推断，一种不道德和不公正的法律制度会使其法律和法规遭到蔑视。

太阳落山的时候，我们抵达了伊丽莎白港，Z. K. 马修斯和他的儿子乔·马修斯为我安排了住处。第二天上午，我会见了雷蒙德·穆拉巴、弗朗西斯·巴尔德和戈万·姆贝基。这是我第一次见戈万·姆贝基。我了解他所做的工作，因为我上学的时候读过他写的一本小册子《发展中的特兰斯凯》。他过去一直在特兰斯凯经营合作商店，罢手不干后又担任了《新时代》周报的编辑。戈万办事认真、思路清晰且讲话温和，在学术界和政治界都很有名。他深深地潜心于人民大会的计划工作，在组织中是天经地义的高级领导人。

第二天接近中午的时候，我动身去开普敦，一路上只有收音机做伴。以前，我从来没有在伊丽莎白港与开普敦之间的公路上行驶过，我盼望饱览路旁绵延不断的迷人风光。天气很热，路两旁长满了茂密的植物。我几乎没离开这座城市多远就轧死了一条正横穿马路的大蛇，我不迷信，也不信有什么预兆。但是，那条大蛇的死亡使我很扫兴。我不想杀死任何生灵，甚至那些让一些人恐怖的生灵。

一过许曼斯多普，森林变得越来越茂密，在那里，我平生第一次看到了大象和狒狒。一只狒狒正在我的前面横穿马路，于是，我停下了车。它站在那里目不转睛地盯着我，活像一个特警侦探。十分讽刺的是，我虽然是一个非洲人，却第一次看见故事和传奇中描绘的非洲。我想，这么美丽的地方，包括那些人迹罕至之处，无一例外地都被白人拥有，而黑人却无法涉足，我就是不去竞选议会议员，也要选择住在这样美丽的地方。

一个自由战士不管走到哪里，他都会有煽动性的思想。在伊丽莎白港以西100多英里的小城镇克尼斯纳，我停下来对周围的环境进行了考察。这里的道路比城镇所处的位置高，因此，可以极目远眺整个周围环境。周围到处是杂乱的茂密森林。我对草木并没细想，但是，我却想到，这里有许多地方可供一支游击队秘密地在这里驻扎和训练。

当天午夜，我抵达了开普敦，在那里一住就是两个礼拜。我住在瓦尔特·苔卡牧师家里，他是卫理公会教堂的主教。白天，我大部分时间都与约翰森·恩格卫韦拉和格林伍德·恩告提亚纳在一起。恩格卫韦拉是南非非洲人国民大会西开普地区的主席，恩告提亚纳是南非非洲人国民大会西开普地区执行委员会成员。两人都是共产党人，也是韦斯利安教堂的负责人。我天天去会见南非非洲人国民大会的当地官员，例如沃尔赛斯特、帕尔、斯德琳宝士、西蒙斯敦和荷马努斯等地的南非非洲人国民大会官员。我在开普敦每天都有活动安排，当我问礼拜天安排什么活动时，他们告诉我安息日是专门去教堂做礼拜的时间。我虽然有不同的意见，但是仍尊重他们的安排。共产主义和基督教至少在非洲并不是相互排斥的。

一天，我正走在市内的大街上，我看见一个白人妇女正在贫民窟里啃鱼骨头。她很穷，显然是无家可归。但是，她年轻，也并不是没有魅力。我当然知道也有贫穷的白人，有的白人与黑人一样贫穷，但是，却很少见到他们。在大街上，我见惯了黑人乞丐，而看见白人乞丐则使我感到惊奇。虽然我通常不对非洲乞丐施舍，但是，我却很想给这个女人一点钱。此时，我认识到种族隔离制度对人的虐待，虽然非洲人把天天受煎熬作为理所当然的事情已经接受，但是，我的心却立即对这位贫穷而邋遢的白人女士产生了同情。在南非，黑人受穷好像是正常的，而白人受穷则似乎是一种悲剧。

在我准备离开开普敦的时候，我去了《新时代》报社，想看几个朋友，并想同他们探讨一下他们的出版策略。《新时代》是早期被取缔的著名左翼出版物之一,同时也是南非非洲人国民大会的“朋友”。那是9月27日上午，当我走在楼梯上的时候，我听见办公室内有愤怒的吵闹声和搬动家具的声音。我听出那是这家报社的经理费雷德·卡恩森的声音，我也听见了安全警察的粗暴吼叫声，他们正在搜查报社的办公室。我悄悄地离开了那里，后来我发现那并不是一个孤立的事件，而是南非历史上在全国进行的最大规模的警察袭击行动的一部分,警察带着搜查被视为叛国、煽动叛乱或违反《镇压共产主义条例》的证据的一切东西的许可令，对全国500多位人士的家和办公室进行了袭击。我在约翰内斯堡的办公室以及莫罗卡医生、法瑟·哈代尔斯顿和马修斯教授的家，都遭到了搜查。

这一次袭击为我在开普敦的最后一天投下了阴影，因为它预示着政府将开始采取新一轮的严厉镇压。至少，新一轮的禁止将会发生，而且我一定是被禁止的人之一。那天晚上，苔卡牧师和他的夫人邀请了几个人一起为我送行，在他的带领下，我跪在地上为那些被袭击的家庭祈祷平安。我在我喜欢的时间即凌晨3点离开了他们的家，不到半小时后，我就行驶在了去金伯利的公路上。金伯利是一个矿业小镇，19世纪，南非的钻石生意就是从这里开始的。

我准备在阿瑟·莱泰勒医生家住一晚上。阿瑟后来成为南非非洲人国民大会的财政部长，他是一位很细心的医疗工作者。我患了感冒，他把我接到他家后立即让我上床休息。他是一个勇敢而执著的人，在反抗运动期间，他带领一小股志愿反抗者走进了监狱。在黑人很少参与政治行动的一个小镇上，这对于一位医生来说是一种冒险的行动。在约翰内斯堡，一个人可以得到几百甚至几千同样参与这种冒险活动的人的支持，而在像金伯利这样的保守小镇，没有媒体或司法部门对警察的监督，这种行动确实需要巨大的勇气。正是在金伯利，反抗运动期间有一位南非非洲人国民大会的领导成员被地方法官处以鞭刑。

尽管我患了感冒，阿瑟仍然让我第二天晚上在他家里举行的南非非洲人国民大会会议上发表讲话。我准备第二天早上3点离开金伯利，但是阿瑟夫妇坚持留我吃早饭，我只好吃完了早饭后动身。我回约翰内斯堡一路很顺利，晚饭前我就回到了家中，我的孩子们高兴地迎接我，他们知道我会给他们带回礼物。我把在开普买的礼物一个一个地送给他们，并回答他们就我这次旅行提出的问题。虽然不是真正的节日，但是，它与节日具有相同的效果，我感觉又恢复了活力，准备再一次去冲锋陷阵。

22…

我一回到约翰内斯堡，马上向南非非洲人国民大会工作委员会报告了我此行的情况。他们主要考虑的是大会联盟是否已经强大到足以制止政府的计划，但我并没有带给他们好的消息。我说特兰斯凯不是一个有良好组织的南非非洲人国民大会地区，南非非洲人国民大会一旦能够造成影响，它会很快被安全警察镇压下去。

我提出了另一个办法，我知道这种办法并不是一种正常的办法。为什么南非非洲人国民大会不应该参与新的班图管理体制，并以此作为与人民群众保持联系的一种办法呢？如果及时的话，这种参与将会成为宣传我们的主张和政策的平台。

凡是有关参与隔离体系的建议，肯定会遭到强烈的反对。开始，我也会坚决反对这样的建议。但是，我认为，只有少数人愿意为了国家去牺牲自己而投身于斗争之中。我们应该满足人民自己的要求，哪怕是看起来有通敌之嫌。我的主张是，我们发起的运动应该像一个巨大的帐篷，尽可能地容纳更多的人。

但是，当时由于我的报告与另外一个相关报告分歧较大，所以我就报告作了一个简短的说明。汤姆林森考察团关于班图地区社会经济发展报告的公布引发了一场全国范围的论战。政府炮制的这个考察团就所谓的班图地区或班图斯坦（或者叫“保留地”）的发展提出的建议计划，实际上是“独立发展”或大种族隔离的一个蓝本。

班图斯坦体制是由土著事务部部长H. F. 沃尔沃德博士策划的。这是一种既可平息国际上对南非种族政策的批评，又能使种族隔离制度化的手段。班图斯坦将把所有的非洲公民划分成彼此隔离的黑人居住区或居住地。沃尔沃德说：“非洲人应该坚持在保留地上沿着自己的路线发展。”其主张是保留现状，让300万白人拥有87%的土地，而800万非洲人仍然维持只拥有13%的土地。

这个报告的中心思想是反对种族之间的结合，提倡黑人和白人彼此独立地发展。为达此目的，该报告建议非洲人居住区实行工业化，声称不为非洲人在自己的居住区提供发展机会的任何计划注定要失败。该考察团指出，现在非洲人居住区的地点分布太零散，建议把非洲人居住区合并成 7 个被他们美其名曰“历史居住地”的主要黑人部落。

但是，该考察团建议创建这种独立的自给自足的班图斯坦的计划无疑是荒谬的。作为这种非洲人居住体制的示范，特兰斯凯将按地理划分成 3 个独立的区域。斯威士班图斯坦、利博娃和文达各由 3 个区域组成，加赞库勒由 4 个区域组成，西斯凯由 17 个区域组成，博普塔茨瓦纳由 19 个区域组成，科瓦祖鲁由 29 个区域组成。国民党人打算拿人民的生活玩野蛮的七巧板游戏。

政府炮制黑人居住体制的目的是把特兰斯凯和其他非洲人居住区作为白人工业廉价劳力的供应地。同时，政府的潜在目的是制造一个非洲中产阶级来堵住南非非洲人国民大会的呼声，从而破坏解放斗争。

南非非洲人国民大会谴责了汤姆林森考察团的考察报告，尽管这个报告中有一些更开明的建议。正如我告诉达利旺伽的那样，独立发展对于白人不知如何管控的问题是一个似是而非的解决办法。结果，政府批准了这个报告，而否决了许多他们认为太激进的建议。

尽管形势越来越黑暗，我对政府政策的悲观情绪也越来越大，但是，我仍然构想着未来。1956 年 2 月，我回到了特兰斯凯，想在乌姆塔塔买一块土地。我总认为，一个男子汉应该在他出生的地方拥有一个家，可以在那里逃避喧嚣找到安宁。

我与瓦尔特一起北下特兰斯凯。我们首先到了乌姆塔塔和德班，在那里见到了许多南非非洲人国民大会人士。我们对特别分部的政策再一次感到失望。为提高该地区的积极性，我们在德班拜访了纳塔尔印度人大会的朋友。

在瓦尔特的帮助下，我在乌姆塔塔向 C. K. 萨克韦预付了定金，算是买下了他在市内拥有的一块土地。萨克韦是棒哈组织的成员，他当时在土著事务局工作。我们在乌姆塔塔的时候，萨克韦告诉了我们一件不幸的事，这件事上个礼拜天刚刚发生在萨巴塔的一个地方——巴姆博哈尼。在政府官员和酋长们共同举行会议讨论实行班图斯坦制的时候，有几位酋长反对政府的政策，对地方长官进行了语言攻击，会议因此不欢而散。这件事让我们知道，基层对班图管理体制方案是持反对态度的。

1956 年 3 月，经过几个月的相对自由之后，我遭到了第三次禁止。这次禁止让我在约翰内斯堡受禁 5 年，受禁期间，不准我参加任何会议。此后 6 个月中，我将被隔离在同一个区域内，看同样的街道、同样的金矿和同样的天空。我将不得不依靠报纸和别人的报告去了解约翰内斯堡外面发生的事情，别的任何东西我都不能指望。

但是，这次我对待禁止的态度发生了根本的转变。当我第一次被禁止的时候，我遵守了迫害者的规定，而现在我对这些限制却不屑一顾。我不想让我的敌人左右我的斗争范围和政治活动范围。听任敌人的摆布就是一种失败，我决不会画地为牢。

不久，我在约翰内斯堡卷入一场棘手的政治纠纷的调解中。这场纠纷涉及相互对立的两派势力，双方都谋求得到我的支持。双方在这个特定的组织内都有委屈，两派都很不愿接受调解。这场争论有发展成一场内战的危险，我竭尽全力避免了这次分裂。

我当然想谈谈我在拳击和举重俱乐部的事情，我几乎每天晚上都在唐纳森奥兰多社团中心参加训练。

我于 1950 年加入这个俱乐部，如果没有其他事情，我几乎天天在该社团中心活动。前几年，我总是带着我儿子泰姆比去参加训练。到 1956 年，泰姆比已经 10 岁，他也很喜欢拳击。该俱乐部是由约翰尼斯 · 摩洛茨创办的，其会员既有专业拳击手也有业余拳击手，另外还有许多爱好举重的人士。我们的拳击明星杰瑞（犹茵伽）· 摩劳伊后来成为德兰士瓦轻量级冠军，并获得了全国第一种子选手的称号。

运动馆的设备很差。我们没有钱建拳击台，只好在水泥地上训练，当拳手被击倒的时候，这往往是很危险的。我们只有一个吊袋和几副拳击手套。我们没有药物和梨球，没有拳击短裤和拳击鞋，也没有护齿。尽管缺少设备，但是这个运动馆却培养出了许多冠军，如南非最轻量级拳击冠军埃里克（布莱克 · 莫铁罗尔）· 恩彩乐，德兰士瓦蝇量级冠军弗雷迪耶（托冒豪克）· 恩基迪——他曾经在“曼德拉－塔博律师事务所”给我当过助理。我们大概总共有二三十名会员。

尽管我在福特黑尔大学也参加过拳击训练，但是直到来约翰内斯堡后，我才真正对这项运动产生了兴趣。作为拳击手，我从来没有成名过。体格上我属于重量级拳击手，但是我既没有足够的力量弥补我速度上的不足，也没有足够的速度平衡我力量上的欠缺。我喜欢拳击运动的技巧，但却不怎么喜欢拳击运动的暴力。我感兴趣的是一个人如何通过移动自己的身体来保护自己，如何运用战术既出击又退却，如何在比赛中保持正确的步法。拳击运动主张人人平等。在拳击台上，身份、年龄、肤色和贫穷都没有什么关系。当你正在拳击台上与对手搏击并试探他的力量和弱点的时候，往往不会考虑他们的肤色或社会地位。自从涉足政治后，我再也没有参加过真正的拳击运动。我的主要兴趣是参加训练。因为我发现，严格地进行拳击练习是消除紧张和压力的最好方式。认真练习过后，我感觉头脑和身体都轻松了许多。拳击练习是我恢复精力和体力的一种方式，经过一晚上的练习，第二天早上起来我感觉精力和体力都十分充沛，随时准备再去战斗。

从礼拜一到礼拜四，我每晚花一个半小时健身。下班后我会直接回家，然后带上泰姆比一同驱车去社团中心。我们做一个小时的拳击训练和其他综合性练习，如长跑、跳绳、健身运动或空拳练习，再做15分钟的体能练习和举重练习，然后就进行拳击练习。如果我们为了参加比赛而进行练习，那么练习时间将延长到两个半小时。

为了培养领导能力、积极性和自信心，我们每人轮流领导练习活动。泰姆比特别喜欢担任这种领导角色。每当我儿子担任领导角色的时候，事情往往多多少少地让我有些狼狈，因为他专门对我吹毛求疵。不管什么时候，只要我一有懈怠，他很快就会惩罚我。在运动馆内，大家都叫我“酋长”，而他却不使用这个尊称，而叫我“曼德拉先生”，偶尔当他同情他的老爸的时候，他会叫我“老兄”，这种称呼是镇上的一句土语，意思是“我的兄弟”。当看见我四处游荡的时候，他会严肃地说：“曼德拉先生，今天晚上你在浪费我们的时间，如果你不加油，为什么你不在家陪伴老太太？”有这些笑料，大家都非常开心，看到我儿子如此高兴和自信，我也非常高兴。

由于那年斯基珀·摩劳茨与杰瑞·摩劳伊之间发生矛盾，俱乐部的友好气氛遭到了破坏。杰瑞和其他拳击手认为，斯基珀对俱乐部没有足够重视。斯基珀是一个技术水平很高的教练员，但是他很少到现场传授相关的知识。他对拳击运动的历史很有研究，能够完整叙述1915年在哈瓦那举行的杰克·约翰逊参赛的那场著名拳击赛的全部26轮过程。在那场拳击赛中，世界上第一位黑人重量级冠军丢掉了他的头衔。不过，斯基珀只有在拳击赛举行之前才愿意露面，露面的目的是收取小费。我同意杰瑞的观点，但是，为了保持和睦，我尽力弥合他们之间的纠纷。最后，就连我儿子也赞成杰瑞对斯基珀的批评，但我没有办法避免这次分裂。

在杰瑞的领导下，拳击手们威胁要退出俱乐部，他们要成立自己的俱乐部。我把所有的成员召集起来开了个会。这个会开得很活跃，同时采用塞索托语、祖鲁语、科萨语和英语进行交流。在攻击反对他的拳击手时，斯基珀甚至引用了莎士比亚的话，指责杰瑞如同布鲁特斯背叛恺撒一样欺骗他。我儿子问：“恺撒和布鲁特斯是谁？”在我回答他的提问之前，有人说：“啊，他们死了，但是背叛的事实却在延续着！”

会上什么问题也没有解决，拳击手们离开后去了别的运动场所，只有举重运动员仍然留在了社团中心。在我与拳击手们一起离开社团中心后的前几周里，我们在警察运动馆内练习，那里对自由战士来说是个让人很不舒服的地方。此后，英国国教教堂许诺以合理的租金在奥兰多东给我们提供一个练习场所，我们在西蒙（木神古）·萨巴拉拉的带领下进行练习。西蒙后来成为南非非洲人国民大会的一名地下自由战士。

我们的新练习场设施并不比原来的练习场好，而俱乐部再也没有能够重新组成。像其他黑人运动员和艺术人员一样，非洲拳击手也受到贫穷和种族歧视这两方面的限制。一个非洲拳击手所能挣的钱仅仅够吃饭、租房和买衣服，如果能剩下一点，就被用来购置拳击器械和用于拳击练习。他无法得到加入白人拳击俱乐部的机会，白人俱乐部拥有培养一流的、世界级拳击手所必须具备的设备和教练员。与白人专业拳击手不同，非洲专业拳击手白天需要全天干苦力劳动。陪练员很少，而且赚钱也不多。他们没有正规的练习机会和实战机会，这在很大程度上影响了他们的成绩。但是，一些非洲拳击手却能够克服这些困难，并取得伟大的成就。像艾利伽（梅斯特劳）·莫考尼、艾诺奇（斯古宝艾）·恩拉珀、堪格鲁·冒托（他是拳击运动圈内自成一派的最伟大的拳击手）、莱卫（金童）·马迪、恩考撒纳·穆格基、马基德·莫佛和诺曼·赛伽帕尼，他们都获得过很大的成功。而佳克·吐力这位最伟大的拳击英雄，则获得过英国皇家蝇量级冠军。这都是最有说服力的例子，说明如果给予机会，非洲的拳击手同样能够获得成功。

第五部

叛国罪

23...

1956 年 12 月 5 日，天刚蒙蒙亮，我就被一阵咚咚的敲门声惊醒，从来没有邻居或朋友如此蛮横地敲过门，我立即意识到这是安全警察。我很快穿上衣服去开门，发现是巡警队队长卢梭在敲门，他是我们这个地区大家都熟悉的安全警官。另外还有两个警察。他出示了搜捕证，然后三人立即开始仔细搜查了整个房子，以寻找犯罪文件和资料。这时，孩子们被惊醒了，我用严肃的面孔让他们保持安静。孩子们看着我，想从我身上获得安全感。警察搜查了抽屉、橱柜和衣橱，搜遍了任何可能藏匿非法物品的地方。45 分钟之后，卢梭冷冷地说："曼德拉，我们对你依法实施逮捕，请跟我走一趟。"我看了一眼逮捕证，上面写着："HOOGVERRAAD—高级叛国罪"。

我跟着他们走到一辆警车前。当着孩子们的面被逮捕是一件令人难堪的事情，即使知道自己的所作所为都是正确的。但是孩子们不可能理解当时的复杂情况，他们只知道，他们的父亲被白人警察不作任何解释就抓走了。

卢梭开着车，我挨着他坐在前面的座位上，他没有给我戴手铐。他有搜查我市内办公室的搜查证，就近放下那两位警察后，我们直奔我的办公室。要进入约翰内斯堡市区，必须经过一段没有人烟的荒凉公路。当我们行驶在这段路上的时候，我对卢梭说，你单独一个人同我一起，并且不给我戴手铐，你一定对我很放心。他没有吭声。

"如果我反抗并把你制服，那将发生什么事情？"我问他。

卢梭不高兴地转过身来。"曼德拉，你在玩火！"他说。

"玩火是我的一种游戏。"我回答说。

"如果你这样说话，我就把你铐起来。"卢梭用威胁的口气说。

"如果我拒绝戴手铐呢？"

我们继续这样争辩了几分钟，当进入兰拉格特警察局的时候，卢梭对我说："曼德拉，我对你不错，我希望你也能以同样的方式对待我。我不喜欢你开这种玩笑。"

在警察局停了一会儿，另一个警察也加入了我们的行列，然后我们一起去我的办公室。他们在我的办公室里又搜查了 45 分钟。我被从我的办公室带到红砖结构的约翰内斯堡监狱——马歇尔广场，1952 年反抗运动期间我曾经在这里蹲过几天。我的几个同事已经被关押在这里，他们是同一天早晨遭到逮捕并被关进来的。几个小时之后，有更多的朋友和同志被关了进来。这是政府早有预谋的一次突然袭击。有人偷偷带进来一份下午版的《星报》(*The Star*)，我们从通栏大字标题得知，这次袭击是全国性的，大会联盟的主要领导人都是以高级叛国罪和阴谋推翻政府罪被逮捕的。在各个地区被捕的有鲁图利酋长、蒙蒂·奈克、雷基·赛普泰姆波、莉莲·恩高义、皮特·贝莱威尔德，他们被用飞机运送到约翰内斯堡，并将在这里接受审讯。当天，共有 144 人被逮捕。第二天，我们出现在法庭上并被正式起诉。一周后，瓦尔特·西苏陆和其他 11 名同志也陆续被捕，被捕人数上升到 156 人。总共有 105 名非洲人、21 名印度人、23 名白人和 7 名有色人。几乎南非非洲人国民大会的所有主要领导人，不论是被禁止的还是没有被禁止的，统统遭到了逮捕。政府最终还是采取了行动。

我们很快被转移到约翰内斯堡的一座监狱，大家通常把这座监狱叫做福特监狱。它位于约翰内斯堡市中心的一座小山上，是一座凄凉的城堡式建筑。被关进监狱后，我们立即被带到一个四方形院子内，并被命令扒光衣服面墙而站。我们被强迫在那里站了一个多小时，在寒风中瑟瑟发抖，感觉十分痛苦。我们大多是中年人和老年人，其中有牧师、教授、医生、律师和商人，理应受到尊重。尽管我十分气愤，但仍然禁不住看着周围这些人发笑。我有生以来第一次体会到"人靠衣裳马靠鞍"这句俗语是千真万确的真理。如果体格是做领导的基本条件，我看我们几乎没有一个人符合条件。

一个白人医生最后出现在我们的面前，他问我们中有没有人患病。我们没有一个人说生病。我们被命令穿上衣服，然后被押送进两个大房子。里面是水泥地面，没有任何家具。两个大房间刚刚被粉刷过，仍然散发着油漆味。我们每人发了三条薄毯子，外加一张剑麻席。每个房间有一个毫无遮掩的公用厕所。有人说过，只有进了监狱才能真正了解一个国家。一个国家不应从它如何对待其高级公民来判断其好坏，而应当从它如何对待其最底层的人来判断其优劣。南非政府对待其非洲犯人就像对待动物一样。

我们在福特监狱待了两周，尽管很苦，但我们的情绪仍然特别高。我们被允许看报纸，通过报纸高兴地获知，我们的被捕引发了一波又一波的抗议浪潮。南非到处都在举行抗议集会和游行示威，标语上写着“我们支持我们的领袖”。我们还了解到，我们的被捕也引起了全世界人民的抗议。

我们的公共牢房成了各地自由战士的集会地。我们中的许多人一直在严厉的禁令下生活，相互见面和交谈都是非法的。现在，我们的敌人却把我们集中到了一个房顶之下，监狱俨然成为多年来会议联盟最大、最长的不受禁止的一个会场。年轻的领导人与年长的领导人以前只是从报纸上彼此了解，但现在却生活在了一起。纳塔尔的领导人与德兰士瓦的领导人住在了一起。在等待审判的两周时间内，我们有机会交流思想和经验。

每天，我们凑在一起搞活动。帕特里克·莫劳和皮特·恩泰特都是著名的青年团领袖，他们负责组织体育训练。另外，我们还安排了各种专题讲座，我们可以听马修斯教授讲南非非洲人国民大会史和美国黑人史，听德比·辛格讲南非印度人大会史，听阿瑟·莱泰勒讲非洲巫医，听詹姆斯·卡莱塔讲非洲音乐，他还用他那美妙动听的男高音嗓子为大家唱歌。乌伊西勒·米尼则每天带领大家一起唱自由歌曲。几年后，乌伊西勒因政治罪被政府判处了绞刑。他带领大家唱的最流行的歌曲是“Nans’ indod’ emnyama Strijdom,

Bhasobha nans' indod' emnyama Strijdom"（这里是黑人，斯揣敦，当心黑人，斯揣敦）。我们高声歌唱，保持着高昂的斗志。

有一次，马萨巴莱拉·英瓦（都叫他 M. B. 英瓦）——他是祖鲁劳动人民的儿子，也是纳塔尔南非非洲人国民大会的省级书记——为大家举办了一个音乐讲座。他朗诵了赞扬传奇的祖鲁勇士、国王沙卡（Shaka）的赞美歌曲。英瓦身披一床毯子，卷起一份报纸当宝剑，然后开始来回走动着朗诵赞美诗的歌词。我们都听得入了迷，即使那些不懂祖鲁语的人也不例外。然后，他突然停止朗诵，大声喊着："Inyon' edl' ezinye! Yath' isadl' ezinye, yadl' ezinye!" 这句歌词把沙卡比作捕食的大鸟，毫不留情地把敌人杀死。朗诵结束时，立即爆发了一阵欢呼声。鲁图利酋长之前一直保持沉默，而这时他却站起来怒吼一声"Ngu Shaka lowo!"（这就是沙卡！）然后他开始边跳边唱。他的举动激发了我们的热情，我们都站了起来，不论舞场高手还是既不会跳传统舞又不会跳西式舞的懒汉，都跳起了传统祖鲁战争舞"印德拉姆"（indlamu）。有的跳着优雅的舞步，有的模仿冻坏了的山地人试图摆脱寒冷，大家都跳得热情而投入。一时间，没有了科萨人或祖鲁人之分，没有了印度人或非洲人之分，没有了右派和左派之分，没有了宗教领袖和政治领袖之分，我们都是一家人，都是爱国者，一种对我们的共同历史、对我们的文化、对我们的国家和对我们人民的爱把我们团结在了一起。此时此刻，我们内心深处产生了一种强烈而亲密的激情，它把我们紧紧地联系起来；此时此刻，我们感觉到有一只造就我们本来面目的伟大的历史之手，巨大的力量把我们同伟大的事业联系在了一起。

两周后，即 12 月 19 日，我们将被押到约翰内斯堡的军训大厅进行预审。军训大厅是一个军用建筑物，一般不会被用作法庭。房顶是用铁皮瓦做成的，这是一个地地道道的牲口棚，当时它被认为是唯一能容纳下如此多起诉对象的公共建筑。

我们坐在封闭的警车里，另外有六辆装满武装士兵的军车押送。

政府对我们如此戒备，好像发生了全面内战。我们的支持者阻断了特威斯特大街的交通，我们在车内能听见他们的喊声和歌唱声，他们也能听见我们在车内对他们的回应。群众簇拥着警车慢慢地行驶，使这次押送变成了一次成功的大游行。军训大厅周围全是荷枪实弹的警察和士兵。警车开到军训大厅后面停了下来，这样就可以直接把我们从警车押进审判庭。

在审判庭内，我们遇见了另一群支持者。所以，审判庭与其说是一个庄严的法庭，倒不如说是一个热闹的抗议大会会场。我们一边伸着大拇指行着南非非洲人国民大会礼走进审判庭，一边向坐在非白人席上的支持者点头致意。里面的气氛不像是审判大会，倒像是庆祝大会，因为被起诉者与其支持者和朋友混合交融在了一起。

政府正在以高级叛国罪、全国性阴谋使用武力推翻现政府并企图用共产主义政府取代现政府罪对我们 156 人提起公诉。根据起诉，我们的犯罪期是从 1952 年 10 月 1 日至 1956 年 12 月 13 日，其中包括反抗运动、索菲亚顿搬迁和人民大会等事件。南非高级叛国罪并不是根据英国现行法律，而是以传统的罗马－荷兰法为准绳。高级叛国罪被定义为故意扰乱、伤害或危害国家的独立或安全，其量刑标准是死刑。

预审的目的是确定政府的指控是否足以将我们送上最高法庭，其中有两个举证阶段是在地方法庭进行。如果地方法官认定有足够的证据证实被指控的罪名成立，案子将被移交到最高法庭进行审判。如果地方法官认定证据不足，被告则将被撤销指控。

地方法官是 F. C. 韦赛尔先生，他是布隆方丹的审判长。第一天，韦赛尔说话的声音太小了，我们无法听清他到底说的是什么。政府没有准备麦克风和喇叭，预审被推迟了两个小时以便找到扩音设备。我们被集中在院子内就餐，很像是在搞野炊，食品都是从外面送来的，气氛几乎像是在过节。两小时后，法官宣布休庭一天，因为没找到合适的喇叭。在群众的欢呼声中，我们又被押送回福特监狱。

第二天，外面的群众更多，警察也更多了，有 500 名武装警察围在军训大厅外面。我们到达军训大厅的时候发现，政府为我们设立了囚笼。囚笼是用菱形钢丝网制成的，被固定在立柱上，前面和顶部装了铁格子板。我们被带进囚笼内坐在板凳上，囚笼外有 16 名武装军警守卫着。

除了其象征效果之外，囚笼把我们同我们的律师隔离开，并且不允许他们进入囚笼。我们的一位同事在一个纸条上写道："危险，请不要喂食。"并把纸条贴在囚笼的侧面。

我们的支持者组织集合了庞大的辩护队伍，其中包括布拉姆·费希尔、诺曼·罗森伯、伊斯雷尔·梅赛尔斯、莫里斯·弗兰克斯和弗农·贝瑞奇。他们以前从来没有见过这样的审判阵势。弗兰克斯公开提出了强烈的抗议，反对政府给予他的委托人这样"荒谬"的待遇。他说："像对待动物一样。"他声明，如不立即把囚笼拆除，整个辩护律师队伍将离开法庭。经过短暂的休庭之后，地方法官决定把囚笼拆掉，同时，囚笼前的铁格子板也被拆除。

直到这时，政府才开始对我们进行预审。首席检察官范·尼克先生开始宣读长达 18000 字的起诉书，指控我们违反了刑法。由于法庭外面的呼喊声和歌声，即使是使用了扩音设备也无法听清他的起诉。一伙警察忽然冲了出去，随之听见了连发左轮手枪的射击声，紧接着是呼叫声，然后又是一阵枪声。法官宣布休庭，并与辩护律师一起召开了会议，共有 20 人在这次冲突中受伤。

宣读起诉书用了两天的时间，范·尼克说，借助于其他国家的帮助，他将向法庭证明被起诉者正在谋划用暴力推翻现政府，并把一个共产主义政府强加给南非。起诉书认定我们犯了高级叛国罪。政府引用了《自由宪章》作为我们搞共产主义政府的证明，同时也作为我们策划推翻现政府的物证。到了第三天，多数囚笼都已经被拆除。第四天，我们被允许申请保释。保释金又是一个种族歧视的例子，白人保释需要缴 250 英镑，印度人则需要缴 100 英镑，非洲人和有色人却只需要缴 25 英镑。连叛国也有肤色之分。各行各业的好心人主动站出来为我们保释。这种支持后来成为里夫斯大主教、艾伦·佩顿和亚历克斯·赫普尔发起的叛国审判辩护基金会的基础。这批基金在马丽·本森及其以后的弗雷达·莱弗森审判期间派上了用场。如果我们每周向警察报告一次，我们就可以被释放，但被释放后不准出席公共集会。法庭将于 1 月初重新开庭。

第二天，我们一早来到我的办公室。由于奥利佛和我都一直在监狱里，事务所积累下了许多案子。那天上午正当我们准备工作的时候，一位名叫佳巴福的老朋友来拜访我，佳巴福是一个专业翻译，我已经有好几个月没见到他了。在被捕前，我故意减轻体重，准备监禁生活的到来，在监狱中瘦一点好，可以在艰苦的条件下存活下去。在监狱中，我仍然继续进行训练，并且为有如此修长的身材感到高兴。但是，佳巴福用怀疑的眼光看着我。"马迪巴，"他说，"你为什么看上去这么瘦？"按照非洲文化，肥胖常常是富有和健康的表现。他脱口而出："老兄，说到底你是害怕坐监狱。你给我们丢了脸，给我们科萨人丢了脸。"

24...

甚至在审判前，我同艾韦琳的婚姻就已经出现了裂痕。1953 年，艾韦琳决心在 4 年护理专业学历的基础上再进一步深造，她考上了德班爱德华七世医院的产科专业，这使她必须离家几个月。因为我母亲和妹妹都与我们一起生活，她们可以照料孩子，所以，她离家深造倒是并无大碍。她住在德班的时候，我至少去看过她一次。

几个月后艾韦琳回来了，并且通过了结业考试。这时，她又怀孕了，那年年底生下了马卡紫薇，这是 6 年前夭折的前一个女儿的名字。按照我们的传统，给新生小孩起一个已经夭折的小孩的名字被认为是对已故孩子的纪念，以此对来到这个世界不久就匆匆离去的孩子寄予哀思。

第二年，艾韦琳加入了“瞭望塔”组织，它是“耶和华见证人”教会的一个分支。这是否是她当时对其生活不满的原因，我无法知道。耶和华见证人教会以《圣经》作为唯一信仰依据，相信哈米吉多顿善恶大决战即将来临。艾韦琳开始热心地分发她们的出版物《瞭望塔》，也开始做我的工作，催促我从献身于自由斗争转为献身于上帝。尽管我对瞭望塔组织有些兴趣并认为值得信仰，但是，我不能也没有加入她所信仰的瞭望塔组织。它有一种强迫观念使我对该组织敬而远之。从我所观察到的情况可以知道，她的信仰是让大家在压迫面前保持无所作为和屈从，这是我所不能接受的。

我始终如一地献身于南非非洲人国民大会和自由斗争，这让艾韦琳很烦恼。她总认为搞政治是幼稚的，我总有一天会回到特兰斯凯，并在那里当律师。随着这种可能性变得越来越小，她坚决不同意把约翰内斯堡当做我们的家，或者说她决不放弃我们回乌姆塔塔的想法。她认为，我一旦回到家乡特兰斯凯，给萨巴塔当参事，我就不会再迷恋政治。她让达利旺伽设法把我劝回乌姆塔塔。我们在这个问题上发生过许多次争吵，我耐心地向她解释：政治并不是我的一种娱乐，而是我毕生从事的事业，是我生命的必需的、基本的部分。她对此不能接受。一个男人和一个女人，如果对他们的人生憧憬有着这样不同的看法，那是无法保持亲近的。

我试图说服她理解自由斗争的必要性，而她则企图说服我相信宗教信仰的价值。当我告诉她我是在为国家服务的时候，她却说，为上帝服务高于为国家服务。我们发现越来越没有共同的理想，我相信这个婚姻已经不可能再维持下去了。

同时，我们也为孩子的信仰发生过争执。她要孩子们信仰宗教，而我则认为他们应该关心政治。她一有机会就带着他们去听瞭望塔组织的宗教演讲，她甚至让孩子们在城内散发宗教宣传册《瞭望塔》，而我则习惯于给两个男孩讲政治。泰姆比是南非非洲人国民大会少年先锋队队员，因此，他已经是一个有政治见解的少年。他会用最简单的语言给马卡托讲白人如何迫害黑人的故事。

我家里的墙上悬挂着罗斯福、丘吉尔、斯大林、甘地的画像和描绘 1917 年圣彼得堡冬宫革命风暴的图画。我给两个男孩一个一个地讲这些人是什么人，这些人主张什么。他们知道，南非白人政府领导人的主张与这些白人的主张是完全不同的。有一天，马卡托跑进房内说："爸爸，爸爸，山上有马伦！"马伦一直是国民党的总理，孩子错把班图教育官员威利·麦瑞当成了马伦。威利·麦瑞宣布，那天他将在索菲亚顿公共大会上发表讲话。我想出去看看马卡托讲的到底是什么事情，因为南非非洲人国民大会已经组织了游行示威，确保让他们的大会开不成。当我走出家门的时候，我看见有几辆警车正护送麦瑞去他准备发表演讲的地方。但是，会议从一开始就遇到了麻烦，麦瑞不得不逃之夭夭，当然也没有发表讲话。我告诉马卡托，那不是马伦，但他也有可能已经变成了马伦。

在那些日子里，我的工作日程总是排得满满的。我每天早晨总是很早就离开家，一直到深夜才回来。在办公室里工作一整天后，我通常总是有这样那样的会议需要参加。艾韦琳对我晚上开会也不能理解，当我回来晚了的时候，她总是怀疑我去找别的女人。我一次又一次地向她解释，我参加的是什么会，我为什么要去参加会议，以及会上讨论的是什么事。但是，她总是不相信。1955 年，她对我下了最后通牒：我必须在她和南非非洲人国民大会之间作出选择。

瓦尔特和阿尔博提娜与艾韦琳关系很近，他们对我们最殷切的希望是我们仍然在一起。艾韦琳对阿尔博提娜很信任。有时瓦尔特出面干预此事，我粗暴地告诉他，这不关他的事。我为自己对他的粗暴态度而感到内疚，因为瓦尔特一直都像是我的兄弟一样，他的友情和支持是绝不容置疑的。

有一天，瓦尔特告诉我，他想带一个人来办公室与我见面。他没有告诉我那是我的一个连襟，看到他我感觉非常突然，但很高兴。我对自己的婚姻感到悲观，我认为把自己的感情告诉他是理所当然的。

我们三个人一起诚恳地讨论了这次纠纷，讨论时瓦尔特引用了像“人以群分”之类的成语。艾韦琳的姐夫是个商人，一直反对政治和从事政治的人。他非常生气，说：“如果你们认为你们与我的地位相同，那就是可笑的。不要拿你们同我相提并论。”当他离去的时候，瓦尔特和我相互看了一眼，然后开始笑了起来。

在我们 12 月份被逮捕并在监狱内待了两周后，艾韦琳来探望了我一次。但是，当我被保释的时候，我发现她已经从家中搬走，并把孩子也带走了。我回到了空空的、静静的家中，发现她甚至把门帘也带走了，这使我有些心烦意乱。一天，她与她哥哥突然走了进来，她哥哥对我说：“这可能是最好的办法，当事情冷下来后，你们将会再一起回到这个家中。”这是一种理性的规劝，但是，事与愿违。

艾韦琳和我之间有着不可调和的分歧。我不会放弃我的斗争生涯，而她也不会接受我不专心倾注于她和家庭而献身于别的事情。她是一个很好的女人，她漂亮、体格健壮且忠诚可靠，并且是一个好母亲。我对她的尊敬和爱慕从未消退，但是，我们最终没能维持住我们的婚姻。

任何婚姻破裂都是一种伤害，特别是对孩子。我们的家庭也不例外，所有的孩子都由于我们的离异而受到了巨大的伤害。马卡托开始睡在我的床上。他是一个很懂事的孩子，也是一个天真的和事佬，一直设法在我和他妈妈之间进行某种调解。马卡紫薇还很小，我记得有一天，当时我还没有被捕入狱并被送上法庭，我没有提前告诉她就去托儿所看她。她一直是一个情感热烈的孩子，但是那天她见到我的时候，却愣在那里。她不知道是该冲着我跑过来还是退缩，是该欢笑还是不满。在她幼小的心灵里有一种矛盾，她不知道如何去解决这种冲突，这令人十分伤心。

泰姆比当时已经10岁，我们的离异对他的伤害最大。他不再喜欢读书，变得沉默寡言。他曾经一直喜欢英语和莎士比亚，但是我们离婚后，他似乎对学习失去了兴趣。有一次，他的校长对我说起此事，但是我无计可施。我带他到我能去的体育馆，他偶尔也会显得有些开心。有许多次，当我不能去接他或者很晚才去接他的时候，当我转入地下活动的时候，瓦尔特让泰姆比和他自己的孩子在一起。有一次，瓦尔特带他去看了一场拳击比赛，后来瓦尔特对我说："老兄，小家伙太安静。"我们离婚后，泰姆比常常穿我的衣服，虽然他穿起来显得太大，但是，这些衣服可以带给他某种对经常不在身边的父亲的感情。

25...

1957年1月9日，我们又一次被集中在军训大厅。当时，辩护律师开始反驳政府对我们的指控。对指控我们所犯的刑事案件进行了一次总结后，我们的主辩护律师弗农·贝瑞奇谈了我方的辩护意见。"辩护方，"他说，"将坚决反对《自由宪章》的条款是叛国和刑事犯罪的指控。相反，辩护方将主张该宪章所表达的思想和信仰，虽然与现政府的政策不一致，但是，恰恰是人类各种族绝大多数人都赞成的，也是这个国家绝大多数公民都赞成的。"经过与我们的辩护律师商议，我们决定，不仅要证明我们未犯叛国罪，而且要证明这是一次政治审判，在这次审判中，政府因为我们所采取的正义的行动而对我们实施迫害。

但是，开始辩护要经历一系列单调、冗长的法庭程序。开庭后的第一个月，几乎全部被政府一系列的举证所占用。一个证据接一个证据，每一份资料、每一种宣传册子、每一份文件、每一本书、每一个笔记本、每一封信、每一本杂志，以及警察在过去三年中所积累的每一份研究资料，都被一一出示，总数达 12000 份。取证范围大到美国的《人权宣言》，小到俄国的一本烹调书，他们甚至把人民大会的两个标记“肉汤”和“素汤”也当做证据提交了出来。

在接连数日的预审期间，我们一天又一天地听非洲黑人侦探和南非白人侦探宣读他们关于南非非洲人国民大会的会议记录和演讲稿。这些东西大多都被作了篡改，往往不是荒诞不经就是彻头彻尾的假话。贝瑞奇通过巧妙的质问，揭露了许多非洲人侦探对发表这些讲话所用的英语一窍不通。

为了支持政府关于我们希望用苏联式的政府取代现政府的指控，他们企图利用开普敦大学政治系系主任安德鲁·默里教授的证据。默里把从我们那里拿到的许多文件都加上了共产主义标签，其中包括《自由宪章》。

一开始，默里教授似乎知识很渊博，但当贝瑞奇开始对他盘问的时候，他的知识就显得不再那么渊博了。贝瑞奇说他想在提供的各种文件中选几段读给默里听听，然后请默里辨别，这些话是否是共产主义的言论。贝瑞奇给他读的第一段是关于普通工人需要相互合作但不相互剥削的话。默里说是共产主义的言论。然后贝瑞奇说，这段话是南非前总理马伦博士说的。贝瑞奇然后又给他读了两段话，默里都说是共产主义的言论，而这两段话事实上是美国总统亚伯拉罕·林肯和伍德罗·威尔逊说的。最精彩的是当贝瑞奇给默里读了一段话之后，这位教授毫不犹豫地一耸肩说是共产主义的言论。然后贝瑞奇揭晓，那是默里教授本人在 20 世纪 30 年代写的一段话。

审判进行了 7 个月后，政府声称将提供我们在反抗运动期间策划暴力事件的证据。政府找来了他们的明星级证人所罗门·恩古贝斯，他提供了关于南非非洲人国民大会的近乎耸人听闻的证言。恩古贝斯快 40 岁了，说话很温柔，但说的英语却不怎么流利，他正在因欺诈罪服刑。但在恩古贝斯的证言中他告诉法庭，他从福特黑尔大学获得了文学士学位，是一位律师。他说自己是南非非洲人国民大会伊丽莎白港的书记，也是全国执行委员会的一名成员。他声称参加了一个全国执行委员会召开的会议，会上作出过一个决议，派瓦尔特·西苏陆和大卫·博帕佩去苏联采购武器，以便准备在南非开展暴力革命。他说他参加了策划1952年伊丽莎白港暴乱的会议，他声称南非非洲人国民大会作出决定，要采用肯尼亚的摩摩（Mau Mau）大屠杀的方式把特兰斯凯的白人斩尽杀绝。恩古贝斯富有戏剧色彩的证词在法庭内外引起了轰动，并最终成为我们谋划叛国的证据。

但是，当弗农·贝瑞奇对恩古贝斯进行盘问的时候，他的狂人说狂话的嘴脸便暴露无遗了。贝瑞奇的盘问技巧在他的委托人中间为他赢得了驱邪除怪大师的称号。他很快证实，恩古贝斯既不是一个大学生，也不是南非非洲人国民大会会员，更不是南非非洲人国民大会执行委员会的成员。贝瑞奇提供的证据证明，恩古贝斯伪造大学学士证书，非法从事律师职业达数年之久，他又一次犯了欺诈罪。他声称参加南非非洲人国民大会会议策划伊丽莎白港暴乱的时候，其实他正因欺诈罪在德班监狱服刑。恩古贝斯的证言远非事实，在盘问结束的时候，贝瑞奇问这位证人："你知道什么是无赖吗？"恩古贝斯说不知道。贝瑞奇告诉他："先生，你就是一个无赖！"

乔·斯洛沃是被起诉的人士之一，他是一位高级辩护律师，因此可以为自己作辩护。这对政府来说是一个很大的刺激，因为，他提的问题十分尖锐，并试图揭露违反法律的是政府，而不是南非非洲人国民大会。与贝瑞奇的盘问一样，斯洛沃的盘问也非常精彩。杰里迈亚·莫尔森是特警中为数不多的黑人侦探之一，他声称亲自逐字逐句地从南非非洲人国民大会演讲中听到了一些言论。但是，他的证词同样也是胡言乱语或者说是彻头彻尾的捏造。

斯洛沃："你懂英语吗？"

莫尔森："不怎么懂。"

斯洛沃："你的意思是，你举报了南非非洲人国民大会用英语发表的讲话，但你又不怎么懂英语？"

莫尔森："是的，阁下。"

斯洛沃："你承认不承认你的证词中有许多废话？"

莫尔森："我不知道。"

他最后的回答引起了哄堂大笑。地方法官对我们的大笑提出了责备，并说："法律程序并没有什么好笑的。"

这时，韦赛尔告诉斯洛沃，他是在破坏法庭的严正性，并要以藐视法庭论处。他的话引起了多数被起诉人的愤怒。只有鲁图利保持着克制，这才使几个被告没被指责为藐视法庭。

随着举证的进行，我们开始干一些别的事情。因为多数举证都是单调乏味的法律游戏。我常常随身带着一本书或案情摘要，其他人有的看报，有的玩填字游戏，有的下棋，有的乱涂乱画。有时法官会训斥我们不专心，大家会立即把书和填字游戏藏起来。但是，随着举证又慢了下来，大家又开始玩游戏的玩游戏、看资料的看资料。随着预审的进行，政府越来越感到失望。越来越明显，政府正在搜集证据。不！应该说是正在捏造证据，以挽救这场似乎已成定势的败局。

最后，在9月11日，也就是在我们被集中在军训大厅10个月后，起诉检察官宣布预审已经完成。地方法官给辩护律师4个月的时间，以便对8000页证词和12000份文件进行仔细审查，做好辩护的准备。

预审持续了1957年一整年。法庭于9月份休庭，辩护律师开始审查证词。3个月后，没有通告，没有解释，刑事庭突然宣布被告中的61人被免予起诉。这些被告多数都是南非非洲人国民大会中职位相对比较低的人，不过鲁图利酋长和奥利佛·塔博也在其中。刑事庭释放了鲁图利和塔博使我们很高兴，也让我们迷惑不解。

1958年1月，政府准备进行起诉。刑事庭请来了一位新的起诉检察官，他就是令人生畏的奥斯瓦德·皮洛。奥斯瓦德是前司法部部长，也是国民党的政治顶梁柱。他是南非白人中的老牌国民党员，也是德国纳粹的公开支持者。他曾经把希特勒描绘成“他那个时代最伟大的人物”。他还是著名的反共产主义分子。任命皮洛担任起诉检察官又一次证明了政府对审判结局的顾虑和重视。

在皮洛起诉前，贝瑞奇宣布，既然政府拿不出足够的证据，他申请政府为我们撤诉。皮洛反对撤诉的申请，他从被告所作的几个具有煽动性的演讲稿中摘录出一些言论并告诉法官，警方发现了更多的极其危险的阴谋叛国的证据。他煽动性地预言说，这个国家正处在火山口上。这是一次很有影响、具有高度戏剧性的表演，皮洛使审判的气氛发生了变化。我们有点过于自信了，皮洛的表演提醒我们，我们将面临更严厉的指控。律师告诉我们，不要自己欺骗自己，你们的人可能要去坐牢。他们的警告让我们冷静了下来。

经过 13 个月的预审之后，地方法官裁决，他们发现了足以把我们送上德兰士瓦最高法庭的叛国证据。法庭于 1 月份休庭，决定对剩下的 95 名被告进行正式审判。但什么时候才开始审判，我们对此一点也不知道。

26...

预审休庭期间的一天下午，在我同一位朋友驾车从奥兰多去威特沃特斯兰德大学医学院的时候，恰好路过巴拉格瓦纳斯医院。这家医院是约翰内斯堡最大的黑人医院。当我们行驶到一个公共汽车站附近的时候，我眼睛的余光看见一位可爱的年轻女士在那里等公共汽车。我被她的美貌所打动，于是想回头仔细看看她。但是，我的车速太快，没能看清她。这位女士的面容总是伴随着我，我甚至想掉转车头，让她搭我的车。但是，我并没有那样做。

此后不久，奇特的巧合发生了。一天，在我的办公室里我偶然抬头看了奥利佛一眼，发现那位年轻女士同她哥哥一起正坐在奥利佛的写字台前。我感到吃惊，努力控制着我的惊喜。奥利佛把他们介绍给我，说他们是为法律上的事来找他的。

她名叫诺姆萨莫·温妮佛雷德·马蒂奇泽拉，不过，大家都叫她温妮。她当时刚刚毕业于约翰内斯堡的詹·赫福梅尔社会工作学校，是巴拉格瓦纳斯医院的第一位黑人女社会工作者。当时我并不怎么关心她的背景和法律问题，她的美貌深深地吸引着我，我考虑的不是如何受理她的案子，而是如何请她到外面去约会。我说不准是否有一见钟情这样的事情，但是，我当时确实是第一次见到温妮·诺姆萨莫就想让她做我的夫人。

温妮在 C. K. 马蒂奇泽拉的七个孩子中排行第六。马蒂奇泽拉主要从事商业活动。她取名诺姆萨莫，意思是努力磨炼或经历磨难。这个名字与我的名字一样具有预言性。她来自旁多兰省的比萨那，与我的老家特兰斯凯的一个地区相邻。她出生在阿马恩古提亚纳宗室中的芳多部落。她的曾祖父名叫马蒂奇泽拉，是 19 世纪纳塔尔的酋长，很有势力。在埃马非卡尼时代，他举家迁到了特兰斯凯定居。

第二天，我给温妮打了电话，请她在赫福梅尔社会工作学校为叛国审判辩护基金会募集资金，这不过是邀请她出来吃午饭的借口。我在她城内的住处接上她，然后把她带到我的办公室附近的一个印度饭馆，这是为数不多的对非洲人开放的饭馆之一，我经常去那里吃午饭。那天，温妮真是光彩照人。事实上，她以前从来没有吃过咖喱饭菜，她一杯接一杯地喝水，好冷却她的嘴，而这更使她增添了几分美丽。

吃过午饭后，我驾车带她去了位于约翰内斯堡与伊瓦顿之间的草地，这是距离埃尔德拉多公园不远的一片开阔地。我们一起在草深及膝的草地上散步。这里的草与我们长大成人的共同家乡特兰斯凯的草十分相似。我告诉她我的希望和面临叛国指控的种种困难。

我很想立即娶她做夫人，我把我的想法告诉了她。她充满活力、感情奔放、年轻漂亮、勇敢大方、积极向上，我一见到她就立即感觉到了这一切。

在接下来的几周里，我们只要有时间就见面。无论是军训大厅或我的办公室，她都去过，她还去过体育馆看我练习拳击和举重。她与泰姆比、马卡托和马卡紫薇也见了面。她参加我们的政治会议和政治讨论。我一边追求她，一边从政治上教育她。当学生的时候，温妮曾经迷恋过“非欧洲人团结运动”，因为她有一个哥哥参加了这个组织。后来，我曾经拿这件事与她开玩笑说，如果她不是遇见了我，恐怕早已同某个非欧洲人团结运动的领导人结了婚。

与艾韦琳办理了离婚手续后不久，我就告诉温妮，她应该去拜访迈克尔·哈迈尔的夫人雷·哈迈尔，让她做一身结婚礼服。雷不但是一位南非非洲人国民大会的积极分子，还是一个做服装的好手。我问温妮想要几个女傧相，并建议她回比萨那把我们要结婚的事告诉父母。温妮开玩笑地告诉人们，我从来没有向她求过婚，但是，我总是告诉她，我第一次见面就向她求过婚，从那天起，我认为她理所当然要做我的夫人。

叛国审判进入了第二个年头，它对我们的律师业务造成了毁灭性的影响。因为我们不能坚持营业，“曼德拉－塔博律师事务所”面临着破产的危险，奥利佛和我都遇到了严重的经济困难。由于对奥利佛的指控已经被解除，他可以做一些弥补性的工作，但是，造成损害已经成为事实。原来曾一度门庭若市而现在则只能四处去找委托人。我甚至付不起我在乌姆塔塔购买那块地的50英镑余款。

我把这些事情都告诉了温妮。我告诉她，我们很有可能要靠她作为社会工作者的微薄工资生活。温妮表示理解，她说她做好了承担各种风险的准备，愿意与我同甘苦、共患难。我从来没有许诺给她买金首饰和钻石，我也没有能力给她买这些东西。

我们于1958年6月14日举行婚礼。我申请中止对我的禁令，当局给了我6天解除禁止的假期。在此期间，我可以离开约翰内斯堡。我也准备了彩礼，这是一种风俗，应该送给温妮的父亲。

结婚队伍于6月12日早晨一早就离开约翰内斯堡，当天下午晚些时候到达了比萨那。按规定，被禁止者要到警察局报到，因此，我们到比萨那的第一件事就是先去当地警察局报到。根据当地风俗，傍晚我们去新娘的老家慕邦维尼，在那里，一群当地女人高兴地欢呼着迎接我们。此时，温妮和我被分开，她去了新娘的房子，而我则到温妮的一个亲戚家去赴宴。

婚礼在当地一个教堂里举行，婚礼过后，我们在温妮的大哥家里举行了庆祝活动。温妮的大哥住的房子是马蒂奇泽拉祖上传下来的。婚车用南非非洲人国民大会的标志色进行了装饰。大家又是跳，又是唱。温妮的奶奶身体十分健康，她还专门为我们跳了舞。我们给南非非洲人国民大会执行委员会的成员都发了邀请，但是，由于他们都正在被禁止，有的不能来参加我们的婚礼。来参加我们婚礼的有杜马·诺克韦、莉莲·恩高义、詹姆斯·恩章韦医生、威尔逊·康考和维克多·提亚姆扎西。

最后的招待会在比萨那镇政大厅举行。我记得最清楚的是温妮的父亲发表了讲话。他注意到被邀请的来宾中有一些是警察，其他人也注意到了这一点。他说他十分爱他的女儿，而我作为一个献身于国家的搞政治的人，生活是十分危险的。当温妮第一次告诉他这桩婚事的时候，他曾经惊呼："你要嫁给一个囚犯！"但在婚礼上，他说他对未来并不乐观。在如此困难的时期，这样的婚姻注定要经历一种持续的考验。他告诉温妮，她要嫁给的是一个已经与斗争结了婚的男人。他祝他的女儿好运，最后用一句话结束了他的讲话："如果你的先生是男巫，那么你就必须成为女巫！"这句话的意思是你先生走什么样的道路，你也必须跟着他走什么样的道路。然后，我姐姐康斯坦茨·穆贝基尼代表男方在招待会上讲了话。

婚礼过后，他们为新娘包上了一个婚礼饼，以便带到婆家再举行另一半婚礼。但我们无法举行另一半婚礼，暂停禁止的期限已满，我们必须立即回约翰内斯堡。温妮小心翼翼地珍藏起那个婚礼饼，作为结婚的纪念。在奥兰多西 8115 号我的家中，许多朋友和亲属欢迎我们结婚归来。他们杀了一只羊，并以我们的名义举行了宴会。

我们没有时间也没有钱度蜜月，生活很快围绕着审判安顿了下来。我们早晨起得很早，通常是 4 点起床。我离家前，温妮就把早饭准备好，吃完早饭后，我乘公共汽车去法庭接受庭审，或者到办公室工作。下午和晚上，我尽可能多地坚持在办公室工作，设法维持律师业务，以便挣点钱贴补家用。晚上的时间常常被大量的政治工作和会议占用。一位自由战士的夫人就像寡妇，即使是丈夫不在监狱里，也很少有时间在一起。尽管我被指控犯有叛国罪，但是温妮给了我希望，我感觉自己似乎有了第二次生命，我对她的爱使我增添了斗争的力量。

27...

1958 年，南非面临的重大事件是大选。所谓“大选”，仅仅是 300 万白人参加选举意义上的大选，而 1300 万非洲人没有一个能身与其中。我们对是否进行抗议展开了讨论。讨论的中心问题是，只允许白人参加的选举与非洲人有没有关系？回答是，即使不让我们参加大选，我们也不是局外人。虽然我们被排斥在大选之外，但是大选并不是对我们没有影响。国民党在大选中失败将符合我们的利益，也符合全体非洲人的利益。

南非非洲人国民大会与其他大会组织及贸易工会南非大会联合在一起，号召 4 月份大选期间举行 3 天大罢工。传单发往工厂和商店，发往火车站和汽车站，发往啤酒馆和医院，发往每家每户。“国民党必须下台！”是这次运动的主要口号。我们的行动让政府很担心。大选前 4 天，政府作出规定，市内任何地方，10 人以上的非洲人集会都是非法的。

在举行罢工之前的那个夜晚，组织这次运动的领导人都转入了地下，以防止警察突然袭击。但是，这种袭击后来真的发生了。警察还没有对我们实行连续不断的监视，一两天不露面是很容易的事情。那天夜晚，瓦尔特、奥利佛、摩西·考塔尼、G. B. 马科斯、旦·图鲁麦、杜马·诺克韦和我都躲在奥兰多我的医生恩塔托·莫特拉纳家中。第二天早晨，我们很早就转移到另一个邻居家。在那里，我们能够与全市其他领导人保持电话联系。那时候，通信手段不很完备，特别是在乡镇上，几乎没有人拥有电话，指挥罢工是一项艰难的任务。第二天上午，我们一早就派人到各个情报站去打探火车、公共汽车和出租车上是否有人去上班。他们带着不好的消息回来了：公共汽车和火车都满载着去上班的人，大家对罢工的号召没予理睬。这时我们才发现，我们躲藏在他家的那个房东也已不知去向，他溜走并上班去了。罢工遭到了失败。

我们决定取消这次罢工。一场为时三天的罢工第一天就取消仅仅是失败一天，而第二、第三天全都失败就成了彻底的失败。被迫退缩是一种耻辱，但是，我认为不退缩遭受更大的失败则是更大的耻辱。我们发出了取消罢工的声明，不到一个小时，政府办的南非广播公司就全文广播了我们的声明。正常情况下，南非广播公司根本不理南非非洲人国民大会这个茬儿，只有我们失败的时候才会播放我们的消息，而这次竟然称赞了我们的决定。这让摩西·考塔尼大为恼火。他摇着头说："让南非广播公司赞扬我们，这太过分了。"考塔尼问，我们是否太草率，为政府提供了方便？这种考虑是合理的，但是，决策者不应被骄傲或难堪的情绪所左右，而应完全从战略角度去考虑。当时，我们取消罢工是正确的策略。敌人利用我们的退缩，并不意味着我们的退缩就是错误的。

但是，有的地区并没有听到取消罢工的消息，同时，也有一些地区拒不服从我们取消罢工的号召。伊丽莎白港是南非非洲人国民大会的大本营，第二天和第三天的反应就比第一天好。但是，总而言之，我们不能掩盖罢工失败这个事实。光是我们的失败还似乎不够，国民党人在这次选举中得票率反而上升了10%以上。

我们就是否采取强制措施展开了热烈的讨论。难道我们应该采用纠察队的形式去阻止人们上班？坚持强硬路线的人认为，如果我们采用了纠察队，这次罢工就能取得成功。不过，我一贯反对采取这种办法，最好是依靠人民自觉自愿的支持，不然的话，这种支持就是微弱的和暂时的。南非非洲人国民大会应该是庇护所，而不是监狱。但是，如果多数组织和人民支持一项决定，为了多数人的利益，在一定的情况下，也可以采取强制措施反对少数持不同意见的人。少数持不同意见的人不应该妨碍多数人的意志。

在自己家中，我曾尝试采用不同的强制措施，但都没有取得成功。埃达·马提木苦陆是一个与我年龄差不多的讲索托语的女士，当时她在我家打工。埃达不像是我家的雇工，而像是我家的成员。我叫她凯塞迪，意思是"姊妹"，是一种更亲近的称呼。埃达用军事方式管理我家的事务，温妮和我甘心情愿地听从她的指挥，我经常按照她的吩咐去办事。

准备举行罢工的前一天，我开车把埃达和她12岁的儿子接回家，我让她第二天给我把几件衬衣洗一下，并把它们熨好。经过一阵沉默之后，埃达转身用毫不掩饰的口吻说："你很清楚，我不能干这件事。"

我对她的顶撞感到吃惊，问："为什么不能干？"

"难道你忘了我也是一个工人？"她得意地说，"明天我将与我的人民和同事一起罢工！"

她的儿子见我很尴尬，想用孩子的特有方式缓和一下紧张气氛，说："纳尔逊叔叔总是拿你当姊妹，而不是当工人。"埃达生气地对她善意的儿子说："孩子，当我在这个家为我的权利而斗争的时候，你站在哪边？如果我不对你纳尔逊叔叔斗争，我就没有今天像姊妹一样的地位！"埃达第二天没干任何工作，我的那几件衬衣当然也没有洗熨。

28...

最敏感不过的问题是女人通行证问题。政府在决心对妇女实行通行证问题上毫不妥协，而妇女们决心抵制到底，也毫不让步。尽管政府当时把通行证叫做"身份证"，但是妇女们并不是那么好欺骗。如果不带身份证，她们将被罚款 10 英镑或坐一个月的监狱。

1957 年，在南非非洲人国民大会妇女组织的领导下，全国妇女，不分乡下和城市，一致反对政府坚持要她们随身携带通行证。妇女们勇敢、执著、热情、不屈不挠地进行斗争。她们抗议实行通行证，为反对政府的抗议活动树立了新的典范。正如鲁图利酋长所说的那样："当妇女开始参加斗争的时候，世界上就没有什么力量能阻止我们有生之年获得自由。"

在东南德兰士瓦、斯坦德顿、海德堡、巴尔弗和其他黑人村庄，数千名妇女举行了抗议活动。借叛国审判休庭的机会，弗朗西斯·巴尔德和佛罗伦斯·麦托米拉组织他们家乡伊丽莎白港的妇女拒绝实行通行证制。10 月份，在约翰内斯堡，一大批妇女集中在中央通行证办公室，赶走了前来领取通行证的人和该办公室的工作人员，使中央通行证办公室陷入了瘫痪。为此，警察逮捕了数百名妇女。

这次逮捕发生后不久，温妮和我吃过晚饭后正在休息，她悄悄告诉我，她将去参加奥兰多妇女团体的活动，第二天，她们将在中央通行证办公室举行抗议活动。我有点吃惊。同时，我也为她的献身精神而高兴，并钦佩她的勇气，当然我也有些担心。温妮自从和我结婚后，对政治越来越感兴趣，她加入了南非非洲人国民大会妇女组织奥兰多西支部，所有这些都得到了我的鼓励。

我告诉她，我支持她的决定。但是，我也必须告诉她参加这个行动的严重性。我说，一次行动将会从根本上改变她的人生。按照非洲人的标准，温妮出生在一个富有的家庭里，她一直接触不到南非那些不愉快的现实生活，至少她绝不会担心下一顿饭来自何处。在我们结合之前，她一直生活在相对富足和舒适的环境中，她的生活与自由战士勉强能够糊口的生活有着天壤之别。

我告诉她，如果她被捕，她必将被她的雇用单位即省社会工作管理局解雇。我们两人都知道，她的微薄收入是我们养家糊口的支柱，而且她可能永远失去社会工作者这一身份，因为被监禁的污点将使任何公共部门都不愿意雇用她。特别是她已经怀孕，我警告她监狱生活会摧残和伤害她的身体。我的话听起来可能有些逆耳，但我认为这是我作为丈夫和南非非洲人国民大会领导人的责任，应该尽可能清楚地让她知道自己行动的后果。我自己从感情上也是复杂的，因为作为一个丈夫和一个领导人，要关心的事总是有些不一致。

但是，温妮是一个有决心的人，我相信，我的这些话只能增强她的决心。她听完了我所说的一切，然后告诉我她的决心已定。第二天早晨，我一早起来为她准备了早餐。吃过早餐后，我开车把她送到西苏陆家去与瓦尔特夫人阿尔博提娜见面，阿尔博提娜是这次抗议活动的领导人之一。然后，我们驱车到奥兰多帕菲尼火车站，妇女们将在那里乘火车进城。在她上火车的时候，我拥抱了她。温妮上火车后通过车窗向我挥手致意，她依然十分坚定。我感到，她要踏上一次遥远而危险的征程，其终点我们两人谁也不知道。

数百名妇女集中在约翰内斯堡市中心的中央通行证办公室周围。她们中有老人，也有年轻人，有的背上还背着孩子。她们有的身披非洲部落服装，有的身穿漂亮的套装。她们不停地歌唱、示威和欢呼。几分钟之内，她们就被数十名武装警察包围起来。警察把她们全部逮捕，然后用警车送到马歇尔广场警察局。参加抗议的这些妇女自始至终都很兴奋。当她们被抓走的时候，有的还向记者高声说:“告诉我们的那些太太、小姐们，明天我们不会去工作！”据说，当天有 1000 多名妇女被逮捕。

我了解这些情况，并不是因为被逮捕的妇女中有一位是我的夫人，而是因为曼德拉－塔博律师所受召唤，代表这些被逮捕的妇女进行交涉。我很快赶到马歇尔广场去探望她们，并设法保释她们出狱。我设法找到了温妮，她看见我后露出了笑容，好像待在空荡荡的警察局拘留室里并没让她不适。这样，她似乎给了我一个会使我高兴的大礼物。我告诉她，我为她而骄傲。但是我不能在那里待太长时间，因为我还有许多法律方面的事情要做。

到第二天晚上，被逮捕的人数又增加了许多，将近 2000 名妇女遭到了监禁。她们中有许多人被送到了福特监狱等候审判。她们不但给奥利佛和我带来了许多麻烦，而且也给警察和监狱当局带来了许多问题。他们简直没有地方关押她们。毯子、席子、厕所和食物都太少，监狱里又脏又拥挤。虽然南非非洲人国民大会有许多人（包括我）急于把这些妇女保释出来，但是，全国妇女组织的主席莉莲·恩高义和南非妇女联合会的书记海伦·约瑟夫却认为，因为这次抗议是真实有效的，所以地方法官让这些妇女坐多久监狱她们就应该坚持多久。我也规劝过她们，她们清清楚楚地告诉我，这是女人们的事，南非非洲人国民大会和心急如焚的丈夫们都不要干涉。我坚持告诉莉莲，我认为她应该在作决定之前与这些妇女就面临的问题进行讨论。我一直护送她到了监狱，在那里，她可以征求被监禁妇女们的意见。许多妇女都对被释放感到绝望，并且她们对自己在监狱里到底会出现什么情况并没有充分准备。作为一种折中，我建议莉莲让这些妇女在监狱里蹲两个礼拜，然后我们把她们保释出来，莉莲接受了这个建议。

在接下来的两周时间里，我在法院里花了许多力气，设法把这些妇女保释出狱。有的人给我设置障碍，甚至拿我出气。“曼德拉，我对你这个案子等得不耐烦了，”一位妇女对我说，“如果今天再办不完，我再也不在法庭上露面了。”在亲属和基金募集组织的帮助下，我们两周内就把她们全部保释了出来。

在监狱里，温妮似乎没受多大的罪。当然，她就是受了罪也不会告诉我。在监狱里，她与两个南非白人女狱警成了朋友。她们都很有同情心，也很热心。温妮被保释出狱后，我们邀请她们到我家做客。她们接受了我们的邀请，乘火车来到了奥兰多。我们请她们吃午饭，然后，温妮带她们参观了索韦托。温妮与两位女狱警年龄差不多，她们相处得很好。她们在一起非常高兴，就像是亲姐妹。两位女士那天玩得很开心，在向温妮表示感谢后，她们答应将会再来拜访。事实上并不是这样，因为要到奥兰多，她们必须乘坐非欧洲人乘坐的火车（因为没有白人来奥兰多，所以没有白人乘坐的火车），结果，她们引起了许多人的注意，两位福特监狱的白人女狱警来看望温妮和我的消息很快传播开来。这对我们倒没有什么，但是，事实证明，这件事对她们影响很大，因为监狱当局解雇了她们。我们再也没有见到过她们，也再没有听到过她们的消息。

29...

自从 1 月份的听证会之后，6 个月来我们一直等待着对我们的正式审判。正式审判计划在 1958 年 8 月开始，为此政府专门设立了高级法庭。该法庭由三人组成：大法官 F. L. 拉姆颇福——他是三人法庭的庭长，另外还有法官肯尼迪和鲁道夫先生。我们对这个法庭并不抱多大希望，因为三人都是白人，并且都与当政的国民党有联系。但是，拉姆颇福是个很有能力的人，比一般南非白人要正直一些。据传说，他是南非白人秘密组织“秘密兄弟会”的成员。这个组织的宗旨就是巩固南非白人政权。鲁道夫和肯尼迪两位法官都是著名的国民党党员。肯尼迪有“绞刑法官”的坏名声，曾经因为两名白人警察被杀，就有 23 名黑人被他送上了绞刑架。

开庭不久，政府对我们耍了另一个花招。他们宣布将审判地点由约翰内斯堡转移到 36 英里以外的比勒陀利亚，审判将在华丽的原犹太会堂内进行。当时，这个会堂已经被改成了法庭。我们这些被告和律师都住在约翰内斯堡，所以我们不得不每天去比勒陀利亚，这次审判将让我们花费更多的时间和金钱。对我们来说，时间和金钱都是不富裕的。我们有的原来还能设法维持自己的工作，因为原来的法庭就在我们工作的地点附近。但是，现在我们无法继续把我们的工作维持下去了。转移审判地点也是一种借助于使我们同我们的支持者分开而从精神上摧垮我们的阴谋诡计。比勒陀利亚是国民党的老巢，而南非非洲人国民大会在那里却没有任何基础。

几乎全部 92 名被告都乘坐一辆车速缓慢且极不舒适的大巴士去比勒陀利亚。车内的座椅是用木条做成的。每天早晨 6 点从约翰内斯堡发车，用两小时才能到达犹太会堂。往返一次几乎要花费 5 个小时，我们用这段时间挣点钱养家糊口那该有多好啊！

我们又一次十分幸运地拥有一支精干而咄咄逼人的辩护队伍。这支队伍以伊斯雷尔 · 梅赛尔斯为首，成员有布拉姆 · 费希尔、雷克斯 · 维尔什、弗农 · 贝瑞奇、西德尼 · 肯特利奇、托尼 · 奥多德和 G. 尼古拉斯。在开庭的那天，他们采取了一种具有一定冒险性的辩护策略，充分显示了他们的辩护才能。这个策略是我们与律师们一起制定的。伊斯雷尔 · 梅赛尔斯站起来申请取消鲁道夫和拉姆颇福两位法官的审判资格，因为他们与被告有利益冲突，这有碍他们对我们的案子作出公正的判决。此时，法庭上可以听到大家交头接耳的议论。辩护律师认为，作为 1952 年反抗运动的审判法官，拉姆颇福已经对现在指控的某些方面作过判决，因此，让他来审理这个案子是不公正的。我们认为鲁道夫有偏见，因为，1954 年他作为警察的律师曾经代表政府出过庭。当时，哈罗德·沃尔佩请求法庭禁止将那位警察从人民大会的一次会议中驱逐出去。

这是一个危险的战略，因为，虽然我们可以轻而易举地取得一次交锋的胜利，但却可能会使整个战争以失败而告终。尽管我们把鲁道夫和拉姆颇福作为国民党最强有力的支持者，但是，这个国家有许多比他们还要坏的法官能取代他们的位置。事实上，在我们希望他们让位的同时，我们也暗中希望被我们尊为忠诚的政治中间人的拉姆颇福能够拒绝放弃自己的审判资格。无论他自己坚持什么政治观点，拉姆颇福还是一贯坚持以法律为准绳的。我们相信，从法律上讲我们只能是无辜的。

那个礼拜一，当三位身着红袍的法官步入法庭的时候，那种气氛正是我们所期望的。鲁道夫法官宣布他将让位，并说，他已经完全忘记了上一个案子。但是，拉姆颇福拒绝放弃自己的审判资格，他反而作出保证，对反抗运动案的审判将不会影响他对此案的审理。我们对这个决定很满意。政府提出让比克法官取代鲁道夫的位置，正如我们一开始就希望的那样，他与国民党没有任何联系。

第一个策略旗开得胜后，我们又设法实施第二个策略。这个策略也具有一定的危险性，我们开始进行连篇累牍、详详细细的辩解，对指控本身提出抗议。我们坚持认为，说到底这个指控是捏造的，没有什么特别的地方。我们也对策划暴力就是高级叛国罪的证据提出了异议，指出需要拿出其声称我们打算实施暴力的证据。经过我们的辩解，案情变得十分清楚，三个法官也都同意我们的辩解。8 月份，法庭根据《镇压共产主义条例》取消了两项指控中的一项。10 月 13 日，经过两个月的法庭辩论后，刑事庭忽然宣布全部驳回关于暴力叛国的指控。这是一种异乎寻常的情况，但是，我们对政府狡猾的行径十分了解。一个月后，起诉检察官就公布了一项新的、措辞更加严谨的指控，并宣布只审判30个被告，其余的被告以后再审。这30名被告全是南非非洲人国民大会成员，我也是其中之一。

按照新的指控，起诉需要证明实施暴力的意图。正如皮洛指出的那样，“被告知道《自由宪章》的实现将必然涉及用暴力推翻政府”。法庭辩论一直持续到1959年的中期。这时，法庭驳回了对其余61名被告的刑事指控。可以想象得出，法庭连续几个月来一直在玩弄枯燥乏味的法律花招。尽管在揭露政府制造冤假错案过程中的辩解是成功的，但是政府仍然顽固不化地坚持原来的指控。正如司法部部长说的那样：“不管花费几百万英镑，这个审判都要进行下去。多花些时间又有什么关系？”

1958年2月4日刚过午夜，我参加完一个会议后回到了家中，发现只有温妮一个人在家，当时她感觉腹部疼痛难忍，她就要临产了。我赶忙把她送往巴拉格瓦纳斯医院。但是我被告知，温妮几个小时后才会生产。我一直等到不得不去比勒陀利亚候审的时候才离开医院。这一轮审理后，我立即与杜马·诺克韦一起赶回家，发现她们母女俩一切平安。我抱着我的新生女儿，称她是一个真正的曼德拉。我的亲戚木丁基酋长建议给她取名泽尼，这个名字的意思是：“你给这个世界带来了什么？”这是一个富有诗意的名字，它象征着挑战，寓意必须为社会作贡献。这意味着，拥有这个名字的人不仅仅是拥有这个名字，而且要实践这个诺言。

我母亲从特兰斯凯来索韦托帮助温妮，并请了一位部落术士给泽尼行部落洗礼。但是，温妮坚决拒绝了，认为这种洗礼不卫生，也不合时宜。她给泽尼涂橄榄油，搽强生婴儿粉，并喂她鲨鱼油。

温妮刚开始下床活动，我就担当起教这个新生儿的妈妈驾驶汽车的任务。那时，驾驶汽车是男人的事，几乎没有女人，特别是非洲女人，能坐在驾驶座位上。但是，温妮有独立的见解，很想学习驾驶汽车，因为我老是不在她身旁担任司机。因此，她认为学习驾驶很有用处。可能我是一个不怎么耐心的教师，或者可能我的学生是一个任性的学生，当我试图沿着相当平坦而宁静的奥兰多路教她驾驶时，我们似乎每次换挡总会争吵一番。我给她提了太多太多的建议，当她对我的一个建议不予理睬的时候，我生气地下车跑回了家。没有我这个教练，温妮似乎学得更好，因为她竟然自己驾驶汽车绕索韦托转了一小时。到了这个时候，我们愿意和解，此事后来成为一个相互取笑的故事。

对温妮而言，婚后并做了母亲的生活是一种调节。她当时只是一个 25 岁的年轻女士，她的性格和脾气还没有完全形成。我的性格虽然已经形成，但就是有点倔。我知道别人常常把她看作“曼德拉的夫人”。在我的影子下，让她形成自己的个性毫无疑问是困难的。我努力让她发挥自身的优势，她很快就成功地做到了这一点，无需我的任何帮助。

30...

1959 年 4 月 6 日，是简·范·里贝克登陆好望角纪念日。这一天，诞生了一个企图挑战南非非洲人国民大会第一政治组织地位的新组织，并且，该组织否认白人历时三个世纪的统治。凭借数百名来自全国各地的代表聚集在奥兰多镇政大厅，“阿扎尼亚泛非主义者大会”作为一个明确反对南非非洲人国民大会的多种族主义的非洲主义者组织粉墨登场。像我们中间 15 年前成立青年团的那些人一样，该组织的缔造者们认为南非非洲人国民大会缺乏战斗精神，脱离了广大群众，被非非洲人所把持。

罗伯特 · 索布克韦当选为主席，波特拉考 · 利宝罗担任总书记。他们两人都是前南非非洲人国民大会青年团团员。在索布克韦的开场白之后，阿扎尼亚泛非主义者大会发表了宣言和章程。在宣言和章程中，索布克韦要求“非洲人的政府由非洲人说了算，并为非洲人服务”。阿扎尼亚泛非主义者大会宣布要推翻白人霸权，建立一个内容上是社会主义、形式上是民主主义的非洲人政府。他们认为，白人和印度人是“外国少数团体”或“异邦人”，南非并不是他们的故土。南非是非洲人的南非，而不是别的什么种族的南非。

阿扎尼亚泛非主义者大会的诞生对我们来说并不感到奇怪。三年多来，南非非洲人国民大会中的非洲主义者一直颇有怨言。1957年，非洲主义者在全国大会上发动了对德兰士瓦执行委员会的不信任投票，但没有取得成功。他们反对1958年的大选日罢工。他们的领袖被驱逐出了南非非洲人国民大会。在1958年11月召开的南非非洲人国民大会会议上，一伙非洲主义者宣布反对《自由宪章》，声称《自由宪章》违反了非洲民族主义原则。

阿扎尼亚泛非主义者大会声称，他们从南非非洲人国民大会1912年建立时的原则中吸取了灵感，但是，其观点显然主要出自1944年成立青年团时期由安东·莱彼德和A. P. 穆达提出的具有感情色彩的非洲民族主义。阿扎尼亚泛非主义者大会反映了当时的理念和口号：非洲是非洲人的非洲，是一个非洲合众国。不过，分裂的直接原因是他们反对《自由宪章》和白人、印度人参与大会联盟的领导。相对于种族之间的合作，更大程度上是因为他们认为白人共产主义者和印度人已经把持了南非非洲人国民大会。

我对阿扎尼亚泛非主义者大会的缔造者们都很熟悉。罗伯特·索布克韦是我的老朋友，他是一个很健谈的君子和学者（他的同事们都称他“教授”）。他总是愿意承担由于他的原因造成的错误的责任，从而赢得了我一贯的尊敬。波特拉考·利宝罗、皮特·拉宝罗克和泽法尼·马托朋都是我的朋友和同事。得知我政治上的良师益友高尔·瑞德贝也加入了阿扎尼亚泛非主义者大会使我颇为吃惊，并且确确实实让我有些难过。我很奇怪，前共产党中央委员会的一个成员竟然决定加入当时就明明白白地反对马克思主义的阿扎尼亚泛非主义者大会组织。

他们中的许多人都是出于个人嫉妒或不满而与阿扎尼亚泛非主义者大会站在一起的。他们没有考虑到斗争的进步性，只考虑自己的恩恩怨怨。我总是认为，要当一名自由战士，必须超越许多让他感觉自己是一个独立的自我而不是作为群众运动的一部分的个人感情。一名自由战士要为千千万万人民的解放去战斗，而不是为了个人的荣誉而战。我并不是主张自由战士都变成机器人，完全摆脱自己的感情和动机。但是，同样，一个自由战士要把自己的家庭服从于人民的大家庭，他必须让个人的感情服从于自由运动。

我发现，阿扎尼亚泛非主义者大会的观点和行动都是不成熟的。有一位先哲曾经说过，如果一个人在年轻的时候不是一个自由主义者，而当他老了的时候又不是一个保守主义者，那就是一件奇怪的事。我不是一个保守主义者，而是一个逐步成熟的人。我认为自己年轻时的一些观点是不成熟的，甚至看起来有点乳臭未干。虽然我赞成非洲主义者的某些观点，并且曾经与他们有某些共同的看法，但是，我认为斗争要求一个人应该讲点折中，不要做一个幼稚的、容易冲动的人。

阿扎尼亚泛非主义者大会提出了一个过激的、过于野心勃勃的、承诺速战速决的纲领。最过激、最幼稚不过的是承诺1963年年底就获得自由解放，督促非洲人自己准备迎接这个历史时刻的到来。他们断言：“1960年取得第一步胜利，1963年最后获得自由和独立。”尽管这种预言激发了等得不耐烦的人们的希望和热情，但是，作出根本无法实现的承诺对于一个组织来说是危险的。

由于阿扎尼亚泛非主义者大会反对共产主义，该组织成为西方媒体和美国国务院的宠儿。他们把该组织的诞生当做插在非洲左派心脏上的一把匕首。甚至国民党也把他们看作潜在的盟友：他们把阿扎尼亚泛非主义者大会当做反对共产主义、支持隔离政策的典范。国民党人也反对种族之间的合作，因此，国民党和美国国务院决定对这个新生组织的规模和意义进行夸大的宣传。

虽然我们欢迎阿扎尼亚泛非主义者大会发动大家参加解放斗争，但是，阿扎尼亚泛非主义者大会却几乎总是与南非非洲人国民大会唱对台戏。他们在关键时刻造成了人民的分裂，这是一个令人难以忘却的教训。当我们号召人民开展大罢工的时候，他们却让大家去上班。每当我们发表一项声明，他们总是反其道而行之。尽管阿扎尼亚泛非主义者大会的缔造者们都是从南非非洲人国民大会分裂出去的人，但是，阿扎尼亚泛非主义者大会在我看来仍然是有希望的，我们两个组织之间的团结是有可能的。我认为，一旦激烈的争执冷静下来，斗争目标的基本一致性将会把我们联合在一起。在这一信念的驱使下，我对他们的政策和行动给予了特别的关注，想法是寻找彼此之间的共同点，而不是寻找彼此之间的分歧。

阿扎尼亚泛非主义者大会举行成立大会的第二天，我向索布克韦索要他在大会上发表的主席就职演说稿，以及章程和其他文件。我认为索布克韦似乎对我的关注感到高兴，他说他一定满足我的要求。后来不久我又见到他，提醒他我所要的资料，他说资料已经发过来了。随后我又见到了波特拉考 · 利宝罗，我对他说："伙计，你们许诺给我一套你们的资料，但到现在也没有人给我。"他说："纳尔逊，我们决定不给你，因为我们知道你想用这些资料来攻击我们。"后来，我消除了他的这种错误想法，于是他大发慈悲，把我所要的一切都给了我。

31...

1959 年，议会通过了《班图自治政府促进法》，这个法律制造了 8 个隔离的部落班图斯坦。这是政府所说的"格鲁特隔离"或"大隔离”的基础。大体是在同一时间，政府又以欺骗性的名字出台了《大学教育扩展法》，这也是一个隔离性的立法。这个法律把白人以外的人统统拒于“开放的”大学校门之外。在关于《班图自治政府促进法》的介绍中，班图管理与发展部部长德 · 韦特 · 纳尔说，每个隔离部落的福利在自己的部落内能够最大限度地得到发展。他说，非洲人再也不会与白人融为一体。

班图斯坦政策让70%的人只占有13%的土地，这显然是不合理的。按照这个新政策，尽管有三分之二的非洲人生活在所谓的白人区,但他们的公民权也仅限于自己的“部落家园”。根据这个政策，在他们“白人区”内,我们非洲人无从获得自由,而在他们所谓的“我们的”区域里，我们仍然不能独立。沃尔沃德说，班图斯坦的创立用意如此良善，这些地区再也不会成为反叛者的温床。

事实恰恰相反，农村地区出现了动乱。例如，泽卢斯特等地区的反抗就非常激烈，在那里，阿布拉姆 · 莫伊勒娃酋长在乔治 · 毕佐斯律师强有力的支持下，领导他的人民反对所谓的班图当局。这些地区的情况通常在报纸上看不到，政府借口这些地区不容易接近以掩盖政府隔离措施的野蛮性。许多无辜者被逮捕、起诉、关进监狱、驱逐流放、鞭打、折磨和杀害。塞库库尼兰地区的人民随之也揭竿而起。莫洛默曹 · 塞库库尼、戈佛雷 · 塞库库尼两位极其重要的酋长和其他参事被逮捕的逮捕，流放的流放。一位塞库库尼酋长考拉尼 · 克高劳考遭到暗杀，因为大家都认为他是政府的走狗。到1960年，塞库库尼地区的反抗发展到了公开的对抗，人们甚至拒绝纳税。

在泽卢斯特和塞库库尼兰地区，南非非洲人国民大会支部在反抗斗争中发挥了显著作用。几个新建的南非非洲人国民大会支部，不顾严厉镇压，在泽卢斯特举行起义，其中一个支部发展了2000多名会员。南非非洲人国民大会首次被政府取缔就发生在塞库库尼兰和泽卢斯特这两个地区，这从另一方面展示了我们在这些偏远地区所具有的力量。

在东旁多兰也爆发了抗议活动，在那里，政府的追随者不是遭到暗杀就是被公开处决。泰姆布兰和祖鲁兰也发生了激烈的反抗，它们也是属于坚持到最后的两个地区。那里的人民有的被毒打，有的被逮捕，有的被驱逐，有的被关进了监狱。在泰姆布兰，人们借助萨巴塔的反抗力量从 1955 年就开始进行反抗。

使我特别痛心的是特兰斯凯，人民的不满情绪直接对准了我的侄子 K. D. 马叹兹玛。他过去曾经是我的良师益友。达利旺伽与政府勾结在了一起，我多年来对他的呼吁成了泡影。有报告说，马叹兹玛的心腹把反对他的村庄给放火烧了，有人几次要暗杀他。同样让我痛心的是，温妮的父亲也是马叹兹玛的内阁成员，并且毫不动摇地支持马叹兹玛。这对温妮是个可怕的难题：他的父亲和丈夫彼此成为一场争端的对立面。她爱她的父亲，但是，她却反对他的政治立场。

有好多次，特兰斯凯的亲属来奥兰多看我，他们都抱怨酋长与政府同流合污。萨巴塔反对班图当局，并且不会屈服，但是又害怕马叹兹玛会罢免他。最后，马叹兹玛真的罢免了他。有一次，达利旺伽在叛国审判期间亲自来看我，我把他带到比勒陀利亚。在法庭上，伊斯雷尔·梅赛尔斯把他介绍给了法官，法官们还给他设了一个名誉席位。但是，在外面，在被告中间，他所受到的待遇却没有这样幸运。他开始放肆地问辩护律师们为什么反对隔离政策，而这些辩护律师则把他当叛徒看待。莉莲·恩高义说："Tyhini, uyadelela lo mntu（天啊，这个人真能制造事端）"。

32...

据说上帝的磨转得特别慢，但是，与某些南非司法机制相比，上帝的意旨也难以同日而语。1959 年 8 月 3 日，我们被捕两年零八个月之后，也就是经过一整年的法律演练之后，真正的审判才在比勒陀利亚老犹太会堂开庭。我们最终受到了正式指控，而我们 30 名被告都申辩无罪。

我们的辩护队伍还是以伊斯雷尔·梅赛尔斯为首，他的助手有西德尼·肯特利奇、布拉姆·费希尔和弗农·贝瑞奇。这次审判将马上进行。在头两个月，刑事庭又收到了约 2000 份证据，动员了 210 名证人，其中 200 名是特警侦探。这些侦探承认采取秘密方式混进了南非非洲人国民大会队伍，实施了一切能使他们获得有关我们组织情报的欺骗手段。而在政府提交的这些文件和他们记录的讲话中，有许多是公开发表的，大家都可以拿得到。和以前一样，刑事庭提供的证据多数都是在 1952 年到 1956 年期间在一次次的袭击中从被告那里获取的。另外，还有一些是警察在此期间从非国大召开的大会上获取的记录。并且，特警提供的这些关于我们讲话的报告仍然和以前一样，是杂乱无章的。我们曾经把大厅内效果很差的扩音设备和特警侦探提交的杂乱无章、很不准确的报告当笑料，但我们也可能因为我们没有说过的话而受罚，因为没听见过的事被关进监狱，因为没做过的事被推上绞刑架。

每天吃午饭的时候，政府允许我们坐在隔壁宽敞的教区花园内，吃上一份由令人生畏的塔亚纳基·皮利太太及其朋友为我们准备的饭菜。他们几乎天天为我们准备辛辣的印度餐。上午和下午休息的时候，还有茶水、咖啡和三明治，这时就像是休庭，是我们相互议论政治的一种机会。坐在教区内蓝花楹树下的草皮上是审判期间最愉快的时刻，因为从各个方面说，这个案子与其说是审判，倒不如说是对我们的耐力的检验。

10 月 11 日上午，我们正准备去法庭，却忽然从收音机里听到了起诉检察官奥斯瓦德·皮洛被刺身亡的消息。他的死对政府是一个沉重的打击，刑事庭审判队伍的有效性和攻击力被削弱了。那天在法庭上，法官拉姆颇福很动情地为皮洛歌功颂德，赞扬他的法律敏锐性和奉献精神。尽管我们将会由于他的死而受益，但是，我们并没有因为他的死而感到高兴。我们对自己的对手已经有了某种感情。因为尽管皮洛的政治观点是有害的，但是，如果他不是扮演政府恶毒的种族主义代言人的角色，他还是一个有人情味的人。他习惯客气地称我们“非洲人”（连我们自己的一位律师有时也会说漏了嘴，称我们“土人”），这与他的政治至上主义的观点形成了反差。在旧犹太会堂内，当我们每天上午看到皮洛在他的审判桌上阅读右翼刊物《新秩序》，而布拉姆·费希尔在我们被告席上阅读左翼刊物《新时代》的时候，我们这个小小的世界似乎以古怪的方式获得了平衡。他免费为我们提供了100多卷预审材料，他的慷慨为我们的辩护节省了大量资金。德·沃斯法官成了刑事庭的新庭长，但是，他的口才和机智却无法与他的前任相比。

皮洛死后不久，控方不再提供新的证据，而是开始检验、鉴定证人。这一步从长期忍受耐心等待之苦的默里教授开始，他是政府指定的有关共产主义的材料方面的鉴定证人。在预审期间，他被证明是不称职的。在梅赛尔斯的盘问下，默里承认《自由宪章》事实上是一个人道主义的文件，在一定程度上很好地代表了非白人对南非恶劣状况的不满和希望。

默里并不是对政府关注的这个案件几乎未能提供帮助的唯一刑事案件证人。尽管政府从他们的鉴定证人那里弄来了数不清的刑事案件证据和证词，但控方并没有提供任何证实南非非洲人国民大会策划暴力的有效证据。而他们也明白这一点。到了3月，控方突然信心剧增，他们将展示毁灭性的证据。随着宣传大张旗鼓地进行，政府向法庭提供了罗伯特·莱沙的一篇秘密录音讲话。他发表这个讲话几周之后，我们就都被逮捕了。法庭上很静，尽管这个录音有静电干扰，并且录音背景中有其他人讲话，但是，罗伯特的话仍然能够听得很清楚：

> 如果你们是守纪律的人，并且组织上告诉你不要实施暴力，那么，你不得实施暴力……但是，如果你是真正的志愿者，并且组织要求你实施暴力，那么，你就必须绝对地实施暴力，你必须杀人！杀人！事情就这么简单。

控方认为，这篇讲话将使这个案子得以了结。报纸把莱沙的讲话刊登在了显要位置上，这无疑是政府的意思。政府认为，这个讲话暴露了南非非洲人国民大会的真实的、秘密的意图，说明南非非洲人国民大会所谓不实施暴力仅仅是一种表面伪装。而事实上，莱沙的话却是反话。罗伯特如果不是一位充满激情的演说家，也是一个出类拔萃的演讲人，他使用了类推法是不幸的。但是，正如辩方所言，他仅仅是强调纪律的重要性，作为志愿者，组织让干什么就得干什么，不管你自己是否愿意干。我们的证人一次又一次地说明莱沙的讲话不仅是离题的，而且也不代表南非非洲人国民大会的政策。

控方于1960年3月10日结束了指控程序，4天后我们将让我们的第一位证人出庭参加辩护。几个月以来，我们一直很消沉，但是，当我们开始自己准备证词的时候，我们则希望尽快进行辩护，因为我们一直回避敌人的攻击。

在舆论宣传中，双方一直在斗智斗勇，都知道我们的第一位证人将是鲁图利酋长。政府方面当时也这样认为。当3月14日获知我们的第一位证人不是鲁图利而是威尔逊·康考时，控方显得有点不知所措。

康考是纳塔尔省伊克索珀地区一个祖鲁牧民的儿子，除了行医，他还是青年团的缔造者之一，是抵抗运动的积极参与者，也是南非非洲人国民大会的财政部长。由于做好了出庭作证的准备，大家就他在威特沃特斯兰德大学的优秀记录提了许多问题。他是威特沃特斯兰德大学的高材生，名列所有白人特权家庭的子女之前。因为康考的证书都被采纳为证据，我有一个清清楚楚的印象，法官肯尼迪似乎很自豪，因为他本人也是纳塔尔人。纳塔尔人一般都忠于自己的家乡，这种感情的纽带似乎超越了肤色的隔阂。确确实实，许多纳塔尔人都认为自己是白色祖鲁人。肯尼迪法官似乎还算是一个主持公道的人，我觉得，通过威尔逊·康考这个榜样，他已经开始不把我们当做粗鲁的煽动者看待，而是把我们看做有远大理想的人。如果国家帮助我们，我们也会帮助国家。在康考的证言结束的时候，他在医学方面的成就被节录了下来，肯尼迪用流利的祖鲁话说“Sinjalo thina maZulu”，意思是“我们祖鲁人就是那样的人”。康考被证明是一个能言善辩的证人，从而再次证实了南非非洲人国民大会承诺不动用武力。

鲁图利是第二位证人，他以其高尚的品质和诚挚给法庭留下了深刻的印象。他患有高血压，法庭同意他只在上午出庭作证。他的证言持续了好几天，几乎被质询了三周的时间。他认认真真地叙述了南非非洲人国民大会政策的演变，把事情说得简洁而清楚。他过去当过教师和酋长的身份使他的证词增加了分量和权威。作为一名虔诚的基督徒，他成为讨论南非非洲人国民大会如何真诚地使种族之间和谐的最佳人选。

酋长坚持认为，人类的本质是天生善良的，道德信仰加上经济压力就能对白色南非人产生影响，使他们的心灵发生变化。在讨论南非非洲人国民大会的非暴力政策时，他强调非暴力与和平主义之间是有区别的。和平主义者拒绝捍卫自己，即使在自己受到攻击的时候也是如此。但是，对于主张非暴力的人来说，拒绝保护自己是没有必要的。有时候，坚持非暴力的人和国家，当受到攻击的时候也不得不保护自己。

当我们倾听康考和鲁图利发表证词的时候，我在想，法官有生以来第一次不是在听他们的公务员说他们的主子喜欢听的话，而是在听独立的、话语流利的非洲人一字一句地说出他们自己的政治信仰，而他们又是多么希望实现这种政治信仰。

特瑞格福对酋长进行了质询，他固执地企图让酋长说南非非洲人国民大会被共产党人所把持，并且有两套政策，非暴力政策是公开的，另一套秘密计划是要发动暴力革命。酋长坚决否认了特瑞格福的指控。他本人就是温和派的中坚，特别是当特瑞格福似乎失去控制的时候就显得更为温和。特瑞格福有一次指责酋长伪装善良，而酋长没有理会特瑞格福对他的中伤，他沉着地对法官说："我的上帝啊，我认为法庭已经失去控制。"

但是，3 月 21 日，酋长的作证被法庭外面所发生的事件打断了。那天，南非举国上下都为发生如此重大的事件而感到震惊，当鲁图利一个月后回来继续作证时，法庭乃至全南非已经是另一番天地。

33...

1959 年 12 月，南非非洲人国民大会的年会在德班举行，在此期间，德班正轰轰烈烈地进行反对通行证的示威游行。大会一致同意在全国范围发动大规模的反通行证运动。这项运动于 1960 年 3 月 31 日开始，到 6 月 26 日以点燃大篝火焚烧通行证而达到了高潮。

策划工作立即开始。3 月 31 日，南非非洲人国民大会向地方当局派去了代表。南非非洲人国民大会官员到各地动员分支机构参加运动。南非非洲人国民大会的现场工作人员在乡镇和工厂进行宣传，印制传单、标语和其他张贴物，并发往各地。火车和公共汽车上到处都贴满了这样的宣传品。

整个国家的气氛十分紧张，政府威胁要取缔南非非洲人国民大会组织，内阁部长们警告南非非洲人国民大会，马上要出"重拳"予以打击。在非洲的其他地方，自由斗争正在向前发展：1957 年，加纳出现了独立的共和国，加纳泛非主义者、反对隔离的领袖克瓦麦·恩克鲁玛使国民党人更加警觉，因而加紧对国内持不同政见者进行压制。1960 年，非洲 17 个前殖民地国家纷纷准备成立独立的国家。2 月，英国首相哈罗德·麦克米伦访问了南非，并在议会发表了演说，他在演说中大讲“事变风云”正在吹遍整个非洲。

阿扎尼亚泛非主义者大会此时似乎有些不知所措，他们正处于寻找追随者的阶段，还没有发动能让他们得以在政治上扬名的运动。他们知道南非非洲人国民大会发动的反通行证运动，南非非洲人国民大会也一直在邀请他们参加这个运动。但是，他们非但不和我们携起手来，反而企图从中破坏。阿扎尼亚泛非主义者大会声明，他们要在我们开始发动运动前 10 天，也就是 3 月 21 日，发动他们自己的反通行证运动。他们没有召开任何会议讨论发动运动的时间表，也没有做任何重要的组织工作，纯粹是一场机会主义的闹剧。他们的目的不是去打击敌人，而是企图动摇南非非洲人国民大会的政治地位。

在计划发起示威的 4 天前，索布克韦邀请我们与阿扎尼亚泛非主义者大会联合行动。索布克韦的邀请并不是一个联合的姿态，而是防止我们对阿扎尼亚泛非主义者大会提出批评的一种策略。他直到最后时刻才邀请我们进行联合，我们理所当然地拒绝了他的邀请。3 月 21 日上午，索布克韦和他的执行委员会成员步行去奥兰多警察局，随之束手就擒。成千上万的人并没有买这些阿扎尼亚泛非主义者大会人士的账，照旧去干自己的工作。在地方法院，索布克韦声明阿扎尼亚泛非主义者大会不会试图给自己辩护，这个声明倒符合阿扎尼亚泛非主义者大会“不保释、不辩护、不缴罚金”的口号。他们认为，他们这些违抗者将被监禁几周的时间，但是，由于没有选择缴纳罚金，索布克韦不是被监禁了几周，而是被监禁了三年。

在约翰内斯堡，响应阿扎尼亚泛非主义者大会号召的也没有几个人。德班、伊丽莎白港、东伦敦等地根本就未出现示威活动。不过在伊瓦顿，Z. B. 莫莱特在乔·莫里菲的大力支持下与乌苏姆兹·梅克一起得到了全镇的支持，数百人因没出示通行证而被捕。开普敦也发生了历史上最大的一次反通行证示威。在开普敦市外的兰伽镇，大约有 3 万人在青年学生菲利普 · 考萨纳的带领下聚集在一起，并由于警察挥舞警棍袭击群众而激化成了一场暴乱，有两人在暴乱中被杀。发生示威的地区中，最后一个也是最不幸的一个地方，其名称一直弥漫着悲剧的阴影，这个地方就是沙佩维尔。

沙佩维尔是一个位于约翰内斯堡南大约 35 英里的小城镇，其位置正好处在弗里尼欣周围令人恐怖的工业区。阿扎尼亚泛非主义者大会的积极分子在这个地区做了充分的组织发动工作。那天下午一早，数百人的群众队伍包围了警察局。示威群众很克制，并且手无寸铁，而 75 名警察却是一支数目不小的、足以引起恐慌的队伍。没有人听见鸣枪示警和其他警告，警察就忽然向人群开了枪，当示威群众转身惊慌失措地四散逃跑时，警察仍然继续开枪射击。清理现场的时候，有 69 名非洲人倒在血泊中，他们多数都是在逃跑时被从身后射中的。总共有 700 多发子弹射向了人群，有 400 多人受伤，其中包括许多妇女和儿童。这是一场大屠杀。第二天，世界各地的报纸都在头版刊登了记录这场野蛮行动的照片。

沙佩维尔大屠杀激起了全国性的动乱，引发了一场政府危机。愤怒的抗议声来自世界各地，其中包括美洲国家。联合国安理会破天荒第一次出面干涉南非事务，谴责南非政府枪杀群众，敦促南非政府采取措施，实行种族平等。约翰内斯堡股市发生跳水，资本开始流向国外。南非白人开始准备向国外移民。自由人士敦促沃尔沃德向非洲人让步。政府坚持认为，沙佩维尔事件是共产党人阴谋制造的结果。

沙佩维尔大屠杀使南非出现了新的形势。尽管阿扎尼亚泛非主义者大会的领导人还不成熟，并且有机会主义的倾向，但是，阿扎尼亚泛非主义者大会却在他们组织的沙佩维尔和兰伽示威活动中显示了伟大的勇气和坚韧不拔的斗志。只有一天的时间，他们就走到了斗争的前线，罗伯特·索布克韦被国内外拥戴为解放运动的大救星。我们南非非洲人国民大会必须作出快速调整，以适应这一新的形势。我们也确实这样做了。

我们中的少数人，其中包括瓦尔特、杜马·诺克韦、乔·斯洛沃和我本人，在约翰内斯堡通宵召开了会议，研究应对措施。我们知道，必须采取某些措施让人民了解这些事件，让他们出出气、鸣鸣冤。我们把计划转给鲁图利酋长，他立即接受了我们的计划。3月26日，鲁图利酋长在比勒陀利亚当众把他的通行证付之一炬，并号召其他人也这样做。他宣布全国在3月28日举行在家中静坐活动，将这一天作为对沙佩维尔暴行进行悼念和抗议的国家纪念日。在奥兰多，杜马·诺克韦和我当着数百名群众和数名摄影记者的面烧掉了自己的通行证。

两天后，也就是28日，举国上下有数十万非洲人响应了鲁图利酋长的号召。只有真正的群众组织才能协调这样大规模的活动，而南非非洲人国民大会不愧为真正的群众组织。在开普敦，有5万群众在兰伽镇集会，抗议枪击事件。许多地区发生了暴乱。政府宣布全国处于紧急状态，并中止实行人身保护法，动用全部武力对付一切形式的颠覆活动。此时，整个南非开始戒严。

34...

3月30日凌晨1点半，我被激烈的、凶悍的敲门声惊醒，这无疑又是警察。“政府采取行动的时候到了。”我一边动身去开门一边自言自语地说。开门后发现，门外果然站着6名武装警察。他们把我的房子翻了个底朝天，把他们能够找得到的一切资料统统收缴，包括我近期整理的我母亲收藏的家史和部落传说手稿。从此之后，我再也没有看见这些东西。我当时被逮捕时他们并没有出示逮捕证，连叫我的律师的时间都没有。他们拒绝告诉我夫人把我带往何处。我仅仅向温妮点头示意，连对她说句安慰话的时间都没有。

30 分钟之后，我们到了纽兰警察局，这里我很熟悉，我曾经多次来这里看望我的诉讼委托人。该警察局位于索菲亚顿，这里只剩下了这个警察局，因为这个过去曾经非常热闹的城镇现在变成了一片推土机推倒的建筑物废墟和空旷的场地。在警察局，我见到了我的几位同事，他们也是以同样的方式被从床上叫醒后抓到这里来的。在那个夜晚，又有许多人被带到了该警察局，到第二天早晨，我们总共有 40 人被抓。我们被关在一个露天的小院子内，只有一只小灯泡照明。空间很小，又很潮湿，我们只好站了一整夜。

早晨 7 点一刻，我们被关进了一间小屋，小屋只有地面上一个排水孔，而且只能从屋外冲洗。他们没有为我们提供毯子、食物、席子和卫生纸。排水孔常常被堵上，屋内的臭气让人难以忍受。我们多次提出抗议，其中包括要求提供食物。当然，这些要求都被拒绝了，于是我们决心下次开门时涌进隔壁的院子，直到提供给我们食物才肯回到小屋子里去。当我们从屋内一拥而出的时候，值班的青年警察被吓跑了。几分钟后，一位魁梧、冷酷的中士来到了院子里，他命令我们回到小屋子里去。“进去！”他大声喊，“如果你们不进去，我将叫 50 名带警棍的人来敲碎你们的头盖骨！”在发生过沙佩维尔惨案后，这种威胁似乎并不只是停留在口头上。

警察局的局长来到了院子的门口，看我们要干什么。他走过来训斥我，因为我的双手插在衣服口袋内站在那里。“这就是你在官员面前站立的姿势吗？”他大声训斥说，“把你的手放下来！”我仍然使劲地把手插在衣服的口袋中，就好像是在冷天里散步。我反驳说：如果你们给我们饭吃，我也许会屈尊把手放下来。

下午 3 点，我们多数人到达这里已经有 12 个小时，他们给我们送来了一个容器，里面有半干半稀的玉米饭，但是没有餐具。正常情况下，我们会认为无法进食。但是在当时，我们手都没洗就伸进了容器，捞起玉米饭就吃。我们吃着玉米饭，就像是在享用天底下最香最可口的美食。吃过饭后，我们选出一个委员会作为我们的代表，其中有杜马 · 诺克韦、Z. B. 莫莱特和我。莫莱特是阿扎尼亚泛非主义者大会的书记。我被推选为发言人。我们立即起草了请愿书，抗议给我们不公正的待遇，并要求立即释放我们，因为对我们的逮捕是非法的。

下午 6 点，我们分到了睡觉的席子和毯子。这些睡觉用具到底有多么脏，我们简直无法用语言来形容。毯子上到处是血渍和呕吐的污迹，爬满了跳蚤、臭虫和蟑螂，散发着臭水沟般的臭气。

接近午夜的时候，有人让我们等待召唤，我们不知道究竟为什么。有的人认为他们将释放我们，有的人则比较冷静一些。我是第一个被叫出去的人。我被带到这座监狱的前门，在那里，当着一队警官的面被短暂释放。但是，没等我离开，一位警官就高声喊：

“叫什么名字？”

“曼德拉。”我说。

“纳尔逊 · 曼德拉，”那个警官说，“我们根据紧急状态令要逮捕你。”我们根本就不会被释放，这时我才明白，我们被依据紧急状态令再次遭到了逮捕。我们每人都只自由了几秒钟，随之又被重新逮捕。在实施紧急状态令之前，我们一直被非法拘押，现在紧急状态令在午夜生效后就算是正式逮捕了。我们起草一个备忘录交给警察局局长，要求知道我们的权利。

第二天上午，我被叫到那个局长的办公室。在那里，我见到了我的同事罗伯特 · 莱沙，他也被抓进了警察局，正在那里接受局长的讯问。当我走进屋内的时候，莱沙问那个局长，为什么提前逮捕曼德拉。他的回答方式是典型的白人方式：“曼德拉厚颜无耻。”我反击说：“像你这样的人，我什么时候也不会在你面前把手从衣袋中抽出来。”局长从椅子上跳起来想撒野，但很快被别的警察劝阻了下来。这时，特警侦探赫尔伯格中士走进办公室高兴地说：“你好啊，纳尔逊！”我回敬道：“‘纳尔逊’不是你可以叫的，我是曼德拉先生。”当我们被告知我们必须离开这里去比勒陀利亚接受叛国审判的时候，警察局局长的办公室已经到了发生全面“战争”的边缘。我哭笑不得，但是，在这次长达36小时的不公正对待期间，在宣布实行紧急状态令的情况下，政府仍然决定让我们回到比勒陀利亚，继续对我们进行本来令他们失望而现在似乎又是不合时宜的叛国审判。于是，我们直接被押往比勒陀利亚地方监狱。

35...

当法庭于3月31日在我们缺席的情况下重新开庭的时候，证人席上却没有人。当时，在场的只是警察在紧急状态下漏捕的那些被告。鲁图利酋长一直没有作完他的证言，法官拉姆颇福要求就他的缺席作出说明。有人告诉他，鲁图利在之前那个夜晚已经被逮捕。拉姆颇福对此表示气愤，他说他不明白紧急状态为什么要阻碍他的审判。他要求警察把酋长带到法庭上，以便继续让他作证，为此，法庭延期开庭。

后来我们发现，酋长被抓之后曾遭到了殴打。当他被一名狱警推搡着上楼时，他的帽子掉在了地板上。他弯腰去捡帽子的时候，狱警抽了他耳光。这让我们难以容忍。一个有尊严、有成就的人，一个终身信仰基督教的人，一个身患危重心脏病的人，竟然受到了一个不配给他提鞋的人的畜生般的对待。

当我们那天上午被唤回法庭的时候，法官拉姆颇福被告知，警察拒绝把鲁图利酋长带到法庭上，法官于是宣布再推迟一天开庭。

我们希望回家，但是，当我们离开法庭去找交通工具的时候，我们又都被逮捕了。

但是，警察由于通常那种无组织的过火行为而犯了个可笑的错误。被告之一、商会的长期领导人、南非非洲人国民大会成员维尔顿·穆夸毅从伊丽莎白港赶到比勒陀利亚接受审判，他没有和我们在一起。当他走到法庭门口的时候，发现自己的伙伴们又遭到了逮捕。他问一名警察发生了什么事，那个警察命令他离开，于是，维尔顿告诉那个警察说他就是一位被告。那个警察说他在说谎，并威胁说他阻碍执法，要把维尔顿抓起来。那位警察生气地命令他尽快离开，于是维尔顿耸了耸肩走出了法庭大门。这是最后一次有人在法庭上看见他。随后两个月，他一直在地下工作，并成功地躲过了逮捕。后来他逃到了国外，很快以商会大会外国代表的身份重新露面，再往后，他去了中国，并在那里接受了军事训练。

那个夜晚，我们与德兰士瓦其他地区的被拘留者会合在一起。全国范围的警察袭击导致2000多人未经审判就被投进了监狱。这些男女志士属于各个种族和各个反对种族隔离的党派。政府宣布征召新兵，调动军队到全国各个战略地区进行驻防。4月8日，南非非洲人国民大会和阿扎尼亚泛非主义者大会都被依据《镇压共产主义条例》宣布为非法组织。一夜之间，参加南非非洲人国民大会成了重罪，不仅要被判处监禁，还要被罚款。继续坚持参加南非非洲人国民大会活动将被监禁10年以上。现在，南非非洲人国民大会资助下的非暴力、法律允许的抗议也成了非法的活动，斗争进入了一个新的阶段。也就是说，我们都成了不法之徒。

在实施紧急状态令期间，我们被监禁在比勒陀利亚地方监狱里，那里的装备与纽兰监狱一样差。5个人为一组，被关在一间八九英尺见方的小屋子里。屋子里很脏，光线昏暗，通风也不好。我们5人共用一个掉了盖的马桶，睡觉用的毯子生满了臭虫，每天只被允许在屋外放风一小时。

在比勒陀利亚的第二天，我们派代表就监狱的条件问题向监狱长斯尼曼上校提出抱怨。上校的回答很粗野，他要求我们提供证据，说我们在撒谎。他污蔑说：“是你们从你们肮脏的家中把臭虫带进了我的监狱。”

我说，我们也需要一个安静且亮堂的房间，以便为我们的案子做些准备。上校又傲慢地说：“政府规定，根本就不准犯人读书。”尽管上校的态度十分傲慢，但是，囚室还是很快被粉刷并喷洒了除臭剂，我们也有了新毯子和马桶。我们被允许白天在院子内有更长的放风时间，同时，还为我们叛国审判涉案人员提供了一个大房间，以便相互商量。在这个房间里，允许我们保留法律方面的书籍。

我们预料，比勒陀利亚地方监狱在今后一段时间内将成为我们的“家”。我们早晨离开监狱去受审，下午再返回监狱。监狱当局根据隔离规定，按种族肤色将我们隔离关押。我们当然已经不能与我们的白人同事关押在一起，但是，让我们同我们的印度同志和有色同志也分别关押似乎有点犯神经病。我们要求一起生活，但是，监狱当局总是以种种理由予以拒绝。官僚作风的那种顽固性与种族主义的狭隘性夹杂在一起，其结果将是难以置信的。但是，监狱当局最后还是作了让步，允许叛国审判涉案人员生活在一起。

尽管我们生活在一起，我们的伙食待遇却因种族不同而有差别。早餐，非洲人、印度人和有色人饭菜数量基本相同，只是印度人和有色人多了半调羹糖，而我们非洲人则没有糖。晚饭，食谱也基本一样，但是，印度人和有色人多给了 4 盎司面包，而我们非洲人却没有。这种区别的理由十分可笑，说非洲人吃不惯面包，或者更专业一点的解释：非洲人不习惯吃西餐。白人的伙食比非洲人的伙食优越得多。监狱当局的肤色观念非常强，就连供给的糖和面包，黑人和白人也不一样：白人吃的是白糖、白面包；有色人和印度人吃的是棕色的糖和棕色的面包。

我们纷纷抱怨伙食质量上的等级划分，结果，我们的辩护律师西德尼·肯特利奇在法庭上提出了正式的抗议。我声明食物不适合人类食用，法官拉姆颇福同意当天亲自抽查伙食的质量。玉米粥和大豆是监狱提供的最好的食物，同时监狱当局这次提供的大豆和肉汤也比往常多一些。法官吃了几勺，然后说伙食做得很好、味道不错。他确实也提出了改进的建议，那就是，饭菜应当趁热供应。我们对关于提供"热"监狱饭的想法感到好笑，因为这在词义上就是矛盾的。最终，监狱当局为被监禁者提供了他们所说的改善了的伙食：非洲人有面包吃；印度人和有色人享受与白人同样的食物。

我在监禁期间享有一种特权：周末可以回约翰内斯堡。这并不是监狱里的休假日，而是常规工作假日。在实施紧急状态令前不久，奥利佛按照南非非洲人国民大会的指示离开了南非。我们早就预料到我们的组织将被取缔，因此，南非非洲人国民大会决定在被全面取缔之前需要派部分人离开南非到国外加强组织建设。

奥利佛离开南非是南非非洲人国民大会采取的计划最周全、最幸运的措施之一。当时我们就几乎毫不怀疑，外交努力将会是至关重要的。根据他的智慧和冷静、他的耐力和组织才能、他的领导能力和鼓动而不冒犯别人的感情的能力，奥利佛无疑是担当这项使命的最佳人选。

动身之前，奥利佛请托我们共同的朋友——当地律师海弥·达维多夫，帮助我们律师事务所做善后工作。达维多夫向普林斯陆上校提交了专门申请，请他允许我周末去约翰内斯堡帮他做这些善后工作。上校一时慷慨，竟然同意了这个申请，允许我礼拜五下午去约翰内斯堡工作两天，然后在礼拜一上午回比勒陀利亚出庭受审。每个礼拜五下午 1 点休庭后，克鲁格中士和我就一起离开比勒陀利亚，到我的办公室与达维多夫和我们的会计内森·马库斯一起工作。那些日子，我夜晚在马歇尔广场监狱坐牢，白天在办公室工作。

克鲁格中士，高高的个子，是一个仪表堂堂的人。他对我们很好，在从比勒陀利亚去约翰内斯堡的路上，他常常停下车让我自己待在车内，而他则去商店为我们买干肉条、橘子和巧克力。我也曾经萌生跳车逃跑的念头，特别是礼拜五人行道上和大街上行人很多，很容易逃之夭夭。

在办公室工作的时候，我可以到楼下的咖啡馆买一些零星物品，当温妮偶尔来看我的时候，克鲁格往往会扭过头去假装没看见。我们之间似乎有一个君子协定：我不会逃跑给他带来麻烦，而他会给我一定的自由。

36...

4 月 25 日，即复庭前的那一天，伊斯雷尔 · 梅赛尔斯把我们召集在一起讨论实施紧急状态令对审判的严重影响。由于实施紧急状态令，被告与我们的律师之间的相互沟通成为不可能的事情。我们的律师都住在约翰内斯堡，无法到监狱里与我们沟通，也就无法为我们的案子做辩护准备。他们常常驾车到比勒陀利亚，但是却无法见到我们，就是能见到我们的时候，与我们的交流也会受到阻拦。更重要的是，梅赛尔斯说，根据紧急状态令，已经被监禁的人仅仅由于出庭作证，就可以被再一次监禁，因为他们必然被列为“危险分子”，因此会遭到更严厉的惩处。而未被监禁的辩护证人如果现在出庭作证，也会有被逮捕的危险。

辩护班子建议，他们应撤出这个案子以示抗议。梅赛尔斯说明了这种撤出的重要用意和我们在死刑案中进行自我辩护的后果。他说，在这种敌对的气氛中，法官可能决定判处我们更长的监禁时间。我们讨论了这个建议，29 名被告（当时，维尔顿·穆夸毅已经逃走）都发表了自己的意见。最后形成了一致的意见，同意在我们的律师不在的情况下，由杜马 · 诺克韦和我担当辩护律师打这场官司。我赞成这种高调的姿态，因为这样可以揭露紧急状态令的不公正。

4 月 26 日，德兰士瓦的第一号非洲辩护律师杜马 · 诺克韦在法庭上发表了充满强烈情感的声明，宣布被告决定请辩护律师撤出本案。接着梅赛尔斯直截了当地说："我们不再有辩护委托在身，我们也将不再麻烦诸位先生。"随后，辩护队伍默默地走出了老犹太会堂。这个行动让三位法官感到震惊，他们用强硬的措辞告诫我们，自己为自己辩护是危险的。但是，我们非常生气，急于与政府较量一下。在随后的 5 个月中，我们一直是自己为自己辩护，直到紧急状态结束。

我们的策略很简单，并且实际上也很有效：拖延时间，直到取消紧急状态令，使我们的律师能够重返法庭。这个案子拖得时间已经很长了，再往后拖似乎也没有什么关系。实际上，这个策略相当富有戏剧性。根据法律，我们每个人现在都能名正言顺地为自己辩护，并能为自己作证，而且，我们每个被告也理所当然地能对每个证人进行问询。我们按审理中被告名字的字母顺序进行排列，一号被告是德兰士瓦印度人青年大会的法里德 · 亚当姆斯。法里德将让二号被告海伦 · 约瑟夫做自己的第一证人。法里德对证人进行提问后，其余的 27 名被告都再向她提出质询，然后，刑事庭还要对她进行质询，最后，一号被告第二次对她进行质询。亚当姆斯质询完第一证人后，他将让三号被告作证……整个程序将一直重复下去，直到每个被告都作完证为止。按照这样的速度，我们的案子将无限期地拖下去。

在狱中为打官司做准备绝不是一件容易的事情，在这个案子中，我们就遇到了隔离政策的重重阻碍。所有的被告都需要相互见面沟通，但是，监狱按规定却禁止男女之间、黑人与白人之间相互见面。因此，我们不能与海伦·约瑟夫、里昂·莱韦、莉莲·恩高义和伯塔·玛裟巴见面沟通。

作为被告的第一个证人，海伦需要在杜马、我本人和法里德·亚当姆斯不在的情况下自己准备证词，而我们也需要向她提出质询。与监狱当局交涉后，我们被允许在非常严格的条件下进行相互沟通。海伦、莉莲、里昂和伯塔被从她们各自的监禁室带到非洲男子监禁区。首要条件是，白人和黑人之间、男人和女人之间没有身体接触。监狱当局竖起了一个铁格子挡板，把海伦和里昂（都是白人）与我们隔开，然后又把海伦、里昂与莉莲（非洲人）隔开，她们也参与了出庭准备工作。就是最优秀的设计师，设计这样的结构也会感到头疼。在监狱里，我们彼此被这种精心设计的金属隔板隔开，而在法庭上，我们大家则可以自由沟通。

我们首先需要教会法里德熟悉法庭的礼节，同时，让海伦演练证词。为了帮助海伦，我扮演了法里德将要在法庭上担当的角色。我用法庭通常采用的程式进行提问：

“姓名？”我问道。

“海伦·约瑟夫。”她回答。

“年龄？”

一阵沉默。我接着问：“年龄？”

海伦闭上嘴不说话。然后，她紧皱眉头对我不满地说：“纳尔逊，我的年龄与案子有什么关系？”

海伦长得很可爱，也很有勇气，不过她也有专横的一面。她是一位到了一定年龄的女性，对年龄十分敏感。我向她解释说，记录证人的有关情况如姓名、年龄、地址和出生地是法庭的惯例。一个证人的年龄可以帮助法庭权衡他所作证词的分量，从而影响对被告的量刑。

我继续问：“年龄？”

海伦较上了劲。“纳尔逊，”她说，“我在这里不回答这个问题，到法庭上再回答。我们还是往下问吧。”

然后，我又问了她一系列问题，这些问题都是可能在法庭上被问及的问题。我的提问方式对她来说可能太真实了一些，因此，海伦有时回头问我：“你是曼德拉还是检察官？”

我们还有其他一些令人开心的时刻，有时甚至十分令人鼓舞。

我被允许在周末探望海伦·约瑟夫，给她送去关于法律程序的记录。利用这些机会，我能够与其他被监禁的女士见面，把她们作为可能的证人，与她们一起商量案情。我对白人女狱警一向很诚恳，同时也发现她们对我去女监禁室探望被监禁的女士很感兴趣。那些女狱警绝不可能知道还有黑人律师或医生这种存在，因而把我当做异邦人。但是，随着我们之间的逐步熟悉，她们对我越来越友好和放心。我与她们开玩笑说，如果她们要打官司，我将愿意受理她们的案子。我明白，在完全平等的基础上，杰出的、受过教育的白人女性与一个黑人男士讨论重大问题可以淡化她们的种族歧视意识。

有一次，我正在与海伦进行长时间的谈话，我转身对按照要求坐在我们旁边听我们两人谈话的女狱警说：“对不起，我们进行这么长时间的谈话一定让你很厌烦。”“不。”她说，“你们一点也没有让我厌烦，我对你们的谈话很感兴趣。”我能看出，她已经进入了我们的话题之中，偶尔她还会给我们提出一些小小的建议。我把这件事看作这次审判带来的一种额外的收获。这些女狱警大多不知道我们为什么被关进监狱，她们逐渐开始明白我们为什么进行战斗，为什么甘愿身先士卒冒牢狱之险。

这正是国民党为什么坚决反对一切形式的种族融合的原因所在。只有抱有黑人威胁论并且不了解黑人的想法和主张的白人，才支持国民党这种荒谬的种族歧视哲学。在这种情况下，相互了解带来的将不是歧视而是理解，甚至最终会带来种族和谐。

在狱中，令人愉快的时刻并不能弥补令人悲伤的时刻。我在比勒陀利亚地方监狱坐牢的时候，有时温妮被允许来狱中探视，每次她都带着泽尼来。当时，泽尼刚刚学会走路和说话。如果狱警允许，我会把她抱在怀里吻她几下。探视将要结束的时候，我会把泽尼递给温妮。当温妮说再见的时候，狱警会让她们母女离开监狱，这时泽尼常常要我与她们一起走，从她那迷惑不解的小脸上，我能明白她不理解我为什么不能与她们一起离开监狱。

在法庭上，法里德·亚当姆斯熟练地引领着海伦完成了她的主要证词。他常常与法官们争执不下，完全称得上是三位法官的对手，有时还会比法官高出一筹。我们当时的精神十分振奋，因为我们不再是靠玩填字游戏打发时间的被告。当被告轮流对证人提出质询的时候，三位法官和起诉检察官才第一次领略到这些被告的真正才干。

按照南非法律，既然我们是在最高法院，那么，杜马作为一名辩护律师就是唯一被允许直接向法官陈述意见的律师。我作为一名律师可以向他提供指导，但不允许直接在法庭上辩护，其余的辩护人也是如此。我们采取正确的策略辞退了我们的辩护律师，这样一来，被告就可以在辩护律师不在的情况下直接向法庭陈述自己的意见。当我向法庭陈述自己的意见的时候，拉姆颇福企图阻止我，他打断了我的讲话。“曼德拉，你要明白这个事实，”他说，“诺克韦先生作为辩护律师是唯一被允许向法庭陈述意见的律师。”我回敬说：“阁下，那很好。只要你准备付给诺克韦先生律师费，我们都准备遵守这个规定。”此后，再也没有人反对我们任何一个被告向法庭陈述自己的意见。

当法里德向海伦及之后的其他证人提问的时候，杜马和我分别坐在他两侧给他提示，帮助他应付出现的法律问题。总体来说，他不需要很多的提示。但是，有一天，当他处于连续不断的压力下的时候，我们不得不每隔几秒钟就小声向他提出一次建议。法里德似乎很担心，杜马和我准备的材料都用完了，因此，法里德没同我们商量就请求法官向后延期，说他感到很疲劳。法官拒绝了他的请求，说那不是延期的充分理由，并重申在我们的律师撤出时曾向我们提出的警告。

那天下午，我们回到监狱的时候没有人唱歌，大家都垂头丧气地坐在那里。我们中间正在潜伏着一场危机。一回到监狱，就有一小部分人要求召开会议，我把所有的男被告都召集起来。来自伊丽莎白港的商人J. 恩卡佩尼带头对我进行指责。他在反抗运动期间曾经帮助过反抗战士的家属。

“马迪巴，”他喊着我的氏族名字以示尊敬，“我要求你告诉我们，你为什么把我们的辩护律师都给辞退了。”我提醒他说，辩护律师并不是被哪个人辞退的，他们的撤出是经过大家同意的，其中也包括他自己。“但是，我们怎么知道法庭的审理程序，马迪巴？”他说，“我们完全依靠你们这些律师。”

还有一些人，他们也有与恩卡佩尼相同的忧虑。我告诫他们，思想不一致是危险的。我说，我们干得很不错，今天的事情只不过是个小小的挫折，我们还将会遇到更大的困难。我们的案子远远不是一个法院与一伙触犯法律的人之间的司法审判，而是力量的证明，是道义与非道义力量之间的较量。我说，我们担心的不是我们的辩护律师的法律技巧问题，更让我们担心的是其他问题。于是，大家的争议逐渐平息了。

海伦·约瑟夫被多次质询后，三号被告阿迈德·卡特拉达开始陈述他的案情。正是在凯西的第二个证人，即四号被告、有色人大会的执行委员斯坦雷·罗兰作证期间，总理沃尔沃德宣布取消了紧急状态。政府绝对没有打算长期实行紧急状态，他们当时认为，紧急状态已经成功地扼杀了解放斗争。这时候，我们的辩护律师回来了，尽管我们又在监狱里待了几周，但是，我们都感到松了一口气。5个多月来，我们一直被关押在狱中，并在我们的律师不在场的情况下仍然出庭应诉。

8月3日，我本人开始出庭作证。我感觉通过为别人准备证言，自己的准备工作做得很充分。在经历了三年的沉默、被禁止和国内流放之后，我盼望有机会在想要审判我的法官面前申诉冤情。在我作主要证词期间，我竭力宣传种族间相互调和妥协，并重申非洲人国民大会承诺进行非暴力斗争。在面对通过逐步改革能不能实现民主这样的问题时，我的回答是肯定的：

> 我们要求实行成年人普选，并且准备通过从经济上施加压力实现我们的要求。我们将发动反抗运动、家中静坐，或采取个人行动，或采取集体行动，直到政府说："先生们，我们不能把事情搞成这个样子，法律遭到了践踏，是在家中静坐制造了这种局面，让我们坐下来谈一谈。"按照我的观点，我会说："对，让我们坐下来谈谈。"政府会说："我们认为欧洲人现在对非欧洲人可能当政的政府没有准备。我们认为，我们应该给你们 60 个席位，由非洲人选出 60 名代表参加议会。我们将把这个问题拖上 5 年的时间，5 年后我们再来重新讨论这个问题。"我想，那就是一个胜利，我们将采取重要措施，争取为非洲人国民大会获得成人普选权，那么，我们将在 5 年中停止公民抵抗活动。

政府决心证明我是一个危险的、制造暴力的共产主义分子。我不是共产主义者或共产党员，但我也不想使自己看上去像是在疏远我的共产党盟友。尽管我可能会因为发表这样的观点而再次身陷囹圄，但是，我毫不犹豫地重申，共产党人已经给予了我们巨大的支持。有一次，法庭问我是否认为南非可以选择一党执政，我回答说：

> 阁下，这不是一个形式的问题，这是一个有关民主的问题。如果通过一党制可以最好地体现民主，那么我也会认真考虑这个主张。但是，如果多党制能够最好地体现民主，那么我会认真考虑多党制。例如，在这个国家，我们现在就是一种多党制，但是，对非欧洲人而言，这是你能想象得到的最邪恶的专制政治。

当拉姆颇福法官犯了与那么多南非白人在普选权问题上所犯的同样的错误时，我与他争执了起来。他们的主张是，要尽到这种责任，选民必须是“受过教育的人”。对于一个思路狭隘的人来说，很难搞清受过教育的人不仅仅是指有文化修养的人和拥有学士学位的人，也很难搞清一个没有上过学的人可能是远比拥有高学位的人更“有素质”的选民。

拉姆颇福：一个什么也不知道的人参加一个国家的政府有什么意义？

纳尔逊·曼德拉：阁下，如果没有上过学的白人投票又会发生什么事情？

拉姆颇福：难道他们在选举领导人时所发挥的影响还不如孩子们大吗？

纳尔逊·曼德拉：不，阁下，这就是实际上正在发生的情况。一个人站出来在一个特定的区域内竞争一个席位，他起草了一份声明，说“这是我的想法”。如果是在农村地区，他说，“我反对限养牲畜”。那么，听听这个人的想法，如果你选他当议员，你就要确信这个人将会代表你的权益，在这个基础上你才投票选他当候选人，这与教育没有任何关系。

拉姆颇福：他只关心他自己的利益？

纳尔逊·曼德拉：不，你要考虑到他能不能以最好的方式表达你的观点，如果能，就投票选他。

我告诉法庭，我们相信，我们可以通过非暴力和人数上的优势实现我们的要求。

我们心里想，在不久的将来，我们有可能实现这些要求。就是从欧洲人自己的情况看，尽管他们对我们存有偏见和敌意，

> 但是，他们不会永远无视我们的要求，因为我们将用经济政策打击他们。欧洲人不敢对这个问题掉以轻心。他们必须作出回应，阁下，他们也正在作出反应。

紧急状态令是在 8 月份的最后一天取消的。在 5 个月中，这是我们第一次回家。当约翰内斯堡的人听到取消紧急状态的时候，他们立即开车到比勒陀利亚，因为他们预料到我们可能会被释放。当我们被允许离开监狱的时候，我们受到了亲属朋友们的热烈欢迎。温妮已经来到了比勒陀利亚，我们的重新团圆令我们非常高兴。我已经有 5 个月没有和我的夫人在一起生活，5 个月没有见到我夫人的笑脸。5 个月以来，我第一次躺在我自己的床上睡觉。

一个人蹲过监狱后，他对生活中的小事情就会很感激：愿意什么时候散步就去散散步，走进商店买份报纸，或讲话或保持沉默。其实，都是些自己说了算的简单行动。

即使是取消紧急状态令之后，叛国审判还是又进行了 7 个月，直到 1961 年 3 月 29 日才结束。从各个角度说，这些日子对被告来说都是光荣的，因为我们自己的人民无所畏惧地坚持着非洲人国民大会的政策。罗伯特 · 莱沙有力地批驳了政府的谬论，说什么非洲人国民大会想引诱政府使用暴力，这样，我们就可以也还以暴力。格特 · 西班德雄辩地向法院陈述了非洲农民的悲惨生活。德高望重的伊萨克 · 本蒂已是 81 岁高龄，是一位非洲土著传教教堂的世俗教士。他对我们为什么选择在家中静坐而不选择罢工作了充分说明。

10 月份，令人敬畏的马修斯教授被要求做我们最后的一位证人。他在证人席上表现得从容不迫，把检察官视为需要严加管教的没有素养的学生。面对傲慢的检察官，他常常使用这样的语言：“你要我说的是，你们所说的那次讲话是一个鼓动暴力的讲话，代表着我们的组织政策。而我要说的是，第一，你们的论点是不正确的；第二，我不想说这句话。”

他用漂亮的语言说明，非洲人民知道非暴力斗争会承受苦难，但是，我们之所以选择非暴力斗争，是因为我们把自由置于高于一切的位置。他说，为了摆脱压迫，人民愿意承担最大的苦难。马修斯站在被告席上，辩护在高调中结束。他作完证后，肯尼迪法官与他握手，并表示希望能在好一些的环境下再次与他见面。

37...

取消紧急状态令之后，全国执行委员会在 9 月份秘密召开了会议，讨论将来的形势和对策。虽然我们在审判期间就曾经举行过讨论，但是，这是我们举行的第一次正式会议。政府正在加紧武装，不仅从组织外部对我们形成威胁，也从组织内部对我们形成威胁。我们不会听任政府取缔我们的组织，而是在地下继续进行斗争。我们不得不暂时放弃非洲人国民大会章程规定的关于举行全国大会、支部会议和公共集会的民主程序。为了与未被取缔的大会组织保持联系，必须创建新的组织结构。但是，新的组织结构都被认为是非法的，参加新的组织结构的人将有被捕和被关押的危险。执行委员会及其附属组织将不得不严格周密地进行组织，以适应非法斗争的环境。出于需要，我们解散了非洲人国民大会青年团和妇女联合会。有人强烈反对这些调整，但是，我们现在是非法组织，是不得已而为之。对于参加组织活动的人来说，政治斗争的潜在危险变成了实实在在的危险。

尽管“曼德拉－塔博律师事务所”已经关门停业，但是，我继续尽可能地做各种法律工作。许多同事都准备开办律师事务所，他们纷纷派人或打电话邀请我入伙，但是，我宁愿多数时间在科尔瓦德房产大街 13 号阿迈德 · 卡特拉达的平房内工作。尽管我的律师事务所已经停业，但是，我作为律师的声誉并没有消失。很快，13号平房和外面的走道上都挤满了诉讼当事人，凯西回家后不得不躲到厨房里才能享有安静。

在此期间，我几乎忙得连饭都顾不上吃，更是很少有时间回家。我经常在比勒陀利亚一直工作到深夜，或者匆忙赶回约翰内斯堡处理别的案子。当我真的与家人一起坐下来吃一顿晚饭的时候，电话铃也往往会忽然响起，我又不得不匆忙离开自己的家。温妮又怀了孕，她以无限的耐心忍受着一切。她希望她的丈夫在她分娩的时候能在医院陪伴她，但是，事实却让她很失望。

在1960年圣诞节休息期间，我得知马卡托在特兰斯凯生了病。他在那里读书，我不顾自己正处于被禁止的境地，赶到特兰斯凯去看他。我开了一夜的车，除了加油没停过车。马卡托需要动手术，我决定把他带到约翰内斯堡进行治疗。回来时又开了一夜的车，把他送到他母亲的住处，然后为他安排住院接受手术治疗。当我回到家的时候，我得知温妮已经分娩。我赶忙去了布里奇曼纪念医院的非欧洲人分院，发现温妮和新生女儿已经被安排住在那里。新生女儿很好，但温妮的身体却非常虚弱。

我给我的新生女儿取名津泽斯娃，她是以科萨桂冠诗人塞缪尔·木卡伊的女儿命名的。在我去希尔德顿读书之前，塞缪尔的诗句曾一直鼓舞着我。当这位诗人经过很长时间的外出周游之后回到家中的时候，发现他的夫人生了一个女孩。他不知他夫人怀孕的事，认为这个女孩是别的男人的孩子。按照我们的风俗，当一个女人分娩后，丈夫10天之内不准进入夫人的房间。这位诗人十分生气，他没有遵循这个风俗，拿着长矛气冲冲地闯进他夫人的房间，想把夫人和孩子一起杀死。但是，当他看见那个婴儿的时候，发现她长得非常像自己，于是就又缩了回去，并说了声“u zindzile”，意思是“你长得太像我了”。于是，他给女儿取名津泽斯娃（Zindziswa），也就是他说过的那句话。

38...

最高法庭用了一整个月的时间对叛国案进行最终结案。最终结案常常由于法官的提问、指出争论中的问题而中断。3 月份，轮到我们了。伊斯雷尔·梅赛尔斯直截了当地驳斥了暴力指控。“我们承认存在不合作和消极反抗的问题，”他说，“我们非常坦诚地说，如果不合作和消极反抗也构成高级叛国罪，那么我们就是有罪的。但是，不合作和消极反抗显然不属于叛国罪。”

对于梅赛尔斯的论点，布拉姆·费希尔继续进行辩论。但是，3 月 23 日，法官中断了布拉姆的结论性辩论。我们还有几周的辩论时间，但是，法官要求休庭。这是不正常的。但是，我把这次休庭当做一个有希望的信号，因为，休庭说明法官已经形成了他们的观点。6 天后，我们将再回到法庭，我们认为到那时将被正式判决。同时，我还有其他工作要做。

我受到的禁止处罚预计在休庭后两天期满。几乎可以肯定，警察当时并不知道这件事，因为他们很少注意禁止什么时候期满这件事。到那时，我将在近 5 年以来第一次可以自由离开约翰内斯堡，自由参加会议。我们早就计划那个周末在彼得马里茨堡举行联盟会议，目的是鼓动全体南非人参加全国宪章大会。我被秘密指定为会议的主讲人，因此必须在发表讲话前的那天晚上驱车 300 英里赶到彼得马里茨堡。

我动身前的那天，全国工作委员会秘密召开了会议，讨论斗争策略问题。在监狱内外召开了许多会议之后，我们决定转入地下开展工作，按照曼氏方案开展斗争。整个非洲人国民大会组织也将在暗中开展活动。我们决定，一旦我们被宣告无罪，我将立即转入地下，在全国范围内组织提议中的全国代表大会。当时，只有转入地下工作的人才不会受到敌人强加限制的影响。组织决定让我在某些事件中露面，希望公开的程度最大化，以说明非洲人国民大会仍然在战斗。这个建议对我来说并不感到奇怪，我也并非特别喜欢这样做。但是，我知道这是我必须要做的事情。这是一项危险的使命，我将离开我的家人。但是，当一个人被剥夺了他所信奉的生活的权利之时，他就没有了别的选择，只能成为一个违法者。

当我开完会回到家的时候，温妮似乎看出了我心里的想法。一看我的脸色，她就知道我准备过我们两人都不想要过的一种生活。我向她说明了情况，第二天我将离开自己的家。她对此很坦然，似乎已经早有预料，非常理解我必须要做的事情。但是，我必须做的那些事情并没有让她有任何更安心的地方。我让她为我准备了一个手提箱，并告诉她，我走后，朋友和亲属会照顾她，但是没有告诉她我将在外面待多久，她也没有问。这并不令人感到遗憾，因为，我也不知道答案。我将回到比勒陀利亚，听候礼拜一的判决。无论什么结果，我都不会再回家：如果我们被判有罪，我将直接走进监狱；如果我们被判无罪，我将立即转入地下。

我的大儿子泰姆比在特兰斯凯的一所学校里读书，所以我无法向他说一声再见。但是，那天下午我把马卡托和我的大女儿马卡紫薇从奥兰多东他们母亲那里接出来。我们一起过了几个小时，一起在城外散步，交谈和玩耍。我向他们说了再见，我不知道什么时候能再见到他们。自由战士的孩子们也知道不向他们的父亲提太多的问题，从他们的眼神里我能明白他们知道要发生重大的事情。

在家中，我吻别了两个小女儿，当我与威尔逊·康考一齐上车的时候，她们向我挥手致意，我们将开始去纳塔尔的长途跋涉。

来自全国各地的1400名代表聚集在彼得马里茨堡参加联盟大会，他们代表着150个不同宗教、不同阶层、不同文化、不同政治的团体。当我于3月25日礼拜六晚上走上演讲台，面对忠诚而热情的听众的时候，我受到了大家的热烈欢迎。我已经接近5年不能自由地在公众讲台上发表讲话了，我几乎忘记了在大庭广众面前发表讲话所经历的那种激情。

在讲话中，我号召成立全国大会，通过这个大会，所有的南非人，不分黑人和白人，也不分印度人和有色人，将以兄弟般的关系，坐下来共同创造一个能够代表整体国家的国体。我号召大家精诚团结，我们将是战无不胜的。

联盟大会要求全国代表大会从所有的成年人选出的代表中在平等的基础上成立一个全国大会组织，以便为南非制定一部全新的、无种族歧视的民主宪法。会上选举产生了一个全国行动理事会，选举我担任名誉书记，并就这个要求与政府沟通。如果政府不同意召开这样的代表大会，我们将号召全国人民在 5 月 29 日举行三天大罢工，同时宣布在南非建立共和国。当时，我对政府同意我们的建议并不抱任何幻想。

1960 年 10 月，政府进行白人投票表决，决定南非是否应该变成一个共和国。这是南非白人民族主义者长期抱有的一个理想，为了抛弃与这个国家的联系，他们在英布（英国人与布尔人）之间的战争中浴血奋战。赞成成立共和国的观点赢得了 52%的选票，确定在 1961 年 5 月 31 日宣布成立共和国。我们在宣布成立共和国的那天，开始了以家中静坐为形式的全国罢工，表明我们认为这样的变化仅仅是在做样子。

会议一结束，我立即给总理沃尔沃德发了一封信。在信中，我正式要求他召开一个全国立宪大会。我警告他，如果不召开这样的大会，我们将在全国举行三天最大规模的罢工，并且罢工将在 5 月 29 日开始。“我们对于你的政府可能采取共和制不抱任何幻想，”我在信中写道，“在最近 12 个月中，我们已经经历了一个黑暗时期。”我还发表了紧急声明，宣布罢工采取和平的、非暴力的家中静坐形式。沃尔沃德除了在议会中把我的信描绘成“傲慢无礼”以外，并没有作任何答复。政府反而开始显示其在南非历史上从来未曾有过的最吓人的力量。

39...

1961 年 3 月 29 日早晨，没等老犹太会堂开门，一大群支持者和新闻记者就挤了进来。这天是期待已久的叛国案宣判的日子。有数百人被拒绝进入宣判大厅。当法官宣布开庭时，观众席和记者席都已经挤满了人。当拉姆颇福法官用木槌敲响最后的判决之时，政府提出了一个特别申请，要求对控告书进行更改。此时已是 11 时 59 分，已是最后的时刻，这个请求整整迟到了两年。法庭拒绝了这个请求，而听众席上开始嘀咕着表示同意。

“法庭内保持肃静！”维持秩序的官员高声说，拉姆颇福宣布三名法官组成的宣判小组已经达成了判决意见。此时，法庭一片寂静，拉姆颇福用他那低沉而平静的声音重申了法庭的结论。是的，非洲人国民大会一直想用“激进的、完全不同的政府形式”取代现政府；是的，非洲人国民大会在抵抗运动期间确曾采用非法手段进行抗议；是的，某些非洲人国民大会领导人发表讲话，鼓动群众使用暴力；是的，非洲人国民大会具有很强的左翼倾向，具体表现在他们反对帝国主义、反对西方、赞成苏维埃的态度上，但是——

> 根据提交给本法庭的所有证据和我们发现的事实真相，本法庭不可能得出非洲人国民大会采用了暴力政策推翻现政府，即发动群众直接使用暴力反对政府的结论。

法庭认为，控方没有证据证明非洲人国民大会是一个共产主义组织，或者证明《自由宪章》就是向往共产主义国家。于是拉姆颇福法官宣布：“由于发现被告无罪，因此他们将被释放。”

观众席上的旁听者爆发出一阵欢呼声。我们站起身来，相互拥抱，向沉浸在欢乐中的人们挥手致意。然后，我们步入法院的大院内，有的脸上露出灿烂的微笑，有的放声大笑，有的欢呼雀跃。当我们出现在群众当中的时候，大家一起高兴地欢呼。我们被告中有些人把我们的辩护律师高高地举了起来。把伊斯雷尔·梅赛尔斯举起来可不是一件容易的事情，因为他身材很魁梧。我们周围到处都是闪光灯，我们四处张望，想从人群中找到朋友、妻子和亲属。温妮走了过来，我高兴地把她拥抱在怀里，尽管我知道，虽然此时此刻我也许是自由的，但是，我将不能享受这种自由。当我们大家一起走出法院大院的时候，叛国审判庭里的人都开始高唱《上帝保佑非洲》。

政府在法庭上费了4年多时间，指派了几十个起诉人，提供了数以千计的文件和数以万计的证词，但是他们的目的并没有得逞。判决结果对政府来说是十分尴尬的，在国内和国外都丢了面子。但是，这样的结果只能使政府对我们更加仇视。他们所吸取的教训不是冤枉了我们，而是要对我们采取更加无情的打击。

我不认为这次判决说明这个法律体制本身是正确的，或者说，它证明黑人在白人的法庭上能讨到公道。它不过是唯一的一次正确判决而已，从很大程度上说，它是优秀的辩护队伍和审判班子秉公断案的结果。

这个法庭可能是南非唯一的让非洲人能够有公正听证并仍能够采用法律规定的地方。在一个合众党提名的、由开明的法官主持下的法庭上，这一点尤为真实。因为，这些人中的多数仍然能够坚守法律的规定。

作为一名学生，我一直受到这样的教育：南非是一个法治国家，法律适用于每个人，不管他们的社会地位和职位高低。我由衷地相信这一点，并且按照这个信念对我的人生作了安排。但是，我作为律师和社会积极分子的生涯却使我擦亮了眼睛。我发现，课堂上教的与法庭上学的两者之间存在着很大的差距。我从认为法律是一把正义之剑的理想主义观点，转变为认为法律只是统治阶级用来维护自己统治的一个工具。尽管我为正义付出了很大的代价，并且有时我也得到过正义，但是，我绝不会期待在法庭上能得到正义。

在叛国审判中，法官超越了他们的偏见、教育和背景。人的身上有一种善良的倾向，这种倾向可以被埋没或隐藏，也可以出乎意料地显现出来。拉姆颇福法官，以他的冷淡态度在整个审理期间给大家留下了与少数白人统治者有相同的观点的印象。但是，最后判决时，一种基本的正义感主导了他的审判。与他的同僚相比，肯尼迪并不太保守，他似乎受到了平等思想的影响。例如，有一次他和杜马·诺克韦乘坐同一航班从德班飞往约翰内斯堡，当航空公司开往城里的公共汽车司机拒绝杜马乘坐的时候，肯尼迪也拒绝乘坐那辆公共汽车。法官比克总是给我胸怀坦荡的印象，并且似乎知道坐在他面前的被告在政府手中遭受了许多痛苦。我是从这三人的个人角度来评价他们的，并不是把他们当做法庭或政府或他们所属的种族的代表，而是把他们当做反逆流的人类行为的榜样。

法官比克的夫人是一个对别人的需要很敏感的人。在紧急状态期间，她曾募集物资援助被告。

但是，政府蒙受耻辱的失败之后，决心不再让这种失败重演。从那天起，他们不再打算依靠那些不是自己指派的法官。他们也不准备奉行他们认为的那些法律上美好的东西，例如，保护恐怖主义者或允许被判决的服刑者在监狱里有一点权利等。也就是说，在叛国审判期间，没有什么人曾受到隔离、拷打和折磨等形式逼供，而所有这一切在判决之后不久都将成为司空见惯的事情。

第六部

黑色的海绿花

40...

判决后，我并没有回家。尽管别人的心情像过节一样，急于庆祝一番。但是我知道，当局随时随地都可能发动袭击，而我不想给他们留下袭击的机会。我急于在被禁止或逮捕前脱身，当天夜里我住在了约翰内斯堡一栋安全的房子里。那是一个睡在陌生床上不安宁的夜晚，每辆汽车的鸣叫声都会让我担惊受怕，认为可能是警察来抓我。

瓦尔特和杜马把我送上路，这次的目的地是伊丽莎白港。在那里，我将与戈万 · 姆贝基和雷蒙德 · 穆拉巴见面，并探讨新地下组织结构问题。我们在马斯拉 · 帕泽医生的家里见了面，马斯拉 · 帕泽后来因为允许我们在他家里会面而被判监禁了两年。在组织上安排的一所安全房子里，我会见了自由派报纸《伊丽莎白港晨报》的一位编辑，与他讨论了全国代表大会运动问题，目的是赢得另外几家报社的支持。我后来又拜访了帕特里克 · 邓肯，他是自由派周报 *Contact* 的编辑和出版人，也是自由党的创始人和反抗运动期间第一个白人志愿反抗者。他的报纸一直谴责非洲人国民大会的政策由共产党人控制，但是当他见到我的时候，他说的第一件事却是仔细阅读叛国审判记录使他纠正了错误观念，他将在他的报纸上对这些错误观念进行更正。

那天夜里，我在开普敦召集的非洲人乡镇牧师会议上讲了话。我之所以提及这次会议，那是因为有一位领祷牧师几年来一直与我在一起，可以说是我困难时期的力量支柱。他感谢上帝的慷慨、仁慈、怜悯和对全人类的关心。但是，他当时也以自由的名义提醒上帝，他的子民中的某些人正在被另一些人蹂躏，而上帝对这个事情似乎没有给予注意。那位乡镇牧师后来说，如果上帝不在引导黑人得到拯救时表现得更积极一点，黑人将不得不依靠自己拯救自己，阿门！

在开普敦的最后那个上午，我要在南非有色人组织的创始人之一乔治·皮克的陪同下离开宾馆，我对宾馆的有色人经理表示感谢，因为他对我照顾得非常好。他非常和善，不过也非常好奇。他知道了我的身份，告诉我有色人社团担心在非洲人执政后，他们将和现在在白人执政下一样受压迫。他是一个中产阶级的生意人，可能与非洲人接触不多，因此，担心黑人也会和白人一样压迫他们。这种担心在一部分有色人社团中很普遍，特别是在开普地区。尽管时间已经不早，但我还是向这位经理介绍了《自由宪章》，并强调我们承诺不搞种族歧视。一个自由战士必须抓住每一个机会向人民宣传自己的主张。

第二天，我在德班参加了非洲人国民大会全国执行委员会与大会运动联合执行委员会一起召开的秘密会议，讨论即将采取的行动是否应该采用完全彻底的、配以罢工纠察队和游行示威的罢工形式。坚持采取罢工形式的委员说，我们自1950年就采用的在家中静坐的斗争策略经历的时间已经太长了，在阿扎尼亚泛非主义者大会正在吸引群众的形势下，采取更具有战斗性的形式是必要的。我赞成另一种观点，持这种观点的人认为在家中静坐可以打击敌人，同时又可以防止敌人对我们反扑。我坚持认为，人民的信心在我们的运动中得到了提高，因为他们认识到了我们并不是不顾他们的生命。我说，在沙佩维尔由于示威者的英雄主义，使敌人打死了我们的人。我坚持采取在家中静坐的方式，尽管我知道全国人民对消极反抗已经不耐烦，但是，我认为不应该没有全面策划就脱离我们已经验证过的斗争策略，我们既没有时间也没有条件采取更具有战斗性的罢工形式。最后，大家一致决定采取在家中静坐的形式进行罢工。

生活在地下需要经历一种地震式的心理转换。你必须对每个行动进行计划，不管行动是小还是看似不重要，因为当时没有什么事情是完全无罪的。一切都不确定，你不能自己左右自己，必须完全适应你所承担的任何任务。从某种意义上讲，这对一个南非黑人来说，不仅仅是适应的问题。因为按照隔离法，黑人本就过着一种阴影般的生活，生活在合法与非法、公开与隐蔽之间。做一个南非黑人就意味着不相信任何事情，这与一辈子生活在地下没什么不同。

我变成了一个夜间活动的生灵。白天躲在隐蔽的地方，天一黑就出来做我的工作。我主要是在约翰内斯堡活动，不过根据需要我也会到其他地方。我住在空荡荡的公寓里，在民居中间，哪里没有人、哪里不引人注意就住在哪里。尽管我是一个喜欢社交的人，但是我更喜欢孤独，我希望有自己左右自己的机会，自己做计划、自己思考、自己谋划。不过，我孤独得有点过分，令我十分想念我的夫人和家人。

在地下的关键是让别人看不见。正如走进房间时可以使你十分显眼一样，你也完全能够在走路和行动时使自己不被别人注意。作为一个领导人，他要经常抛头露面；但作为一个亡命之徒，却又不能这样做。在地下工作的时候，我走路时不能挺胸，站立时不能直腰。我说话的声音要低，且不能说得清清楚楚。我要更低调、更少管闲事，我也不刮胡子、不理发。我伪装最多的是司机、厨师或“园艺工”。我身上穿的是工地上工人穿的蓝色工作服，并且常常戴着没有镜框的茶色眼镜。我有一辆汽车，并且有一顶与我的工作服配套的司机帽。装扮司机更为方便，因为我可以找借口开着汽车外出。

在头几个月里，当局签发了抓我的逮捕证，警察到处追捕我，我的潜逃生活使媒体产生了许多猜测，常常在头版头条发表文章，说我藏在什么什么地方。全国各地都设立了道路检查站，但是，警察总是空手而归。有人给我送了一个绰号，叫“黑色海绿花”。这个绰号有某种贬义，来源于奥希兹男爵夫人的虚构人物——红色的海绿花。在法国革命时期，他曾惊险地躲过了对他的一次次追捕。

我秘密地在全国各地活动：在开普与穆斯林在一起，在纳塔尔与制糖工人在一起，在伊丽莎白港与工厂里的工人在一起。我走遍了全国各地的乡镇，夜间在各地参加会议。我甚至带上满满的一口袋三便士硬币通过电话亭给新闻记者打电话，传播有关我们的计划和警察如何无能的故事，满足人们对黑色海绿花的神话需求。我会突然出现在这里或那里，使警察感到烦恼，人民却感到高兴。

有许多关于我在地下活动的传奇故事，人们喜欢美化勇敢者的传说。我确实有过几次险中逃脱的经历，但却没有人知道。有一次，我正驾驶汽车在城里行驶，遇到红灯后停在了路口。我看见左边相邻的轿车内坐着威特沃特斯兰德警察局的斯彭格勒上校。对他们来说，这是逮捕黑色海绿花的最好机会。我头戴工作帽，身穿蓝色工作服，眼睛上挂着我的茶色墨镜。他们竟然没有认出我来。尽管我在那里等信号只等了几秒钟，但我感觉似乎等了几小时。

有一天下午，我在约翰内斯堡装扮成一个司机，身上穿着长风衣，头上戴着司机帽，正在一个僻静处等候接我的汽车。我发现一个非洲人警察大步朝我走来，我环视了一下周围的情况，看是否有逃跑的可能。但是，没等我逃跑，那个警察却冲着我微笑，并暗暗地向我行了个非洲人国民大会竖拇指礼就走开了。像这样的危险我遇到过多次，每当我遇见这种情况的时候，我更加确信，许多非洲人警察是忠诚于非国大的。有一天，一个黑人警察中士偷偷告诉温妮，一定不要让马迪巴在星期三夜里住在亚历山大，因为警察将在当天夜里发动袭击。在斗争期间，黑人警察常常受到严厉批评，但是，他们多数人都起到了极其宝贵的暗中保护的作用。

在我进行地下活动的时候，我尽可能地不修边幅。我的工作服看上去就像是一个苦力穿了一辈子的工作服。警察为我画了一张留着长胡子的像，并广泛张贴。我的同事催促我把胡子刮掉，但是，我拒绝了他们的要求。

正因为人们认不出来，所以有时我可能会受到冷落。有一次，我计划到约翰内斯堡远郊参加一个会议，一位著名牧师安排他的朋友留我在那里住宿。我到达门口时，没等我说明我是谁，在门口的那个老太太惊叫着说：“不，我不让你这样的人来这里！”并赶快关上了门。

41…

我在地下工作的时间主要用于策划5月29日的罢工。政府与解放组织之间已经形成了一种战争态势。5月末，政府在全国范围内对反抗组织的领导人进行了袭击。禁止召开会议、没收印刷物品，议会草草通过立法，警察对没有缴纳保释金的被指控人员可以关押12天，从而使合法的行动也遭到打击。

沃尔沃德宣布，支持罢工的人，包括对罢工有同情心的媒体是在"玩火"，这是一个不祥的宣言，充分暴露了政府的残酷无情。政府敦促工业界为工人提供睡觉的地方，这样，工人在罢工期间就不必回家。在举行罢工的前两天，政府举行了南非历史上最大规模的阅兵式。军队实施了自从战争开始以来最大规模的调防，警察取消了节假日，军队封锁了城市的出入口。撒拉森坦克在市区污浊的街道上隆隆行驶，直升机在空中盘旋，一旦发现有人集会就俯冲下来把人群驱散；到夜间，直升机在住宅区不断地打着探照灯。

在举行罢工几天之前，我们广泛地印发了英文宣传品。但是，罢工前却有人把这些宣传品撕碎，敦促工人去上班。阿扎尼亚泛非主义者大会扮演了破坏者的角色，他们散发了数千份传单，号召人们抵制罢工，并把非洲人国民大会领导人污蔑为胆小鬼。阿扎尼亚泛非主义者大会的行动使我们感到震惊。有问题可以批评，我们也可以接受，但是，企图通过直接号召人民去上班和为敌人服务来破坏罢工，这是我们万万不能接受的。

在举行罢工前的那个夜里，我们计划在索韦托的一座安全的房子里与约翰内斯堡非洲人国民大会领导班子一起召开会议。为避免遭遇警察在路上设置的路卡，我从克利波顿进入索韦托，因为那里通常没有警察巡逻。但是，当我绕进一个偏僻的角落时，却正好撞上了我设法避免的路卡。一位白人警察示意让我停车，当时我穿的是一身普通工作服，头上戴的是司机帽。他眯着眼睛透过车窗仔细地打量了我一下，然后走过来亲自对我的汽车进行搜查。通常，这都是黑人警察干的活。他没有发现什么可疑的东西，然后又让我出示通行证。我告诉他说，我的通行证遗忘在了家中，不过我能背出号码，于是我故作漫不经心的样子编造了个号码背给他听。这似乎让他很满意，并最终放我通行。

5 月 29 日是礼拜一，那天是罢工的第一天，成千上万的人冒着失业和失去生活来源的危险拒绝去上班。在德班，印度工人走出了工厂；在开普地区，数以千计的有色工人在家中静坐；在约翰内斯堡，有一半以上的雇员待在家中；在伊丽莎白港，参加罢工的人数就更多。我对人民群众的这种反应给予了很高的评价，赞美我们的人民“敢于藐视政府史无前例的恫吓”。白人组织的共和国日庆祝活动被淹没在了我们的罢工浪潮之中。

尽管有关第一天罢工的报道在全国各地引起了强烈的反响，但是，人民对这次罢工的反应总的来看并没有我们预想的那样强烈。通信和交通都很困难，而且坏消息总是比好消息传播得快，随着报道越来越多，我感觉有些失望。那天晚上，我的情绪非常低落，也感到很生气。我与《兰德每日邮报》的本杰明·博格兰德进行了交谈，交谈中我建议结束非暴力斗争。

在罢工的第二天，在与我们的同事进行商量之后，我号召停止罢工活动。那天上午，在市郊白人居住区的一所公寓内，我会见了本地和外国媒体的记者。我再次声明，这次举行的在家中静坐是一个“巨大的胜利”。但是，我毫不掩饰地认为，新的一天将要到来。我说：“如果政府作出的反应是用赤裸裸的武力镇压我们的非暴力斗争，我们将不得不重新考虑我们的策略。在我的心目中，我们正在翻过非暴力政策这一历史篇章。”这是一个庄严的声明，并且我知道，我将受到执行委员会的批评，因为我未经组织讨论就发表了这样的讲话。但是，有时为了把组织推向你希望的方向，你就必须站出来。

1960 年初以来，关于使用暴力的辩论就一直在进行。早在 1952 年，我与瓦尔特·西苏陆第一次讨论了武装斗争问题。现在，我又一次与他讨论这个问题。并且，我们一致认为非洲人国民大会必须着手采取新的斗争策略。共产党已经秘密地重新设立了自己的地下组织，现在正在考虑组建自己的军队。我们决定要在工作委员会上提出武装斗争的问题，于是，在 1961 年 6 月召开的一次会议上，我提出了这个问题。

我刚一提出建议，就遭到摩西·考塔尼的反对。他是共产党的书记，在非洲人国民大会执行委员会中是最有势力的人物之一。他指责我没有认真考虑这个建议，说我中了政府的计，被政府的行动吓坏了，因此在绝望中企图乞求于革命的语言。他强调："如果我们有丰富的想象力和足够的勇气，我们仍然有采用老的斗争方式的余地。如果我们采纳曼德拉的建议，我们无异于把无辜的人民交给敌人进行屠杀。"

摩西能言善辩，我明白是他使我的建议遭到了失败。连瓦尔特都不站在我的立场上说话，我不得不放弃了自己的主张。后来，我与瓦尔特交换了意见，吐露了我受到的挫折，责备他没有站出来帮我说话。他笑着说，如果那样做，将是如同与怒狮的傲慢争高低一般愚蠢。瓦尔特是一个有外交手腕的人，很有心计。"让我安排摩西单独来见你，"他说，"那样，你就可以陈述你的意见。"我当时在地下，但是，瓦尔特设法把我们两人安排在市区内的一个房子里见了面，我们谈了一整天。

我坦诚地说明了我认为除了转向暴力没有别的选择的原因。我引用了一句非洲俗话："Sebatana ha se bokwe ka diatla。"（打野兽不能赤手空拳）摩西是一个老共产党员，我告诉他，反对暴力斗争就像巴蒂斯塔当政下的古巴共产党。古巴共产党坚持认为，如果条件尚不成熟，只能等待时机的到来，因为他们教条地遵循了列宁和斯大林的理论。卡斯特罗没有等，他使用了暴力，于是他胜利了。如果你教条地等待条件成熟，那么这些条件永远也不会产生。我直截了当地告诉摩西，他的观点仍然是非洲人国民大会作为一个合法组织的旧模式。人民已经做好了组建自己的军队的准备，能够领导他们的只有非洲人国民大会。我们总是让人民走在我们的前面，现在仍然如此。

我们交流了一整天，最后，摩西对我说："纳尔逊，我不向你许诺任何事情，但是，你可以在工作委员会内部再次把这个问题提出来，我们看看会发生什么情况。"我们在一周内就召开了会议，会上我再次提出了这个问题。这次，摩西没有发言，会议形成了一致意见，让我向德班的全国执行委员会提出建议。瓦尔特露出了微笑。

与当时所有非洲人国民大会会议一样，德班执行委员会会议需要秘密地在夜间召开，以躲避警察的袭击。我预料将会遇上困难，因为鲁图利酋长也要参加这次会议，我知道他一贯从道义上主张非暴力斗争。我也为这个建议不合时宜而担心：叛国审判刚刚结束，我就提出采用暴力问题，而在法庭上我们已经声称，对于非洲人国民大会，非暴力是一个不可违背的原则，而不是一个根据条件变化而变化的策略。而我本人则认为恰恰相反，非暴力是一个策略，当它不再有保留价值的时候，我们就应该放弃它。

在会上，我坚持认为政府不给我们选择的余地，只有选择使用暴力。我说，让我们的人民别无选择地以和平方式面对政府的武装镇压是错误的，也是无道义可言的。我再次重申，人民已经决定拿起武器，不管我们发动他们与否，暴力斗争都会开始。难道我们按照反对压迫、拯救生命的原则领导暴力斗争对人民还有什么不好吗？我说，如果我们现在不带头使用暴力，我们很快就要掉队，整个运动也将会失去控制。

酋长开始时反对我的观点。对于他来说，非暴力不仅仅是一种策略，而且也是一个原则问题。但是，我做了一整夜的工作去说服他，因为我相信他心里知道我们是正确的。他最后同意，采取军事行动是不可避免的。当有人含沙射影地说，可能酋长对于这样一条路线没有思想准备时，他反驳说："如果有人认为我是一个和平主义者，那就让他惹惹我试一试，他将知道他是多么的错误！"

全国执行委员会正式认可了工作委员会的初步决议。酋长和其他人都认为，我们应该以非洲人国民大会还没有对它进行讨论这样一个态度去对待这个新的决议，因为他不想危及没被取缔的联盟组织的合法性。他的想法是，采取军事行动应该成立独立的机构，这个机构与非洲人国民大会有联系，并属于非洲人国民大会领导的一个部门，但是，它可以基本保持独立。我们将保持两种独立的斗争方式，我们愿意接受酋长的建议。酋长和其他人都告诫我们，不要把这个新的局面当做忽视组织基本任务和传统斗争方式的借口。忽视组织的基本任务和传统斗争方式将由于武装斗争成为运动的核心而造成失败，至少在开始的时候是如此。

第二天夜里，在德班召开了联合执行委员会会议。出席单位有印度人大会、有色人人民大会、南非商业工会和民主党人大会。尽管这些组织一般都会接受非洲人国民大会的决议，但是我知道，有些印度同事将会努力反对转入暴力斗争。

会议开头就不吉利。会议主持人鲁图利酋长宣布，尽管非洲人国民大会通过了采用暴力斗争的决议，但是，"这是一个重大问题，我希望与会的同事们今天把它作为一个新的问题进行研究"。显然，鲁图利酋长并不完全接受我提出的新路线。

我们晚上 8 点开始开会，会上争论得很激烈。我仍然坚持我一贯坚持的观点，但是，许多人都持保留态度。玉苏福 · 凯查利亚和奈克医生请求我们不要坚持这个路线，他们认为这样政府就会扼杀整个解放运动。J. N. 辛格是一个能说会道的雄辩家，他那天夜里讲的话仍然在我耳边回响。"非暴力没有让我们吃败仗，"他说，"而我们却让非暴力吃了败仗。”我反驳说，事实上非暴力使我们吃了败仗，因为，我们的非暴力并没有阻止住政府的暴力，或者说没有改变我们的压迫者们的心肠。

我们争辩了一整夜。第二天凌晨，我开始感到我们的争论有了进展。当时，许多印度领导人对结束非暴力仍然持失望态度。但是，南非印度人大会的成员 M. D. 奈杜忽然开了口，他对印度同事们说："啊，你们是害怕蹲监狱，仅仅如此而已！"他的话在会上引起一片哗然。当你对一个人的忠诚提出疑问的时候，你可能会面临一场战斗。整个论战似乎成了一个没有答案的未了之局。不过，到天快亮的时候，大家终于想出了一个办法。联盟大会授权我先行一步，组建一个新的军事组织，与非洲人国民大会保持相互独立。非洲人国民大会将仍然保留非暴力的斗争策略。为了组建这个军事组织，我被授权优先挑选人才，想和谁合作就和谁合作，需要和谁合作就和谁合作，并且可以不受非洲人国民大会的直接控制。

这是具有决定性的一步。50 年来，非洲人国民大会把非暴力作为一个基本原则，不容置疑，也不容辩论。从此之后，非洲人国民大会将是一个与以前完全不同的组织。我们走上了一条新的、更危险的道路，一条有组织的军事斗争道路，其结果我们不知道，我们也无法知道。

42...

我从来没有当过兵，从来没有打过仗，也从来没有朝敌人开过枪。但是，组建军队的任务却落到了我的头上。这对于一个退役的将军来说也是一个艰巨的任务，更何况是一个军事新手。这个新组织取名为“Umkhonto we Sizwe”（民族长矛军，又译为“民族之矛”），或缩写为MK。我们之所以以长矛命名这个军事组织，是因为几个世纪以来非洲人一直用这种简陋的武器抗击白人的入侵。

尽管非洲人国民大会的执行委员会不允许白人参加，但是，民族长矛军并没有这个限制。我立即招募乔·斯洛沃和瓦尔特·西苏陆一起组成最高指挥班子，我在这个班子内任主席。通过乔，我招募了白人共产党员入伍，这些人早就决心使用暴力，并且已经开展了诸如切断政府的通信线路等破坏活动。我们还招募了杰克·霍奇森和拉斯迪·波恩斯坦参加行动，他们两人都是共产党员。杰克曾经参加过第二次世界大战，并且是"跳羚军团"的成员，他成了我们的第一位爆破专家。我们的任务就是开展针对政府的暴力活动，但到底开展什么样的暴力活动还有待于研究决定。我们的意图是对个人的打击要尽可能小，而对政府的打击则要尽可能大。

我从自己唯一能干的事情着手干起，例如帮助专家查查资料或者动动嘴什么的。我要学习发动革命的基本原理，我发现这方面有很多资料，并首先阅读了现成的论述武装战争，特别是游击战争的文献。我想弄明白什么样的环境条件适合开展游击战争，如何创建、训练和维持一支游击战争队伍，如何对这支游击队伍进行武装，物资供给从何处来，这都是一些最基本的问题。

我对一切原始资料都很感兴趣。我阅读了古巴共产党总书记布拉斯·罗卡的报告，这个报告是关于他们在巴蒂斯塔当政期间作为一个非法组织的斗争经历。在德尼斯·赖茨所写的《突击队》一书中，我学习了英布（英国人－南非白人）战争期间布尔将军们的游击战术。我阅读了切·格瓦拉、毛泽东、菲德尔·卡斯特罗的著作和关于他们的书籍。在埃德加·斯诺的光辉著作《红星照耀中国》中，我发现是毛泽东的决心和非传统思想把他引向了胜利。我阅读了梅纳赫姆·贝京写的《起义》一书，并被这位以色列领袖在一个既没有高山又没有森林、情况与我们类似的国家里领导游击队的事迹所鼓舞。我渴望详细了解埃塞俄比亚人民反对墨索里尼的武装斗争，以及肯尼亚、阿尔及利亚和喀麦隆游击队的武装斗争情况。

我研究了南非的过去，学习了白人入侵前后的南非历史，探讨了非洲人与非洲人之间、非洲人与白人之间、白人与白人之间的战争。我调查了南非的主要工业区、国家的运输系统和通讯网络，积累了详细的地图资料和对全国不同地区的地形分析资料。

1961 年 6 月 26 日，我给南非新闻媒体发了一封信，赞扬了人民群众在最近的罢工期间所表现出来的勇气，并再一次号召召开全国立宪大会。我又一次发表声明，如果政府不举行这样的大会，我们将在全国发动不合作运动。这封信的部分内容如下：

> 我得知政府签发了逮捕证，警察正在到处搜捕我。全国行动委员会对这一问题进行了充分、认真的研究……劝我不要自首，我接受了这个劝告。我将不会向我不承认的政府自首，任何严肃的政治家都会发现，在南非现在的条件下，通过向政府自首自寻无谓的牺牲就是幼稚和犯罪……
>
> 我选择了这条比坐等胜利更加艰难、更有风险的道路，我不得不离别我亲爱的妻子、儿女、母亲和姊妹们，在自己的土地上当一个违法者。我不得不像我们许多人正在做的那样，关闭自己的生意、放弃自己的职业、在贫困中生活……我将与你们一起向政府宣战，一英寸一英寸、一英里一英里地向前进，直到最后取得胜利。你们打算干什么？你们能不能与我们在一起？或者，你们想不想与残酷镇压你们的人民的政府合作？难道你们打算在关系到人民生死存亡的问题上保持沉默和中立？我自己已经作出了抉择。只有通过艰难、牺牲和军事行动才能获得自由。斗争是我的生命，我将继续为自由而战，直到结束我的生命。

43...

在转入地下后的头几个月，我在商业大街上的一户人家中住了几周。此后，我又在伯里亚与沃尔菲·克代士一起住在地下的单身公寓里，那里是距离市区很近的一个白人居住区。沃尔菲是一个民主党人大会的成员，也是《新时代》的记者。他曾经在第二次世界大战期间在北非和意大利打过仗。他的战争知识和亲身战斗经验对我帮助很大。在他的建议下，我阅读了普鲁士将军卡尔·冯·克劳塞维茨的经典著作《战争论》。克劳塞维茨的中心思想是：战争是外交通过其他手段的继续，这个思想正好与我的感觉相吻合。我依靠沃尔菲为我搜集阅读资料，但我又担心会因此影响他的生活，打扰他的工作和休闲。但是，他是一位热情好客且十分谦虚的人，从来没有抱怨过。

我睡在一张行军床上，几乎在他的公寓里住了两个月。白天躲在里面，通过百叶窗透进的光线进行阅读和筹划，召开会议则要到夜间进行。我每天早晨都会打扰沃尔菲的美梦，因为我通常 5 点起床并换上运动服原地跑步一个多小时。沃尔菲终于被我的养生之道所触动，开始在早上去上班前与我一起锻炼。

民族长矛军当时正在训练起爆技术。一天夜里，我陪沃尔菲到城郊的一个旧砖场去试验起爆装置。这要冒生命危险，但是我坚持要参加民族长矛军的第一次爆炸装置的试验。在砖场里，爆炸是一件平平常常的事情，因为在用大机器将黏土铲起并送进制砖机之前，要用炸药把黏土炸松。杰克·霍奇森带来了一个用马口铁桶灌入炸药制成的爆炸物，并用圆珠笔内芯做成了一个起爆装置。那天夜间一片漆黑，我们只有一个小小的照明装置，我站在一旁看着他操作。准备就绪以后，我们退到远处，并开始读秒计时。当数到 30 秒的时候，装置发生了爆炸，扬起了许多尘土。爆炸很成功，我们迅速返回车内并四散逃离现场。

在伯里亚，我感到很安全。我从不外出，因为这里是白人居住区，警察大概不会到这里来搜捕我。我白天在这个公寓里读书的时候，常常在窗台上放一品脱牛奶，让它慢慢发酵并变酸。我很喜欢这种酸奶，科萨人把它叫做“阿玛西”，并誉之为一种卫生营养食品。制作酸奶很简单，仅仅把鲜牛奶放在露天的地方，让它酸化即可。牛奶会变稠、变酸，很象酸乳。我甚至还让沃尔菲品尝了一下，但是，他只尝了一口就露出了难咽的苦相。

一天晚上，沃尔菲回来后，我们正在公寓里闲聊，忽然听见有人在窗子附近谈话。我能听出是两个非洲人用祖鲁语谈话，但无法看到他们，因为窗帘是拉上的。我示意沃尔菲不要出声。

“那个窗台上怎么会有‘我们的牛奶’？”其中一人说。

“你说什么？”另一个人问。

“窗台上有酸奶——阿玛西，”他说，“这是干什么？”然后是一阵沉默。那个眼尖的家伙说这句话的意思是，只有黑人才这样把牛奶放在窗台上，黑人怎么住在白人区？我当时就意识到我需要换地方了，于是，在第二天夜里我就搬到了另一个地方藏身。

我住进了约翰内斯堡市内的一个医生家里，夜间睡在佣人居住间里，白天在医生的书房里工作。白天有人来的时候，我会躲进后院，假装是园艺工。然后，我又在纳塔尔的一个甘蔗种植园住了大约两个礼拜，与一群非洲劳工及其家属一起住在一个名叫汤加特的小社区内，那里离德班的海边不远。我住的是一个家庭旅馆，假扮成一个受政府指派来评估土地的农业示范员。

组织上为我配备了农业示范员用的工具，我每天都要检查土壤和做试验。我对我所做的工作几乎一窍不通，然而，我并不认为自己是在欺骗汤加特的老百姓。但是，这里的人多数都是农场工人，自然有辨别能力，他们没有打听我的身份，甚至当他们看见夜里有人开着轿车来到他们的社区，而且有些来人是当地的政治家时，他们也不打听我是何方人士。我常常夜里开一整夜会，白天睡一整天觉，这对于一个农业示范员来说是很不正常的。尽管我潜心于别的事情，但是我感觉与这个社区有一种亲近感。我礼拜天去教堂做礼拜，享受犹太复国主义基督教牧师们使人怦然心动的老式祈祷声。在我即将离开教堂的时候，我向一位年长者表示感谢，感谢他对我的关照。他说："千万别客气，但是，Kwedeni（年轻人），请告诉我，鲁图利酋长要干什么？"我被吓了一跳，但是，我很快回答了他的提问："你最好是亲自去问他，我无法替他回答。但是，根据我的理解，他要我们的土地重归我们，他要我们的国王重新当政，他要让我们能够自己决定自己的未来，过我们自己的日子。"

"他没有军队怎么办？"那个年长者问。

我很想告诉那位老人，我正在忙着组建军队。但是，我不能说。那位老人的感伤鼓舞了我，同时，我也担心别人已经发现了我的使命。我在一个地方待的时间又太长了。第二天夜里，我又像到这里来的时候一样，悄悄地离开了这里。

44...

我的下一个住处是立里斯里夫农场。这里与其说是藏身之处，倒不如说是一个避难之所。它坐落在利沃尼亚，是位于约翰内斯堡北部的一个小牧场，我是10月份搬到那里去的。那时候，利沃尼亚主要由小农场组成。那里的农舍和家庭用具都是由政府购置的，目的是让那些在地下工作的矿工有个安身之处。当时，我住的是一个需要整修的老房子，没有人在里面居住。

我假扮成一个给主人看管房子的男佣住进了那所房子。我化名大卫·莫扎马义，这是我以前的一个诉讼委托人的名字。在农场里，我穿一身简朴的蓝工作服，这是非洲男佣通常穿的衣服。白天，这里有许多工人，其中有建筑工和油漆工。他们正在对原有的主要房间进行维修和扩建。我们要求增加几个小房间，以便让更多的人居住。工人们都来自亚历山大城,他们称我“服务生”或“小伙子”（他们从来没有问过我的名字）。早晨，我为他们准备早餐;上午和下午，我为他们准备饮料。他们也派我的公差，让我在农场里干些活，或者要我去扫地或收拾垃圾。

一天下午，我告诉他们，我在厨房里为他们准备了茶水。他们进了厨房，我把盛有杯子、茶、牛奶和糖的托盘依次端到他们面前。他们每人取了一个杯子，开始动手调制饮料。当我托着盘子来到在大家中间讲故事的一个人跟前的时候，他端起了一个杯子。他只注意讲故事，而没有注意看我。他一边讲，一边在空中挥动着茶匙，把茶匙当成了讲故事的道具，而没有用茶匙去取糖往茶中放。我几乎在他跟前站了好几分钟，最后，我有些不耐烦，于是就走开了。这时他注意到了我，高声说：“服务生，回来，我没说让你离开。”

许多人都描绘了一幅反映非洲社会人人平等的理想主义画图，我基本上同意这种描绘，但同时也认为，事实上非洲人之间并不总是能够相互平等对待。在为城市非洲居民引入白人社会的社会地位观方面,工业化起到了巨大的作用。对那些人来说,我是一个下等人，一个男仆，一个没有正事可干的人，并因此而遭人藐视。我扮演的角色是如此的成功，以至于他们没有人怀疑我是他们的仆人。

每天太阳落山的时候，工人们就各自回他们自己的家，直到第二天早晨，我一直独自一人居住在那里，我喜欢这些宁静的时间。但是，多数晚上我都是离开这里去参加会议，直到半夜才回来。在这么晚的时间，回到我不太熟悉的并且假冒他人的名字非法居住的地方，这常常使我感到不安。我记得有一天夜里，当我似乎看见有人藏在灌木丛中的时候，我感到心惊肉跳。但是，我仔细观察后却没有发现什么异常。一个地下自由战士往往连觉都不能安安稳稳地睡上一次。

数周后，我在这个农场里见到了雷蒙德·穆拉巴，他是从伊丽莎白港到这里来的。雷蒙德是一位坚定的商业工会会员，他是开普执行委员会的成员，也是一位共产党党员，而且是第一个在反抗运动中被捕的非洲人国民大会领导人。他被非洲人国民大会选拔为第一批民族长矛军的军人。他来这里的目的是准备动身去中华人民共和国接受军事培训。当时，和他一起去中国的还有另外三个人。我们恢复了瓦尔特 1952 年带回来的联系渠道。雷蒙德与我在一起待了两周，比较详细地向我介绍了非洲人国民大会在东开普地区出现的问题。在起草民族长矛军章程时，我吸收了他的意见。我们也与乔·斯洛沃和拉斯迪·波恩斯坦进行了会晤，他们两人都参加了民族长矛军章程的起草工作。

雷蒙德走后，我与迈克尔·哈迈尔进行了短时间的接触。他是共产党地下组织的关键人物，是民主党人大会的创始人之一，也是《解放》杂志的编辑。迈克尔是一位杰出的理论家，他当时正在研究共产党的策略，需要有一个宁静而安全的地方，以便全力以赴地进行这一研究工作。

白天，我与迈克尔保持一定的距离，因为，如果一个白人专业人士与一个黑人家庭仆人经常在一起谈话将会十分引人注意。但是在夜间，等工人们都走后，我们就会在一起就共产党与非洲人国民大会之间的关系进行长谈。有一天夜里，我出席了一个会议，很晚才回到农场。此时只有我一个人住在那个房子里。我确信房子的门都已经上了锁，所有的灯也都已经关上了。我十分小心，因为一个黑人半夜三更开着车进入利沃尼亚会引起意想不到的问题。但是，我忽然发现房子里的灯又被打开了，当我走近那个房子时，听见里面有收音机在响着。房子的前门是开着的，我走进房内，发现迈克尔已经在床上睡着了。我为这一安全隐患而感到气愤，于是我把他推醒并告诉他：“伙计，你怎么开着灯和收音机就睡着了！”他睡得昏头昏脑的，非常恼火。“纳尔逊，你非得打扰我睡觉吗？有事能不能明天再说？”我说不行，这是个安全问题，我对他的松懈行为提出了严肃的批评。

在这之后不久，阿瑟·戈德里克和他全家作为正式租住户搬进了这所房子，我换了一处新建的家庭工住房。阿瑟的存在为我们开展活动提供了一种必要的掩护。他是一个专业艺术家和设计师，也是民主人士大会的成员，并且还是民族长矛军第一批军人。警察对他的政治倾向不甚了解，因此，他从来没有受到过质询和袭击。20世纪40年代，阿瑟曾经与巴勒斯坦的犹太国民运动军事组织帕尔马赫一起战斗过。他熟悉游击战，帮助我填补了许多知识上的空白。阿瑟是一个十分活泼的人，因而为农场带来了一种欢快的气氛。

最后一个加入农场正规组织的人是杰利曼，他是一个友好的、退休了的白人，也是解放运动组织的一位朋友，他成了这个农场的工头。杰利曼从塞库库尼兰找来了几个年轻工人，这里很快像南非的其他小农场一样兴旺起来。他不是非洲人国民大会会员，但是，他忠诚、贤明，并且工作非常努力。我曾经为他做早饭和晚饭，而他总是一副和蔼可亲的样子。很久以后，杰利曼曾冒着生命危险勇敢地帮助过我。

农场最有生气的时候，是我夫人和家人来看我的时候。有一次，戈德里克全家都住在农场，温妮利用周末来看我。我们对她到这里来作了认真安排，计划让她搭乘一辆车到某个地方下来，然后再搭乘另一辆车，最后再来到农场。后来，是她自己开车带着孩子们一起来的，她尽量选择一些迂回路线行驶，警察并没有跟踪她。

在这些周末，时间有时似乎凝固了，因为我们假设这些偷着在一起的时光是属于我们正常生活以外的。具有讽刺意义的是，我们在立里斯里夫比在家中更清静。孩子们可以到处跑着玩，我们在田园诗般的幻境中，不管时间有多么短，但总是十分安全。

温妮带给我一把老式气枪，这是我在奥兰多保存下来的。阿瑟和我有时用它练习打靶，或者在农场里打野鸽子。有一天，我正在房前的草坪上瞄准栖息在一棵高树上的一只麻雀，阿瑟的夫人黑兹尔·戈德里克正在盯着我，并开玩笑地说，我绝不会打中目标。但是，她的话音没落，那只麻雀就被打落在地上。我转身准备自我吹嘘一番，这时候，戈德里克的儿子保尔眼睛里含着泪对我说："大卫，你为什么打死那只鸟？它的母亲会十分悲伤。"我的心情立即由骄傲变成了耻辱，我感觉这个小孩比我更仁慈。对于一个新生游击队的队长来说，那是一种说不出的感情。

45...

在策划民族长矛军的发展方向和行动方式时，我们考虑了四种暴力活动：破坏、开展游击战争、搞恐怖活动、公开进行革命。对于一支规模很小而羽翼未丰的军队，开展公开的革命战争是不可想象的。搞恐怖活动不可避免地会给活动者带来不好的名声，从而引起公众的反感。开展游击战争具有可能性，但是非洲人国民大会一直不愿意采取暴力。我们趋向于采取对个人伤害最小的暴力形式，即破坏。

因为，破坏不会导致人员死亡，体现了以后实现种族和解的最好愿望。我们不想在黑人和白人之间埋下血海深仇。英布战争已经过去了 50 年，南非白人与英国人之间的仇恨却仍然很深；如果我们发动一次国内战争，那么白人与黑人之间的种族关系将会是个什么样子？破坏活动还有另外的好处，那就是需要的人力最少。

我们的策略是选择军事驻防地、发电厂、电话线和交通枢纽进行突然袭击。目标不仅是破坏政府的军事有生力量，而且要对国民党的支持者产生威慑作用，吓跑外国资本，削弱经济实力。我们希望通过这个策略把政府推上谈判桌。我们向民族长矛军成员下达了严格的指令，不准造成人员伤亡。但是，如果破坏不能产生我们需要的结果，我们将转向第二阶段：开展游击战争和恐怖活动。

民族长矛军采用了亲本式的组织结构。最上层是全国最高司令部，最高司令部之下在各省设立地区司令部，地区司令部之下是地方武装。全国各地都建立了地区司令部。像东开普这样的地区司令部，一般拥有 50 支以上的地方武装。最高司令部确定战略战术和总体目标，并负责军事培训和财政事务。在最高司令部确定的架构中，地区司令部有权选择当地的袭击目标。民族长矛军成员被严禁进行武装军事行动，无论如何不准危及生命。

我们早期碰到的一个问题是忠于民族长矛军与忠于非洲人国民大会之间的区分问题。我们的大多数军人都是非洲人国民大会会员，而且都是地方非洲人国民大会组织的积极分子。但是，我们发现，一旦参加民族长矛军，他们就停止了他们以前所做的地方工作。地方非洲人国民大会组织的书记发现，有些人不再参加地方非洲人国民大会组织的会议。他可能会走近一位军人说："伙计，你昨天晚上为什么没参加会？"那位军人会说:"哦,我参加了另外一个会议。"

"什么会？"书记问。

"哦，我不能说。"

"我是你的书记，难道你不能告诉我？"不过，书记会很快发现这个军人具有另一种忠诚。出现了一些误会之后，我们决定，如果我们从某一个地方支部吸收一位民族长矛军战士，必须告诉该支部的书记，他的会员现在加入了民族长矛军。

12 月份，在一个温暖的下午，我正坐在立里斯里夫农场的一间厨房里，从收音机里收听到鲁图利酋长在奥斯陆的颁奖仪式上获得了诺贝尔和平奖，政府给了他 12 天的签证时间，让他离开南非去奥斯陆领奖。我们全体官兵都非常高兴。首先，这是对我们开展斗争的承认，也是对酋长作为这次斗争的领导人和个人成就的承认。

它说明，西方承认我们的斗争是正义的斗争，是被大国忽视了太久的斗争。这个奖项对国民党人是一个公开的打击，国民党人的宣传媒体把鲁图利描绘成了一个危险的、煽动闹事的共产主义阴谋家。布尔人对此目瞪口呆，因为这个奖对他们来说，正是西方自由主义者一反常态并对南非白人有偏见的例证。宣布这个奖项的时候，鲁图利酋长正处于5年被禁止期的第3个年头上，他只能在纳塔尔的斯坦格地区活动。他身体不怎么好，患有心脏病，记忆力也很差。但是，这个奖项让他感到高兴，也让我们大家感到高兴。

这个荣誉来得不是时候，因为，我们同时发布了似乎令这一奖项本身存在疑问的通告。鲁图利从奥斯陆回来后，民族长矛军富有戏剧性地宣布诞生了。在民族长矛军最高司令部的号召下，12月16日凌晨，自制炸弹在约翰内斯堡、伊丽莎白港和德班的发电厂及政府办公地点纷纷爆炸。这一天正是南非白人习惯上庆祝打败丁冈的日子。我们的一位战士在行动中因疏忽而被炸死，他名叫皮特勒斯·莫莱福，是牺牲的第一位民族长矛军战士。在战争中死亡是不幸的，但也是不可避免的。参加民族长矛军的每一位军人都知道，他随时都有可能被号召献出自己的生命。

在实施爆炸的同时，新的民族长矛军宣言也被印成传单散发到全国各地，宣布民族长矛军的诞生。

> 今天，民族长矛军有计划地实施了针对政府设施的攻击，特别是那些与隔离政策和种族歧视相关的设施。民族长矛军是非洲人新成立的、独立的军队，这支军队由南非各种族组成……民族长矛军将采取新的方式为自由和民主进行斗争，这是对已确立的民族解放运动的必要补充……
>
> 在任何一个民族的生活中，都可能会面临着只有两种选择：投降还是战斗。现在，南非正面临这样的选择。我们将不会投降，我们唯一的选择是采取一切手段，尽力保卫我们的人民、我们

> 的未来和我们的自由……
>
> 我们的民族长矛军一贯坚持通过和平方式获得解放，这与解放运动的目标是一致的。虽然为时已晚，但我们仍然希望我们的第一次行动将唤醒每个人，让大家认识到国民党人的政策正在导致一种灾难性后果。我们希望，政府及其支持者能够及时地醒悟，以便在问题发展成内战之前使政府及其政策都发生改变……

我们选择 12 月 16 日采取军事行动是有原因的：南非白人要在这一天庆祝 1838 年在血河战役中打败了伟大的祖鲁领袖丁冈这一历史事件。丁冈是沙卡的同母异父兄长，当时他统治着非洲最强大的酋长国，他的统治范围甚至延伸到林波波河（也叫鳄河）以南。那天，南非白人的子弹远远胜过了祖鲁军队的长矛，附近河里的水都被祖鲁人的血染成了红色。南非白人把 12 月 16 日作为他们打败非洲人的胜利日，是上帝站在他们一边的明证，因而进行庆祝；而非洲人却把这一天作为南非白人屠杀他们人民的哀悼日。我们之所以选择 12 月 16 日，是为了表明非洲人的战斗刚刚开始，而正义和炸弹都在我们一边。

爆炸使政府感到震惊。他们把这种破坏行动谴责为极大的犯罪，同时嘲笑这一行动是愚蠢的外行人所为。这次破坏行动也使南非白人意识到，他们正坐在火山口上。南非黑人认识到，非洲人国民大会不再是一个消极反抗组织，而是刺向白人政权心脏的一杆锋利的长矛。我们计划在两周后的除夕夜再次实施一系列的爆炸，爆炸声与钟声和报警的汽笛声混合在一起，似乎不仅与迎接新年不相和谐，而且这种声音象征着我们的自由战争进入了新的时代。

民族长矛军的声明激怒了邪恶无情的政府，对我们进行空前的反攻倒算。当时，特警部队的第一任务就是抓捕民族长矛军成员，他们不遗余力地执行着这一任务。我们向他们表明，我们不会停止采取行动；而他们也向我们表明，任何事情也不会让他们放弃搜寻民族长矛军战士，他们把民族长矛军战士看作他们生存的最大威胁。

46...

当温妮来看我的时候，我曾抱有一个幻想，不管相聚是多么短暂，总认为家庭仍然完整无缺。随着警察的警惕性越来越高，她来的次数也越来越少，温妮有时会把津泽和泽尼带到利沃尼亚，但是，两个孩子太小，不知道我正在到处躲藏。马卡托当时11岁，已经懂事，他被告知不要在任何人面前暴露我的真实姓名。我相信，他会以他自己的方式为我的身份保守秘密。

但是，有一天，快过年了，他正在农场与阿瑟11岁的儿子尼古拉斯·戈德里克一起玩耍。温妮给我带来了一本杂志——《鼓》，马卡托和尼古拉斯一起玩的时候忽然发现了这本杂志，他们于是就翻阅起来。然后，他们忽然发现里面有我在转入地下前拍下的照片。“那是我爸爸！”他惊喜地说。尼古拉斯不相信。他越不相信，马卡托就越想证明他说的话是实话。马卡托然后告诉他的小朋友，我的真实姓名叫纳尔逊·曼德拉。“不对，你父亲叫大卫。”尼古拉斯反驳说。然后尼古拉斯跑到他母亲的面前问我的名字是不是大卫。她回答说：“是，他父亲是叫大卫。”尼古拉斯然后对他母亲说，马卡托告诉他，他父亲的真名是纳尔逊。这句话引起了黑兹尔的警觉。我很快也知道了这件事，我又一次意识到我在这个地方待的时间太久了，但是，我并没有立即离开农场，因为再过一周多的时间，我将离开农场去执行一项任务，执行这项任务会使我去一个只是梦想过的地方。现在，斗争的需要将第一次把我送出我的祖国。

12月份，非洲人国民大会接到东非、中非、南部非洲泛非自由运动组织的邀请，去参加1962年2月在亚的斯亚贝巴举行的会议。东非、中非、南部非洲泛非自由运动组织后来成为非洲统一组织，其目标是把非洲独立的国家吸引到一起，促进非洲大陆的解放运动。这个大会将给非洲人国民大会提供重要的联系渠道，对我们争取支持、资金和培训民族长矛军来说，是第一次也是最好的一次机遇。

地下组织执行委员会要我率领非洲人国民大会代表出席这次大会。尽管我希望看看非洲的其他国家，并会见我们自己的非洲大陆的自由战士，但是，我心中仍然感到很不安，因为这样我将违背自己不离开南非而是转入地下开展工作的诺言。我的同事们，其中也包括鲁图利酋长都坚持让我去，但是，要求我开完会后立即回来。我决定执行这次使命。

我在非洲的这次使命并不只是参加会议，我将为我们新建立的军队争取政治和经济支持，尤为重要的是尽可能多地在非洲大陆上为我们的军队寻找培训的地方。我也决心在非洲的其他国家提高我们的知名度，因为在这些国家中，我们仍然几乎不为人所知。阿扎尼亚泛非主义者大会已经发动了自己的宣传攻势，我作为非洲人国民大会的代表也应尽可能地在这些国家加强宣传。

在动身前，我秘密开车去格劳特维勒与酋长进行协商。我们在格劳特维勒城内的一个安全的房子里会面，但这次会面并不成功。正如我已经说过的那样，酋长出席了创建民族长矛军的会议，并且，关于民族长矛军的发展情况我们已向全国执行委员会的每个成员作了介绍，其中也包括鲁图利酋长。但是，他的身体状况欠佳，他的记忆力也不像过去那么好。他批评我没有告诉他组建民族长矛军的事情。我设法提醒他，我们曾经在德班就采取暴力问题进行过讨论，但是，他想不起来了。这就是流传鲁图利酋长不知道创建民族长矛军，并极力反对非洲人国民大会使用暴力的主要原因。这些流传的故事没有一点是真实的。

我在出国前与温妮在北郊的白人朋友家中住了一夜，她给我带来了一个整理好的新旅行箱。她为我出国而感到担忧，但是，她又一次坚持不与我亲热。她的行为与其说像是我的夫人，倒不如说更像是一名战士。

非洲人国民大会为我安排了去达累斯萨拉姆的航班，然后从达累斯萨拉姆直飞亚的斯亚贝巴。瓦尔特、卡特拉达和杜马·诺克韦计划在索韦托的一个秘密地点与我见面，并把旅行证件带给我，这也是我离开这个国家之前我们进行最后一次磋商的机会。

阿迈德·卡特拉达准时来到见面地点，而瓦尔特和杜马却迟迟没来。我最后不得不改变计划，卡特拉达设法找了一个人开车送我去贝专纳（独立后改名为博茨瓦纳），然后在那里乘包机。后来，我听说瓦尔特和杜马在路上被逮捕了。

开车去贝专纳是令人不安的，因为我担心碰上警察，又是第一次跨越我们国家的边境。我们的目的地是洛巴策，那里紧靠南非边境。我们顺利地跨过边境，傍晚到达了洛巴策。在洛巴策，我收到了一封来自达累斯萨拉姆的电报，电报要求我把行程往后延两周。我与一个叛国审判时的狱友菲什·基茨英住在一起，他自从叛国审判后就搬到了洛巴策。

那天下午，我会见了 K. T. 莫才泰教授，他是贝专纳人民党的主席，这个组织主要由脱离非洲人国民大会的人士组成。当时，我有了意想不到的空闲时间，我用这些时间读书、起草参加会议的发言稿，并徒步游览了洛巴策附近那些原始而美丽的丘陵。尽管我离自己的国家边境并不远，但是，我仍然有身在异国他乡的感觉。马克·穆琅叶尼经常陪我在一起，他是我特兰斯凯一个朋友的独生子，是阿扎尼亚泛非主义者大会的青年会员。我们似乎是在狩猎，因为我们碰见了各种各样的动物，其中包括一群活泼好动的狒狒，我跟随它们走了一段时间，非常佩服它们有军队一样的组织和步调。

我很快与乔·马修斯见了面。他是从巴苏陀兰赶到洛巴策的，我坚持我们应该赶快去达累斯萨拉姆。在洛巴策，有一位非洲人国民大会同事最近遭到了南非警察的绑架，因此我认为我们离开那里越快越好。我们安排了一架飞机，第一站将飞往贝专纳北部的一个名叫卡萨尼的小城镇。这是一个战略要地，坐落在四国交界点附近，四个国家分别是贝专纳、北罗得西亚、南罗得西亚和西南非。当时都知道这四个国家是殖民地。卡萨尼的简易机场被水淹了，我们的飞机降落在数英里之外的灌木丛中一条比较干燥的简易飞机跑道上，当地一个宾馆经理带着来复枪来迎接我们，他报告说在路上遇到了一群凶猛的大象，所以来迟了一步。他乘坐的是一辆敞篷面包车，乔和我坐在后排，我看到一头母狮懒洋洋地出现在灌木丛中。我感觉远离了家乡约翰内斯堡的街道，第一次进入了神话和传奇般的非洲。

第二天一大早，我们出发去穆贝亚，那是离北罗得西亚边境不远的坦噶尼喀的一个小镇。我们乘飞机去了维多利亚大瀑布，然后，又向北跨越一座山脉。在跨越那座山脉的时候，飞行员试图与穆贝亚取得联系，但是没有应答。“穆贝亚，穆贝亚！”他不断地通过麦克风呼叫穆贝亚。天气发生了变化，山上充满了气流，使飞机像风疾浪高的海面上漂浮着的软木塞一样上下颠簸。我们此时在云雾中飞行，飞行员在绝望中开始沿着横穿山脉的弯曲道路降落。当时，雾很大，我们无法看清道路，当飞行员驾驶着飞机急转弯的时候，我意识到我们差一点撞上了突然冒出来的山头。飞机响起了紧急报警，我记得我自言自语地说：“我们这下子完了。”连一直说个不停的乔也一声不吭了。但是，正当我们感到绝望并想象将要撞上一座山峰的时候，我们忽然从恶劣的天气中冲了出来，见到了晴朗的天空。我一直不很喜欢坐飞机，而那是我在飞机上最惊险的一次经历，我有时只是为了表现勇敢，而假装并不在意。

我们在当地一个宾馆里订了房间，在那里看到有一群黑人和白人坐在阳台上客气地交谈，我以前从来没有到过没有种族歧视的公共场所或宾馆。我们正在等候坦噶尼喀非洲民族联盟的穆瓦康基勒先生。他是议会议员，我们不知道他已经到达了这里，并在到处找我们。一位非洲客人走到一个白人女接待员面前。“太太，穆瓦康基勒打听过这两位先生吗？”他指着我们问。“对不起，先生，”她回答，“他打听过，但是我忘记告诉他们了。”

“请注意，太太，”他用客气而坚定的语气说，“这些人是我们的客人，我希望他们能得到适当的关照。”这时我才真正认识到，我置身于一个非洲人当政的国家，我平生第一次成为一个自由人。尽管我是一个逃亡者，并在自己的土地上受到追捕，但是，我感觉压在我肩上的那副重担被取走了。在坦噶尼喀，所到之处我的肤色都自然地被接受，没有受到任何侮辱。我第一次认识到，衡量我好坏、高低的标准不是我的肤色，而是依据我的内在素养和品质。尽管在外期间我常常想家，但是，我感觉好像第一次真正回到了家。

第二天，我们到达了达累斯萨拉姆，受到了刚刚独立的坦桑尼亚第一任总统朱利叶斯·尼雷尔的接见。我们在他房间里进行了畅谈，他的房子一点都不豪华，我记得他自己开的汽车也是一部简陋的小奥斯汀。这给我留下了深刻的印象，因为这说明，他是人民群众中的一员。尼雷尔总是坚持认为，对非洲而言，阶级是格格不入的，社会主义则是天生固有的。

我向他介绍了我们的情况，最后呼吁希望能得到他们的帮助。他是一个精明而讲话温和的人，对我们的访问处理得很得体。但是，他对形势的理解却让我感到吃惊和失望。他建议我们把武装斗争推迟到索布克韦出狱之后。这是我第一次在非洲其他国家听见为阿扎尼亚泛非主义者大会呼吁。我描述了阿扎尼亚泛非主义者大会的缺陷，坚持认为推迟武装斗争会从总体上使斗争向后倒退。他建议我争取海尔·塞拉西皇帝的支持，并许诺安排引见。

我本打算在达累斯萨拉姆与奥利佛·塔博见面，但是，由于我推迟了日程，他又不能在那里等，于是给我留言，让我跟随他去拉各斯，因为他将在那里出席拉各斯独立国家大会。在飞往阿克拉的航班上，我碰见了海弥 · 巴萨纳和他的夫人。巴萨纳曾经是我的雇主，他一直邀请我到阿克拉跟着他干。他在南非坚持过激的政治活动，使他在南非难以生存，所以他正在加纳寻求政治避难。

飞机停在了喀土穆机场，我们排队通过海关检查，乔 · 马修斯是第一号，然后是我，后面是巴萨纳和他夫人。我没有护照，随身只带着坦噶尼喀签发的基本文件，仅仅证明“这是纳尔逊 · 曼德拉，南非共和国的公民，他被允许离开坦噶尼喀并返回这里”。我把这个文件递给柜台后面一位上了年纪的苏丹人，他抬头看了我一眼并笑着说：“我的孩子，欢迎到苏丹来。”然后他与我握手，并在我的文件上盖了章。巴萨纳在我的后面，他向老人递上了同样的文件，那位老人看了一会儿，然后用狂躁的态度说：“这是什么？这张纸是什么？这不是官方文件。”

巴萨纳沉着地进行解释，他说，这是坦噶尼喀签发的文件，因为他没有护照。“没有护照？”移民局的官员轻蔑地说，“你怎么没有护照？你是一个白人。”巴萨纳回答说，因为他在自己的国家里为黑人争取权利而斗争，因此受到了迫害。那个苏丹人看上去有点怀疑：“但是你是一个白人！”乔看了看我，知道我正在想什么。他低声对我说不要介入这件事，因为我们是苏丹的客人，不要伤了与东道主的和气。但是，除了他曾经是我的雇主之外，巴萨纳也是真正冒险为黑人解放而斗争的白人之一，我不能丢下他不管。我没有与乔一起离去，而是仍然站在那位官员的旁边，巴萨纳每说一件事，我总是向移民局官员点点头，似乎是为巴萨纳的话作证。那位老人明白了我的意图，态度软了下来，最终在文件上盖了章，并轻声说：“欢迎到苏丹来。”

我几乎有两年没见奥利佛了，当他在阿克拉机场迎接我的时候，我几乎不认识他了。以前他总是把脸刮得干干净净，把自己打扮得整整齐齐，但是现在他留起了胡子，头发很长，一身非洲大陆自由战士的打扮（他可能对我也有同样的反应）。这是一次令人愉快的重逢，我赞扬他在国外干了很多工作。他已经在加纳、英国、埃及和坦噶尼喀建立了非洲人国民大会办事处，并与其他许多国家进行了颇有价值的接触。后来，我无论走到哪里，都可以发现奥利佛给各国的外交人员和政治家留下了很好的印象。他可能是非洲人国民大会最好的大使。

拉各斯独立国家大会的目标是把所有的非洲国家都联合在一起，但是，最后却演变成了一次吸收或不吸收哪个国家的吵嘴大会。我保持低调，尽量在会上少出头露面，因为我不想在我出现在亚的斯亚贝巴的东非、中非、南部非洲泛非自由运动大会之前，就让南非政府知道我在国外。

在从阿克拉去亚的斯亚贝巴的飞机上，我发现阿扎尼亚泛非主义者大会的高尔·瑞德贝、皮特·摩洛茨和其他人也要去参加东非、中非、南部非洲泛非自由运动大会。他们看见我感到很惊喜，我们立即就南非问题展开了讨论。讨论的气氛是令人高兴和轻松的。虽然我一直对高尔脱离非洲人国民大会感到伤心，但是，这并没有影响我见到他的喜悦心情。高离地面，远离家乡，我们更希望团结，而不希望分裂。

我们在喀土穆停了不长时间，在那里转乘埃塞俄比亚的航班飞往亚的斯亚贝巴。此时，我有一种相当奇怪的感觉。当我登上飞机的时候，我发现飞行员是个黑人。在这之前我从来没看见过黑人飞行员，当时我只能尽力消除我的恐慌。黑人怎么能开飞机？但是，一会儿我自己就清醒了：我陷入了种族隔离的思维方式，认为非洲人是下等人，开飞机是白人的工作。我坐在后排座位上，不断责备着自己的这种想法。我们飞上天空后，就不再感到紧张了。我开始研究埃塞俄比亚的地理，想着游击队如何藏在这些森林里打击意大利帝国主义者。

47...

根据传统说法，埃塞俄比亚——以前叫阿比西尼亚，由所罗门的儿子和示巴女王共同建立，远在基督诞生之前。尽管埃塞俄比亚曾经被征服过多次，但是，它却是非洲民族主义的诞生地。与其他许多非洲国家不同的是，埃塞俄比亚一直在与殖民主义战斗。尽管埃塞俄比亚没能抵挡住意大利人的入侵，但是，孟尼利克在 19 世纪却挫败了意大利人的入侵。1930 年，海尔·塞拉西当上了皇帝，并且成为决定当代埃塞俄比亚历史发展的人物。墨索里尼入侵埃塞俄比亚的时候我才 17 岁，这次入侵不仅激起了我对专制者的仇恨，而且也点燃了我对法西斯主义的怒火。尽管塞拉西在意大利人于 1936 年征服埃塞俄比亚的时候被迫逃跑了，但是，1941 年当盟军赶走意大利人之后他又回来了。

埃塞俄比亚在我的想象中总是占据着特殊的位置，对我来说，访问埃塞俄比亚，比去法国、英格兰和美国更有吸引力。我认为，我将找到自己的起源，发现是什么根让我成为一个非洲人，会见这位皇帝本身就好像是与历史握手。

我的第一站是皇城亚的斯亚贝巴，这里与它的名字很不相称，因为它没有宏伟可言，只有几条柏油街道，路上跑的汽车还没有山羊和绵羊多。除了皇宫、大学和我们住的拉斯宾馆以外，再没有什么建筑物能与约翰内斯堡即使是最不引人注目的建筑物相比。当时，埃塞俄比亚在实行民主方面也算不上什么典型。那里没有政党，没有通常的政府机关，没有权力分立体制。它只有皇帝，皇帝是至高无上的。

在大会开幕前，各代表团集中在一个名叫德布拉扎德的小城镇上，在中心广场上已经搭起了大看台，奥利佛和我坐在边上，离主席台很远。忽然，我们听见远处传来号角声，然后是铜管乐器和非洲鼓乐声，随着乐队越来越近，我能听见或者说感觉到几百人行进的脚步声。在广场边上的一座建筑物后面出现了一位手舞银光闪闪的宝剑的官员，跟在他后面的是500名黑人士兵组成的四列方队，每个士兵肩上都扛着一支擦得锃亮的来复枪。当这支队伍直接行进到大看台前面的时候，有人用阿姆哈拉语下达了命令，500名士兵就像一个人一样地立即停止行进，并原地转身，向一位身穿耀眼服装的老人行了个正规礼，那个老人就是埃塞俄比亚皇帝陛下，犹大之狮海尔·塞拉西。

在这里，我平生第一次亲眼看到黑人将军指挥下的黑人士兵受到来自各国的黑人领袖们的欢呼和喝彩。这是一个令人陶醉的时刻。我希望这一场面将来也会在我自己的国家里出现。

上午阅兵式之后，奥利佛和我出席了一个会议，会上每个组织都必须申请递交国书。我们发现，我们的申请被来自乌干达的一个代表团扣了下来，这个代表团说我们是一个科萨部落组织，这让我们非常吃惊。我一时冲动，想不客气地予以驳斥。但是，奥利佛的意见是我们应该简单地加以说明，我们的组织是一个由非洲人联合组成的组织，我们的会员来自各族人民。我这样做了，并告诉他们，我们组织的主席鲁图利酋长就是祖鲁族人。于是，我们的申请被接受了。我发现非洲大陆上的许多人都是通过阿扎尼亚泛非主义者大会才对非洲人国民大会有所了解的。

大会在东道国皇帝陛下的主持下正式开幕，他身穿精心制作的锦缎军装。我惊奇地发现，这位皇帝虽然看上去块头不大，但是，他的尊严和自信心使他似乎像非洲巨人，他事实上也的确是非洲的一位巨人。我第一次亲眼看到一个国家的领袖履行正式礼节，感到有点儿眼花缭乱。他直挺挺地站在主席台上，他的头微低，表明他在认真倾听。他的一举一动都显示出他的尊严和高贵。

按照会议议程，皇帝讲完话之后就是我发表讲话，我是上午唯一一位发表讲话的代表。几个月以来，我第一次把大卫·莫扎马义的身份丢在一边而成为真正的纳尔逊·曼德拉。在讲话中，我回顾了南非自由斗争的历史，列举了我们的人民遭受到的野蛮屠杀，从1921年183名手无寸铁的农民被军队和警察杀害的巴尔胡克大屠杀，一直讲到40年后的沙佩维尔大屠杀。我感谢各国对南非政府施加压力，其中特别提到了加纳、尼日利亚和坦噶尼喀，这几个国家成功地鼓动英联邦把南非驱逐了出去。我介绍了民族长矛军的诞生，说明一切和平斗争的机会对我们来说已经结束了。“如果领导集体不毅然决然地拿起武器进行反抗，那么，他们就是对其人民的犯罪……在去年12月16日的夜间，在民族长矛军的沉重的打击下，整个南非都在颤抖。”没等我说完，乌干达首相就高声大喊：“继续干下去吧！”

然后我就我个人的阅历作了介绍：

> 我来自南非，在过去的10个月中，我一直以一个不法之徒的身份生活在我自己的国家里，远离了我的家人和朋友。当然，我在被迫过着这样的生活时，我发表了公开声明，在声明中我宣布我将不会离开我们的国家，而是转入地下继续工作。我决心这样做，并且将以此为荣。

我关于将回南非的声明受到了热烈的欢迎。我们被安排在会上第一个发言，这样，东非、中非、南部非洲泛非自由运动大会就能够对我们的事业作出评价，并给予更多的支持。许多国家当然不愿意支持在任何地方实行暴力斗争，但是，我的讲话说服了大家，南非的自由战士没有别的选择，只能拿起武器。

奥利佛和我与北罗得西亚联合民族独立党的领袖肯尼思·卡翁达进行了私人之间的讨论。像朱利叶斯·尼雷尔一样，卡翁达担心南非自由战士之间缺乏团结，建议在索布克韦从监狱里出来的时候，我们应该联合所有的力量进行斗争。在非洲人中，阿扎尼亚泛非主义者大会在沙佩维尔已经远远超过其作为一个组织的影响力，因而当时出尽了风头。卡翁达曾经是阿扎尼亚泛非主义者大会的成员，他说他关注我们与白人共产党人之间的联合，指出这件事使我们在非洲影响不太好。共产主义不但在西方遭到怀疑，而且在非洲也遭到了怀疑。这件事对我来说是一个启发，这个观点也是我在旅途中多次听到的一个观点。

当我想证实北罗得西亚联合民族独立党支持阿扎尼亚泛非主义者大会是被误导的时候，卡翁达拍着我的肩膀说："纳尔逊，对我谈这个问题就像往纽卡斯尔运煤一样多此一举，我是你们的支持者，是鲁图利酋长的一名信徒。但是，我并不能完全代表联合民族独立党，你必须找西蒙·卡普韦普韦谈一谈。如果你能说服他，你将使我的工作更容易做。"卡普韦普韦是全国联合独立党的第一号人物，第二天我安排时间会见了他。我请奥利佛与我一起去见他，但奥利佛说："纳尔逊，你一定要自己去会见他，这样你才能完全坦率地与他会谈。"

我与卡普韦普韦谈了一整天，从他那里听到了许多令人瞠目结舌的传奇故事。"我对你的讲话和你的全体非洲人国民大会代表成员确实留下了很深的印象，"他说，"如果我们根据你们的讲话和你们的代表团来判断问题，我们当然要支持你们。但是，我们听到来自阿扎尼亚泛非主义者大会的报告，说民族长矛军是共产党和自由党异想天开的产物，民族长矛军仅仅是想利用非洲人做炮灰。"

我被搞得不知所措，于是不假思索地说，我为这种弥天大谎感到震惊。"首先，"我说，"大家都知道，自由党和共产党是不共戴天的敌人，他们不可能走到一起玩扑克牌；其次，我在这里冒昧地告诉你，我本人就是组建民族长矛军这一行动背后的主要运作者。"最后，我说我为阿扎尼亚泛非主义者大会散布这样的谎言而感到十分失望。

那天，我最后终于说服了卡普韦普韦，他说他将召集一个会议，亲自研究我们的情况。他后来也确实这样做了。不过，这又是一个例证，它既说明其余非洲国家缺乏对南非的了解，也说明阿扎尼亚泛非主义者大会正在尽其所能地对非洲人国民大会进行诽谤。卡普韦普韦祝我好运，因为，现在会议已经结束。这是一个胜利的大会，但是，我们的工作仍然是十分繁重的。

我在做学生的时候，就对非洲文明的摇篮、拥有许多艺术杰作的宝库——埃及十分向往，很想去看一看那里的金字塔和狮身人面像，游览一下非洲最大的河流——尼罗河。从亚的斯亚贝巴开始，奥利佛、罗伯特·莱沙将陪伴我进行其余的旅程，我们一起去了开罗。我第一天在开罗博物馆里度过了一整天，观看了艺术珍品和史前古文物，记录笔记，了解创造尼罗河流域古老文明的人类。这并不仅仅是门外汉对考古学的一种兴趣，这对非洲民族主义者掌握证据、驳斥白人关于非洲人与西方人相比没有文明历史的谬论是非常重要的。我只用了一个上午就发现，在白人还住在山洞里的时候，埃及人就已经创造了伟大的艺术和建筑奇迹。

埃及是我们伟大的榜样，因为我们亲眼目睹了纳赛尔总统发起的社会经济改革运动。他削弱了私人的土地所有权，把某些经济部门划归国有，推动了工业化和民主化教育的迅速发展，建立了现代化的军队。这些改革也正是我们非洲人国民大会希望有朝一日能在南非实施的。但是，当时对我们更为重要的是，埃及是唯一拥有陆军、海军和空军的非洲国家，这与南非的状况形成了鲜明的对照。

一天之后，奥利佛动身去伦敦，并计划在加纳与罗伯特和我会合。在罗伯特和我启程前，我们讨论了我们将在各个国家进行演讲的内容。我倾向于尽量真实、客观地说明国内的政治形势，不要遗漏阿扎尼亚泛非主义者大会所做的工作。每到一个新国家，我将首先在宾馆里封闭起来，以便了解该国的政治、历史和领导人。罗伯特则与我相反，他是一个天生外向的人，他一到达某个地方，就会立即离开酒店去逛大街，通过与当地人接触进行学习。我们是一对古怪的伙伴，因为我喜欢穿卡其布衣服和工作服，这是我在地下工作中养成的习惯，而罗伯特则总是西装革履、衣冠楚楚。

我们的第一站是突尼斯。在那里，我会见了国防部部长，他长得与鲁图利酋长十分相似。但是，这种相似的印象很快就消失了。因为，当我向他介绍诸如罗伯特·索布克韦这样的阿扎尼亚泛非主义者大会的领袖人物被关进监狱之后的国内情况时，他插话说："当那个人出狱后，他会干掉你们！"罗伯特对此十分生气（他后来说："伙计，你说的阿扎尼亚泛非主义者大会比他们自己说的还好！"），但我还是坚持向国防部长全面地介绍情况。当我们第二天会见哈比卜·布尔吉巴总统的时候，他的反应却十分积极和干脆：他答应为我们训练军队，并援助我们 5000 英镑以购买武器。

我们去的第二个地方是摩洛哥的拉巴特。它拥有古老而神秘的城墙、时髦的商店和中世纪的清真寺，似乎是非洲、欧洲和中东三地奇妙的混合体。自由战士们显然也会这样想，因为，拉巴特是非洲大陆真正的解放运动的交叉路口。我们在那里还会见了来自安哥拉、阿尔及利亚和佛得角的自由战士。拉巴特也是阿尔及利亚革命军的司令部。我们在摩洛哥与阿尔及利亚代表团的团长穆斯塔法博士共同度过了几天，他简单地向我们介绍了阿尔及利亚反抗法国的历史。

阿尔及利亚的情况与我们自己的情况十分相似，国内反叛者面对的是一个统治众多本土人民的白人社团。他介绍了阿尔及利亚抵抗组织如何在越南奠边府击败法国人的鼓舞下，于 1954 年以一小股游击队的攻击开始进行武装斗争。开始，阿尔及利亚抵抗组织相信他们能够从军事上打击法国人，后来认为单纯从军事上取得胜利是不可能的。

但是，他们还是采取了游击战。他解释说，之所以开展游击战，并不是指望从军事上取得多大的胜利，主要是通过政治和经济力量打垮敌人。穆斯塔法博士劝我们说，在策划军事行动的同时不要忽视战争的政治影响。他说，国际公共舆论有时比一个战斗机群的作用还要大。

在三天会谈结束的时候，他把我们送到乌季达。这里是一个跨越阿尔及利亚边界的小城镇，阿尔及利亚驻摩洛哥军队司令部就驻扎在那里。我在前线参观了一支军队，并用战地望远镜观看了远处的战场，能清楚地看见边境上的法国军队。我坦白地承认，想象中就好像自己看到的是南非国防军的制服。

一两天后，我又参观了以艾哈迈德·本·贝拉命名的军队阅兵式。本·贝拉将成为阿尔及利亚独立后的第一位首相，最近从一座法国监狱获释出来。这次阅兵式与我在亚的斯亚贝巴看见的阅兵式完全不同，这个阅兵式没有像埃塞俄比亚那样步伐整齐、训练有素、着装漂亮的军队，但是，它却是阿尔及利亚游击战的历史见证。

走在前面的是一些头戴穆斯林头巾、身穿紧身长袍、足蹬凉鞋的久经战斗、士气昂扬的老兵，他们在许多年之前就开始进行武装斗争。他们扛着他们使用过的武器：马刀、老式来复枪、战斧和长矛。走在他们后面的是年轻士兵，都扛着现代武器，同样威武而自豪。有的还扛着反坦克、反飞机的重型武器。但是，就是这些战士也不像埃塞俄比亚英姿飒爽的士兵走得那么整齐。这是一支游击队，他们都是在战火中赢得肩章的战士。他们比着装整齐、行军步调一致的阅兵式上的部队更注重战斗和战略战术。与在亚的斯亚贝巴被阅兵式上的部队所鼓舞一样，我知道，我们自己的军队应该更像在乌季达看到的这支部队。我只希望他们能够勇敢地战斗。

走在后面的是一支衣冠相当不整齐的队伍，由一位名叫苏达尼的人率领。他身材高大、体格健壮、信心十足，肤色就像夜色一般乌黑。他挥舞着仪仗，而当我们看到他的时候，我们一群人都起立并鼓掌、欢呼。我环视了一下周围，发现其他人正在注视着我们。我意识到我们在欢呼，只是因为那个人是一个黑人，而在摩洛哥，黑色面孔十分少见。我又一次被民族主义的伟大力量和种族划分的恶果所震撼。我们及时地作出了反应，因为我们感到出现在我们眼前的似乎是我们的一个非洲同胞。后来，主人告诉我们，苏达尼一直是一个传奇式的战士，甚至有人说他曾一个人俘虏一支法国军队。不过，我们向他欢呼是因为他的肤色，而不是因为他的英勇事迹。

我从摩洛哥跨越撒哈拉沙漠飞往马里首都巴马科，然后又到了几内亚。从马里到几内亚的航班更像是一辆当地的公共汽车。小鸡在走道上跑来跑去，女人们头上顶着包裹，叫卖着成袋的花生和干蔬菜。这是一次颇具民主气氛的飞行，我感到十分惬意。

我的下一站是塞拉利昂，当到达那里的时候，我发现议会正在举行会议。我决定出席他们的议会会议。我以旅行者的身份进入了会场，并被安排在离讲台不远的一个座位上。议会的工作人员走到我的跟前问我的身份，我低声告诉他："我是南非鲁图利酋长的代表。"他热情地同我握手，并向主席台报告。那位工作人员然后解释说，他们一时疏忽给了我一个通常不允许参观者坐的位子，但是，这次破例对他们来说却是一种光荣。

不到一小时，大会就开始会间休息，当我站在议员和高官中间喝茶时，有人在我的面前排起了长队。让我吃惊的是，全体议员要排着队与我握手。我非常高兴，直到队中第三位或第四位向我喃喃而语时我才恍然大悟。他说的话意思是："与诺贝尔和平奖的获得者——尊敬的鲁图利酋长握手是莫大的荣幸。"我成了一个冒名者！原来是那位工作人员产生了误会。然后，有人把总理弥尔敦 · 玛盖也领到我的面前与我会见。那位工作人员把我当做鲁图利酋长介绍给他，我想立即告诉那位工作人员我不是鲁图利酋长，但是，他不听我的解释。出于礼貌，我决定继续冒名顶替。后来，我会见了总统，并把搞错身份的情况作了说明，他慷慨地提供了物资援助。

在利比里亚，我会见了土布曼总统。他不但为我们提供了5000美元用于购买武器和进行培训，并且小声对我说："你有没有零用钱？"我坦白地说，我的零用钱不多了。一位侍从武官立即给了我一个信封，里面有400美元的现金。我从利比里亚去了加纳，并在那里见到了奥利佛。在加纳，我受到了加纳行政部部长阿布杜拉叶·迪亚罗的接待。当我告诉他我在几内亚没见过赛考·托雷的时候，他立即安排我们回到了那片干旱的土地。在那里，托雷给奥利佛和我留下了深刻的印象。他居住在一栋简陋的平房里，身上穿着早该去干洗店进行洗涤的、肮脏而且褪了色的西服。我向他介绍了我们的情况，介绍了非洲人国民大会和民族长矛军的历史，为民族长矛军请求5000美元的援助。他听得很认真，他的答复也非常符合礼仪。他像是在发表讲话似的说："加纳政府和人民完全支持我们的南非兄弟们的斗争,我们在联合国已经发表了声明。"他走到书架前，在书架上取下两本书，并亲笔签上名送给了奥利佛和我。他然后说了声谢谢，我们就这样被打发了。

奥利佛和我都很生气：我们被从别的国家邀请到这里，难道他给我们的一切只有他自己签过名的这两本书？真是浪费时间。不大一会儿，我们来到了下榻的宾馆。此时有一位外交部的官员来到我们的房间，送给我们一个手提箱。后来，我们打开一看，里面全是钞票。奥利佛和我高兴地相互看了一眼。但是，奥利佛的脸色很快就变了。"纳尔逊，这是加纳币，"他说，"离开加纳一分钱都不值，只不过是一堆废纸。"不过，奥利佛倒是想出了一个主意：我们将把这些钱带到捷克大使馆，他在那里有一位朋友，可以请他为我们兑换成硬通货。

悄悄划入达喀尔港口的小船，那种美只能用身穿飘逸长袍、头戴头巾的塞内加尔女人款款而行之美来形容。我信步来到了附近的市场，完全被异国他乡的香料和香水所陶醉。塞内加尔人十分漂亮，奥利佛和我在那里只住了很短的时间，但是，我十分喜欢这段短暂的时光。他们的社会表明，不同的民族，不管是法国人、伊斯兰人还是非洲人，都能够融为一体而创造出一种独一无二的、与众不同的文化。

在我们去会见总统利奥波德·桑戈尔的路上，奥利佛得了严重的哮喘。他拒绝直接回宾馆，我只好背着他爬上楼去，到了总统办公室。桑戈尔对奥利佛的病情十分关心，坚持让他的私人医生为他治病。

有人告诉我对桑戈尔要保持小心谨慎，因为有报道说，塞内加尔士兵在阿尔及利亚为法国人服务，他很喜欢法国革命前的旧制度。总有一些新生的国家向往着那些殖民者的方式方法，我本人对此也没有免疫力。桑戈尔总统是一位学者和诗人，他告诉我们，他正在收集沙卡的研究资料，通过询问有关这位伟大的南非勇士的一些问题，他对我们赞扬了一番。我们简明扼要地向他介绍了南非的情况，并请求他们给予军事训练和资金方面的援助。桑戈尔回答说，直到议会召开会议予以批准后，他才能有这个权力。

同时，他要我们与司法部部长达布希尔谈谈军事训练的问题。桑戈尔给我介绍了一位漂亮的法国女郎，他说，她将在我与达布希尔会谈中担任翻译。我没有说什么，但是总感觉有些别扭。在一位我既不了解又无法信任的年轻女人面前讨论军事训练这样非常敏感的问题，我感到很不舒服。桑戈尔感觉到了我的不快，他说："曼德拉，不要担心，这里的法国人与我们非洲人的理想完全一致。"

当我们来到司法部长的办公室的时候，我们发现接待处有一些黑人秘书。其中一位问那位法国女士在那里干什么，她说是被总统派来当翻译的。接着，她们进行了一番议论。在议论中间，一位黑人秘书回头对我说："先生，你能讲英语吗？"我说我能。她说："部长说英语，你可以直接与他交谈，你不需要翻译。"此时，那位法国女士相当不高兴。当我去见部长的时候，她站在了一旁。部长答应满足我的要求。最后，尽管部长没有提供我们所要求的东西，但是，他却为我们办理了外交护照，并为我们支付了从达喀尔去我们下一站——伦敦的机票费。

48...

我承认，在某种程度上，我属于亲英派。每当我想到西方民主和自由的时候，我就想到了英国的议会制。在很多方面，我认为英国人就是典型的绅士。尽管英国是议会民主的发祥地，但正是这种民主把一种不公正的、致命的制度强加在我们的人民身上。虽然我憎恨英国的帝国主义主张，但是我绝不反对英国式的服装和礼貌。

我要去英格兰有几个理由，除了想看一看我很早就在书中读到的和听到的这个国家之外，我也对奥利佛的健康不放心，想说服他接受治疗；同时，我也很想见一见他的夫人阿德莱德和他们的孩子们。另外，我还想拜访玉苏福·达杜，他现在也住在英国，担任大会运动组织的驻英代表。我知道，在伦敦我可以获得在其他地方无法获得的游击战方面的书籍。

在伦敦，我恢复了我的地下生活方式，我不想把我在英国的风声透漏到南非。南非安全部门的触角一直伸到了伦敦。不过，我并不是一个隐士，我在那里的10天时间都用在了非洲人国民大会事务、看老朋友和偶尔顺便进行短途旅游上。奥利佛和我与一位生在比勒陀利亚的朋友马丽·本森一起游览了这座曾经统治几乎全球三分之二面积的大都市，包括西敏寺、大本钟、议会大厦。我在为这些建筑物心存赞美的同时，也对它们所象征的意义感到憎恶。当我们在西敏寺附近看到史末资将军雕像的时候，奥利佛和我一起开玩笑说，或许有一天这里会换成我们的雕像。

许多人告诉我，大卫·阿斯特经营的报纸《观察家》一直突出宣传阿扎尼亚泛非主义者大会，其编辑们有意暗示非洲人国民大会已经过时。奥利佛安排我与阿斯特在他家中会面，我们就非洲人国民大会进行了长时间的畅谈。我不知道我的谈话是否对他产生了影响，但是，《观察家》的内容后来真的发生了变化。他还建议我去找几位著名的政治家谈谈，于是，在工党议员丹尼斯·希利的陪同下，我会见了工党的领袖休·盖茨凯尔和自由党领袖乔·格里蒙德。

直到我快要离开英国的时候我才见到了玉苏福，但是，这次见面并不是一次愉快的重逢。奥利佛和我在旅途中遇到了一个再三被提及的难题：一个又一个的非洲人领袖问我们与白人和印度共产党人之间的关系问题。有时，提问者的意思无非是说白人和印度共产党人控制了非洲人国民大会。如果不是为了公开建立民族主义和反白人的阿扎尼亚泛非主义者大会，我们的非种族主义就不可能成为非洲人国民大会的一个难题。在非洲的其他国家中，多数非洲人领袖却更接受阿扎尼亚泛非主义者大会的观点。奥利佛就这些问题与玉苏福进行了探讨，玉苏福却并不赞成奥利佛的结论。奥利佛坚持认为非洲人国民大会应该更加独立，不用别的联盟成员插手，可以单独采取某些行动。我对此十分赞赏。

我在伦敦度过的最后一夜，与玉苏福探讨了这些问题。我解释说，尽管我们已经开始进行武装斗争，但是，我们在资金、培训和政治声援方面还要依靠别的非洲国家，因此，我们必须比过去更重视他们的观点。玉苏福认为奥利佛和我打算改变非洲人国民大会的政策，准备脱离《自由宪章》的核心——非种族主义。我告诉他这是一种误解。我们不打算反对非种族主义，我们仅仅是说非洲人国民大会必须更加独立，并应独立于大会联盟发表声明。当时，非洲人国民大会、南非印度人大会和有色人大会常常对仅仅影响非洲人的问题发表联合声明，这种状况将必须改变。玉苏福对此很不高兴。"这与政策有什么关系？"他继续问。我告诉他，我正在说的不是关于政策的问题，我是在谈论形象问题。我们将仍然一道工作，不过，非洲人国民大会必须被摆在第一位。

尽管离开我在伦敦的朋友们使我感到难过，但是，我现在需要着手进行我这一次出访任务中最不熟悉的使命：军事训练。我准备在亚的斯亚贝巴接受为期6个月的训练。在那里，我受到了外交部部长叶甫的接见，他热情地欢迎我，并带我去一个叫考尔菲的近郊去参观，埃塞俄比亚防暴军司令部就驻扎在那里，我要在那里学习带兵打仗的艺术和科学知识。尽管我是一个很不错的业余拳击运动员，但是，我对搏斗的基本知识却知之甚少。我的教练是一位陆军中尉，名叫旺多尼·贝非卡杜，是一位很有经验的军人，他曾经与地下组织一起同意大利人战斗过。我们的训练计划安排得很紧：每天从上午 8 点一直训练到下午 1 点，中间洗个澡并吃午饭，然后从下午 2 点训练到下午 4 点，下午 4 点到晚上，由塔德赛上校给我们上军事科学课。他也是警察专员助理，曾帮助埃塞俄比亚皇帝挫败了当时刚刚发生的政变阴谋。

我学会了如何使用自动步枪和手枪，并且与皇宫卫士一起在考尔菲练习瞄准射击，或是在大约距离防暴军驻地 50 英里的射击场练习。我学习了如何破坏敌人的设施和使用迫击炮，如何制造小型炸弹和地雷，以及如何避开炸弹和地雷。我感觉自己已经被训练成了一名军人，开始用军人的思维思考问题，而完全脱离了一个政治家的思维方式。

我最感兴趣的是“疲劳行军”训练，在行军中，身负枪支、弹药和水，要求必须在规定的时间内到达某个遥远的地点。在这些疲劳行军训练期间，我亲身体验了沿途美丽的风光，既有茂密的森林，又有拔地而起的高地。这个国家特别落后：人们仍然使用木犁耕地，吃的是非常简单的食物，有时喝一些家酿啤酒。他们的生活与南非边远地区十分相似，几乎到处都是清一色的穷人。

在学习培训期间，塔德赛上校与我探讨了诸如如何创建一支游击队、如何指挥军队和如何加强纪律性等问题。一天晚上吃晚饭时，他对我说：“曼德拉，你现在创建的是一支解放军，不是一支常规的资产阶级军队。当你在岗位上工作的时候，你必须行使你的绝对权威，这是与资产阶级指挥官完全不同的。但是，当你不在岗位上的时候，你必须注意与战士们，哪怕是最下级士兵，保持平等关系。

你必须与他们吃一样的饭，并且不能把食物带到你的办公室里去吃，而是与他们一起吃、一起喝，不能把自己封闭起来。”

他这些话似乎都是令人钦佩的和明智的。但是，正当他与我谈话的时候，一位中士走进了大厅，问塔德赛上校在什么地方能找到某某中尉。塔德赛上校用明显轻蔑的口气说：“你没看见我正在这里与一位重要人士谈话吗？你不知道在我吃饭的时候不能打扰我吗？请你躲到一边去！”然后，他继续用刚才的教诲口吻对我谈话。

训练期本来是6个月，但是8周后我收到了一封来自非洲人国民大会的电报，催促我回国。国内的武装斗争正在逐步发展，他们需要一位现场指挥官。

塔德赛上校很快为我购买了埃塞俄比亚飞喀土穆的飞机票。在我离开之前，他送给我一件礼物：一把自动手枪和两百发子弹。我十分感激他赠给我自动手枪，也十分感激他对我的教诲。尽管我已经进行了疲劳训练，但是，我仍然对带上那么多子弹有些畏难。一发子弹的重量就令人吃惊，带上200发子弹就像身上背了一个孩子。

在喀土穆，我遇见了一位英国航空公司的官员，他告诉我飞往达累斯萨拉姆的航班第二天才起飞，并免费为我在城内预订了星级宾馆。我有些惊愕，因为我宁愿去住不惹人注意的三等宾馆。

当我住进宾馆的时候，我必须穿过宾馆内长长的、高雅的走廊，走廊里有许多白人正坐在那里喝饮料。这里很久之前就安装了金属探测器和安全检查装置，我外衣内的手枪套里有手枪，裤腰内有200发子弹，身上还带着几千英镑现金。我似乎感觉这些衣冠楚楚的白人都有X光检测仪器，我随时随地都有可能被逮捕。但是，我被安全地送进了我的房间，在房间里我让服务生整理房间，就连服务生的脚步也让我感到紧张。

我从喀土穆直接飞到了达累斯萨拉姆，在那里我迎接了第一批21名民族长矛军战士，他们到埃塞俄比亚准备参加培训。这是令人自豪的时刻，因为这些人都是我当时创建军队时自愿入伍的军人。

他们在一开始就在战役中冒着生命危险参加战斗，那是一场对第一批入伍的战士来说最为危险的战役。他们都是年轻人，多数来自城市，他们既自豪又有生气。我们在亚的斯亚贝巴好好地吃了顿饭，人们为欢迎我杀了一头羊。我向他们介绍了我的旅行情况，告诉他们在国外必须守规矩、讲纪律，因为他们是南非自由斗争的代表。我说，军事训练必须与政治培训一道进行，因为革命并不只是一个扣扳机的问题，其目的是创造一个公平的、正义的社会。我第一次接受了自己战士的敬礼。

尼雷尔总统为我提供了一架飞姆贝亚的飞机，然后我直飞洛巴策，飞行员却告诉我飞机将在卡内降落。这让我感到忧虑：飞机为什么要变更降落地点？在卡内，我遇见了当地的行政长官和保安人员，他们全是白人。行政长官走到我的面前问我的名字，我告诉他我叫大卫 · 莫扎马义。他说，不对，请告诉我你的真实名字。我还是说我叫大卫 · 莫扎马义。行政长官说："请告诉我你的真实名字，因为有人指示我在这里迎接曼德拉先生，我是来为他提供帮助和交通工具的。如果你不是纳尔逊 · 曼德拉，我恐怕就要逮捕你，因为你没得到批准进入这个国家。你是纳尔逊 · 曼德拉吗？"

这倒让我进退两难，是不是曼德拉都有可能被逮捕。"如果你们坚持认为我是纳尔逊·曼德拉而不是大卫·莫扎马义，"我说，"我不会和你争论。"他微笑着说："我从昨天就盼着你来。"然后，他让我乘电梯上楼，我的同志们正在那里等着我。我们坐车去洛巴策，在那里见到了乔 · 莫迪塞和一位名叫乔纳斯 · 马特罗的非洲人国民大会支持者，他当时就住在那里。行政长官告诉我，南非警察知道我要回来，他建议我第二天离开洛巴策。我对他的帮助和劝告表示感谢，但是当我到达马特罗家的时候，我决定当天夜里就离开，打算与塞西尔 · 威廉姆斯一起开车回南非。塞西尔是戏剧导演，也是民族长矛军战士。我装扮成他的司机，坐在驾驶座上。那天夜里，我们驱车直奔约翰内斯堡。

第七部

利沃尼亚

49...

越过边界后，我松了一口气。离开家乡后再回到家乡，使我感到家乡的空气总是那么温馨。那是一个晴朗的冬夜，就连家乡天上的星星看上去也比非洲大陆其他地方的星星更明亮。显然，我离开了我第一次感受到自由的世界，并重新返回到我作为一个亡命之徒生活的另一个世界，但是，我仍然为回到自己的家乡而感到高兴。

在贝专纳与西北德兰士瓦之间，有十几条没有路标的道路横跨边界，塞西尔知道我们应该走哪条路。在行驶期间，他告诉了我许多我没听说过的大事。我们行驶了一整夜，半夜刚过就穿越了边界，天快亮的时候，我们到达了立里斯里夫农场。我仍然穿着我那身卡其布训练服。

一到农场，我就没有了休息和反思的时间，因为第二天夜间，我们将召开一次秘密会议，由我向工作委员会简要报告此行的情况。瓦尔特、摩西·考塔尼、戈万·姆贝基、旦·图鲁麦、J. B. 马科斯和杜马·诺克韦都来到了农场，这是一次难得的重逢。我首先汇报了这次出访的大概情况，并把我们接收到的援助资金和提供培训的情况逐项作了汇报。同时，我也详细报告了我对非洲人国民大会与白人、印度人特别是共产党人进行合作的不同意见。赞比亚领导人最后会见我时说的话仍然在我耳边回响，他们告诉我，尽管他们知道非洲人国民大会比阿扎尼亚泛非主义者大会强大，并且更有群众基础，但是，他们知道阿扎尼亚泛非主义者大会是纯粹的非洲民族主义，而他们被非洲人国民大会的非种族主义和与共产主义的联系搞得有些迷惑。我告诉他们，奥利佛和我认为非洲人国民大会必须显得更独立一些，以便让非洲大陆上的新盟友对我们放心，因为，这些新盟友将是从资金上和军事训练上对我们提供支持的国家。我建议对大会联盟进行改造，这样，非洲人国民大会将明显地被视为领导组织，特别是在一些直接影响非洲人的问题上。

这是一个严肃的主张，必须征求整个领导层的意见，工作委员会敦促我去德班向鲁图利酋长汇报。除了戈万 · 姆贝基之外，大家都同意这个主张。姆贝基当时不住在立里斯里夫农场，但是，他作为民族长矛军最高司令部的成员出席了会议。他敦促我选派别的人执行我的任务，因为这个任务风险太大。他说，组织不应当危及我的安全，特别是我刚刚回国，准备进一步发展民族长矛军。这个明智的建议被大家——包括我本人在内——拒绝了。

第二天夜间，我在塞西尔的陪同下从利沃尼亚出发。我还是扮作他的司机。我在德班安排了一系列的秘密会见，第一个就是秘密会见蒙蒂·奈克和伊斯梅尔·弥尔，向他们简要介绍了我的国外之行，讨论新建议。蒙蒂和伊斯梅尔与鲁图利酋长关系非常密切，鲁图利酋长完全相信他们两人的观点。我希望能告诉鲁图利，我已经对他的两位朋友说过了，并传达他们的意见。但是，伊斯梅尔和蒙蒂对我认为非洲人国民大会需要在大会联盟中起领导作用并在有关影响非洲人的事务方面自己发表声明感到忧虑。他们反对任何拆散联盟的做法。

我又来到格劳特维勒，鲁图利酋长就住在那里。我们在格劳特维勒城内的一个印度女士家中见了面。我向酋长介绍了情况，他一言不发地认真听我介绍。当我介绍完情况的时候，他说他不赞成让外国政治家干涉非洲人国民大会的政策。他说，我们的政策已经很好地包含了非种族主义，他认为我们不应该根据几个外国领袖的意见修改我们的政策。

我告诉酋长，这些外国政治家不是干涉我们的政策，他们仅仅是说他们对我们的政策不理解。我告诉酋长，我们的计划仅仅是做点表面文章，以便使非洲人国民大会更让人理解，更让我们的同盟者接受。我把这件事看作一项防御性措施。因为，如果非洲国家决定支持阿扎尼亚泛非主义者大会，那么阿扎尼亚泛非主义者大会这个弱小组织就能一下子变成一个强大的组织。

酋长并没有凭一时的冲动而匆忙下结论。我能看出，他要考虑我所说的话，并就此与他的朋友们进行讨论。我向他告别，他劝我要多加小心。那天晚上，我还要在那个小城秘密会见几个人。我最后会见的是民族长矛军德班地区司令员。

德班地区司令员是一位名叫布鲁诺·姆陀罗的破坏活动专家。我以前从未见过他，但是，我以后在完全不同的场合又一次遇见了他。我简单向他介绍了我出访非洲数国的情况，以及我们已经接受的支持和军事培训承诺。我解释说，民族长矛军暂时仅限于搞破坏活动，但是，如果搞破坏活动不能达到理想的效果，我们也有可能转入游击战争。

同一天晚上，我住在摄影记者 G. R. 奈杜家中，与伊斯梅尔、法蒂玛·弥尔、蒙蒂·奈克和 J. N. 辛格一起举行欢迎、欢送会，因为第二天我就要回约翰内斯堡。那是一个愉快的夜晚，是我长时间以来第一次放松的夜晚。当晚，我睡得也很好。8 月 5 日礼拜天下午，我又去见了塞西尔，因为我将乘坐他的奥斯汀返回约翰内斯堡。

我穿着我的白色司机风衣坐在副驾驶座上，我们两人轮流着驾驶。那是一个晴朗而凉爽的日子，我完全沉浸在纳塔尔农村的美丽景色之中。即使是在冬天，纳塔尔仍然是一片绿色。既然我打算回约翰内斯堡，我就要抽出点时间去看望一下温妮和我的孩子们。我经常希望温妮能与我一起去分享非洲的奇观，但是，我所做到的只能是告诉她我在国外所见到的和所做的事情。

我们一离开德班的工业区就立即进入了山区，那里有一道道的山谷和深蓝色的印度洋，风景十分美丽。德班是南非主要工业区和主要港口城市，通往约翰内斯堡的公路很长一段与火车道平行。我从尽情地欣赏自然美景转向考虑铁路线，它与公路相距那么近，这就为实施破坏提供了方便。我掏出随身带的小笔记本，把这个情况记录了下来。

塞西尔和我驾车穿过彼得马里茨堡西北 20 英里的霍维克，我们开始专心致志地讨论破坏计划。在刚过霍维克不远的小城镇塞德拉时，我发现有一辆坐满白人的福特 V-8 轿车从我们右侧飞速驰过。我本能地转身向后一看，发现还有两辆坐满白人的轿车。忽然，那辆福特 V-8 轿车在我们前面发出信号让我们停车。此时，我知道我的地下逃亡生活就要结束了，我历时 17 个月的“自由”也即将到头了。

当塞西尔放慢车速的时候，他转身对我说：“这是些什么人？”我没有回答，因为我们两人都知道他们是什么人。他们选择了一个很好的藏身之处，我们左侧就是陡峭而长满树木的河堤，如果我们想逃跑的话，他们可以把我们赶进河堤上的树林。我坐在右边的座位上，曾经想跳车逃进树林，但是，我知道那样几秒钟内就会遭到枪击。

当我们停下车来的时候，一位表情严肃的细高个男士直奔我这一侧的车窗而来。他没刮胡子，看上去好像已经有很长时间没睡好觉了。我立即明白，他几天来可能一直在等着我们。他镇定地告诉我们，他是彼得马里茨堡警察局的中士沃尔斯特，并向我们出示了逮捕证。他让我说明自己的身份，我告诉他我叫大卫·莫扎马义。他点了点头，然后，沉着地问我一直在什么地方，准备到哪里去。我回避了他问的问题，没告诉他多少情况。他似乎有点恼火，然后说：“你是纳尔逊·曼德拉，这位是塞西尔·威廉姆斯，你们被捕了！”

他告诉我们，另一辆车上的警察少校将陪我们回彼得马里茨堡。那时候，警察的警惕性还不怎么高。沃尔斯特并没有对我进行搜身。我身上带着一把连发左轮手枪，我又一次想到逃跑。但是，他们的人太多，我无法逃脱。我偷偷地把连发手枪和笔记本都藏在了我的座位和塞西尔的座位之间的装饰件内。不知道是什么原因，那位警察竟没有发现。这很幸运，因为如果他们发现了这些东西，将有更多的人被逮捕。

在警察局，我被带进警察中士沃尔斯特的办公室，在那里我看见有好几位警察官员，其中一位是准尉特鲁特，他曾经在叛国审判中出庭作证。特鲁特在被告中留下了深刻的印象，因为他准确地说明了非洲人国民大会的政策，既没有夸大，也没有说谎。我们友好地彼此寒暄了一番。

我除了承认自己不是大卫·莫扎马义之外仍然是什么也没承认，特鲁特对我说："纳尔逊，你为什么开这种玩笑？你明白我知道你是谁。"我仅仅告诉他我起了个新名，我的新名就叫大卫·莫扎马义。我请求聘请一位律师，但遭到了拒绝。然后，我想到应该发表一个声明。

塞西尔和我被分别关押在不同的牢房里。现在，我有时间反思我的处境。我总是认为自己有可能被捕，但是，即使是自由战士也不愿意承认这样的事实。那天晚上，我在牢房里认识到，我对被逮捕和监禁这个现实并没有任何准备。我辗转反侧，感到很不安。有人把我的行踪向警察告了密，他们知道我在德班，并且知道我将回约翰内斯堡。在我回国前几个礼拜，警察就认为我已经回国。6月份，报纸头版头条刊登了题为"黑色海绿花的归来"的报道，当时我还在亚的斯亚贝巴。这是不是一种虚张声势？

当局一直在骚扰温妮，他们认为温妮知道我是否回来。我知道他们对她进行盯梢，并数次到家中搜查。我猜测他们料定我回国后将立即会去拜访鲁图利酋长，他们猜对了。但是，我也怀疑他们得到了当时我在德班的情报。政府到处都安插了情报员，即便是很谨慎的人，一般也不能总是守口如瓶。我自己也有粗心大意和丧失警惕的时候。知道我在德班的人太多了，我竟然在动身去德班的那个晚上搞了个聚会，我为自己放松警惕而自责。我思考了各种各样的可能性：告密者来自德班？来自约翰内斯堡？还是来自组织内部？或者甚至是朋友和自己的亲属告了密？但是，这种猜测是毫无价值的，由于筋疲力尽，我很快就深深地进入了梦乡。至少1962年8

月 5 日这一夜，我不必担心警察是否会来找我，因为他们已经找到了我。

第二天上午，我感觉恢复了精力，并振作精神去面对摆在我面前的新的考验。在任何情况下，我都不会在抓捕我的人面前表现出失望或绝望之情。8 点 30 分，我出现在当地行政长官的面前，并被正式押送约翰内斯堡。这是一种低调处理，行政长官处理我似乎像处理一份运输单那样简单。警察在送我回约翰内斯堡这个问题上并没有采取任何安全措施，仅仅让我坐在轿车的后排座位上。当时也没有给我戴手铐，只有两名警察坐在轿车的前排座位上。我的朋友们发现我被逮捕了，法蒂玛 · 弥尔给我送来了食物，我在车内与两位警察共同分享了这些食物。我们甚至在沿途小镇沃尔克斯拉斯特停下来，他们让我下车散散步，休息一下。当人家对我好的时候，我也就没有企图逃跑的想法，我不想利用他们对我的信任去干对不起他们的事情。

但是，当我们抵达约翰内斯堡的时候，气氛发生了变化。我从收音机里听到了一个关于我被捕的通告，并命令撤掉了通往纳塔尔的道路检查站。太阳落山的时候，在约翰内斯堡的郊区，我们受到了规模庞大的警察押送队的迎接。当时，我被戴上手铐从轿车上带下来，换了一辆密闭的囚车。囚车的玻璃窗是不透明的，并且装有铁丝网。然后，车队迂回向前行驶，选择不为人熟悉的去马歇尔广场监狱的路径，他们似乎担心会遭到伏击。

我被单独关押在一个牢房里。在一片安静中，我开始考虑第二天的对策。此时，我听到附近牢房里传来一声咳嗽。我并没有想到附近会有被监禁的犯人，但是，不但有，而且这个声音对我来说特别熟悉。我突然坐起来，问了声："瓦尔特？"

"纳尔逊，是你吗？"他应声说。我们抱着无法形容的复杂心情笑了，这里面有安慰、有惊奇、有失望，也有高兴。据我所知，瓦尔特在我被逮捕不久也被逮捕了。我不认为我们先后被捕没有什么联系。虽然这不是全国工作委员会举行会议的最安全的地方，但是这里当然是方便的，那一夜过得特别快，我向他全面地介绍了我被逮捕的经过和我在德班的活动情况。

第二天我出现在法庭上，面对的是一位高级法官。哈罗德·沃尔佩和乔·斯洛沃听说我被捕后来到了法庭，我们在地下室内进行了交流。我在当律师的时候曾经多次与这位法官打过交道，我们彼此都很尊重对方。还有几位律师也在场，有的律师我也很熟悉。一个人由于别的无关紧要的事变而在特定的场合下也能比较容易地受到称赞是令人感到奇怪的。在正常的情况下我受称赞绝不稀奇，但是，在这里我是一个罪犯，而且是一个很难抓到的、政府最想抓到的、在地下坚持斗争达一年以上的第一号重刑罪犯，仍然受到了法官、律师和旁听者们的尊重和职业礼遇。他们知道我是有律师身份的曼德拉，并不是罪犯曼德拉。这使我的精神振作起来。

在履行法律程序期间，法官似乎缺乏自信，并且感到不安，他不敢直接面对着我。其他律师也似乎感到困惑，当时我似乎得到了某种启示。这些人不仅因为我是一个失去地位的同行而感到不舒服，而且因为我是一个因为信仰而遭到惩处的普通人而感到难过。在某种程度上讲，我以前从来没有很好地领会过，我认识到了我在法庭上的角色以及作为一个被告所面对的几种可能。我在压迫者的法庭上是正义的象征，是不尊重美德的社会中的自由、公正和民主伟大理想的代表。我此时此刻认识到，即使是在敌人的堡垒内也能进行战斗。

当我被问及我的律师叫什么名字的时候，我声明我将自己为自己辩护，而请乔·斯洛沃做法律顾问。通过自己为自己辩护，我将提升自己的形象。我要把对我的审判作为非洲人国民大会从道义上反对种族歧视的展示。我并不打算为自己作过多的辩护，而是想方设法把政府推上法庭。那天，我仅仅回答了有关我的名字和选择律师方面的提问，我默默地听着对我的指控：鼓动非洲人罢工，没有有效旅行文件擅自出国。在种族歧视的南非，这种“罪行”可以判处长达10年的监禁。这种指控并不算严厉：政府显然没有足够的证据把我与民族长矛军联系在一起，不然的话，我将被指控犯有更严重的叛国罪或破坏罪。

当我准备离开法庭的时候，我意想不到地看见温妮坐在旁听席上。她面色悲凉、忧伤；毫无疑问，她正在考虑今后的艰难岁月，生活的担子全落在了她一个人身上，在一个常常是艰难的、什么东西都经常被禁止的城市里抚养两个孩子。要她知道今后可能遇到的困难是一回事，她们在现实中所面临的困难则完全是另一回事。我能做的一切，就是当我沿台阶步入地下室的时候给了她一个满意的笑容，似乎告诉她我并不担心，因此她也不必担心。我不能想象，我的笑容会给她带来帮助。

我即将被从法庭带到约翰内斯堡的福特监狱。当我从法院走出来并进入密闭的囚车的时候，数百名群众欢呼并高喊“Amandla！”然后就是“Ngawethu！”这是非洲人国民大会常喊的应答式口号，前一句意思是“政权！”然后以“属于我们！”呼应。群众高声喊叫着、歌唱着。当囚车缓缓驶出法院出口的时候，他们的拳头纷纷击打在囚车上。我被捕和被审判的消息刊登在各个报纸的头版头条：一条是“警察突然袭击，结束两年的追捕”；另一条是“纳尔逊·曼德拉被捕”。从此，所谓的黑色海绿花不再逍遥法外。

几天后，温妮被允许来看我。她梳洗打扮了一番，至少从面容看上去与上次相比不那么忧伤了。她给我带来了昂贵的睡裤和漂亮的丝绸睡衣。这些东西不适合在监狱里穿，倒是更适合出席沙龙。我没有心思告诉她这些衣服根本不适合我在监狱里穿。但是，我知道，这些衣服是她表达爱的一种方式，也是表达与我长相厮守的决心。我感谢她，尽管我们没有太多的时间，但是我们还是迅速地讨论了家庭的有关事情，特别是她将如何自食其力和抚养孩子的问题。我提及了几位会向她提供帮助的朋友的名字，还告诉她我的几位仍然欠我钱的委托人。我告诉她，把我被捕的实际情况告诉孩子们，让他们知道我将很长一段时间不在他们的身边。我告诉她，我们并不是第一个面临这种遭遇的家庭，经历过这种艰难的人才更加坚强。我让她相信我们事业的力量，相信朋友的忠诚。她那么爱我，对我那么忠贞，无论我发生什么情况，她都会坚决地支持我。管理秩序的警察假装看不见，我们用自己的力量和被压抑的情感相互拥抱和依恋，似乎这就是最后的离别。从某种程度上讲，我们两个人当时都没有想象我们的别离会经历那么长的时间。准尉警察允许我陪同温妮走到大门口，借此机会我能仔细地看看她，她看上去显得孤单且自豪，我一直目送她消失在拐角处。

50...

在福特监狱，我由上校敏纳尔监管。敏纳尔是一个神情严肃而有礼貌的布尔人，他那些更强硬的同事认为他是一位自由主义者。他明确表示将把我安排在监狱医院里，因为医院是最舒适的地方，在那里我将能拥有一把椅子和一张桌子，我可以在上面准备我的辩护材料。尽管监狱医院确实是个舒服的地方，我可以在一张正常的床上睡觉，我以前在监狱里从来没有过这种待遇，但是，他如此慷慨的真实原因是，医院是关押我最安全的地方。要想进医院，必须通过两道高墙，每道墙都有全副武装的警卫人员站岗，并且一旦进入，任何人想接近我被关押的地方都必须通过四道上了锁的大门。媒体推测，组织上企图搭救我，因此，当局尽最大努力防止这种事情的发生。

在媒体和非洲人国民大会中还有一种荒诞的说法：组织内部有人出卖了我。我知道，有的人说是我在德班的朋友 G. R. 奈杜，我认为这种说法是没有根据的。媒体宣传我是被白人和印度共产党人出卖的，因为他们对我关于非洲人国民大会必须坚持反对泛非主义方向的主张感到不安。但是，我认为这些故事是政府为了分裂大会运动组织而编造出来的，我把这种说法看作恶作剧。我后来不仅和瓦尔特、杜马、乔·斯洛沃和阿迈德·卡特拉达讨论过此事，而且也与温妮议论过此事。我高兴地看到，他们与我的感觉完全一致。温妮被邀请出席了德兰士瓦印度青年大会的年会，在我的鼓动下，她驳斥了这些毫无根据的谣言。报纸对她的美丽和口才大加宣扬。“我们将不会浪费时间去寻找谁出卖曼德拉的证据，”她向听众说，“这种宣传是蓄意让我们相互争斗，而不是相互团结起来反抗国民党人的压迫。”

传说最多的是与中央情报局有联系的美国领事向当局告的密。这个说法也未得到证实，我从来没有得到任何可靠的证据证明这种传说的真实性。尽管中央情报局一直对支持美帝国主义的卑鄙行径担负着责任，但是，我不能把我的被捕归咎于中央情报局。事实上，我在保守我个人的活动秘密方面是有疏忽的。根据回顾我认识到，当局有很多办法得到我去德班的情报。不知是什么原因，事实上他们并没有立即逮捕我。

我在福特监狱医院里只住了几天就被转移到了比勒陀利亚。在约翰内斯堡，当局不限制探监，所以不断有人来监狱探望我。探望能使一个人在监狱内保持精神振奋，而没有人来探视则会使你心灰意冷。当局把我转到比勒陀利亚的目的是让我与我的家人隔开，并把我关押在一个很少有朋友探视的地方。

我被戴上了手铐，与另一个犯人一起被用旧面包车送往比勒陀利亚。面包车内十分脏，我们坐在一个满是油污的备用轮胎上，轮胎随着面包车的颠簸而不停地滑动。为我选择的伙伴也让人感到奇怪，他名叫恩卡迪蒙，是索韦托最残忍的黑社会帮派势力的一个成员。正常情况下，当局不会让政治犯与普通刑事犯同乘一辆车，我怀疑他们是故意让恩卡迪蒙恐吓我。我猜测，他是警察局安排的一个线人。到达监狱的时候，我身上很脏，又感到气愤，把我同恩卡迪蒙关进同一个牢房更让我气上加气。我要求有一个单独的地方，以便为我的案子做准备，最终我如愿以偿。

当时，我每周只准许被探视两次。尽管路途遥远，温妮仍然经常来看我，并且总是给我带来干净的衣服和好吃的食物。这是她表达对我支持的另一种方式，每次我换上一件干净的衬衣的时候，我总是感觉到她对我的爱和忠贞。我知道她在家中带着两个小孩，每周一次顶着中午的太阳来比勒陀利亚看我是多么困难。另外，还有许多人也带着食物来看我，其中包括一直对我十分忠诚的皮利太太，她每天中午都给我送可口的饭菜。

由于来看我的人十分慷慨，这使我对监狱内的这种富足感到有些不安，只能与别的犯人分享我的食物。这是被严格禁止的。为了回避这些限制，我用食物贿赂狱警们，让他们网开一面。我抱着这样的想法把一个鲜红的苹果送给一个非洲人狱警，他看着苹果，用一句"我不要"冷冷地拒绝了我。非洲人狱警往往不是比白人更有同情心，就是更严格，并且似乎超过了他们的白人主子。但是，一会儿，那位黑人狱警看见一位白人狱警拿了那个被他拒绝了的苹果后，也改变了主意。很快，我就把食物分给了所有的狱友。

通过监狱里的内部消息，我得知瓦尔特也被转移到了比勒陀利亚。尽管我们被分开关押，但是，我们仍然设法互相联系。瓦尔特申请保释，我完全支持这一决定。长期以来，保释在非洲人国民大会内部一直是个敏感问题。有人认为我们应该反对保释，因为保释可以被解释为我们是接受法律体系下种族主义约束的胆小的反叛者。我不认为这种观点应该被到处乱用，并认为应该在一事一议的基础上进行检验。即使是瓦尔特已经成为非洲人国民大会的总书记，我仍然认为应该想尽一切办法保释他出狱。他对组织可以说是至关重要的，不能允许他在监狱中消耗自己的精力。在这个问题上，保释是可行的，并不仅仅是一个理论上的问题。他与我不同，我一直在地下工作，而瓦尔特却没有在地下工作过。我已经成为反叛和斗争的公开象征，而瓦尔特则是在幕后操作。他同意不为我申请保释，首先，这也不会被批准，同时，我也不想让人误解我不准备承担我所选择的地下生活的后果。

瓦尔特和我作出这个决定后不久，我又被转到了福特监狱医院。听证会将在 10 月份举行。监狱的好处是根本谈不上的，但是封闭的环境却有利于学习。我开始利用这个环境攻读法学学士，通过拿到这个学位，我就可以当辩护律师。我到达比勒陀利亚地方法院的第一件事就是给当局发了一封信，告诉他们我要学习，希望允许我买一本《侵权法》，这是学习大纲的一部分。

几天后，警察上校奥卡木博走进了我的牢房。他是比勒陀利亚地方监狱的监狱长，也是监狱官员中比较坏的一个家伙。他幸灾乐祸地说："曼德拉，这次抓住你了！"然后又说，"你为什么要买一本关于火炬的书？伙计，莫非你要把它运用于你的破坏活动？"我直到他出示了我要购买被他称作"*The Law of Torches*"（应是 *The Law of Torts*，即《侵权法》）的那封请求信，才知道他所说的话是什么意思。我对此轻蔑地一笑，他为我没有拿他当回事而恼羞成怒。南非荷兰语中的"torch"就是 toorts，与 tort 很相似。我向他解释说，英语中的 tort 是一门法律学科，并不是可以用来点燃炸弹的火把。他听后气冲冲地走开了。

一天，我正在福特监狱的院子里锻炼，这种锻炼包括慢跑、快跑、俯卧撑、仰卧起坐等。一位英俊的高个子印度人进入了我的视线，他名叫穆萨 · 迪纳特。我只知道他是一个成功的甚至可以说是业绩辉煌的商人。他因欺诈罪而被判处了两年监禁。在监狱外，我们将仍然保持相识的关系，但是，监狱是友谊的孵化器。迪纳特经常陪我在院子里慢跑，有一天他问我，如果他获得监狱长的批准也和我一起住在监狱医院里，我是否反对。我告诉他对此我会十分高兴，但是我心中暗想，监狱当局绝不会允许。事实证明我错了。

真是天大的怪事，一个像迪纳特这样已经判刑的监禁犯人竟然被允许与一个等待审判的政治犯关押在一起。但是，我没说什么，因为我喜欢有个人与我做伴。迪纳特很有钱，对于监狱当局来说，他就是一个财神，作为对他的钱的回报，他享受许多特权：他穿白人犯人穿的衣服，享受白人犯人的伙食，在监狱里根本不用劳动。

一天夜晚，我惊奇地发现监狱长敏纳尔上校和一位著名的南非白人律师来提他。然后，迪纳特离开监狱到外面过夜，直到早晨才回到监狱。如果不是亲眼目睹此事，我怎么也不会相信。

迪纳特给我讲了许多关于内阁部长中间的金融欺诈和腐败的故事，我发现很有趣。这让我确信种族歧视是何等败坏，它使各个领域都从道德上出现了腐败。我小心谨慎地避免与他讨论任何政治或敏感性的问题，以防他或许也是一个线人。他有一次让我告诉他关于我的非洲之行的事情，我干脆搪塞了过去。迪纳特为尽快获释而做了足够的暗中操纵的事情，结果是两年的徒刑只坐了四个月的牢。

越狱逃跑能达到双重目的，它使自由战士避免坐牢，这样他就可以继续战斗，而且从精神上对斗争提供巨大的鼓舞，对敌人则是一种很大的公开打击。作为一个被监禁的犯人，我总是企图越狱逃跑。在多次往返于监狱官员的办公室期间，我仔细地观察了围墙、狱警的活动规律和用来锁大门的锁和钥匙的类型。我对监狱的地形特别是监狱医院所处的准确方位和通向监狱外面的大门都画了详细的草图。这个草图被偷偷送给了组织，并告诉组织看过后立即把它销毁。

当时有两套方案：一套是穆萨 · 迪纳特制订的，对此我没有采纳；第二套方案是非洲人国民大会制订的，这套方案由乔 · 斯洛沃告诉了我。这套方案涉及行贿、配制钥匙和准备假胡子，并准备通过把它缝在我的一件上衣的垫肩内设法带进监狱，想法是让我越狱逃跑后装扮成一个大胡子。我认真考虑了这个方案，认为它不成熟，失败的可能性太大。这样的失败对组织来说可能是致命的。在与乔见面期间，我递给了他一张条子，表明了我的看法。我写道，民族长矛军对于采取这样的行动还不具备条件。即使是一支精锐的、训练有素的部队也可能无法完成这样的使命。我建议把这套方案推迟到对我作出判决、当局对我放松警惕之后再加以实施。我最后写道，请阅后销毁。乔和其他人都采纳了我关于不逃跑的建议，但是，他决定把我写的这个条子作为历史资料保留起来，后来我却在一个非常不幸的时刻发现了它。

51...

第一次听证会定于 1962 年 10 月 15 日礼拜一举行。组织上成立了“释放曼德拉委员会”，发动了以“释放曼德拉”为口号的生气勃勃的运动。全国各地都举行了抗议活动，标语口号出现在了建筑物的墙上。政府则以禁止与我的监禁有关的所有集会作为报复，但是解放运动组织没有理睬这种限制。

在准备礼拜一听证会的过程中，释放曼德拉委员会在法院举行了群众示威活动。方案是让群众站立在押送我的囚车将要驶过的道路两侧。通过媒体记者的报道、探视者之间的谈话甚至狱警之间的谈话，我得知释放曼德拉委员会将要举行规模庞大的集会。

礼拜六，我正在准备下个礼拜一的听证会，此时有人吩咐我立即打点行李：听证会被转移到了比勒陀利亚，当局没有任何通知，没有一位有同情心的狱警告诉我，也没有人知道我已经离开了约翰内斯堡。

但是，运动组织的反应是迅速的，到礼拜一上午听证会开始的时候，老犹太会堂里挤满了支持者。叛国审判 4 年后，老犹太会堂就如同我的第二个家。我的法律顾问乔·斯洛沃由于被禁止仅限于在约翰内斯堡活动，不能出席听证会，我乘机让鲍勃·赫普尔代替乔·斯洛沃。

在那个礼拜一上午，我穿着传统的科萨豹皮服装进入了法庭。支持的人群行动一致，他们挥舞着拳头高声喊着“Amandla!”（政权！）和“Ngawethu!”（属于我们！）。我的豹皮服装令旁观者们感到十分振奋，他们之中有许多朋友和亲属，有的甚至是从特兰斯凯一路赶来的。温妮也戴着传统的串珠头饰，穿着传统的拖到脚跟的科萨裙赶到了法院。

我之所以选择传统服装，为的是加强我是一个黑色非洲人走进白人法庭的印象。我原原本本地把我的人民的历史、文化和传统背在了我身上。那天，我感觉我自己就是非洲民族主义的化身，是非洲艰难而高尚的过去和命运未卜的将来的继承人。豹皮服装也象征着对白人司法制度的蔑视。我很了解，当局将为我的豹皮服装感到害怕，正如那么多的人害怕非洲真正的文化一样。

当人群安静下来的时候，听证会已经开始了。我正式与公诉人宝施先生和法官范·赫尔顿先生见面，自从当律师的时候我就认识这位宝施先生，也早就熟悉法官范·赫尔顿。我立即提出申请要求推迟两个礼拜再进行审理，因为我被押到比勒陀利亚没有被提供通知我的律师的机会。最后，我被批准延期一周审理。

在我回牢房的路上，一位非常神经质的白人狱警告诉我，监狱长雅各布斯上校要我交出豹皮服装。我说：“你可以告诉他，他不可能得到它。”这个狱警是一个胆小鬼，他开始颤抖起来。他苦苦乞求我，说他拿不到那套豹皮服装就会被解雇。我有些同情他，说：“请注意，告诉你的监狱长，告诉他这是曼德拉说的。”不大一会儿，雅各布斯上校亲自来到我的面前，他要我交出被他叫做“毯子”的那套服装。我告诉他，对于我选择在法庭上穿什么服装，他无权干涉，如果他想没收我的豹皮服装，我将把这件事一直告到最高法院。

上校再没有继续索要我的“毯子”，但是当局只允许我在法庭上穿它，不允许在往来法庭的路上穿，以防止“影响”其他犯人。

当一周后重新开庭的时候，我被允许在我被要求辩护前可以向法庭申诉。“我希望能够简单地说明，”我解释说，“这个案子是对非洲人民的远大理想的审判，因此，我想自己辩护是正当的。”我想让这个审判班子、旁听者和媒体明白，我要把政府推上法庭。然后，我申请取消法官的审理资格，因为我认为，我从道义上不一定必须遵守我没有代表的议会制定的法律，我也不可能从一个白人法官那里讨得公道。

> 我为什么要在法庭上面对白人法官、白人公诉人，并被白人法警押解？有哪位能够坦诚而认真地说在这种气氛中正义的天平能够摆平？为什么在这个国家的历史上从来没有非洲人被他自己的亲戚朋友和难兄难弟审判的荣誉？我将告诉阁下这是为什么：这种铁板一块的种族歧视性司法制度确保了由法庭主持的正义要符合这个国家的政策，不管这种政策是否可能在很大程度上与整个文明世界所接受的正义规范相抵触……阁下，我十分憎恨种族歧视和种族歧视的各种表现。我将与种族歧视战斗一生。我现在与它战斗，直到我的生命结束，我将一直与它战斗。我极其痛恨我周围摆出的这种架势，因为这让我感到我是白人法庭上的一个黑人。这是大不应该的。

在审理期间，公诉人从全国各地，其中包括特兰斯凯和西南非，找了100多位证人。他们当中有警察、记者、乡镇负责人和印刷商。他们大多数都证明我非法出国和煽动非洲工人在1961年5月举行了三天罢工。这是不容争辩的，事实上我也没有争辩。从技术上讲，我对两种指控都不否认。

公诉人叫总理的私人秘书巴纳德证明我曾经给总理寄过信，要求召开全国代表大会，并告诉他如果不召开全国代表大会，我们将组织三天的大罢工。在对巴纳德进行反诘中，我首先向法庭宣读了我寄给总理的那封信，这封信要求总理代表全南非人民大会起草一个非种族歧视的新宪法。

曼德拉：是你把这封信放在了你的总理面前的吗？

证　人：是的。

曼德拉：那么，总理对这封信有任何答复吗？

证　人：他没有给写信人任何答复。

曼德拉：他没对这封信给予答复，那么，你同意不同意说这封信提出了对这个国家的绝大多数人来说是最关心的问题？

证　人：我不同意。

曼德拉：你不同意？你不同意人权问题、人民自由问题对非洲人来说是极其重要的问题？

证　人：是的，的确是如此。

曼德拉：这些事情在其中被提到过吗？

证　人：是的，我认为提到过。

曼德拉：……你已经同意这封信提出了像自由权利、国民自由等问题？

证　人：是的，这封信提出了。

曼德拉：那么，你当然知道非洲人不享有信中所要求的权利？他们被政府否定了这些权利。

证　人：有些权利。

曼德拉：有没有非洲人是议会的议员？

证　人：没有。

曼德拉：也没有非洲人能当上省和市政府的官员吧？

证　人：是的。

曼德拉：非洲人在这个国家里有没有选举权？

证 人：就议会而言，他们没有选举权。

曼德拉：是的，这就是我要说的，我们正在讨论国家的议会及其他政府部门，其中包括省政府和市政府。他们有没有选举权？

证 人：没有，他们没有选举权。

曼德拉：你会不会同意我说在世界上的任何一个文明国家，作为一个总理不回复提出关系到国内大多数公民的重要问题的信将是令人愤慨的，你同意吗？

证 人：我不同意这一点。

曼德拉：你不同意作为一个总理不理睬提出关系该国多数公民的至关重要的问题是不正常的吗？

证 人：总理没有不理睬这封信。

曼德拉：请你仅仅回答我的问题。你认为作为一个总理不回答关系到这个国家多数人的重要问题的请求是正常的吗？你说那是不是错误的？

证 人：总理对这封信作出了答复。

曼德拉：巴纳德先生，我不想对你不礼貌。你应该仅仅回答我提出的问题。我提出的问题是，你同意不同意作为一个总理不回答关系到国家大多数人的重大问题是极其不正常的？

巴纳德先生和我绝对无法达成共识。最后，他只是说那封信的口气是挑衅性的、不礼貌的。因此，总理没给予答复。

在整个审理过程中，公诉人和法官反复地询问我准备叫多少证人出庭作证。我总是回答说："我打算至少叫与政府叫的证人一样多的证人。"当政府最终结束起诉的时候，法庭上静悄悄的，期待着我开始辩护。我站了起来，不但没叫第一位证人出庭作证，反而实事求是地宣布我根本没叫任何证人，这时我突然宣布结束辩护。法庭上一片议论声，公诉人则禁不住感叹了一声："我的上帝！"

我从一开始就误导了公诉人和法官，因为我知道对我的指控是准确的，政府说的是实实在在的，我认为没有必要叫证人出庭作证和为自己辩护。通过我的反诘，目的是迫使法官放弃自己的审判资格。我已经对法庭的不公正发表了自己的声明。我认为，企图叫证人否认毋庸置疑的事实是没有什么好处的。

法官对我的行动感到吃惊，他带有几分怀疑的口气问我："你有没有别的什么事情要说？"

"阁下，我认为我并没有犯罪。"

"这就是你要说的全部？"

"阁下，恕我直言，如果我还有什么别的要说的话，我早就说了。"

公诉人然后匆匆忙忙地整理了一下他的资料，试图准备发表他根本没有预料要发表的讲话。他简单地在法庭上发表了一个讲话，并提请法官在两项指控的问题上判我有罪。然后，审理被延期到第二天进行，那时我将有机会在法官判决前发表请求从轻判决的陈述。

第二天上午开庭前，我在一个办公室里与鲍勃·赫普尔谈话，他一直在就这场官司为我提供咨询。我们高度赞扬了头一天发生的事实，即联合国大会第一次投票赞成对南非进行制裁。鲍勃还告诉我，在伊丽莎白港和德班实施的破坏活动既是对联合国投票表决结果的庆祝，也是对审判我的抗议。我们正在讨论的时候，公诉人宝施先生走了进来，并请鲍勃原谅他打断了我们之间的谈话。

"曼德拉，"他等鲍勃走后说，"我今天不想到法庭上来了。这是我在我的生涯中第一次鄙视我所做的事情。我请求法庭判你坐牢是对我精神上的一种伤害。"然后，他伸出手与我握手，并表达了一切将证明我无罪的希望。我感谢他对我的好意，并向他保证我决不会忘记他所说的话。

当局那天提高了警惕。法庭里的人似乎比第一天开庭时还要多，150个"非欧洲人"坐席全都坐满了。温妮也来到了法庭，并且穿上了科萨民族服装。另外还有来自特兰斯凯的一些亲属。几百名示威群众站在法院的门口，警察的人数似乎与旁听者的人数一样多。

当我走进法庭时，我举起右拳高呼："Amandla！"（政权！），然后迎来了大家强有力的回应："Ngawethu!"（属于我们！）法官敲着木槌，让大家遵守秩序。当法庭静下来的时候，他对指控进行了总结，然后我有了说话的机会。我要求从轻判决的请求持续了一个多小时。其实，那根本不是一个法律请求，而是一个政治信仰的声明。我要向法官说明，我为什么成了现在这样的人，我为什么做了我已经做过的事情，以及如果有机会我为什么还去做这样的事情。

> 许多年前，我还是特兰斯凯一个村子中正在成长的一个孩子的时候，我听过部落长者所讲述的白人没来之前的好日子。那个时候，人们在他们的国王和权威人士的开明领导下和睦相处，可以没有任何障碍地在这个国家自由地、满怀信心地迁徙。国家无论是从名义上还是从权利上都是我们自己的国家。我们拥有这块土地、这片森林、这些河流，我们拥有土壤下面的矿藏和这个美丽国家的财富。我们建立和管理着我们自己的政府，控制着我们自己的武装，我们组织我们自己的商贸活动。老人们给我们讲我们祖先在保卫祖国的过程中与入侵者进行战斗的故事，以及在那些英雄年代涌现的英雄人物……
>
> 我很欣赏这个国家的早期非洲社会结构和组织，这也从很大程度上影响了我的政治观的演变。土地是当时的主要生产资料，它为全部落所拥有，无论什么东西都不属于某一个人。没有阶级，没有贫富差别，也没有人剥削人。所有的人都是自由平等的，自由平等是政府的基础。对这些基本原则的承认可以在政务院章程中看得到，这种章程有各种各样的叫法：有的把它叫做"Imbizo"，有的把它叫做"Pitso"，还有的把它叫做"Kgotla"，用这种章程治理部落的事务。政务院十分民主，部落里的每个成员都能够参加审议议题。酋长和大臣、将军和巫

师都参加意见，并努力影响政务院的决定。政务院是一个举足轻重并很有影响的机关，部落每采取一项重大措施，都要有它的介入。

在这样的一个社会中，许多原始的和不可靠的东西当然不能符合现代的要求。但是，这样的一个社会已经有了民主革命的萌芽。在这样的社会里，没有人沦为奴隶或苦役；在这样的社会里，没有贫穷、短缺或不安全感。这是一段至今仍然使我和我的政治斗争中的战友们都受鼓舞的历史。

我告诉法庭，我如何参加了非洲人国民大会，民主和非种族歧视主义如何成为我的最高信仰。我也说明了自己作为一名律师常常不得不在服从法律还是服从良心之间进行选择。

我要说，在这个国家里，任何有思想的非洲人的一生都会被迫不断地面对一面是他的良心另一面是法律这两者之间的冲突。这当然不是这个国家特有的一种冲突，在每个国家中，有良心、有思想、有感触的人们都会面临这种冲突。最近在英国，一位极其重要的人物、或许是西方最受人尊敬的哲学家伯特兰·罗素伯爵被判刑，他正好犯了与今天我所犯的同样类型的罪，因为他为了自己的良心而触犯了法律，抗议他的政府坚持核武器政策。他只能违背法律并承担违背法律带来的后果。我也只能这样做。这个国家中的许多非洲人也只能这样做。作为正实施的法律，作为在漫长的历史时期被逐步修改的法律，特别是作为国民党政府制定的法律，按照我们的观点，它是一种不道德的、不公正的、不可容忍的法律。我们的良心促使我们必须对法律表示抗议，表示反对，并设法修改法律……我认为，人们不能对正义无所作为、无所表示、无所反应，不能不抗议压迫，不能不为建设一个好的社会、好的生活而作出努力。

我详细地列举了政府多次动用法律，通过禁止、限制和审判等形式干扰我的生活、事业和政治工作。

> 是那样的法律让我变成了一个罪犯，但是我的罪并不是因为我的所作所为，而是因为我的主张，因为我的思想，因为我的良心。
>
> 这样的状况使一个人成为社会的罪犯，难道还有人会对这件事有任何怀疑吗？由于政府的原因使这样一个人做好了准备去过违法者的生活，就像根据这个法庭所提供的证据证明我几个月中所过的生活一样，这难道不让人感到奇怪吗？
>
> 在过去的这段时间内，我一直是艰难的。我离开了我的妻子儿女，告别了美好的生活，结束了我的律师事业，我有时盼望在饭桌上与家人团聚，而不是去过连续不断地被警察追捕的生活，远离我最亲近的那些人，在我自己的国家里，不断地面对侦察与逮捕的危险。对我来说，这是一种远比坐牢还要困难的生活。没有哪个有理性的人会放着文明社区中正常的、有家有业的社会生活不过，而自愿选择这样的一种生活。
>
> 但是，这样的时期到了，就像出现在我的生活之中。在这样的时期，一个人被否定了过正常生活的权利，只能过违法者的生活，因为政府那么热衷于使用法律，把罪行强加在他的身上。眼下，我就是被逼到了这个境地。但是，我对自己的决定并不后悔。在这个国家里，还会有其他人在警察的迫害和政府的管理下被逼上同样的违法道路，继承我的事业。对这一点我深信不疑。

我列举出许多次我们把我们的冤枉申诉交给政府，而每次都被忽视或撇在一边。我解释说，我们 1961 年举行的罢工是在政府既不采取任何措施，又不与我们对话或者满足我们的要求之后所作的最后努力。政府通过使用暴力对付我们的非暴力要求，从而挑起了新的暴力。我申明，政府的行动使我们采取了更具有战斗性的立场。我说，在我的整个政治生命中，我特别想与那些其能力和贡献都远比我自己大的同仁并肩战斗。许多人已经在我之前为他们的信仰付出了代价，在我之后也将有许多人会这样做。

我在宣判之前告诉法官，不管政府强加给我什么样的惩罚，都不会改变我献身于斗争的决心。

> 阁下，我并不认为，这个宣判我的罪名并强加刑罚于我的法庭应该会被这样的信念所打动，即刑罚将会吓倒那些坚信其道路正确的人。历史表明，刑罚吓不倒已经唤起良心的人们，也吓不倒我的人民和以前与我一起工作的同仁。
>
> 我准备接受对我的判决，尽管我知道一个非洲犯人在这个国家的监狱中的处境是多么悲惨和绝望。我已经领教过这种监狱生活，知道即使是在监狱的高墙后面种族歧视也是何等的恶劣。但是，这些考虑不会让我偏离我所走过的道路，也不会使像我这样的其他人偏离他们的道路。因为对他们来说，在他们自己的国家里，自由是他们的最高理想，任何东西都不能让这些被判刑的人丢掉他们的最高理想。我对监狱外全国人民所遭受到的令人畏惧的处境的憎恨，驱使我宁愿走进监狱去承受令人恐惧的痛苦。
>
> 不管阁下在这个法庭上决定给我定什么罪，请你们放心，我将在刑满后继续前进，就像人们总会凭着他们的良心在前进一样。当我从监狱中走出来的时候，我将凭借我对种族歧视的憎恨而继续前进，重新振作起来，为消除那些不公正而奋力斗争，直到最后把这些不公正彻底消灭，并永远地把它们消灭……
>
> 我已经为我的人民和南非尽到了我的责任。我相信我们的子孙将会宣布我是无辜的，在这个法庭上被判处有罪的应该是政府成员。

当我发表完讲话的时候，法官宣布休庭10分钟，以考虑给我什么样的惩处。在离开法庭前，我转过身来看了大家一眼。我对我将受到的惩处并不抱幻想。10分钟后，法官在充满紧张气氛的法庭上宣布了对我的判决：因鼓动人们罢工判刑3年，因没有护照出国判刑2年，总共判处5年徒刑，并且不允许保释。这是一个严厉的惩处，旁听席上有人放声大哭。当宣判结束的时候，我转身面对旁听席再次握紧拳头高呼了三声"政权"，然后，大家开始唱起我们优美的国歌"*Nkosi Sikelel' iAfrika*"(《上帝保佑非洲》)。当我被带走的时候，许多女士呜呜地大哭起来。旁听席上的骚动使我暂时忘记了我将走进监狱，去承受南非当时对政治犯最严厉的惩处。

在楼下，我被允许简短地向温妮告别。这时，她一点都不忧伤，精神状态很好，也没有掉泪，似乎很有信心。她是我的夫人，同时也是我的同志。她努力让我增强信心，当我乘坐在警车内离开法院的时候，我能听见车外大家歌唱"*Nkosi Sikelel' iAfrika*"的声音。

52...

监狱不仅剥夺了你的自由，还企图剥夺你的个性。每个人都穿一样的囚服，吃一样的饭，遵循同样的作息时间。这确实是一个地地道道的专制政府，不允许有任何独立或个性。作为一名自由战士和一个男子汉，他必须与企图剥夺他的一切个性的监狱进行斗争。

我被从法院直接带到了比勒陀利亚地方监狱，我对这座骇人听闻的、阴森森的红砖建筑物非常熟悉。但是，我现在是一个被判了刑的犯人，而不是一个等待审判的拘留犯，所受到的待遇与等待审判的被监禁者没有丝毫区别。我的衣服被扒走了，雅各布斯上校最终把我的豹皮服装也给没收了。我领到了一套非洲人专用的标准囚服：一条短裤、一件粗卡其布衬衣、一件帆布夹克、一双袜子、一双拖鞋和一顶布帽子。只有非洲人才发给短裤，因为只有非洲人才被监狱当局视为“男仆（boys）”。

我告诉监狱当局，我不穿短裤，并告诉他们我准备去法院提出抗议。后来，当狱警给我送来晚饭的时候，我发现是又冷又稠的玉米片粥和半茶匙糖。我拒绝吃这种食物。雅各布斯上校仔细地考虑了这件事，决定允许我穿长裤子，吃我自己的传统食物，条件是同意被单独关押。“我们准备给你与其他政治犯不同的待遇，”他说，“但是，你必须被单独关押。伙计，我希望你能同意。”我向他保证，只要能让我穿我所选择的衣服和吃我所选择的食物，单独关押也行。

在后来的几周时间里，我被完全单独关押起来，我见不到别的犯人的面孔，听不见别的犯人的声音。我每天被关押 23 小时，上午和下午各有半小时的活动时间。我以前从来没有被单独关押过，真是感觉度日如年。关押我的囚室没有自然光，一只灯泡在头顶上一天 24 小时地亮着。我没有手表，常常把傍晚当成了半夜三更。我没有书看，没有书写用品，也没有人跟我说话。我的心开始与外界隔绝，但很想感受一下外面的事物，以集中自己的注意力。我觉得，宁愿挨一顿打也不愿意被单独关押了。被单独关押了一段时间之后，哪怕是与囚室内的虫子在一起也感到高兴，有时甚至想与一只蟑螂一起聊一聊。

我有时能见到一位中年黑人狱警，于是，有一天我想用一个苹果贿赂他，让他与我说说话。“老人家，”——这是对别人的尊称，原意是父亲——我说，“我能送你一个苹果吗？”他对我的所有表示都保持沉默。最后，他说：“伙计，你要穿长裤子、吃好饭，现在你如愿以偿，但你仍然不高兴。”他的话是对的，因为没有什么事情比没有人做伴更使人失去人性。几周后，我准备放下自尊，告诉雅各布斯上校我将用长裤子去换取有人与我做伴。

那几周期间，我有足够的时间考虑我的命运。一个自由战士应该与他的人民在一起，而不应在监狱里，我最近在非洲获得的那些知识和关系没有被应用于斗争之中，而是同我一起被禁闭起来。我为不能把自己的知识用于创建一支自由军队而诅咒着。

不久，我开始抗议我的监禁环境，要求与比勒陀利亚地方监狱里的其他政治犯关在一起，其中就包括罗伯特·索布克韦。我的要求最后被同意了，但雅各布斯提出了严厉的警告：如果我再放肆就会导致严重后果。我没想到我这辈子竟曾那么渴望吃冷玉米片粥。

我除了希望有人做伴之外，还很想与索布克韦及其他人谈一谈，他们多数都是阿扎尼亚泛非主义者大会的成员。因为我认为，在监狱中可能会取得在监狱外无法取得的一致。监狱条件有利于化解争议，使大家发现团结一致的因素多于分裂的因素。

当我被带到关押其他犯人的院子里的时候，我们相互热情地打招呼。除了索布克韦，还有"贸易工会南非大会"的领导成员约翰·基茨韦；有非洲人国民大会会员艾伦·莫莱特，他是《新时代》的一位雇员；有著名的共产党贸易工会的成员斯蒂芬·德福，他也是"泛非大会"的成员。罗伯特请我就我的非洲之行作个介绍，我高兴地这样做了。我坦诚地介绍了其他非洲国家对阿扎尼亚泛非主义者大会和非洲人国民大会是如何理解的。在介绍完情况之后，我说有一些问题需要我们探讨。但是，当索布克韦与我刚开始取得一定的共识之后，监狱当局就设法把我们隔离开了。我们被关押在同一条走廊的不同的囚室里，而且两个囚室分别位于走廊的两头。

有时，当我们挨靠着坐在监狱院内的地上缝补又脏又破的邮袋时，我们确实有机会说说话。我总是对索布克韦很尊重，并发现他是一个和气而有理性的人。但是，我们对面临的主要问题——监狱的条件显然是有分歧的。索布克韦认为，要改善监狱的恶劣条件，首先就要承认政府是有权把他关进监狱的。而我则认为，在丧失体面的条件下生活总是难以接受的；在整个历史中，政治犯都把为改善监狱的条件而斗争当成了他们责任的一部分。索布克韦认为，只有当国家发生变化时，监狱的条件才会跟着发生变化。我完全赞成这个观点，但是，我不明白在我们现在唯一能进行斗争的地方为什么不去为此而斗争。我们从来也没有在这个问题上达成过一致的意见。不过，当我们向监狱当局递交联络信表示对监狱条件不满的时候，我们也确实有了进步。

索布克韦在监狱内没有屈服过。但是，与在比勒陀利亚相比，他显得有点神经质和暴躁，我把这归咎于斯蒂芬·德福。德福对索布克韦构成了一种刺激，他奚落他、辱骂他，并向他挑战。就是在最好的情况下，德福也是一个难以相处的人：他脾气不好，喜欢争论，专横傲慢。他还能说会道、知识渊博，并且精通俄国历史。他是一个斗士，但是他对谁都斗，甚至包括他的朋友。在那些日子里，德福与索布克韦几乎天天吵嘴。

我热心地与索布克韦讨论政策和策略问题，其中与他讨论的问题之一就是阿扎尼亚泛非主义者大会的那个“1963 年获得自由”的口号。当时已经是 1963 年，自由还是遥遥无期。“我的老弟，”我对索布克韦说，“作为一个领导人，没有比提出自己知道不能实现的目标更危险的了，这会在人民中间引起不切合实际的希望。”

我是用非常尊重他的口气说这件事的，但是，德福闯了进来，并开始指责索布克韦。“老兄，”他说，“你遇见了你的对手曼德拉，你知道他是正确的。”德福沿着这个话题继续往下说，使索布克韦非常恼火。他告诉德福说：“不要打扰我。”但是德福就是不停嘴：“老兄，人们正在等着你。他们想杀你，因为你欺骗了他们。你不过是个混子。老兄，你不是一个真正的政治家。”

德福也在竭力让我从感情上与他疏远。每天早上，当狱警来检查时，他总是向他们抱怨，抱怨饭菜，抱怨监狱里的条件，说冷道热地不停地抱怨。一天，一个狱警对德福说：“伙计，你为什么每天早晨都抱怨？”

“我之所以抱怨，是因为我有责任抱怨。”斯蒂芬说。

“但是，你看曼德拉，”狱警说，“人家就不每天抱怨。”

“嗨！”他轻蔑地说，“曼德拉是个害怕白人的小子，我甚至连他是何许人都不知道。有一天早上，我醒来发现每家报纸都在说‘曼德拉，曼德拉，曼德拉’，我自言自语地说，‘这个曼德拉指的是谁？’‘我将告诉你曼德拉是谁，他是被你们这些人以某种我不理解的理由树起来的人，曼德拉指的就是他！’”

瓦尔特·西苏陆与我们一起被关押了两个礼拜，当我在比勒陀利亚受审的时候，他也因煽动人们罢工而在约翰内斯堡受审。他被判了6年监禁。我们在监狱里有几次交流的机会，并讨论了瓦尔特的申请保释问题。当时，他的请求被搁置在了一边。对这个动议，我衷心地给予支持。两周后他就被保释了，组织上指示他转入地下，让他在地下继续领导斗争，他干得很好。

瓦尔特走后不久，我正与索布克韦一起去监狱医院的时候，在大约25码远的院子内见到了纳纳·西塔。西塔是著名的印度人运动领袖，曾领导了1952年博克斯堡的反抗运动。他由于拒绝腾房子而被比勒陀利亚地方法官判了刑。他在那所房子里住了40多年，那里紧挨着《社团区域法》公布的“白人区”。他佝偻着身子，尽管患有严重的关节炎，但是却一直赤着脚。这让我这个穿着凉鞋的人很难过。我想走上前去与他打个招呼，但是，在六七名狱警的眼皮底下我只好继续向前走。

我忽然一阵头晕目眩摔倒在水泥地上，我的左眼眉被碰了一道深深的大口子，需要缝三针。早在福特监狱的时候我就被诊断为患有高血压，一直在服降压药。这次晕倒显然是服用过量的药片造成的。经过一段时间的治疗并坚持吃低盐食物，我治好了这个毛病。

那天下午，温妮来监狱探望了我，这是自从我被判刑以来她第一次来看我。缝不缝伤口倒无所谓，但我不想失去这次机会。她看到我的时候十分着急，但是我安慰她说我很好，并且把摔倒的情况和经过向她作了说明。尽管这样，仍有传言说我的身体已经被搞垮了。

53...

1962 年 10 月在我被审期间，非洲人国民大会召开了自 1959 年以来的第一次年会。由于非洲人国民大会是非法的，会议在贝专纳边界另一边的洛巴策举行。这次会议是一个里程碑，因为它实现了非洲人国民大会与民族长矛军之间的联合。尽管全国执行委员会声明："我们的重点仍然是采取群众政治行动，民族长矛军只是作为我们斗争的一个军事翅膀。"这是为了制止当时"Poqo"不负责任的恐怖主义行动。"Poqo"是科萨语，意思是"无党派者"或"独立者"。这一组织与阿扎尼亚泛非主义者大会有松散的联系。他们采取恐怖行动的对象是非洲人中的通敌者和白人。非洲人国民大会要求人们认识到这一新的战斗特点，同时也要认识到新的军事行动是有节制和负责任的。

政府作出了决定，加速实施"隔离"计划，以便向世界表明，这种隔离允许种族有自己的"自由"。样板地区就是特兰斯凯。1962 年 1 月，沃尔沃德宣布，南非打算批准成立特兰斯凯"自治政府"。1963 年，特兰斯凯成为南非"自治政府"的起始地。1963 年 11 月举行了投票，选举特兰斯凯立法议会。但是，特兰斯凯选民选出的三分之一以上的立法议会代表都反对这项政策。

班图体制最终得以实行。实际上选民们都反对，他们仅仅是参加了投票而已。尽管我不赞成班图体制，但是，我认为非洲人国民大会应该利用这一体制及其内部机构作为宣传我们的政策的平台。特别是我们有那么多的领导人当时正在被监禁、禁止或流放，有这样一个平台是十分重要的。

反对班图当局的恐怖活动增加了。随着破坏行动的开展，政府的警惕性也越来越高。新司法部部长约翰 · 沃斯特是一个特别没有感情的人。他自己曾经在第二次世界大战期间，因反对政府支持同盟组织而被拘留过。他认为，铁拳是对搞颠覆活动的最好的也是唯一的回答。

1963 年 5 月 1 日，政府颁布法律，按照沃斯特的解释，目的是“粉碎民族长矛军的脊梁骨”。《普通法修正案》，又叫《90 日拘留法》，撤销了人身保护权，授权任何警察只要怀疑任何人有政治犯罪，不需要逮捕证就可以逮捕。凡是被逮捕者，不需要经过审讯、起诉、律师辩护和自我申辩就可以被拘留 90 天。根据沃斯特的恶意解释，“90 天拘留期”可以一直无限期地延长。这项法律使这个国家变成了一个警察政府，没有哪一个专制者能给当局像“90 天拘留”这样多的权力。结果，警察变得更加野蛮：被监禁者常常遭到毒打，我们很快就听到了电击、窒息和其他形式的刑罚。在议会中，只有自由进步党的代表海伦 · 苏兹曼一人对这一法案投了反对票。

对非法组织的成员增加了罪责，判刑从 5 年直到继续坚持共产主义或其他被取缔组织的目标可判处死刑。政治犯可以再次被拘留，正如我在 1963 年所看到的那样，索布克韦 3 年判刑期满后，政府不但没有释放他，反而再次宣布对他逮捕，然后未经审讯就把他投进了罗本岛监狱。

沃斯特通过在 1962 年 6 月出台《破坏法》也创下了立法之最，这项法律允许实施软禁，而且更严厉的处罚也不必通过法院。它严格限制了公民的自由，达到了最极端的法西斯专制的程度。破坏罪本身最轻也需要判处 5 年监禁，而且不准保释，最高处罚可以判处死刑。由于这项法律管辖面很宽，连“擅自进入”或非法拥有枪支也构成破坏罪。议会通过的另一项法律则禁止被禁止的人继续发表任何言论，我说的或曾经说过的话都不能在报纸上报道。1962 年底，《新时代》周报遭到了取缔，而拥有被取缔的刊物也被视为一种犯罪，可以被判处长达 2 年的监禁。对软禁也作了规定，大家都知道，这种规定曾被用在了白人政治活动家海伦 · 约瑟夫身上。

54...

5 月末的一个夜晚，一个狱警来到了我的囚室，他要我收拾好我的东西。我问他为什么，但他没有回答。不到 10 分钟，我就被押解到了接待室，在那里我看到了其他三个政治犯：德福、约翰·基茨韦和艾伦·莫莱特。奥卡木博上校三言两语地告诉我们，要把我们转移到别的地方去。“哪里？”德福问。“很美丽的地方。”奥卡木博说。“哪里？”德福又问。“海岛。”奥卡木博说。这里说的海岛只有一个，那就是罗本岛。

我们四人被铐在一起并押上一辆没有窗子、只有一个马桶的囚车。我们行驶了一整夜才到达开普敦，到达开普敦海港时已经是下午晚些时候。四个人被铐在一起，并在一辆行驶的囚车中使用一个马桶，那可不是一件安逸或愉快的事。

开普敦港有许多武装警察和神情紧张的便衣官员，我们只好站在一条木制渡轮的船舱里，手上仍然戴着手铐。当船只驶离波涛汹涌的海岸时，站在船舱里是非常困难的。船舱上面只有一个透光、通气孔，当然除了透光、通气外还有另外一个用途：狱警们喜欢从上往下冲着我们溺尿。当我们被带上甲板的时候，天还没黑，我们第一次看见了罗本岛。岛上是一片绿色，十分秀丽，乍看上去，与其说这是监狱，倒不如说是一块度假胜地。

“Esiquithini”（岛上），这是科萨人对这座距离开普敦海岸 18 英里的、狭窄的、被风吹得岩石裸露的小岛的称呼。每个人都知道它指的是哪个岛，我孩提时代也曾第一次听说过这个岛。自从 1819 年第四次科萨战争中科萨军队那位 6 英尺 6 英寸高的统帅马卡纳（也被称作恩凯乐）被英国人囚禁在那里之后，科萨人对罗本岛就十分熟悉。此前，马卡纳曾经领导一支万人军队在格雷厄姆斯敦作战。后来，他试图驾小船逃离罗本岛，但是在快抵达岸边的时候被淹死在海中。这个不幸的记忆融入了我们的语言之中，我们科萨人用成语“Ukuza Kuka Nxele”表示“渺茫的希望”。

马卡纳并不是被囚禁在这个岛上的第一位非洲英雄。1658年，奥祖茂（欧洲历史学家称他为“海滨之波”哈里）在考伊考伊与荷兰之间的一场战争中被俘后就曾经被简·范·里贝克囚禁在那里。我从对奥祖茂的记忆中而得到安慰，因为他被视为第一个也是仅有的一个从罗本岛脱逃的人。当时，他是靠摇着小船逃到大陆上去的。

罗本岛的命名来自荷兰语中的海豹，曾经有数百只海豹腾跃在冲刷海岸的本格拉寒流中。后来这个岛先后被用作麻风病人居住地、精神病医院和海军基地。现在，政府刚刚又把这个岛变成了监狱。

迎接我们的是一伙身材魁梧的狱警，他们高声喊着“Dis die Eiland！ Hier gaan julle vrek！”（这里是罗本岛！你们将在这里死去！）在我们前面是一个院子，四周有几间狱警住的房子。全副武装的警卫兵站在通向院子的路上，气氛特别紧张。一位高个子、红脸膛的狱警冲我们高声说：“Hier is ek jou baas！”（注意，我是你们的老板！）他是臭名昭著的克雷汉斯兄弟之一，大家都知道，他对被监禁者十分残忍。狱警总是说南非荷兰语，如果你用英语回答，他们会说：“Ek verstaan nie daardie kaffirboetie se taal nie”（我不懂你们这些喜欢卡非尔语言的人说的话）。

当我们朝着监狱走去的时候，警卫兵高声说“两个！两个！”意思是让我们两个两个地排着队走。我与德福排列在了一起。警卫兵开始尖声叫喊“Haas！ Haas！”在南非荷兰语中，“Haas”是“往前走”的意思，但是，这种喊声通常用来赶牛。

狱警们要求我们跑步前进，我转身低声对德福说，我们必须做一个榜样，如果现在屈服，我们将来会受他们的气，德福点头表示赞成。我们必须让他们知道，我们不是普通的犯人，而是由于信仰被惩处的政治犯。

我示意德福，我们两人应该在前面带头。我们一到了前面就放慢了步伐，故意慢慢地走。警卫兵产生了怀疑。“听着，”克雷汉斯说，“这里不是约翰内斯堡，也不是比勒陀利亚，这里是罗本岛，我们这里不允许调皮捣蛋。Haas！ Haas！”但是，我们继续慢条斯理地走着。克雷汉斯命令我们停下来，站在我们面前说：“注意，伙计，我们将会杀掉你们，我们不是在骗你们，你们的夫人和孩子以及你们的父母将不会知道你们到底发生了什么事情。这是最后一次警告。Haas！ Haas！”

于是我说：“你有你的责任，我们有我们的责任。”我们决心不屈服，我们也没有屈服，因为我们已经来到了监狱里。我们被赶进一个长方形石头建筑内，并被带到了一个空旷的房间里。地面上有几英寸深的水。警卫兵喊叫着：“Trek uit！ Trek uit！”（脱衣服！脱衣服！）当我们一件一件地脱下衣服的时候，狱警们就拿过去迅速地进行搜查，然后把衣服扔进水中。就这样，每件衣服都脱掉了，每件衣服都经过了检查，每件衣服都被扔进了水中。然后，狱警命令我们穿上衣服，他们的意思是让我们把湿衣服穿在身上。

有两名狱警走进了房间，其中那位年轻的狱警就是队长格里克。从一开始，我们就已经看出，他在有意粗暴地对待我们。这位队长指着我们四人中最年轻的艾伦·莫莱特说：“你的头发为什么留那么长？”艾伦是一位非常温和、非常文雅的人，他什么也没有说。队长大声说：“我在与你说话！你的头发为什么那么长？这不符合规定。你应该把头发剪短。为什么不留……”他然后停顿了一下，扭头看着我，并指着我说，“……像这小子那么长的头发？”我开始讲话了：“好了，看这里，我们的头发的长度是由规定决定的……”

没等我讲完，他不高兴地大声说：“小子，不能那样对我讲话！”然后开始向前走。我感到害怕——知道有人想要打你，并且你又不能自卫，这不是一种好的感觉。

当他离我只有几步的时候，我尽量镇定地说：“如果你对我行凶，我将带你去大陆上的最高法院，当我打赢了你，你将会成为穷光蛋。”我说话的时候，他停住了脚步，等我讲完后，他吃惊地看着我。我自己也有点吃惊，我已经被吓住了，因为我这样讲话不是出于勇气，而是出于一种虚张声势。这时，你必须装腔作势，不管你内心怎么想。

“你的票在哪里？”他问，我把票递给他。我能看出他有些神经质。“你叫什么名字？”他问。我冲着我的那张票点了点头，说：“票上写着呢。”他说：“你被判了几年？”我又指了指票说：“票上写着呢。”他低头看了看票说：“5年！你被判了5年，还那么傲气！你知道判你5年意味着什么吗？”我说：“那是我的事，我准备坐5年牢，但是不准备被人欺侮，你必须依法办事。”

没有人告诉他我们是什么人，没有人告诉他我们是政治犯，也没有人告诉他我是律师。我自己也没有注意到这些，但是，另一位狱警在我们冲突期间突然走了出去。后来我发现他就是罗本岛的指挥官斯特恩上校。那位队长随后也走开了，走的时候比进来的时候要安静得多。

然后，只有我们四人在一起，斯蒂芬喋喋不休地说起来，并且是没完没了。“我们已经向布尔人进行了挑衅，”他说，“现在，我们在监狱里的日子大概就不会好过了。”正当他说话的时候，一位人称普雷特利叶斯中尉、身材不高但十分健壮的人走了进来。让我们吃惊的是，他竟然对我们讲科萨语，看来他十分熟悉科萨语。“我看了你们的档案，档案里写得不怎么坏。除了这一位，”他向斯蒂芬点了点头说，“你的档案是不干净的。”

斯蒂芬非常生气。“你是什么人，竟然对我这样说话？你说我的档案不干净，你一定是看过我的档案了，对不对？那么，你会发现所有对我的那些指控都是我为人民的权利而战斗的事实。我不是一名罪犯，你们才是罪犯。”那位中尉警告斯蒂芬，如果再那样对他讲话，他就起诉斯蒂芬。在离去之前，普雷特利叶斯说他准备把我们放在窗子朝外的一间单独的大房子里，然后又恶狠狠地说了一句："但是，我不想让你们通过窗子对任何人说话，特别是你，曼德拉。"

然后，我们被带到了囚室。这是我们见过的最好的一间囚室，窗子很大并且也不算高。通过一面墙上的几扇窗子，我们能看到其他犯人和狱警在外面走过。这是一间宽敞的、足够我们四个人住的大囚室，并且有单独的卫生间和冲澡的地方。

那是十分令人疲惫不堪的一天，晚上吃过凉玉米片粥后不久，其他三人就都睡着了。我躺在地板上面的毯子上，忽然听到有敲打窗子的声音。我抬头一看，发现一个白人招呼我到窗子跟前去。我记得那个排长的警告，因此，躺在那里没动。

然后，我听见那个人低声说："纳尔逊，你过来。"他竟然知道我的名字，因此我决定碰碰运气。我走到窗子前，要看看他究竟想干什么。他一定是认为我把他当成了白人，因为他低声说的第一件事是："我是一个来自布隆方丹的有色人狱警。"然后，他向我透露了我夫人的消息。在约翰内斯堡的报纸上有报道，说我夫人曾经去比勒陀利亚地方监狱探视我，但是比勒陀利亚地方监狱没告诉她我已经被转移到了罗本岛。我对他的通风报信表示感谢。

"你吸烟吗？"他问我。我告诉他我不吸烟，他看上去有点失望。我立即有了主意："但是，我的同志吸烟。"他听了后很高兴，说，他几分钟后就给我们送烟和三明治来。这时，大家都醒了。德福和约翰·基茨韦吸烟，我就把烟分给了他们两人，把三明治分给我们四个人。

接下来的几周，这位有色人狱警几乎每天夜里都给我们送烟和三明治。我总是把烟均等地分给德福和基茨韦。这位狱警冒了很大的风险，他提醒我说，他直接同我一个人打交道，不然的话，他将无法对我们进行照顾。

刚来到罗本岛的时候，我们不知道岛上到底有多少囚犯。几天后，我们得知，大约有 1000 人，他们都是非洲人，而且都是最近几天才来的。多数人都是普通犯人，但是，其中也有一些是政治犯。我很想与他们接触，但是，我们是完全彼此隔离的。开始几天，我们被关在我们的那间囚室里，甚至不准出囚室的门。我们要求像其他囚犯一样去工作，这个要求很快就得到了批准。但是，我们被单独从囚室里带出来，并且由克雷汉斯看管着。我们干的第一个工作是把新铺设的管道盖起来，工作地点位于一座小山上，在那里可以看到岛上的一些荒凉而美丽的景致。

第一天，我们工作很卖力。但是到了第二天，克雷汉斯却催促我们更加努力地干。他非常粗野，就像是在驱赶牛马。“Nee, man, Kom aan! Gaan aan!”（“不，伙计，快干！快些干！”）斯蒂芬比我们其余三人年龄都要大，有一次当他放下手中的铁锹时，立即遭到克雷汉斯的威胁。但是，斯蒂芬用南非荷兰语回敬说：“你不学无术，连自己的语言都讲不好，你用不着告诉我如何做。我将按我们的节奏工作，我们就是想这么干，我所能干的只有这么快。”然后，他十分威严地拿起锹重新开始工作。斯蒂芬一直是一位南非荷兰语教师，他不但能讲一口流利的南非荷兰语，而且还可以讲南非荷兰语的母语——荷兰语。斯蒂芬能以十分谦逊而夸张的口气对狱警讲话。他们对他说的话可能不怎么理解，但是他们知道最好不要与他打嘴仗。

岛上有两个克雷汉斯，他们都身背殴打犯人的恶名。大克雷汉斯负责看管我们，他一定知道我们不是那么好欺侮，因此有些收敛，因为后来他再也没有惹我们。小克雷汉斯就没有那么老实。有一天，我们干完活后沿着一条路往回走，中间路过一支数百名犯人组成的劳动大军，他们正在用独轮车运沙子。他们不是政治犯，我们两伙人都被命令停下来，克雷汉斯兄弟俩聊了起来。小克雷汉斯一边聊，一边让他手下的一个犯人给他擦皮靴。我认出另一伙人中有一些是在 1958 年塞库库尼兰农民起义中被判死刑的人，于是我回转身来仔细地看着他们。小克雷汉斯粗暴地命令我回头朝别的方向看。如果我不是站在那里处于其他犯人的众目睽睽之下，我可能还知道如何作出反应。但是，当时我的自尊心受到了伤害，我拒绝回头。小克雷汉斯朝我走来，显然是想殴打我，但是，当他走到离我几步远的时候，他的哥哥跑过来拦住了他。他们小声嘀咕了几句，一场风波就过去了。

有一天，监狱长塞伦来看我们，他负责管理整个罗本岛，当时是来听取我们有什么抱怨的。塞伦是一个脾气不怎么好的人，不喜欢面对面地与犯人交流。我既不想表现得对他不友好，又不想阿谀奉承他。我代表我们一伙人说："你来看望我们，这使我们十分感激。我们有几个问题想对你反映，相信你一定能解决。"我列举出了我们的问题，当我说完后，他说："我看看我能为你们解决什么问题。"

可能他认为自己太好说话了，因为，当他正准备往外走的时候，他转身对德福说："Jou groot pens sal in die plek verdwyn"，意思是"你这个大肚子会在这里消下去的"。"pens"意思是指肚子，不过这个词常常用来指牛羊之类动物的肚子，人类的肚子则要用"maag"。

斯蒂芬对塞伦的戏弄也不客气，他无法忍气吞声地对待这种侮辱。"你知道，监狱长，"他说，"你不能对我怎么着，因为我是世界上最革命的政治组织——共产党的一个成员，共产党在为世界被压迫人民服务方面是著名的。当我们统治这个世界的时候，你和你的国民党将被抛进历史的垃圾堆。在全世界，我比你们愚蠢的全国主席还要著名。你是什么人？不过是一个不值得注意的小芝麻官。到我离开监狱的时候，我将连你的名字都不记得。"塞伦转身就走了。

那位有色人狱警夜间会来探望我们，这对减轻我们在岛上的痛苦起了很大的作用。但是，就是有这样奢侈的条件，斯蒂芬仍然不满足。德福是一个大烟筒，他有时竟然吸一整宿，第二天自然就无烟可吸。但是，基茨韦却总是保留他自己的那份烟，从来不会把当天的烟全部抽光。一天晚上，德福心急气躁地面对着我，"纳尔逊，"

他说，“你故意少给我烟，你给基茨韦的烟比给我的多”。

这显然是不对的，不过，我想与他开个玩笑。“那好，”我说，“每天晚上我得到烟的时候，我将先把它分成两份，然后我将让你选择你想要的那一份。”那天晚上，不，是从此之后的每天晚上，我总是把烟分成相等的两份，然后对斯蒂芬说：“你先选。”

德福为难作决断而苦恼万分。每次他都是看着两份烟，头不住地在两者之间摇来摇去。最后，他总是失望地拿起一份，然后躲到一边开始吸起来。尽管我似乎认为这个办法十分公道，但仍然有些滑稽，德福也还是不满意。当那位有色人狱警来到窗边的时候，他就开始在旁边来回走动，以便看我是否私下把香烟囤积起来，这让那位狱警感到很不高兴。“注意，”他对我说，“我只与你打交道。这是一个安全问题。”我说我理解。然后我告诉德福，当我与狱警接头的时候，不要站在我身边。

第二天夜间，当那位狱警来到窗前时，德福走上前去对他说：“从现在开始，我要我自己的那份烟，请直接给我。”那位狱警感到有些吃惊。“曼德拉，”他说，“你没有遵守你的诺言。算了，我不会再给你带这些东西了。”我把德福嘘走，然后就劝说狱警。我说：“看，伙计，他是一位老家伙，”我的意思是指德福，“他精神不很正常，”我指着我的头说，“请原谅这一次”。这样他软了下来，把烟交给了我。但是，他警告说，如果再发生这样的事情，他将就此收手。

那天夜里，我认为必须处罚一下德福。我说：“现在，你看，你危及了我们的货源。今天晚上，你不要再指望有烟或三明治。你几乎让我们失去了这些特殊待遇。现在，我准备切断对你的供应，直到你变乖后再给你。”德福无言以对。

我们三个人那天待在囚室的一个角落里，一边吃三明治一边读报纸，报纸也是那位狱警送的，而德福自己则坐在另一个角落里。最后我们都睡着了。大约半夜时分，我感到有人推我的肩膀，把我从睡梦中推醒。“纳尔逊……纳尔逊。”原来是德福。

“纳尔逊，”他轻声说，“你触到了我的软肋。你不给我烟吸，可我是一个老人。我为了我的人民而遭受这般痛苦。你在监狱里是我们的领导，但这样处罚我是不公平的，纳尔逊。”

他也触到了我的痛处，因为我觉得自己似乎是在滥用职权。他遭遇的痛苦确实远比我遭遇的痛苦要多。我的三明治还有一多半，我立即把三明治给了他。我又唤醒基茨韦，把烟都给了他，请他与德福共同分享。德福总是喜欢找麻烦，但是，从此之后，他的行为规矩多了。

我们一旦开始工作，我立即对岛上的其他犯人过的是什么样的生活有了一些了解。当局也把阿扎尼亚泛非主义者大会的一些年轻政治犯转移到了与我们的囚室相对的囚室里来。夜间，我们可以通过上了锁的栅栏门与他们谈话。在这些年轻人中，我发现了恩卡贝尼·门耶，他是我的一个外甥，家住在穆克孜韦尼，我上次在1941年见他的时候，他还是一个婴儿。

我们谈了一些有关特兰斯凯的事情，并得到了一些关于家庭历史方面的信息。一天夜里，当他的朋友们都围在他身边的时候，他说：“舅舅，你属于什么组织？”我说，当然是非洲人国民大会。我的回答使那些年轻人有点惊慌失措，忽然，他们的面孔从窗子里消失了。等了一会儿之后，我外甥又出现了，他问我是否曾经是一位阿扎尼亚泛非主义者大会会员。我回答说，我没有参加过阿扎尼亚泛非主义者大会。然后他说他听说我在出访非洲其他国家期间加入了阿扎尼亚泛非主义者大会。我告诉他，我出访期间也没有加入阿扎尼亚泛非主义者大会，我一直是非洲人国民大会成员，而且将来也还是非洲人国民大会成员。这又使他们感到非常惊愕，他们又一次消失在窗后。

后来我得知，阿扎尼亚泛非主义者大会宣传机构声称我在出访非洲大陆的其他国家期间加入了阿扎尼亚泛非主义者大会。尽管我听后不大高兴，但是，这并不使我感到奇怪。在政治上，我们绝不能过高地估计真正了解形势的人数。不大一会儿，我的外甥又回来了，他问我是否在比勒陀利亚地方监狱与索布克韦交谈过。我说谈过，并且与他进行了友好的讨论。这让他们很高兴，他们向我说了声再见，从此之后我就再也没有见到过他们。

几个小时后，一个队长来到了我的牢房里，让我们四个人收拾行李。几分钟内,我的同志们都被带走了,牢房里只剩下了我一个人。在狱中，一个人能与同志们挥手告别是幸运的。一个人能够与另一个人非常亲密地共同生活几个月，然后就再也见不着他了。这是灭绝人性的一幕，因为这样的事情会使你不得不沉默地与世隔绝。

尽管我被单独关在一间牢房里，我仍然有些忧虑不安。有时几个人在一起会有安全感，当你独自一人的时候，你也就没有见证人了。我发现没有人给我饭吃，便使劲地撞击地板：“狱警，我还没吃晚饭呢。”

“你必须叫我 baas(老板)。”他叫喊道。那天晚上我没吃上晚饭。

第二天一大早，我就被押解回比勒陀利亚。监狱管理局通过媒体发表声明说，为了我的安全而把我从罗本岛转移出来，因为阿扎尼亚泛非主义者大会的犯人要殴打我。这完全是赤裸裸的谎言。他们把我押回比勒陀利亚，自有他们自己的想法，这很快就会大白于天下。

我在比勒陀利亚地方监狱被单独关押，但是犯人们是足智多谋的，我很快通过那里的非洲人国民大会人士收到了秘密纸条和其他信息。我收到了亨利·法兹的消息，他是民族长矛军的一个干部，曾经在埃塞俄比亚接受过军事训练，他在企图返回南非时被捕。他们都是根据《破坏法》被审判的第一批非国大人士。

通过监狱这个暗中传递信息的渠道，我试图在他们的辩护方面提供一些帮助，并建议他们与哈罗德·沃尔培联系。我后来听说，沃尔培也遭到了拘留。这使我第一次感觉事情出了什么严重闪失。有一天，当我在放完风后被带离院子的时候，我见到了安德鲁·木兰基尼。我上次见他，是 1961 年 9 月份，当时他正准备出国参加军事训练。我在想，除了沃尔培和木兰基尼，还有谁遭到了逮捕?

1961 年初，温妮被实施禁止 2 年。我从另一名犯人那里听说，最近温妮由于违反对她的禁止而被指控，这会使她坐牢或被软禁。温妮很固执，禁止只能是让她火上加火。我不怀疑她违反了对她的禁止令，我不会劝她不要那么做，但是，她有可能坐牢的消息却让我十分担心。

1963 年 7 月的一个上午，正当我沿着走廊回牢房的时候，我看见了托马斯·马士法尼，他一直是立里斯里夫农场的工头。尽管我知道这毫无疑问是监狱当局故意领着他来到我牢房的走廊里，看我是否认识他，但我还是热情地与他打招呼。我别无选择，只能这样做。他的出现只说明一件事：当局已经发现了利沃尼亚。

一两天后，我被召到了监狱办公室，我在那里看见了瓦尔特、戈万·姆贝基、阿迈德·卡特拉达、安德鲁·木兰基尼、鲍勃·赫普尔、雷蒙德·穆拉巴——穆拉巴是民族长矛军最高司令部的成员，他当时刚刚从中国接受培训回国。其他还有伊莱亚斯·莫佐莱迪，也是民族长矛军成员；丹尼斯·戈尔德伯是位工程师，他是民主人士大会的成员；拉斯迪·波恩斯坦是个建筑师，也是民主人士大会的成员；吉米·坎特是位律师，他是哈罗德·沃尔培的内弟。我们都被指控犯有破坏罪，第二天将被送上法庭。这时，我 5 年的监禁生活刚刚过了 9 个月。

我零零星星地听到可能发生了什么事情。7 月 11 日下午，一辆干洗店的面包车驶进了农场的汽车道，立里斯里夫没有人要送洗衣服。干洗店的面包车被一位年轻的非洲警卫人员拦了下来。但是，从车上下来了十几名武装警察和几条警犬，那个年轻的非洲警卫被他们的气势给压倒了。他们包围了房屋，几名警察冲进了主要建筑和主要附属建筑。在附属建筑内，他们发现有十几个人正围在桌子周围讨论一份文件。瓦尔特从窗子跳了出去，但是却被狂吠的警犬切断了去路。被逮捕的人中还包括阿瑟·戈德里克，在警察进行袭击的过程中，他正好开车来到了农场。

警察对整个农场都进行了搜查，没收了几百份文件和资料，但是，他们没发现武器。有一份极其重要的文件就在桌子上放着，文件的名称是“Operation Mayibuye”(《行动计划》)，是一项关于在南非开展游击战的计划。警察一下子得到了民族长矛军最高司令部的全部资料。于是，大家都被按照《90 日拘留法》逮捕了。

在这次袭击发生时，乔·斯洛沃和布拉姆·费希尔侥幸不在农场。但是，他们经常每天去农场两三次。从事后看，立里斯里夫是一定会暴露的，因为管理越来越严格，管理方式也越来越成熟。由于能实施 24 小时监听，窃听器成了普通的监听工具。对于政府来说，这次袭击是一次漂亮的行动。

开庭的第一天，我们没有任何机会把情况告诉律师。我们被带到一位地方法官面前，被指控犯有破坏罪。几天后，我们被允许与布拉姆、弗农·贝瑞奇、乔尔·乔菲、乔治·毕佐斯和阿瑟·查斯卡尔松见面，他们都是我们的辩护律师。由于我是已经判过刑的犯人，所以我仍然被单独关押，这些审理程序使我第一次有机会与我的同事们交谈。

布拉姆非常沮丧。他小声告诉我们，我们正面临着极其严厉的指控，政府已经正式通知他，会要求对我们依法实行最重的惩处——死刑。布拉姆说，根据现实情况，这种结局是十分可能的。我们都生活在绞刑的阴影之下，因为这种可能性使一切都发生了变化。从一开始，我们就认为死刑是审判的最有可能的结果，因为比我们轻得多的犯人最近都被判了死刑。

监狱官员时刻都在提醒你，你可能被绞死。那天夜里，一位狱警敲着我的牢房门说 :“曼德拉，你不必为睡觉而担心，你将会有很长很长的时间去睡觉。”我等了一会儿说 :“我们大家，也包括你，都会有很长很长的时间去睡觉。”这也算是一个小小的安慰吧。

55...

1963 年 10 月 9 日，我们被押上一辆加强了保安设施的警车。沿着车的中心线装有钢制隔板，把白人犯人和非洲人犯人相互隔开。我们将被送到比勒陀利亚的司法大厦，最高法院就设在那里。“政府对（民族长矛军）全国最高司令部及其他人员”的指控将在那里开庭。后来，这次审判被大家称作“政府诉纳尔逊·曼德拉及其他人”的审判，而更多的人把这次审判叫做“利沃尼亚审判”。在法庭附近，矗立着保罗 · 克鲁格的雕像，他是德兰士瓦共和国的总统，在 19 世纪曾经领导人民抗击过不列颠帝国主义的入侵。在这位布尔英雄雕像的下面，有一段从他的讲话中选出来的语句：“我们满怀信心将我们的事业置于全世界的面前，无论我们是获胜还是死亡，自由将像太阳一样从清晨的云雾中在非洲升起。”

我们的警车行驶在装满警察的卡车护送队中间。在护送队的前面行驶的是几辆坐着高级警察官员的豪华轿车，司法大厦周围到处是武装警察。为避开聚集在大厦前面的我们的支持者，我们被押解到大厦的后面，通过大铁门进入大厦。在审判大厦周围，虎视眈眈地站着手握机枪的警察。当我们从车上下来的时候，我们能听到群众的歌声。一进入大厦，我们就被关在法庭下面的牢房里等候开庭。这次审判被国内外的报纸描绘成南非历史上最重大的政治审判。

当我们从牢房里出来的时候，我们每一位被告都由两名全副武装的法警押解。当进入装饰华丽、天花板很高的法庭时，我们每个人都握紧拳头向人民群众致非洲人国民大会礼。在旁听席上，我们的支持者高呼“Amandla！ Ngawethu！”和“Mayibuye Afrika！”这是鼓舞人心的口号，但同时也是危险的口号。因为警察把每个旁听者的姓名和住址都记录了下来，并且在他们离开法庭的时候，都被拍了照。法庭上有许多国内和国际记者，还有几十名外国政府代表。

我们就位后，警察在我们与旁听者之间形成了一条严密的警戒线。我为必须在法庭上身穿卡其布短裤和做工粗劣的拖鞋而感到气愤。作为一名已经判了刑的犯人，我不能穿正常人穿的衣服，许多人后来评论说，我当时看上去是何等的一副惨相。这不仅仅是由于我的那身打扮，还因为我几个月来被出出进进地单独关押，我的体重减了 25 磅多。当我步入法庭的时候，我痛苦地向旁听席微笑，看到我的支持者是我能得到的最大安慰。

安全防范特别紧，因为仅仅在几周前，阿瑟 · 戈德里克、哈罗德 · 沃尔培、摩西 · 穆拉和阿布杜雷 · 扎赛特贿赂了一位年轻狱警而逃出了监狱。阿瑟和哈罗德扮成牧师逃到了斯威士兰，然后又去了坦噶尼喀。当时，他们的出逃在地下组织中引起了一场兴奋，成为报纸上的头条新闻。这件事使政府十分尴尬，但是它却大长了我们的士气。

在利沃尼亚审判中，我们的法官是德兰士瓦的大法官夸突斯 · 德 · 韦特先生。他身穿红色长袍，坐在一片木制华盖下。德 · 韦特是在国民党执政前由合众党任命的最后一批法官之一，大家并未把他当成政府的走狗。他是一个不动声色、对蠢人没有耐心的法官。公诉人是珀西 · 尤塔博士。他是德兰士瓦的副检察长，当时正野心勃勃地要当南非的检察长。他身材矮小、秃头顶、衣冠楚楚，当生气或感情冲动的时候，他说话就会尖声尖气。他具有表演的天赋，或者用不很确切的话说，他天生就是一个夸大其实的人物。

尤塔站起身来向法庭发表讲话："阁下，我把这个案子称作'政府起诉（民族长矛军）全国最高司令部及其他人员案'。"我是第一号被告。尤塔递上了控告书，并被授权立即对我们起诉和即决审判。这是他们第一次向我们出示控告书，而公诉书则没给我们看。但是，他们却把公诉书给了《兰德每日邮报》社。该报社把它刊登在当天出版的报纸上，并四处散发。他们在控告书中指控我们 11 人共同密谋搞了200多次破坏活动，目的是促进暴力革命和对国家实施武装攻击。政府声称，我们是密谋推翻政府活动的策划者和参与者。

我们被指控犯有破坏罪和阴谋推翻政府罪，而没有指控我们犯有高级叛国罪，原因是法律对破坏罪和阴谋推翻政府罪不要求进行长时间的预审（预审程序对辩护是很有帮助的），而法律规定，叛国罪则必须进行长时间的预审。而且量刑标准是一样的，最高都可以判处绞刑。对于高级叛国罪，政府必须证明犯罪事实毋庸置疑，并且每项指控都需要有两人作证。按照《破坏法》，举证责任要求辩方必须证实被告无罪。

布拉姆·费希尔站起身来，请求法庭羁押候审，因为辩方没有时间准备辩护材料。他说，几名被告一直长期在监狱里被单独关押。政府已经准备了三个月，而我们则刚刚收到控告书。德·韦特给了我们三周的准备时间，案子推迟到10月29日开庭审理。

我发现第一天温妮未能到庭，并为此感到心烦意乱。因为她当时正处于禁止期，仅限于在约翰内斯堡活动。她若要到庭，则需要经过警察批准。她申请过，但遭到了拒绝。我还获悉，我的家遭到了袭击，警察拘留了温妮的一个年轻的亲戚。事实上，温妮并非唯一遭受这种烦恼的非国大人士的妻子。阿尔博提娜·西苏陆和卡罗丽尼·莫佐莱迪都依据《90日拘留法》被拘留，瓦尔特的小儿子马科斯也遭到了逮捕。这是政府施加压力时使用的最野蛮的伎俩，他们把自由战士的妻子儿女也投进了监狱。许多人在监狱里能忍受对他们自己所进行的任何打击，但是，想到政府对他们的家人也进行如此的打击则几乎是无法忍受的。

温妮后来上诉到司法部部长，部长批准她出席旁听，但条件是不能穿传统服装。具有讽刺意味的是，让我们保护家乡文化的政府却不同意温妮穿科萨民族服装进入法庭。

在接下来的三周时间里，我们被允许在一起准备辩护材料。现在我又回到了我的被告同事中间，与我的同事们在一起是令人振奋的。作为等候审判的犯人，我们每周有两次30分钟互访的权利，并且被允许每天从监狱外面送一次饭。吃着皮利太太做的可口的饭菜，我很快恢复了失去的体重。

在我们准备辩护材料的同时，政府企图把案情交给报社报道。正常情况下，尚未判决的案子是不能公布于众或在报纸上报道的。但是，既然在利沃尼亚遭逮捕的人都是被依据《90日拘留法》逮捕的，因此，无法从法律意义上判罪，只能把这项法律原则丢到一边。从司法部长以下，大家都说我们是暴力革命分子，报纸经常使用的标题是“用军事手段进行革命”。

10月29日，我们又一次走进了司法大厦，这里仍然有大批群众，还是那样一种令人激动的场面。安全防范还是特别严格，法庭上也有许多来自国外使馆的重要人物。与我们的同志们在一起生活了三周之后，我感觉精神焕然一新，甚至感到在法庭上远比住在一个套房里舒服。我们的律师反对法官让我们穿着囚服走上法庭，我们因此获得了在法庭上穿我们自己服装的权利。我们向旁听席挥拳致意，当局警告我们，如果我们再这样无理取闹就强迫我们穿着囚服上法庭。为了避免暴乱，当局一改让被告先上法庭的正常次序，开庭那天，法官首先进入法庭，这样，当我们走上法庭的时候，法庭就已经进入了审判程序。

我们立即发动攻击，布拉姆·费希尔批评政府的控告书是卑劣的、胡编滥造的。控告书竟然断言我在比勒陀利亚地方监狱坐牢的时候参加了破坏活动之类的荒唐事，尤塔被搞得乱了方寸。德·韦特法官指望他回答布拉姆的质疑，但是，他不但没有提供特别说明，而且开始发表演讲。法官把他的演讲嘲笑为“政治性演讲”。德·韦特对尤塔的支支吾吾很不耐烦，并且直接告诉他：“你的论点的全部基础，据我理解，应该是希望被告有罪。”德·韦特然后撤销起诉，把木槌一敲，宣布闭庭。

当时，我们在法律意义上仍然是自由的，法庭上一片沸腾。但是，没等德·韦特法官离开他的座位，我们就又被逮捕了。斯瓦尼普尔中尉拍着我们每个人的肩膀说：“我们准备按照破坏罪指控重新逮捕你。”这样，我们就又被带回我们的牢房。尽管如此，这仍然是对政府的一次打击。因为，当时不得不回到本案的起步阶段，所有的审判都要停下来。

政府撤回起诉后，我们直到12月初才又回到法庭上。我们都感觉德·韦特法官在休庭期间对我们敌意渐深。我们怀疑，他先前的秉公执法招致了政府的不满，政府因而对他施加了压力。新的指控是，我们被认为招募人员进行破坏活动和开展游击战，以便发动暴力革命。根据他们的断言，我们计划帮助外国军队入侵南非共和国，以支持共产主义革命。为此，我们争取并接受了资金援助。尤塔耸人听闻地说，被告订购的弹药足以把约翰内斯堡炸掉。

然后，书记员要我们进行第一次答辩。我们已经同意不按传统方式进行辩护，但是，我们将利用这种机会说明我们鄙弃这种诉讼程序。

“第一号被告，纳尔逊·曼德拉，你服不服罪？”

我站起来说：“阁下，受审的不应该是我，而应该是政府。我是无罪的。”

“第二号被告，瓦尔特·西苏陆，你是否服罪？”

西苏陆说：“政府应该对这个国家所发生的事情负责。我是无罪的。”

德·韦特法官说他对政治演讲不感兴趣，只要求我们表示服罪或不服罪。大家对他的要求不予理睬，每位被告都在表示不服罪之前说政府有罪。

为了加强诉讼程序的宣传效果，政府安排通过南非广播电台现场转播尤塔的讲话。公诉人和法官面前都放了麦克风。正当尤塔清理一声嗓子准备讲话时，布拉姆·费希尔站起来申请法庭把麦克风拿掉。因为这种转播会使人们对案子产生偏见，并且有失法庭的尊严。尽管尤塔声嘶力竭地要求保留麦克风，但是，法官德·韦特还是命令把麦克风拿掉了。

尤塔在他的讲话中争辩说，自从非洲人国民大会被赶入地下后，该组织就着手实行暴力政策，准备以游击战的形式进行破坏，直至对国家进行武装侵害。他声称，我们计划在全国部署数千支经过训练的游击队，这些游击队准备担任暴动的先锋，然后让外国军队武装入侵。“在造成混乱、动乱和无序之后，”尤塔声称，“被告计划建立临时革命政府接管和控制这个国家。”实施这个计划的引擎就是非洲人国民大会和共产党政治领导下的、司令部设在利沃尼亚的民族长矛军。

在其夸夸其谈的演讲中，尤塔描述了我们如何招募民族长矛军成员，如何计划在 1963 年举行全国起义（这里他把我们与阿扎尼亚泛非主义者大会混淆了），如何在利沃尼亚建立强大的无线发射系统，以及我们如何应该集体对 222 次破坏行动负责。他说，伊莱亚斯·莫佐莱迪和安德鲁·木兰基尼负责招募人员，丹尼斯·戈德堡在开普开办了招募人员的专门学校。他详细描述了各种炸弹的制造和到国外募集资金的情况。

在后来的三个月中，政府提供了 173 名证人，收集归档了数千份文件和照片，其中包括马克思主义的通俗著作、游击战争史料、地图和大卫·莫扎马义的出国护照。第一位证人是一名警察摄影师，他拍摄了利沃尼亚的照片。然后是戈德里克家的佣人们，他们当时一直被拘留，尽管他们与户主在政治上没有任何联系。这些佣人对我们多数被告都算是熟悉，但是，老杰利曼先生试图保护我，当他被要求指认第一号被告时，他假装不认识我。公诉人说，再仔细看看，请认真端详每一位被告。“我认为他不在这里。”杰利曼平静地说。

我们不知道政府有什么证据证明我有罪。在实施利沃尼亚计划期间，我大多数时间都在国外和监狱里。当我在比勒陀利亚地方监狱见到瓦尔特的时候，我已经被判刑，我催促他一定把我的所有书籍和笔记都从农场转移出来。但是，在审理的第一周，当拉斯迪·波恩斯坦申请保释的时候，珀西·尤塔突然出示了我在福特监狱坐牢时画的福特监狱草图和关于越狱逃跑的笔记。尤塔声称，这就是我们所有被告企图越狱逃跑的证据。这说明，我的东西都没有从利沃尼亚转移出来。后来我被告知，我在利沃尼亚的同事决定保留我画的逃跑路线草图，因为他们认为这个草图具有历史价值。但是，现在，拉斯迪·波恩斯坦却因此而不能获得保释。

政府的重量级证人是布鲁诺·姆陀罗，或者如法庭上称他那样叫他“X 先生”。在介绍“X 先生”的时候，尤塔告诉法庭，审问将历时三天，然后，他用表演的腔调说，这位证人正处于“致命的危险”中。尤塔请求以照片的形式提供证据，但是，假如他们不讲明证人是谁，媒体将不可实名报道。

姆陀罗身材高大、体格健壮，具有出色的记忆力。他是一位来自德班的祖鲁人，已经成为纳塔尔民族长矛军地区司令部的领导人。他是一个有经验的破坏专家，曾经去过利沃尼亚。我只见过他一面，当时我刚从非洲大陆其他国家回来，并在纳塔尔为那里的民族长矛军干部发表了一次讲话。他专门针对我的证词使我意识到，政府必然会判我有罪。

他的证词从说他是一个民族长矛军破坏专家开始，他曾经炸过政府的办公室、电力塔和电力线。他非常精确地说明了炸弹、地雷和手榴弹的使用方法，并描述了民族长矛军是如何在地下开展工作的。姆陀罗说，虽然他对非洲人国民大会的理想从来没有丧失过信心，但是，当他意识到非洲人国民大会和民族长矛军变成了共产党的工具时，他确实对组织丧失了信心。

他的证词简明扼要，看起来似乎是直率而公正的。但是，姆陀罗在对他的证言所作的润色方面却有点儿过头，这显然是按照警察的要求做的。他告诉法庭，在我向纳塔尔地区民族长矛军发表讲话期间，我曾经说过所有的民族长矛军干部都应该成为优秀的共产主义者，但不能公开自己的观点。事实上，我从来没有说过这样的话。他的这段证词不过是想把我与民族长矛军和共产党联系在一起。他的记忆力似乎太准确了，以致任何普通人在任何情况下都会认为他说的话是真的。但是，事实并非如此。

姆陀罗的背叛使我不知所措，因为无法排除甚至非洲人国民大会的高级成员在警察的折磨下也会屈服的可能性。但是，根据各种流传的消息，姆陀罗从来就没有被警察触及过。他却超出寻常地把案中没有涉及的人都牵连了进来。我知道，他可能改变了自己的信仰，但是，背叛那么多人，而且他们许多都是无辜的，这对我来说是不可原谅的。

在反诘期间我们得知，姆陀罗在加入民族长矛军之前曾经因盗窃被监禁过三次。尽管有这些新发现，他仍然是一个有杀伤力的证人，因为法官认为他是靠得住的和可以信赖的。他的证言几乎牵连到我们每一个人。

政府指控我们的全部依据是在利沃尼亚突击搜查时没收的一份6页纸的《行动计划》。当警察袭击利沃尼亚农场时，民族长矛军最高司令部官员正在开会研究这个文件。该《行动计划》在整体上勾画了开展游击战的可能性和如何发动群众举行反抗政府的武装起义的情况。其中设想在南非4个不同的地区建立小股游击队，并对预先选出的目标进行攻击。该文件提出在全国招募大约7000名民族长矛军战士，以便与经过培训的120名游击队骨干相配合。

公诉书以很大的篇幅强调《行动计划》已经经过非洲人国民大会执行委员会研究通过，并且已经成为民族长矛军的具体行动计划。我们坚持认为，《行动计划》并没有被正式采纳，在我们被捕的时候，它仍然处于讨论之中。我坚持认为，《行动计划》只是一个草稿，它不仅没有得到批准，而且其目标和行动方案都完全是不现实的。我指出，游击战在当时的那个阶段是一个不可实施的方案。

《行动计划》是我不在场的情况下起草的，因此，我对这个文件知道得很少。即使是在这些被审判的人中，是否把它作为非洲人国民大会的一项政策进行采纳也仍然存在着分歧。戈万与乔·斯洛沃起草了这个文件，戈万坚持认为大家意见是一致的，我们在法庭上争论这个文件仍然处于讨论之中是错误的。但是，其他被告认为，这个文件尽管由最高司令部完成了草稿，但却没有被非洲人国民大会执行委员会批准，鲁图利酋长连见都没见到过这个文件。

尽管死刑审判往往是令人恐怖的，但是我们的情绪仍然十分高涨。我们中间出现了许多关于绞刑的幽默故事。丹尼斯·戈德堡是我们被告中最年轻的一位，他有一种抑制不住的幽默感，常常使我们在不应该笑的时候禁不住大笑。当一位公诉方的证人描述雷蒙德·穆拉巴如何装扮成一位牧师的时候，丹尼斯从此之后就称呼雷蒙德·穆拉巴为穆拉巴牧师。

在楼下的咨询室里，我们经常互相传递纸条，我们看后就把纸条烧掉并丢进垃圾桶。负责看管我们的特警斯瓦尼普尔中尉，是一个高个子红脸大汉，他觉着我们总是背着他干什么事情。一天，当斯瓦尼普尔正在门口注视着我们的时候，戈万·姆贝基故意鬼鬼祟祟地写了一个纸条，然后又鬼鬼祟祟地把纸条递给我。我看后谨慎地点了点头，然后把纸条递给了凯西。凯西故弄玄虚地掏出火柴，似乎要把纸条烧掉。这时，斯瓦尼普尔突然闯了进来，一把就把纸条从凯西手中抓了过去，嘴上嘟囔着说，在房间里点火是很危险的。然后，他走出房间去欣赏他的战利品。几秒钟后，他气冲冲地回来说："我要找你们算账！"原来戈万用大写字母写了一句"难道斯瓦尼普尔不是一个英俊的伙计吗？"

我们被关在牢房里，并且政府要判我们死刑。但是在监狱外面，新的生命正在诞生。吉米·坎特的夫人不几天就要分娩了。吉米是一位律师，他仅仅因为是哈罗德·沃尔培的内弟就被政府抓来受审。

一天上午，我们正坐在被告席上，从被告席的另一端传给我一张纸条：

芭芭拉和我详细讨论了教父的人选，我们得出了结论，不管婴儿是男是女，如果你同意接受这个职务，作为你过去拥有的名声欠佳的职务的一种附加，我们将认为这是一种光荣。

作为答复，我给吉米回了一个纸条：

我将比什么都高兴，光荣是属于我的，并非婴儿的光荣。现在，他们不敢把我绞死了。

56...

政府的审判在 1963 年的圣诞休假期间继续进行，到 1964 年 2 月 29 日结束。在一个多月的时间内，我几乎没有时间检验证据和准备辩护材料。我们并不是每个人都同等地受到证据的影响，例如就没有针对詹姆斯（吉米）· 坎特的证据。他连我们组织的成员都不是，根本就不应该受审。对于拉斯迪 · 波恩斯坦、雷蒙德 · 穆拉巴和阿迈德 · 卡特拉达，证明他们与阴谋叛国有牵连的证据也不多。我们决心不让他们受到牵连。在拉斯迪的案子中，证据是微不足道的。他仅仅被发现曾经在利沃尼亚与其他人在一起过，我们其余的六个人也将只承认在某些指控方面是有罪的。

布拉姆十分悲观，他宣称，即使是我们证明没有批准实施游击战，而且我们的破坏政策不足以判处死刑，政府也仍然会判我们死刑。被告方按照是否找人作证划分成两派，有人断言，如果我们找人作证，将对我们不利。乔治 · 毕佐斯认为，除非我们提供证据使法官相信我们没有决定实施游击战，否则法官肯定会判我们死刑。

从一开始我们就很清楚，我们的目的不是把这次审判作为法律上的审判，而是把它作为宣传我们的信仰的一个平台。例如，我们将不会否认我们对破坏活动负有责任，我们也不会否认我们这伙人已经不再坚持不使用暴力。我们并不是想逃避或减轻对我们的惩处，而是想通过这次审判增强我们大家不惜牺牲自己的一切为我们的事业而斗争的决心。我们将不从法律意义上对我们自己进行太多的辩解，而是更多地从道德上进行辩护。我们把这次审判看作斗争的继续。我们承认政府知道的一切是真实的。但是，我们将拒绝提供任何我们认为会涉及其他人的情况。

我们将抗拒政府关于我们着手游击战的核心指控。我们承认，我们的确制订了如果破坏不成功则开展游击战的应急计划。但是，我们坚持认为破坏并没有失败，因为破坏活动本来就没有得到充分地实施。我们将否认政府所声称的我们杀害或伤害无辜旁观者的指控。这种指控完全是一派谎言，要不然，这些事情就是其他人所为。我们从来没有考虑让外国军队介入。为了辩护，我们认为不得不就《行动计划》向法庭作出说明。

在我自己的案子中，法庭已经对刑事定罪有了充分证据。我的亲笔文件可以证明，我非法离境、安排军事训练和支持组建民族长矛军都是事实。还有一份我亲笔写下的文件手稿，题目是《如何做一个优秀的共产主义者》，政府认为这个文件证明我是一个正式的共产党党员。事实上，这个文件的题目源自一位名叫刘少奇的中国理论家的著作，是我为了向摩西·考塔尼证明一个观点而写的。我们一直在辩论，普通南非人是否对共产主义感兴趣。我老早就坚持认为，共产主义文献多数是难懂的、深奥的和以西方为中心的，而这些文献本应该简单、明了，并适合南非群众阅读。但是摩西坚持认为这是不可能的。为了证明我的观点，我就拿了刘少奇的一篇文章为非洲读者进行了改写。

我将是第一位证人，因而能够确定辩护方的基调。在南非法庭上，证人席上的证言只能以回答问题的方式提供。我不想局限于这种模式。我们决定不提供证言，而是在被告席上宣读一个声明，其他人则对此提供证据并进行盘问。

对于被告席上的证人作证，法官不能反诘或提问。因此，这种证言没有普通证言那样的法律分量。选择这种方式作证的人通常是为了避免遭到反诘。我们的辩护律师提醒我，这样会使我在法律上陷入更危险的境地。我在作证期间所说的任何关于我是无辜的话都会被法官大打折扣。但是，那不是我们的最重要的问题。我们认为，用陈述我们的政策和理想的方式进行辩护才是最重要的问题，这将为随后而来的一切建立上下联系。我很想与珀西·尤塔过过招，不过，更重要的是，我想利用这个平台申诉我们的冤枉。

通过协商，我们达成了一致意见。由于咨询室安装了窃听装置，我们是通过相互传递纸条的方式进行协商的。我们甚至利用政府的窃听器向政府提供虚假信息。我们尽量表明我将作证，这样他们就会花费时间准备反诘。在故意安排的交谈中，我告诉我的辩护律师乔尔·乔菲，我需要上次的叛国审判资料来准备证词。看到尤塔专心致志地阅读上百卷叛国审判资料，我们感到好笑。

我大约用了两周的时间准备我的证言，我的证言主要是在牢房内利用晚上的时间完成的。当我完成了我的证言讲稿的时候，我首先宣读给我的被告同志和同事们听。他们基本同意我的讲话稿，只提了几条修改意见。然后，我又请布拉姆·费希尔过目。布拉姆阅后非常担心，他又请一位名叫哈尔·汉森的非常令人尊敬的辩护律师过目。汉森告诉布拉姆：“如果曼德拉在法庭上宣读这个讲话稿，他们可能会直接把他带到法院后面送上绞刑架。”他的话使布拉姆更加担心，第二天他来到我面前，督促我修改讲话稿。我认为不论我们说什么，我们都有可能被绞死。因此，还不如索性想说什么就说什么。当时的气氛特别令人感到恐怖，报纸天天都在猜测我们何时会被判处死刑。布拉姆请求我不要读最后那段话，但是，我仍然坚持了自己的意见。

4月20日礼拜一，在最严格的安全防范下，我们被带到了司法大厦，这次我们将进行辩护。温妮和我母亲都来到了法庭，当我们走上法庭的时候，我向她们点头示意。法庭上又挤满了人。

布拉姆宣布，被告将承认政府的某些证言，法庭上立即出现了嘁嘁喳喳的交谈声。但是，他继续说，被告方将对政府提出的几项指控予以否认，其中包括民族长矛军是南非非洲人国民大会军事组成部分的说法。他说，民族长矛军和南非非洲人国民大会的领导人“尽力使两个组织保持完全独立。虽然他们在这方面并非总是成功的，但是他们尽一切努力去实现这个目标”。他坚决否认南非非洲人国民大会执行共产党的指令。他说，辩护方将否认关于戈德堡、卡特拉达、波恩斯坦和穆拉巴是民族长矛军成员的说法。他说，辩护方将表明，民族长矛军事实上没有采纳《行动计划》，民族长矛军也没有着手准备实施游击战。

“要否认吗？”法官德·韦特有些怀疑地问道。

“要否认，”布拉姆说，“证言将表明，虽然准备实施游击战，但是我们从来没有采纳过这个计划。我们自始至终一直希望避免走这一步。”

然后，布拉姆轻声说：“阁下，辩护将以被告席上第一号被告进行说明开始，他本人参与了民族长矛军的创建，他能告诉法庭该组织的创建情况。”

这时，尤塔忽然从席位上站起来：“阁下！阁下！”他对我们不作证感到失望，因为他毫无疑问已经做好了反诘的准备。“阁下，”他相当失望地说，“在被告席上作陈述没有发誓作证那样的分量。”

“尤塔博士，我认为，”德·韦特法官干巴巴地说，“不需要你的帮助，被告律师有足够的经验劝说他的委托人。”尤塔于是坐了下来。

“我们和我们的委托人都不知道刑法的规定，”布拉姆说，“我们可以仰仗纳尔逊·曼德拉。”

我站起身来，面对法官慢慢地照着我的讲稿念起来。

我是第一号被告。

我拥有文科学士学位，与奥利佛·塔博先生合伙在约翰内斯堡从事律师工作数年。我是一个被判了刑的犯人，因为我未经批准离境出国和煽动人们在1961年5月底举行罢工而被判处了5年监禁。

我直接承认，我是组建民族长矛军的人员之一。直到1962年8月被逮捕，我一直在民族长矛军事务中担任重要角色。

首先，我要说政府在开庭时关于南非的斗争受外国人或共产党人的影响的指控是完全错误的。作为个人，同时也作为我们人民的领导，我做了我所做的一切。这些完全是缘于我在南非的经历和我自身引以为自豪的非洲背景，而不是因为任何外界可能说过的什么原因。

在特兰斯凯我的青年时期，我曾经听我们的部落老人们讲过过去发生的故事。在故事中，他们向我讲述了我们的祖先为捍卫祖国而进行斗争的事迹。丁冈和巴木巴塔、辛沙和马卡纳、斯广提和达拉希勒、莫肖伊休和塞库库尼的名字被全非洲民族引以为骄傲和光荣。当时，我希望生活为我提供服务于我的人民并为他们的自由斗争作出自己应有的贡献的机会。这就是本案指控我所干的一切的动机。

说了这些以后，我必须对暴力问题多说几句。在法庭至今所了解的事情中，有些是真实的，有些则是不真实的。但是，我并不否认我策划了破坏活动。我并不是因为不计后果或喜欢暴力才策划这些破坏活动。我之所以策划这种破坏活动，是清醒地分析了白人多年的专制、剥削和压迫之后出现的政治形势的结果。

我想给法庭留下这样的印象，即，我们的行动并不是不负责任的或没有考虑采取暴力行动所带来的后果。我特别强调了我们不想对生命造成伤害的决心。

> 我们南非非洲人国民大会一直主张不分种族的民主政治，我们避免采取任何导致加剧现有种族隔阂的行动。但是，无情的事实是，50 年的非暴力斗争给非洲人带来的是更严厉的立法，从而使非洲人的权利越来越少。让这个法庭理解这种情况可能不是一件容易的事情，但是这又的确是事实。多年来，人民一直在谈论暴力，谈论他们将有一天与白人开战并夺回他们的国家。而我们南非非洲人国民大会领导层总是试图说服他们避免使用暴力，而采取和平方式，尽管我们中的一些人在 1961 年 5 月和 6 月曾经进行过讨论。不能否认的事实是，我们努力以非暴力方式使政府放弃种族歧视的政策并没有获得任何结果，我们南非非洲人国民大会的群众开始对这种政策丧失信心，并产生了采取恐怖活动的念头……
>
> 民族长矛军是在 1961 年 11 月创建的。当作出这个决定之后，我们立即制订了计划，我十分重视南非非洲人国民大会的非暴力传统和种族和睦政策。我们感到，这个国家正在滑向黑人与白人之间的一场内战。我们冷静地分析了形势。内战将意味着南非非洲人国民大会的主张毁于一旦，将使种族之间的和解更加难以实现。我们南非历史上已经有过战争的经验教训，用了 50 多年才消除了南非（英布）战争造成的伤疤。这种种族之间的内战会造成双方大规模的牺牲，由此而留下的伤疤又需要多长时间才能消除呢？

我说，破坏活动也许可以为将来的种族关系带来最好的希望。白人统治者对我们的努力作出的反应是迅速而残酷无情的：破坏活动被宣布为一种可以判处死刑的罪过。我说，我们不要内战，但是，我们需要做好内战的准备。

> 经验让我们相信，暴动将为政府提供无限的滥杀无辜人民的机会。但是，正是因为南非的土地已经洒满了无辜非洲人的鲜血，我们才认为做好长期准备，用暴力反对暴力来捍卫我们自己是我们的责任。如果战争是不可避免的，我们希望战争在最有利于我们的人民的条件下进行。对我们来说最有可能、双方牺牲风险最小的战争形式就是游击战。因此，在准备将来开展的战争中，我们首先考虑了游击战的可能性。
>
> 白人都经历过强制性军事训练，但政府却不给黑人这种训练的机会。因此我们认为，建立一个训练有素的核心层是绝对必要的。一旦游击战争爆发，这个核心层将能够起到游击战争所需要的领导作用。我们必须提前做好应对这种形势的准备。

我介绍了在我们讨论的这个阶段我出国参加“东非、中非、南部非洲泛非自由运动大会”和接受军事训练的情况。我说，我接受军事训练，是因为如果发生游击战争，我希望能够与我的人民站在一起，并同他们并肩战斗。尽管如此，我仍然相信采取破坏行动的可能性没有消失，应该努力坚持下去。

我告诉法庭南非非洲人国民大会与民族长矛军之间的不同之处，并说明我们如何诚心诚意地把两者分开。这是我们的政策，但是，在实践中并不那么简单。由于禁止和监禁，人们常常不得不参与两个组织的工作。尽管这样有时会混淆两者的界限，但是，界限仍然存在。我反驳了政府关于南非非洲人国民大会和共产党的目标是完全相同的论断。

> 南非非洲人国民大会的思想路线过去是并且一直是非洲民

族主义，它与“把白人赶进大海”的呐喊所表达的非洲民族主义是两个不同的概念。南非非洲人国民大会坚持的非洲民族主义是非洲人民在自己土地上实现自由。非洲人国民大会所认可的最重要的政治文件一直是《自由宪章》。它绝非一个关于社会主义国家的蓝图……非洲人国民大会在其历史上的任何阶段从未在国家的经济结构上发动过革命性的变革，并且就我记忆所及，也从未谴责过资本主义社会……

与共产党不同，非洲人国民大会只接纳非洲人作为自己的成员。它的主要目标过去是并且现在仍然是为非洲人民赢得统一的和全部的政治权利。而共产党的主要目标却是消灭资产阶级,用工人阶级的政府取代资产阶级政府。共产党强调阶级划分，而南非非洲人国民大会则寻求阶级之间的和谐。

南非非洲人国民大会与共产党之间经常进行密切合作也是事实。但是，这种合作仅仅说明彼此之间有着共同的目标，那就是消灭白人霸权，而不能说明利益完全一致。世界历史上充满了类似的例子。最引人注目的可能就是大不列颠、美利坚合众国和苏联之间在反对希特勒时的合作关系。只有希特勒才敢说，这种合作把丘吉尔或罗斯福变成了共产党人或共产党人的工具，或者说英国和美国正在致力于建立一个共产主义世界。

对于对共产主义具有根深蒂固的偏见的南非白人来说，要理解为什么有经验的政治家那么愿意把共产党人作为朋友可能是困难的。但是，对我们来说，理由则是十分显然的。在反对压迫的那些党派之间进行理论上的区分是一种奢望，现阶段我们还做不到。特别是几十年来，共产党人是南非唯一把非洲人当做人类并予以平等相待的政治党派。他们愿意与我们一起吃饭，一起谈话，一起居住，一起工作。因此，现在有许多非洲人把自由等同于共产主义。

我告诉法庭，我不是共产党员，我总是把自己视为一名非洲爱国者。我并不否认，无阶级社会的思想对我产生了诱惑，或者说，马克思主义的思想对我产生了影响。这对许多新独立的非洲国家的领导人来说都是事实，他们承认需要社会主义的某些方式使他们的人民能够赶上西方先进国家。

> 通过阅读马克思主义文献和与马克思主义者交谈，我得到了这样的印象：共产党人认为西方的议会制是不民主的和反动的。但是，与他们相反，我却是这种制度的崇拜者。
>
> 《大宪章》、《权利请愿书》、《权利法案》都是全世界民主人士奉若神明的文献。我对英国的政治制度和司法制度十分欣赏。我认为英国的议会制是世界上最民主的政治制度，其司法制度的独立性和公正性将永远令我羡慕。美国国会、国家权力分立理论，以及司法独立也使我产生了相似的激情。

我详细论述了南非黑人与白人生活中的巨大差别。在教育、卫生、收入以及生活中的方方面面，黑人仅仅处于维持生计的水平上，而白人却处于世界最高的生活水平，并且还准备继续维持这种状况。我说，白人常常声称南非的非洲人比非洲大陆上的其他非洲人富裕。我们的抱怨不是说我们与非洲大陆上的其他非洲人相比是贫穷的，而是说与我们国家的白人相比我们是贫穷的，而且法律剥夺了我们平等致富的权利。

> 非洲人缺少人格尊严是白人霸权政治的直接结果。白人霸权政治意味着黑人只能是次等公民。企图保留白人霸权的立法制度让这种状况得以维持。在南非，卑贱工作不可变更地要由非洲人去做。有什么要搬运的或要清理的活，白人可以在周围随便找一位黑人去为他做，不管这个非洲人是否被他雇用……

> 贫穷和家庭生活崩溃是第二种后果。孩子们在大街上到处闲逛，因为他们没有学上，或者因为他们没有钱上学，或是没有家长留在家中照管他们的学习，因为他们的父母（如果父母都在）不得不都去工作，以维持家庭生活。这就导致了道德标准的崩溃，使不法事件和暴力事件日趋频繁，到处滋生，而不仅仅是政治性暴力事件……
>
> 非洲人要求在南非这个整体中得到公正。他们要求在社会中得到安全保证和居住场所。最重要的是，我们要求拥有平等的政治权利，因为没有平等的政治权利，我们将永远无能为力。我知道这种声音在这个国家的白人听起来像是革命的言论，因为多数选民将是非洲人。这使白人害怕民主……
>
> 这就是南非非洲人国民大会为之战斗的目标。他们的斗争是真正的民族斗争。这是非洲人民的斗争，是非洲人民在他们自己的遭遇和自己的经历鼓舞下所进行的斗争，这是争取生存权利的斗争。

我一直在念我的讲话稿，谈到这里，我把我的讲话稿放在了辩护席的桌子上，转脸面对法官，法庭变得特别静。当我脱稿说出最后几句话的时候，我的眼睛一直盯着德·韦特法官。

> 在我过去的生活中，我已经把自己献给了非洲人民的斗争事业。我反抗了白人专制，我也反抗了黑人专制。我抱有民主和自由社会的理想，希望大家在这样的社会里和睦地生活在一起，享有平等的机会。我希望为这个理想而生活，并努力把它变为现实。如果需要，我愿意为了这个理想而牺牲自己的生命。

这时法庭上下鸦雀无声。在我的讲话结束之后，我直接坐了下来。我没有回头向旁听席上致敬，尽管我感到他们的眼睛都在看着我。寂静似乎持续了老长一段时间，但事实上大约只持续了不到 30 秒。然后，我从旁听席上听到长长的一声叹息，紧接着就是女士们呜呜哭泣的声音。

我念了 4 个多小时，当时是下午刚过 4 点，通常应该是休息的时间。但是法庭刚刚静下来，德·韦特就立即请下一个证人到庭。他决心减少我的讲话对法庭产生的影响。他不想那天就此结束，只让我一个人作证。但是，他的努力并没有见效。当我讲完话并坐下来的时候，德·韦特最后看了我一眼。

我的讲话在本地和外国媒体上得到广泛的关注，并且被逐字逐句地刊登在《兰德每日邮报》上。他们忽视了我所说的话都是被禁止的这一事实。这个讲话既显示了我们的辩护思路，又消除了控方对我们的伤害，因为控方预计我将提供否认对破坏活动担负责任的证言，并完全是在这个预测的基础上准备的指控材料。他们现在明白，我们不想利用法律技巧避免承认对我们的行动负责。我们以自己的行动为骄傲，并且也早就想到了这一点。

第二号被告瓦尔特·西苏陆是下一个发表证言的人。瓦尔特不得不首当其冲地面对尤塔为我准备的反诘。瓦尔特顶住了一系列不怀好意的提问。他摆脱了尤塔的雕虫小技，用简明扼要的语言对我们的政策作了说明。他说，《行动计划》和游击战政策并没有作为南非非洲人国民大会的政策被采纳。事实上，瓦尔特告诉法庭，由于这个计划还不成熟，他本人就反对采纳《行动计划》和游击战政策。

戈万在瓦尔特之后走上了证人席，他自豪地告诉法庭，他长期以来一直是共产党党员。公诉人问戈万，如果他承认对他的几项指控中的许多行动，为什么不干脆认罪？“首先，”戈万说，“我认为我应该在这里如实说明一些导致我加入这些组织的原因，这里面有道义上的责任感。第二，简单的原因是，认罪则说明心中认为道义上有罪。而我不承认在我的回答中存在道义上的罪责。”

像戈万一样，阿迈德·卡特拉达和拉斯迪·波恩斯坦都证实自己就是共产党党员，也是南非非洲人国民大会成员。尽管拉斯迪是在警察袭击期间在利沃尼亚被逮捕的，但是政府起诉他唯一的直接证据是他在农场帮助架设过无线电天线设施。凯西在证言中聪明地否认了参与和煽动别人进行破坏活动。但是，他说，如果他们采取这样的斗争行动，他将给予支持。

当第八被告詹姆斯·坎特被逮捕并与我们关押在一起时，我们大家都感到吃惊。除了是哈罗德·沃尔培的内弟和法律合伙人之外，他与南非非洲人国民大会或民族长矛军都没有任何牵连。哈罗德通过他的办公室曾经为我们办过几件事，但事实上并没有起诉他的证据。我推测，政府坚持在监狱里起诉他的目的是恐吓进步律师。

在德·韦特法官准备审理吉米一案的那天，我们等候在法庭下面的牢房里。我对吉米说："为了吉利，我们交换一下领带。"当他接过我那条又宽又旧的领带并与他给我的那条漂亮的丝绸领带相比较时，他可能想我仅仅是企图改善一下自己的着装。尽管吉米有点讲究穿戴，但他还是戴着我的那条旧领带上了法庭，当德·韦特法官撤销对他的指控时，作为一种告别的礼节，他向我举起了那条领带。

雷蒙德·穆拉巴是东开普南非非洲人国民大会和民族长矛军的领导人，但是政府并没有多少起诉他的证据。他否认他是民族长矛军的成员之一，也否认知道有关破坏活动的任何事情。我们认为，第九号被告伊莱亚斯·莫佐莱迪和第十号被告安德鲁·木兰基尼都不应该作证，他们是民族长矛军的低级成员，他们不能对已经说过的事情增加多少新的内容。伊莱亚斯·莫佐莱迪尽管在监狱中遭到了毒打和折磨，但是他并没有屈服。安德鲁·木兰基尼是最后一个被告，他发表了一个违背誓言的声明，承认曾经为民族长矛军传送过信息和指令，并为了便于做这个工作而把自己化装成了牧师。他还告诉法庭，他在监狱里的时候曾经遭到过殴打，并被使用了电刑。安德鲁作完证后，辩护方就停止了辩护。剩下的事情就是等待最终的合议判决。

5 月 20 日，尤塔向媒体提交了他最后讲话的皮面精装本，并给了辩护方一个副本。尽管装帧漂亮，但尤塔的讲话是对起诉书篡改性的归纳，并没对控告书作任何的说明或对证言作任何核实，其中充满了对人身的侮辱和攻击。“被告的欺骗性是引人注目的，”他说，“尽管他们几乎代表不了班图人口的百分之一，但是他们却自以为有责任告诉世界，南非的非洲人是被镇压的、被压迫的和被征服的。”就连德 · 韦特法官也似乎被尤塔的讲话搞得迷惑不解。有一次，他打断尤塔的讲话说：“尤塔先生，你确实承认你没有证实被告决定开展游击战，对不对？”

尤塔愣住了，因为他认为正好相反。我们也感到吃惊，因为法官的提问为我们提供了希望。尤塔吞吞吐吐地告诉法庭，关于开展游击战的准备工作确实已经展开了。

“是的，我知道，”德 · 韦特不耐烦地说，“辩护方承认。但是，他们说在他们被捕之前并没有决定开展游击战。我认为你没有证据推翻这种说法，你同意这种说法吗？”

“随阁下的便。”尤塔用从喉咙里挤出的声音说。

尤塔最后说，这个案子不仅是一个地地道道的高级叛国案，而且还是一个在控告书里没有提及的杀人和故意杀人案。他气势汹汹地宣布：“我不无冒昧地说，控告书中每一项指控都已经被证实。”他知道，即使是在他说这些话的时候，他的话也显然是站不住脚的。

辩护律师阿瑟 · 查斯卡尔松第一次站起来就控告方提出的法律问题进行交涉。他反驳了尤塔关于此次审判与杀人有任何关系的说法，并提醒法庭，民族长矛军的政策并没有造成人员伤亡。当阿瑟开始说明其他组织进行的破坏活动也被强加给了被告的时候，德 · 韦特插话说他已经作为事实予以承认。这是另一个意想不到的胜利。

紧接着布拉姆 · 费希尔发表意见，他准备反驳政府提出的两个最要害的指控问题，即，我们实施了游击战和南非非洲人国民大会和民族长矛军是一回事儿。尽管德 · 韦特说他相信我们没有开始实施游击战，但是，我们并不敢冒这个险。但是，当布拉姆谈到他的第一个问题时，德·韦特忽然有点不耐烦地插话说："我想我的态度已经表明了，我承认在开展游击战这个问题上并没有作出决定，或者说没有确定日期。"

当布拉姆开始谈第二个问题的时候，德·韦特又突然打断他的话说，他也承认两个组织是不同的这个事实。布拉姆准备得非常充分，但却几乎对德·韦特的回答没有任何思想准备。他忽然坐了下来。法官竟然在他说这两个问题之前就已经承认我们的说法是正确的。我们感到高兴，也就是说，如果对于正在面临死刑的人来说可以算是高兴的话，我们就可以说是高兴的。法庭宣布休庭三个礼拜，德·韦特可以利用这段时间考虑对案子作出判决。

57...

全世界一直在关注着利沃尼亚审判。伦敦的圣保罗大教堂为此而举行了彻夜的守夜活动，伦敦大学的学生们选举我为学生会的缺席主席，而联合国的一群专家要求为南非召开专门紧急会议，以敦促南非建立真正的代议制议会，并建议对所有种族隔离反对者实行特赦。在德·韦特准备判决的前两天，联合国（有 4 个国家缺席，包括英国和美国）敦促南非政府结束审判，并对被告给予特赦。

在我们即将重新走上法庭接受判决之前的几天里，我一直在撰写论文，以便通过伦敦大学的一系列考试而取得法学学士学位。我要在对我判决之前参加法律考试，这似乎有点荒唐。对关押我的狱警来说，这似乎也有点稀奇古怪。他们说我要去的地方不需要法律学位。但是，我在整个审判期间一直在坚持学习，我要参加这次考试，并专心致志地进行准备。后来我发现，这是使我消除杂念的一种好方法。我知道我很快就不能做律师工作了，但是我暂时不想考虑其他的事情。最后，我通过了这项考试。

6 月 11 日星期四，我们又集中在司法大厦听候最终判决。我们知道，我们当中至少有六人没有定论却被判有罪。问题是判什么刑。

德 · 韦特没进入角色前一点时间都没有浪费。他低声而迅速地说："我已经把我得出结论的理由记录在案，我建议不再宣读这些记录。第一被告被发现在四项指控方面都有罪。第二被告被发现在四项指控方面都有罪。第三被告被发现在四项指控方面都有罪。"对每一位主要被告，德 · 韦特都宣布在四项指控方面有罪。凯西被发现在四项指控方面只有一项罪名成立，拉斯迪被宣布无罪并被撤销指控。

"我建议今天不考虑量刑问题，"德 · 韦特说，"政府方面和被告明天上午 10 点将被提供发表意见的机会。"然后，他宣布休庭。

我们曾经希望凯西和穆拉巴能够逃过判决，但是，那就是另一个信号：如果必要的话，政府将采取更为严厉的措施。如果法官能以不多的证据判穆拉巴四项指控都有罪，那么，难道他还不能把我们这些有确凿证据的人判处死刑吗？

那天夜里经过讨论后，瓦尔特、戈万和我告诉律师，不管我们被判什么刑，甚至是死刑，我们也不上诉。我们的决定使我们的律师感到迷惑不解。瓦尔特、戈万和我相信，上诉将有损我们的道德立场。我们从一开始就坚持认为，不管我们干什么，我们必须问心无愧，必须坚持道德原则。我们现在不准备在上诉中发表我们的意见。如果我们被判死刑，我们将不再约束必然爆发的群众运动。根据我们一贯坚持的、大胆的、具有挑战性的路线，上诉似乎会表明我们虎头蛇尾，甚至表明我们是令人失望的。我们要传达的信号：为了自由，即使在斗争中牺牲了也没有什么了不起。

律师对我们的决定感到不满，想与我们谈谈上诉的事。但是，戈万、瓦尔特和我却要求讨论第二天判决程序的细节问题。如果我们被判处死刑，将会履行哪些程序？律师告诉我们，德·韦特宣布死刑后，他将问我这个第一被告："你是否还有任何理由认为死刑不该被通过？"我告诉布拉姆、乔尔和弗农，在那样的情况下，我会有许多话要说。我将告诉德·韦特，我准备去死，并知道我的死将对我为之献身的事业是一种鼓舞。我的死，我们的死，都不会白费。如果作为烈士为我们的事业而死，比活着服务于我们的事业更好，那么，我们就会去死。律师说，这样的话对上诉起不到多大的作用，而我重申我们将不上诉。

即使是，或者说特别是，如果我没被判处死刑，我们也有现实的理由不上诉。其中之一，就是我们可能会失败。上诉法庭可能会认为德·韦特一直太宽容，判我们死刑是罪有应得。上诉将会有碍于国际社会为释放我们而继续施加压力。

对于政府来说，死刑可能是最现实的判决。我们听说，司法部长约翰·沃斯特告诉他的朋友们，总理史末资在第二次世界大战期间最大的错误就是没有因为他的叛国而把他绞死。他说，国民党人将不会犯同样的错误。

我做好了被判处死刑的准备。一个人如果真正对某件事已经做好准备，他一定真的企盼这件事的到来。而一个人如果没能为某件事做好准备，他就会暗暗地相信这件事不会发生。我们都做好了准备，不是因为我们勇敢，而是因为我们注重现实。我想起莎士比亚的一句话："能够抱着必死之念，那么活果然好，死也无所惶虑。"

58...

1964 年 6 月 12 日礼拜五，我们最后一次来到法庭上。自从在利沃尼亚遭到逮捕，将近一年的时间已经过去了。安全防范依然特别紧，我们的护卫队鸣着汽笛穿过大街。通往法院的路都被封锁了，不准正常通行。对任何企图走近司法大厦的人，警察都要检查其身份。他们甚至在当地的公共汽车站和火车站设立了检查站。尽管有种种威胁，仍然有 2000 人打着旗帜和条幅聚集在法院前，写着“我们支持我们的领袖们”之类的标语，法院里面旁听席上坐满了人，本地媒体和外国媒体的记者只有站着的空间。

我挥手向温妮和我母亲致意。看到她们在场，我十分高兴。我母亲是从特兰斯凯赶来的。来到法庭看自己的儿子是否被判处死刑，一定让她心情十分沉重。尽管我猜想我母亲不了解将要发生的全部情况，但是，她的支持绝不会动摇。温妮也一样坚定，她的支持给我增添了力量。

书记员高声喊出案子的名称：“政府诉纳尔逊·曼德拉及其他人员案”。在宣判前，收到了两份减刑申请。一份是哈罗德·汉森提交的；另一份则是作家艾伦·佩顿提交的，他也是自由党的全国主席。汉森口才很好，他说全国上下的不满情绪不能被压制，人民总是要找到申诉不满情绪的途径。“犯罪并不是他们的目标，”汉森说，“只是他们所采取的斗争方式。”汉森说法官应该很好地回想一下，他自己的人民，非洲白人，为了他们的自由也曾顽强地进行过斗争。

尽管佩顿本人不支持暴力，他说只有两种选择：“低头屈服，或以暴力对抗。”被告应该得到仁慈，他说，不然南非的前途将是没有希望的。

但是，德·韦特似乎对两个人的申诉根本没有听进去，在他们两个申诉时，他既不抬头看，也不做记录，他似乎沉浸在自己的思索当中。他显然是已经作出了决定，他仅仅是在那里等待宣布他的决定。

他点头让我们站起来，我试图盯住他的眼睛，但是，他连看都不向我们这个方向看。他的两眼盯在法庭正中的前方，脸色苍白，粗粗地喘着气。我们相互看了看，似乎知道将被判死刑，不然这位通常冷静的人为什么那样紧张？然后他开始讲话。

> 在审理这个案子期间，我听到很多关于非欧洲人不满的事情。被告告诉我，他们的律师告诉我，这些被告都是非欧洲人的领袖，他们是在希望减少不满情绪的动机的驱使下而变成罪犯的。我完全相信被告的动机，就像他们希望法庭相信的那样他们是毫无私心的。组织革命的人往往试图取代政府，个人野心不能排除在动机之外。

德·韦特中间停顿了一会儿，好像是为了缓口气。他的声音以前就很低，但现在仅仅是可以听得到而已。

> 这个法庭的功能，正如任何其他国家的法庭的功能一样，旨在加强法律和秩序，并且加强其所在国的所有法律。被告被判的主要罪名是阴谋叛国罪，实际上是高级叛国罪。政府决定不以高级叛国罪提起公诉。考虑到这种情况，并对问题进行了认真研究之后，我决定不使用最高刑罚，像这样的案子通常是应该判处最高刑罚的，但是，按照我的职责，这个判决是我能表示的唯一从宽惩处。这个案子的被告将全部被判处终身监禁。

我们相互看了看，脸上露出了微笑。当德·韦特宣布他不判处我们死刑的时候，法庭上的群众深深地松了一口气。但是，在一些旁听者中，有的感到惊惶，因为他们没能听清德·韦特的宣判。丹尼斯·戈德堡的夫人叫着他的名字高声说：“丹尼斯，是什么刑？”

“终身监禁！”他回答说，脸上堆满了笑容，“终身监禁！没有判处死刑！”

我回头面对旁听席，脸上露出灿烂的笑容，四下搜寻温妮和我母亲的面孔。但是，法庭内太乱，人们在喊叫，警察不知所措地对群众指手画脚，我无法找到她们。当许多旁听者冲出法庭向外面的群众通报宣判结果的时候，我向他们伸出拇指行了南非非洲人国民大会礼。押解我们的警察开始把我们从被告席上驱赶出来，并押解着我们朝通向地下的门口走去。我又一次寻找温妮的面孔，但是在我低头穿过那个通往下面牢房的门口之前仍然没有看见她。

我们戴着手铐，待在法院下面的牢房里。面对外面的人群，警察们十分紧张。他们让我们在地下的牢房里待了半个多小时，希望人群散去。我们被从司法大厦的后面押送上囚车。我们能听见护送的摩托车在我们两边行驶的声音。为了躲避人群，囚车选择了另外的路线行驶，尽管如此，我们仍能听到群众高喊“Amandla！”的口号声和高唱“*Nkosi Sikelel' iAfrika*”那节奏缓慢、曲调优美的歌声。我们通过加了防护条的囚车窗子挥动拳头，希望群众能看到我们，但是，我们不知道他们是否看到了我们。

我们都成了判过刑的囚犯。我们与丹尼斯·戈德堡分离关押，因为他是白人，他被带到了另外的牢房。我们其余的人都被关押在比勒陀利亚地方监狱的牢房里，与其他囚犯隔离开来。在这里，我们无法听到呼喊声和歌唱声，现在只能听到牢房门和监狱大门的吱呀咣当声。

那天夜晚，当我躺在铺在地板上的席子上的时候，开始思索德·韦特作出这个判决的原因。毫无疑问，南非的全国性示威和国际社会的压力使他难以承受。国际商会对审判提出了抗议。全世界码头工人联合会威胁不再装卸南非的货物。苏联的列昂尼德·勃列日涅夫给沃尔沃德博士写信，要求对我们宽大处理。美国国会议员们提出了抗议。英国议会的50名议员在伦敦举行了游行。有传言说，英国外交大臣亚历克斯·道格拉斯－霍姆在幕后支持我们的事业。美国驻联合国代表艾德莱·史蒂文森写信说，他的政府将尽一切努力阻止我们被判死刑。德·韦特曾经承认，我们还没有开展游击战，并且南非非洲人国民大会和民族长矛军是两个独立的组织，因此，对他来说，判处我们死刑是有难处的，似乎显得太过分。

沃尔沃德告诉议会，判决并没有受到来自世界各地的抗议电报和呼吁的影响。他吹嘘说，他把所有来自社会主义国家的电报都扔进了垃圾桶。

在审判快要结束的时候，德·韦特法官顺便对布拉姆·费希尔说，辩护在这个案子中产生了广泛的宣传作用。这可能是他自己承认受到压力影响的一种方式。我知道，如果我们被判死刑，那么大多数人将会把他视为杀害我们的凶手。

他也受到了来自他所属种族的巨大压力。他是一个南非白人，是一个受南非体系影响的人，也是一个有思想倾向的人。他不想违背自己的信仰体系去行事。他屈服于让我们生的压力，而顶住了判我们死的压力。

我对德 · 韦特给卡特拉达、莫佐莱迪和木兰基尼的刑罚感到吃惊和不满。我原来期望他会解除对凯西的指控，并给伊莱亚斯和安德鲁较轻的刑罚。后两位是民族长矛军职位比较低的成员，他们三人的罪过加在一起也没有我们其余任何人的罪过大。但是，由于没有上诉，我们深信凯西、安德鲁和伊莱亚斯为此付出了代价：上诉法庭可能会为他们减刑。

每天晚上熄灯前，比勒陀利亚地方监狱都会回荡着非洲囚犯歌唱的自由歌曲。我们也加入了这支情绪激昂的大合唱队伍之中。但是，每天晚上，人们似乎是遵循一个无声的命令，大家在熄灯前的几秒钟，都会立即停止歌唱，整个监狱会变得一片寂静。然后，从整个监狱的十几个地方，人们会高呼“Amandla”，从而引来数百人高喊“Ngawethu”！我们经常自己喊这个应答式的口号，但是，在那天晚上，其他所有不知名姓的囚犯带头喊这个口号还是第一次。来自监狱四周的声音似乎特别响亮，好像在鼓励我们坚强地迎接面前的考验。

第八部

罗本岛：黑暗的岁月

59...

午夜时分，我醒来并注视着天花板，审判的情形仍然像电影一样一幕一幕地在脑海里浮现，此时我听见走廊里有脚步声。我被单独关在我的牢房里，和别人不在一起。忽然有人敲我的牢房门，我能从栅栏门认出是奥卡木博上校。“曼德拉，”他用沙哑的声音小声说，“你醒着吗？”

我告诉他，我醒着。“你是一个幸运的人，”他说，“我们准备把你带到一个你可以享有自由的地方。在那里，你可以四处走走，能看见海洋和天空，而不是每天只能看见灰墙。”

他并不是故意嘲笑，但是我十分清楚，他所指的那个地方并不会给我我所渴望的自由。然后他神秘地说：“只要你不惹麻烦，你将要什么就得到什么。”

然后，奥卡木博叫醒了其他犯人并命令他们收拾东西，他们都在独立的牢房里。15 分钟之后，我们直接向比勒陀利亚地方法院的钢铁迷宫走去，铁门的叮当声不绝于耳。

一走出牢房，我们七个人就都被戴上手铐，押上了警车的后车厢。其中有瓦尔特、雷蒙德、戈万、凯西、安德鲁、伊莱亚斯和我。午夜已过，但是我们却没有人感到疲倦，气氛一点都不忧伤。我们坐在满是尘土的车厢地板上，唱歌、聊天，重新回顾审判的最后时刻。狱警给我们提供了三明治和冷饮，中尉范·威克与我们一起坐在后车厢内。他是一个乐呵呵的人，在唱歌的间歇，他主动就我们的前途谈了他的看法。“好，”他说，“你们这些家伙不会在监狱里待多久。释放你们的要求太强烈了，一两年你们就可以从监狱里出来，将作为国家的英雄归来。群众将欢迎你们，每个人都想做你们的朋友，女士们会希望嫁给你们。嗨，你们这些家伙真行。”我们听他唠叨着，没作任何评论。但是我承认，他的话让我非常高兴。不幸的是，他的预言过了将近30年才得到证实。

深更半夜，我们在警察的押解下静悄悄地离开了比勒陀利亚。我们不到半小时就来到了市外的一个小型军用机场，然后被押上了一架达库塔（Dakota）大型军用运输飞机。飞机上没有暖气，我们在飞机里冻得瑟瑟发抖。有的人以前从来没有坐过飞机，他们似乎对坐飞机比对我们的目的地还要惧怕。飞机在15000英尺的高度突然上升和下降，似乎比关押在高墙里面的牢房里还要危险得多。

大约在空中飞行了一个小时，飞机下面的大地开始出现了黎明的曙光。飞机上有舷窗，我们刚刚能看到飞机外面那柔和灰暗的光线，同志们就立即纷纷把脸贴在玻璃上向外看。我们是朝东南方向飞行，越过了奥兰治自由邦那干旱的平原和翠绿而多山的开普半岛。我也伸长脖子通过舷窗向外看，但是，我并不是作为一个旅游者观看风景，而是作为一个战略家进行观察，看游击队在哪里能找到隐藏自己的地方。

自从组建民族长矛军以来，关于南非的农村是否适合游击战，一直存在争论。多数最高司令部成员都认为不适合。当我们飞过开普地区一个叫默里斯堡的山林的时候，我向同志们说，这里是我们可以进行战斗的地方。大家感到十分高兴，都伸长脖子想看个明白。真的，这片茂密的山林看起来完全可以隐藏一支新生的游击队。

几分钟之后，我们就到达了开普敦郊外的上空。我们很快就看到了开普平原上那火柴盒式的房子、市中心闪烁灯光的高楼和桌山的平顶。然后，在桌湾、在大西洋那湛蓝湛蓝的碧水之中，我们模模糊糊地看见了罗本岛。

我们降落在位于罗本岛一端的飞机跑道上。那是一个阴暗多云的日子，当我们走出飞机的时候，寒冷的冬风刺透了我们单薄的囚服。我们受到了带自动武器的狱警们的迎接，气氛十分紧张，但非常安静，不像我两年以前到达这个岛上所受到的接待那样喧闹。

我们被押送到老监狱区，那是一个孤零零的石头建筑物，在那里，我们被命令脱光衣服站在外面。监狱生活侮辱性的仪式之一就是当你从一个监狱转到另一个监狱时，第一件事就是脱下原监狱的囚服换上新监狱的囚服。当我们脱光衣服时，他们扔给我们每人一套罗本岛监狱的平纹卡其布囚服。

种族隔离甚至也体现在着装方面。除凯西之外，我们每人都是一条短裤、一件质地很差的紧身上衣和一件帆布夹克。凯西是我们当中的一个印度人，他领到了一条长裤子。一般情况下，非洲人会领到一双用汽车轮胎做的拖鞋，但是，这次给我们每人发了一双鞋。只有凯西一人还额外领到了一双短袜。给非洲人发短裤子的意思只不过是在提醒我们是“男仆”。那天我穿上了那件短裤子,但是，我发誓不会长时间穿它。

狱警用枪指了指我们要去的地方，用简单的单词发号施令：“走！”“静！”“停！”他们不像我们以前在这里的时候那样虚张声势地威胁我们，而是不再表露任何感情。

老监狱区仅仅是我们的临时住所，当局正在为政治犯建一座完全隔离的、结构最安全的新监狱。当时，新监狱正处于收尾阶段。在那里，不允许我们到外面来或与其他囚犯有任何接触。

第四天上午，我们戴着手铐被押上了一辆封闭的卡车，前往另一个狱中之狱。这个新监狱是一座长方形的单层碉堡式建筑，中间有一个院子，是一片大约长 100 英尺、宽 30 英尺的水泥地。它的四周三面是牢房，另一面是 20 英尺高的墙，墙上有狭小的通道，狱警带着德国牧羊犬在通道上巡逻。

三排牢房分别叫做 A、B、C 区，我们被关押在 B 区，位于四边形庭院的最东侧。我们每人住一间单独的牢房，分布在长长的走廊两侧，只有一侧牢房的窗户面对着院子。总共大约有 30 间牢房，而单个牢房里的囚犯通常有 24 个。每间牢房有一个窗户，大约有一英尺见方，用铁棂子封着。牢房有两道门：里面是铁门或叫铁栅栏门，外面是厚厚的木门。白天，只有铁栅栏门是锁着的，而夜间外面的木门也要上锁。

牢房建得很仓促，墙仍然是潮乎乎的。当我把这个情况反映给监狱长时，他刻薄地告诉我，我们的身体可以吸潮气。我们每人发了三条毯子，但都很薄，也很旧，几乎是透明的。我们睡觉的地铺只有一片剑麻席或草席。后来，我们又领到了一个毡垫子，有的人把毡垫子放在剑麻席的上面，以增加一些柔软度。那年月，牢房里很冷，毯子又不暖和，所以我们总是穿着衣服睡觉。

我被关押在走廊头上的一个牢房内。它的窗户面对着院子，高度与眼睛齐平。我三步就能从牢房的一头走到另一头。当我躺下的时候，我的脚和头都能触及水泥墙。牢房的宽度大约有 6 英尺，而墙的厚度却至少有 2 英尺。每间牢房外面都有一个白色的卡片，上面写着囚犯的名字和牢房号。我的卡片上写着：“N. 曼德拉 466/64”，意思是说我是 466 号囚犯，于 1964 年来到罗本岛。我当时 46 岁，是一个被终身监禁的政治犯，这个小天地就是我不知还要住多长时间的“家”。

在普通监狱区里关押的几位犯人很快也加入了我们的行列，他们原来被关押的地方离 B 区不远，是一个低矮的砖结构建筑。普通监狱称 F 区和 G 区，关押着大约 1000 名最普通的囚犯。他们中有四分之一是政治犯，只有少数人在 B 区与我们关押在一起。我们因为两个原因被与普通犯人隔离关押：从安全角度看，我们被认为是危险人物，但是，从政治角度说，我们具有更大的危险性。当局认为，我们会把我们的政治观点“传染”给其他犯人。

与我们关押在一起的有乔治 · 皮克，他是南非有色人组织的创始人之一，也是叛国审判的涉案人员，最近刚刚成为开普敦市政府的成员，因在开普敦监狱的外面安装爆炸物而被判刑；还有丹尼斯 · 布鲁特斯，他是一位有色人政治活动家，也是伊丽莎白港的诗人和作家，因违反禁止令而被投进了监狱；另外，比利 · 奈尔也与我们关押在一起，他是纳塔尔印度人大会的老会员，因参加民族长矛军从事破坏活动而被判刑。

几天后，我们有了更多的伙伴，其中有内维尔·亚历山大，他是一位杰出的有色人知识分子，是“非欧洲人团结运动组织”的成员，他在开普组建了一个名叫“游击战俱乐部”的激进支部，专门研究游击战术。内维尔在开普敦大学获得了学士学位，在德国图宾根大学获得了德国文学博士学位。与内维尔一起的还有斐济莱·巴姆，他是开普敦大学法律专业的学生，也是“游击战俱乐部”的一个成员；泽法尼·马托朋则是阿扎尼亚泛非主义者大会全国执行委员会的成员，他一直在奥兰多西任教，是班图教育制度的坚决反对者，并且是阿扎尼亚泛非主义者大会领袖中头脑最清醒的一个；来自特兰斯凯的三位上了年纪的农民因策划袭击特兰斯凯自治政府总理 K. D. 马叹兹玛，也被判入狱同我们关在了一起。

这些人组成了我们大约 20 名囚犯的核心团体。他们当中，有的我认识，有的只是听说过，其他人则根本不认识。正常情况下，监狱里很少有的节假日，往往是看望老朋友和新朋友的机会。但是，头几周气氛非常紧张，我们甚至不能相互打招呼。狱警的人数与囚犯的人数一样多，他们以威胁和恐吓强化着每一项狱规。

我们第一周就开始工作，在随后的几个月内，我们将一直干这项工作。每天早晨，院子的入口处都堆放着大量排球般大小的石头，我们必须用独轮车把它们运到院子中间。监狱为我们配备了 4 磅重的铁锤，或是用来砸碎较大的石块的 14 磅重的铁锤。我们的任务就是把这些石块粉碎成石子。我们被划分成四排，彼此相间 1.5 码，大家双腿叉开席地而坐。我们每人发了一个用轮胎做的厚橡胶圈，用来把石块围在中间，以防碎石飞溅。

狱警在我们中间走来走去，不准我们相互说话。在开始的几周内其他监狱区的狱警，甚至其他监狱的狱警都来看我们，好像我们是一群被关在笼子里的稀有动物。这项工作是单调而艰苦的，它不是多么费劲就能使我们感到暖和，但却使我们浑身肌肉酸疼。

在罗本岛上，6 月和 7 月是最冷的月份。空气寒冷，雨季刚刚开始，似乎从来没有到过华氏 40 度以上。就是在太阳底下，我穿着卡其布衬衣也冻得直打寒战。这时，我第一次懂得了“透骨寒”这个被用得再滥不过的字眼的含义。中午，我们停下来吃午饭。第一周，我们的伙食全是汤，而且味道很不好。下午，我们被允许在严格的监督下活动半个小时。我们排着队，轻快地绕着院子散步。

在开始砸石子的头几天里，有一次狱警吩咐凯西推着独轮车为停在院子入口处的汽车运石子。凯西身体比较单薄，不适合干重体力活，推不动独轮车。狱警们高声吆喝着说：“Laat daardie kruiwa loop!”（使劲往前推！）当凯西用力推的时候，独轮车眼看着就要翻车，狱警们幸灾乐祸地笑起来。我看得出来，凯西决心不让他们看笑话。我会推独轮车，于是赶忙站起来过去帮他。在狱警命令我坐下之前，我设法教凯西慢慢地往前推，并告诉他，那是一个掌握平衡的问题，而不纯粹是一个力气问题。他点头称是，然后小心翼翼地推着独轮车穿过了院子。狱警们总算是停止了嘲笑。

第二天早晨，监狱当局在院子内停放了一辆很大的运石子的翻斗车，要求我们到周末完成半车石子的工作量。我们努力地干，最终完成了定额。第二周，狱警要求我们完成四分之三车的石子。我们卖命地干，也完成了定额。第三周，狱警要求我们完成满满的一车石子。我们知道根本无法坚持长时间的拼命工作，但是，我们也没有说什么。我们甚至一直埋头苦干。但是，狱警激怒了我们，于是我们悄悄地低声嗒咕了一个主意，那就是不要定额。接下来的一周，我们开始在岛上第一次进行消极怠工：我们的工作速度比以前放慢了一半还多，以此抗议对我们过分的、不公平的要求。狱警立即发现了我们的意图，并对我们进行威胁。但是，我们就是不加快速度，我们在院子里一直坚持这种消极怠工的策略。

从我 1962 年在罗本岛待了两个星期之后，罗本岛就发生了变化。1962 年没有几个囚犯，罗本岛与其说是个监狱，倒不如说是一个试验基地。两年后，罗本岛俨然成了南非监狱体系中最严厉、最残酷的监狱。它不仅对囚犯来说如此，对监狱管理人员而言也是最艰苦的地方。过去曾经为我们提供香烟、向我们表示同情的有色人狱警都走了。现在的狱警都是白人，都说南非荷兰语。他们要求与囚犯保持主仆关系，命令我们称他们老板，对此我们予以拒绝。罗本岛上的种族划分是绝对鲜明的：没有黑人狱警，也没有白人囚犯。

从一个监狱到另一个监狱总是需要一段调整时间。来到罗本岛，就像来到了另一个国家。孤立的地理位置使得它不仅仅是另外一个监狱，而且与我们原来的监狱相比，完全是另一个世界。我们离开比勒陀利亚的那种欢快心情完全让罗本岛严酷的气氛窒息了。我们面面相觑，知道我们面对的生活将是严酷的。在比勒陀利亚，我们可以感觉到我们与我们的支持者和家人紧密联系在一起。在这个岛上，我们感觉这种联系被割断了，而且是实实在在地被割断了。我们相互安慰，而且这是唯一的一种安慰。我的失望之情很快被一种新的、完全不同的战斗即将开始的感觉所代替。

从第一天起，我就对被强迫穿短裤提出了抗议。我要求见监狱长，并且起草了一个意见清单。狱警对我的抗议置之不理，但是，到了第二周周末，我发现一条旧卡其布裤子被随便丢在了我的牢房的地板上。这种不带条条的三件一套的衣服从来没有让我如此高兴过。但是，在我穿上这条裤子前，我还要看看我的同志们是否也发了这样的裤子。

他们没有发。我告诉狱警把裤子拿回去，并坚持每个非洲囚犯必须都有长裤子。狱警嘟嘟囔囔地说："曼德拉，你说你要长裤子，我们给你长裤子你又不要。"这个狱警拒绝碰黑人穿过的裤子，最后，监狱长亲自来到我的牢房，把裤子捡起来。"很好，曼德拉，"他说，"你就等着跟其他囚犯穿同样的衣服吧。"我说，如果同意给我长裤子，那么为什么不给每一个人发一条呢？他没有回答。

60...

在岛上住了两周之后，有人告诉我们，我们的律师布拉姆·费希尔和乔尔·乔菲第二天将来罗本岛访问。当他们来到罗本岛的时候，我们被押到会见地点同他们见面。他们来罗本岛访问有双重目的：看看我们在监狱里生活得怎么样，并确认我们是否仍然不想就我们的判决提出上诉。离上次我们见面只过去了几周，但是，我们却感觉好像分别了很长时间，他们似乎是来自另一个世界的访问者。

我们坐在一个空荡荡的房间里，一位少校就在房外监视我们的谈话。我很想与两个律师拥抱，但是，由于那个少校的存在，我们受到了限制。我告诉他们，我们大家都很好，并且说明，因为以前我们列举的那些理由，我们仍然不想上诉，其中包括事实上我们不想因为我们的上诉而影响到其他南非非洲人国民大会的被告。布拉姆和乔尔似乎赞成这个意见，尽管我知道布拉姆认为我们应该上诉。

当我们的谈话快要结束的时候，我顺便向布拉姆询问了他夫人莫莉的情况。没等我说完莫莉的名字，布拉姆就站起来走出了房间。几分钟后他又回来了，他还是那么镇定自若，并重新开始谈话。但是，他最终也没有回答我的问题。

我们的会见紧接着就结束了，当我在少校的监视下回我的牢房的时候，他对我说："曼德拉，你注意到布拉姆·费希尔的举动了吗？"我说，我注意到了。他告诉我，莫莉在上周发生的车祸中遇难了。他说，布拉姆驾驶着汽车，为了躲让马路中间的一只动物而不幸冲进了河中，莫莉是被淹死的。

我们为这个消息感到震惊。莫莉是一位特别好的女士，她慷慨、无私、没有偏见，一直从多方面支持布拉姆。她是他的夫人、同事和同志。布拉姆一生已经历过巨大的不幸：他的儿子因患囊肿性胰腺炎而少年早逝。当我问莫莉的时候他转身离去，这是布拉姆的典型性格。他坚韧不拔，是一个不把自己的痛苦和麻烦留给他的朋友的男子汉。作为一个南非白人，他的良心使他不得不反抗自己的血统，并为此而受到了南非白人的排斥。他显示出一种勇气和牺牲精神，而这种勇气和牺牲精神本身就是一种大家风范。我只需反对不公正，而不用与我自己的人民对立。

我告诉少校我想给布拉姆写一封信，他说我可以写。当时，关于写信的规定十分严格。我们只被允许给直系亲属写信，并且每半年才允许写一封不超过 500 字的信。所以，当少校不反对我给布拉姆写信的时候，我感到既吃惊又高兴。但是，他并没有遵守我们的协议，我写了信并交给了监狱当局，但是，那封信根本就没有寄出。

几个月内，我们的生活总是遵循一个模式，监狱生活千篇一律：每天都与昨天一样，每周都与上周一样。这样，月份和年份有时就被相互混在了一起。任何有违这个模式的事情都会使监狱当局感到不安，因为千篇一律是监狱管理完善的标志。

千篇一律对囚犯也是一种安慰，这就是监狱之所以被看作牢笼的原因。千篇一律就像是一个难以忍受但却又令人愉快的家庭主妇，因为千篇一律能够让时间过得更快。手表和任何计时物品在罗本岛上都被禁止使用，所以，我们绝对不知道什么是准确时间。我们依靠钟声和狱警的口哨及吆喝声生活。每周都与上一周雷同，你必须记住那是哪一月哪一天才行。我做的最重要的事情之一就是在我的牢房的墙壁上填日历。没有时间感会很容易使一个人失去注意力，甚至失去判断力。

监狱里的时间过得很慢，正所谓度日如年。时间过得慢通常与不得不闲散和没有生气相联系，但是，在罗本岛却不是这样，我们几乎总是忙于工作、学习和解决争端。然而，时间仍然过得很慢。部分原因是，在外面花几小时或几天就能解决的事，在监狱里要花上几个月或几年。请求发一个新牙刷可能要六个月或一年的时间才能实现。阿迈德·卡特拉达曾经说过，在监狱里几秒就像监狱外几年，而年却像分秒那样流逝。在院子里砸一下午石子可能感觉时间无限长，但是，一年的时间又感觉忽然就结束了，你不知道那些岁月都是怎么过的。

对每一位囚犯的挑战，特别是对政治犯的挑战，是如何完好地在监狱里生存下来，如何完整地从监狱里走出来，并如何保持甚至加强自己的信仰。为了应对这个挑战，我要完成的第一项任务就是做一些为了生存而必须做的事情。为此，你必须知道敌人的目的，然后再采取策略去破坏敌人的图谋。监狱就是要摧毁你的精神和决心，为此目的，监狱当局企图利用你的每一个弱点摧毁你的所有念头、消灭你的全部个性。他们就是想扑灭我们每个人保持人性和本来面目的火花。

我们的生存有赖于知道当局打算对我们作何处理，并且在我们之间共同分享这些信息。任何个人的反抗，就算不是不可能的，那也是非常困难的。如果我一直是孤家寡人，我就不能做这件事。但是，当局最大的错误就是让我们生活在一起。因为在一起，我们增强了决心和信心。我们互相支持、互相鼓励，不管我们知道什么情况和获得什么消息，我们都一起分享。通过一起分享，我们个人的勇气得到了提升，但这并非意味着我们对我们遭受的困难的反应是完全一致的。人的能力有差别，对压力的反应也不一样。但是，强者要帮助弱者，使强者和弱者在这个过程中都变得更强。最终，我们不得不在监狱里创造自己的生活，以监狱当局认可的方式去创造，秩序不是由监狱当局维持，而应该由我们自己维持。

作为一位领导人，他有时要采取不受欢迎的行动，或是那些多少年后方见效果的举措。有时候，成功的荣耀仅仅在于取得这些成功的人知道这些成功。这对监狱来说尤其如此。因为在监狱里，你必须在忠于你的理想之中寻求安慰，哪怕是没有任何人知道。

我现在是在外围，但是，我知道我将不会放弃战斗。我处于一个完全不同的、比较小的角斗场，其观众只有我们自己和我们的压迫者。我们把在监狱里的斗争作为整个斗争的一个缩影。我们将如同在监狱外坚持进行战斗一样，在监狱里进行战斗。种族歧视和镇压没有什么不同，但我们将不得不在不同的条件下进行战斗。

监狱及其当局阴谋剥夺每个人的尊严，但我完全有信心生存下去，任何想剥夺我的尊严的个人和团体都将会失败，因为无论以任何代价或在任何压力下，我都不会放弃生存的希望。对于我将终身被监禁的可能性，我决不会太看重，我决不认为终身监禁就真的意味着在监狱里待一辈子，并必然死在监狱里。也许我否认这样的前景，是因为这样太令人不愉快，也是令人无法想象的。不过，我总是相信，有一天，我将再次作为一个自由人感受走在阳光下的草地上的心情。

我基本上是一个乐观主义者。我说不清这种乐观主义是天生的还是后天培养起来的。这种乐观部分地来自迎着太阳勇往直前的勇气。有许多黑暗的时刻，人道主义信仰一时经受了痛苦的考验，但是，我将不会也不可能向悲观低头。向悲观低头就意味着失败和死亡。

61...

我们每天早晨 5 点 30 分由值夜班的狱警叫醒，他总是在走廊头上敲着铜铃喊：“Word wakker! Staan op!”（醒来！起床！）我一贯起得比较早，这个时间起床对我来说并不是一个负担。尽管我们 5 点 30 分起床，但是，直到 6 点 45 分才让我们从牢房里出来，我们在这段时间打扫牢房，并卷起我们的席子和毯子。我们的牢房里没有自来水，也没有卫生间，但是有被称作“ballies”的马桶。这种马桶直径有 10 英寸长，上面有中间凹的陶瓷盖，盖子上面可以盛水。盖子上的水是用来刮脸、洗手、洗脸的。

6 点 45 分，当我们被允许走出牢房的时候，我们要做的第一件事就是在走廊头上的洗涤槽内彻底清洗马桶，不然会产生一种臭气。在早期的那些日子里，清洗马桶唯一令人开心的就是我们可以利用这个时间小声与我们的同事说句话。清洗马桶的时候，狱警不喜欢在旁边逗留，所以是相互说话的一种机会。

有那么几个月，早饭由普通监禁区的囚犯负责送到我们的牢房。早饭是玉米片粥，是用玉米加工而成的食物。普通囚犯笨手笨脚地把玉米片粥舀到碗里，然后，从牢房栅栏门递进牢房。这是一个技术活，要想不把粥洒在外面，手必须灵巧些才成。

几个月后，我们的早饭被用旧金属油桶盛着送到院子里，然后我们用简易的金属碗自己盛饭。我们每人发了一袋被叫做咖啡的饮料，实际上只是一种烤糊了的玉米粉而已，我们可以用热水冲着喝。后来，当我们能进入院子为自己打饭的时候，我会在院子里绕着院子散散步，直到早饭送到为止。

像在监狱里的一切事物一样，伙食是有区别的。一般来说，有色人和印度人的伙食比非洲人的伙食好，不过差别并不大。当局总是说我们的伙食是均衡的，也的确是均衡的——介于不可口与不能吃之间。伙食是我们许多次抗议的原因，但是，在那些日子里，狱警说："伙计，你们卡非尔人在监狱里吃的比在家中吃的都好！"

在吃过早饭后，狱警吆吆喝喝地说："Val in! Val in!"（集合！集合！）我们都要站在牢房外面接受检查。监狱当局要求每个囚犯，必须把卡其布夹克上的三个扣子扣好，当狱警走过时还要求脱帽。如果我们的扣子没扣、没脱帽或者牢房内部不整洁，我们就因违反了狱规而受到惩罚，不是被罚单独监禁就是不让吃饭。

检查过后，我们就在院子里砸石子，一直干到中午，中间也不休息。如果我们慢下来，狱警们就会喊着让我们加快速度。中午，监狱里会响起午饭的铃声，盛午餐的金属圆桶将被运进院子里。对于非洲人，午餐有煮玉米，即煮粗玉米粒。印度人和有色人的午餐则是玉米片，或玉米饭，这种玉米饭只不过是用一种磨过的玉米做成的粥。玉米片有时还给配上蔬菜，而我们的煮玉米则只能干啃。

我们午饭常领到一份 phuzamandla，意思是“健力饮”，是一种用玉米片加少许发酵粉做成的粉状物。它需要用水或牛奶冲起来喝，如果浓一点，味道还不错。但是监狱当局只给一点点儿，仅仅能改变一下水的颜色而已。我通常把我的那份省下来，直到积攒几天后，足够冲一碗地地道道的饮料才把它喝掉。如果当局发现你积攒饮料粉，就会把它没收，你也会受到惩处。

午饭后，我们一直工作到下午 4 点，当狱警们吹响刺耳的哨子的时候，我们要再一次排队报数和接受检查。然后，我们被允许有半小时的洗漱时间。我们的走廊头上的洗澡间里有两个海水淋浴喷头，一个咸水水龙头和三个用来洗澡的大电镀金属桶。没有热水，我们只能站在或蹲在桶里用咸水打打肥皂，洗掉一天的灰尘。当外面很冷的时候，用冷水洗澡不怎么舒服，但是我们洗得还是很开心。有时，我们边洗边唱，这样感觉水就不那么凉。在那些日子里，这是我们唯一能说话的时间。

正好 4 点 30 分，走廊头上会响起咚咚的敲门声，这意味着晚饭已经送来了，普通犯人给我们打饭，然后我们回到牢房里吃。我们还可以得到一份玉米片粥，有时，玉米片粥里面有少量的胡萝卜、卷心菜或是甜菜，但通常是少得可怜。我们一旦吃上一种蔬菜，通常是连续几周都吃同样的蔬菜，直到胡萝卜或卷心菜不再新鲜或者发霉，我们彻底吃够为止。每隔一天，我们的粥里面会有一小块肉，那块肉通常大部分是软骨。

晚餐时，有色人囚犯和印度人囚犯每人有一块面包（通常叫 katkop，即“猫头”，因面包的形状而得名）和一块人造黄油。一般认为，非洲人不喜欢吃面包，因为面包是“欧洲食品”。

通常，我们得到的食物比本来规定的那点不多的食物还要少，这是因为伙房里盛行克扣之风。伙夫都是普通犯人，他们往往把最好的食物留给自己吃或给他们的朋友吃。他们还常常把最可口的放在一边留给狱警，用来换取狱警的好感或优待。

晚上 8 点，值夜班的狱警会把自己锁在走廊里与我们在一起，钥匙则通过门上的小孔递给外面的狱警。然后，值班狱警就在走廊里来回走动，命令我们睡觉。在罗本岛上从来不喊着让关灯，因为我们牢房里的带网罩的灯泡白天黑夜都亮着。后来，那些攻读更高学位的囚犯被允许学习到晚上 10 点或 11 点。

走廊上的传音效果不错，所以我们睡觉前总是设法相互聊几句。但是，如果我们能十分清晰地听见低声说话，那么狱警也就能听见，他就会喊“Stilte，in die gang!”（走廊里不准说话！）狱警一般会来回走上几趟，以确定我们不再读书或写字。几个月后，我们沿着走廊撒上了一些沙子。这样，我们就能听见狱警的脚步声，也就有停止说话或隐藏非法物品的时间。只有当我们都静下来的时候，他才在走廊头上的小办公室里坐下来，一直瞌睡到第二天早上。

62...

一天上午，我与布拉姆和乔尔见面后不几天，我们被带到了监狱办公室。这里距离我们的牢房大约有四分之一英里远，是个与我们的监狱十分相似的石结构建筑物。一到了那里，我们就排着队按手印，这是监狱里的惯例。但是，在等候的时候，我看见一旁有一个拿相机的狱警。按过手印后，狱警吩咐我们排队照相。我示意我的同事不要动，并向狱警说：“我希望你出示监狱管理局局长让我们照相的文件。’根据规定，给囚犯照相要有授权。

熟悉规定总是有好处的，因为狱警也常常不知道这些规定。当你知道的比他们知道的多时，他们就多少有点儿胆怯。狱警对我的要求感到吃惊，但却不能提供任何说明或书面文件。他威胁说，如果我们不同意照相，他将控告我们。但是我说，如果没有授权，就不能为我们照相，这就是问题所在。

作为一条原则，我们反对在监狱里给我们照相，因为，身为囚犯照相是不体面的。但是，有一次我确实同意照了一张相，那是我在罗本岛上同意照的唯一一张相片。

几周后的一个上午，狱警队队长不是发给我们铁锤在院子里砸石子，而是为我们每人发了针、线和一堆破囚衣，让我们缝补。但是，我们发现这些衣服多数已破得无法缝补，因而认为这是一个不好干的活儿。我们不知道为什么给我们换了工作。大约到了上午 11 点钟，前门开了，我们发现监狱长带着两个穿西装的人进了院子。监狱长说，这两位来访者，一个是记者，一个是摄影师，他们来自伦敦《每日电讯报》。他说话的语气，好像国际媒体的访问对我们来说将是常有的事。

尽管这两位是我们的第一批官方访问者，我们仍然对他们有所怀疑。首先，他们是在政府资助下来访问的；其次，我们知道《每日电讯报》是一份保守报纸，不可能同情我们的事业。我们十分清楚，国际社会对我们的处境十分关注，因此，政府很想证明我们没有受到虐待。

两位记者慢慢绕院子转了一圈，仔细对我们的情况进行了考察。我们低着头，一直集中精力地工作。他们转了一圈之后，一位狱警拽着我的肩膀说："曼德拉，来，你来谈谈。"在那些日子里，我常常代表狱友们讲话。监狱当局的规定很清楚，每个囚犯只允许代表自己讲话。这样做的目的是削弱组织的作用，分散集体的力量。我们对这一规定提出过异议，但是没有多大改善。当局不允许我们使用"我们"这样的词。不过在头几年，当监狱当局需要一个囚犯代表其他囚犯说话时，那个囚犯通常就是我。

我与那个名叫纽曼的记者谈了大约 20 分钟，直率地对监狱和利沃尼亚审判谈了我们的意见。他是一个很爽快的人，在我们的交谈就要结束的时候，他说想给我照张相。我不愿意照相，不过在这种场合下我却有些宽容。因为我知道，照片将只在国外发表，只要文章稍显友好，也可能对我们的事业有所帮助。我告诉他，如果西苏陆先生和我一起照，我将同意。那张照片表现出我们两个人在院子里谈话的场景，到底谈的是什么内容我已记不清楚了。不过，我后来一直也没看到过或听到过那篇文章。当狱警们把旧囚衣拿走并把锤子还给我们的时候，那两位记者几乎已经不见影儿了。

在最初的几个月中，来自《每日电讯报》的两个记者是小批量来访者中的第一批。当利沃尼亚审判的阴影仍然在人民心中产生共鸣的时候，政府急于向国际社会显示我们得到了公正的对待。媒体上一直有关于岛上的非人类状况和我们如何被殴打、被折磨的报道。这些报道使政府十分尴尬，为了进行反击，他们让许多局外人士来岛上考察，用意是反驳来自舆论的批评。

一名英国律师对我们进行了简短的访谈，这位律师曾经在国际法庭为纳米比亚独立作过辩护。他访谈后不久我们就被告之，美国律师协会的代表海宁先生将来看望我们。当时，整个非洲对美国人还有些新奇感，我很想与这样一个令人敬畏的律师组织的代表见面。

在海宁先生来访的那天，我们被召集到院子里。他是在监狱管理局局长斯特恩将军陪同下来到罗本岛的。斯特恩很少在罗本岛上露面，所以他的露面在监狱事务中是一件不寻常的事。他是一个举止高雅、处事老练的人。他总是穿着质地优良、裁剪时髦的衣服。他对人客气，称我们“先生”，甚至脱帽向我们致意，这在监狱里是绝无仅有的事情。但是，斯特恩将军是用忽视而不是用权势来对付我们，对岛上所发生的事情视而不见。他不经常露面，使残酷无情的监狱官员们更胆大妄为，想怎么干就怎么干。这位将军以最和善的态度向我们的客人作了介绍，并对我们说：“先生们，请选出你的发言人。”许多囚犯喊出了我的名字。

斯特恩将军朝我点了点头，于是，我站起身来。与斯特恩将军相比，海宁先生则是一位粗壮、不修边幅的人。我感谢他对我们的访问，并说，他的来访使我们感到非常荣幸。然后，我概括地向当局提了我们的意见。我首先谈了一些核心的、最重要的问题。我说，我们是政治犯，不是刑事犯，我们应该受到政治犯的待遇。我一一详细列举了我们对伙食、居住条件和工作方面的不满。但是，当我在讲话的时候，海宁先生老是插话。当我说我们工作时间太长时，他说，作为犯人必须要工作，不然就会变得懒散。

当我开始说我们的牢房问题时，他突然插话说，美国监狱里的条件远比罗本岛的条件更差,相比之下,罗本岛算是天堂。他补充说，对我们的判决是公正的，没被判处死刑我们应该感到幸运，因为按罪过可能该判死刑。

海宁先生信口胡言，我们中的有些人因此认为他一点儿也不稳重。他说话的口音，在我看来似乎是一种噪音，并且，他说话时特别喜欢吐唾沫，我们过去谁也没见过如此“大雅”之举。

最后，我再也不愿听下去了，于是打断了他的讲话:“不，先生，你误解了我所说的话。”海宁生气地说我是在顶撞他，而斯特恩将军则只是在一旁一边观察一边听，没有发表任何看法。在这种情况下，大家很难保持冷静，纷纷对海宁先生的话表示不满。大家气愤地说，根本不应该让他来看我们。正常情况下，任何一种访问都会使我们感到高兴，但是，海宁先生的访问却使我们感到沮丧。或许，这正是当局所希望的。与一个倾向如此明显、知识如此贫乏的人会见是令人不愉快的。海宁最后连“再见”都没说就扭头走了，我们对此一点都不感到遗憾。

随后的几年中，我们经常议论起海宁先生，我们许多人都模仿他说话的方式进行取乐。我再也没有听见过他的消息，他当然也不会在罗本岛上为美国律师协会赢得任何朋友。

63...

在狱中，所有的囚犯都被当局划分成 A、B、C、D 四类当中的一类。A 类为最高级别，享受最好的待遇；D 类是最低的级别，享受最差的待遇。一切政治犯，即被当局称作“治安犯”的犯人，自然被划归为 D 类。与这些类别划分有关的待遇包括探视、书信、学习和购买日用品的机会，所有这一切对每个犯人的生活来说都是必需的东西。一个政治犯一般要花几年的时间才能从 D 类升为 C 类。

我们对这种分类方法十分反感，因为这样的分类是不道德的、有辱人格的。它不仅对普通犯人是一种打击，而且对政治犯也是一种特别的打击手段。我们要求，所有的政治犯应该被划成一类。尽管我们对这种划分提出了抗议，但是我们不能忽视的一点就是，这种划分在监狱生活中是无法变更的。如果你抗议作为一名 D 类囚犯每 6 个月只能收到一封信，监狱当局就会说：改进你的行为，成为一个 C 类囚犯后，你每 6 个月就能收到两封信。如果你抱怨吃不饱，监狱当局就会提醒你，如果你是一个 A 类囚犯，你就能从监狱外得到钱，那样，你就可以在监狱的糖果店内购买额外的食物。即使是一位自由战士，能购买日用品和书籍也是大有益处的。

这种分类一般与囚犯的刑期有关。如果你被判 8 年监禁，你一般会在头两年被划为 D 类，随后两年被划为 C 类，再后两年被划为 B 类，最后两年被划为 A 类。但是，监狱当局把这种分类作为对付政治犯的一种武器，他们往往以降低我们的类别相威胁，借此来控制我们的行为。

尽管我被带到罗本岛以前就已经被关押了近两年，但是，我来到罗本岛之后仍然被划为 D 类。虽然我也希望得到高一级类别的权利，但是我却拒绝在行为方面让步。最快的升级办法是听话、不抱怨。“我说，曼德拉，你是个爱找麻烦的人，”狱警们会说，“你将终身被划为 D 类。”

囚犯每 6 个月被召集到监狱委员会面前评估一次级别。监狱委员会有意以监狱规定的名义对我们的行为进行评价，但是，我们发现这种评分与其说是一种行为评分，倒不如说是一种政治评判。在我第一次与监狱委员会见面期间，委员会的官员们询问了我有关非洲人国民大会和我的信仰问题。尽管这与分类没有什么关系，但是我仍然耐心地予以回答，并试图以此感化他们，使他们也接受我们的信仰。这一次还算是把我们当人看待，但这是不多见的，我也是第一次作出了响应。后来我发现，这仅仅是当局从我们身上收集情报的一种办法，我反而无意之中中了他们的圈套。随后不久，我们一致认为不应该与监狱委员会讨论政治问题。

作为一名 D 类囚犯，监狱当局只允许我每 6 个月有一次被探视的机会，只能写一封信和收一封信。我认为，这是监狱系统最不道德的规定之一。与家人沟通是一种人权，不应受到监狱系统人为分类的限制。但是，这却是监狱生活中的一个事实。

探视和书信仅限于“直系”亲属，我们发现，这个限制不仅是令人讨厌的，而且也是一种种族歧视。非洲人直系亲属的概念与欧洲人或西方人的直系亲属概念大不相同。我们的家庭结构更大，更具有包容性，任何来自一个共同祖先的后代都被视为同一家庭的组成部分。

在监狱里，比来自家中的坏消息还要坏的事情莫过于根本就没有家人的消息，思念家人的不幸和悲伤比实际上的忧伤和失望更令人难以承受。我们宁愿收到一封写着坏消息的信，也不愿意连信都收不到。

更有甚者，这个令人痛苦的限制也被当局滥用了。期待来信的心情是非常迫切的。每月有一次通知来信的机会，有时 6 个月过去了，但一封信也没有。虽然 6 个月允许收一封信，但是 6 个月却没有收到一封信，这是一个更大的打击。谁不想知道自己的夫人和孩子们、母亲和姊妹们发生了什么事情？当我接不到信的时候，我感觉心情像大卡鲁高原一样干旱和荒芜。有时，当局还常常恶意扣压信函。我不会忘记狱警们说的话："曼德拉，我们收到了给你寄来的一封信，但是，我们不能给你。"他们不说明为什么，也不告诉你信是谁寄来的。这时,要完全靠自我约束,不能为这样的事情发火。后来，我通过适当的渠道提出了抗议，有时还真能要回自己的信。

当真的有书信寄来的时候，收到这些书信简直可以说是如获至宝。一封信就像夏天的甘霖，甚至能使沙漠变成绿洲。当当局递给我一封信的时候，我不会急不可待地冲上前去，一把把它接过来。尽管我渴望立即把它拆开并当场展读，但是我不想让当局因看到我那急切的样子而感到满足，而是拿着信慢慢地回到牢房，似乎在展读家书之前还有许多事要做一般。

在头几个月里，我收到了一封温妮的来信，但是，信却被当局作了审查和删节，除了问候之外几乎什么内容也看不清。岛上的审查人员竟然用墨水把不允许读的段落全部涂掉，但是，当他们发现我们能把涂在信上的墨水清洗掉从而看清墨水下面的内容时，他们又改变了删节方式。他们用刀片把要删节的内容裁下来，由于多数信反正两面都写了字，因此其反面上的内容也往往被剪掉。看来，他们巴不得把信弄成碎片。对信笺的审查和删节往往延误信的分发时间，因为有的狱警文化水平不怎么高，所以审查、删节一封信可能要用一个月的时间。我们发出的信也要经过审查和删节，常常与收到的信一样，被剪得乱七八糟。

8 月末，我来到罗本岛还不到三个月，当局告诉我，第二天将有人来探视，但却不告诉我来探视的人是谁。瓦尔特也被告知有人要来探视。我猜想、我希望、我期待、我相信——探望者会是温妮和阿尔博提娜。

自从温妮得知我们被关进罗本岛监狱的时刻开始，她一直都在设法来岛上探视。作为一个身背禁止处罚的人，她必须经司法部特许才能来罗本岛，因为从法律上说，她与我联系是不被允许的。

即使得到了当局的批准，来罗本岛探视也不是一件容易的事。探视时间最多不能超过 30 分钟，政治犯则不允许与来探视的人有任何直接接触，但探视人与囚犯却在同一个房间里见面。

当局似乎从不提前安排探视。不定哪一天，他们与你的夫人取得联系，并说："明天你被允许探视你的丈夫。"这是非常不方便的，常常使探视无法进行，如果某一亲属提前计划到狱中探视，当局有时会故意拖延时间，直到飞机起飞后才批准。由于多数囚犯的家都在离开普地区很远的地方，并且没有多少钱，所以常常无法到罗本岛探视。有的人来自贫穷的家庭，可以说多年甚至根本就见不到自己的妻子。我认识一个人，他在罗本岛上待了十几年，一次也没有人来探视过。

非直接接触探视室很狭窄，而且没有窗子。囚犯这边是一个只有 5 平方米的房间，通过一个小方块玻璃与另一边具有相等面积的房间相望。一个人坐在椅子上，通过厚厚的、模糊不清的玻璃看着对方，并通过打在玻璃上的小孔与对方交流，因此，只有大声说话才能使对方听清。后来，当局在玻璃前安装了麦克风和喇叭，效果稍有改善。

瓦尔特和我被叫到探视室，并在室内的一个角落坐下来。我心情有点不安地在那里等待着。忽然，窗子的另一端出现了温妮那可爱的面孔。为了探监，温妮总是把自己刻意打扮一番，设法穿得新一点、优雅一点。不能与我的夫人直接接触，不能温情地与她说说话，不能与她单独在一起，这是一种极大的失望。在我们看不起的人的眼皮子底下，我们不得不在保持一定距离的条件下进行接触。

我立即看出，温妮精神压力很大。看到我在这样的处境下，她认为我一定是一直在受苦。仅仅来到这个岛上本身就够苦的了，另外还要忍受监狱中严厉的规矩、狱警们的侮辱和无人格可言的待遇。

我随后了解到，温妮近期又遭到了一次禁止处罚，并且由于被禁止而失去了在儿童福利办公室的工作。在她被解雇之前，她的办公室也遭到警察的搜查。当局一直认为，她正在秘密与我保持联系。温妮很喜欢她的工作，一天到晚忙于为孤婴寻找养父养母、为没有工作的人找工作、为没有医疗保险的人提供医疗帮助。我夫人的被禁止和烦恼使我感到极大的不安：我不能照顾她和孩子们，而政府正在为她自己照顾自己制造麻烦。我的无能为力使我感到十分苦恼。

我们的谈话一开始就很尴尬，她身后有两名狱警，我身后有三名狱警，这使得我们的谈话难以开场。狱警的作用不仅仅是对我们进行监视，而且也是一种恐吓。当局规定，谈话必须用英语或南非荷兰语，用非洲人的语言进行谈话是被禁止的，谈话的内容也仅限于家庭方面的事情。任何离开家庭的话题和与政治沾边的字眼都将意味着探视的终止。如果谈到狱警不熟悉的名字，他们会要求我们停止谈话，并问该人与我们是什么关系。这种情况经常发生，因为狱警一般不熟悉非洲人姓名的多样性和特点。有时不得不浪费几分钟宝贵的探视时间向狱警解释族系的不同分支，令人感到无奈和讨厌。但是，他们的无知也给我们带来了有利的条件：我们可以为我们想谈的人起一个假名，谎称我们谈的人是我们家中的成员。

第一次探视是非常重要的，因为我知道温妮对我的健康感到不安：她听说我的身体被摧垮了。我立即告诉她我的身体很好，她也能看出我的身体是健康的，只不过是比以前瘦了一点儿而已。她也瘦了，我认为这是由于精神紧张而造成的。当温妮在探视中表现出发愁或紧张的样子时，我会敦促她适当增加体重。她总是想减肥，而我则总是不让她减肥。我逐个询问了孩子们的情况，以及我母亲、姊妹和温妮家的情况。

忽然，我听见身后的狱警说："时间到了！时间到了！"我用怀疑的目光回头看了他一眼，意思是不可能已经用完了半小时的探视时间。但是，事实上他是对的，探视总是感觉一眨眼就过去了。在我被监禁的岁月中，每当狱警喊叫"时间到了"的时候我总是为时间过得快而感到诧异。温妮和我只好从椅子上站起来，并匆匆告别。温妮走后，我总是感觉恋恋不舍，很想保持她在我身边的那种感觉。当然，我不会让狱警们看出这种情感。当我走回牢房的时候，我回味着我们所谈的话。随后的几天、几周甚至几个月中，我会一次又一次地回想起探视时的情景。我知道，至少 6 个月内我不能再次见到我的夫人。事实上，温妮在随后的两年中一直没能再来监狱探视我。

64...

元月初的一个上午，当我们在院子里开始工作之前排着队报数的时候，当局不是让我们步行到外面去，而是吩咐我们上了一辆闷罐车。这是我们第一次离开我们的监禁区。没有人告诉我们要到哪里去，但是，我知道我们将被带到什么地方。几分钟后，我们来到了一个地方，当我 1962 年第一次来到这个岛上的时候曾经见过的地方，它就是石灰石料场。

石灰石料场看上去就像是山脚下挖出来的一个巨大的白石坑。从悬崖到山脚下，到处是一片令人目眩的白色。石灰石料场的顶部长满了青草和棕榈树，山脚下则是用旧金属板搭成的几间棚子。

监狱长韦塞尔斯上校接见了我们，他是一个相当缺乏个性的人，只关心严格坚持监狱里的规定。我们以立正姿势站在那里，他告诉我们，我们要干的这个工作将持续 6 个月，然后，他将在我们服刑期间让我们干一些比较轻的活儿。然而，他定的时间后来大大延长了，我们在这个石灰石料场一干就是 13 年。

监狱长讲完话后，狱警们给我们发了镐头和铁锹，并告诉我们挖石灰石的基本知识。挖石灰石可不是一项简单的工作，第一天，我们对使用新工具不怎么熟练，挖的石灰石很少。石灰石本身是贝壳和珊瑚的钙化积淀物，比较松软，被埋在岩石层中，必须用镐头挖开岩石层，然后再用铁锹把石灰石挖出来。这项工作远比在院子里干的那个差事要费力得多，所以在石灰石料场干了几天之后，我们下午4点30分吃过晚饭就立即躺下睡觉。第二天早晨醒来的时候，我们感觉浑身疼痛、疲劳不堪。

当局从来没有说明为什么把我们从院子里转到石灰石料场去。他们可能仅仅是需要更多的石灰石以修建岛上的道路。不过，后来讨论这次工作变动时，我们推测，这是另一种加强纪律性的方法，同时表明，我们与在岛上石料场干活的普通囚犯没什么差别，像他们一样，我们也必须去赎罪。这样做的目的就是从精神上摧垮我们。

但是，在石灰石料场工作的头几周，在我们身上产生的效果却正好相反。尽管手上起了泡并流着血，但是，我们的精神却十分饱满。我更喜欢在外面的大自然中干活，因为在外面，能够看到草和树木，能够观察鸟儿在头顶上飞来飞去，能够感受从大海吹来的风。背朝着太阳浑身使劲令人感觉舒服，而堆起一堆堆石灰石也会令人产生某种成就感。

几天以来，我们都是步行到石灰石料场，而不是乘卡车，这本身也是一件令人兴奋的事情。在20分钟的步行过程中，我们更好地了解了罗本岛，可以看见岛上的灌木丛和高大的树木、闻一闻桉树的芳香，偶尔还能看到跳羚和捻角羚在远处吃草。尽管有的人认为步行是一种苦差事，但我却不这样认为。

尽管在石灰石料场工作说明我们与其他囚犯没有什么区别，但是，当局仍然像对待曾经在这个岛上居住过的麻风病人一样地对待我们。有时，我们可以看见一伙普通犯人在路边干活，看管他们的狱警会吩咐他们躲进灌木丛。这样，当我们从旁边走过的时候，他们就不会看见我们，似乎仅仅看见我们就会影响他们的纪律。有时，通过眼睛的余光，我们能看见某个囚犯举起拳头向我们行非洲人国民大会礼。

那条泥土路在石灰石料场附近分开，向右是通往普通犯人干活的石料场。这个十字路口后来成为我们与普通囚犯沟通的重要地点。在岔路口处，我们可以在灌木丛中看见一幢白色小屋，罗伯特·索布克韦就住在那里。这座小房子是几年前为一位黑人狱警建造的，现在只有索布克韦一个人住在那里。那是一小块灌木丛生的土地，除了站在房子前面的一个狱警，谁也不会知道有别人住在那里。

索布克韦的刑期于 1963 年期满，但是，按照 1963 年“普通法修正案”中被大家称作“索布克韦条款”的规定，司法部部长不经控告就可以对政治犯进行无限期的关押。他们对鲍勃也是这样处理的。6 年来，索布克韦在岛上一直过着这种半关押式的生活。他是一个失去了自由的自由人。有时，我们能在花园里看见他，但也仅仅是看一眼而已。

上午到达后，我们从石灰石料场上的锌皮棚子里领到镐头、铁锹、锤子和独轮车，然后，在石灰石料场前集合，通常是三四个人一组。持自动武器的狱警站在高高的瞭望台上监视着我们。不带武器的狱警则在我们中间走来走去，督促我们更卖力地干活。“Gaan aan! Gaan aan!”（快点干！快点干！）他们像赶牲口一样喊着我们。

到 11 点，这时太阳高高地在空中照射着大地，我们开始感到筋疲力尽。此时，我已经是汗流浃背。狱警仍然催着我们更努力地干。“Nee，man! Kom aan! Kom aan!”（不，伙计！快点干！快点干！）他们不住地喊叫着。快到中午的时候，我们就停下来吃午饭。我们把石灰石装在独轮车上，然后运到卡车跟前，最后用卡车运走。

中午时分，哨声响了，这时我们会走到山脚下，在为我们遮蔽太阳的锌皮棚子下坐在极为简陋的座位上准备吃午饭。狱警们则坐在有桌子和板凳的大锌皮棚子里用餐。有人会把盛煮玉米的圆桶送到我们的旁边。当我们吃饭的时候，数百只海鸥尖叫着不住地在我们头顶上盘旋、俯冲，一次准确的俯冲有时会糟蹋掉一个人的午饭。

我们一直干到下午4点钟，这时，我们就把挖出的石灰石运到在石灰石料场附近等候的卡车上。一天下来，我们的脸上和身上沾满了白色的粉尘，要不是汗水已经把部分粉尘冲掉，我们看上去肯定就像一个个白色的小鬼。当回到牢房的时候，我们就在凉水中擦洗一下，身上的粉尘似乎怎么也不能完全洗干净。

在石料场，比热更厉害的是光线。我们的脊背有衬衣遮挡太阳，但太阳的光线却通过石灰石折射到我们的眼睛上。炫目的光线和石灰石粉尘对眼睛的伤害使我们无法睁眼。我们的双眼不停地流泪，必须老是眯缝着才行。每天工作过后，我们要花很长时间才能使眼睛恢复到正常状态。

在石灰石料场工作几天后，我们正式向当局提出了戴太阳镜的要求。当局拒绝了我们的要求，这是意料当中的事情，因为当局连阅读眼镜也不让我们戴。我先前对监狱长说过，允许我们读书但却又不让我们戴眼镜读书是没有道理的。

后来，我们一次又一次地要求戴太阳镜，几乎用了三年的时间才争取到了戴太阳镜的权利。当时，幸亏一位有同情心的医生说，为了保护我们的视力，戴眼镜是必要的，当局才最终同意我们戴太阳镜。就是这样，我们也必须自己花钱买太阳镜。

对于我们来说，这种斗争，其中包括争取太阳镜、争取长裤子、争取学习权利和争取伙食平等的斗争，是我们在监狱外长期进行斗争的必然结果。为改善监狱中的生活条件而进行的斗争，本身就是反对种族歧视的一部分。从这个意义上说，这些斗争是完全一样的。我们在哪里看到不公平，就在哪里进行斗争，不管这种不公平是大是小，我们反对不公平，以保留我们自己的人性。

我们开始在石灰石料场工作不久，一伙B区的其他著名政治犯也加入了我们的劳动队伍。有几位是民族长矛军成员，他们是在1964年7月被逮捕的。他们被指控犯有50多起破坏活动，这次审判被称作“小利沃尼亚审判”。这些人包括：麦克·马哈拉基，他是南非共产党的成员，在斗争中头脑最为敏锐；拉鲁·奇巴，他是民族长矛军最高司令部的成员，并且是一位不屈不挠的同志，他的这一伟大优点在监狱里得到了证实。维尔顿·穆夸毅，他是叛国审判的涉案人员之一，在1960年政府宣布紧急状态的混乱期间，他因为错误地在别人引导下继续在大街上行走而被逮捕。他秘密离开过南非，接受了军事训练，在利沃尼亚审判之后，他成为民族长矛军的司令员。艾迪·丹尼尔斯也加入了我们的行列，他是自由党的有色人，被指控参与了非洲抵抗运动组织并进行破坏活动，该组织是由自由党党员组成的一个破坏活动小组。在监狱里，艾迪成为我最伟大的朋友之一。

为了平衡这些新政治联盟的影响，监狱当局也在我们这个监禁区掺杂了一小部分普通犯人。这些人是不知改悔的罪犯，被指控犯有杀人、强奸和暴力抢劫。他们是罗本岛上臭名昭著的罪犯帮伙，不是“大五帮”（Big Fives）就是“二八帮”（Twenty-Eights），他们专门恐吓别的囚犯。这些人体格健壮、粗暴无礼，脸上大多都有械斗时留下的伤疤。在这些帮派成员中，械斗是常有的事情。他们被派到我们监禁区的作用就是寻衅滋事，他们仗势欺负我们，拿我们的食物，不让我们开展政治讨论。其中一人名叫博加特，用的就是美国硬汉电影演员的名字。他的牢房与瓦尔特的牢房对着门，瓦尔特曾经抱怨说，他每天早晨都索要食物，瓦尔特怕他，不敢不给他。

犯罪帮伙在石灰石料场内另外合伙干活，不与我们在一起。一天，他们开始唱起了一首像劳动号子的歌。实际上，那是一首著名的歌曲，但是，他们换上了自己编的词：“Benifunani eRivonia？”意思是：“你们要在利沃尼亚干什么？”第二句歌词似乎是：“你们认为你们将成为政府？”他们起劲地唱，歌声中带有嘲笑的意思。他们显然是受到了狱警的鼓动，希望通过这首歌曲激怒我们。

尽管我们中有一些头脑发热的人想与他们翻脸，但是，我们还是决定用以牙还牙的方式与他们斗争。我们当中有些比他们唱得好的歌手，我们凑在一起，琢磨着我们应该唱什么歌对付他们。几分钟之后，我们就唱起了《斯蒂迈勒》，这是一首赞扬从南罗得西亚向南奔驰的一辆列车的歌曲。《斯蒂迈勒》不是一首政治歌曲，但却含有政治意味，因为它暗示游击队战士乘着火车南下去打南非军。

连续几周，我们两伙人一边干活，一边对唱，并不时增加曲调、变更歌词。我们的节目增加了，并且公开唱起了政治歌曲，如游击队战士之歌——《阿玛卓尼》，歌名是一个废弃了的英文俚语，意思是歌颂游击队战士约翰尼；《措措拉兹》，这首歌曲把斗争比喻成即将到来的列车（如果重复这个歌名，听起来就像列车行驶的声音）。我们还唱了一首有关《自由宪章》的歌，而另一首是关于特兰斯凯的歌曲，其歌词大意是："有两条道路，一条是马叹兹玛之路，一条是曼德拉之路，试问您将走哪条路？"

歌唱使工作变得轻松了一些。有几个人嗓子特别好，我感觉像是放下了镐头，仅仅是在那里听他们歌唱。罪犯帮伙不是我们的对手，当我们继续歌唱的时候，他们很快就变成了哑巴。但是，有一位狱警精通科萨语，懂得我们所唱的内容。他很快命令我们停止歌唱（也不准吹口哨），从那天起，我们又只好默默地工作。

我并不把罪犯帮伙看作敌人，而是把他们看作转化的对象。我们中间有个绰号叫"Joe My Baby"（我的孩子乔）的非政治犯——后来他加入了非洲人国民大会，在帮助我们向监狱内外传递材料方面发挥了重要作用。

有一天，我们听说博加特在石灰石料场遭到了一名狱警的殴打。我们没有亲眼看见，但是我们却看到了结果。他的脸上有伤，而且伤势很重。博加特在走廊里走到我的面前请求帮助，我立即接受了他的请求。

我们一直在寻找与当局对抗的方式，报告打人事件就是我们能够与监狱当局交涉的一种方式。在博加特被打前不久，我们得知一位名叫"甘亚"的阿扎尼亚泛非主义者大会会员也遭到了一位狱警的殴打。我以一名律师的身份致函监狱长，代表甘亚提出抗议。我被带到监狱长办公室，监狱官员们在那里接待了我。他们一致否认有打人事件发生，问我是怎么听说的。我坚持要求把殴打甘亚的狱警赶出罗本岛。他们拒绝了我的要求，说没有证明他打人的证据。但是，随后不久，那位打人的狱警还是被从岛上调走了。

这件事使我受到了鼓舞，所以，当博加特请求帮助的时候，我立即要求见监狱长。第二天，我又被叫到监狱长办公室，监狱长和蔼地告诉我，他们已经对案件进行了调查，打人的人也被解雇了。“那是违反规定的，”我说，“这个案子应当进行审讯。”

“不，”他说，“我们已经调查过所谓的受害人，他否认曾经遭到过殴打。”

“那是不可能的，”我说，“我昨天才与他谈过话。”

监狱长向一位中尉招了招手说：“你亲自去了解一下。”中尉把博加特带进办公室，他的脸上还绑着绷带。监狱长问他是否遭到过殴打。“没有，老板，”他轻声说，没有理会我正在瞪着他，“我从来没有遭到过殴打。”然后，他立即被带走了。

“好了，曼德拉，”监狱长说，“这个案子了结了。”监狱长因羞辱了我而感到非常得意。他显然为了让博加特撤诉而用额外的食物和香烟贿赂了他。从此之后，在接受案子之前，我要求当事人一定要提交签过字的书面委托书。

65...

1965年夏季的一天，我们发现早饭的粥上漂着闪光的肥肉，晚饭的半流质食物里也有大块大块的肉。第二天，有人还领到了新衬衣。石灰石料场的狱警们和我们监禁区的狱警们似乎对我们恭敬有加。对此，我们大家都有些怀疑，在监狱里，条件的改善不可能是无缘无故的。一天后，我们得知，国际红十字会官员将于第二天到岛上来。

这是一个重要的机会，他们比以前的任何探视者都重要。国际红十字会是一个负责任的、独立的组织，是西方国家和联合国关注的国际组织。监狱当局很尊重国际红十字会，我在这里用“尊重”这个词，其中当然也包含“害怕”的意思，因为当局只尊重他们害怕的人和组织。监狱当局对能够影响世界舆论的一切组织都不信任，不把他们当做合法的、忠诚相待的调查者，而是把他们视为能欺骗则欺骗的爱管闲事的人。避免国际舆论的谴责是当局的主要目的。

在那些年月，国际红十字会是唯一既能够倾听我们的抱怨意见又受我们爱戴的组织。这至关重要，因为当局不听我们的抱怨意见。按规定，当局应当提供了解我们的抱怨意见的正规程序。他们也的确提供了让我们反映意见的渠道，但不过是敷衍了事而已。每到礼拜六上午，狱警队长就进入我们的监禁区吆喝：“Klagtes en Versoeke! Klagtes en Versoeke!”（快提意见和要求！快提意见和要求！）我们中许多人排着队找狱警队长，因为几乎大家都有抱怨意见和要求。我们纷纷对伙食、囚服和探视等方面的问题提出了正式的意见。狱警队长对每个人点点头，只是说“Ja, ja”（是，是），然后就喊“下一个！”对我们所提的意见连记录都不记录。如果我们以我们组织的名义说话，狱警们会大声说：“这里不允许有非洲人国民大会或阿扎尼亚泛非主义者大会！Verstaan？（懂不懂）”

在国际红十字会官员来访问前不久，我们向监狱长递交了一份正式的意见书。当时，只允许我们用纸和铅笔写信。我们秘密在石灰石料场和厕所里相互征求意见，然后，综合成一份意见书。我们把意见书递交给我们的狱警队长。他不接受我们的意见书，并指责我们写这样的意见书是违反规定的。我们向国际红十字会提的意见之一就是监狱当局不听取我们的抱怨意见。

在国际红十字会组织来访的那天，我们被叫到监狱长办公室与国际红十字会的代表见面。那年，甚至随后的几年中，国际红十字会的代表一直是森恩先生，他在他的国家瑞典曾经是监狱管理局局长，后来移民到了罗得西亚。森恩有55岁左右，是一个沉默寡言却又有点神经质的人，对周围的环境似乎一点都不满意。

会见是在没有监视的情况下进行的，这与几乎所有的其他人访问和探视我们的情况有所不同。他要求听取我们的所有抱怨意见，并且听得很认真，还不住地记笔记。他十分客气，对我所告诉他的一切表示感谢。尽管如此，他的第一次访问还是使我们感到相当紧张。我们都不知道对方有什么目的。

我们对我们的服装十分不满，实话实说，我们不想穿短裤，希望有合适的衣服穿,其中包括短袜和内衣。当时,我们没有这些东西。我对我们的伙食、探视、通信、学习、早操、工作条件和狱警的工作作风都提了意见。我也提了一些我知道当局将不会予以满足的要求，例如，希望被转到离我们的家较近的监狱。

会谈后，森恩让我们在那里等候，他又会见了监狱长及其他访问团成员，我估计他把我们的意见告诉了监狱当局，并指出了他认为是合理的意见。森恩访问后不久，我们的服装确实得到了改善，当局给我们发了长裤子。但是，森恩无论如何算不上是一个进步人士；他在罗得西亚居住了几年后，似乎对种族歧视已经司空见惯。在我返回我的牢房之前，我又提醒我所提的关于非洲人吃面包的抱怨意见。森恩先生看上去似乎心神不安，并扫了那位监狱长一眼。“面包对你们的牙齿很不好，你知道吗，曼德拉？”森恩先生说，“玉米对你们更好些，可以使你的牙齿变得更结实。”

在后来的几年中，国际红十字会派了一些更开明的人士来访问，他们全心全意地为改善我们的条件进行斗争。国际红十字会在不太显眼但对我们却十分重要的方面也起到了关键的作用。他们经常向我们的家属提供资金，不然，他们就无力到岛上来探视我们。

被送到罗本岛之后，我们的支持者中有的担心当局会不允许我们学习。但是，到岛上几个月以后，当局宣布，要学习的人可以提出申请。我们多数人都交了申请。尽管是D类囚犯，我们也得到了许可。利沃尼亚审判后，政府感到很有信心，认为准许我们学习没有什么坏处。后来，他们为此而后悔不迭。读研究生是不允许的，但是，他们对我却网开一面，因为我在比勒陀利亚监狱时就已经开创了这个先例。

我们监禁区很少有人拥有学士学位，但多数都在学习大学课程。有相当一部分人没有高等学校毕业证书，他们选择进修课程，以便争取拿到高等学校毕业证书。有的人已经受过良好的教育，像戈万·姆贝基和内维尔·亚历山大，但是其他人还没有通过五级或六级考试。在几个月内，我们大家实际上都在学习这样那样的学位课程。每到夜晚，我们的牢房与其说是监狱，倒不如说是一个学习的大课堂。

但是，学习的权利受到了许多条件的限制。某些学科，如政治学或军事史，是被禁止的。多年来，当局不准我们接收我们家庭以外的资助，所以，我们这些穷囚犯很少有钱买书和交学费。因此，学习机会的多少取决于我们手中攥着的钱数。监狱当局也不允许我们把书借给别的囚犯，如果允许借阅，就会使我们身边较穷的狱友也能够有学习的机会。对于我们应不应该接受学习的权利一事，大家经常争吵。有的团结运动组织的成员起初认为，我们接受政府的免费学习材料会有损我们的政治形象。他们坚持认为，学习不应该是一种有条件的特许，而应当是一种不受限制的权利。尽管我接受这个观点，但是，我们不能因此而拒绝学习。作为一名自由战士和政治犯，我们有责任提高和加强我们自己，而学习是提高和加强我们自己的为数不多的方式之一。

监狱当局允许囚犯报考南非大学或速成学院，这两所学校都可以为学习者提供高等学校学历证书。就我的情况而言，在伦敦大学的资助下学习是一种祸福兼而有之的事情。一方面，我可以得到在南非阅读目录上没有的那种激励人奋发向上的书籍；另一方面，监狱当局必然把它们视为不适合学习的书籍，因此而禁止我学习。

一般而言，获得书籍也并非易事。你必须按照合同法，向某个南非图书馆提出申请。该图书馆将对你的申请进行审查，然后，通过邮局把书寄给你。但是,由于邮递系统不正常,罗本岛又比较遥远,再加上信件检查人员故意拖延时间，所以，当你拿到书的时候也就到了还书的日期。如果日期已过，狱警将会连看也不让你看就把书直接退回图书馆。正是由于邮递系统这种固有的特点，你很可能没收到书却收到过期罚款单。

除了书籍，我们还可以借阅学习所需要的杂志。当局对此特别严格，唯一能通过检查的杂志可能是一种供囚犯学习会计用的保险计算科学类季刊。但是，有一天，麦克 · 马哈拉基告诉一位同志，他正在学习经济学，想申请借一份《经济学人》。我们讥笑说，我们可能还需要一份《时代》周刊，因为《经济学人》也是一个新闻周刊。但是，麦克仅仅一笑说，监狱当局不会知道这些情况，他们只是从标题上判断书刊。不到一个月，我们就真的收到了《经济学人》，通过这本杂志，我们获得了我们渴望得到的新闻。但是，当局很快发觉了他们的疏忽，并停止让我们继续借阅。

一旦多数人都开始学习，我们就都抱怨连书桌、椅子这样起码的学习条件都没有。我向国际红十字会提出了这个意见。最后，监狱当局为每个牢房制作了一个可以站着学习的书桌，即一块从墙上伸出的、齐胸高的木板。

这不是我们所渴望得到的那种学习条件。在石灰石料场劳作一天之后，谁也不想站着在这样的书桌旁学习。我们中有许多人对这种书桌提出了抱怨意见，而凯西的意见最大，他告诉监狱长，站着学习的书桌不但是一种负担，而且由于书桌的坡度太大，书老是往下掉。监狱长突然来到凯西的牢房里查看，他要了一本书并用力把它放在凯西的书桌上，书没有动。他又向凯西要了一本书，把它放在第一本书的上面，书还是没有动。他放了四本书之后，转身对怯弱的凯西说："伙计，这些书桌没有问题。"然后，他走出了凯西的牢房。不过，六个月后当局发了慈悲，给我们每人发了一个三条腿的凳子，书桌的高度也降低了一些。

我向国际红十字会反映的另一个意见是狱警动不动就告我们的状。告某个囚犯的状就意味着狱警声称他违反了某项具体规定，不是被隔离关押就是不给饭吃，或丧失其他权利。狱警们一般不能随意告囚犯的状，因为，当一个囚犯被告了状，根据违反规定的程度，可以举行听证会，并且邀请开普敦地方法官出席。当时，监狱当局拒绝举行听证会。当我把这个问题反映给国际红十字会的时候，我自己也经历过这样的问题。但是，情况很快得到了改善。

在我来到岛上的第一年里，周末除了半小时的早操时间，我们必须一直待在牢房里。有一个礼拜六，在院子里做完操回到牢房后，我发现一个狱警在走廊头上的凳子上放了一份报纸。他对我们很友好，我猜测他并不是偶然把报纸丢在那里。

对政治犯来说，报纸比黄金或钻石都更宝贵，比渴望得到食物和香烟还迫切，可以说是罗本岛上最珍贵的违禁物品。新闻是斗争的思维原材料，当局绝对不允许我们得到新闻。我们渴望得到新闻，没有新闻，瓦尔特比我还要忧伤。监狱当局企图实行新闻封锁，他们不想让我们知道任何可能鼓舞我们士气或让我们相信外面的人们仍然牵挂着我们的事情。

我们把坚持及时了解国家的政治作为我们的职责，并为得到看报的权利而长期不懈地进行斗争。多少年来，我们想了许多弄到报纸的办法，但是，当时我们的办法并不那么高明。去石灰石料场的好处之一是狱警的三明治往往用报纸做包装，他们常常用完后把这些报纸当垃圾扔掉。有时我们从垃圾中偷偷把它们捡回来。我们设法转移狱警们的注意力，把捡回来的报纸藏在我们的衬衣底下。

设法弄到报纸的最可靠的办法之一就是行贿。这是我们为获取信息而经常采取的一种非道德手段，也是我能够容忍的唯一手段。狱警们似乎总是缺钱，他们的“贫困”变成了我们的机会。

当我们真的弄到一份报纸的时候，由于风险太大，我们不敢在狱友中直接传阅，因为囚犯拥有报纸是一种严重的违法行为。我们先让一个人阅读，通常是凯西，后来是麦克·马哈拉基。凯西负责传递消息，他为此想出了一个巧妙的办法。凯西先通读报纸，并把重大消息做成剪报，然后把剪报悄悄在我们中间进行传阅。我们每人再根据剪报写出摘要，然后再把摘要传递给大家。最后，我们再把摘要传递给普通犯人监禁区。当监狱当局特别警惕的时候，凯西或麦克就把报纸写成摘要，然后把报纸销毁。通常的方法是把它撕成碎片，然后扔进马桶里，因为狱警从来不检查马桶。

当我发现走廊头上的板凳上有报纸，我就迅速从牢房里出来，到走廊头上向两侧望一下，然后从板凳上拿起报纸并迅速地把它塞进我的衬衣底下。通常，我把报纸藏在我的牢房里的某个地方，直到睡觉时才拿出来看。但是，我就像一个在吃正餐前先吃布丁的孩子，恨不得立即从我的牢房里拿出报纸，了解上面的新闻。

我不知道阅读了多长时间，我的注意力全部集中在了那份报纸上，以至于没听见脚步声。忽然，一名狱警长官带着两名狱警出现在我的面前，我连把报纸藏在铺盖下面的时间都没有。可以说，我是当场被抓的。“曼德拉，”那位长官说，“我们告你拥有违禁物品，你要对此负责。”然后，两位狱警对我的牢房进行了彻底搜查，看是否还有别的违禁物品。

一两天内，一位地方法官被从开普敦请到了罗本岛，我被带到了监狱指挥部的一个房间里，这个房间将被临时用作岛上的法庭。在这种情况下，监狱当局总是喜欢从岛外请地方法官，因为他们知道，他们的案子是一个一目了然的案子。我不要求辩护，然后被判处三天的隔离关押，并且不给饭吃。

我并不认为我是中了那个往凳子上放报纸的狱警的圈套，尽管有的人这样猜测。在听证会上，监狱当局严加盘问我是如何拿到那份报纸的，我拒绝予以回答。如果我是中了圈套的话，监狱当局自然就会知道我是如何得到那份报纸的。

隔离牢房也属于我们那个监禁区，不过是在另一侧。尽管只是隔了一个院子，但是它却令人感觉十分遥远。在隔离关押期间，没有人做伴，不准做操，甚至连饭都不让吃：三天中一日三餐只有米汤（米汤仅仅是煮过米的水）。相比之下，我们的正常伙食——玉米片粥，就算得上盛宴了。

被隔离关押的第一天似乎是最痛苦的。因为习惯了正常饮食，对挨饿很不习惯。到了第二天，我发现自己多多少少对饿肚子有些适应，第三天根本没有感觉怎么饿就过去了。在日常生活中，这种对基本权利的剥夺对非洲人来说并不是什么稀罕事。我本人前些年在民族长矛军就曾经连续几天没有饭吃。

正如我已经说过的那样，我发现被隔离关押是监狱生活中最可怕的事情。没有结束，也没有开始，只有自己那颗寂寞的心。我的心开始胡思乱想：这只是一个梦，还是实实在在发生的事情？这颗心开始对任何事情都产生怀疑：我的决定是否正确？我的牺牲是否值得？在隔离关押期间，除了老是考虑这些事情之外，再无心思考虑别的事情。

但是，人的身体在适应环境方面具有很大的潜力。我发现，如果一个人的精神十分顽强，就是在身体经受考验的时候，他也能承受不能承受的极限。坚定的信仰是经受住挨饿的秘诀，即使是腹中无食，精神也仍然是饱满的。

在早期的岁月中，隔离关押变成了监狱当局的一种习惯性手段。我们常因小事受到指责，然后被罚以隔离关押。一个人可能因为斜视某个人而被剥夺了吃饭的权利，或者因为某个狱警走进牢房时没有站起来而被隔离关押。有些来自阿扎尼亚泛非主义者大会的囚犯经常嘲笑这些规定，为此，他们的许多时间不得不在隔离关押中度过。当局认为，隔离关押是对我们反抗和叛逆的最好的救治办法。

我第一次被隔离关押后不久，接着就又受到指控并第二次遭到了隔离关押。正如我们前面已经提到的那样，我们为了让当局知道我们的抱怨意见而遇到了许多困难。监狱天高皇帝远，当局认为可以无所顾忌地对我们置之不理。他们认为，如果他们对我们的意见充耳不闻，我们就会在受到挫折后屈服，岛外的人也会把我们忘掉。

有一天，我们正在石灰石料场干活，这时，监狱长来到了石料场进行视察，陪他一起来的还有一位我们不认识的人。我的一个同事低声对我说，他是监狱管理局的奥卡木博准将（他与比勒陀利亚地方监狱的那位曾在利沃尼亚审判中给予我们照顾的奥卡木博上校并非同一人），是我们监狱长的上司。当时，两个人站在远处注视着我们。

奥卡木博身材不高、体格健壮，他身穿一身西服，而没有着警装。通常情况下，他两年来岛上视察一次。他来岛上视察时，我们被吩咐立正站好，举着自己的监号牌站在铁栅门后面接受他的检阅。

我断定，奥卡木博的突然出现正是我们反映意见的好机会，因为只有他有能力解决我们所反映的问题。我放下手中的镐头，朝他们走去。狱警立即警觉起来，冲着我就走过来。我知道我是在违反规定，但是，我希望狱警们对我的行动感到吃惊而手足无措，因此就不会阻拦我。事实上也正是如此。

当我走到两位官员面前的时候，我们那位监狱长生硬地说："曼德拉，回到你干活的位置上去，没有人叫你。"我没有理会他，而是直接对奥卡木博说话。我之所以采取这样的特别行动，是因为监狱不理睬我们所提的意见。监狱长打断我的话说："曼德拉，我命令你立即回到你的工作岗位上去。"我回头从容不迫地对他说："我已经来到这里，我不想回去。"我希望奥卡木博能听我把话说完。但是，他冷冷地看了看我，然后回头对狱警说："让他老实点。"

当狱警把我带走的时候，我继续据理力争。“把他弄回牢房！”监狱长喊着。我又一次被起诉到法庭，不准辩护。这次对我的惩罚是隔离关押四天。虽然我在这方面已经有过教训，而且我也知道这条教训，但是，却由于走投无路而没有记住。尤其是在监狱里，没有人乐意听任自己的权威公开地遭到挑战。要接受我的要求，奥卡木博就不得不使他的下级难堪。监狱官员更喜欢私下提意见，要改变罗本岛的现状，最好的办法就是设法私下对监狱官员产生影响，而不是公开对他们施加这种影响。我有时因为对监狱官员太客气而遭到批评，但是，我愿以承受批评去换取我们生活条件的改善。

66...

在任何囚犯的生活中，最重要的人物不是司法部部长、监狱管理局局长，甚至也不是监狱长，而是负责其监禁区的狱警。如果你因为睡觉时感到寒冷而额外需要一条毯子，你也许可以向司法部部长提出要求，但是，你却不会得到任何回音。如果你向监狱管理局局长和监狱长提出这样的要求，监狱管理局局长就会说：“对不起，这不符合规定。”监狱长则会说：“如果我额外给你一条毯子，那么我就必须给每个囚犯发一条。”但是，如果你走到走廊内的那位狱警面前，你又与他关系比较好，他可能会什么话也不说，而立即到仓库里给你拿一条毯子。

我总是设法与我们监禁区的狱警和平相处，与他们对抗无异于自讨苦吃。作为犯人，老是与狱警为敌是没有道理的。设法教育所有的人，甚至包括我们的敌人，这是南非非洲人国民大会的一个方针。我们认为，所有的人甚至监狱里的狱警，都可以被改变，所以我们要尽最大的努力，设法让他们改变对我们的看法。

我们一般都能做到与狱警平等相待。如果一个狱警体谅我们，我们也会反过来对他温和一些。其实，并不是所有的狱警都是魔鬼。我从一开始就注意到，狱警中也有一些人主持公道。与狱警交朋友也不是一件容易事，因为他们一般都认为对一个黑人谦恭是没有必要的。由于与狱警搞好关系是有益的，我经常让某个人有选择地与某个狱警搞好关系。但是，很少有人愿意这样做。

在石灰石料场，有一个狱警似乎对我们很不友好。这很麻烦，因为我们要在石灰石料场讨论问题，如果狱警不允许我们说话，那就是一个很大的障碍。我要求一个同志与这位狱警搞好关系，以便使他不阻拦我们的谈话。这位狱警十分粗野，但是，他很快开始对那位囚犯有些收敛。有一天，这位狱警要那位囚犯的夹克，他要把夹克铺在草地上坐一下。尽管我知道我的那位同志不情愿，但是，我向他点头示意，还是让他把夹克给了狱警。

几天后，我们正在锌皮棚子底下吃午饭，这位狱警走了过来。他有一个多余的三明治，他把三明治放在我们附近的草地上说："给。"显然，这是他表示友好的一种方式。

这让我们进退两难。一方面，他拿我们不当人看待，如果拿了那个三明治，我认为将有损我们的人格。另一方面，我们在忍受饥饿，并且，拒绝他的表示对我们设法与其搞好关系的这位狱警就是一种羞辱。我能看得出，我们那位同志也很想要那个三明治。于是，我点头示意，让他把三明治收下。

这个策略起了作用，因为这位狱警不再对我们保持警惕，甚至开始问我们有关南非非洲人国民大会的事情。通常，如果一个人在监狱里工作，他可能早已经被政府的宣传清洗了大脑。他很可能认为我们是要把白人扔进大海里的恐怖主义分子和共产党人。但是，由于我们平和地向他解释过我们的非种族主义思想、希望得到的权利和重新分配财富的计划，他挠了挠头说："这他妈的似乎比民族主义更有道理。"

取得狱警们的同情则解决了我们在罗本岛上的一个最关键的问题，即传递信息。我们认为与F区和G区的同志们保持联系是我们的义务，F区和G区都是关押普通犯人的地方。我们抱定决心，在监狱内也要像在监狱外一样，继续加强我们的组织建设。如果，我们要想在提抗议和抱怨意见方面协调一致，那么，传递信息就是必不可少的。因为大量的囚犯都属于普通监禁区，F区和G区的人不但对外面的运动情况有更新的消息，而且对我们的朋友和家人所发生的新情况也比我们知道得多。

监禁区之间的相互联系是严重违反规定的。我们发现，有许多能绕开这种禁令的有效方法。给我们送饭的人都是来自普通监禁区的囚犯，头几个月，我们设法向他们悄悄地了解情况，在了解情况的同时，我们也让他们帮助传递消息。我们组建了一个秘密信息传递委员会，由凯西、麦克·马哈拉基、拉鲁·奇巴和其他几位同志组成，他们的任务就是组织这类传递信息的活动。

第一个方法是由凯西和麦克策划的。他们注意到，在我们去石灰石料场的路上，狱警经常乱扔空火柴盒。于是，他们就秘密收集空火柴盒。麦克设法对这些空火柴盒的底部进行伪装，并把写好的纸条藏在火柴盒的底部。拉鲁·奇巴曾经学过裁剪，因而会写一种蝇头小字的编码信息，他就把信息用这种小字写在改造过的火柴盒上。乔·基卡比也是一名民族长矛军战士，他当时与我们在一起。他负责在去石灰石料场的路上把这些火柴盒放在普通囚犯将要路过的那个十字路口上。通过给我们送饭的普通囚犯，我们就可以把信息传递给F区和G区的囚犯。F区和G区的人会指定人员在路上把火柴盒捡起来，信息就这样传递过去。我们获取信息也采取同样的办法，这种办法远远谈不上十分完善，有时下一场雨就可能使我们这种传递信息的办法泡了汤。因此，我们紧接着又研究出了更有效的办法。

我们发现，狱警有时候会放松警惕。一种机会是吃中午饭的时候和刚刚吃完饭之后。我们都是自己盛饭，于是我们想出了一个主意，让在伙房里工作的普通囚犯用塑料把信或纸条包好后放在盛饭的圆桶底下。我们回复消息也采用同样的办法，用同一块塑料把纸条包起来，并把它藏在准备送回伙房洗刷的盘子底下。我们努力制造混乱，故意用剩饭把盘子搞得一塌糊涂。狱警甚至对此颇为不满，但是，他们从来就不会自找麻烦去查个究竟。

我们的卫生间与隔离关押区相邻，普通犯人被判隔离后常常被关押在那里。我们与他们使用同一个卫生间，但是，我们使用的时间与他们使用的时间不同。麦克想办法把纸条包在塑料布里，然后把它藏在便盆的内沿下面。我们鼓励被关押在普通犯人区的同志故意违反规定，以便顺理成章地受到隔离关押。这样，他们就可以把纸条拿走，并反馈信息。狱警绝不会自找麻烦去搜查便盆。

为了万一我们写的纸条被当局发现也不让他们看懂所写的内容，我们还研究出了各种不容易被破译的书写方式。一种办法是用牛奶书写。牛奶干得极快，并且干后看上去没有字迹。但是，如果把当局发给我们清理牢房用的消毒液涂在用牛奶书写过的纸上，字迹就会立即显现出来。不幸的是，我们并不是每天都有牛奶。如果我们当中有人被诊断为胃溃疡，他就可以得到牛奶，我们就用他的牛奶书写。

另一种办法是在卫生纸上写小字。卫生纸很小且容易藏匿，所以这种办法成为我们传递信息的最常用的方式之一。当监狱当局不止一次地发现这些用来传递信息的卫生纸的时候，他们便采取了特别的发放措施。戈万当时有病，不能到石灰石料场去干活，他被指派负责每天为每个囚犯分 8 张卫生纸。

在所有这些巧妙的办法中，效果最好也是最容易的办法是在监狱医院里传递信息。岛上有一座医院，当我们在那里住院的时候，医院就无法把我们同普通囚犯分开。有时，甚至来自不同监禁区的囚犯也由同一伙狱警看管，F 区和 G 区的囚犯混杂在一起，相互交流有关政治组织、罢工、怠工以及所有监狱中存在的问题等信息。

与监狱外的联系一般通过两种方式进行：通过刑满离岛人员和与探视者接触。出狱的人可以把信藏在他们的衣物里或行李中。通过来探视的人传递信息危险性较大，因为探视者本身就担负着风险。当律师访问我们的时候，不允许狱警在房间里，所以我们有时把信交给律师，让他们带出去，因为律师不会遭到搜查。在这些会见中，我们有时也采取我们在利沃尼亚审判期间采取的书写方式传递信息。由于房间安装了窃听器，我们会说："请告诉……"然后停下来把下面的话写在纸上："O. T."——意思是奥利佛·塔博，"我们同意他关于削减……规模的计划"。然后再在纸上写出"全国执行委员会"。

通过藏在盛饭的圆桶里的一个用塑料布包裹着的纸条，我们得知，普通监禁区的囚犯将于1966年7月开始绝食，以抗议监狱里的恶劣条件。纸条写得不太清楚，我们不知道举行这次绝食的准确日子或明确目的。但是，对于囚犯以任何理由举行的任何抗议形式，我们都将给予支持。我们大家相互传递信息，决心在下一次开饭时就开始绝食，以表示我们对他们的支持。绝食当然只有一件事，那就是不吃饭。

由于信息传递不及时，普通监禁区的犯人可能一两天之后才知道我们参与了他们举行的绝食行动。但是，我们知道这个消息会使他们受到鼓舞。当局当然会告诉他们，我们并没有参加他们的绝食，而是在那边美餐。其实，这是当局惯用的伎俩。在一场危机中，当局必然会发动假情报攻势，挑动一个监禁区去反对另一个监禁区。在这种情况下，南非非洲人国民大会往往一致地支持抗议行动，而某些阿扎尼亚泛非主义者大会的人有时却反其道而行之。

在我们进行绝食的第一天，我们都拒绝打饭。第二天，我们发现我们的伙食加大了分量，并且，玉米片粥里面加了更多的蔬菜。第三天，晚饭还增添了肉。第四天，玉米片粥里面不但有肥肉，还有大块大块的瘦肉，并且上面还有新鲜的炖蔬菜。饭菜着实让人垂涎欲滴。当我们拒绝这些食物的时候，狱警们在一旁窃喜不已。诱惑力是巨大的，但是，我们还是顶住了这种诱惑，哪怕把我们驱赶到特别累人的石灰石料场，我们也拒绝进食。我听说，主要监管区的人都被饿垮了，只能用独轮车把他们运离工地。

我被叫到监狱长办公室，与韦塞尔斯上校进行了交谈。这种交谈很微妙，正如我的狱友们都知道的那样，监狱当局想对我施加影响，让我取消绝食计划。韦塞尔斯是一个直来直去的人，他问我为什么要举行绝食行动。我告诉他，作为政治犯，我们把要求改善监狱里的生活条件作为反对种族隔离斗争的延伸。他说：“但是，你甚至并不知道F区和G区正在为什么举行绝食。”我说：“没关系，F区和G区的人都是我们的兄弟，我们的斗争是不可分离的。”他哼了一声，然后就让我回了牢房。

第二天，我们得知绝食还有另一个特别的原因：狱警们也在为他们的伙食而进行联合抵制，并拒绝去他们的自助餐厅就餐。他们并不是为支持我们而进行绝食，而是认为如果我们能绝食，他们为什么不能？他们要求改善伙食，提高生活条件。两种人联合起来绝食使监狱当局难于应对。后来，他们与狱警实现了和解，一两天后，我们听说监狱当局去了普通监禁区，请普通犯人派三名代表与他们谈判。普通犯人宣布取得了胜利，取消了绝食。一天之后，我们也停止了绝食。

那次绝食是岛上发生的第一次绝食，也是最成功的一次绝食。作为抗议的一种形式，绝食并没有多大的成功率，但是，其背后的基本道理总让我产生幻想。为了使绝食斗争取得成功，必须让监狱外面的人知道我们正在进行绝食，不然的话，囚犯只是被饿死而已，并没有人会知道。我们正在进行绝食的消息悄悄传到监狱外面，将通过报纸广泛传播，因此，支持我们的团体就会对当局施加压力。但是，尤其在早期的年代里，让监狱外面的人知道我们正在监狱内举行绝食几乎是不可能的。

我认为，绝食完全是一种消极行为。因为，我们已经遭受了巨大的痛苦，这些痛苦正在威胁着我们的身体健康，甚至正在危及我们的生命。我一直赞成开展更积极、更具战斗性的抗议活动，例如罢工、怠工或拒绝打扫卫生。开展这样的斗争，受伤害的是监狱当局，而不是我们自己。他们需要铺石子，我们就拒绝为他们砸石子；他们需要打扫院子，我们就拒绝为他们打扫院子。这类行为无疑会使他们感到恼怒和不安。我认为，他们看着我们绝食肯定会偷偷地高兴。因此，每当我们为开展绝食进行表决时，我总是投反对票。

但是，一旦要表决，我常常被推举为决策者。有时，我的同事甚至讥讽说我不想因此而丢掉一顿饭。主张绝食的人认为，绝食是一种传统上可以被接受的抗议形式。世界上著名的人物，如圣雄甘地，都曾经开展过绝食斗争。不过，一旦决定开展绝食斗争，我会全心全意地像那些发起者一样予以坚决支持。事实上，在绝食期间，我常常规劝那些不想遵守绝食决议的狱友支持开展绝食斗争。“马迪巴，我要吃饭，”我记得一位狱友这样说，“我不明白我们为什么绝食。我参加斗争已经很多年了。”

狱友们有时会偷偷摸摸地吃东西。我们通过一个简单的道理就可以知道：绝食斗争到了第二天时，就应该没有人再去厕所。但是，第二天早晨，你会看到有人去卫生间。我们内部有自己的情报系统，我们知道有的人经受不住饥饿的折磨。

67...

1966 年 7 月中旬进行绝食斗争期间，我夫人第二次来监狱探视。这次探视与第一次探视正好相隔两年，并且差一点儿就不能成行。自 1964 年第一次探视之后，温妮一直受着折磨。她的姊妹们和兄弟们都遭到了警察的迫害，当局企图禁止她家中的任何人与她在一起生活。有些情况我及时得到了消息，而多数情况我是后来才知道的。最坏不过的事情是当我从石灰石料场回来的时候得知这些消息，我常常发现关于温妮的消息被从报纸上剪下来整整齐齐地叠在一起，不知是哪位狱警把这些消息放在了我的床上。

当局竭尽其卑鄙之能事，使温妮来岛上的行程尽可能地令她感到不快。两年来，地方法官一直从中作梗，一次又一次地对她下达禁止令，不准她外出。我从律师那里听说，警察告诉温妮，她只有带通行证才能到罗本岛来探视我。温妮恰恰拒绝携带让她讨厌的通行证,因为她从 1950 年起就一直抗议政府对女人实行通行证的政策。当局显然是蓄意侮辱她。但是，她认为我们彼此见面比抵制当局的卑鄙阴谋更重要，因此，温妮只好同意携带通行证。我十分想念她，只有见到她我才放心，并且我们还有家庭方面的问题需要商量。

温妮每次来岛上探视的手续特别冗长而繁琐。不准她乘坐火车或汽车，只能乘飞机，使一趟探视的花费颇为昂贵。当局要求她必须从机场取道最近的路线奔赴凯里顿广场，开普敦警察局位于凯里顿广场附近，她必须在开普敦警察局办理各种文件。回去的路上，她还必须向开普敦警察局报告，并办理更多的手续。

通过剪报我还得知，有一次温妮正在穿衣的时候，有一位特警闯入了奥兰多西我的家中，温妮愤怒地作出反应，把特警推出了卧室。那位特警控告她袭警，于是我请我的朋友乔治·毕佐斯为她辩护。他巧妙地进行了周旋。我在报上看到了这个消息，有人甚至为温妮的好战与我开玩笑。他们说："马迪巴，在家中你并不是唯一的拳击手。"

第二次探视只有半小时，我们要商量的事情很多。温妮由于在开普敦遭到了无礼刁难而有点激动。事实上，警察只准她坐在摆渡的船舱里，船舱内的汽油味把她熏病了。她为了我而忍痛装成没事的样子，但是她看上去又瘦弱又憔悴。

我们商量了孩子的教育问题、我母亲的健康问题和我们的经济状况，而其中最重要的是泽尼和津泽的教育问题。温妮把两个女儿送进了一所专门为印度人办的学校，当局以学校招收“非洲学生”违反法律为借口设置障碍。我们只好作出困难的决定，把泽尼和津泽送到了斯威士兰的寄宿学校。这对温妮是一个打击，她把两个孩子看作最大的安慰。我为她们在那里可能会受到更好的教育而感到欣慰，但是，我也为温妮而感到不安。她将寂寞地孤身一个人生活，并且，我担心有人会假装成她的朋友算计她。如果发生这样的事，温妮会由于太轻信别人而容易上当。

为了绕开不准谈论自己家庭之外的事情的限制，我们使用了一些我们两人都清楚而狱警不明白的名字。如果我要知道温妮的真实情况，我会说：“你最近听说过恩古提亚纳吗？她过得怎样？”恩古提亚纳是温妮的一个氏族名，当局并不知道。然后，温妮就会告诉我，恩古提亚纳正在如何如何。如果狱警问恩古提亚纳是谁，我们会说她是一个表妹。如果我想了解南非非洲人国民大会的情况，我会问：“教堂怎么样？”温妮将以适当的语言告诉有关“教堂”的情况，然后我可能又问：“牧师们怎么样？有没有布道演说？”就这样，我们即兴地设法交流了大量的信息。

正如经常发生的情况那样，当狱警喊“时间到了”的时候，我总是觉得好像仅仅过了几分钟。我想隔着玻璃与她吻别，但是，最后还是控制住了自己。我总是等温妮先离去，这样，她就不会看到我被带走时的情景。我眼巴巴地看着她低声说再见，并尽量不让狱警看出她的伤痛。

温妮离开之后，我又重新回忆了探视时的一切详细情况：温妮穿的是什么衣服，她说了些什么话，我又说了些什么话。然后，我会把我们商量过的某些事情写信再次告诉她，并提醒她我是何等地关心她，我们的感情是如何不可动摇，她又是如何勇敢。我把我的信既当做情书，又当做对她唯一的情感支持。当时，这种支持正是她所需要的。

温妮探视后不久，我听说温妮因为到开普敦时没有到警察局报告，并拒绝回去时为警察局提供自己的地址而遭到了指控。她在渡口上已经提供了自己的地址，而回去的时候，警察却又要她提供。她拒绝再次提供自己的地址，说在这之前已经提供过了。

温妮遭到了逮捕，她受到审判并被判处一年监禁，但随之被保释出狱。一年的监禁只执行了四天，其余的时间都被保释监外执行。温妮因被判刑而最终丢掉了作为一名社会工作者的第二份工作，因此也就失去了她的主要生活收入。

政府千方百计地为我制造麻烦，因为认为我已经无力进行反抗。1966年年底，德兰士瓦法律协会在司法部部长的教唆下，作为利沃尼亚审判的一个结果而提议取消我的律师资格。显然，他们并没有因上次的失败而死心。早些时候，他们就曾借口我在反抗运动中被指控而企图取消我的律师资格。

我发现法律协会在我被指控后立即采取了行动，德兰士瓦律师协会是一个特别保守的组织，该组织寻求在他们认为我不能自我辩护的时候来惩处我。对于一个罗本岛上的囚犯，到法庭上为自己辩护并不是一件容易事。但是，我却恰恰准备这么去做。

我告诉监狱当局，我计划对德兰士瓦的做法提出抗议，并准备亲自出庭辩护。我告诉监狱里的官员，为了做好充分准备，我希望当局允许我不去石灰石料场工作，并且我还需要好用一点的桌子、椅子和台灯。我说，我需要去比勒陀利亚，到那里的法律图书馆去查资料。

我的策略就是用合法的要求打败监狱当局和法庭，当然我也知道，他们不会满足我的要求。当我要求去法院为自己辩护的时候，当局总是感到烦恼不已，因为伴随而来的公开露面，可以表明我仍然在为我一贯坚持的价值原则而战斗。

他们的第一反应是："曼德拉，你为什么不委托律师为你辩护？律师会正确处理你的案子，你为什么自己亲自出庭？"我继续坚持自己的要求，并向最高法庭注册主任申请得到我所需要的资料、文件和书籍。我还请求，我必须得到一个政府方面的证人名单和他们将要作的证言。

我收到了一封信，信中说，法庭在同意我的请求前，他们必须要知道我的辩护性质。这是不正常的。在审判前询问律师的辩护性质？没有一个辩护人在真正走上法庭前可以被迫说出自己的辩护性质。我给他回信说，我的辩护性质到我提交辩护资料的时候你就会明白，不到那个时候，我不能告诉你。

这是我与注册主任及政府检察官之间的分歧的开始，当时，注册主任就代表着法律协会。我没有放弃我的请求，但当局也同样不妥协：我没有被允许脱离石灰石料场的工作，我没有得到桌子和椅子，我更不可能去比勒陀利亚法律图书馆。

我继续与法律协会和注册主任交涉，他们对此继续予以拒绝。我交涉了几个月，写了许多封信，最后他们没有大张旗鼓，仅仅草率地给我发了个通知，等于是完全放弃了这件事。这个案子并非像他们预料的那么简单。他们原来认为，我并没有主动权和必要的资金为自己辩护，但是，他们想错了。

我能够详细了解官方有关我反对法律协会的做法的态度，因为我们每天都能收到一份报纸，报纸就像直接发到我们的门口那么方便。事实上，也确实就是这么方便。

负责夜间看管我们的那个狱警是一位沉默寡言、上了年纪的卫理公会教徒。当时，麦克·马哈拉基与他已经成了好朋友。一天夜间，他慢慢地走到麦克的牢房，并告诉麦克，他想参加一次新闻写作比赛，需要写一篇作文，他想知道麦克愿不愿意帮他写篇文章。这位狱警表示，如果麦克帮他这个忙，他会有所报答。麦克同意了，并按时写出了文章。两周之后，那位老狱警非常高兴地来到麦克面前。

他现在成了参加决赛的选手，问麦克能不能再给他写一篇文章。这位狱警还答应麦克，如果帮他写，他会送给他一只烤鸡。麦克告诉那位老狱警，他将考虑考虑再作答复。

第二天，麦克来找瓦尔特和我，把情况向我们作了说明。瓦尔特建议麦克接受他的奖品，而我则赞成他不接受那只烤鸡，因为那样看起来就像是麦克受到了特别关照。那天夜里，麦克告诉那位狱警，他将给他写那篇文章，条件是想得到一包香烟。那位老狱警表示同意，并且第二天晚上他就送给了麦克一包新买的香烟。

第二天，麦克告诉我们，他现在已经有办法控制那位老狱警了。“怎么控制？”我们问。“因为烟盒上有他的手印，”麦克说，“我可以敲诈他。”瓦尔特说，那是不道德的。我没有批评麦克，但是，我问他准备向老狱警索要什么。麦克瞪大眼睛说：“报纸。”瓦尔特和我相互看了一眼。我认为，瓦尔特是岛上唯一与我一样喜欢看报纸的人。麦克已经与秘密信息传递委员会交流了他的想法，尽管我们两人对麦克的这个办法都有保留意见，但是，我们并没有制止他。

那天夜间，麦克告诉那位老狱警，他在烟盒上留下了指纹，如果不合作，他就会告诉监狱长。由于害怕被解雇，或许还会丢掉养老金，那个狱警同意麦克要什么就向他提供什么。在接下来的六个月中，直到他被调走，老狱警一直悄悄地为麦克提供当天的报纸。麦克每天把报纸上的新闻进行综合整理，并把它们裁成纸条，再在我们中间传阅。不幸的是，那位老狱警后来并没有在比赛中胜出。

要说我们在石灰石料场做得更多的是什么，是开采石灰石还是说话？这很难说。到 1966 年，狱警采取了自由放任态度：只要我们干活，我们能说多少话就说多少话。我们分成一个一个的小组，四五个人围成一个小圈子，在太阳底下说一整天话，所谈的内容涉及各种各样的话题。我们连续不断地讨论着，既谈论严肃的重大问题，也谈论日常的闲话琐事。

关于坐牢，自然没什么好处可言，可能只有一件事是个例外，那就是有时间思考。在斗争的旋涡中，当一个人不断地应付变换着的情况时，那么，他就很少有机会认真、全面地考虑自己所作的决定或策略。而监狱却提供了时间，而且是非常充足的时间，通过这些时间可以对自己所做过的和没有做过的事情进行反思。

我们经常进行政治辩论，有的问题需要辩论一天，有的则需要辩论几年。我总是喜欢激烈的辩论，并且一直是激烈辩论的参与者。我们所进行的最早、最长的辩论之一就是关于南非非洲人国民大会与共产党之间的关系问题。有的人，特别是在社会主义国家参加过训练的民族长矛军战士，认为南非非洲人国民大会和共产党是一回事儿。甚至像姆贝基和哈里·格瓦拉这样的资历很深的南非非洲人国民大会人士，也赞成这个看法。

在罗本岛上，并没有作为一个独立的实体而存在的所谓党派。在监狱里，南非非洲人国民大会和各党派之间不像在监狱外那样存在实质上的差别。我自己关于这个问题的观点多年来一直没有改变。南非非洲人国民大会是一个群众性的解放运动组织，它欢迎斗争目标相同的所有党派共同前进。

随着时间的推移，关于南非非洲人国民大会和各党派关系的辩论越来越激烈。我们有一位同志提出了解决这个问题的办法：给流亡卢萨卡的南非非洲人国民大会写信。我们起草了一份长达 22 页的秘密文件，专门论述这个问题，并附上我个人的亲笔信，一起发往卢萨卡。起草并私自向国外发出这样的文件是有风险的。最终，流亡卢萨卡的南非非洲人国民大会确认，南非非洲人国民大会和各党派是有区别的。随之，这场辩论也就被画上了句号。

另一个反复争议的政治问题是南非非洲人国民大会领导人是否应该全部从工人阶级中产生。有人坚持认为，南非非洲人国民大会是一个主要由普通工人组成的群众组织，因此，领导人也应当在这个阶级中产生。我认为，要求南非非洲人国民大会领导必须从工人阶级中产生与要求他们都应该是资产阶级知识分子一样，都是不民主的。如果这个运动组织坚持这样的准则，那么，其中的多数领导人，例如鲁图利酋长、摩西·考塔尼、达布医生，都将被认为是没有资格的。因此，革命者应当来自各个阶级。

当然，并非所有的辩论都是政治性的。引起争议最多的一个问题是行割礼问题。我们中有人认为，割礼作为科萨及其他民族的一种风俗，不仅对身体是一种不必要的伤害，而且对南非非洲人国民大会准备废除的部落制度来说也是一种倒退。这种论点并不是没有道理的，但是，多数人还是认为割礼是一种民族文化仪式，它不仅具有有益健康的长处，而且还具有重要的精神意义。这是一种强化种族身份的习俗，具有一定的积极价值。我本人也同意这个观点。

辩论持续了多年，我们中仍然有人完全赞成割礼。一个在医院工作的囚犯过去曾经为别人行过割礼，还举办了一个秘密割礼培训班，并且我们监禁区的几位年轻囚犯都在培训班上行了割礼。随后，我们为这些年轻人举行了一个小型的茶话会，他们还按照习俗围着毯子走了一两天。

我们经常反复议论的一个话题是非洲是否有老虎。有人认为，虽然普遍推测老虎生活在非洲，但是，这是一个荒诞的说法，老虎的原生地是亚洲和印度次大陆。非洲有大量的豹子，但是却没有老虎。另外有人认为，孟加拉虎原产于非洲，并且，有的老虎现在仍然生活在非洲。有人则声称，曾经在非洲的灌木丛中亲眼看到过这种最强壮、最漂亮的猫科动物。

我认为，虽然在现代非洲已经见不到老虎，但是，在科萨语词汇中有一个词与豹子这个词不同，是老虎的意思。既然我们的语言中有这个词，那么，这种动物就肯定曾经在非洲存在过。不然的话，为什么会有这种动物的名字呢？这个话题被争议了一次又一次，我记得麦克反驳说，几百年前印地语中就有在空中飞行的飞机这个词，并且远在发明飞机之前，但是，这并不能说明飞机在古老的印度就已经存在了。

68…

“Zithulele”（文雅一号），这是我们对看管我们在石灰石料场干活儿的那个宽容而讲话和气的狱警的称呼。当我们干活的时候，他总是例行公事般地站在远处，只要我们遵守秩序，他似乎对我们干什么并不介意。当他发现我们倚着铁锹在那里讲话的时候，他从来也不训斥我们。

我们对他也十分尊重。1966 年的一天，他走到我们面前说：“先生们，雨水把路上的线冲没了，今天我们需要 20 公斤石灰。你们能帮帮忙吗？”尽管我们当时已经不需要干什么活儿，但是，由于他对我们以礼相待，我们也都愿意帮助他。

那年春天，我们感到当局从一定程度上说对我们变得越来越亲切、温和，岛上盛行的严格管制制度有所放宽，囚犯与狱警之间的紧张关系也有了一定的缓解。

但是，这种宽容并没有维持多久，9 月份的一个上午，这种宽容就突然不复存在了。当时，我们刚刚从石灰石料场放下我们手中的镐头和铁锹，准备去锌皮棚吃午饭。当一位普通犯人推着饭桶朝我们走来的时候，他低声说：“沃尔沃德死了。”他就说了这么一句话，这个消息很快就在我们中间传开了。我们大家你看看我，我看看你，不敢相信他所说的话，而狱警们则似乎不知道有什么重要事情发生。

我们不知道这位总理是如何死的。后来，我们听说是一位默默无闻的白人议会通信员把沃尔沃德刺死的，但我们不知道他刺死沃尔沃德的动机是什么。尽管沃尔沃德认为非洲人比动物还低级，但他的死并没有让我们感到丝毫的高兴。我和南非非洲人国民大会从来不支持政治暗杀。政治暗杀是一种对待敌手的野蛮方式。

沃尔沃德被证明既是种族大隔离的理论干将，又是种族大隔离的实践大师。他史无前例地创造了班图斯坦和班图教育体制。在他被刺之前不久，他还领导国民党进行了1966年的大选。在这次大选中，种族隔离党派赢得了多数，获得了126个席位，而合众党则获得了39个席位，进步党只获得了1个席位。

正如岛上常常发生的那样，我们总是先于我们的狱警得知重大的政治新闻。但是，第二天，狱警们显然已经知道了这个消息，因为他们把气都撒在了我们的身上。这种花了几个月才得以缓解的紧张关系忽然又紧张到了极点。当局开始对政治犯进行镇压，好像我们的手中正握着刺杀沃尔沃德的匕首一般。

当局总是在怀疑我们秘密地与外界各种力量保持着联系。南非非洲人国民大会在纳米比亚的盟友——西南非人民组织（SWAPO）成立的游击队，袭击南非警察的浪潮也使南非当局非常担心。我猜想，当局过高地估计了我们——政府认为，我们新组建的民族长矛军羽翼已经丰满，足以成功地打垮政府。但是，这种怀疑只能说明他们这些心胸狭小、目光短浅的人开始感到不安，他们不是把问题归咎于自己的错误政策，而是归罪于他们的对手——南非非洲人国民大会。

对我们的惩处根本没有正式政策的依据，而是我们刚刚来到这个岛上时的严酷环境的再现。"文雅一号"被一个邪恶无比的家伙所取代。他名叫范·任斯博，在沃尔沃德被暗杀后，他被派到岛上对我们实行24小时监视。他很有名气，因为他的名字在囚犯中就是"残忍"的代名词。

范·任斯博是一个高大、愚笨而粗野的人，他似乎不会说话，只会喊叫。他上班的第一天，我们就发现他的手腕上刺着纳粹的"卐"字记号。不过，他用不着用这个符号证明他的残忍，因为他的工作使我们的生活要多惨就有多惨，并且他还在疯狂地追求着他的这个目标。

在接下来的几个月中，范·任斯博每天都会以不服从管理或诈病不工作的罪名把我们中的人送上行政法庭。每天早晨，他和其他狱警都要商量下午要处罚谁。这是一种恐吓办法，只要决定惩处某个人，那么，不管这个人那天工作有多么卖力，他都将会受到惩处。当我们拖着沉重的脚步回到牢房的时候，范·任斯博会拿着名单点名："曼德拉（或西苏陆或卡特拉达），我想立即在监狱长面前见到你。"

很快，罗本岛上的行政法庭开始加班。为应对这种情况，我们也组成了自己的法律委员会，由我本人、菲基莱·巴姆和麦克·马哈拉基组成。麦克学过法律，他善于让当局处于防御的地位。菲基莱当时正在攻读法律学位，他头脑清醒、足智多谋，成为我们监禁区囚犯法律委员会的负责人。我们法律委员会的职责，就是为我们的同志提供在行政法庭上如何应对指控方面的咨询。

范·任斯博并不是一个聪明人，他在石灰石料场上对我们要威风，我们会在行政法庭上让他黔驴技穷。我们的策略是不在现场与他争论，而是在法庭上与他辩理。在法庭上，我们就有机会在相对比较开明的官员面前进行申诉，指控状也会由主持审理的地方法官宣读。他可能会指控我们"在石灰石料场诈病不工作"，此时的范·任斯博会有点儿自鸣得意。当指控状全部宣读完毕后，我总是让我的同事做一件事，而且只有一件事：请法官允许"更详细地提供案情"。这是作为被告的一种权利，尽管经常会有这种请求，但是，范·任斯博几乎总是拿不出更详细的证据，然后法庭就不得不休庭，而范·任斯博则会走出法庭，去搜集"更详细的情况"。

不论事情大小，范·任斯博从来都不怀好意。当我们的午饭送到石灰石料场的时候，我们会坐下来吃午饭。这时，我们已经有了简单的桌子，范·任斯博必然选择这个时间在靠近我们饭桶的地方撒尿。我们认为，他没有直接把尿撒在我们的饭上就已经谢天谢地了。当然，我们就此提出了抗议。

囚犯能报复狱警的为数不多的方式之一就是说笑话，于是，范·任斯博就成了我们许多笑话中的笑料。我们背地里称他"小提包”。我们把狱警们的午餐盒称作“小提包”。一般来说，狱警总是指定一名囚犯给他提“小提包”，通常会找他最喜欢的囚犯，然后狱警会奖励给他半个三明治。但是，我们拒绝提范 · 任斯博的“小提包”，他只好自己提着。因此，我们给他送了个“小提包”的绰号。一个狱警自己提午餐盒，可以说是对他的一种羞辱。

有一天，维尔顿·穆夸毅一时疏忽，叫他“小提包”时让范·任斯博听到了。范 · 任斯博问：“谁是小提包？”维尔顿停了一会，然后脱口而出：“就是你！”

“你为什么叫我小提包？”范·任斯博问，维尔顿不予回答。“伙计，快讲。”范·任斯博又喊了一声。“因为你自己提自己的‘小提包’。”维尔顿试探着回答说，“普通犯人为他们的狱警提小提包，而我们不帮你提，因此我们叫你‘小提包’。”

范 · 任斯博考虑了一会儿，他非但不生气，而且说：“我不叫小提包，我叫 Dik Nek。”大家沉默了一会，然后都大笑起来。在南非荷兰语中，“Dik Nek”字面上是“粗脖子”的意思，被用来形容某个人固执己见、毫不通融。我认为“小提包”太愚蠢，他不知道大家是在侮辱他。

有一天，我们在石灰石料场又讨论起了老虎是否原产于非洲这个话题。在范 · 任斯博担任我们的监管狱警期间，我们不再像以前那样自由谈话，但是，我们可以边干活边讨论。

还是有些人认为老虎并非原产于非洲，其中主要是安德鲁 · 马桑多。他是开普地区南非非洲人国民大会领导人，曾经是福特黑尔大学的讲师。马桑多是一个比较容易激动的人，他激动地断言在非洲从来没有发现过老虎。大家争来争去，争到激烈的时候，干脆放下了手中的镐头和铁锹。这样一来，就引起了狱警的注意。于是，他们喊叫着让我们干活。但是，我们争得正起劲儿，没有理会他们的喊叫。几位身份比较低的狱警命令我们继续干活，但是，我们也没有服从他们的命令。最后，“小提包”走了过来，用英语吆喝我们。他的英语讲得不怎么样："You talk too much, but you work too few!"（"你讲话太多，而干活太少！"）

大家并没有拿起自己的工具，因为他们只顾在那里捧腹大笑了。"小提包"的语法错误更让大家感到特别好笑。不过，"小提包"一点都没有笑。他立即叫人去叫监狱长克勒曼少校。

克勒曼不一会儿就来到了现场，他发现我们还在那里笑个不停。他到岛上的时间不太长，决心为自己定一个正确的调子。一位狱警向克勒曼报告说，安德鲁·马桑多和我一直不干活儿，他们将以诈病怠工和不服从管教对我们进行处罚。在克勒曼的淫威下，我们被戴上手铐带走了，然后被隔离关押。

从此之后，"小提包"似乎对我特别仇恨。有一天，他正在监督我们劳动，我与菲基莱·巴姆紧挨着在一起干活儿。我们两人干活儿的地点位于石灰石料场最边缘的地方。当时，我们工作很卖力。但是，由于我们两人当时都在学习法律，因此，我们彼此交流了头一天晚上学习的内容。那天劳动结束的时候，范·任斯博站在我们面前说："菲基莱·巴姆和纳尔逊·曼德拉，我要带你们去见监狱长。"

我们被带到了监狱长面前，范·任斯博说："这两个人一整天没干活儿。我告他们不服从命令。"监狱长问我们是否有话要讲。"监狱长，"我应声说，"我们不服他对我们的指控。我们一直在工作，事实上我们也有证据证明我们一直在工作，这对我们的辩护是至关重要的。"监狱长对我说的话嗤之以鼻。"你们都在同一个地方干活儿，"他说，"怎么可能会有证据？"我解释说，菲基莱和我一直单独在一起干活，我们能指给你看我们两个到底干了多少活。当时，"小提包"也傻乎乎地承认我们两个在一起。因此，监狱长同意去查看。于是，我们又回到了石灰石料场。一到那里，菲基莱和我就走到我们干活儿的那个地方。我指着我们堆起来的一大堆石块和石灰石说："那就是我们今天干的活儿。""小提包"对检查我们干的活从来不怕麻烦，并对我们所完成的工作量说三道四。"不，"他对监狱长说，

“那是干了一周的结果。”监狱长对他说的话有些怀疑。“那好，”他对“小提包”说，“让我看看曼德拉和巴姆今天干的那一小堆儿在什么地方。”“小提包”没有回答。监狱长干了一件我很少见到的一个高级监狱官员所干的事：他当着囚犯的面训斥了他的下级。“你在说谎。”他说，并当场撤销了对我们的指控。

1967年年初的一个上午，在“小提包”任职期间，我们正准备去石灰石料场。这时，“小提包”告诉我们，克勒曼少校下达了命令，在路上和石灰石料场都不准讲话。“从现在起不准讲话！”他高声叫着。

对这个命令，大家都感到失望和气愤。说说话、讨论讨论问题是我们可以减轻劳动强度感的唯一方式。由于不准讲话，我们在去石灰石料场的路上当然也就不能讨论这个问题。但是，在吃中午饭休息期间，南非非洲人国民大会的领导班子和其他政治组织的首脑们秘密地制订出了一个方案。

在我们悄悄地制订方案的同时，克勒曼少校本人也来到了我们吃午饭的棚子里。这极不平常，在我们如此简陋的棚子里从来没有如此高级别的人来看望过我们。他尴尬地咳嗽了一声说，他的命令是错误的，只要不大声喧哗，我们可以在石料场讲话。他让我们继续吃午饭，然后，转身走出了棚子。我们为取消不准我们讲话的命令而感到高兴，不过，我们不知道他们为什么要取消这个命令。

那天下午剩下的时间里，狱警不再强迫我们非常努力地干活儿，“小提包”也尽可能地向我们表示友好。他说，作为友好的一种表示，他决定撤销对我们的一切指控。

那天下午，我发现自己被从靠近监禁区入口处的第4号牢房转移到了靠后面的第18号牢房。我的所有东西都被搬到了新的牢房。与通常一样，也没有人告诉我为什么。

我们猜测，可能是有人来岛上访问。我之所以被更换牢房，是因为当局不想让我第一个与来访者交谈。如果每个囚犯轮流发表他们的不满意见，在来访者到达第18号牢房之前，监狱当局就可以说："时间到了！"我们决定，为了统一，如果有人来访问，每个人仅限于向来访者反映自己的意见，其他意见都由第18号牢房的人负责集中反映。

第二天吃完早饭后，"小提包"告诉我们，我们不去石料场了。然后，克勒曼少校出现在我们的面前，他对我们说，海伦·苏兹曼女士不久将来岛上访问我们。海伦·苏兹曼是议会中唯一一位自由进步党党员，也是国民党在议会中的唯一真正的反对派。不到15分钟，苏兹曼女士在监狱管理局局长斯特恩将军的陪同下走进了我们监禁区的大门。她一一看望了每个囚犯，并询问每个囚犯是否有抱怨意见。每个人都以同样的方式回答："我有许多不满意见，但是，我们的代言人是走廊那头的纳尔逊·曼德拉。"让斯特恩将军吃惊的是，苏兹曼很快就来到了我的牢房。她紧紧地握住我的手，并热情地作了自我介绍。

法官和地方行政长官可以不经允许而直接到监狱进行访问，而议员则不同，他们必须先提出申请，得到批准后才能到监狱来。苏兹曼女士如果不是唯一的一位，也肯定是为数不多的对政治犯感兴趣的议员之一。关于罗本岛有许多传说，因此，苏兹曼女士亲自来岛上开展调查。

因为这是苏兹曼女士第一次来岛上进行访问，所以，我首先让她放心行事。她非常自信，完全不在乎周围的环境，她建议我们立即开始谈正题。斯特恩将军和监狱长站在她身边，但是，我谈问题并没有转弯抹角。我告诉她，我们希望伙食和服装能得到改善，并要求伙食标准应该人人平等。我们希望提供必要的学习条件，我们没有获取信息的权利。例如，我们不能看报纸和其他更多的资料。我告诉她，狱警们野蛮粗暴，特别是范·任斯博。我说，他前臂上还刺着纳粹"卐"字标志。海伦的反应就像是一个律师。"好，曼德拉先生，"她说，"我们不要把话题扯得太远，因为我们不知道那是什么时候刺的。譬如说，是不是他父母给他刺的？”我向她保证，肯定不是他父母给他刺的。

正常情况下，我不会对某一位狱警提出不满意见。在监狱中，最好是围绕总的原则目标开展斗争，而不能与个别人进行纠缠。但是，不管一个狱警多么冷酷无情，他总得要执行监狱里的规定。不过，范·任斯博自己属于另一类情况。我们认为，如果他不在罗本岛，我们大家的情况将大不相同。

苏兹曼女士听得很认真，把我说的情况一一记录在了一个小笔记本上，并许诺把这些情况反映给司法部。然后，她察看了我们的牢房，并与其他人简单地进行了交谈。看到这样一位勇气十足的女士走进我们的牢房和在我们监禁区的院子里漫步，本身就是一种少有的、令人称奇的景象。她是第一位，也是唯一一位心怀善意进入我们牢房的女议员。

在苏兹曼女士来访期间，范·任斯博显得十分紧张。凯西说，在苏兹曼女士与我们谈话的时候，范·任斯博就他过去的所作所为道了歉。但是，他的悔悟并没有坚持多久，因为第二天他就告诉我们，他将恢复对我们的所有指控。后来我们得知，苏兹曼女士把我们的情况上报到了议会，她访问后仅仅过了几周，“小提包”就被调离了罗本岛。

69...

我从来也不认为，斗争只是短期的或轻而易举的。在罗本岛被关押的头几年，对岛外的组织和狱中的我们这些人来说都是一个非常艰难的时期。利沃尼亚审判后，多数地下运动组织都被摧毁了。我们的组织结构被发现并遭到了彻底破坏，没有遭到逮捕的成员则提前敌人一步逃走了。实际上，南非非洲人国民大会的高级领导人不是被关进了监狱就是遭到了流放。

利沃尼亚审判后的几年内，南非非洲人国民大会派驻国外的机构，原来的任务只是募集资金、开展外交活动和安排军事训练，但现在就必须从总体上管理整个组织。这些驻外机构不仅要创建流亡组织，而且还有一个更艰巨的任务，那就是设法在南非重新建立地下南非非洲人国民大会。

政府变得更加强硬。警察拥有了更多的权力，他们的手段更加残忍，技术更加成熟。南非的国防军队正在准备进行扩编，经济上也比较稳固，全体白人选民都高枕无忧。南非政府在英国和美国有实力强大的盟友，这些盟友只满足于维持现状。

但是，其他地方反对帝国主义的斗争正在兴起。从 20 世纪 60 年代中期到后期，武装斗争的烈火燃遍了整个南部非洲。在纳米比亚（当时叫西南非），西南非人民组织首先进入了卡普里维地带；在莫桑比克和安哥拉，游击队组织正在成长和壮大；在津巴布韦（当时叫罗得西亚），反对少数白人统治的战斗正在向前推进。伊恩·史密斯白人政府得到了南非国防军队的支持，南非非洲人国民大会把津巴布韦的战斗作为我们国内斗争的延伸。1967 年，我们获悉南非非洲人国民大会与津巴布韦非洲人民联合会（ZAPU）结成了联盟。当时，津巴布韦非洲人民联合会是由乔舒亚·恩考茂缔造的。

那一年，一伙在坦桑尼亚和赞比亚接受训练的战士渡过了赞比亚河进入了罗得西亚，试图返回他们的家园。第一伙民族长矛军战士被命名为鲁图利特遣部队，他们是武装斗争的先锋。8 月份，当鲁图利特遣部队在津巴布韦非洲人民联合会部队的策应下向南运动时，他们被罗得西亚军队发现，在接下来的几周内，双方进行了激烈的战斗，并且双方都有伤亡。最后，我们的部队被在人数上占优势的罗得西亚部队打败了，有的被俘，其他人则退回了贝专纳。贝专纳独立后，成为现在的博茨瓦纳。到 1968 年年初，另一支较大的南非非洲人国民大会特遣部队进入了罗得西亚，不但与罗得西亚军队作战，而且也与一直支持罗得西亚的南非警察部队作战。

当月，我们就听到了谣传，但是，直到参加打仗的战士同我们关押在一起后才知道了全部情况。尽管我们的军队并没有取得胜利，但是，我们仍然默默地庆祝，我们的民族长矛军指战员在他们自己现有的条件下牵制敌人，这本身就是斗争中的一个里程碑。“佳士提斯”（正义）· 潘扎是鲁图利特遣部队的一位指挥员，后来，他也与我们关在了一起。他简单地向我们介绍了特遣部队的军事训练和政治教育以及他们在战场上英勇杀敌的情况。作为一位前民族长矛军的总司令，我为我的战士感到特别骄傲。

在听到关于民族长矛军在国外作战的消息之前，我们也得到了关于鲁图利于 1967 年 7 月在家中去世的消息。令人感到奇怪的是，他是在他的农场附近被火车撞死的，他经常到那里去散步。我被允许给他的遗孀写了慰问信。鲁图利的去世，在组织中留下了巨大的真空。鲁图利酋长是诺贝尔奖的获得者，是一位世界著名人士，黑人和白人都很尊重他，因此，没有人可以取代他。人选落到南非非洲人国民大会的代理主席奥利佛 · 塔博身上，南非非洲人国民大会发现，他是一个能够顶替鲁图利酋长的位置的人。像鲁图利一样，他善于表述而又不炫耀，有信心但又非常谦虚。在他的身上也体现了鲁图利的格言 :“让你的勇气随着危险而提高。”

我们在 B 区为酋长组织了一个小型的悼念仪式，供每个想表示追忆的人进行悼念。那是一个肃穆的悼念仪式，只有一件事令人不愉快。当非欧洲人团结运动组织的内维尔 · 亚历山大站起来讲话的时候，显然他并不是称赞酋长，而只是为酋长送葬。他对鲁图利酋长的去世，连表示起码的遗憾都没有，他甚至责备鲁图利是白人的帮凶，主要根据就是酋长接受了诺贝尔和平奖。

除了错误的思想，内维尔的讲话与我们试图努力在岛上创造的组织与组织之间的合作气氛也完全不相称。从到达岛上的那一刻起，我就把与斗争中的敌手寻求和解作为我的使命，我把罗本岛作为一种使阿扎尼亚泛非主义者大会与南非非洲人国民大会之间消除长期存在且经常颇为痛苦的分歧的机会。如果我们能把岛上的两个组织团结起来，那将为两个组织在整个解放斗争中团结在一起开创先河。

从一开始，与阿扎尼亚泛非主义者大会的关系就是竞争多于合作。有一些阿扎尼亚泛非主义者大会的成员早先已经来到了这个岛上，他们把我们的到来看作是对他们领地的侵犯。我听我们的某些同事讲，多数来自阿扎尼亚泛非主义者大会的囚犯都为我们没有被绞死而感到遗憾。

1962 年，在我第一次来到罗本岛上的时候，阿扎尼亚泛非主义者大会从数量上已经远远超过了南非非洲人国民大会。而到了 1967 年，这个数字被颠倒了过来。这使得阿扎尼亚泛非主义者大会的立场似乎更加强硬，他们开始公开反对共产党人和印度人。在早些年，我曾经与泽法尼·马托朋交谈过多次，他一直是阿扎尼亚泛非主义者大会全国执行委员会的成员。泽法尼认为，阿扎尼亚泛非主义者大会比南非非洲人国民大会更具有战斗性。在监狱里，南非非洲人国民大会应该服从阿扎尼亚泛非主义者大会的领导。阿扎尼亚泛非主义者大会认为，与当局谈判是一种背叛，但是，他们的这种立场并没有妨碍他们享受谈判带来的好处。1967 年，我与塞尔比·恩根达尼就团结问题交换了意见。在监狱外，恩根达尼一直强烈反对《自由宪章》，但在监狱里，特别是来到我们这个监禁区之后，塞尔比对南非非洲人国民大会的态度变得友好了。后来，我们分别给各自的组织写了信，倡导两个组织之间的团结。南非非洲人国民大会与克拉伦斯·马克韦图也实现了和解，他后来成了阿扎尼亚泛非主义者大会的主席。马克韦图曾经是南非非洲人国民大会青年团的成员，他也被关押在我们的监禁区，是一个沉着、镇定而思维敏捷的人。我与他在两个组织团结方面进行过多次富有成果的商讨。但是，马克韦图被释放后，约翰·波凯拉继任罗本岛上阿扎尼亚泛非主义者大会的领导职务，双方的会谈未能继续下去。

阿扎尼亚泛非主义者大会的不稳定性有时会导致令人啼笑皆非的后果。有一次，比勒陀利亚当局下达了一项命令，把我与石灰石料场的其他囚犯隔离开来。我只能单独工作，单独就餐，单独被看管。我们后来发现，这个新情况在阿扎尼亚泛非主义者大会囚犯中引起了不小的震动。几天后，阿扎尼亚泛非主义者大会决定，对他们的领导人泽法尼·马托朋也实施隔离，他们自行让他单独工作、单独就餐的时间与我单独工作、单独就餐的时间一样长。

阿扎尼亚泛非主义者大会经常拒绝参加与党派无关的会议。当我们召集会议，讨论我们所受到的不公正待遇，然后再彼此通报从报纸上获得的新闻时，阿扎尼亚泛非主义者大会抵制了这次会议。对此，我十分反感。我们得知，阿扎尼亚泛非主义者大会对自己组织内部在外面发生的变化一无所知。当时，岛上的阿扎尼亚泛非主义者大会成员不相信我们关于流亡国外的阿扎尼亚泛非主义者大会已经向白人和印度人敞开了大门的说法，认为那只是谣言。但是，我们已经从报纸上看到，白人激进主义分子帕特里克·邓肯已经成为阿扎尼亚泛非主义者大会的执行委员会成员。阿扎尼亚泛非主义者大会的成员当时认为，这不过是南非非洲人国民大会的宣传手段。

南非非洲人国民大会在罗本岛上成立了自己的国际组织。该组织被称作最高司令部，或者更正式地称为最高组织机关，由岛上最高级别的南非非洲人国民大会领导人组成。这些人都是全国执行委员会委员，他们是瓦尔特·西苏陆、戈万·姆贝基、雷蒙德·穆拉巴和我本人。我担任最高组织机关的领导人。

从一开始我们就决定，最高组织机关不干预外面南非非洲人国民大会的政策。我们对国内的形势没有可靠的评估办法，所以我们认为，对我们并不知道的事情提供指导并不是公正而明智之举。我们所领导的事务，只是一些与囚犯们的不满意见以及罢工、邮信、伙食等有关的事情，这些都是监狱生活中的日常问题。可能的话，我们将召集一般成员开会。我们认为，这种会议对于保持组织的健康发展是至关重要的。但是，召开这些会议也是十分危险的，所以不能经常召开，于是最高组织机关通常用传达的方式把所作的决定通知到其他所有成员。最高组织机关还建立了基层组织，每个基层组织由三名成员组成。

在岛上的头几年中，最高组织机关还起着我们监禁区的所有政治犯人的代表委员会的作用。1967 年，我们起草了一个要求得到较好待遇的请愿书，大家都在该请愿书上签了名，其中包括阿扎尼亚泛非主义者大会成员、团结运动组织的成员和以艾迪·丹尼尔斯为代表的自由党的成员。后来，虽然大家都认可了这种组织结构，但内维尔·亚历山大一直在抱怨，最高组织机关既不民主又没有真正的代表性，他认为应当创立其他组织机构。

在内维尔的建议下，最终成立了一个犯人委员会，由来自各政治党派的人组成。其他组织的人担心南非非洲人国民大会会凌驾于该委员会之上，于是精心制定了工作准则，限制该委员会的权力纯粹是咨询式的，其决定不具有约束力。即使如此，该委员会也很难达成解决问题的一致意见。我们建议，由游击战俱乐部的成员菲基莱·巴姆主持会议。后来，该委员会的领导人由各组织的人轮流担任。最后，大家把该委员会称作“乌伦迪”，成为所有政治犯的一个纪律委员会。

最高组织机关由于其各族成分杂处而成为某些分歧的源头，四个常委都是科萨族。这是一种巧合，而不是故意这样安排的。岛上的南非非洲人国民大会最高领导班子中，只有 4 个人曾经担任过南非非洲人国民大会全国执行委员会委员，而这 4 个人偏偏都是科萨族。仅仅因为不是科萨族就把某个级别较低的人推上最高组织机关的领导岗位显然是不妥当的，但是，最高组织机关成为科萨族一统天下的事实也让我大伤脑筋，因为，这样似乎会让大家产生误解，认为我们只是一个科萨人的组织。

我对这样的批评总是感到恼火，认为这种批评说明他们既不了解南非非洲人国民大会的历史，也不怀好意。我有时用南非非洲人国民大会的主席一直由祖鲁人、巴索托人、佩迪人和茨瓦纳人担任这个事实予以反驳，说明执行委员会一直是一个包括各个不同民族团体的混合组织。我记得有一次，那是一个阳光明媚的下午，我们正在院子里劳动，有些来自普通犯人监禁区的人在我上面的房顶上干活儿，他们朝着我喊："Mdala（老伙计），你为什么只同科萨人说话？"这种责备深深地刺痛了我。我抬起头说："你们怎么不分青红皂白地责备我？我们都是一家人。"他似乎对我说的话感到满意，但是，他们的意见却牢牢地记在了我的心中。自此之后，无论知道什么事情，我总是会走到普通犯人监禁区的囚犯面前，设法与凯西或丹尼尔斯或其他非科萨人士进行沟通。

我们后来决定，最高组织机关中应该有第五个人选，轮流负责最高组织机关的工作。这个第五人通常不是科萨人，例如，凯西在最高组织机关成员中担任领导职务长达五年多，拉鲁·奇巴也担任过一段时间。最后，这种批评也就慢慢地听不到了。

我并不是想独揽最高组织机关的大权，事实上，我自己觉得重要的一些建议都被拒绝了，我认为就是应该这样。但是，有时候我发现，这样也没有什么益处。有两个与当局有关的问题，对于这两个问题，我就没能说服我的同事。监狱规定，在高级官员面前，犯人们必须起立。我主张我们不应该起立，因为，不得不尊重敌人而敌人又不把我们当政治犯对待是对自己的贬低。我的同志们则认为这是鸡毛蒜皮的小事，反抗的后果并没有什么好处。

第二个问题出于同样的原因也遭到了最高组织机关的拒绝。狱警既不称呼我们的姓，也不称呼我们的教名。这是对我们的侮辱，应该让他们在我们的称呼前加"先生"二字。我为此坚持了多年，但是一直没有成功。后来，这甚至成了一种幽默，因为我的同志们有时就称呼我"曼德拉先生"。

70...

对我们这些身在狱中的人来说，时间似乎是静止不动的，但是，对监狱外的人，时间则是不停步的。当我母亲于 1968 年春天来探望我的时候，我就有这样的感觉。自从利沃尼亚审判结束之后，我就再也没有见到过她。变化是逐渐地、一点一点地发生的。当你生活在你自己的家中，你很少注意到家人的变化。但是，当你多年不见你的家人的时候，他们的变化则让你感觉是非常明显的。我母亲似乎一下子变得很老了。

她在我儿子马卡托、我女儿马卡紫薇和我妹妹巴贝尔的陪同下从特兰斯凯来岛上探望我。因为有四个人来访，并且他们又是远道而来的，当局把探视时间从半小时延长到 45 分钟。

自从利沃尼亚审判之前，我就没见过我的儿子和女儿，在这期间，他们已经长大成人。我端详着他们，感到由衷的高兴和自豪。但是，尽管他们已经长大了，我恐怕多多少少地仍然拿他们当孩子对待，就像我进监狱前一样。他们可能变了，但是，我却没有变。

我母亲瘦了许多，这使我非常担心。她面色显得有些憔悴。只有我妹妹似乎没怎么变样。尽管见到他们并与他们一起商量家庭问题是一件很高兴的事情，但是，我对我母亲的健康却感到不安。

我向马卡托和马卡紫薇表达了让他们继续读书的愿望，并向巴贝尔询问了住在特兰斯凯的亲戚家的情况。时间过得太快，正如每一次有人来探视时一样。最愉快的事情在于对亲人探视的回忆，但是这一次，我却无法摆脱对母亲的担心。我害怕这将是我最后一次见到她老人家。

几周后，我们从石料场回来，有人告诉我去监狱办公室拿电报。电报是马卡托发来的，他告诉我：我母亲因心脏病去世了。我立即向监狱长办公室申请，要求去特兰斯凯参加她老人家的葬礼。我的请求被监狱长拒绝了。“曼德拉”，他说，“尽管我知道你是一个守信用的人，你不会逃跑，但是，我对你们的人不信任，担心他们会绑架你。”我为不能给我母亲送葬而更加伤心——作为她的大儿子，又是唯一的儿子，为她老人家送葬是我的责任。

接下来的几个月里，我一直十分怀念她老人家。她的一生远远谈不上安乐。在我当律师的时候，我还能够赡养她，但是，进了监狱之后，我就再也不能赡养她老人家了。我欠她老人家太多了。

我母亲的去世使我对自己的人生再次进行回顾和评价。她的艰难、她的贫穷，使我又一次对我所走的道路是否正确提出了疑问。这一直是一个难以回答的问题：把人民的利益置于高于自己家庭利益的位置上，这是不是一种正确的选择？长期以来，我母亲对于我献身于斗争事业一直不能理解。我的家人并不想卷入这场斗争，但是，我的卷入使他们也受到了连累。

但是，我又回到了同一个答案。在南非，对于一个男子汉来说，不顾人民的需要是很难做得到的，就是牺牲自己家庭的利益也应顾全人民的利益。我作出了自己的选择，最终，我母亲也支持我所作的选择。但是，这样也不能减轻我为没能使她老人家生活得更好一些以及没能让她安息而感受到的悲哀与痛苦。

1969 年 5 月 12 日一大早，安全警察在我们奥兰多西的家中把温妮唤醒，并根据 1967 年通过的《反恐怖法》，未经指控就逮捕了她。《反恐怖法》给政府提供了不用审判就可以对某人实施逮捕和囚禁的权力，这个权力是空前的。我后来得知，这次袭击是全国性袭击的一部分。在这次袭击中，另有十几个人遭到了拘留，其中还包括温妮的姐姐。警察是在泽尼和津泽双双抓着温妮的裙子的情况下硬把她拉走的。后来，她被单独关押在比勒陀利亚的监狱里。在那里，她被剥夺了保释权和被探视权。紧接着，她一连被野蛮地审讯了好几个月。

6 个月后，温妮最终被提起公诉，我设法让长期反对种族歧视的律师乔尔·卡尔森为她辩护。温妮和其他22位人士被指控违反了《镇压共产主义条例》,企图重新组建南非非洲人国民大会。后来，乔治·毕佐斯和阿瑟·查斯卡尔松都参加了辩护。他们都曾是利沃尼亚审判的辩护律师。10月份，温妮被捕17个月后，政府撤销了对她的指控，温妮被无罪释放。释放两周内，温妮又遭到禁止，被软禁在家中。她立即提出申请来探视我，但是遭到了拒绝。

在监狱里，想到温妮也被关进了监狱，这比什么都痛苦。我勇敢地面对这一现实，但是，在内心深处，我感到十分不安。温妮被单独关押的时候是我内心最为痛苦的时候，尽管我经常劝说别人不要为自己管不了的事情去担心，但是，我自己却不能听从自己的劝告。我有许多个不眠之夜：当局想对我的夫人下什么样的毒手？她是否能够承受？我们的女儿由谁来照管？谁将为她们支付账单？我不断地思考这样的问题，但是又无法回答，这简直是一种精神折磨。

奥卡木博准将允许我给温妮写信，但有一两封信没有及时得到她的回信。正常情况下，等待审判的囚犯是不能通信的。但是，奥卡木博作为对我的关照却允许我们通信，我对他十分感激。不过，我知道当局允许我们通信并不是出于仁慈：他们企图通过阅读我们的书信，从中得到对温妮不利的证据。

在这段时间，我又经历了另一场不幸。1969年7月一个严寒的早晨，也就是我得知温妮被关进监狱三个月后，我被叫到罗本岛监狱办公室，有人递给了我一封电报。这封电报是我的小儿子马卡托发来的，只有一句话，告诉我他的哥哥，即我的大儿子马迪巴·泰姆比基勒——我叫他泰姆比，在特兰斯凯发生的一次车祸中丧生。泰姆比当时只有25岁，已是两个孩子的父亲。

一个人对于这样的悲剧还能说什么呢？我对我的夫人的不幸已经够伤心了，我母亲的去世一直使我十分难过，此时，又听到这样的噩耗。我简直无法用语言形容我的悲伤，我的心中留下了一个我无论如何也无法弥补的创伤。

我回到我的牢房，躺在床上，我不知道在那里躺了多久，只知道那天晚上我没去吃晚饭。有人来看我，我什么话也不说。最后，瓦尔特来到我的牢房。他跪在我的床前，我把那封电报递给了他。他什么话也没说，只是紧紧地握住我的手，我不知道他陪了我多长时间。在这种情况下，一个人无法对另一个人说什么。

我请求当局允许我去参加我儿子的葬礼。作为一个父亲，保证使儿子的灵魂得到安息是我的责任。我告诉他们，可以派保安警察同我一起去，我可以立下保证书，保证按时返回监狱。但是，我的请求又一次遭到了拒绝。当局只是允许我给泰姆比的母亲艾韦琳写一封信，我只能在信中尽力安慰她，告诉她我会分担她的悲伤。

我记得有一天下午，当泰姆比还是一个孩子的时候，他就到我曾经从事秘密工作的西里尔德尼的一所能安全藏身的房子里来看过我。由于我一直忙于地下政治活动和法律案件，当时我已经有一段时间没能见到他了。有一次，我突然回到家中，看见他穿着一件旧矿工服，衣服搭到他的膝盖。他一定是穿着他父亲的衣服有一种安慰感和自豪感，就像我曾经穿我父亲的衣服一样。当我不得不向他说再见的时候，他直直地站在那里，似乎已经长大成人。他说：“你不在家的时候，我会照顾我们的家。”

第九部

罗本岛：希望的曙光

71...

在监狱里，条件的改善从来不会持续太久。改善的步伐要停止时，通常还会伴随着倒退。前进一步可能要花几年的时间才能取得，而倒退回去，则只需要一天的时间。就好像是我们把岩石推到山顶，但是它又从山顶上滚落了下来。不过，生活条件的确有了改善。我们打了几次“胜仗”，使岛上的气氛发生了变化。如果我们不合作，当局没有我们也无法开展工作，在范·任斯博离去后的一段时间内，我们的生活环境也宽松了一些。

我们来到岛上的头三年中，每人都发了长裤子。到 1969 年，我们每人都发了属于自己的囚服，而不是像以前那样每周都换一套。这些囚服很合体，当局也允许我们自己洗自己的囚服。周末的时间，我们被允许随时到院子里活动。尽管我们的伙食当时还不平等，但是，非洲囚犯有时早上也能吃到面包。我们犯人之间可以共同分享食物，因此，有些差别也没有关系。我们发了各种象棋和扑克牌，礼拜六和礼拜天我们常常下棋和打扑克。在石料场，我们可以自由谈话。如果监狱长要来，值班的狱警会吹哨让我们拿起工具。我们与最坏的狱警的关系也得到了缓解，与对我们比较好的狱警则都成了朋友，尽管当局对此有所察觉，并每几个月就轮换一次狱警。

实际上，我们随时都可以召集会议。我们可以召开最高组织机关成员的会议，一般成员和“乌伦迪”开会只要不太扎眼，也一般不会被迫中断。看起来，就像是囚犯们而不是监狱当局在管理着监狱。

由于信仰坚定和害怕上帝，南非白人对他们的宗教特别认真。每周雷打不动的活动就是礼拜天上午做礼拜，这是当局认为必须进行的一种宗教仪式。他们似乎认为，如果不让我们在礼拜天做祈祷，就危及他们自己的道德精神。

每个礼拜天上午，都会有一个来自不同宗教团体的牧师为我们布道。这个礼拜天是英国圣公会的牧师，下一个礼拜天将是一个荷兰归正会的传教士，再下一个礼拜天则是卫理公会的牧师。牧师由监狱服务部门招募，其中一条规定是被招牧师布讲的内容仅限于宗教方面。狱警参加所有的宗教活动，如果某个牧师的布道偏离了宗教，下一次他就不会再被邀请到岛上进行传教活动。

在岛上的头两年里，即使是做礼拜时也不准我们离开我们的牢房。牧师就在我们的走廊头上进行布道。到了第三年，做礼拜改在院子内进行，我们更喜欢在院子里做礼拜。在那些年月里，这是我们在礼拜天除了半小时的早操之外唯一被允许在院子里活动的时间。我们中很少有人信教，但是，没有人介意布道的时间太长，因为我们希望在院子里多待上一会儿。

每逢在牢房外举行礼拜仪式，我们可以随便参加。有的人只参加自己信奉的宗教的布道活动。尽管我是一个循道宗的信徒，但是，我还是每种宗教活动都参加。

第一轮给我们布道的牧师是一个叫休斯的英国圣公会牧师。他是一个性情粗暴而魁梧的威尔士人，在第二次世界大战期间，他曾经在潜艇部队中当过随军牧师。当他第一次来岛上的时候，他对在走廊里布道很是不满，认为这是对上帝的大不敬。因此，他第一次来岛上没有向我们布道，而是从温斯顿·丘吉尔的战时广播讲话中节录了一段话，用他那动听的男中音背诵出来："我们将在海滩上战斗，我们将在空降点战斗，我们将在田野和街道上战斗，我们将在山地里战斗，我们将决不投降。"

不久之后，休斯牧师就改在院子里为我们布道，我们发现他的布道演讲很精彩。他布道时不时小心谨慎地加入了一些我们喜欢听的新闻。例如，像古埃及的法老、南非的总理正在招募部队之类的故事。

布道结束后，我们总是唱圣歌，我认为休斯牧师之所以那样频繁地来探望我们，仅仅是为了听我们唱圣歌。他随身带着一架便携式风琴，有时就为我们伴奏。他对我们的演唱十分欣赏，说我们的演唱是唯一能与他家乡威尔士唱诗班相媲美的演唱。

卫理公会的传教士是琼斯牧师，他是一个神情紧张、情绪低落的人。在刚果发生革命期间，他曾经一直生活在刚果。他在那里的经历似乎是他精神忧郁的主要原因。他一遍又一遍地强调和解的重要性，其用意无非是我们需要与白人和解。

有一个礼拜天，当这位卫理公会的牧师正在作他那惯有的片面布道时，我注意到艾迪·丹尼尔斯一直烦躁不安。到最后，艾迪显然无法再忍耐下去。“你在这里大谈和解，但却找错了对象，”他大声说，“过去的 75 年，我们一直在寻求和解。”这对琼斯牧师已经是够受的了，因此我们以后再也没有见到过他。

琼斯并不是唯一被艾迪吓跑的牧师。一位称作赛普泰姆波兄弟（Brother September）的有色人牧师也曾经来岛上为我们传过教。有一个礼拜天，一位名叫赫尼·费里斯的囚犯自告奋勇带头祈祷，他口才特别好。对于这种宗教热情，赛普泰姆波兄弟当然非常高兴。赫尼开始用高昂的语调祈祷，在祈祷时，有时他请大家闭上眼睛进行默祷。包括赛普泰姆波兄弟在内的每个人都闭上了眼睛。艾迪蹑手蹑脚地走到前面，打开赛普泰姆波兄弟的公文包，拿走了当天的《星期日时报》。当时，没有人察觉此事，但是赛普泰姆波兄弟从此之后给我们布道时再也没有带过报纸。

安德烈·斯凯福勒是南非荷兰归正会的牧师。南非荷兰归正会与荷兰归正会是姐妹教会，几乎全体布尔人都是其信奉者。其传教团教堂只供非洲白人使用。斯凯福勒牧师是一个固执而又保守的家伙，他通常只对普通囚犯布道。有一个礼拜天，他信步来到了我们监禁区，我们就问他为什么不对我们布道。“你们这些人认为自己是自由战士，”他傲慢地说，“逮捕你们的时候，你们一定在酗酒和吸毒（大麻）。自由战士，哼，去你的！”但是，我们要求他给我们布道，到 20 世纪 60 年代末，他终于答应了。

从某个方面讲，斯凯福勒牧师并不是正统的宗教人士。他对宗教采取科学的态度，我发现这很有意思。许多人都是运用科学反对宗教，而他却把科学作为自己宗教信仰的支柱。我记得在一次传教演讲中，他谈到了来自东方的三位智者，他们在一颗彗星的指引下来到了伯利恒。他说："这并不仅仅是一个迷信或神话。"然后他从天文学家那里找了证据，在历史上的那个时刻，有一颗彗星运行的轨迹恰恰与《圣经》中描述的路线相吻合。

由于斯凯福勒对我们越来越了解，他对我们也就更加同情。他富有一种冷峻的幽默感，喜欢拿我们开玩笑。"你知道，"他说，"在这个国家里，白人比黑人的任务更艰难。无论什么时候出了问题，我们必须找到解决办法，而无论什么时候你们黑人有问题，你们总是有借口。你们可以简单地说一句'Ingabilungu！'"我们立即哈哈大笑起来，不仅因为他的发音滑稽，而且还因为他的这个观点把我们逗乐了。"Ingabilungu"是一个科萨词，意思是"这是白人干的"。他是在说，我们总是能把我们所有的问题都归咎于白人。他的意思是我们也要在自己中间找原因，也要对我们的行为负责。对此，我倒是完全赞成。

正如礼拜天是每周的休息日一样，圣诞节则是每年的休息日。只有在这一天，当局才对我们表示出某种善意。在圣诞节，我们不必去石料场劳动，我们被允许买少量的糖果。虽然我们吃不到传统的圣诞饭，但是，我们吃晚饭时会得到额外的一杯咖啡。

当局允许我们组织音乐会，举办比赛或演话剧。音乐会是最引人注目的集会。我们的音乐指挥是来自阿扎尼亚泛非主义者大会的塞尔比·恩根达尼。在加入阿扎尼亚泛非主义者大会前，塞尔比一直是南非非洲人国民大会青年团团员。他是个天生的演艺者，拥有一副美妙的好嗓子和很高的欣赏品位。

塞尔比选择歌曲，改编和弦，选出独唱演员，并亲自导演。音乐会于圣诞节上午在院子内举行。我们演唱了传统的英国圣诞歌曲和非洲传统歌曲，其中也包括一些抗议歌曲，当局对此似乎并不在意，或许根本不知道其中的差别。狱警们是我们的观众，他们与我们一样，对我们的演唱非常入迷。

在来监狱之前，塞尔比被认为是一个在政治上无足轻重的人物。但是，在监狱里，他才真正显示出他的气质。在监狱中，谁性情开朗，谁就是有人缘的人。

监狱是一个锻炼人的性格的大熔炉。有些人在身陷囹圄的压力下才显示出真实的气质，而有些人在监狱中展现的气质则与原先相比打了折扣。

除了举行音乐会之外，我们还举办象棋和跳棋比赛，有时也玩拼字游戏和桥牌。我每年都参加国际跳棋比赛，并且有几年我获得了大奖，奖品通常只是一根糖棒。我玩游戏的风格是慢条斯理和深思熟虑，策略上则偏于保守。我每走一步都要进行认真思考，步与步之间往往花费很长的时间。我不赞成类推，但是，这不但是我在下国际跳棋中推崇的操作方式，而且在政治问题上，我也坚持这样的方式。

我的对手多数都喜欢速战速决，常常对我这种玩游戏的方式失去耐心。与我一起玩游戏最多的对手是唐·戴维斯。他是非欧洲人联合运动组织的成员，是在金伯利的一个钻石矿区长大的。他是一个能吃苦耐劳、天不怕地不怕的人，也是一个容易激动的人。唐是个优秀的国际跳棋棋手，但是，他的风格正好与我的风格相反。当他下棋时，他的脸上总是挂满汗水，有时，他会变得十分紧张和激动。他落子飞快，好像速度快也能得分似的。在年终决赛中，我们有好几次一起进入了总决赛。

唐称我为“Qhipu”，因为在下跳棋的时候，我有一个习惯。我会认真地考虑每一种可能性，当我准备移动棋子的时候，我总是说“Qhipu！”意思是“来吧”，然后才移动棋子。对这一点，唐感到有些沮丧，他称呼我“Qhipu”并不是出于友好，而是由于恼怒。

唐和我举行过多次比赛，即使是赢了棋，他也要立即回到棋桌上向我挑战，提议再下一盘。唐总是要玩国际跳棋，直到我应战后他似乎才感到满意。我与他玩得时间太多，因此，我的其他爱好都荒废了。每当我在学习中没能通过一门考试，而有几位同事问我为什么的时候，我的回答都是：“因为唐·戴维斯！”我的回答往往会引起一场哈哈大笑。

我们的业余戏剧协会每年在圣诞节都有展示才华的机会。自从在福特黑尔大学扮演约翰·威尔克斯·布斯后，我的悲剧艺术才能就再也没有施展的机会，但在罗本岛上我却又一次走上了舞台。我们演的戏可能类似于现在的简单抽象派表演艺术：没有舞台，没有道具，也没有戏装，我们所有的只是台词。

我只在几出戏中扮演过角色，但是有一个角色让我至今记忆犹新，那就是索福克勒斯所写的悲剧《安提戈涅》中的底比斯国王克瑞翁。我在狱中读过一些希腊古典戏剧，我发现这些戏剧意境很高。我从这些戏剧中学到的东西是这些人物的个性通过勇敢面对艰难环境得以证明，英雄就是在最艰难环境中仍然不屈服的男子汉。

当选中《安提戈涅》这个剧本时，我自愿报名参加演出，并请求扮演克瑞翁。克瑞翁是一个老国王，为了他所热爱的城邦，他发动了一场争夺王位的内战。开始，克瑞翁是一个诚实的、爱国的国王，在他早期的讲话中充满着智慧。他认为，经验是担当领袖的基础，对人民负责高于对个人的忠诚。

> 当然，直到一个人暴露出他的立场，他对人民的统治，以及法律的制定，你才能完全了解一个人，其中包括他的性格、处世原则和判断力。经验才是试金石。

但是，克瑞翁对他的敌人进行的镇压是残酷无情的。他颁布命令，安提戈涅的哥哥波吕尼克斯的尸体不能享受正常的葬礼，因为他发动了反对城邦的叛乱。安提戈涅基于比国家的法律更高的法律而违抗了克瑞翁的命令。克瑞翁不听安提戈涅的话，也不听别人的劝说，只服从他自己内心的邪念。他的固执和愚昧使他成了领袖，但作为一个领袖，必须把仁慈之心融入公正。安提戈涅正是我们事业的象征。她以自己的方式证明，她是一个自由战士，因为她由于法律不公正而藐视法律。

72...

有的狱警开始同我们对话，而我则绝不主动与狱警对话。但是，如果他们问我什么问题，我将尽量作出回答。当一个人要学习的时候，对他进行教育是比较容易的。通常，提出这样的问题往往带有一种不满的意味："好，曼德拉，你到底要什么？"或"看，你头顶上有房顶，并且有足够的食物，你为什么找那么多麻烦？"这种情况下，我会平静地向狱警说明我们的政策，目的是解除他们对南非非洲人国民大会的神秘认识，消除他们对南非非洲人国民大会的偏见。

1969 年，岛上来了一位年轻狱警，他似乎特别想了解我。我听到谣传，我们在监狱外面的人准备策划帮我越狱逃跑，并且已经有一个内线狱警混进了罗本岛，将为我提供帮助。这个人开始与我接头，说他打算设法帮我逃跑。

他零零碎碎地把打算告诉了我：在某个夜间，他会用麻药把灯塔内的狱警麻翻，以便使船靠岸。他会为我提供我们监管区的钥匙，以便开门逃到船上去。在船上，我就可以穿上潜水衣，然后游到开普敦港。有人会把我从开普敦带到当地的飞机场并逃往国外。

我听完了他的全部计划，但是，我当时没有告诉他，这个计划听起来是多么牵强和不可靠。我与瓦尔特商量过此事，我们两人都认为这个家伙不怎么靠得住。我绝不跟他说我不打算逃跑，但是，我也绝不采取对于实施这个计划所必要的行动。他一定是有所觉察，因为，不久他就被从岛上调走了。

实际上，我的怀疑是正确的。因为后来我们得知，那个狱警是国家安全局（BOSS）的一个侦探。国家安全局是南非的秘密情报部门，他们的阴谋是先把我从岛上放走，然后，在我企图逃离国境的时候由安全部队把我击毙。整个计划都是由国家安全局制订的，就连南非非洲人国民大会计划帮我越狱逃跑的谣言也是他们制造的。

监狱长的任期通常不超过三年，到 1970 年时，我们已经度过了好几个三年。那一年，罗本岛监狱长是范·阿德上校。他是一个非常友好、和善的人，他给了我们充分的行动自由。但是，那年年底，监狱当局决定改变岛上的气氛，任命皮特·巴登霍斯特上校为新监狱长。

这是一个不祥的兆头。巴登霍斯特是全监狱管理人员中最野蛮、最专横的官员之一。他的被任命证明了一件事：政府认为岛上的管理太松懈，需要有一个强有力的铁腕人物使我们就范。巴登霍斯特的任命甚至让我们怀念起“小提包”管理我们的那些日子。

每当任命一个新监狱长的时候，我都要求见见他。我这样做的目的是让他对我们的情况引起重视，同时也了解一下新监狱长的性格特点。于是，我要求见巴登霍斯特，但遭到了拒绝。他是第一个拒绝这种请求的监狱长。

我们见到他之前早就已经领教了他的管理手段。许多有关学习和自由时间的新规定立即被取消了。显然，他想把我们通过多年努力才争取到的权利收回去。老的监狱管理人员被纷纷调离罗本岛，取而代之的是巴登霍斯特挑选的人。这些新狱警都是一些年轻而粗野的人，他们对琐碎小事都加强了管理，目的就是让我们烦恼，使我们的意志消沉。巴登霍斯特被任命后不几天，我们的牢房就遭到了搜查，书籍和资料都被没收，并且动不动就不给饭吃。就连去石料场的路上，也由狱警推推搡搡地押解着。

巴登霍斯特企图把时间退回到20世纪60年代初，用那时岛上的管理方式对付我们。对于我们提出的任何问题，答案始终是一个“不”字。要求见律师的囚犯反而遭到隔离关押，有任何不满意见也统统不予理睬。有人来探视，有时会无缘无故地被随意取消，伙食标准被降低，而审查措施则得到了进一步加强。

巴登霍斯特来岛上大约一周后，当我们正在石料场干活的时候，他和他的司机开着车来到了石料场。当时既没有介绍，也没有事先通知，他在远处从车内走出来，开始考察我们劳动的情况。我们停下手里的活儿，看着我们的新监狱长。巴登霍斯特盯着我们高声说：“曼德拉，Jy moet jou vinger uit jou gat trek（你必须把你的手指头从你屁股里拔出来）。”我根本没有在意他说这句话的意思是什么，并且连想都没有想。我开始朝巴登霍斯特走去。他离我有一段距离，没等我走到他跟前，他就钻进指挥车跑掉了。

在车内，巴登霍斯特就通过无线电通信设备向狱警下达了命令，几分钟之内，一辆大卡车来到了石料场，把我们拉回了B监禁区。他们不许我们在车上说话，到了院子里，我们被命令下车并呈立正姿势站在那里。巴登霍斯特出现在我们的面前，然后在我们面前来回地走动着。他似乎不吐脏字就不会说话。“Jou ma se moer”是他经常挂在嘴边儿的话。“你母亲是个moer。”moer是一个粗俗词，在解剖学上指女人的隐私处。

他用粗哑的声音告诉我们，他看见我们在石料场偷懒很生气。他说，因此，他可以任意地降低我们的监禁级别。尽管我们藐视这种级别划分，但是，多数人当时已经至少升到了C级。他们在C级就可以学习，D级囚犯则不准学习。监狱当局为给了我们学习的权利而感到后悔，巴登霍斯特决心纠正这个“错误”。

后来，我们的气消了之后，我发现巴登霍斯特在石料场对我说的那句粗话是有预谋的。他一直想在罗本岛恢复原来的管理秩序，一直试图挑出他认为不服从管教的人。这就像一个教师，刚接过一个好闹事的班级之后，总是企图管教那个他认为是带头闹事的学生。

73...

1971 年 5 月末，有几个西南非人民组织的人士被带到了隔离关押区。当时，西南非人民组织是南非非洲人国民大会在纳米比亚争取独立的同盟组织，领导人就是该组织的缔造者之一、勇敢的自由战士安迪巴 · 托伊佛 · 杰 · 托伊佛。听说他们正在为抗议对他们的隔离关押而开展绝食，我们立即决定参加这次行动。这使得巴登霍斯特及其监狱当局十分恼火，他认为这是公然不服从管教。

5 月 28 日深夜，我们被喊叫声和急促的敲门声惊醒。“起来！起来！”狱警们喊叫着。我们被命令脱光衣服，排着队面对院墙站着。狱警们显然是喝醉了，对我们又是叫喊又是辱骂。他们的头儿是一个名叫佛利的虐待狂，我们私下里都叫他“土匪”。

那是一个寒冷的夜晚，我们呈立正姿势赤身裸体地站在那里达一个小时之久，直冻得瑟瑟发抖。在这期间，我们的牢房被挨个搜查了一遍，狱警不住嘴地辱骂。一个小时即将结束的时候，戈万感觉胸部剧烈疼痛，很快就昏了过去。这似乎让佛利感到有点儿害怕，他赶紧吩咐我们回到我们的牢房。

狱警们对我们的牢房上上下下地搜查了一遍，却什么也没有搜查到。但是，这次搜查似乎仅仅是佛利虐待狂发作的一个借口。随后我们才知道，他在普通犯人监禁区以虐待狂而名声扫地。第二天，我们发现这伙狱警在来我们监禁区之前殴打了几名普通犯人，后来，他们又袭击了杰·托伊佛。托伊佛进行了还击，把一个殴打他的狱警击倒在地。为此，托伊佛受到了严厉的惩罚。

我们对狱警的虐待正式提出了抗议，但是，监狱当局没有理睬我们的意见。这个经历清晰地留在了我的记忆之中。但是，这种经历绝对不止一次，像这样的事情，在巴登霍斯特的指挥下是常有的事。

我们决心不能让巴登霍斯特如此肆意妄为下去。我们偷偷给岛外的人传信，让他们做工作以解除他的职务。同时，我们决心在自己内部组成一个代表团去见巴登霍斯特。我们商量了几个月的时间，最后决定了代表团的组成人员：瓦尔特和我代表南非非洲人国民大会，其他党派也各派两名代表参加。

巴登霍斯特同意见我们。我们要求他改变工作方式，恢复我们被他取消的许多权利，不然我们就要停止工作、消极怠工、绝食，甚至使用手边可用的武器。他说，他会考虑我们所提的要求。我们认为，这次同他见面为我们赢得了先机。因为，他对我们所作的努力已经有所察觉，知道我们已经把抱怨意见告诉了监狱外面的人民大众。这些努力很快就产生了效果。

几周后，我们意识到将有重要人物来探视。因为，那天是个雨天，我们正在石料场干活，监狱当局一反常态地允许我们避雨休息。第二天，我们被告知，三位大法官将来罗本岛。当局要求我们指定一个人代表大家反映意见。于是，大家选我当他们的发言人。

当我在为会见三个法官作准备的时候，有可靠消息告诉我，普通监禁区的一名囚犯遭到了一个狱警的毒打。我决定把这个情况反映给三位法官。三位法官是最高法院开普地区分院的简·斯特恩、M. E. 赛伦和迈克尔·科贝特。他们上有监狱管理局局长斯特恩将军的护送，下有巴登霍斯特的陪同。那天，我在我们干活儿的地方与三位法官见了面。

斯特恩将军把我介绍给了三位法官，并解释说，我是被大家选举出来代表其他囚犯反映意见的。于是三位法官说，那说明我必须与他们私下交谈。我回答说，我没有什么事情需要藏着掖着的，我们欢迎斯特恩将军和巴登霍斯特上校参加我们的会见。我能看得出，他们对我的话感到吃惊。我补充说，他们有机会回答我们的问题这是最好不过的。三位法官不情愿地默认了我的意见。

我开始逐项列举最近在普通监禁区发生的狱警殴打囚犯的事件。我告诉他们，我已经了解了这些事件的真相、殴打囚犯的凶狠程度，他们对犯罪事实做了手脚。我刚一开始说话，就发现巴登霍斯特不怎么自在，老是在那里动来动去。当我说完打人事件的时候，他粗暴而咄咄逼人地突然插嘴说："这个打人事件是你亲眼看见的吗？"我冷静地回答说，我没有亲眼看见，但是，我相信告诉我这件事的人。他哼了一声，用手指着我的脸说："曼德拉，你要当心。如果你谈论你没有亲眼看见的事情，你就是在自找麻烦。我的意思你是知道的。"

我没有理会巴登霍斯特，而是回头向三位法官说："先生们，你们可以自己看看，我们所面对的这位身为监狱长的人到底是怎样的人。如果他能在这里当着你们的面威胁我，那么，你们可以想象，你们不在这里的时候他将会干些什么。"科贝特法官回头对另外两位法官说："这个囚犯说的话是十分在理的。"

我用剩余下来的时间就我们的伙食、学习方面的意见一一向法官作了反映。巴登霍斯特心里一定一直在生气，而表面上，他似乎抑制住了自己的情绪。在会见结束的时候，三位法官向我表示了感谢，我也向他们说了声"再见"。

对于法官在会见后说了什么或做了什么，我并不知道。不过，在随后的几个月中，巴登霍斯特似乎有所收敛，他不再像过去那样蛮横。三位法官会见我们之后不到三个月，我们就听说巴登霍斯特即将被调离罗本岛。

在巴登霍斯特离任前几天，我被叫到了监狱长办公室。当时，斯特恩将军正在岛上视察，想听听我们是否还有抱怨意见。当我一项一项地提出我们的要求时，巴登霍斯特就在现场。当我反映完我们的意见的时候，巴登霍斯特直接对我说，他将离开罗本岛，并补充说："我只能祝你们好运了。"我不知道自己当时是否看上去被惊呆了，但是，我非常高兴。他说了人话，显示了我们以前从来没见过的一面。我感谢他的好意，并祝他在事业中也有好运。

后来，好长时间我都在思考这一个时刻。巴登霍斯特可能是我们在罗本岛上碰到的最无情、最野蛮的一个监狱长。但是，那天在办公室里，他暴露了他的本性中还有另一个侧面，这个侧面虽然不怎么明显，但是，它确实还存在着。这对每一个人都是一个好的启示，即使是似乎最冷血的人，有时也会有一颗宽容的心。如果触动到他们的心弦，他们也能有所改变。归根结底，巴登霍斯特并不邪恶，他的野蛮是由于野蛮的社会制度造成的。他行事如残暴之人，只因他因自己的野蛮行为而得到了奖励。

74...

据了解，威廉姆斯上校将接替巴登霍斯特上校担任监狱长。威廉姆斯上任后，我就要求见他，并且在他来岛上不久就见到了他。尽管他显然不是一个进步人士，但是，他待人客气、通情达理，与他的前任形成了鲜明的对照。我们希望，巴登霍斯特任期的结束将成为我们环境条件稳定改善曲线上的一个起点。

那些野蛮的年轻狱警也与巴登霍斯特一起离开了罗本岛，我们不久就又恢复了我们以前在石料场和监禁区内的正常生活。威廉姆斯可能一直就是个通情达理的人，但是，当他看到我们在石料场说话的时间比干活的时间还要长的时候，他也感到不怎么高兴。

他来岛上只有几周后，就把我叫到他的办公室。“曼德拉，”他真诚地说，“你必须帮帮我。”我问他让我帮他做什么。“你们的人不干活儿，他们不听吩咐，只干自己想干的事。这里是监狱，必须讲纪律性。讲纪律不仅对我们有好处，对你们也有好处。我们必须要有规矩，不然他们将召回像前任监狱长那样的人来管理你们。”

上校的一番话是有道理的。我接受了他的意见，并告诉他，他的要求是合理的。不过，我在答复前需要与我们的人商量一下。那时候，把单个牢房里的所有囚犯都召集起来开会显然是不允许的。通过请求他允许我们召开这样的会议，我要求他放宽规定。就像我所了解的那样，他也知道这个情况，他需要一些时间对这个问题进行考虑。

几天之内，我就接到了威廉姆斯的回话，他允许我们召开会议。一天下午，我们大家都集中在院子里，也没有狱警监视我们。我把威廉姆斯的话告诉了大家，我们认识到，通过现在让一点步，我们最终会使我们的环境条件得到改善。我决定，至少我们要像干活儿的样子。不过，不管干什么活儿，快慢必须适当。从此之后，我们说到做到，因此，我们再也没听见监狱长对我们有什么抱怨。

在威廉姆斯任监狱长的初期，也就是说，在 1971 年至 1972 年期间，不断有被抓的民族长矛军战士被关进罗本岛。这些人都经历过战斗，对国外的运动情况非常了解。虽然我对于南非非洲人国民大会人士被关进监狱感到很难过，但是，他们到来后，我渴望听他们的汇报，我特别想知道奥利佛的消息和训练营的情况，以及民族长矛军成功的经验与失败的教训。

这些人虽然战斗力特别强，但他们对监狱生活还很不习惯，其中最突出的人物之一就是吉米·阿普里尔。他是曾经在乔·斯洛沃的带领下接受过军事训练的民族长矛军军官，并曾经在罗得西亚与敌人战斗过。民族长矛军用假身份证慢慢地渗透回国内，而吉米就是其中之一，他是在南非被捕的。

吉米给我们讲述了他们经历的战争故事，但是，我也悄悄地向他打听过民族长矛军存在的问题。因为我是民族长矛军的缔造者，也是民族长矛军的第一任司令，吉米和其他人对我要比对其他人更坦率一些。他告诉了我一些军营中不尽如人意的事情以及民族长矛军军官滥用权力的问题。我要他对这些问题保守秘密，我则设法给奥利佛去信，建议对军队进行改革。

有一天，我正在监狱长办公室里会见威廉姆斯上校时，我看见吉米在另一个官员的办公室的外面。他激动地对我说："他们扣押了我的信。"

"为什么？"我问道。

"他们说里面有不准许让我看的内容。"他说。我走进了那个官员的办公室协商此事，但是没等我开口，吉米就鲁莽地冲进了办公室，大声对那个官员说："把信给我！"吉米把我推到一边，冲到那个官员的办公桌前，想自己去拿那封信。这时，那个官员拿起那封信躲在了我的身后，似乎害怕吉米袭击他。这在电影中可能是充满喜剧色彩的一幕，但是，当时却有点儿令人气愤。我回头严肃而坚定地对吉米说："不要这样，冷静下来。我会帮你解决这个问题，设法让你拿到信。现在，请你先离开。"

我的话起到了预想的效果，吉米离开了办公室。然后，我转身走到那个官员面前，他似乎特别生气。我所处的位置使我感到左右为难。我不准备与监狱当局进行对抗，而是想在我自己的人和我与之长期斗争的人之间尽量斡旋。刚刚来到岛上的那些人的好战性越来越频繁地让我陷入这种两难之境。他们的激进情绪在鼓舞我们的同时，也会给我们的日常生活带来更多的麻烦。

一周内，那位官员把吉米的信交给了我。

75...

一天上午，我们没有去石料场，而是被吩咐登上了一辆大卡车。卡车拉着我们朝一个新的方向驶去，15 分钟后，我们被吩咐从卡车上跳下来。在我们面前的晨光中，我们看到了大西洋，看到了岩石海岸在远处闪闪发光，看到了开普敦那一幢幢玻璃幕墙的大厦。我们知道那必定是一种幻觉，这座背靠赫然耸立的桌山的城市看上去离我们出奇的近，似乎伸手就能摸得到。

一位地位较高的狱警告诉我们，我们是来海边拾海草的。他让我们把冲到沙滩上的大海草捡起来，并且把粘在岩石或珊瑚上的海草拽下来。海草本身又细又长，并且呈深绿色。有的海草有 6—8 英尺长，有 30 磅重。我们把海草从浅水中捞出，然后把它们一排排地晾在海滩上，最后再把它们装在卡车的车厢里。有人告诉我们，这些海草当时是运往日本，在日本，这些海草可以用作肥料。

那天，我们感觉这个工作似乎并不累，但是，干了几个星期、几个月后，我们发现这个工作也并不十分轻松。这倒没有关系，因为我们可以从眼前这种生动的景色中找到乐趣。我们眼望着一艘艘轮船在海面上航行，油轮在远处缓缓地移动，海鸥从海中捕鱼，海豹在浪花中腾跃。一群企鹅惹得我们大笑了一通，它们就像一伙笨拙的、走路姿势十分难看的士兵。我们对桌山上空一日多变的天气感到惊奇，一会儿阴云满天，一会儿又晴空万里。

夏天，海水让人感觉是神奇美丽的。但到了冬天，本格拉寒流使那里的海水变成了惊涛骇浪。岸边的岩石被海水击打得凹凸不平，我们的腿常常在工作中被擦伤。尽管我们并没有在那里干多长时间，但是，我宁愿在海边捡海草也不愿去石料场挖石灰石。

大西洋就是一个聚宝箱。我捡到了漂亮的珊瑚和贝壳，我有时也把这些漂亮的珊瑚和贝壳带回到我的牢房里。有一次，有人在沙滩上捡到了一瓶葡萄酒，瓶盖仍然完好无损。有人说，这种葡萄酒喝起来味道像是醋。泛非大会的杰夫·马塞莫拉是一个非常有才华的艺术家和雕塑家，当局让他收集漂流的木块，他把这些木块雕刻成了神奇的艺术品，狱警都愿意花钱购买这些艺术品。他为我做了个书架，后来我使用了好多年。而监狱当局则告诉来岛上访问的人，那个书架是他们为我提供的。

海边的气氛比石料场的气氛更令人放松。我们也喜欢海边，因为我们在海边吃得特别好。每天上午我们去海边的时候，总是带上一大铁桶清水。后来，我们又增加了一个铁桶，就用铁桶当罗本岛上的海鲜炖锅，可以捡蛤蜊、贝类炖着吃。我们也抓龙虾，龙虾往往藏在石缝里。抓龙虾是个技术活儿，必须紧紧抓住龙虾的头部与尾部的中间，不然，它就会蠕动着逃之夭夭。

鲍鱼，我们称它为“perlemoen”，是我最喜欢吃的海鲜。鲍鱼是软体动物，它紧紧地贴在岩石上，必须把它撬下来才行。鲍鱼很难对付，把它的硬壳打开并不容易，如果稍一煮过头，它将变得很硬，无法下口。

我们把抓到的海鲜放在第二个铁桶中，维尔顿·穆夸毅是我们的厨师，由他负责烹调海鲜。海鲜做好了的时候，狱警们就和我们一起分享，大家坐在海滩上享受丰盛的野炊。1973 年，在我们偷偷搞到的报纸上，我们看到关于安妮公主与马克·菲利普举行婚礼的消息，详细报道了婚宴的盛况。菜单上有贝类、龙虾和鲍鱼，这让我们十分高兴，因为我们每天都在吃这些美味。

一天下午，我们正坐在沙滩上吃我们的炖海鲜，这时，特布兰奇中尉忽然走了过来，他当时是监狱长。我们假装在工作，但是，我们没能瞒过他，他很快就发现了在火上炖得滚开的一锅鲜贝。中尉打开桶盖，看了看桶内的海鲜。然后，他捞起了一个鲜贝吃起来，嘴里说着“smaaklik”。这是一句南非荷兰语，意思是“好吃”。

76...

在斗争中，罗本岛被大家认为是一座“大学”。这不仅仅是因为我们从书本上所学到的东西，或因为囚犯学习英语、南非荷兰语、艺术、地理和数学，或因为有那么多人，像比利·奈尔、阿迈德·卡特拉达、麦克·丁加克和艾迪·丹尼尔斯获得了多个学位。罗本岛之所以被大家认为是一座“大学”，是因为我们可以互相学习。我们自己教自己，我们有自己的教授、自己的课程、自己的教材。我们还对正式的理论学习和非正式的政治学习进行了区分。

我们这所大学部分地是在需要的基础上成长起来的。当年轻人来到岛上的时候，我们发现他们对南非非洲人国民大会的历史知道得很少。瓦尔特可能是最伟大的南非非洲人国民大会历史学家，他开始给他们讲南非非洲人国民大会组织的起源和早期历史。他的教学方法很科学，也很容易理解。这种非正式的历史知识经过最高组织机关编撰，逐渐形成了一种学习教材。这部教材叫做《教学大纲A》，涵盖了关于南非非洲人国民大会和解放斗争的材料，可以学习两年。《教学大纲A》还包括由凯西讲授的“印度人斗争史”，另有一位同志还在这个大纲中增加了有色人的历史，麦克曾经在德意志民主共和国学习过，他就给大家讲马克思主义。

当然，教学条件不太理想。大家按学习小组在石料场工作，大家围成一圈，把主讲人围在中间。教学风格从本质上讲是苏格拉底式的，思想和理论通过主讲边问边答给大家讲得又深又透。

我们整个教学的核心材料是瓦尔特的教材。到岛上来的南非非洲人国民大会的年轻会员对20世纪20年代和30年代就存在的南非非洲人国民大会组织知道得太少，于是，瓦尔特就带领他们学习了从1912年南非非洲人国民大会创建以来的全部历史。对于这些年轻人中的许多人来说，这是他们所接受到的唯一的政治教育。

由于这些教材逐渐被普通监禁区的人所了解，普通监禁区的同事们开始向我们索要这种教材。从此之后，这种教材也成为适合普通监禁区的囚犯学习的教材。教师把演讲材料偷偷地传给他们，而他们再把问题和评论偷偷地传回到教师手中。

这不但对我们有好处，而且对他们也有好处。这些人几乎没有接受过正式教育，但是，他们都很了解世道的艰难。他们所关心的是实际问题，而不是哲学问题。如果有一个演讲材料讲到社会主义的原则是“各尽所能，按需分配”，他们就会问：“是的，但在实践中又是什么意思呢？如果我有地没有钱，而我的朋友则有钱没有地，我们两人谁的需求更大些？”这种问题提得很有价值，能够迫使我们对自己的观点进行认真思考。

我给大家讲了几年的政治经济学。在讲课时，我总是试图讲述经济从最古老的时代到现代社会的演变，让大家大概知道原始社会向封建主义、资本主义和社会主义的发展历程。我绝不是一个学者，也不擅长当教师，我一般喜欢让大家提问题，并不仅仅是作讲演。我的教学方法并不属于哪个思想体系，但是，它有社会主义的倾向，我认为社会主义是当时人类经济生活最先进的阶段。

我除了进行非正式学习之外，仍然继续做法律工作。我有时想在我的牢房外挂上一个牌子，因为每周我都要花费许多时间为其他囚犯写申诉书。尽管根据监狱服刑规定，这是不允许的，但有各种不同的政治想法的囚犯都想得到我的帮助。

南非法律没有给辩护人进行法律陈述的权利，由于缺少这种陈述，每年有成千上万的穷人被关进了监狱。很少有非洲人能雇得起律师，他们绝大多数除了接受法院的判决之外没有别的选择。普通犯人监禁区的许多人都是没有辩护就被判了刑。有的人找我为他们写申诉书，他们大多数都是第一次与律师接触。

我收到了一个悄悄从F区或G区的一名囚犯那里传来的纸条，请求我提供帮助。我当时需要了解有关案子、起诉、证人和证词方面的详细情况。由于彼此之间的交流需要偷偷摸摸地进行，信息传递得很慢，并且是零零星星地传递。在“曼德拉－塔博律师事务所”只需要不超过半小时的咨询，而在岛上则往往需要一年左右的时间。

我建议我的“当事人”给最高法院的注册官写信，要求提供一份案情记录。我告诉那个囚犯，向注册官说明自己没有钱，希望能免费提供。有时，注册官会大发慈悲，免费为当事人提供这些材料。

得到这些案情记录后，我就立即整理出一份申诉书。通常，我写的申诉都是根据法律上的反常现象提出的，例如，偏见、程序不正确、证据不足等。我亲笔给法官写了信，然后，把信传到普通犯人监禁区。因为给另一个人写申诉书违反监狱规定，因此，我就让“当事人”自己抄写一遍，如果他不会写字，我就让他找一个会写字的人代他抄写。事实上，许多囚犯都不会写字。

我为能通过这种方式保持自己的法律知识不被荒废而感到高兴。在我帮助申诉的几个案件中，有的判决被推翻，有的被减了刑。这些小小的胜利令人感到欣慰和满意。监狱当局人为地让一个人感到无能为力，这也是改变这个制度的原因之一。我常常见不到我为他提供法律帮助的人，有时候，有人出乎意料地请我吃午饭，并低声向我表示感谢，因为我帮了他的忙。

77...

那时，对我夫人的迫害并没有停止。1972 年，安全警察踢开了奥兰多西 8115 号的大门。他们把砖头从窗子扔进了房内，并朝着前门开枪射击。1974 年，温妮被指控违反了对她的禁止令，因为当时除了孩子和她的医生之外，不准有任何其他人与她来往。她当时在一家律师事务所工作，在她吃午饭期间，有一位朋友带着泽尼和津泽去看她。为此，温妮受到指控并被判处 6 个月的监禁。她被关在奥兰治自由邦的克龙斯塔监狱，但是，她在那里的经历倒是没有她上次在比勒陀利亚监狱时那样可怕。温妮给我写信说，这次她在监狱里感觉自由了些，这更让她坚定了献身于斗争事业的信心。当局允许津泽和泽尼在礼拜天去探视她。

当温妮在 1975 年被释放的时候，我们通过书信和其他方式与我们的律师联系，制订了一个让我同津泽见面的计划。监狱规定，不准年龄在 2 岁至 16 岁的孩子探视囚犯。在我去罗本岛的时候，我的子女都在法定禁止探监的年龄段之内。这个规定背后的推理倒算不上恶毒：制定法律的人认为，探监会对儿童敏感的心灵产生负面影响。但是，对囚犯的影响可能也是同样有害的：不能看到自己的子女正是一个悲伤的源泉。

1975 年，津泽已经 15 岁了。我们计划让她母亲更改她的出生证，证明她是 16 岁而不是 15 岁，这样她就能来监狱里看我。对于非洲人，出生记录档案的保管并不统一和规范，温妮更改出生证以证明津泽早一年出生并不困难。她提出了申请，并很快得到了批准。

在津泽计划 12 月份来探视我的几周前，我有一个早就安排定的探视，即温妮的母亲。当我在探视区隔着玻璃与她会面的时候，我对她说："妈，我非常高兴，因为我不久就能见到津泽了。"我岳母以前当过教员，她当时对此有些吃惊，并且怒气冲冲地说："不，津泽不能来看你，因为她还不到 16 岁。"

我立即意识到，还没有人把我们精心策划的计划告诉她。我们身后各有一个狱警监视着我们，所以我决定，对她所说的话仅仅予以搪塞了事。于是，我含含糊糊地说："哦，那好，妈，没事。"

但是，我岳母是一个倔强的人，她不想让这件事就此罢休。"好，Mkonyanisi（这是科萨语中对'女婿'的爱称，她总是这样称呼我），你犯了一个严重的错误，因为津泽只有 15 岁。"

我瞪大眼睛让她警惕，她一定是知道了我向她传递的信息，因为她再也没提津泽的事。

自从津泽 3 岁之后，我就再也没见过她。她也是通过一张旧照片而不是通过记忆才认识她爸爸的。那天我穿上了一件新衬衣，在衣着上比平日多下了一番工夫。这是我自己的虚荣心使然，但是，为了我最小的女儿，我不想让自己看上去像一个老人。

我一年多没有见到温妮了，看到她很好我感到很高兴。我看到最小的女儿已经长成漂亮的女人，并且长得那么像她母亲，我感到更加高兴。

一开始，津泽有些害羞和犹豫。我相信，她最终看到她不真正熟悉的、只能从远方爱她的、似乎不属于她而是属于人民的这个父亲是不好受的。在内心深处，她一定对她父亲感到怨恨和生气，因为她的父亲在她童年和少年期间没在她身边呵护她。我能立即看出，像她自己的母亲在她这个年龄时一样，她也是一个自强不息而充满激情的年轻女人。

我知道她肯定感觉很不舒服，于是，我尽量使气氛缓和下来。当她到来的时候，我对她说："你见到我的贴身警卫了吗？"我的意思是指随时随地跟在我身后的狱警。我询问了她的生活、学习情况，以及她的朋友等方面的情况，然后我试图把她带回到过去的日子。对于那些日子，她几乎不记得了。我告诉她，我经常回忆起在家中度过的那些礼拜天上午，那时候，妈妈在厨房里做饭，我把她放在我的腿上逗着她玩。我记得当她还是一个婴儿的时候，在奥兰多发生过一次次小小的事故和危险，那时候，她虽然很小，但她却很少哭闹。透过玻璃，我能看见她在说话的时候尽量设法控制自己，强忍住就要流出的眼泪。

这次探望使我得到了一个悲痛的消息，温妮告诉我，布拉姆·费希尔出狱不久就得癌症去世了。布拉姆的去世使我非常难过。尽管政府没有直接对布拉姆下毒手，但是，是政府对他的无情骚扰才使他最终得上了很快夺走他的生命的绝症。甚至在他去世后，他们也仍然迫害他，政府竟然在他被火化后没收了他的骨灰。

布拉姆是一个纯粹主义者，利沃尼亚审判后，他决定通过转入地下去过一种被剥夺了法律保护的人的生活，以便更好地为斗争事业服务。他在法庭上所代表的许多人都走进了监狱，而他自己却能自由自在地生活，这使他感到十分烦恼。在审判期间，我劝说布拉姆不要走这条路，并强调他在法庭上就是对斗争的最大贡献，因为在法庭上，人民可以看到一个南非白人法官主席的儿子正在为无权利的人获得权利而战斗。但是，他不愿意让别人受苦受难而自己却享受自由的生活。就像一个在前线与战士们并肩战斗的将军一样，布拉姆不愿意让别人承担他自己不愿意承担的牺牲。

布拉姆在被保释出狱后转入了地下，并于 1965 年被捕。他因被指控犯有阴谋破坏罪而被判处终身监禁。我曾经在监狱中给他写过信，但是，监狱里规定不准囚犯之间互相通信联系。在他被诊断出得了癌症之后，新闻媒体根据人道主义精神要求释放他。新闻媒体的要求对政府产生了影响，当局把他从监狱里放了出来，并把他送到了布隆方丹他哥哥的家里，但他在布隆方丹期间仍然被软禁。仅仅几周后，他就与世长辞了。

这位奥兰治河殖民地总理的孙子布拉姆·费希尔，以各种方式作出了伟大的牺牲。不管在追求自由过程中遇到什么困难，我总是能从他那里获得力量，他始终同我的人民在一起，并且为了我的人民而战斗。布拉姆是一个为了其他民族的自由而同他自己的人民进行斗争的自由战士。

这次探视一个月后，我收到了温妮的信，她最近要求来监狱探视我的请求被当局以荒唐的理由拒绝了——当局说我不希望见温妮。我立即去见普林斯中尉，他当时是监狱长，我向他提出了抗议。

普林斯无论如何也算不上是一个老练的人，当我去见他的时候，我心平气和地说明了情况，一点也没有生气的意思。但是我说，像这样的情况是无法接受的，必须允许我夫人前来探视。

普林斯似乎根本就没有听进去，当我说完后，他说："曼德拉，你夫人只是想引起公众注意。"我告诉他，我反对他的这种说法，还没等我把话说完，他就对我的夫人出言不逊，这让我立即发了火。

我从椅子上站起来，绕开他的办公桌向他走去。普林斯开始退却，但是，我又立即克制住了自己。我真想狠狠地揍他一顿，但是，我没有用拳头教训他，而是用语言狠狠地教训了他一顿。我不是一个喜欢出言不逊的人，但是，那天我违反了自己的原则。我告诉他，他是一个不知廉耻的人，如果他再重复一次他所说的那些话，我那天绝对不会轻饶他。

我说完话后，立即气冲冲地转身走出了他的办公室。我走的时候看见凯西和艾迪·丹尼尔斯站在外面，但是，当我走回我的牢房的时候，我与他们连招呼都没打。尽管我让普林斯闭了嘴，但是，他却使我失去了自我控制能力，我认为这是自己在对手面前打了一个大败仗。

第二天吃过早饭后，两名狱警来到了我的牢房，说让我去监狱长办公室。当我到了监狱长办公室的时候，有六名武装狱警围住了我。普林斯中尉站在一边，中间是个准尉，他是监狱的起诉官。当时，气氛十分紧张。

"好啊，曼德拉，"起诉官说，"我听说你昨天很得意，但是，今天你就不会那么高兴了。我要指控你侮辱和威胁监狱长，你要知道，这是一个严厉的指控。"然后，他把指控书递到了我的手上。

"你还有什么话要说吗？"他问。

"不，"我回答说，"你可以与我的律师去说。"然后，我要求回我的牢房，普林斯一句话也没有说。

我立即意识到自己应该做什么：起草一个反起诉书，指控从中尉到司法部部长都在滥用职权。我要控告整个监狱系统是一个种族歧视机构，这个系统企图永远保持白人的霸权地位。我要把这个案子办成一个有轰动效应的案子，让他们为开始起诉我而追悔莫及。

我请乔治·毕佐斯代表我打这场官司，并很快安排与他见了面。在乔治来探视之前，我告诉当局，我要向他提供书面说明。他们问我为什么，我坦率地说，我认为探视室安装了窃听设备。当时，监狱当局不允许我提交书面说明，我必须作口头说明。我告诉他们，他们无权拒绝批准我的要求。事实上，他们的所作所为只能证明我的怀疑是正确的。

事实上，当局是在担心乔治会把我写的说明透露给媒体。这的确是我们斗争策略的一部分。他们也担心我通过乔治与在卢萨卡的奥利佛·塔博取得联系，并认为书面说明会包含敏感的信息。我以前曾经通过乔治干过类似的事，但是，我这次写的书面说明却没有包含这样的信息。

岛上开庭的日期确定了，并且从开普敦指定了一个地方法院来审理此案。在举行听证会的头一天，我被告知，我的律师将在第二天到达，我可以随便为他提供书面材料。第二天上午，我在监狱办公室里见到了乔治，我们在开庭前简要地进行了沟通。但是，没等举行听证会，起诉官却突然宣布监狱当局打算撤诉。法官把法槌一敲，宣布闭庭，然后唐唐突突地走出了法庭。乔治和我惊奇地互相看了一眼，互相庆祝这个显而易见的胜利。我正想把书面材料收起来，这时，另一个准尉走了过来，他指着我的书面材料说："把这些材料交给我。"

我拒绝把材料交给他，并说，这些材料是我与我的律师之间的机密。我把起诉官叫过来说："请告诉这个人，这些材料是受律师与当事人之间的权利规定保护的，我不想把材料交给他。"起诉官说，你说得很对，但是，案子已经结束，法庭不再开庭，这个房子里唯一说了算的就是这个准尉。准尉从桌子上拿起了那些材料，我没办法制止他。我认为监狱当局之所以撤诉，仅仅是为了这些文件。正如他后来所发现的那样，这些文件并没有包含他们尚不知道的东西。

期望逃跑也许是可能的，然而，我在岛上却从来没有考虑过逃跑。麦克·马哈拉基和艾迪·丹尼尔斯都是勇敢而足智多谋的人，他们两人总是在想办法逃跑，并研究了逃跑的可能性。多数逃跑方案都太冒险，但是，这并没有妨碍我们对这些方案进行考虑。

我们在预谋逃跑方面也取得了一些进展。杰夫·马斯莫拉是我们的能工巧匠，他设法制作了一把能打开我们监禁区及其周围所有的门的钥匙。一天，一个狱警把钥匙忘在我们走廊头上那个办公室的桌子上，杰夫拿了一块肥皂，并把那把钥匙印在了肥皂上。他通过这个在肥皂上印下来的钥匙模型和一块金属板，用锉刀做了一把钥匙。借助于这把钥匙，我们就可以进入我们牢房后面的仓库和隔离区。但是，我们从来没有离开过我们的监禁区。不管怎么说，大海是罗本岛周围不可逾越的障碍。

1974 年，麦克想出了一个逾越这个障碍的办法。他刚刚去过开普敦的一家牙科诊所，并发现那个牙科医生与一个很著名的政治犯有姻亲关系。这位牙科医生很同情我们，他曾经坚持，不取下脚镣就不给麦克治病。麦克还注意到，这位牙科医生家二楼会客室的窗子外面就是一条小街道，因此，我们可以从那里逃跑。

麦克回来后，他与我们几个人见了面，并催促我们与牙科医生预约，我们这样做了，并很快得知当局将安排麦克、维尔顿·穆夸毅、我本人和另一位囚犯在同一天去开普敦。我们三人都愿意逃跑，但是，当麦克与第四个人联系的时候，他却拒绝与我们一起走。我们对他的忠诚产生了怀疑，我担心他知道了我们的逃跑计划。

我们三人被用船送到了开普敦，然后在重兵押送下来到了牙科医生的办公室。我们三人都参加过军事训练，所以最有可能实施逃跑。麦克还带了一把刀子，准备必要时派上用场。在牙科医生的办公室里，狱警首先把所有其他病人都清理出去。我们要求把脚镣取下，在那位牙科医生的帮助下，狱警把我们的脚镣取了下来。

麦克把我们领到那扇窗子前，并向外指了指那条可供我们逃走的小街道。但是，他一看到那条街道，就立即担心起来。我们处在开普敦的市中心，并且是正中午，而那条街道却空无一人。而在他以前来这里的时候，街道上却是行人不断。“这是个圈套。”麦克低声说。我也感觉事情有些不对头。维尔顿非常生气，他说麦克是在胡说八道。“马迪巴，你害怕了？”他说。但是，我同意麦克的意见，不如我们三人索性让医生为我们彻底检查一下我们的牙齿。那位牙科医生对我们的到来感到奇怪，因为，我们的牙都没有病。

当麦克在考虑最可行的逃跑计划时，艾迪·丹尼尔斯想出了一个最富有想象力的逃跑计划。在早些时候，飞机还不准飞越罗本岛。但是，到了20世纪70年代中期，我们发现不仅有飞机从我们的头顶上飞过，而且有直升机在驶离海岸的油轮与海岸之间来回飞旋。艾迪带着他的逃跑方案来到我的面前。他的这个方案就涉及了直升机，把直升机刷上南非军用颜色，用它把我从岛上接起来，然后飞到开普敦与我们有友好关系的外国大使馆的房顶上，随之在外国使馆寻求庇护。我告诉艾迪，这个方案倒不错，应该设法把这个方案传给卢萨卡的奥利佛。艾迪确实设法把他的想法传到了卢萨卡，但是，我们没得到任何回音。

78...

在罗本岛上，祝寿是最简单不过的事。没有生日蛋糕和生日礼物，我们就凑一点儿食物，多给过生日的人一片面包或一杯咖啡。菲基勒·巴姆和我都是7月18日生人，我把圣诞节买的糖果省下一点儿，等我们两人共同过生日时尽情分享。1968年，我的50岁生日静悄悄地就过去了。但是，在1975年，当我满57岁的时候，瓦尔特和凯西带着他们的长期计划来到了我的面前，他们要使我的60岁生日更让人难以忘怀。

我们经常担心的问题之一是如何在人民面前保持斗争的意志。在前几十年里，政府封杀了绝大多数的激进媒体，并禁止刊登被禁止或被监禁的个人的言论或照片。若是给我或我的同事拍一次快照，一个编辑就可能被关进监狱，而且他的报纸也会被取缔。

一天，凯西、瓦尔特和我正在院子里谈话，他们建议我写一写自己的回忆录。凯西认为，出版这本书的最佳时间是我的 60 岁生日这一天。瓦尔特说："这样一本书，如果写得真实而公正，可以让人民了解我们的战斗历程。"他还说："同时，它将成为鼓舞年轻自由战士斗志的源泉。"这个想法打动了我，在后来的讨论中，我同意写一本回忆录。

当我决定干什么事情的时候，我总是喜欢说干就干。于是我很快就投入到了这项新的工程之中。我制订了一个相当反常的工作计划：在夜间写作，而在白天睡觉。在开始的一两周里，吃过晚饭后我先睡一小觉，到晚上 10 点钟起来，然后一直写到第二天吃早饭。在石料场干完活儿后，我会一直睡到吃晚饭，这样周而复始地一直继续下去。如此干了几周后，我告诉监狱当局我身体不太好，无法去石料场劳动，他们似乎对此并不介意。从此之后，我就能在白天大部分时间睡觉。

我们创建了一条处理手稿的流水线，每天我把我写好的稿子交给凯西，他看过后再交给瓦尔特。凯西会把修改意见写在手稿的空白处，瓦尔特和凯西总是乐意给我提意见，我也很重视他们的意见，并总是按他们的意见进行修改。

被标注得密密麻麻的稿子传递给拉鲁·奇巴后，他再花上一夜的时间把手稿转换成几乎是微型的速记稿，把十页大纸转换成一张小纸。设法把稿子偷偷地传到岛外则是麦克的工作。

很快，狱警们就产生了怀疑。他们走到麦克面前说："曼德拉在干什么？他为什么夜间老是不睡觉？"麦克只是耸耸肩说不知道。我迅速地写，仅用了 4 个月就完成了初稿。在措辞方面，我并没有过多地斟酌。我的回忆录涵盖了从我出生到利沃尼亚审判的主要经历，最后以罗本岛的日记作为结尾。

我随写随回忆我的经历。在那些不眠之夜，当我默默地写作的时候，我再一次回忆起我在库努和穆克孜韦尼的情景、来约翰内斯堡之后的兴奋和恐惧、青年团的风风雨雨、叛国审判的无休无止、利沃尼亚的轰动事件。它们就像是正在醒来的梦一样，我尽量写得简单，尽量真实地用白纸黑字把它们表达出来。

麦克机智地把抄写好的书稿藏在他用于学习的一捆记录本内。只能用这个办法才能使全部书稿瞒过监狱当局的眼睛，然后才能在1976年他被释放时偷偷把书稿从监狱里带出去。我们的安排是，当书稿被安全转移到国外的时候，麦克会秘密通知我们，只有接到书稿已经被安全转到国外的消息后，我们才能把原稿销毁。同时，我们需要先把这部500页的手稿进行妥善处理。我们认为，能够采取的唯一办法就是把手稿埋在院子的花园里。院子内的监视不很严密，并且是断断续续的，因为狱警们通常都是坐在北头的一个办公室里聊天。他们从办公室里看不见与隔离关押区相邻的南端，而在南端恰恰就有一个小花园。我早上散步的时候顺便考察了一下那个小花园，我决定就把手稿埋在那里。

为了避免挖的坑太大，我们决定把手稿分成三份掩埋。我们分了两个小包和一个大包，每个包都先用塑料布包裹起来，然后再放进空的可可容器里。这项工作必须尽快完成，于是，我请杰夫·马塞莫拉准备挖坑工具。不几天的工夫，我们就找到了几根锋利的铁钎。

一天早上吃过早饭后，凯西、瓦尔特、艾迪·丹尼尔斯和我悄悄地来到院子南端的花园中。我们假装在那里商量事情，每个人的衬衣下都藏了一部分手稿。我使了个眼色，我们立即弯下腰开始挖坑。我在中间挖，正位于一个通向排水管检修井的井盖附近。当挖到排水管的时候，我在排水管的下面挖了个洞，把三包中最大的那包手稿放在了洞内。他们三个人挖了两个较浅的洞，把另外两包手稿埋在了里面。

在大家就要排队去石料场的时候，我们已经及时地把手稿掩埋好了。那天上午我走在路上，一直为手稿的安全藏匿而感到莫大的安慰。以后，我们再也不用为手稿的事担心了。

几周后的一天，我们刚刚被叫醒，就听见院子里有一种使我不安的声响，那是镐头和铁锹刨地的碰击声。当我们被允许从牢房里出来进行洗漱时，我走到走廊的头上，设法向门外窥视。在院子南端，有一伙来自普通犯人监禁区的人正在干活。使我紧张的是，他们正在掩埋手稿的地方挖土。

监狱当局决定在隔离关押区前面垒一道墙，因为他们发现，被隔离关押的犯人能在院子里与我们联系。这伙人是在挖一道浅沟，以便为垒墙打混凝土地基。

我一边洗漱，一边设法告诉瓦尔特和凯西关于外面挖沟的事情。凯西认为，那一大包手稿被埋在排水管底下，应该是安全的，但是，另外两个小包却有可能暴露。当早饭送到院子里的时候，负责看管那伙干活的人的狱警吩咐他们离开了院子。之所以这样做，是为了防止他们与政治犯有任何亲善的机会。

我端着饭碗把瓦尔特和凯西领到院子的南头，假装有什么私事需要商量。开挖的地基沟的一头已经接近了那两个小包。同时，艾迪·丹尼尔斯也来到我们跟前，他立即发现了这个问题。

只有一件事要做：尽量不露马脚。于是，我们四人开始在掩埋两小包书稿的位置上挖起来。我们设法以最快的速度把两个小包挖出来，然后重新用土把两个坑填好。要挽救埋在排水管下面的那一大包手稿，就需要更多的时间，但是，我们相信它不会被发现，因为当局不会为垒墙而把排水管移走。

我们把挖出来的书稿藏在我们的衬衣下，然后回到了我们的牢房。艾迪那天不去石料场，我们把两包书稿交给了他，让他尽快把它们销毁。要做这件事，艾迪必然会冒着很大的危险。知道挽救了那两包书稿后，我松了一口气，并尽量在那天工作的时候不再去想那包仍然埋在地下的书稿。

当我那天下午从石料场回到牢房的时候，我并没有像往常那样去洗澡，而是直接走到院子的南头。我尽量装成若无其事的样子，但是，我被我所见到的情景吓了一大跳。那些囚犯已经平行着隔离关押区的墙挖好了地基沟，并真的把排水管给挖了出来。毫无疑问，他们已经发现了手稿。

我必须以某种不引人注意的方式退回来或作出反应。当时我并不知道，我一直受到几名狱警的监视。这些狱警后来说，我的反应证实我知道有什么东西藏在那里。我回到走廊里先去洗脸，并告诉瓦尔特和凯西，我怀疑书稿已经被发现了。还好，艾迪已经对另外两包书稿进行了妥善处理。

第二天一大早，我被监狱长召进了监狱办公室。站在他身边的是一位刚刚从比勒陀利亚来的高级监狱官员。监狱长直截了当地说："曼德拉，我们发现了你的手稿。"

我没有回答。然后，监狱长从他的办公桌后面拿出一捆稿子。

"这是你的笔迹,对不对？"他说。我还是没有开口。"曼德拉，"监狱长恼怒地说，"我知道这是你的书稿。"

"那好，"我回答说，"你必须提供证据。"

他嘲笑我的回答，并说，书稿空白处的批注是瓦尔特·西苏陆和阿迈德·卡特拉达加上去的。我再一次指出，如果要兴师问罪，他们必须提供证据。

"我们不需要证据，"监狱长说，"我们有证据。"

尽管那天没有问罪，但是，不长时间之后，瓦尔特、凯西和我被召到监狱管理局副局长路易将军面前。他告诉我们，我们在滥用学习权利，书写非法书稿。因为这个罪过，我们的学习权利被无限期地剥夺了。结果，我们失去了学习权利长达四年之久。

麦克于 12 月份被释放后，他把记录本寄到了英格兰。在南非被软禁6个月后，他逃出了南非，首先去了卢萨卡，到那里去找奥利佛·塔博，然后又去了伦敦。他在伦敦住了6个月，并同一个打字员一起，重新对书稿进行了整理，最后形成了一份打印稿。然后，他又回到了卢萨卡，给了奥利佛一本。

从那之后就渐渐断了消息。关于书稿的事，我从卢萨卡没听见任何消息，也不知道奥利佛对书稿做了些什么工作。尽管我在监狱里的时候，这个书稿并没有出版，但是，却为这本回忆录打下了基础。

79...

1976年，我接待了一个非同寻常的访客：吉米·克鲁格。他是国家监狱管理局局长，是总理内阁的重要成员。克鲁格不仅对监狱的政策很有影响力，而且在政府对解放斗争的处理方面也是一个关键人物。

我对他到来的原因多少有点儿了解。当时，政府正在大张旗鼓地推行其隔离发展政策和描绘“准独立”国的蓝图。隔离发展政策的样板就是我的侄子、恩人K. D.马叹兹玛领导下的特兰斯凯。当时，他已经成功地把几乎所有的合法反对派都镇压了下去。我记得监狱长最近以嘲笑的方式对我说：“曼德拉，你应该回特兰斯凯好好地休息休息。”

原来，这也正是吉米·克鲁格的企图。吉米身材不高，但很健壮，是一个非常直率的人。他并不像我想象中的一个内阁部长那么干练。我把这次与他见面当做反映我们的抱怨意见的又一次机会。一开始，他似乎在认真地听取我所反映的意见。我首先提醒他，1969年我们曾经给他写过一封信，但一直没有听到回音。他仅仅耸了耸肩，然后我又详细地反映了岛上的恶劣条件，并重申我们是政治犯，并不是刑事犯，应该按政治犯对待。但是，克鲁格对此却不以为然，说："哼，你们都是共产党暴徒。"

然后，我开始给他讲我们南非非洲人国民大会的历史，以及我们转入暴力斗争的原因。显然，他对南非非洲人国民大会几乎一无所知，他所知道的仅仅是右翼媒体关于南非非洲人国民大会的反面宣传。当我告诉他南非非洲人国民大会的历史远比国民党的历史长的时候，他竟然无言以对。我说，如果认为我们是共产党人，那他应该再读一读《自由宪章》。他茫然地看着我。看来，他从来也没有听说过《自由宪章》。我发现一个内阁部长竟然如此闭目塞听。是的，我不应该为此而感到惊奇，国民党政客惯常于对那些他们并不懂的东西一概横加谴责。

我提出了我们的释放问题，并提醒他 1914 年发生的南非白人造反案。南非白人尽管在议会中有代表，并且也能召集会议甚至可以投票表决，但他们还是使用了暴力。即使是德·威特将军和凯普将军领导着 12000 人的武装力量，攻城略地，造成了许多死亡，但他们两人在被判处高级叛国罪之后不久就被释放了。我还提到了劳贝·雷布朗特，他在第二次世界大战期间组建了地下组织，反对南非支持同盟军，为此，他被判终身监禁，但不久也被释放了。克鲁格对他自己人民的历史中的这些事件就像对《自由宪章》一样，似乎一无所知。与那些没有共同语言的人商讨问题，无异于对牛弹琴。

克鲁格把所有这些事实都搁置到一边，他说："那只不过是古老的历史。"于是，他提了一个具体的建议。尽管他以粗暴著称，但是，他却以恭恭敬敬的态度提出了他的建议。他简明扼要地说，如果我承认特兰斯凯政府的合法性，并愿意搬到那里去居住，就可以大大缩短我的刑期。

我也恭恭敬敬地听着，直到他把话讲完。我说，首先我反对班图斯坦政策，我不会给予支持；其次，我来自约翰内斯堡，我回去的地方也应该是约翰内斯堡。克鲁格对我进行了劝说，但是，他并没有成功。一个月后，他带着同样的建议又来到罗本岛，我再一次拒绝了他的建议。这是一个只有叛徒才能接受的建议。

80...

尽管我们在收集新闻和情报方面作出了很大的努力，但是，我们对现实形势的了解仍然是肤浅的。外界所发生的事件往往被我们首先听到的传闻所蒙蔽，只有随后通过报纸报道或来岛上探望的人才有可能得到证实。

1976 年 6 月，开始我们听说国内发生了大动乱。这种谣传稀奇而荒唐：索韦托的年轻人打败了政府的军队，军队的士兵放下武器开了小差。直到第一批参加过 6 月 16 日暴动的年轻犯人于 8 月份来到罗本岛的时候，我们才知道了真实情况。

1976 年 6 月 16 日，15000 名学生在索韦托集会，抗议政府关于中学要有一半班级必须在接受教育时使用南非荷兰语的规定。学生们不愿意采用压迫者的语言学习，教师也不愿意用压迫者的语言教学，但家长和教师们的恳求和请愿都遭到了拒绝。于是，警察特遣队与群情激奋的学生队伍发生了对峙。警察没有示警就开了枪，打死了年龄只有 13 岁的学生赫克托·彼得森和其他许多人。孩子们用棍棒和石块进行反抗，接着就演变为群众暴乱，有几百名孩子伤亡，并且有两名白人被用石头砸死。

那天发生的事件震撼了南非的每一个村镇。暴动又进一步在全国引发了骚乱和暴力活动。为政府暴力的殉难者举行的集体葬礼变成了全国联合行动的导火索。南非的年轻人突然爆发出前所未有的反抗精神，而学生们则在全国范围内发起了联合抵制运动。南非非洲人国民大会的组织者们加入了学生的抗议行列，积极支持学生的抗议活动。班图教育制度弄得其发明者焦头烂额，因为这些愤怒而勇敢的年轻人就是这种教育制度的受害者。

9 月份，隔离关押区关押了几位暴动中被逮捕的年轻人。通过在相邻走廊中与他们低声交谈，我对所发生的真实情况有了一定了解。我的同志们和我都特别高兴，似乎在 20 世纪 60 年代体现出来的这种群众抗议精神在 20 世纪 70 年代开始大爆发。在这些年轻人中，多数人都离开南非参加过我们的军事行动，然后又悄悄地回到南非。他们数以千计地在坦桑尼亚、安哥拉和莫桑比克军训营中接受了军事训练。没有什么事情比知道监狱外的人正在支持我们的事业更让人欢欣鼓舞了，因为我们就是为了这个事业而被关进监狱的。

这些年轻人与我们以前见过的那些人完全不一样。他们勇敢、好斗，富有攻击性；他们不守纪律，一有机会就喊“政权”。他们的天性就是好斗，而不是合作。监狱当局不知道如何对付他们，他们把罗本岛搅了个底朝天。在利沃尼亚审判期间，我曾经对安全警察说过，如果政府本身不进行改革，将来取代我们的那些自由战士总有一天会使得当局怀念我们。这一天真的在罗本岛上到来了。

在这些年轻人中，我看到了时代所应有的那种狂热的革命精神。事实上，我早就知道一些。几个月前，我与温妮见面的时候，她就用我们的语言代码设法告诉我，有一个新兴的对社会不满的阶级，他们富有战斗精神，并信仰非洲主义。她说，他们正在改变斗争的性质，我们应该注意他们。

这伙新囚犯对岛上的恶劣条件感到吃惊，他们认为岛上的环境是无法容忍的，他们不理解我们是如何能在这样的环境下生活的。我告诉他们，应该了解一下 1964 年的罗本岛，但是他们几乎与怀疑监狱当局一样地怀疑我们。他们对我们关于纪律性的要求不予理睬，认为我们的劝告是软弱的、不果敢的表现。

显然，他们认为我们这些曾在利沃尼亚受过审的人是温和派。那么多年以来，我们一直被谴责为激进的革命分子，而现在却被认为是温和派，这是令人感到新奇但又不十分愉快的。我知道，我可以采取两种方式：责备他们的粗野，或者听听他们要说什么。我还是选择了后一种方式。

当这些人中有人来到我们监禁区的时候，例如南非学生组织的斯特里尼·穆德雷和黑人大会组织的萨特斯·库珀，我要他们向我们提供有关他们的组织及其哲学的资料。我想了解一下，是什么原因促使他们参加了斗争，是什么东西对他们产生了激励作用，他们对今后又有什么打算。

他们来到岛上不久，监狱长就来找我，要我帮他一下忙，特别与这些年轻人谈一谈。他要我告诉他们，应该对自己进行约束，应该知道他们是在监狱里，要接受监狱的管教。我告诉他，我不想做这件事。如果我这样做了，他们就会把我看成是压迫者的帮凶。

这些人连监狱里的基本规定都拒绝遵守。有一天，我在监狱长办公室里刚刚与监狱长谈完话。当我与少校走出办公室的时候，正好遇见一个年轻的囚犯，他正在那里与一位监狱管理人员交谈。这位年轻人大概还不超过 18 岁，在高级监狱官员面前仍然戴着囚帽，这显然违反了监狱的规定。当少校走过去的时候，他也没站起来，这又违反了监狱的规定。

少校看了看他说:“请把帽子摘下来！”那个年轻囚犯没有理睬。然后，少校生气地说：“摘掉你的帽子！”那个年轻囚犯回头看着少校说：“为什么？”

我几乎不相信自己的耳朵。“为什么？”这样的反问无疑具有反叛意味。少校似乎大吃一惊，但是，他还是对年轻人的反问作了回答。他说：“这是违反规定的。”那位年轻囚犯反驳说：“你们为什么有这样的规定？制订这个规定的目的是什么？”对于少校来说，囚犯提这样的问题是无法容忍的，他生气地跺着脚走出了那个房间，说：“曼德拉，你与他谈一谈。”但是，我不会管他的闲事，仅仅朝那个年轻囚犯点了点头，让他知道我站在他这一边。

这是我们第一次与黑人觉醒运动组织接触。随着南非非洲人国民大会、阿扎尼亚泛非主义者大会和共产党被取缔，黑人觉醒运动帮助年轻人填补了真空。“黑人觉醒”与其说是一种运动，倒不如说是一种哲学思想，即黑人必须把自己从长达三个世纪的白人统治造成的自卑感中解放出来。只有这样，非洲人民才能增强自己的信心，真正把自己从被压迫状态下解放出来。虽然黑人觉醒运动组织提倡建立一个非种族歧视的社会，但是，他们排斥白人在建设这样的社会中所发挥的作用。

这种思想对我来说并不陌生，可以说与我在25年前创建南非非洲人国民大会青年团时的思想十分相似。那时候，我们也是非洲主义者，我们也强调自尊心和自信心，我们也反对在斗争中得到白人的帮助。从许多方面看，“黑人觉醒”集中体现了黑人对从来没有消失的同样的问题的一种相同的反应。

但是，正如我们已经超越了我们的青年团世界观一样，我相信这些年轻人也将会超越“黑人觉醒”思想的种种束缚。尽管我为他们的战斗精神所鼓舞，但是我认为，他们以黑人为中心所体现的哲学思想是宗派主义的，它集中体现了一种不十分成熟的中间观念。我认为，作为一个老一代政治领导人，我的作用可能会帮助他们树立包容性更强的“大会运动”思想。我也知道，这些年轻人最终将会遇到挫折，因为“黑人觉醒”思想既没有提供行动纲领，也没有提供斗争方式。

尽管我们把黑人觉醒运动组织阶层作为南非非洲人国民大会的一块沃土，但是我们并不想吸收这些人作为我们组织的成员。我们知道，这样会使他们和岛上的其他党派彼此之间的关系有所疏远。我们的政策是对他们友好、热情，并赞赏他们所取得的成绩，而不是让他们改变信仰。如果他们来到我们面前问：“南非非洲人国民大会对班图斯坦是什么政策？”“《自由宪章》关于民族化是怎么说的？”我们会向他们作出回答。他们也的确有许多人都来问过我们诸如此类的问题。

我个人也曾用偷偷递条子的方式与他们中的某些人接触过。我同来自特兰斯凯的一些人交谈过，并向他们询问了有关我老家的一些问题。来到这个岛上的这些人中，有的在斗争中已经很出名。我听到过关于帕特里克·“泰勒”（恐怖）·勒寇塔斗争如何勇敢的报道。他是南非学生运动组织的一个领导人，我给他传递过一个欢迎他来罗本岛的条子。

“恐怖”这个绰号来源于他在足球场上的威猛。不过，他的辩论能力也非常强。他不赞成他的一些同志存在的种族排他性思想，而是逐步接近南非非洲人国民大会的观点。有一次，“恐怖”决定在岛上参加我们的组织，但是，我们却让他很失望。不是我们不想要他，而是我们认为这种做法会在普通监禁区造成紧张气氛。

但是，“恐怖”绝不会以“不”字作为回答，反而公开对南非非洲人国民大会表示拥护。随后不久，对他不满的黑人觉醒运动成员用园丁叉袭击了他。他被救治之后，监狱当局指控了袭击他的那些人，并想把他们送上法庭。但是，为了和睦相处，我们劝说“恐怖”不要提起诉讼。他听从了我们的劝说，并拒绝承认遭到过他们的袭击。于是，这个案子就这样被搁置了起来。我认为，这样的审判正中监狱当局的下怀。我想让这些年轻人知道，南非非洲人国民大会就像一个巨大的“帐篷”，能够容纳许多持不同观点和不同身份的人。

发生这件事之后，闸门似乎已经被打开，许多黑人觉醒运动组织的年轻人都决定加入南非非洲人国民大会，其中也包括那些曾策划袭击“恐怖”的人。“恐怖”在普通犯人监禁区中上升到南非非洲人国民大会组织的最上层，不久就开始向其他囚犯宣传南非非洲人国民大会的政策。像他这样的人，他们的勇气和眼光都可以证明，我们的观点仍然是有说服力的，仍然在总体上代表了统一解放斗争的最良好的愿望。

政治斗争在F区和G区仍然在继续。我们听说，在普通犯人监禁区，南非非洲人国民大会、阿扎尼亚泛非主义者大会和黑人觉醒运动组织之间发生了冲突，有数名南非非洲人国民大会人士遭到了殴打。另外，一大批南非非洲人国民大会人士被监狱当局指控，审判将在罗本岛行政法庭进行。南非非洲人国民大会从岛外请了一位律师来处理这个案子。尽管我没有亲眼看见这次冲突，但是，我仍然被邀请作为人格证人参加审判。当然，这不是一个好差使。虽然我非常愿意为我们的同志提供证词，但是，我不想采取会使南非非洲人国民大会、阿扎尼亚泛非主义者大会和黑人觉醒运动组织之间的矛盾进一步扩大的任何行动。

我认为，我在监狱内的角色不仅仅是南非非洲人国民大会领导人，而且也是团结的促进者、忠诚的中间人以及和平的使者。我不愿意在这次争端中袒护任何一方，甚至是我自己的组织。如果我代表南非非洲人国民大会作证，那将危及我在不同党派之间进行协调的可能性。如果我要竭力维护团结，我就必须担当起协调员的职责，尽管这可能会导致我自己的某些同事因此而疏远我的后果。

因此，我决定不去作证。我的这个决定使我的一些同事感到失望，但是，我认为这个问题已经严重到足以使他们产生不满的地步。更重要的是，必须让黑人觉醒运动组织的年轻人明白，斗争是不可分割的，我们有着共同的敌人。

81…

当局只顾对付这些年轻的“雄狮”，而或多或少地让我们自己管理自己。我们在石料场进行的消极怠工已经进入了第二个年头，我们要求彻底结束一切体力劳动。我们要求得到的权利就是，要做对我们的时代有用的事情，例如研究或学习一门手艺。我们甚至不想去石料场走走过场、装装样子，但我们也仅仅是在我们自己的人中间谈谈而已。在1977年年初，监狱当局宣布结束体力劳动，取而代之的是我们可以在监禁区打发我们的日子。他们为我们安排了一些在院子里干的活儿，但是，这不过是一块掩盖他们“宣布投降”的遮羞布。

这个胜利是我们不停地进行抗议和当局的后勤管理跟不上两方面结合在一起产生的结果。监狱当局一般是每三个囚犯配备一名狱警。在索韦托事件的囚犯到来之前，狱警的人数就显得不够用，而富有造反精神的年轻学生来到岛上之后，就需要更多的人对他们进行管理。他们是那么勇敢，似乎每个人都必须有一个专门的狱警才能应付得过来。如果我们都在自己的监禁区里，这样就只需要较少的狱警。

对我们来说，体力劳动的结束是一种解放。现在我可以读书、写信，与我的同志们讨论问题，或者处理法律文件。自由时间允许我去追寻我在罗本岛养成的最大的业余爱好：收拾菜园和打网球。

要在监狱里存活下去，你必须要找到在日常生活中感到满足的办法。你可以通过许多办法去实现这种满足，例如：洗衣服，使自己的衣服特别干净；打扫走廊，使走廊上没有一点儿灰尘；收拾自己的牢房，使自己的牢房尽可能有更大的空间。一个人在监狱外干大事会感到自豪，而在监狱内干小事同样会感到满足。

几乎自从我在罗本岛上开始服刑，我就要求监狱当局允许我在院子内开辟一个菜园子。几年中，他们毫无理由地拒绝了我。不过，最终他们总算同意了，我在对面的墙根处开垦了一片狭长的小块土地，搞了个小菜园。

院子内的土地非常干旱，而且有很多石块。院子是用废渣垫起来的，为了开辟菜园，我必须把大量的石块挖出来，使植物有生长的空间。那时候，我的一些同志与我开玩笑，说我是一个不折不扣的矿工，因为我白天在石料场挖石灰石，而业余时间又在院子内挖石头。

监狱当局为我提供了种子。开始，我种植了番茄、辣椒和洋葱，都是一些不需要沃土或精心照料的耐寒植物。第一茬收成不怎么好，但后来收成很快增加了。当局并没有为允许我开辟这个小菜园而感到后悔，因为这个小菜园绿色满园之后，我常常为狱警提供最好的番茄和洋葱。

虽然我一直喜欢种植蔬菜，但是直到我被关进监狱后我才能够得到一小块土地种植蔬菜。我第一次在菜园里种菜是在福特黑尔大学学习的时候。在那里，作为大学要求体力劳动的一部分，我曾经在我的教授的一个菜园里劳动过。作为脑力劳动的一种调节，我喜欢与土坷垃打交道。到了约翰内斯堡后，一开始是学习，然后是工作，我既没有时间也没有地方去施展我的园艺才能。

我开始订购种植蔬菜和园艺方面的书籍。我学习了各种种植技术和施肥技术。但是，我没有那么多书中介绍的材料，只能通过试验并在一次次的失败中学习种植技术。有一段时间我想种花生，用了不同的土壤和肥料，但是最终还是没有成功。这是我遭遇的唯一一次失败。

对我来说，种植蔬菜是监狱中为数不多的自己能说了算的事情之一。先是播种、观察各种植物的生长，然后是照料植物，最后就是收获。这样的劳动过程可以提供一种简单但是经久的满足。作为这一小块土地的主人，它为我提供了一点自由的感觉。

从某种程度上说，我把菜园作为我的生活的某些方面的象征。一位领导人也必须管理好自己的菜园，他也要播种、看护、耕作，最后才能去收获。像一个园丁一样，一个领导人必须对他所培育的东西担负起责任。他必须关心自己的工作，要驱赶敌人，要保留可以保留的东西、除掉不应保留的东西。

我给温妮写了两封信，介绍一棵长得特别漂亮的番茄。我告诉她，我如何精心地侍弄它，从播种一直到长成一棵结出深红色果实的大番茄树。但是，后来不知出了什么差错或缺乏护理，那棵番茄开始凋零、枯萎，而我对此却毫无办法。当它最终枯死的时候，我小心地把它从地里拔出来，洗干净后“埋葬”在菜园的一个角落里。

我用很长的篇幅叙述了这个小故事，不知她是否读懂了那封信。但是，当我写那封信的时候，我有一种复杂的感情：我不想使我们之间的关系像那棵番茄一样枯死，但是，我又感觉没有能力培养我们生活中那些最重要的关系。对于一些必定要消亡的事物，有时你是无力回天的。

结束人工劳动的一个意想不到的结果是我的体重增加了。尽管我们在石料场很少干得满身是汗，但是，来回步行去石料场足以使我保持着原来那修长的体形。

我一直认为，体育锻炼不仅对身体健康十分重要，而且对心情平和也非常关键。以前，很多时候我只能通过击打沙袋而不是拿同志或警察消除气愤和驱赶烦恼。锻炼能消除紧张，而紧张是心情平静的敌人。我发现，当我身体状况好的时候，我的工作也会好，而且脑子也好使。因此，锻炼成为我生活中雷打不动的活动。在监狱里，有一种驱除烦恼的方式是绝对重要的。

就是在罗本岛上，我仍然坚持我以前的拳击训练模式，从礼拜一到礼拜四，我坚持跑步和体能训练，然后，休息三天。礼拜一到礼拜四早晨，我在牢房里跑 45 分钟，然后做 100 个俯卧撑、200 个仰卧起坐、50 个下蹲运动和其他各种体能训练活动。

在我给孩子的信中，我经常督促他们坚持做锻炼，参加像篮球、足球或网球之类的快速体育活动。通过参加这些活动，就可以消除一切可能发生的烦恼。尽管我在督促我的孩子们坚持身体锻炼方面不能算是那么成功，但是，我仍然设法影响我那些更不愿意活动的同志去参加锻炼。对于我这个年龄的非洲人，锻炼身体通常不是能够坚持下来的一种运动。经过一段时间之后，瓦尔特早上也开始在院子里跑上几圈。我知道有些年轻同志看我在那里锻炼，他们会自言自语地说：“如果那个老年人能锻炼身体，我为什么不能呢？”

于是，他们也开始锻炼。

从一开始与监狱外的探视者和国际红十字会的来访者见面时，我就在强调为我们提供适当的锻炼时间和设施的重要性。可直到 20 世纪 70 年代中期，在国际红十字会的资助下，我们才得到了像网球和乒乓球台这样的运动设施。

在我们停止了石料场劳动的同时，一位狱警主张把我们的院子改造成一个网球场。院子的大小倒是正合适。于是，普通犯人监禁区的囚犯把水泥地面涂成绿色，然后，按照传统网球场的样子画上白线。几天后就拉起了球网，我们突然在前院里有了自己的温布尔登球场。

我在福特黑尔大学读书的时候打过几次网球，但无论如何也称不上是网球手。我的正手相当有力，而反手却比较弱。但是，我打网球是为了锻炼身体，并不是为了追求风度。这是取代来回去石料场步行的最好的、唯一的一种运动方式。在我们监禁区中，我是第一批打网球的人之一。我是一位后场网球手，轻轻一抽就可以过网。

结束体力劳动后，我有了更多的读书时间，但是，我一直在使用的书现在都读透了。当我所学的那几门课程被取消的时候，我仍然在攻读伦敦大学的法律学士学位。在利沃尼亚审判期间，我就开始攻读这个学位，学习权利被剥夺了四年，这将毫无疑问地使我在攻读这个学位时花费更长的时间。

但是，中止学习权利也有一个意想不到的好处，那就是使我阅读了许多其他的书籍，如果不中止我的学习权利，我就不会阅读这么多的书。现在，我对小说也十分感兴趣，而不是仅仅钻研一本又一本的合同法。

在罗本岛上，并没有供我随便挑选书籍的图书馆。我们看了许多不易记忆的神话小说、侦探小说和少量达夫妮 · 杜穆里埃的著作。政治书籍是被禁止的，任何关于社会主义或共产主义的书都是绝对不准读的。要借阅一本书名里头有“红”这个字的书，哪怕是《小红帽》，都会被审查官拒绝。尽管 H. G. 威尔斯写的《星球大战》是一本科幻小说，但也由于书名中有“大战”二字而被拒绝。

开始，我想阅读一些关于南非的书或由南非作家写的书。我阅读了纳丁·戈迪默写的所有当时未被禁止的小说，学到了大量有关白人自由敏感性的知识。我还读了许多美国小说，印象特别深的是约翰·斯坦贝克写的《愤怒的葡萄》。我发现，该书中描写的移民的困境与我们南非劳动人民的处境十分相似。

我多次反复阅读过的一本书是托尔斯泰的巨著——《战争与和平》(尽管书名中有“战争”二字，但是，这本书却允许阅读)。我特别喜欢关于库图佐夫将军的描写，俄国宫廷中的每个人都低估了他。库图佐夫之所以打败了拿破仑，正是因为他没有被宫廷大臣们那种目光短浅的观点所动摇，并在对他的将士和人民的深切理解的基础上作出了自己的决定。这就又一次提醒我，一个人要想真正领导他的人民，那么他必须真正地了解他的人民。

82...

在索韦托学生暴动之后，我得知温妮与我的老朋友恩塔托·莫特拉纳医生一起参与了“黑人父母联合会”的活动。该联合会是一个与当地专业人士和教会首脑有关的组织，他们对学生起到帮助和中间调解人的作用。当局像担心年轻造反派一样，对父母联合会也十分担心。8 月份，学生暴动后不到两个月，温妮被依据《国内安全法》逮捕，并未经指控就被关进了约翰内斯堡的福特监狱。她在那里被关押了 5 个月。在这期间，我能给她和我的两个女儿写信，表示我对她们的支持和休戚与共的情感。对于她被关押，我感到非常苦恼，尽管这次她显然没有受到虐待。12 月份被释放后，她更坚决地投入到斗争事业中去。

尽管被禁止活动，温妮决心从哪儿跌倒还从哪儿站起来，当局为她在索韦托年轻激进分子中有那么高的知名度而感到吃惊。他们试图削弱她的影响，并采取了厚颜无耻的行动：对她实行国内流放。1977 年 5 月 16 日夜间，多辆警车、轿车和一辆卡车停在奥兰多西我们的房子外面，他们把我们的家具和衣物装上了卡车。这一次，温妮并没有被逮捕、拘留或审问，她被流放到自由邦的一个名叫布兰德福特的小镇上。我从凯西那里得知了详细情况，而他是从一个来探视的叫辛杜的牧师那里听到这个消息的。

布兰德福特大约位于约翰内斯堡西南 250 英里处，在自由邦布隆方丹的正北面。经过长途跋涉之后，温妮、津泽和她们的衣物都被扔在一座三间式锌皮顶的铁皮房子前面。这座房子位于布兰德堡一个荒凉的非洲人居住的乡镇上，是一个非常贫穷、非常落后的地方。那里的人生活在当地白人农场主的控制之下。温妮感到惊恐不安，因为当地语言是塞索托语，温妮不会讲这种语言。

她的新处境使我感到悲伤和愤怒。当她在索韦托的家中的时候，我至少能想象她在厨房里做饭和在休闲室里阅读的情景，我还能够想象她在房内醒来时的身影。对我来说，这一切都是那么熟悉，也是我感到安慰的源泉。在索韦托，即便是她被禁止活动，周围也有朋友和亲属。而在布兰德福特，她和津泽却是孤立无援的。

我在去布隆方丹的路上走过那个乡镇，但是当时并没有怎么注意它。在到处充满了贫穷和荒凉的地方，也确实没有什么可记忆的。当时我不知道布兰德福特 802 号这个地址有一天对我来说会是如此的熟悉。我又一次感觉到，似乎温妮和我同时都被关进了监狱。

通过温妮的来信，我知道她们在布兰德福特的生活是非常艰难的。她们没有取暖设施，没有卫生间，也没有自来水。乡镇上没有商店，而镇上的小卖部对非洲顾客都是充满敌意的。大多数白人讲南非荷兰话，并且十分保守。

温妮和津泽一直处在警察的监视下，并且经常遭到他们的骚扰。几个月内，津泽被安全警察的恐吓搅得十分烦恼，但津泽并没有遭到禁止。9 月份，在温妮的律师们的帮助下，我提交了一份紧急申请，要求禁止布兰德福特的当地安全警察对我女儿进行骚扰。书面材料递交给了法官，描述了警察闯入房间对津泽进行恐吓的详细情况。法官认为，津泽应该在安静的状态下接受探视者。

温妮是一个适应能力很强的人。没过多长时间，她就赢得了镇上人们的好感，其中也包括周围的一些有同情心的白人。她在“反饥饿组织”的帮助下向镇上的人提供食物，还为镇上的儿童兴办了一个托儿所，并募集资金，在很少有人见过医生的地方建立起了一家诊所。

1978 年，泽尼与斯威士兰的索布胡萨国王的儿子图布姆兹王子结了婚。泽尼是我的第二年轻的女儿，也是我与温妮生的第一个孩子。那时，他们两个是在学校里认识的。由于身陷囹圄，我无法履行一个父亲的传统责任。按照我们的风俗，新娘的父亲必须与没过门的女婿谈一次话，对他的前途作出评价。他还必须确定送多少聘礼，然后要新郎亲自送到新娘的家中。在举行婚礼的那一天，女方的父亲必须把女儿交给新郎。尽管我对新郎没有任何不放心的地方，但是，我请我的朋友和法律顾问乔治·毕佐斯代替我履行了父亲的职责。我请乔治与王子谈一下，问问他打算如何照顾我女儿。

乔治在他的办公室里与王子见了面，然后安排在罗本岛上与我商量此事。由于泽尼不到 21 岁，在法律上我必须同意她结婚才行。我在咨询室与乔治见了面，他看见一个狱警和我在一起而感到吃惊。我解释说，这是按规定办事，因为这次被认为是家人探视，而不是一次法律访谈。我开玩笑地对乔治说，我没有什么事情需要对我的警卫人员保守秘密。

乔治对我说，两个孩子如何互相爱慕，我未来的女婿又是如何有前途，等等。他的父亲索布胡萨国王是一个开明的传统领袖，同时也是一位南非非洲人国民大会成员。当乔治转告我新郎家所提的条件时，他不厌其烦地指出，新郎是斯威士兰的王子。我让乔治转告新郎，他要娶的也是一位泰姆布的公主。

泽尼成为斯威士王室的成员有许多好处：她立即被授予了外交特权，可以随便探视我。那年冬天，她与图布姆兹结了婚之后，他们一起来看我，还带着他们的新生女儿。由于王子的社会地位，我们被允许在咨询室里相互见面，而没有用那个用墙和玻璃隔离开的探视室。我焦急地等待着他们的到来。

当他们走进咨询室的时候，那确实是一个美妙的时刻，我站起身来，当泽尼看见我的时候，她把她的小女儿递给丈夫，穿过咨询室来拥抱我。自从她大约与她自己的女儿那么大之后，我就再也没有抱过我这个已长大成人的女儿。这是一场令人激动的经历，时间似乎就像科幻小说中过得那么快，转眼之间，自己的孩子就已经长大成人了。然后，我又与我的女婿拥抱，他把我的小外孙女递给我，在整个探视期间，我再也没有把她放下过。用我一双长期以来一直在握着镐头和铁锹的粗糙的大手托着那么脆弱、那么柔软的新生婴儿,是那么令人由衷地高兴。我想,任何一个男子汉抱着一个婴儿时，都不会比那天的我更高兴。

那天见面还有一个更重要的目的，就是让我给小外孙女起个名字。在南非，由外祖父起名是一种风俗习惯。我给她起的名字是扎孜蔚，意思是“希望”。这个名字对我来说具有特殊的意义，因为我在监狱里那么多年从来没有放弃过希望，现在，我也决不会放弃希望。我相信这个孩子将是南非新一代的组成部分，对他们来说，种族隔离将成为一种遥远的记忆，这就是我的梦想。

83...

我不知道索韦托动乱之后到底是监狱内发生了巨大的变化，还是监狱外我的家庭生活发生了巨大的变化。但是，1976 年以后的一两年里，我一直处于朦胧、怀旧的心绪之中。在监狱里，一个人有许多时间回忆过去。可以说，记忆既是一个朋友，也是一个仇敌。我的记忆把我带到了一个既大喜又大悲的时刻。我梦中的生活非常富有，我似乎在重新经历过去的那些令人高兴和令人悲伤的旧时光中度过了一个又一个的夜晚。

我做了一个挥之不去的噩梦。在梦中，我刚刚从监狱里放出来。不过，那个监狱并不是罗本岛，而是在约翰内斯堡。我走到进入市区的大门之外，发现没有人迎接我。事实上那里什么也没有：没有人，没有汽车，也没有出租车。然后，我开始步行去索韦托，我走了好几个小时才到达奥兰多西，然后转弯来到了 8115 号，最后我看到了我的家。但是，那里却是一座空房子，是一个鬼屋，所有的门和窗子都敞开着，但却一个人也没有。

不过，并不是我所有被释放的美梦都是那么黑暗。1976 年，我给温妮写信，向她诉说了一个比较愉快的梦：

> 2 月 24 日夜里，我梦见开着车回到了 8115 号，发现房子里有许多青年人在跳摇摆舞和银莫巴舞。我的突然到来使他们感到非常吃惊。有人热情地向我打招呼，其他人则悄悄离去，我看见，卧室里同样挤满了家人和关系密切的朋友。你正在床上休息，马卡托（我儿子）看上去很年轻，正面朝着墙躺在那里睡觉。
>
> 可能我在梦中回想起了 1956 年 12 月份那两周的情景，当时马卡托才 6 岁，我把马库鲁（艾韦琳的母亲）一个人留在家

中。当时，马卡托与他母亲还住在奥兰多西，但是，我回家前几天，他来到了他姥姥的身边，并睡在了我的床上。他非常想念我，睡在我的床上一定能多多少少地减少他对我的思念之情。

我在详细叙述那些愉快时刻并感到幸福的同时，也为因我不在家经常给我的家庭带来痛苦而感到懊悔。下面是我在1976年写的另一封信：

当我2月25日早晨醒来的时候，我正在像往常一样地深深思念着你和孩子们。这些天来，我有相当多的时间是在想念你们母子，也想念母亲和亲朋好友们。你可能不知道我是如何一直在思念，并且实际上经常想象使你身心保持良好状态的所有的一切，其中包括每天都要说的那些充满深情的话和使别的女人灰心丧气的那些令人恼火的事……我甚至还记得，有一天，当你正怀着津泽的时候，你在费力地修剪指甲。我现在满怀羞愧地回想这些事情，对于这些事情，我本应该替你去做。不管我是否意识到了这些事情，我的看法是，我尽到了我的职责，第二个孩子就要出生了，现在由于你的身体状况而面临的一切困难都只能由你一个人承担。我唯一的安慰是当时我所过的那种生活几乎没有足够的时间让我去想这些事情，也不知道我回去的时候，情况将会是个什么样子……

当我写这封信的时候，你美丽的照片仍然悬挂在我的左肩上方2英尺高的墙上，我每天早晨都仔细地把上面的灰尘拂去，这样做能使我感到高兴，就像以前我正在对你爱抚的感觉一样。我甚至用我的鼻子去触你的鼻子，以便重新感受过去每当我这样做的时候在我的血液中产生的那种通电的感觉。诺利莎的照片正对着我在桌子上放着。当我得到这样两位漂亮的女士的脉脉注视的时候，我的情绪怎么会低落呢。

诺利莎不是我的家庭成员，但我一直保存着她的照片。我在1976年给我女儿津泽的信中透露了有关她的身世的秘密：

> 顺便告诉你，你母亲告诉过你关于我的牢房中那个来自安达曼群岛的女士诺利莎的事情吗？她曾一直与你、泽尼、恩丁迪、南迪、曼拉（后三位是我的孙子、孙女）、马基和你母亲做伴。这是你母亲很少向你们提及的一件事，因为她在某些程度上把俾格米美女当做情敌了，几乎不会怀疑我是从《国家地理》杂志上把她的照片裁下来的。

当我自由散步的时候，我不停地思念着那一天。我一遍又一遍地幻想着，自己可能做些什么。这是打发时间的一种最好的办法。我于1976年再一次把这些白日梦写在了纸上：

> 我希望能开着车拉着你进行一次很远很远的旅行，就像我在1958年6月12日所做的那样。不同的是，这一次我更喜欢我们两个单独旅行。我离开你已经有那么长的时间，我回去后想做的第一件事就是让你离开那个令人窒息的环境，自由自在地开着车与你在一起，使你有机会呼吸一下新鲜空气，看一看南非的美丽景点，看一看那些绿草和树木、鲜艳的野花、波光粼粼的河水以及在草原上吃草的动物，并能与沿途我们遇见的那些淳朴的村民聊聊天。我们的第一站就是你父母安息的地方。我希望，他们互相靠着静静地躺在那里。那样，我就能向使我可以像现在这样愉快而自由的人表示敬意。也许，这些年来我很想告诉你的这些故事就是从这里作为开始。这种气氛可以使你的耳朵更灵敏，并使我把精力集中在吸引人、启迪人和有建设性的那些方面。然后，我们就停下来，然后接着去穆帕卡尼斯瓦和诺塞凯尼（我的父母）居住的地方，那里的环境也是同

样美好。我相信，当我驾车回到 8115 号的时候，我们的精神将更加饱满，意志将更加坚定。

20 世纪 70 年代初，当局开始允许我们接收直系亲属的照片，温妮给我寄来了一个影集。无论什么时候，只要收到温妮、子女或孙子、孙女的照片，我都会小心翼翼地把它们贴在影集里。我珍视这本影集，通过它，我就可以随时看到我所爱的人了。

但是，在监狱里，任何权利的获得都会伴随着烦恼。尽管我被允许接收照片和保存影集，但是，狱警们却经常搜查我的牢房并没收温妮的照片。最后，当局终于不再没收照片，我也最终整理好了我的影集。影集厚厚地集了一本，其中有全家所有人的照片。

我不记得谁是第一个请求借我的影集的人，但肯定是我们监禁区的人。我高兴地借给了他，随后还有两个人也曾经借过。很快，许多人都知道我有一本影集，因此，就连 F 区和 G 区的人也来借阅我的影集。

一般情况下，F 区和 G 区的人很少有人探视，甚至很少有人来信，拒绝让他们通过这个窗口观察外面的世界未免有点儿太吝啬。但是，没有多长时间，我就发现我那本宝贵的影集被弄得破旧不堪，并且有许多绝版照片被人取走了。这些人在他们的牢房里见到某些个人的东西就会引发绝望的情绪，因而无法控制自己。每当发生这种情况，我就会下决心重新整理一本影集。

有时候，人们仅仅是向我要一张照片，而不是整个影集。我记得有一天，一个普通犯人监禁区的黑人觉醒运动组织的年轻人给我带来了食物，并把我拉到一边说："马迪巴，我想要一张照片。"我说："好啊，就给你一张。""什么时候给？"他十分直率地问。我回答说，我可以在周末给他。这似乎使他感到满意，于是就想离去，但是，他忽然又转身说："注意，不要给我老太太的照片。你要给我一个年轻姑娘的照片，津泽或泽尼的照片。记住了，不是老太太的照片！"

84...

1978 年，经过将近 15 年要求听新闻广播和读报的权利的斗争终于有了结果，监狱当局向我们作了妥协。他们开始为我们提供自办播放新闻的服务，但仍然不允许我们得到报纸和听新闻广播。他们所提供的所谓服务，只是每天通过监狱内部的播音系统广播一下经过筛选的新闻摘要。

这种新闻广播既不客观也不全面。岛上的几个信件审查员只是通过其他的每日新闻编一个简单的新闻摘要。所以，播放的内容针对政府来说都是好消息，而对政府反对派来说则是坏消息。

第一次广播以关于罗伯特·索布克韦之死的报道开始，其余的早期报道则大都是关于伊恩·史密斯的军队在罗得西亚打了胜仗和在国内拘留政府反对派的新闻。尽管全是歪曲事实的报道，但是，我们仍然愿意得到这些新闻。从字里行间去解读有一种自我满足感，并且，我们还可以根据明显的删节进行种种猜测。

那一年，我们通过内部消息得知，P. W. 博塔已经接替约翰·沃斯特出任总理。狱警没告诉我们的是，沃斯特的辞职是媒体揭露信息部滥用政府基金这一丑闻的结果。除了知道博塔一直是一位霸气十足的国防部长并曾经在 1975 年支持军事入侵安哥拉之外，我对他并没有多少了解。我绝对不认为他会是一个改革者。

我刚刚看了一本沃斯特的官方自传（这是一本不在监狱图书馆收藏之列的书），发现他是一个肯为自己的信仰付出代价的人，并且曾因在第二次世界大战期间支持德国而进过监狱。对沃斯特的下台，我们一点儿都不感到惋惜，因为他把反对自由的战斗提高到了一个新的高度。

不过，就是没有这种经过删改的广播新闻，我们也能知道当局不想让我们知道的事情。我们得知，莫桑比克和安哥拉于 1975 年取得了解放斗争的胜利，从而成为拥有革命政府的独立国家。时代的潮流正在冲刷着南非的路。

随着岛上开放程度的提高，我们此时也有了自己的电影院。我们几乎每周都能在与我们的走廊相邻的大房间里通过挂在墙上的一面床单凑合着看电影。后来，我们有了正规的银幕。电影是一种奇妙的娱乐方式，对凄凉的监狱生活来说无疑是一种逃避。

我们最初看的电影都是好莱坞的无声、黑白动作片和美国西部片。这些电影甚至是我们之前那个时代的产品。我记得其中有一部电影是《佐罗的面具》，影片中有一个闯荡江湖的道格拉斯 · 范朋克斯（佐罗扮演者）。这部电影是 1920 年拍摄的。当局似乎有些偏爱历史电影，特别是对有严肃道德寓意的电影更是偏爱有加。我们看过的早期电影现在都已经拍成了彩色片，并且都配上了音，像由查尔顿 · 赫斯顿主演摩西的影片《十诫》、尤 · 伯连纳主演的《国王和我》、理查德 · 伯顿和伊丽莎白 · 泰勒主演的《埃及艳后》。

我们对《国王和我》一片十分感兴趣，因为它描写了东西方价值观之间的冲突，似乎说明，西方有许多东西需要向东方学习。对于《埃及艳后》大家是有争议的，我们许多同志对埃及王后由一个黑头发、紫眼珠的美国女演员扮演有异议，这不仅仅是个漂亮不漂亮的问题。持不同意见的人们坚持认为，该电影是西方宣传的一个例证，他们企图抹杀克利奥帕特拉是一个非洲女人这个事实。我向他们讲述了我去埃及时，曾亲眼见过年轻、黑肤色的克利奥帕特拉的漂亮雕像。

后来，我们也看到了黑人影星演的南非本土电影，我们以前都知道这些黑人影星。在那些夜晚，我们那个简陋的剧院里回荡着喊叫声、口哨声和欢呼声，有时是在为一位老朋友出现在银幕上欢呼。随后，我们被允许自己选择看纪录片。我喜欢纪录片，从此之后，我开始跳过传统电影（但我绝不漏过片中有索菲亚 · 罗兰的任何电影）而选择看纪录片。纪录片要从国家图书馆租用，通常由阿迈德·卡特拉达挑选，因为，他是我们监禁区的图书管理员。我看过的一部关于第二次世界大战中历次大海战的纪录片，它对我影响很大。这部纪录片展现了被日本人击沉的英国皇家海军舰艇“威尔士王子号”的特写，而最让我感动的是当温斯顿·丘吉尔听说英国舰艇被击沉而流泪的那个镜头。这个镜头在我脑海里停留了很长一段时间，它向我展示，有时一个领导人也可能在公共场合表现出自己的悲伤，而这并不会影响他在人民心目中的形象。

我们还看过一个关于长期存有争议的美国摩托车俱乐部——“地狱天使”的纪录片。这部纪录片把地狱天使们描写成为一群不顾后果、崇尚暴力和反社会的人，而把警察们描绘成正派、正直和值得信赖的人。当电影结束时，我们立即开始讨论这部纪录片的意义，大家几乎无一例外地批评地狱天使们无法无天的举动。但是，一位名叫斯特里尼·穆德雷的黑人觉醒运动组织的年轻成员站起来，谴责大家看问题脱离了时代这个具体条件。因为，摩托车骑手代表的是1976年反抗当局的索韦托学生。他还责备我们就像影片中的右翼当局，属于落后的中产阶级知识分子，而不代表摩托车骑手。

斯特里尼的责备引起了轰动，许多人起来谴责他，认为地狱天使们没有辩护的余地，把我们的斗争与这帮反社会分子相比拟实际上是对我们的一种侮辱。但是，我对斯特里尼所说的话进行了思考，虽然我不赞成他的观点，但是我仍然为他进行了辩护。即使地狱天使们冷漠无情，并且他们都是令人讨厌的反叛者，但是，他们针对的却是统治者当局。

我对地狱天使并不感兴趣，但是正如斯特里尼认为的那样，我比较关注的问题是，我们的革命意志是否出了问题。我们被关在监狱里的时间已经超过了15年，而我自己则已经在监狱里待了将近18年。情况已经发生了很大的变化，而我们的危险就在于思想已经僵化。监狱在这个转动着的地球上是一个静止点，在世界滚滚向前的同时，我们在监狱里很容易停留在原来的地方。

我一直努力接受新的思想，从不拒绝接受任何新的或不同的观点。在岛上的那些岁月里，我们始终就我们的信仰和思想不断进行对话，并就此开展辩论和提出问题，因而使我们的信仰和思想得到了净化。我认为，我们并没有停滞不前，我们的思想已经有所进步。

尽管罗本岛越来越开放，但仍然没有迹象表明政府正在改变自己的看法。即使如此，我仍然不怀疑我们总会有一天将获得自由。我们也许受制于某个地方，但是，我们深信世界将朝着对我们有利的方向转动，而不是背离我们而去。这部影片又一次提醒我，当有一天我真的走出监狱时，我不想成为一块年代久远的政治化石。

经过了漫长的 15 年之后，当局终于于 1979 年通过岛上的内部广播系统宣布，从此之后，非洲人、有色人和印度人都享受一样的伙食标准。但是迟到的正义就像被否定的正义一样，一种如此滞后、如此勉强宣布的改革似乎并不值得庆祝。

所有的囚犯早晨都可以得到同样多的糖：一调羹半。但是，当局并非仅仅给非洲人增加定量，而是在为每个非洲人增加半调羹糖的同时，少给了每个有色人和印度人半调羹糖。没有多长时间，非洲囚犯早晨开始有了面包，但是，并没更多的改善。几年以来，我们狱友之间一直把分得的面包集中起来，然后再共同分享。

我们的伙食在前两年就已经得到了改善，但是这种改善并不能归功于当局。在索韦托暴动之后，当局作出了决定，罗本岛将成为关押南非“治安囚犯”的专门监狱。普通囚犯的数量大幅度地减少。结果，政治犯第一次被分派到伙房工作。政治犯一进伙房，我们的伙食马上有了改善。这并不是因为他们做饭的技术更高超，而是因为偷拿食物的现象立即得到了制止。新的炊事员们不再克扣我们的食物或用我们的食物贿赂狱警，而是把我们应得的那份口粮全部分给了我们。蔬菜的数量更多了，我们的汤中和菜中也有了肉味。只有到这时，我们才知道我们多年来应当吃到的是怎样的伙食标准。

85...

1979 年夏季有一天，我正在院子里打网球，我的对手打了个让我很难接的斜线球。当我快速地横向移动去接球的时候，我感到我的右脚跟痛得很厉害，使我不得不停下来。接下来的几天里，我走路时就一瘸一拐的。

我在岛上找一个医生为我做了检查，他认为我应该去开普敦找一个专家看一看。监狱当局对我们的身体健康越来越重视，害怕我们死在监狱里，果真如此，他们就会受到国际社会的谴责。

尽管在正常情况下，我和别人都希望去开普敦，而作为一名囚犯，情况就完全不同了。我戴着手铐被放在船上的某个角落里，周围有五个全副武装的狱警看管着。那天海浪很大，船颠簸得很厉害，当船行驶到罗本岛与开普敦之间的半路上时，我感觉我们的船有倾覆的危险。在两个按年龄足以充当我的孙子的年轻狱警后面，我发现有一件救生衣。我自言自语地说："如果翻船，我会在这个世界上作最后一次孽，越过两个狱警先抢到那件救生衣。"但是，船最后并没有翻。

在码头上，有更多的狱警在迎接我们，另外还有少量围观的群众。当那些普通市民看到一个服刑的囚犯在他们面前走过时，脸上露出了惧怕和厌恶的表情，看到这种情形，使我感到自己的人格受到了污辱。我真想躲藏起来，但是却又无法躲藏。

一个年轻的外科医生给我做了检查，他问我以前脚跟是否受过伤。事实上，我在福特黑尔大学读书时曾经伤过脚。一天下午，我正踢足球，就在我抢球的时候，感觉我的脚跟像烧灼一样疼痛。我被弄到了当地医院，那是我平生第一次去医院看病。在我生长的那个地方，没有非洲医生，找白人医生看病是从来没有听说过的事情。

福特黑尔的医生检查了我的脚后跟，他说我需要动手术。这个诊断结果使我十分恐惧，我生硬地告诉他，我不让他给我动手术。在我生命的那个阶段，我认为找医生看病就不是男子汉，接受治疗就更不用说了。“随你自己的便，”他说，“但是，当你年龄大了的时候，这个病肯定会给你带来麻烦。”

开普敦的外科医生用 X 光对我的脚后跟做了检查，发现里面有碎骨片，这些碎骨片可能自从我在福特黑尔大学时就已经存在。他说，他要通过局部麻醉把碎骨片取出来，这一次我立即就同意了。

手术很顺利。当做完手术后，医生告诉我如何注意保护我的脚后跟，他的话被狱警负责人野蛮地打断了，那个狱警负责人说我必须立即返回罗本岛。外科医生对此非常生气，他以极其威严的语气说，曼德拉先生必须在医院里住一夜。他无论如何也不肯让我离开医院。那个狱警负责人被镇住了，只得默然同意了医生的意见。

我有生以来第一次在一个正规医院里住了一夜，这使我感到非常愉快。护士们一直在为我跑前跑后。那天夜里，我睡得很好。第二天早晨，一伙护士走进我的病房说，我应该穿医院发的睡衣睡裤和病号服。我向她们表示感谢，并告诉她们，我所有的同志们都会因此而羡慕我。

从另一方面说，我认为这次来开普敦也是有启示意义的。因为，在医院里，我感受到了黑人与白人之间的融洽关系。医生和护士都对我很好，似乎他们平生一直都在平等地对待黑人。这对我来说是一种新的、不同的感受，甚至可以说是一种鼓舞。我再一次坚定了我长期坚持的“教育是偏见之敌”的信仰。这些人都是科技人员，而科技是不分种族的。

我唯一的遗憾是，在我去医院前没能有机会与温妮联系。报纸上出现了谣言，说我快要死了，她为此十分担心。但是，当我回到岛上的时候，我立即给她去信，消除了她的担忧。

1980 年，我们拥有了购买报纸的权利。这虽然是一个胜利，但是，正如司空见惯的那样，每得到一个新的权利，里面都会包含着意料不到的复杂情况。新的规定要求，A 类囚犯可以每天购买一份英语报纸和一份南非荷兰语报纸。但问题是，如果 A 类囚犯被发现把报纸给了非 A 类囚犯看，那他将丧失购买报纸的权利。我们对这个限制提出了抗议，但是，抗议也没有用。

我们得到了两份日报——《开普时报》和《公民》，都是比较保守的报纸，特别是后者。尽管如此，监狱审查员每天都要对每份报纸进行审查，把他们认为对我们来说是不安全的文章剪掉。到我们收到这些报纸的时候，上面到处都是“天窗”。很快我们就能用《星报》、《兰德每日邮报》和《星期日时报》对剪掉的内容进行补充。但是，这些报纸却审查得更为严格。

我肯定不可能读到的一篇文章是 1980 年 3 月刊登在《约翰内斯堡星期日邮报》上的，标题是“释放曼德拉！”上面还有一个请愿书，人们可以在上面签名要求释放我和我的政治犯同志。尽管报纸上仍然禁止刊登我的照片或任何我曾经说过或写过的话，但是，这份邮报仍然发起了一场关于释放政治犯的公开大讨论。

这个主意是奥利佛 · 塔博和非洲人国民大会在卢萨卡想出来的。这次请愿运动是我们实施新战略的一个基础，而这一新战略将使我们的事业更加深入人心。非洲人国民大会决定，通过把这个运动集中在一个人身上，可以使要求释放我们的请愿更有针对性。毫无疑问，后来成为这一运动支持者的数百万人当时还不知道到底谁是曼德拉。（有人告诉我，当邮报刊登的“释放曼德拉！［Free Mandela］”这一消息传到伦敦时，多数年轻人都认为我的教名就是“自由”［Free］。）岛上有少数人对此事也有不同的看法，他们认为，请愿运动针对某个人违背了组织的集体原则。但是，多数人则认为，这是唤起民众的一种策略。

前一年，我在印度获得了“贾瓦哈拉尔 · 尼赫鲁人权奖”，这是斗争出现转机的另一个证明。我当然还是被拒绝出席颁奖仪式，温妮也没得到准许，但是，奥利佛还是在我缺席的情况下接受了这个奖。我们感到，非洲人国民大会正在复兴。民族长矛军的破坏战正在升级，这支军队已经更加成熟。6 月份，民族长矛军战士在约翰内斯堡正南的萨索尔堡大型炼油厂实施了爆炸。同时，民族长矛军在具有战略意义的地点精心策划了为期一周的系列爆炸活动。炸弹在东德兰士瓦、杰米斯顿、戴维顿和新布赖顿等地的发电厂，在比勒陀利亚郊外的福尔特莱克霍尔特军事基地遍地开花。这些都是具有战略意义的地点，很容易引起世人的注意和政府的担心。在 P.W. 博塔的支持下，国防部长马格纳斯 · 马伦将军采取了一项被称为“总攻”的政策，这是为对付解放斗争而在全国实行军事化的一项应急措施。

“释放曼德拉”运动也有它的薄弱环节。1981 年，我得知伦敦大学的学生提名我作为大学荣誉校长的候选人。毫无疑问，这是一个很高的荣誉，而我的对手不是别人，正是安妮公主和贸易联合会的会长杰克 · 琼斯。最终我得了 7199 票，败给了英国女王的女儿。我给在布兰德福特的温妮发了一封信，告诉温妮，我希望这次投票能有片刻把她那简陋的铁皮房变成一座城堡，使那些小房间像温莎古堡的舞厅那样豪华。

要求释放我们的运动重新让我们燃起了希望。在 20 世纪 70 年代初那些艰难的日子里，非洲人国民大会似乎坠入了阴影之中，我们不得不强迫自己不向绝望低头。我们在许多方面都错误地估计了形势。我们认为，到 20 世纪 70 年代，我们就会生活在一个民主的、无种族歧视的南非。但是，随着我们进入了又一个新的十年，我们对一个新南非感觉到的希望又重新燃烧起来。有时，我清晨起来走出牢房，进入院子，发现那里的每一种有生命的动物和植物，像海鸥、鹡鸰、小树，甚至小草的叶片，都在阳光下微笑和闪光。正是在这个时候，我才感觉到这个狭小的、封闭的世界角落的美丽。我知道，有一天我的人民和我都将会获得自由。

86...

像我父亲一样，我一直是作为泰姆布国王的参事接受培养的。尽管我选择了另外一条道路，但是我仍然试图以自己的方式去实践我一直被培养的那个角色的责任。在监狱里，我努力与泰姆布国王保持联系，尽最大努力去劝说他。随着我的年龄越来越大，我的心思也经常回到特兰斯凯的那些青山绿水之中。尽管我不会在政府的劝诱下到那里去，但是，我梦想有朝一日能回到一个自由的特兰斯凯。1980 年，我听说泰姆布的最高首领萨巴塔 · 达林迪叶波国王被特兰斯凯的首相、我的侄子 K. D. 马叹兹玛罢黜了王位，对此我感到十分震惊。

一群泰姆布酋长紧急要求与我见面，他们的要求得到了当局的批准。当局通常愿意让我与那些传统领导人见面，因为他们相信，我越是参与部落和特兰斯凯的事务，我对斗争事业的参与就越少。

政府提升了那些传统领导人的权力以便与非洲人国民大会相抗衡。尽管我的许多同志认为，我们应该拒绝承认那些传统领导人，但我仍然倾向于对他们加以关注。做一个传统领导人还是当非洲人国民大会的成员，两者之间并没有冲突。这个问题在岛上引起了一场最持久、最复杂的论战：非洲人国民大会是否应该参加政府设立的机构。许多人认为这是通敌行为。我又一次想，有必要在原则和战术之间加以区别。我认为，关键的问题是一个战术问题：我们的组织是通过参加这些机构才能更强大，还是拒绝参加这些机构才能更强大？在这种情况下，我认为还是通过参加这些机构，我们的组织才会更强大。

我在探望区的一个大房间里与酋长们见了面，他们向我介绍了他们进退两难的处境。尽管他们从内心里赞成萨巴塔，但是他们都害怕马叹兹玛。听了他们的介绍之后，我劝他们支持萨巴塔，反对马叹兹玛，因为马叹兹玛正在非法地、厚颜无耻地篡夺国王的权力。我同情他们的处境，但是我却不能宽恕马叹兹玛的所作所为。我请他们转告我对萨巴塔的支持和对马叹兹玛的反对态度。

马叹兹玛也要求探视我，以便与我讨论萨巴塔和家庭问题。作为我的侄子，他实际上多年来一直想安排这样的探视。尽管马叹兹玛声称要讨论家庭问题，但是，这样的探视无疑会引起政治后果。从马叹兹玛第一次提出这种要求的那一时刻起，我就征求过我监禁区内的最高组织机关和非洲人国民大会人士的意见。有的仅仅耸耸肩说："他是你的侄子，他有权来探视你。"但是，雷蒙德、戈万和凯西则坚持认为，尽管这样的探视可以被解释为家庭事务，但是，里面和外面的人都会认为这是我对一个人及其政策的支持。这就是为什么马叹兹玛想来看我的原因，也是我不能接受这种探视的原因。

我理解并且在很大程度上赞成他们的观点，但是，我还是想见见我这位侄子。我也许总是过高地估计面对面探讨问题的重要性和我自己在这种探讨中能够说服对方改变观点的能力。我一直希望，我能说服马叹兹玛更改自己的政策。

最终，我们监禁区里的非洲人国民大会人士决定，不反对马叹兹玛来岛上探视我。为了发扬民主，我们然后又就这个问题征求了F区和G区里我们的人的意见，他们都表示坚决反对。斯蒂夫·茨韦特说，这样的一次探视将在政治上帮助马叹兹玛，因此是不能接受的。斯蒂夫·茨韦特是普通犯人监禁区里的非洲人国民大会领导人。他们许多人都注意到，马叹兹玛已经设法通过任命温妮的父亲——哥伦布·马蒂奇泽拉为其政府的农业部部长来拉拢我。他们说，如果马迪巴不同意他来探视，这对他来说将是一个很大的打击。我接受了普通犯人监禁区里的非洲人国民大会人士的意见，遗憾地告诉监狱当局，我不接受我侄子的探视。

1982年3月，监狱当局告诉我，我的夫人出了车祸，并住进了医院。他们了解的情况很少，我对她的情况可以说一无所知。我谴责监狱当局封锁消息，紧急要求允许我的律师来看我。监狱当局把这个消息作为一件武器，并且被证明是一件很管用的武器。我一直对我夫人的健康状况忧心忡忡，直到 3 月 31 日温妮的律师和我的朋友杜拉·奥马尔来探视，我才感到好了一些。

很快，杜拉就使我不再担心温妮了。她乘坐的车确实翻了车，但是，她一点儿也没伤着。我们见面的时间很短，当我被带回 B 区的时候，我心里仍然老是想着温妮，我为自己无能为力和不能帮助她而烦恼不已。

我刚回到我的牢房不久，监狱长和其他监狱官员就来探望我。这是一件极不寻常的事情，因为监狱长一般不到牢房里看望囚犯。当我刚刚站起身来的时候，他们就到了，并且监狱长真的进了我的牢房，而我的牢房却几乎无法容纳下我们两个人。

“曼德拉，”他说，“我要你收拾起你的东西。”

我问他为什么。

“我们准备把你转移到别的地方。”他简单地说。

“转移到哪里去？”

“我不能说。”他回答道。

“我要求知道为什么。”他只告诉我，他接到来自比勒陀利亚的指示，要求立即把我转移出罗本岛。监狱长走出了我的牢房，然后又去了瓦尔特、雷蒙德·穆拉巴和安德鲁·木兰基尼的牢房，向他们下达了同样的命令。

我的心里很不安。这到底意味着什么？我们将到哪里去？在监狱里，一个囚犯只能提问题，在一定程度上也可以反驳，但却不能违抗命令。我们既没有得到警告，也没有任何准备。我在岛上被关押的时间已经超过了 18 年，难道就这样突然地离开？

我们每人发了几个大硬纸盒，以便装我们的东西。我在近 20 年中所积攒的全部家当用这几个纸箱就可以装得下。我们收拾了半个多小时。

当其他人知道我们将离开这里的时候，走廊里出现了一阵混乱，但是，我们没有时间向我们这些年的同志好好地道别。对监狱来说，这是又一件不光彩的事情。与其他囚犯结成的友谊和忠诚关系，对监狱当局根本就不算什么。

几分钟之内，我们都上了渡船，向开普敦驶去。我借着落日的余晖回头看着那座小岛，不知道我是否还能再见到它。一个人对任何事情都能够习以为常，我就已经习惯了罗本岛。我在那里生活了将近 20 年，虽然它不是一个家——我的家在约翰内斯堡，但是，它已经成为一个能够使我感觉舒服的地方。我一直认为，改变是困难的，离开罗本岛也不例外，不管当时它是多么令人可怕。但是，我不知道在企盼什么。

在码头上，我们在武装狱警的包围下被推上了一辆闷罐车。闷罐车似乎行驶了一个多小时，我们四个人就一直在黑洞洞的车厢里站着。我们通过了一个又一个检查站，最终闷罐车停了下来。车的后门被打开了，我们下车后摸着黑沿着水泥台阶向上走，通过几道铁门后，进入了另一个安全设施。于是，我设法问一个狱警我们来到了什么地方。

“波尔斯穆尔监狱。”他说。

第十部

与敌人对话

87...

波尔斯穆尔是最大的安全监狱，它位于开普敦东南几英里处一个名叫陶凯的、由绿草坪和整齐的平房构成的繁华的白人住宅区附近。监狱本身坐落在开普敦一个十分漂亮的风景区，北面有康斯坦提亚伯格山脉，南面有数百公顷葡萄园。但是，我们在波尔斯穆尔监狱那高高的水泥墙后面，却看不到这种自然美。在波尔斯穆尔，我第一次体会到了奥斯卡·王尔德关于囚犯称天空为蓝色帐篷的绝妙比喻的真实性。

波尔斯穆尔监狱表面上很摩登，但内里却很原始。楼房特别是监狱管理人员住的楼房既整洁又新潮，但是，囚犯住的牢房却陈旧而又污浊。除了我们几位，波尔斯穆尔监狱里的囚犯都是普通犯人，他们的待遇很差。我们被同他们隔离开，待遇也不一样。

直到第二天早晨，我们才对周围的环境有了全面的了解。我们四人被安排在监狱的一个顶层公寓里居住。那是一个位于三楼的宽敞的房间，整个三层楼上只有我们四个囚犯。主房间干净而且时髦，是一个 50 英尺长、30 英尺宽的长方形房间，并有单独的卫生间，里面有马桶、小便池，还有两个水池和两个淋浴头。房间里有四张正规的床，床上有床单和毛巾被。对于 18 年来多数时间都睡在铺着薄席的石头地板上面的我们来说，这是十分奢侈的。与罗本岛相比，我们就像住进了五星级大酒店。

我们的楼层有一个 L 形阳台，是一个露天的、有半个足球场那么大的户外场所。白天，我们可以在阳台上活动一下。阳台垒着大约 12 英尺高的白色混凝土墙，因此，我们只能看见蓝天。在一个角上，我们可以看到康斯坦提亚伯格山脉的山梁，特别是那个叫“象眼”的山头。我有时认为，这个山头就是世界其他地方的冰山之巅。

没说明原因忽然就被转移到一个新地方，这一点令人感到十分迷惘。一个人在监狱里必须做好准备应付突如其来的变化，但是，对于这样的变化我们却从来没有料想到。虽然我们现在是在大陆上，但是，我们却感觉更加孤单。对于我们来说，罗本岛现在已经成为斗争的中心。我们从眼下尚能彼此为伴而得到一些安慰，并在我们为什么被转移的沉思中度过了几周的时间。我们知道，当局早就对我们在青年囚犯中所产生的影响而感到不满和惧怕。但是，似乎更合逻辑的理由是，我们认为监狱当局企图通过把领导班子转移出来以斩断非洲人国民大会在岛上的龙头。罗本岛本身正在斗争中变成支撑斗争事业的神话，他们要通过把我们转移到别的地方消除某些象征性的意义，因为像瓦尔特、雷蒙德和我都是最高组织机关的成员。但是,有一件事不太好理解,那就是木兰基尼也在这次转移之列。安德鲁不是最高组织机关的成员，也不在罗本岛上的主要领导人之列。我们认为，监狱当局可能并不知道这个情况，他们关于我们的组织的情报时常不够准确。

我们的推测几个月后似乎得到了证实。这时，凯西也被转移到了波尔斯穆尔监狱，他的确一直是最高组织机关的成员。更重要的是，凯西一直还是我们联络工作的负责人，正是由于他所做的工作，我们才能与新的年轻囚犯进行沟通。

凯西到来几周后，还有一个我们不认识的人也加入了我们的行列,他甚至不是来自罗本岛。帕特里克·马库贝勒是一个年轻的律师，也是东开普省的非洲人国民大会成员。他之前与格里菲思 · 穆森基签了约，成了格里菲思的入门弟子。格里菲思是一位非常受人尊敬的律师，他曾经为许多被扣押的非洲人国民大会人士担任过辩护律师,而于去年在德班附近遇刺身亡。马库贝勒因叛国罪被判刑 20 年，是从约翰内斯堡的迪普克鲁夫转到波尔斯穆尔监狱来的。原因是他在迪普克鲁夫监狱组织囚犯兴风作浪。

开始，我们对这个新来的囚犯抱有戒心，怀疑他有可能是监狱当局安插在我们中间的密探。但是，我们不久就发现并不是那么回事儿。帕特里克是一个聪明、和蔼、勇敢的人，我们与他相处得很好。对于他来说，与一伙20年来一直在一起生活并形成了自己的生活习惯的老年人在一起生活，可能不是一件容易的事。

我们现在就生活在一个混凝土世界之中，所以，我更怀念罗本岛上的自然景观。但是，我们的新家也有许多令人感到欣慰的东西。首先，波尔斯穆尔监狱的伙食远比罗本岛的伙食好，经过多少年一日三餐全是玉米片粥的生活之后，我们感到波尔斯穆尔的伙食就像是宴会，能正常地吃到肉和蔬菜。允许我们看的报纸和杂志也相当多。我们可以看诸如《时代》杂志和每周从伦敦发来的《卫报》之类的报刊，这在过去是不允许的。这就为我们提供了一个更大的了解世界的窗口。我们还有一台收音机，但是，只能收当地的电台，听不到我们一直想收听的BBC世界广播电台。我们可以整天随意地到阳台上活动，但是，12点到下午2点狱警们吃午饭期间却是例外。我们甚至不需要去装装样子参加劳动。我们的大房间附近还有一个小房间，那里可以当做学习的书房，里面有椅子、书桌和书架，我白天就在那里读书和写东西。

在罗本岛上，我在自己狭小的牢房里做锻炼，而现在，我们有了锻炼的地方。在波尔斯穆尔监狱，我早晨5点起床，然后在我们的公共房间锻炼一个半小时。我每天重复着同样的锻炼内容：跑步、跳绳、仰卧起坐、俯卧撑。我的同志不喜欢早起，所以我的这些锻炼项目很快使我在牢房里成了一个很不受欢迎的人。

我到了波尔斯穆尔监狱不久，温妮就来探视我。看见探视区远比罗本岛上的探视区好，并且设施先进，她很高兴。我们有一个大玻璃隔墙，通过它可以看到探视者的上半身，麦克风也远比以前的更先进，所以，我们不费劲就可以听清彼此讲的话。这样的窗子至少给你一种更加亲近的幻觉。在监狱中，幻觉可以让人感到舒服。

我夫人和家人到波尔斯穆尔监狱远比到罗本岛容易得多。这样一来，情况就大不一样了。对探视的监督也显得更人道了一些。温妮来探视时，通常总是由准尉詹姆斯·格雷戈里负责监视，他曾经做过罗本岛上的信件审查官。我对他不怎么熟悉，但他对我们却十分了解，因为他一直负责检查我们的来往信件。

在波尔斯穆尔，我越来越熟悉格雷戈里，发现他与普通狱警不大一样。他处世圆滑，说话和气，对温妮也很客气、很尊重。探视时间快结束的时候，他会说："曼德拉太太，你还有 5 分钟的探视时间。"而不是厉声喊叫："时间到了！"

《圣经》告诉我们，先有菜园后有园丁。但是，在波尔斯穆尔，情况却并非如此。在那里，种植菜园成了我最愉快的消遣，也是我逃避周围单调乏味的混凝土世界的一种方式。经过几周的考察，我发现我们的楼顶上整天都能见到阳光。于是，我决定在那里开辟一个菜园，并且得到了监狱长的批准。我请求监狱后勤部门给我提供了 16 个大油桶，并让他们把油桶锯成两半。然后，他们又在桶内装上潮湿、肥沃的土壤，制成了 32 个大花盆。

我种上了各种蔬菜，如洋葱、茄子、卷心菜、花菜、豆角、菠菜、胡萝卜、黄瓜、球茎甘蓝、甜菜、生菜、番茄、辣椒、草莓等。最多时，我在这个小小的"农场"里种了接近 900 棵植物，这个菜园远比我在罗本岛上经营的菜园要大得多。

有的种子是我买来的，有的则是监狱长芒罗准将给的，例如球茎甘蓝和胡萝卜种子。监狱长特别喜欢这些蔬菜，狱警们也给我一些他们所喜欢的蔬菜种，并且也有足够的粪肥可供使用。

每天早晨，我戴上草帽和手套在菜园里工作两个小时。每个礼拜天，我都会向伙房里提供蔬菜。这样，他们就能为普通囚犯做一顿特殊的饭菜。我有时也把我种的相当一部分菜送给狱警，他们通常用书包把新鲜蔬菜带走。

在波尔斯穆尔监狱，我们的问题似乎比罗本岛上遇到的问题少得多。芒罗准将是一个正派、乐于帮助别人的人，他特别尽职尽责地确保让我们得到所需要的东西。然而，小的问题也时有发生。

1983 年，在温妮和津泽来探视期间，我对我夫人说，我发了一双鞋，号码太小，挤得脚趾生痛。温妮对此非常关心，并且我不久就听说，有媒体报道我的一个脚趾被切掉了。由于通信比较困难，来自监狱里的消息常常在监狱外被夸大。如果我能打一个电话，告诉我夫人我的脚没有毛病，这样的乱子也就不会发生。不久，海伦·苏兹曼被允许来探视我，她问了我关于我的脚趾的问题。我认为最好的回答就是让她看一下。我脱下袜子把脚放在玻璃墙上，扭动着我的脚趾让她看了看。

我们抱怨房内太潮湿，常常弄得我们患上感冒。而后来，我却听说南非的报纸刊登文章说，我们的牢房里发了大水。我们要求与别的囚犯进行接触，并且一直在提同样一个基本的要求，就是要求拿我们当政治犯对待。

1984 年 5 月，我发现还有一些令我感到欣慰的事情，这些事情似乎可以弥补所有的遗憾。有一次，温妮、泽尼和她的小女儿来探视我。准尉官格雷戈里没有带我去正常的探视区，而是让我走进了一个单独的房间，里面只有一张桌子，没有任何隔离设施。他很客气地对我说，当局已经作了调整。从那天开始，他允许我们进行“接触性”探视了。

然后，他走到外面去找我的夫人和女儿，并单独找温妮谈话。当格雷戈里把她叫到一边和她单独谈话的时候，温妮被吓了一跳，认为我可能是得了病。但是，格雷戈里陪同她来到门口，我们两人不知不觉地就来到了同一个房间，然后就相互拥抱在一起。这么多年以来，这是我第一次拥吻我的妻子。这曾是我千遍万遍地梦想的时刻，而在当时，似乎我们仍然在梦中。我拥抱着她，时间似乎不再流动。我们静静地拥抱在一起，除了我们的心脏跳动的声音外，什么声音都听不见。尽管我不想放开她，但是，我还是放开了她，去与我女儿拥抱，然后又把泽尼的小女儿放在我的腿上。算起来，我已经有 21 年没有碰过我夫人的手了。

88...

在波尔斯穆尔，我们与外面的世界有了更多的接触。我们注意到，斗争正在加剧，敌人的镇压也同样在加强。1981 年，南非国防军在莫桑比克的马普托对非洲人国民大会办事处发动了袭击，杀害了我们 13 个人，其中包括妇女和儿童。1982 年 12 月份，民族长矛军在开普敦郊外建成的库伯格原子能发电厂实施了爆炸，并在全国许多其他的军事目标和种族隔离地区放置了炸弹。同一个月内，南非军队又攻击了位于马塞卢和莱索托的一个非洲人国民大会前哨基地，杀害了 42 个人，包括十几名妇女和儿童。

1982 年 8 月，活动家鲁思 · 弗斯特在她的流放地马普托打开一个邮递包裹的时候，被邮件炸弹炸死了。鲁思是乔 · 斯洛沃的夫人，是一个勇敢地反对种族隔离的活动家，并曾经因此被关押了好几个月。她是一位足智多谋、有立场有观点的女士，我是在威特沃特斯兰德大学学习时第一次认识她的。她的死充分说明了政府镇压我们斗争事业的野蛮程度。

民族长矛军第一次用汽车炸弹进行攻击发生在 1983 年，攻击的目标是位于比勒陀利亚市中心的一个空军情报部门。这是对政府在马塞卢及其他地方无故对非洲人国民大会发动军事攻击的报复，这显然表明武装斗争开始升级。当时有 19 人被炸死，另有 200 多人受伤。

杀害公民是一大悲剧事件，我对那么多人在斗争中被杀感到极度震惊。但是，我在为这些悲剧感到不安的同时，也知道这显然是决定开展军事斗争引起的必然结果。人类的错误总是离不开战争，而其代价通常是昂贵的。正是由于我们知道要发生这样的悲剧，我们作出武装斗争的决定时才会那么慎重和无奈。但是，正如奥利佛在发生爆炸时所说的那样，武装斗争是种族隔离政策强加给我们的。

政府和非洲人国民大会双方都在两个方面做着努力：军事战线和政治战线。在政治战线上，政府实行标准的“分而治之”的策略，企图把非洲人同有色人和印度人分离开。在 1983 年 11 月举行的公民投票中，白人选民赞成 P. W. 博塔关于创建一个所谓的“三方分立”议会的计划，即除了白人以外，还吸收印度人和有色人参加。这是政府为拉拢印度人和有色人并使他们同非洲人分离开所作的努力。但是，这不过是为印度人和有色人提供的一种“玩具”而已。因为所有印度人和有色人在议会中采取的行动，都受制于白人的否决权。这也是欺骗外界、让外界认为政府正在改革种族隔离体制的一种手段。博塔的骗术并没有蒙蔽住人民群众，因为 1984 年，80%的印度选民和有色选民都抵制参加新的议会选举。

国内出现了强大的基层政治运动组织，这些组织与非洲人国民大会有着牢固的联系。其中一个主要的基层组织就是联合民主战线，我被提名担任该组织的负责人。联合民主战线是为了协调反对 1983 年通过的新隔离宪法和 1984 年第一次投票选举“三方分立”议会的斗争而创立的。联合民主战线很快就发展成为一个强大的组织，联合了 600 多个反对隔离制度的组织，其中包括贸易联合会、社区团体、宗教团体和各地的学生会。

非洲人国民大会正在经历一次新的振兴——越来越为公众所接受。民意测验表明，尽管非洲人国民大会已经被取缔了 25 年之久，但是，它在非洲人中仍然是最有群众基础的政治组织。反对种族隔离的斗争，作为一个整体运动已经引起了世界的关注。1984 年，德斯蒙德 · 图图大主教荣获诺贝尔和平奖（我曾向他写信表示祝贺，但是，当局拒绝把我写的信转交给他）。南非政府处在不断加大的国际压力之下，因为全世界所有的国家都开始对比勒陀利亚当局实行经济制裁。

几年来，政府一直派“探子”对我进行试探，开始是由克鲁格部长做我的工作，劝我搬到特兰斯凯。做这些工作并不是要进行和谈，而是企图把我与我的组织分离开。克鲁格多次对我说：“曼德拉，我们可以与你合作，但是，我们不能与你的同事合作，请你明智一点儿。”尽管我没有对这些意见作出反应，但是，他们想与我们谈话而不是想攻击我们这个事实可以看作他们真正想与我们谈判的一个序曲。

政府正在试探我们。1984 年末和 1985 年初，两位西方著名的政治家访问了我。他们是尼古拉斯·贝泰尔爵士和塞缪尔·达什。尼古拉斯·贝泰尔是英国上议院的议员和欧洲议会的议员，而塞缪尔·达什则是乔治敦大学的法律教授和前美国国会水门委员会的公诉律师。这两次访问都是由新司法部部长科比·库依茨批准的，他似乎是一位新型的南非白人领导人。

我在监狱长办公室会见了贝泰尔爵士。当时，室内墙上的显要位置悬挂着醒目的博塔总统的巨幅照片。贝泰尔是一位善良而开朗、身体矮小而结实的人。当我第一次会见他的时候，我拿他的体形开玩笑：“你看上去好像与温斯顿·丘吉尔沾亲带故。”我一边与他握手一边说着，他听后不由地笑了。

贝泰尔爵士想了解我们在波尔斯穆尔监狱里的生活条件，我向他作了介绍。我们讨论了武装斗争方面的问题，我向他表明，放弃武力的主动权不在我们一边而在政府。我重申，我们的武力是针对顽固的军事目标，而不是针对人民。“我不会要求我们的人去实施暗杀，例如在座的这位少校。”我指了指弗里茨·范·西特尔特少校。此时，他正在监视我们谈话。范·西特尔特是一个善良的人，寡言少语，但是，听了我的言论，他开始说话了。

贝泰尔访问过后，达什紧接着访问了我。在他的访问中，我提出了作为将来南非非种族歧视的最低要求：建立一个不分故土、不分种族、一人一票选举的中央议会制的统一国家。达什教授问我，政府声明拟废除关于禁止通婚的法律和其他种族隔离法，是否使我受到某种鼓舞。“这是小问题，”我说，“与白人女士结婚或与白人一起游泳并不是我所追求的目标，我要的是政治上的平等。”我十分坦诚地告诉达什，现在我们还不能在战场上打败政府，但是，我们却能给他们的统治制造困难。

两个美国人的来访对我而言可不能算是一次愉快的经历，他们都是保守报纸《华盛顿时报》的编辑。他们似乎不是想了解我的观点，而是想证明我是一个共产党人和恐怖分子。他们所提出的所有问题都有这个倾向，而当我反复讲我既不是共产党人也不是恐怖分子的时候，他们却企图通过引证马丁·路德·金牧师从来没有使用过武力来说明我也并不是一个基督徒。我告诉他们，马丁·路德·金开展斗争时的环境条件与我们的条件完全不同：美国是一个由宪法保证人人权利平等、保护非暴力斗争的民主国家（虽然美国仍然存在着对黑人的偏见），而南非却是一个其宪法把不平等奉为神圣、其军队以武力对付非暴力的警察国家。我告诉他们，我是一个基督徒，并且一直是一个基督徒。我说，即使是基督，当没有别的选择的时候，他也会被迫驱赶圣殿里的放债人。他并不是一个崇尚暴力的人，但是，他除了使用武力对付邪恶之外没有别的选择。当时我想，我并没有能说服他们。

面对国内的麻烦和国外的压力，P. W. 博塔采取了一个不冷不热的折中措施。在 1985 年 1 月 31 日的一场议会辩论中，这位国家总统公开说，如果我“无条件拒绝以暴力作为政治手段”，我就可以获得自由，并且这种宽宏大量可以延伸到所有的政治犯。然后，他好像向我公开挑战似的说：“因此，阻碍曼德拉先生走上自由之路的并不是南非政府，而是他本人。”

当局一直在提醒我，政府准备提出一项关于释放我的动议，但是，我却对国家总统在议会中提出这个动议没有作任何准备。根据我的记忆，在过去十年中，这是政府第六次提出有条件释放我的建议。我在收音机里听到这个建议后，便要求监狱长允许我的夫人和律师伊斯梅尔·阿尧博立即到监狱里与我见面，以便让我对国家总统的建议作出反应。

一周后，温妮和伊斯梅尔并没有获得批准。在此期间，我致信外交部部长皮克·博塔，拒绝释放我的条件，同时，我也准备公开作出反应。我急于通过作出这种反应做几件事，因为，博塔之所以提议释放我，只不过是想通过引诱我接受非洲人国民大会拒绝接受的条件，从而在我与我的同志之间打入一个楔子。我要向整个非洲人国民大会特别是奥利佛·塔博证明，我对组织的忠诚是不容怀疑的。我还希望给政府传递一种信息，让他们知道我拒绝他们的提议是因为附加的条件，但是，我认为解决问题的办法是谈判，而不是战争。

博塔想把暴力的责任强加在我的身上，而我则想向世界重申，我们只是以暴力反对暴力。我想说清楚的是，如果我从监狱出来后又陷入我过去被捕时的那种境地，我将被迫继续开展我被捕之前曾经采取的各种行动。

在一个礼拜五，我见到了温妮和伊斯梅尔。礼拜天，联合民主战线大会将在索韦托雅布拉尼体育场举行，在会上，我将把对国家总统的提议所作出的反应公布于众。我不熟悉的一些狱警在监视我与温妮和伊斯梅尔的会见，当我们开始讨论我对国家总统的提议作出反应时，其中一个十分年轻的狱警插话说，只准讨论家庭事务。我没理会他，几分钟的工夫，他叫来了一个我刚刚认识的年龄大些的狱警。这位年长的狱警说，我必须停止讨论政治问题。我告诉他，我们正在讨论如何回答国家总统提议的有关国家的大事。我警告他，如果他想停止我们的讨论，他必须得到国家总统本人的指令。“如果你不愿意给国家元首打电话要求得到这种指令，”我严肃地说，“那么就请你不要干预我们的讨论。”还好，他没有再做傻事。

我把我准备的讲话稿交给了伊斯梅尔和温妮。除了对总统的提议作出反应外，我还想公开感谢联合民主战线工作做得好，并祝贺图图大主教荣获诺贝尔和平奖。我强调，他的荣誉属于全体人民。

1985 年 2 月 10 日礼拜天，我女儿津泽在一个群情激昂的集会上宣读了我的这个讲话。二十多年来，人民群众在任何地方都不能以合法的方式听到我的声音。

津泽像她母亲一样，也是一个善于演讲的演说家。她说，她的父亲应该到体育场亲自讲话。知道是她代我演讲，我感到非常自豪。

> 我是非洲人国民大会的一名成员。我一直是非洲人国民大会的成员，在我的生命停止之前，我将仍然是非洲人国民大会的成员。奥利佛·塔博胜过我的亲兄弟。近 50 年来，他一直是我最伟大的朋友和同志。如果你们中有人珍视我的自由，那么奥利佛·塔博就更加珍视，并且我知道，为了看到我获得自由，他可以放弃自己的生命……
>
> 我对政府想加在我身上的条件感到吃惊。我不是一个喜欢暴力的人……只有在所有其他形式的反抗都不再适合我们的时候，我们才转向了武装斗争。要让博塔显示他与马伦、斯揣敦和沃尔沃德到底有什么不同，让他声明放弃暴力，让他自己说出将废除种族隔离制度，让他承认人民的组织——非洲人国民大会，让他释放所有因反对种族隔离而被关押、禁止、驱逐和流放的人士，让他确保人民的自由政治活动，以便人民能够自己决定将来让谁管理自己。
>
> 我十分珍视我自己的自由，但我更珍视你们的自由。自从我进了监狱之后，已有太多人牺牲了生命；因为热爱自由，已有太多人遭受了苦难。我感激他们的遗孀、他们的遗孤、他们的母亲和他们的父亲，是这些人为他们承受了痛苦。在这些漫长、孤独、荒废的年月里，不仅仅是我遭受了痛苦。在热爱生命方面，我一点也不比你们逊色。但是，我不能出卖我与生俱有的权利，我也不想出卖人民与生俱有的享受自由的权利……
>
> 在人民的组织仍然处于被取缔状态的同时，政府能给我什

么自由？当我可能在某个通行检查站被逮捕的时候，政府能给我什么自由？当我亲爱的夫人仍然在布兰德福特遭到禁止的时候，政府会给我什么样的家庭生活的自由？当我必须请求被允许居住在某个城市的时候，政府会给我什么自由……当连我的南非公民身份都没受到尊重的时候，政府又会给我什么自由？

只有自由的人才能讨价还价，囚犯又怎么能谈和约……当我和你们，我的人民，还没有获得自由的时候，我不能也不会提供任何承诺。你们的自由和我的自由是分不开的。我会回来的。

89...

1985年，监狱里的医生给我做完一次常规健康检查后，我被转诊到一个泌尿科专家那里。他诊断我患有前列腺肿大，并建议我做手术治疗。他说这是普通手术。我征求家人的意见后，决定接受手术治疗。

在严密的安全措施下，我被转到开普敦人民医院。温妮乘飞机赶到开普敦，赶在我进行手术前看望了我。当时，还有另一位探视者，也是一位让我感到吃惊和没有预料到的探视者——司法部部长科比·库依茨。不久前，我曾给库依茨写过信，敦促他安排一次见面的机会，共同讨论一下非洲人国民大会与政府之间进行谈判的问题。他并没有作任何答复。但是，那天上午，他像是看望一位几天没见的老朋友一样，没有预先通知就忽然来到了医院。他总体来说是既热情又友好，多数时间我们都在开玩笑。尽管我假装把这件事当做世界上最正常的一件事，但实际上，我仍然感到吃惊。政府正在以缓慢、试探的方式希望与非洲人国民大会在某些方面实现和解。

库依茨的到访无疑就是一根橄榄枝。

尽管我们没有讨论政治，但我确实提出了一个敏感的话题，那就是我夫人的处境。8月份，就在我住院前不久，温妮不得不回约翰内斯堡接受治疗。当时，她的活动范围仅限于从布兰德福特去看我或她的医生。当她在约翰内斯堡的时候，她在布兰德福特住的房子及其后面的诊所都因遭受到了火焰弹的袭击而被破坏，温妮已经没有地方安身。尽管约翰内斯堡对她来说是禁区，但是，她还是决定继续留在约翰内斯堡。她连续在约翰内斯堡住了几周，没发生任何问题。紧接着安全警察就写信通知她，布兰德福特的房子已经修好了，她必须返回布兰德福特。但是，她拒绝回去。我请库依茨允许温妮留在约翰内斯堡，不要强迫她回布兰德福特。他说，他不能作任何承诺，但是，他会实实在在地处理这件事。我向他表示感谢。

我在医院里住了几天，以便身体在手术后得到恢复。当我出院的时候，芒罗准将把我从医院里接了出来。监狱长一般是不到医院里接囚犯的，因此，我立即产生了怀疑。

在开着车返回监狱的路上，芒罗就像与我闲聊那样随便地对我说："曼德拉，我们现在不准备把你送回到你的朋友中间去。"我问他是什么意思。"从现在起，你将单独住在一个地方。"我问他为什么。他摇了摇头说："我不知道，我仅仅是服从监狱管理局的指示。"这一次又是事先既不警告又不解释原因。

我一回到波尔斯穆尔监狱，立即被带到监狱一楼的一个新的牢房里。这是一个完全不同的侧楼，上面还有三层。我一共有三间房子，还有一个单独的卫生间。一个房间可以用来睡觉，一个房间在大厅的对面，用来做书房，另一个房间可以锻炼身体。按照监狱的标准，这有点儿过于奢侈了。但是，这些房间有一个缺点，那就是潮湿发霉，只能见到很少的自然光线。我对准将没说什么，因为我知道这并不是他的决定。我需要时间考虑他们把我转移到这里的意图。政府为什么要采取这一步呢？

称作一次新发现或许有点儿牵强，但是，在接下来的几天到几周的时间内，我悟出了把我转移到新住处的原因。我认为，这种变化也许并不仅仅是一种倾向，而是一种机会。与我的同事分开，我当然很不高兴，我也怀念我的菜园和三楼上的阳台。但是，我单独居住也为我提供了一定的自由，我决定用这个机会做我长期以来一直想做的事情：开始与政府谈判。我认为，通过谈判把斗争向前推进的最佳时机已经到来。如果我们不立即开始对话，双方都将很快陷入镇压、暴力和战争的黑夜。单独居住无疑为我提供了一次朝着这个方向迈出第一步的机会，如果不认真地审时度势，有可能导致这种努力归于失败。

我们反对白人少数统治的历史已有大半个世纪之久，我们进行武装斗争也已经有 20 多个年头。双方有许多人已经死去。敌人强大而坚决，他们虽然拥有各种轰炸机和坦克，但是，他们一定感觉到自己是在逆历史潮流而动。尽管我们还不算强大，但是，正义却在我们这一边。我很清楚，军事胜利即使有可能，也只是一个遥远的梦想。双方在没有必要的冲突中使成千上万的人牺牲生命，这是毫无道理的。他们也一定知道这一点，是到了和谈的时候了。

这是一个特别敏感的问题。双方都认为，和谈是软弱和背叛的象征。没有一方会在另一方作出重大让步之前走到谈判桌前。政府一遍又一遍地声称我们是共产党恐怖组织，而他们不可能与恐怖分子或共产党人谈判，这是国民党的信条。非洲人国民大会也同样一遍又一遍地声称政府是法西斯和种族歧视主义者，除非解除对非洲人国民大会的取缔令，无条件释放所有的政治犯，把军队从各个城镇撤走，否则就没有什么好谈的。

与政府进行谈判的决定是极其重要的，所以这个决定只能在卢萨卡作出。但是，我认为谈判的程序需要先着手安排，可是，我却既没有时间也没有办法与奥利佛进行全方位的沟通。我方需要有人迈出这第一步，而单独居住既为我提供了这样做的自由，又可以至少暂不让别人知道我所作的一切努力。

我现在处于一种貌似受到优待实则孤立无援的境地，尽管我的同事们与我相隔只有三层楼，但是，就像他们是远在约翰内斯堡一样，为了见到他们，我必须提出正式要求探视的申请。这种申请还必须由比勒陀利亚总部批准，常常需要几周的时间才有回音。如果得到了批准，然后我才能在探视区与他们见面。这岂不是咄咄怪事：狱友之间现在竟然也成了探视和被探视的关系。多少年来，我们一天就能谈上几个小时，现在我们却必须正式提出申请进行约定，并且我们的谈话也要受到监视。

我住进新牢房几天之后，我请监狱长安排一次这样的会见，他很快就作了安排。我们有四人参加了讨论，主要是关于我的转移问题。瓦尔特、凯西和雷蒙德对我们被分开关押感到十分气愤。他们要提出强烈的抗议，要求我们重新生活在一起。我的反应却出乎他们的预料。“伙计们，”我说，“我认为，我们不应反对这件事。”我说，我的新牢房条件更优越，这完全有可能为所有的政治犯树个先例。然后，我又含糊其辞地说：“这可能也是出于好意。我现在的处境更便于我们与政府接近。”他们并没有怎么关心我后面的解释，我知道他们也不会关心。

对于我打算做的事，我决定先不告诉任何人，既不告诉楼上的我的同事，也不告诉卢萨卡的那些人。非洲人国民大会是一个集体，但政府却让这个集体无法发挥集体的作用。我没有把握或时间与整个组织讨论这些问题。我知道，我楼上的同事可能会因我提出这样的建议而谴责我，甚至没等我的这种进取精神发挥作用就把它扼杀掉。有时，作为一位领导人，他必须在前面站出来，带领大家朝着一个新的方向前进，并确信自己正在带领大家走上正确的道路。最后，当出现问题的时候，我的孤立处境可以为我的组织提供一个借口：老人被单独关押，完全与外界断绝了联系，他的行动完全属于个人行为，不代表非洲人国民大会。

90...

从楼上搬到楼下几周之内，我就致信科比 · 库依茨，建议就谈判问题进行一次对话。正如以往的情况一样，我没有得到答复。我又给他写了一封信，还是没有回音。我发现这件事很奇怪，并且有点儿泄气。我意识到，我必须寻找别的机会与他取得联系。1986 年初，这种机会终于等来了。

1985 年 10 月份，在拿骚举行的一次英联邦会议上，与会领导人在是否参与国际社会对南非进行制裁的问题上无法达成一致意见。主要原因是英国首相玛格丽特 · 撒切尔坚决反对这样做。为了打破这个僵局，参加会议的各国代表同意组成一个“著名人士”代表团出访南非，并对制裁是否有助于结束种族隔离写出报告。1986 年初，由七位著名人士组成的代表团，在尼日利亚前军界领导人奥卢塞贡 · 奥巴桑乔将军和前澳大利亚总理马尔科姆 · 弗雷泽的带领下，肩负着实事求是的使命到达了南非。

2 月份，奥巴桑乔将军访问了我，向我简要介绍了代表团访问南非的真实目的。他迫切希望我能与代表团全体团员见上一面。经政府批准，会见安排在 5 月份进行。代表团与我见面后将与内阁交换意见，所以我把这次会见看成是提出谈判问题的一次机会。

政府对我与代表团的会见显得异乎寻常地重视。在我与代表团会见的前两天，芒罗准将探望了我，并带来了一位服装师。“曼德拉，”监狱长说，“我们希望你以平等的身份与这些人见面，不希望你穿那些破旧的囚服，因此，这位服装师要给你量量尺寸，做一套正规的服装。”这位服装师一定是个高手，因为第二天，我就试了一套已经裁剪好了的完全合体的服装。我还领了一套衬衣、领带、鞋、袜子和内衣内裤。监狱长似乎十分欣赏我的新服装。“曼德拉，你现在看上去像是一位总理，哪像是一个囚犯。”他笑着说。

在我与著名人士代表团会见的时候，另外还有两位重要观察员也参加了会见，他们就是科比·库依茨和监狱管理局局长W. H. 威廉姆斯中将。像那个服装师一样，这两个人似乎也在那里对我“量体裁衣”。但奇怪的是，会见开始后不久他们就走了。我请他们留下来，说我没有什么事情要保密。但是，他们最终还是走了。在他们离开之前，我告诉他们谈判的时刻到了，政府和非洲人国民大会不是要打仗，而是要坐下来谈判。

著名人士代表团带来了许多问题，其中包括暴力问题、谈判问题和国际制裁问题等等。开始，我为我们的讨论定下了几条基本原则。“我不是运动组织的领导人，”我告诉他们说，“运动组织的领导人是卢萨卡的奥利佛·塔博。你们一定要去见见他。你们可以告诉他我是什么观点，但是，这些观点仅仅是我个人的观点，这些观点甚至不能代表我在监狱中的同事。说到底，我赞成非洲人国民大会开始与政府谈判。”

代表团许多成员都非常关心我的政治倾向和非洲人国民大会领导下的南非到底是个什么样子。我告诉他们，我是一个南非民族主义者，不是一个共产党人。民族主义者承认在南非长期居住的人，不分肤色，都属于南非民族，并且我决心致力于建设一个没有种族歧视的社会。我告诉他们，我相信《自由宪章》，这个宪章体现了民主和人权原则，但它并不是一个社会主义的蓝图。我谈到了我对白人的关注，少数白人在一个新的南非中应当有安全感。我告诉他们，我认为，我们的许多问题都是由于政府和非洲人国民大会之间缺少沟通造成的，有些问题可以通过面对面的谈判来解决。

他们广泛地向我询问了暴力方面的问题。尽管我还不打算正式宣布放弃暴力，但是，我尽可能地以最强烈的语言声明，暴力绝不是解决南非问题的最终办法，并且不分男女，人在本性上都需要通过某种谈判达到相互理解。我再一次声明，这些观点是我自己的观点，并不代表非洲人国民大会。同时，我建议，如果政府从各个城镇撤出军队和警察，非洲人国民大会将同意停止武装斗争，作为谈判的序幕。我告诉他们，仅仅释放我，并不会阻止这个国家发生暴力或带来和平。

代表团结束与我的会见后，他们打算去见一见卢萨卡的奥利佛和比勒陀利亚的政府官员。在我的谈话中，我已经向卢萨卡和比勒陀利亚传递了信息。我希望政府明白，可以在适当的情况下与我们举行谈判，并希望奥利佛知道我的立场与他的立场是相同的。

5 月份，著名人士代表团准备与我一个人进行最后一次会见。我很乐观，因为他们已经去过卢萨卡和比勒陀利亚，并且我也希望已经播下了谈判的种子。但是，在我们准备会见的头一天，南非政府采取了措施，从而破坏了英联邦代表团刚刚带来的善意。在著名人士代表团计划会见内阁部长们的那天，依照博塔总统的命令，南非国防部队对非洲人国民大会在博茨瓦纳、赞比亚和津巴布韦的基地发动了空袭和突然袭击。这完全破坏了和谈的气氛，著名人士代表团立即离开了南非。我又一次感到，我为促进和谈所做的工作遭到了挫折。

奥利佛·塔博和非洲人国民大会号召南非人民举行武装暴动，人民积极响应。动乱和政治暴力达到了新的高潮。群众的愤怒失去了控制，城镇变得动荡不安。来自国际社会的压力与日俱增。1986 年 6 月 12 日，政府宣布全国处于紧急状态，企图捂住抗议浪潮的盖子。从表面上看，选择这个时间似乎对和谈不怎么吉利。但是，最让人灰心丧气的时候，常常也正是发生转机的时刻。在这样的时刻，人们往往要寻找走出困境的办法。当月，我给威廉姆斯将军写了一封很简单的信，只是说：“我希望看到你能在国家重大问题方面发挥作用。”在一个礼拜三，我把信交给了芒罗准将。

那个周末，监狱长通知我做好准备去见威廉姆斯将军，当时他已经在从比勒陀利亚来开普敦的路上。这次会见没有按通常的模式进行。我被带到了他在波尔斯穆尔监狱的住所，而不是被带到探视区与这位将军进行会谈。

威廉姆斯是一个坦率的人，我们很快就进入了正题。我告诉他，我要见司法部部长科比·库依茨。他问为什么，我犹豫了一会儿，不想与一个监狱管理官员讨论政治问题，但是，我还是坦率地作了回答："我想见部长，以便提出在政府和非洲人国民大会之间举行谈判的问题。"

他想了一会儿，然后说："曼德拉，正如你所知道的那样，我不是一个政客。我不能与你讨论这个问题，因为这些问题超出了我的职责范围。"然后他停了一会儿，似乎刚刚想起了什么事情。"竟然如此凑巧，"他说，"司法部长现在就在开普敦。你或许能够见到他，我会设法找他的。"

然后，威廉姆斯将军给部长打电话，两个人在电话上谈了好大一阵子。放下电话之后，威廉姆斯将军转身对我说："部长说，'把他带到这里来。'"几分钟后，我们坐着威廉姆斯的轿车离开了他的住所，直奔部长在开普敦的住宅而去。安全保卫措施并不怎么严格，只有另外一辆车与威廉姆斯将军的车随行。这次会见安排得如此容易和迅速，这使我怀疑政府可能提前就对这次会晤作出了安排。他们是否提前作出安排并无关紧要，但是，这无疑是一次朝着和谈迈出第一步的机会。

在他的官邸里，库依茨热情地欢迎我，我们在会客厅里那舒适的椅子上落了座。他对没有让我有足够的时间换掉囚服而表示抱歉。我与他谈了三个小时，他那种机警老练和愿意倾听我的意见的态度给我留下了深刻的印象。他提出了一些非常深刻并且切中要害的问题，这些问题说明，他对政府与非洲人国民大会之间在某些问题上的分歧十分熟悉。他问我，我们在什么样的情况下才会停止武装斗争？我讲话是否能在整体上代表非洲人国民大会？我对新南非中少数民族在宪法保障方面有什么打算？他所提的这些问题切入了政府与非洲人国民大会之间分歧的核心。

如同我对著名人士代表团所作的答复一样，我以同样的方式对他提的问题也作了回答。然后，我感到库依茨希望得到某种答案。“下一步将怎么办？”他问。我告诉他，我要见国家总统和外交部部长皮克·博塔。库依茨把我的要求记在他随身携带的一个便笺上，然后说，他会通过正常渠道转达我的要求。然后，我们相互握手告别，我被送回波尔斯穆尔监狱一楼的那个单身牢房。

我很受鼓舞。我感觉到，政府正急于打破国家面临的僵局，并且他们现在开始相信，必须抛弃自己原来的立场。此时，我若明若暗地看到了和解的曙光。

对自己与库依茨的这次会见，我没有告诉任何人。我不希望在我与库依茨的会见有任何结果之前就告诉别人。有时候，必须要等到某项政策既成事实之后，才能告诉自己的同事。我知道，一旦他们认真分析了形势，我在波尔斯穆尔监狱和卢萨卡的同事都会支持我。但是，在情况开始有了转机之后，反而又没了音信。几周过去了，然后几个月又过去了，库依茨没给任何回话。于是，我在心灰意冷之中又给他写了一封信。

91...

尽管我没有直接从科比·库依茨那里得到答复，但是，另有迹象表明，政府正在为了让我获得另一种生存方式做着准备。在圣诞节前的那一天，波尔斯穆尔监狱的副监狱长加韦·马克斯中校吃过早饭后来到我的牢房，他非常随便地说：“曼德拉，你要不要去看看市容？”我虽然并不十分清楚他心里是什么想法，但是，我觉得说声“是”也没有什么害处。“好吧，跟我来。”他说。我跟着中校穿过从我的牢房到监狱大门之间的15道上了锁的铁门，当我们走出监狱的时候，我发现他的车正在那里等着我们。

我们驱车沿着漂亮的海滨大道向开普敦驶去。他心中并没有目的地，我们仅仅是围着开普敦市转弯抹角地随意行驶着。看到人们正在从事简单的活动，这种生动的景象令人目不暇接：老人坐在太阳底下晒太阳，女士们忙着去商店购物，有的人在遛狗。这些正是在监狱里的人最渴望做的再简单不过的日常活动。我感到，自己就像是一个来到陌生去处的好奇游客。

转了一个小时左右之后，马克斯中校把车停在了一条僻静街道上的一家小商店门前。“你想喝冷饮吗？”他问道。我点了点头，于是他进了那个小商店。我单独一人坐在那里。开始的几分钟，我并没考虑我的处境，但是，随着秒针滴答滴答地往前走，我越来越感到不安。22 年来，我第一次来到了监狱外面的世界，并且没有人看管。我有一种打开车门、跳出车外并一直跑得无影无踪的幻想，有一种内在的东西在督促我这样做。我注意到，在道路附近有一片森林，我可以在那里躲藏起来。我特别紧张，身上开始冒汗。中校去了哪里？但是，我后来控制住了自己。对于这样一种行为，先不说它有多么危险，它是不明智的和不负责任的。从整个情况来看，很可能就是人为地在让我逃跑，尽管我认为并非完全如此。一会儿，我不再感到紧张，这时我看见中校朝着车走来，手里拿着两罐可口可乐。

后来发生的事情表明，那天只不过是在开普敦作多次短途旅游的第一次。在接下来的几个月中，我与中校又一次外出旅游，不仅到开普敦市区，而且还去了开普敦市区周围的一些景点，游览了秀丽的海滩和漂亮而凉爽的山区。不久，一些职位更低的监狱官员也被允许带着我出去游览。与他们常去的地方之一是一个被称作“菜园”的地方，那是监狱附近的一些小农场，专门种植农作物供应监狱的伙房。我喜欢到外面的大自然之中，在那里，我能看到远处的地平线，感受太阳照射在我肩头上的美妙。

有一天，我与一位队长一同去了菜园。走进菜地之后，我们信步来到了一个马厩。当时，有两位身穿工作服的年轻白人小伙子正在那里收拾马匹。我走到他们面前，对一匹马称赞了一番，然后对小伙说：“请问这匹马叫什么名字？”那个年轻小伙子似乎很紧张，低着头没有看我。然后，他喃喃地说出了那匹马的名字。但是，他是在告诉队长，而不是告诉我。然后，我又问另一个小伙子，他的马叫什么名字，他的反应也与第一个小伙子完全一样。

在我与队长一起返回监狱的时候，我对队长说，我认为那两个小伙子的行为让人莫名其妙。队长笑了，“曼德拉，你知不知道那两个小伙子是什么人？”我说不知道。“他们是白人囚犯。以前，在白人官员在场的时候，他们从来没有被非洲犯人提问过。”

一些年轻的狱警带我去了相当远的地方，我们在海滩上漫步，甚至在咖啡馆停下来喝上一杯茶。在这些场合，我常常试图看一看是否有人能认出我，但是，从来没有人认识我。报纸上曾经刊登过我的照片，那还是 1962 年照的。

从几个方面来说，这样的游览都是有益的。我看到在我被关进监狱之后的这段时间内，生活发生了怎样的变化。我去的地方主要是白人居住区，因此，我可以看到白人生活得特别富足和安逸。尽管这个国家正处在动乱之中，并且有些城镇正处于开战的边缘，但白人的生活却十分平静，一点也没有受到打扰。他们的生活并没有受到影响。有一次，一位被称作布兰德准尉的十分文雅的年轻人把我带到他的公寓里，让我认识了他的夫人和孩子们。从那天之后，我每年都给他的孩子们寄圣诞卡。

我非常喜欢这些小小的冒险活动，我非常明白，当局并不是有意让我纯粹地进行消遣，而是有别的想法。我意识到，他们是在让我适应南非的生活，可能同时也想让我先熟悉一下这种有限的自由，这样我将会为了获得彻底的自由而自愿和解。

92...

1987 年，我恢复了与科比 · 库依茨的接触。我在他的住所同他有过几次私下会晤，政府于当年年底提出了第一个具体的建议。库依茨说，政府愿意委派一个高级官员组成的委员会与我单独进行讨论。并且，一切都将在总统完全知情的情况下进行。他本人将担任这个委员会的主任，成员将包括监狱管理局局长威廉姆斯将军，监狱管理处主任范尼 · 范 · 德默韦和前大学教授、时任国家情报局局长的尼尔 · 巴纳德博士。前面三人都熟悉监狱系统，因此，如果谈判失败或走漏风声，双方都能够设法掩盖，完全可以说我们是在讨论监狱的条件，而不是别的什么内容。

然而，巴纳德博士的存在让我感到不安。他相当于南非的中央情报局局长，也负责军事情报。我能够向我的组织证明与其他官员谈判的正确性，但是不能证明与巴纳德谈判也是正确的。他的存在使谈判变得更为棘手，同时也意味着扩大了讨论的范围。我告诉库依茨，我将利用一个夜晚的时间对这个建议进行认真考虑。

那天夜里，我考虑了所有可能发生的情况。我知道 P. W. 博塔设立了一个被称为国家安全委员会的机构，这是一个由安全事务专家和情报官员组成的影子秘密部门。根据媒体报道，他创建这个部门的目的是遏制内阁影响，从而扩大自己的权力。巴纳德博士是这个内部机构的关键人物，并且据说还是总统的门客。我想，如果拒绝巴纳德参加谈判，就会因此而疏远博塔，所以我断定这样一个策略太冒险。如果总统放弃谈判的计划，那将什么事情也不会发生。早晨，我给库依茨传话，接受了他的建议。

我知道，我有三个重要问题需要讲明：第一，我要在往下进行之前与我三楼上的同事沟通；第二，关键是把将要发生的情况告诉卢萨卡的奥利佛；第三，我打算给 P. W. 博塔起草一个备忘录，把我和非洲人国民大会在重大问题上的观点摆在世人面前。这个备忘录将为今后举行任何谈判列明谈判要点。

我申请与我的同事见面，让我吃惊的是，当局立即予以拒绝。这是很不正常的，因此我推测，这反映了我本人与政府之间的秘密谈判的前景，仍然笼罩着一种非常紧张的气氛。我又向更高一级的官员提出了这个要求。最终当局同意了，但却附带了一个条件：我只能一个一个地分别与我的同事见面，而不是与他们全体一起见面。

我与他们在探视区见了面。我决定忽略一些细节，仅仅准备征求一下他们关于与政府谈判的意见，而不提政府实际上已经组成了谈判班子。我第一个见的是瓦尔特，我把我给监狱管理局局长写信和与库依茨见面的事告诉了他。我说，我已经与库依茨讨论了与政府开始谈判的想法，政府对此很感兴趣。然后，我问他对这个问题是什么意见。

我一直与瓦尔特同甘共苦，他是一个聪明而有理智的人，并且他对我也最了解。在所有的人中，我最相信他，也最尊重他的意见。瓦尔特对我告诉他的事情进行了认真的思考。我能看得出，他很担心，或者说只能算是反应冷淡。“原则上讲，”他说，“我不反对和谈。但是，我希望政府主动与我们和谈，而不是我们主动与他们和谈。”

我回答说，如果你原则上不反对和谈，那么谁主动与谁谈又有什么关系？重要的是取得谈判成功，至于如何开始谈并没有多大关系。我告诉瓦尔特，我认为，我们应该推动和谈，不必担心谁先敲谁的门。瓦尔特看出我的决心已定，他说他不会阻止我，但是，他希望我对自己要做的事情做到心中有数。

紧接着，我见到了雷蒙德 · 穆拉巴。我像对瓦尔特一样，全面地向他介绍了有关情况。雷蒙德总是少言寡语，当时，他对我所说的话考虑了许久。然后，他看着我说：“马迪巴，你一直在等什么？我们早在几年前就应该开始这样的谈判。”安德鲁 · 木兰基尼的意见与雷蒙德的意见完全一致。我最后会见的人是凯西。他的意见正好相反，坚决反对而不是像雷蒙德和安德鲁那样坚决支持我的提议，他比瓦尔特还要坚决，认为主动与政府和谈，会显得我们是在有条件地投降敌人。像瓦尔特一样，他说他原则上不反对和谈，我对他给予了与给瓦尔特一样的答复。但是，凯西很固执，他认为我所走的道路是错误的。不过，尽管他十分担心，但是他说他不会当我的拦路石。

此后不久，我收到了奥利佛·塔博通过我的一个律师秘密捎给我的一个纸条。他已经知道，我正在准备与政府秘密地进行谈判，他对此十分关心。他说，他知道我在这段时间里一直在做什么，并且没有与我的同事关押在一起。他肯定一直在想：曼德拉怎么样？奥利佛的条子很简单，但很重要：他要知道的是我打算与政府谈什么？奥利佛不会相信我会背叛，但是，他可能认为我会犯判断上的错误。事实上，他的条子的大体意思已经透露了这样的想法。

我用一封非常简短的信对奥利佛作了答复，告诉他我准备只与政府谈一件事，而且是唯一的一件事：非洲人国民大会执行委员会与政府之间举行一次会晤。我没有作详细说明，因为我不能保证这种通信方式的保密性。我仅仅说，这种谈判的时机已经成熟，并且我无论如何也不会背叛组织。

尽管非洲人国民大会几十年以来曾经呼吁过与政府进行谈判，但是，我们却从来也没有面对过真正的谈判。从理论上考虑谈判是一回事，而真正面对谈判则是另一回事。在我打算给奥利佛回信的同时，我也在开始起草给 P. W. 博塔的备忘录。我要确保也让奥利佛能理解这件事。我知道，当奥利佛和非洲人国民大会全国执行委员会的同事们看到我的备忘录的时候，他们对我偏离正确道路的担心会随之消除。

93...

秘密工作组的第一次正式会晤于1988年5月在波尔斯穆尔监狱区的一个最高档的官员俱乐部举行。尽管我认识库依茨和威廉姆斯，但是，我以前从来没有见过范·德默韦和巴纳德博士。范·德默韦是一个沉默寡言、没有成见的人，只有当他有重要事情要说时才开口讲话。巴纳德有35岁左右，是一个极其聪明、机智而又严于律己的人。

会谈一开始，大家都有些古板，不过，后来再谈，大家讲话就自由、坦率得多了。几个月中，我几乎每周都和他们会谈。后来，间隔时间就不怎么固定了。有时一个月谈不了一次，然后，忽然又每周谈一次。会谈通常由政府安排，但有时我也要求安排会谈。

在我们早期会谈期间，我发现，除了巴纳德之外，其他会谈伙伴对非洲人国民大会知道的并不多。他们都是精明干练的南非白人，远比其他南非白人思想更开明。但是，他们都是南非片面宣传的牺牲品，因此有必要让他们了解事实真相。即使是巴纳德博士，他虽然研究过非洲人国民大会，但是，他的绝大多数资料都是从警察部门和情报部门的卷宗中得到的。由于搜集者们的偏见，这些资料基本上都是歪曲事实的。所以，他也同样无法避免这种偏见的感染。

我首先在简要介绍非洲人国民大会的历史方面花了一些时间，然后，又介绍了我们对非洲人国民大会与政府之间的主要分歧所坚持的立场。澄清了这些基本问题之后，我们把讨论的重点放在了某些关键问题上，如武装斗争、非洲人国民大会与共产党的联盟、多数原则的目标和种族和解的主张等。

提出的第一个问题就是武装斗争问题，从各个角度讲，这都是最重要的一个问题。我们花了几个月的时间来讨论这一问题。他们坚持认为，非洲人国民大会必须首先放弃暴力和武装斗争，政府才同意正式和谈，即由博塔总统出面进行谈判。他们的论点是，暴力是政府所不能容忍的犯罪行为。

我反驳说，政府要对暴力负责，因为总是压迫者，而不是被压迫者热衷于这种斗争形式。如果压迫者使用暴力，被压迫者没有别的选择，只能以暴力进行反击。就我们的情况而论，暴力仅仅是一种自卫的合法形式。我大胆地表示，如果政府决定使用和平方式，非洲人国民大会也将使用和平的方式。我说："放弃暴力的主动权在你们的手中，而不是取决于我们。"

我认为，在这一点上得到了他们的理解，但是，问题很快从哲学讨论转向了实践方面。正如库依茨部长和巴纳德博士所指出的那样，国民党反复强调，不会同任何提倡暴力的组织和谈。因此，如何忽然宣布与非洲人国民大会谈判而又不使自己失信呢？他们说，为了使我们能够开始谈判，非洲人国民大会必须作出一些让步。这样，政府就不至于在他们自己的人民面前丢面子。

这种说法是合情合理的，我能够理解，但是，我没有办法为他们找到别的出路。"先生们，"我说，"解决你们自己所面临的困难并不是我的工作。"我索性告诉他们，他们必须告诉他们的人，不与非洲人国民大会坐下来谈判就不可能有和平，也不可能解决南非面临的问题。"人民是通情达理的。"我说。

非洲人国民大会与共产党联盟这个问题似乎与武装斗争一样，让他们感到棘手。国民党接受了 20 世纪 50 年代最顽固、最保守的冷战思维方式，把苏联当做邪恶的帝国，把共产主义当做恶魔的作品。我没有办法能让他们从这种错误观念中解脱出来。他们坚持认为，共产党支配和控制着非洲人国民大会，所以要开始谈判，我们必须首先同共产党决裂。

我说，首先没有哪个有自尊心的自由战士会服从他正在与之斗争的政府的命令，或仅仅为了取悦于对手而抛弃自己长期的盟友。然后，我又作了大量的解释，说明共产党和非洲人国民大会是两个不同的组织，两个组织的短期目标是一致的，那就是推翻种族压迫，建立一个没有种族歧视的南非，但是，我们的远期目标却是不同的。

这个问题讨论了好几个月。像绝大多数南非白人一样，他们也认为，由于非洲人国民大会中的共产党人都是白人和印度人，因此，他们正在控制着非洲人国民大会中的黑人。我列举了许多事实，说明非洲人国民大会和共产党在政策方面是不同的，并且，非洲人国民大会仍然是占主导地位的。但是，我的话似乎没能打动他们。最后，我愤怒地对他们说："你们认为你们自己是理智的，对不对？你们认为你们自己人多势众又能说会道，对不对？那么，你们有四个人，而我只有一个人，你们不能左右我，或者说让我改变我的想法。是什么东西让你们认为共产党人能成功而你们则会失败呢？"

他们对国有化的思想也很担心，坚持认为非洲人国民大会和《自由宪章》都在支持南非经济的全盘国有化。我解释说，我们主张更合理地分配某些工业的收益，即那些已经成为垄断行业的工业部门，可能要实行国有化。但是，我们建议他们看一看我在 1956 年为《解放》杂志写的一篇文章。我在那篇文章中说，《自由宪章》不是社会主义的构想，而是非洲式资本主义的蓝图。我告诉他们，从那时起，我的这个思想一直就没有改变。

讨论的另一个主要问题是多数原则。他们认为，如果有了多数原则，少数民族的权利就可能会受到践踏。非洲人国民大会将如何保护少数民族白人的权利？他们要求搞清楚这一点。我说，在南非历史上，没有哪个组织在努力团结南非所有的人和所有的种族方面能比得上非洲人国民大会。我请他们读一读《自由宪章》的前言："南非属于一切居住在南非的全体人民，没有黑人和白人之分。"我告诉他们，白人也是非洲人，在将来任何形式的治理中，处于多数的民族都需要少数民族。我说："我们并不想把你们赶进大海里去。"

94...

会谈产生了积极的影响：1988 年冬天，有人告诉我，博塔总统打算在 8 月底之前与我见面。（南半球的时令变化与北半球相反。）国家仍然处在动乱之中，政府在 1987 年和 1988 年两次宣布实行国家紧急状态。国际社会的压力也在加强，有更多的公司离开了南非。美国国会通过了全面制裁南非的法案。

1987 年，非洲人国民大会庆祝成立 75 周年，并于当年底在坦桑尼亚举行了庆祝大会。当时,有 50 多个国家派代表团出席了大会。奥利佛宣布，武装斗争将会进一步加强，直到政府准备和谈、废除隔离制度为止。两年前，在为纪念《自由宪章》诞生 30 周年而在赞比亚的卡布韦举行的大会上，其他种族的非洲人国民大会成员首次被选进了非洲人国民大会全国执行委员会。执行委员会宣布，在非洲人国民大会全部领导人被从监狱释放出来前，非洲人国民大会不会再与政府举行谈判。

尽管暴力仍然在到处弥漫，但国民党却从来没有如此强大过。在 1987 年 5 月份举行的白人大选中，国民党以压倒性多数赢得了大选。情况更糟糕的是，自由进步联合党作为官方反对党被保守党所取代，这正好符合国民党人的利益，便于政府打一场以政府对黑人太宽容为主题的宣传战。

尽管我对秘密会谈持乐观态度，但是，当时仍然是一个困难时期。温妮刚刚来探望了我，她告诉我，我们在奥兰多西 8115 号的房子被纵火犯放火烧毁了，那里是我们结婚的地方，我也一直把那里看成自己的家。我们失去了宝贵的家庭档案、照片和纪念品，甚至包括温妮为我将来释放保留的一块结婚面包。我总是想，有一天，当我从监狱里出来的时候，通过看到那些照片和书信就能回想起过去。但是，现在却都已经化为灰烬。监狱剥夺了我的自由，但却无法剥夺我的记忆。然而，现在我感到，某些敌人甚至企图剥夺能唤起我记忆的东西。

我患上了严重的、似乎无法摆脱的咳嗽，并且常常感觉身体虚弱，根本无法进行体育锻炼。我不断地抱怨我的牢房太潮湿，但也无济于事。一天，在探视区与我的律师伊斯梅尔·阿尧博见面期间，我感觉身体很不好，并且不停地呕吐。于是，我被带回牢房，并找一位医生为我做了检查，我很快就康复了。但是，几天后，我吃过晚饭正在牢房里待着，忽然来了几个狱警和一名医生。医生给我做了简单的检查，然后，一个狱警让我穿好衣服，说："我们准备带你去开普敦的医院。"在严格的安全防范下，我上了一辆轿车，另外有好几辆轿车和军车护送，并且至少有十几个狱警陪同。

我被送到位于斯泰伦博斯大学校区的泰格堡医院，那里属于开普敦的一个绿色富人区。正如我后来发现的那样，他们选择了一个特别的地方，因为当局害怕我在一所大学医院里可能会引起别人的同情和关注。狱警首先进入医院，把入口处的人统统赶走。然后，我被护送到一楼，当时那里已经空无一人，大厅里却有十几名武装警卫人员一字排开。

当我坐在体检室内的一张桌子旁边的时候，一位年轻而友善的医生给我做了检查，他也是这个大学医学院的教授。他检查了我的喉咙，听了一下胸部，并做了一些常规检查，不大一会儿就给我检查完了。"你什么病都没有，"他微笑着说，"我们明天就让你出院。"我正在担心我的病会影响我与政府之间的会谈，因此，我对这个诊断结果感到很高兴。

检查完后，那位医生问我是否想喝杯茶，我说好的。几分钟后，一位高个子有色人护士端着茶盘走了进来。大厅里全是武装警卫和狱警，这使她非常紧张，她慌慌张张地把茶盘放在我的病床上，茶水溅到了盘子上，她赶忙离开了大厅。

在重兵保卫下，我在那间空荡荡的病房里住了一夜。第二天早上，我还没有吃早饭，有一位老医生就来看我，他是这个医院的内科主任。老医生是一个严肃认真的人，远没有头一天那位热情的年轻医生对病人的态度好。他没有给我做任何常规检查，仅仅是在我胸部敲了几下，然后就生硬地说："你肺里有水。"我告诉他，昨天那位医生已经做过检查，说我没有病。他有点儿不高兴地说："曼德拉，你看你的肺部。"他说，我的肺部一侧比另一侧大很多，很可能有积水。

他让一个护士给他拿了一个注射器，干净利落地刺进我的肺部，很快就抽出了一些褐色液体。"你吃早饭了吗？"他问。我说没有。"那好，"他说，"我立即带你去手术室。"他告诉我，我的肺里积有大量的水，他要立即把水抽出来。

在手术室里，我被实施了麻醉。我记忆中的第一件事，就是当我醒来的时候，那个医生还在。我感觉有些昏昏沉沉，但是，我听他在说他从我的胸部抽出了两升液体，经过化验，发现有结核病菌。他说，我的病尚在初发期，对肺没有造成什么损害。他又说，尽管重结核病病人正常需要花六个月才能治好，但我应该有两个月的时间就能痊愈。医生还说，可能是潮湿的牢房使我患上了这个病。

我在泰格堡医院又住了六个礼拜，接受康复治疗。12月份，我被转到了康斯坦提亚伯格专科医院。这是一家位于波尔斯穆尔监狱附近的豪华医院，在此之前，还从来没有黑人来这里看过病。我到了那里后的第一个早晨，科比·库依茨就来医院看望了我，陪同他一起来的还有负责照顾我的副监狱长马雷少校。在我们互致问候的时候，我的早饭也被按时送到了我的病房。

由于我一直在患病，而且有高血压病史，所以院方要求我严格控制进食高热量的食物。当时，这项医嘱显然还没有来得及通知医院的厨房，因为送来的早餐有炒鸡蛋、三片培根和几块加了黄油的烤面包。我已经有好长时间没有吃到培根和炒鸡蛋了，而且我已经饿疯了。正当我准备享用那些可口的炒鸡蛋的时候，马雷少校说：

"不，曼德拉，这些食物有违医嘱。"他走过来想把我的早餐盘子端走。我紧紧地抓着盘子说："少校，很抱歉。就是这份早餐能药死我，我今天也顾不了那么多了。"

我在康斯坦提亚伯格医院安顿好后，就又开始与科比·库依茨和秘密委员会恢复了会谈。当我仍然在医院里住院的时候，库依茨就说，他想让我处于半囚禁半自由的状态。尽管他没有详细说明这是什么意思，但是，我仍然知道他说这个话的意图。因此，我只是点了点头。我当然不会那么幼稚地认为，他的建议就意味着自由。不过我也知道，这是朝着让我自由的方向迈出的一步。

同时，这个专科医院条件也特别好，我第一次真正喜欢在医院里慢慢地康复。那里的护士们似乎把我宠坏了。她们不是白人就是有色人，但不允许有黑人。她们额外给我送来了甜食和枕头，她们不断地来看我，甚至不在班上的时候也是如此。

有一天，一个护士对我说："曼德拉先生，我们今天晚上准备举行一次聚会，希望你也能参加。"我说，我很荣幸参加你们的聚会，但是，监狱当局对此事肯定会有说法。监狱当局不允许我去，这使护士们很气愤。于是，她们决定在我的病房里举行聚会，并坚持说，如果我不参加，她们就不举行这次聚会。

那天夜晚，有十几位参加聚会的年轻女士，带着糕点、饮料和礼物一窝蜂似的来到了我的病房。警卫们似乎感到迷惑不解，但是，他们几乎不认为这些活泼的年轻女士会有什么安全方面的危险。当一位警卫企图阻止某些护士进入我的病房的时候，我还开玩笑地责怪他对一位老人引起那么多年轻漂亮的女士的注意而心生妒忌。

95...

1988 年 12 月份，监狱当局加强了对我的牢房的安全防范措施，值班的狱警们也比往常提高了警惕，这无疑预示着要发生什么变化。12 月 9 日晚上，马雷少校走进了我的房间，让我准备离开医院。“上哪儿去？”我问他。他没有告诉我。我收拾起自己的东西，四处寻找那些真诚的护士。我为没能向她们说声谢谢和再见而感到失望。

我们匆匆忙忙离开了康斯坦提亚伯格专科医院，大约一个小时后，我们进了一个监狱，我认出这个监狱的名字叫维克多·维尔斯特。维克多 · 维尔斯特监狱在开普敦东北 35 英里处，位于美丽的老开普区一个叫做帕尔的荷兰人居住的城镇上，那里是开普省的葡萄种植和葡萄酒酿造区。这个监狱拥有样板监狱的“美誉”。我们行驶了很长一段路程，然后沿着穿过监狱后面的相当荒凉的一片密林的泥泞路来到了一座独立的、刷成白色的单层小别墅，别墅周围有混凝土墙和高大的冷杉树。

我被马雷少校领进了那座别墅，我发现里面有宽敞的客厅和与客厅相邻的大厨房，后面还有一个更大的卧室。里面虽然配备的东西不多，但很舒适。在我到达那里之前，别墅显然一直没有打扫，卧室和客厅里有各种不知哪里来的虫子、蜈蚣、猴面蜘蛛等，有的虫子我过去从来没有见过。那天夜晚，我把床上和窗台上的虫子清除干净，在我将来的这个新家里睡得特别好。

第二天早上，我考察了我的新住处，发现后院里有一个游泳池，另外还有两间小卧室。我走出房间，欣赏着那一棵棵为房子遮阴纳凉的高大树木。整个去处让人感到遥远，似乎与世隔绝。唯一有损这幅田园诗般的图画的，就是墙上装有带刺的铁丝网和出口处有警卫站岗。尽管如此，它仍然不失为一处美妙的地方，因为这座别墅可以说是介于监狱和自由之间。

那天下午，科比·库依茨来看望了我。他带来了一箱开普葡萄酒，作为为我的新家“温锅”的礼物。一个监狱官员给他的囚犯带来这样的一件礼物，对我们双方都具有讽刺意味。他非常热心，并希望核实一下我是否真的喜欢这个新家。他亲自察看了房子，唯一的建议就是房外面的墙应该加高，他说是为了不让我受到干扰。他告诉我，维克多·维尔斯特这座别墅将是我成为一个自由人之前最后的一个家。他说，这次搬家的理由是想让我有一个安闲、舒适的地方举行私下会谈。

这座别墅确实让我有一种自由的感觉，我可以随意睡觉和起床，愿意什么时候游泳就什么时候去游泳，想什么时候吃饭就什么时候吃饭，吃的也都是可口的饭菜。白天可以随便到外面走走，在我希望散步的时候去散散步，这是一种自我感到荣耀的时刻。窗子上没有铁棂子，也没有叮叮当当的钥匙，因为不再需要锁门和开锁。在那里，处处都使我感到愉快，但是，我从来没有忘记那只是一个镀了金的笼子。

监狱为我配备了一个厨师，都叫他司沃特准尉。他是一个身材高大、性情安静的南非白人，曾经是罗本岛监狱的狱警。我并不记得他曾经在罗本岛上工作过，但是他说，有时候他开着车送我们去石灰石料场，并故意开着车在坑坑洼洼的路上走，不过是为了让我们在车上坐不稳当。“那就是我对你们干的事。”他腼腆地说，并且笑出了声。他是一个正派的、性情十分温和的人，并且没有偏见，在我看来就像是我的一个小弟弟。

他每天上午7点过来，下午4点离开，为我做早饭、午饭和晚饭。医生为我制订了食谱，他按照食谱准备饭菜。他是一位可爱的厨师，当他回家的时候，他会把我的晚饭放在微波炉里，以便加热，微波炉当时对我来说还是一个新鲜玩意儿。

司沃特准尉为我烤面包、酿造清淡啤酒和其他美味佳肴。当有人来看我的时候，他会准备精美的饭菜。事实上，有越来越多的人来看我。他们总是称赞饭菜做得好，我敢说我的厨师让所有来看我的人都有些羡慕。当当局开始允许我的非洲人国民大会同志、联合民主战线（UDF）和群众民主运动（MDM）组织的人来看我的时候，我敢说他们就是冲着美味的饭菜而来的。

有一天，吃过司沃特先生做的精美饭菜之后，我走进厨房去洗盘子。“不，”他说，“那是我的工作，你一定要回会客厅。”我坚持说，我必须干点活儿，你做饭，我洗盘子，这是合情合理的。司沃特先生不同意我的观点，但是，他最后还是让了步。他也反对我早上起来自己整理床铺，说这些活儿都是他应该干的。但是，多年来，我一直自己收拾自己的床褥，这已经成了一种习惯。

有时，我们也从另一方面互相取长补短。像许多讲南非荷兰话的狱警一样，他也很希望提高自己的英语水平，而我则总是在寻找提高我的南非荷兰话的方法。我们两人达成了一个协议：他与我讲英语，而我则用南非荷兰语回答，这样，我们两人都能有机会练习自己说得最差的语言。

我经常点几个菜让他做。我有时要吃玉米粥和大豆，这些是我从小就喜欢吃的东西。有一天，我说：“你知道，我想让你给我做一些糙米。”让我感到奇怪的是，他竟然问：“糙米是什么？”司沃特是年轻人，我向他解释，糙米就是没有经过精加工的粗米。在战争年代，当没有白米吃的时候，我们常常吃糙米。我说，吃糙米远比吃白米有利于身体健康。他对我说的话有些不大相信，但是，他仍然设法为我找了一些糙米。我亲自指导他把糙米做熟，我吃得有滋有味。但是，司沃特先生不喜欢吃这种糙米饭，并郑重其事地说，如果我再要吃这种糙米，我必须自己去做。

尽管我不是一个喜欢喝酒的人，但是，来了客人，我总是喜欢用葡萄酒招待我的客人。有时，为了让我的客人感觉舒适，我也会喝上一点儿。但是，我唯一能喝的是一种南非的“半甜”葡萄酒，这种酒实际上很甜。

在我的客人到来之前，我会让司沃特先生去弄一种尼德堡葡萄酒。这种酒以前我曾经喝过，知道它是一种真正的半甜酒。有一天，我期待着我的朋友和律师杜拉·奥马尔、乔治·毕佐斯和伊斯梅尔·阿尧博来吃午饭，因此，我让司沃特先生去买一些尼德堡葡萄酒。乔治·毕佐斯不是穆斯林，他可能会在吃饭的时候喝点儿酒。我发现，当我让司沃特去买酒的时候，他苦着脸，我问他出了什么事。

“曼德拉先生，”他说，“我总是给你买这种酒，只是因为你老是让我去买这种酒，但是，这种酒是一种很便宜的饮料，并不怎么好。”我提醒他，我不喜欢干葡萄酒，我认为乔治无论如何也喝不出有什么差别来。司沃特听着我说的话有点儿好笑，于是建议折中一下：他出去买两瓶酒，一瓶是干葡萄酒，另一瓶是我要的尼德堡葡萄酒，然后我可以问问我的客人到底喜欢哪一种。“那好，”我说，“让我们试一试你的主意。”

当我们四个人都已入座准备吃午餐的时候，司沃特拿着两瓶酒走到我的客人们面前询问：“先生们，你们喜欢哪种葡萄酒？”乔治看都没看我，就指向那瓶干白葡萄酒。司沃特准尉笑了。

96...

与谈判委员会的会谈仍在继续，但是，我们总是在一些相同的问题上纠缠不休，使我们无法往下谈。这些问题依旧是：武装斗争、共产党和多数原则。我一直在敦促库依茨安排让我与 P. W. 博塔会谈。这时候，当局已经允许我与我在波尔斯穆尔、罗本岛和卢萨卡的同志们进行最起码的沟通。尽管我知道我比我的同事们先行了一步，但是，我并不想走得太远，一味地孤军奋战。

1989 年 1 月，波尔斯穆尔监狱的四位同志来看我，我们讨论了我准备提交给总统的那份备忘录。备忘录包含了我们在秘密会谈中所谈的多数内容，但是，我仍然想让总统直接听听我的想法。他会明白，我们并不是怒目相向的恐怖分子，而是有理性的人。

3 月份，我在致博塔先生的备忘录中说："正如其他南非人都毫无疑问地感到不安一样，我为南非分裂成势不两立的黑人和白人两大阵营互相残杀而感到不安。"为避免这种局面并为和谈奠定基础，我建议政府同意放弃对非洲人国民大会提出的三项要求作为和谈的前提条件，即，放弃暴力、与南非共产党决裂和放弃多数原则。

关于暴力问题，我写道，非洲人国民大会拒绝放弃暴力并不是主要问题，"问题在于政府还没有做好与黑人分享政治权力的准备……"我解释说我们愿意把南非共产党放在一边，并重申我们并不处在南非共产党的控制之下。我写道："哪一个有尊严的人会在共同的对手仍然存在的时候抛弃仍然与他们保持一定程度的信任的终身朋友？"我说，政府反对多数原则只不过是试图维护统治的一种不太巧妙的托词。我建议他要面对现实。"多数原则和国内和平就像一个硬币的正反两面，白人统治的南非必须承认，只有多数原则得到充分实行，这个国家才会有和平和稳定。"

在信的末尾，我提出了关于和谈的粗略框架。

> 有两个政治问题必须要进行讨论。首先，在统一的国家中要求实行多数原则；其次，白人对这种要求的担心以及白人坚持在政权结构上得到保证，即多数原则并不仅仅意味着少数白人受大多数黑人的统治。政府和非洲人国民大会所面临的最关键任务就是要在这两个问题上达成一致意见。

我建议，完成这个关键任务要分两步走：第一步是坐下来讨论，创造与和谈相适应的条件；第二步是实际和谈本身。"我必须指出，我的动议为你提供了打破目前僵局的机会，并且可以使国家的政治形势正常化。我希望，你能不失时机地抓住这个机会。”

但是，时机还是失去了。1 月份，P. W. 博塔忽然身患中风。尽管中风并没有使这位总统丧失执政能力，但是，却使他更虚弱了，并且据他的内阁讲，中风使他变得更加急躁。2 月份，博塔出人意料地辞去了国民党主席的职务，但仍然保留自己作为国家总统的职务。这在这个国家的历史上，出现了一种不协调的局面：按照南非议会制度，处于多数的党的主席才能担任国家总统。博塔现在仍然是国家总统，但却不再是他自己那个党的主席了。有些人把这件事看成是一种积极的措施:为了给南非带来真正的变化，博塔想要“超脱政党政治”。

政治暴力和国际社会压力仍然在不断加强。全国被扣押的政治犯成功地举行了绝食斗争，要求司法部下令释放 900 多名在押的政治犯。1989 年，联合民主战线与南非贸易工会大会结成了同盟，组建了群众民主运动，当时正准备着手组织全国性的“反抗运动”向隔离制度挑战。在国际战线上，奥利佛 · 塔博与大不列颠政府和苏联举行了会谈,并于 1987 年 1 月在华盛顿会见了美国国务卿乔治·舒尔茨。美国承认，非洲人国民大会是解决南非问题不可缺少的因素，对南非的制裁仍然在继续，并且正在进一步加强。

政治暴力也有其悲剧性的一面。随着索韦托暴力的不断加强，我的夫人找了一伙年轻人做她在索韦托活动时的保镖。这些年轻人没有接受过训练，组织纪律性很差，参与了一些与解放斗争的宗旨不相符的活动。后来，温妮由于她的一个保镖受审而在法律上受到了牵连，这个人当时被指控杀了一位年轻的同志。这个案子使我非常担心，因为这样的丑闻在团结为重的时期只能会使运动组织发生分裂。我全力支持我的夫人，并坚持认为，尽管她判断有误，但是，对她的任何严重指控，她都是无辜的。

那年的 7 月，为了我的 71 岁生日，几乎我全家都到维克多 · 维尔斯特别墅来看望了我。这是我第一次与我的夫人、儿子、女儿、孙子和孙女团聚，无疑是一个重要的、令人高兴的时刻。司沃特准尉尽其所能地准备了宴会，而当我让我的一些孙辈在吃正餐之前先吃些布丁时，他甚至一点都不感到麻烦。吃完饭后，我的孙辈们跑到我的卧室去看恐怖录像片，而成年人则在客厅里闲聊。我的全家人都围绕在我的身边，这使我感到特别高兴，唯一的痛苦就是多年来我已经失去了许多这样的机会。

97...

7 月 4 日，威廉姆斯将军又来看望了我。他告诉我，第二天我将被带去见博塔总统。他把这次与博塔的会面说成是一种“礼节性拜访”，并告诉我第二天早晨五点半动身。我告诉威廉姆斯将军，尽管我期待着这次会见，但是，我认为去见博塔先生应该有一套像样的西服和领带（著名人士代表团来访问时的那套西服早就不知弄到哪里去了）。威廉姆斯将军同意给我做一身西服，不大一会儿，一位服装师来给我量了尺寸。当天下午，我就得到了新的西服、领带、衬衣和鞋。在动身前，威廉姆斯将军还问了我的血型，以防万一第二天会发生任何不幸的事情。

我尽可能仔细地为这次会见做了准备。我又看了一遍我的备忘录和为起草这个备忘录所做的笔记。我尽可能多地看了一些报纸和刊物，以便了解时事。博塔总统辞去国民党主席的职务后，F. W. 德克勒克当选为新的国民党主席，据说两人之间一直在耍政治手腕。有的人可能把博塔愿意会见我解释为抢先于其对手的一种方式，但是，我对此并不担心。我还演练了一番总统可能要坚持的主张以及我如何作出反应。每次与对手会谈，你必须确保能够把要给对方留下的印象准确地留给对方。

我对去见博塔先生有些紧张。大家都叫他“die Groot Krokodil”（大鳄鱼），我对他那狂暴的脾气曾多次有所耳闻。在我看来，他似乎是守旧、固执、倔强的南非白人的典型，认为与黑人领袖没有多少好商量而只能服从他们的。他刚刚发生的中风显然只会加剧他的这些倾向。我决心已定，如果他对我指手画脚，我将不得不告诉他，我对这种行为是不能接受的，然后我将站起来，中止与他的会谈。

早晨 5 点 30 分，维克多 · 维尔斯特监狱的监狱长马雷少校准时来到我住的那座别墅。他走进了客厅，我穿着新做的西服站在他面前让他看一看。他围着我转了一圈，然后一个劲地直摇头。

“不，曼德拉，你的领带……”他说。我在监狱里很少戴领带，我知道那天早上系领带的时候，我已经不记得如何正确地打结了。我费了九牛二虎之力才打了个结，并希望没有人会注意到它。马雷少校解开了我的衣领，松开并取下领带，然后站在我身后，给我打了一个双温莎结。然后，他走到我的面前欣赏他自己为我系的领带。“好多了。”他说。

我们乘车从维克多 · 维尔斯特到波尔斯穆尔，然后又到了威廉姆斯将军的家里。在他家里，将军的夫人为我们准备了早餐。吃过早饭后，在一个小型车队的护送下，我们乘车来到了总统府图因胡伊斯。我们把车停在地下停车场，在那里谁也不会看到我们。图因胡伊斯是一座优美的 19 世纪开普荷兰式建筑，但是，那天我并没有能好好地看看这座建筑，而只是悄悄地直接进了总统府。

我们在地下停车场乘电梯来到总统办公室前面的一个华丽的、木板镶壁的大厅。在大厅里，我们受到了科比 · 库依茨、尼尔 · 巴纳德和一批监狱随从官员的迎接。我早就已经就这次会见与库依茨和巴纳德博士广泛地交换过意见，他们一直在劝我避免与总统谈有争议的问题。在我们等候在那里的时候，巴纳德博士向下看了一眼，发现我的鞋带没系好，便立即蹲下来为我把鞋带系好。当时，我只注意他们如何紧张，却也没有使我自己镇定下来。然后，门开了，我带着最坏的打算走进了总统办公室。

P. W. 博塔从他气派的办公室对面朝我走过来。显然，他事先已经对自己的步幅作过演练，因为我们正好到达房中间的时候走到了一起。他笑容满面地伸出了手，事实上，从这一时刻开始他完全使我放松了下来。他客气、恭敬而友好，显得有点儿令人难以置信。

我们很快就摆好姿势，两人握着手拍了照，然后与科比·库依茨、威廉姆斯将军和巴纳德博士一起坐在了一张长桌子旁。有人给我们倒上茶，然后我们就开始谈判。似乎从一开始，我们就没有陷入紧张的政治争议之中，而是双方进行生动而有趣的交流。我们没有讨论实质性的问题，而是谈了一些诸如历史和南非文化方面的话题。我提到自己刚刚在一份布尔语杂志上阅读了一篇关于 1914 年南非白人叛乱的文章，也提到了他们如何占领了自由邦的城镇。我说，我把我们的斗争看作与这次著名的反叛相类似的斗争。我们花了相当长的时间讨论这些历史插曲。对南非的历史，黑人和白人当然有很不一致的看法。他们认为，那次反叛只是兄弟之间的吵架，而我们的斗争则是一种革命斗争；我说，也可以把我们的斗争看作肤色不同的兄弟之间的一种斗争。

这次会谈进行了不到半个小时，自始至终都充满着友好而轻松愉快的气氛。就在这个时候，我提出了一个严肃的问题，请博塔先生无条件地释放所有的政治犯，其中也包括我自己。这是会谈中唯一比较紧张的时刻，博塔先生说，他恐怕不能满足我这个要求。

然后，就会谈的消息如果透露出去我们将如何解释这个问题进行了简短的讨论。我们很快就起草了一个轻描淡写的声明，把我们的会谈说成是促进国家的和平而在一起喝茶。在这一点上达成一致意见后，博塔先生站起来与我握手，并说我们一直谈得很愉快。的确一直很愉快。我向他表示感谢，然后沿着我们来的路线离开了总统府。

尽管这次会谈从和谈的角度讲并没有取得进展，但是，从另一种意义上讲，还是取得了一定的突破。博塔先生早就说过，我们必须跨过鲁比肯河，但是，他直到那天上午在图因胡伊斯才亲自这样做了。当时我认为，我们并没有走回头路。

一个多月之后，即 1989 年 8 月，P. W. 博塔走上国家电视台，宣布辞去国家总统的职务。在一篇近乎漫谈式的告别演讲中，他指责内阁成员不守信用，对他置之不理，使非洲人国民大会占了便宜。第二天，F. W. 德克勒克作为代总统宣誓就职，并宣布将致力于改变和改革。

我们以前认为，德克勒克先生就是一个无足轻重的人。在他成为国民党主席的时候，他似乎是一个典型的国民党党员，做起事来不偏不倚，他的过去似乎没有什么东西表明他具有改革精神。作为一位教育部长，他曾经力主不准白人大学招收黑人学生。但是，他一接管了国民党，我就开始密切关注他。我读了他所有的演讲，听了他所发表的谈话，开始明白他真正背离了他的前任。他并不是一个理论倡导者，而是一个实用主义者。他认为改变是必须的，也是不可避免的。在他宣誓就职的当天，我给他写了一封信，要求与他见面。

在他的就职演说中，德克勒克说，他的政府将致力于和平，将与任何其他致力于和平的团体进行和谈。但是，只有在他就职后，在大主教图图和阿伦·布塞克牧师领导群众在开普敦策划游行示威、抗议警察的野蛮行径的时候，他关于新秩序的承诺才得以显示出来。在博塔总统当政期间，这种游行将遭到禁止，而参加游行的人将会蔑视这种禁止，因此必然会导致暴力。而新总统却实践了不限制政治集会的诺言，允许举行游行示威，只要求游行示威者不诉诸暴力。由此看出，掌舵的是一个新的、与前任不同的舵手。

98...

即使是德克勒克成了总统，我仍然继续在与秘密和谈委员会接触。宪法发展部部长格雷特·维尔强也加入了我们和谈的行列，他是一个卓越的人物，拥有古典文学博士学位。当时，他的职责是把我们的讨论纳入宪法框架。我竭力要求政府用实际行动证明其美好的动机，并敦促政府释放波尔斯穆尔和罗本岛监狱的政治犯，以显示其真正的诚意。在我告诉谈判委员会必须无条件释放我的同事的同时，我说，释放他们以后，政府就可以看到，他们都是奉公守法之人。戈万·姆贝基的行为已经显示了这一点，他是在 1987 年被无条件释放的。

1989 年 10 月 10 日，德克勒克总统宣布将释放瓦尔特·西苏陆和七名我在罗本岛上的同志，他们是：雷蒙德·穆拉巴、阿迈德·卡特拉达、安德鲁·木兰基尼、伊莱亚斯·莫佐莱迪、杰夫·马塞莫拉、维尔顿·穆夸毅和奥斯卡·穆培塔。那天上午，瓦尔特、凯西、雷蒙德和安德鲁来看望了我，他们仍然住在波尔斯穆尔，所以我能够向他们告别。那是一个激动人心的时刻，但是我知道，我被释放的日子也不会太远了。五天之后，这些人就被从约翰内斯堡监狱释放了。这是一个立即引起国内、国外称赞的行动，我向德克勒克先生表示了我的感激之情。

但是，与由于瓦尔特和其他人的释放使我产生的那种兴奋之情相比，我的感激之情显得有点儿苍白。这是我们那么多年一直渴望到来并为之战斗的一天。德克勒克实践了他的诺言，人们被无条件地释放了，他们可以以非洲人国民大会的名义发表讲话了。显然，对组织的取缔也已经不再有效，这说明我们的长期斗争和我们坚持原则的决心是正确的。

德克勒克着手有步骤地拆除各种隔离制度的障碍，他宣布，南非海滩度假胜地向所有肤色的人开放，并声明，《保留福利设施隔离法》将很快被废除。1953 年以来，这项一直被大家称作“小隔离”的法律措施得到了加强，把公园、剧院、餐馆、公共汽车、图书馆、厕所和其他公共设施都按照种族进行分离式管理。11 月，他宣布解散“国家安全管理系统”。在当时，这是一个在 P. W. 博塔执政期间建立起来的专门对付反隔离力量的秘密机构。

12 月初我被告知，与德克勒克的会见安排在当月的 12 日。利用这段时间，我就能够与我的新老朋友进行协商，并在维克多 · 维尔斯特别墅会见我的老同事和群众民主运动及联合民主战线的领导人。我接见了来自各个地区的非洲人国民大会人士和来自联合民主战线及南非贸易工会大会组织的代表团。当时，其中有一位年轻人名叫西里尔 · 拉马福萨，他是全国矿工工会的总书记，也是新一代领导班子中最有能力的一个人。我的罗本岛狱友也来看望了我，其中有“恐怖”勒寇塔和道克尤 · 赛克斯瓦勒，他们两人还一起与我吃了午饭。他们两人特别能吃，这是我唯一一次听到司沃特准尉抱怨别人太能吃，他说 :“那两个人想把我们的家当全吃光！”

在几位同事的指点下，我给德克勒克写了一封信。与曾经寄给 P. W. 博塔的信不同的是，这封信的主题是政府与非洲人国民大会之间的谈判问题。我告诉这位总统，当前的对立正在消耗着南非的生命力，谈判是唯一的解决办法。我说，非洲人国民大会将接受没有先决条件的谈判，特别是没有政府要求的那种前提条件 : 停止武装斗争。政府要求“真诚地致力于和平”，而我指出，我们准备和谈是真心实意的。

我告诉德克勒克先生，我对他在就职演说中强调和阐述和解的内容留下了何等深刻的印象。他的话深深地影响了千千万万的南非和世界人民，因为大家都希望看到一个新南非的诞生。我说，通向和解的第一步就是彻底废除隔离制度，以及为加强隔离所采取的所有措施。

但是，我又说，那个讲话精神后来并没有多少见之于行动。许多人把政府的政策理解为以其他方式继续实行隔离制度。我说，政府在与“黑人家园”（班图斯坦）的领袖和其他赞成这种制度的人谈得时间太长了。我断言，这些人是旧的剥削制度的代理人，广大南非黑人是反对他们的。

我重申，我提议的谈判要分两步走。我告诉他，我完全支持非洲人国民大会在1989年哈拉雷宣言中采取的方针。这个声明把消除政府自己制造的和谈障碍的责任归于政府方面，包括释放所有的政治犯，取消对组织的取缔和对个人的禁止，结束紧急状态，从各地城镇撤出军队。我强调说，共同达成停火协议、结束相互敌对行动应当是当务之急，因为没有这个先决条件，其他任何事情都不能进行。这封信在我们会谈的前一天被转交给了德克勒克先生。

12月13日上午，我又被带到图因胡伊斯，在我曾经与其前任喝茶的同一个房间里会见了德克勒克。他的陪同人员有科比·库依茨、威廉姆斯将军、巴纳德博士以及他的同事麦克·洛维。我祝贺德克勒克当选总统，并表示希望我们能一道工作。他十分热情，并对我作出了同样的表示。

我从一开始就发现，在我说话时，德克勒克先生听得非常认真。这是一种新鲜的经历。国民党的领袖在与黑人领袖们讨论问题时，一般都是听他们想听的意见，而德克勒克先生似乎真正想听取和理解我们的意见。

那天，我着重强调的一个问题就是国民党刚刚颁行的“五年计划”，其中出现了“团体权利”的概念。所谓“团体权利”思想，意思是没有哪个民族或种族团体高于其他种族团体。尽管他们把团体权利定义为“在南非保护少数种族自由的一种办法”，但是，事实上，他们的意思是想保留白人统治。我告诉德克勒克，这一条对非洲人国民大会来说是不能接受的。

我补充说，保留这个概念也不符合他的利益，因为不放弃这一条，就会给大家造成他要使种族隔离现代化的印象，这会在国内和国际社会进步力量的眼中形成有损于他和国民党的形象。我说，对于一种压迫制度，不能只是改良，而是必须全部抛弃。我提到了最近国民党在开普地区的喉舌——《公民》报刊登了一篇社论，其中暗示，团体权利的概念被理解为从后门把隔离制度弄回来的一种企图。我告诉德克勒克先生，如果他的党报这样理解团体权利，那么，他又会怎么认为我们将如何理解团体权利的概念呢？我补充说，75年来，非洲人国民大会没有反对隔离制度，这只是由于隔离制度有一层伪装。如果他的真实意图是通过团体权利这个特洛伊木马来保留隔离制度，那么，他就不是真正想结束种族隔离。

我发现，那天德克勒克的反应有些迟钝。这个人的特点就是，他注意倾听我必须要说的话，并不与我争论。“你知道，”他说，“我的目标与你的目标并没有什么区别。你在给 P. W. 博塔的备忘录中说，非洲人国民大会和政府应当一道工作，去解决白人担心的黑人统治问题，而‘团体权利’的思想就是我们要解决这个问题的办法。”这种解释对我有所触动，但是，我说，“团体权利”与其说是减轻白人的担心，倒不如说是增加黑人的担心。然后，德克勒克说：“那么，我们就对它进行修改。”

然后，我提出了我的自由问题，并说，如果他认为我准备竭尽全力争取自己获得释放，那他就大错特错了。我重申，如果我被释放后，环境条件与我被捕时的环境条件仍然一个样，那么我还会去干我被逮捕前所干的同样的事情。我向他挑明，向前推动和谈的最好办法就是取消对非洲人国民大会和其他政治组织的禁令，停止实行紧急状态法，释放政治犯并让被流放的人士回来。如果政府不取消对非洲人国民大会的取缔令，那么我一走出监狱，将仍然是在为一个非法组织工作。“那么，”我说，“你一定会在我走出监狱大门之后重新把我逮捕。”

他又一次认真倾听了我所说的话。他肯定对我说的话不感到奇怪，因为他说他将考虑我所说的一切，但是，他不会作任何承诺。这次会谈是一次试探性的会谈，我知道，那天不可能解决任何问题。但是，它是一次非常重要的会谈，就像我刚到罗本岛的时候试探监狱长一样，我对德克勒克进行了一番试探。我可以给卢萨卡的同志写信，告诉他们，德克勒克先生似乎真的与以往的国民党政客不同。我说，德克勒克先生印证了撒切尔夫人对戈尔巴乔夫的著名描述：他是我们能够与之共事的一个人。

99...

1990年2月2日，F. W. 德克勒克站在议会前致了传统的开幕词。他要做一些别的南非国家领导人没有做过的事情：真正开始废除种族隔离制度，从而为建设一个民主的新南非奠定基础。他以引人注目的方式宣布：取消对非洲人国民大会、阿扎尼亚泛非主义者大会、南非共产党和其他31个非法组织的禁令，释放非暴力活动的政治犯，停止实行死刑，取消紧急状态法及其规定的各种限制。他说："和谈的时刻已经到来。"

那是一个激动人心的时刻，因为，他真的一下子就使南非的形势实现了正常化。我们的世界在一夜之间发生了翻天覆地的变化。经过40年的被迫害和被取缔，非洲人国民大会现在又成了一个合法组织。我和我的所有同志不会再由于是非洲人国民大会人士、由于高举非洲人国民大会的绿黄黑三色旗、由于说非洲人国民大会这个名字而被逮捕了。近30年来，我的照片、我说的话和我所有被禁止的同志们的照片及言论第一次可以出现在南非的报纸上。国际社会为德克勒克的勇敢行为喝彩。但是，在所有的这些好消息中，非洲人国民大会仍然对德克勒克先生没有完全取消紧急状态并命令军队从各城镇撤离表示反对。

2月9日，也就是德克勒克在议会致开幕词七天之后，我又一次接到了去图因胡伊斯的通知。下午6点，我到达了总统府。我与微笑着的德克勒克在他的办公室里见了面，当我们握手的时候，他告诉我，他准备第二天就把我从监狱里放出来。尽管南非和全世界的媒体几周来一直在推测我即将被释放，但是，这个宣布无论如何对我来说都算是一个惊喜。并没有人告诉我，德克勒克要见我的原因是告诉我他打算让我获得自由。

我感觉我的内心和大脑发生了激烈的冲突。我很想尽快离开监狱，但是，根据如此简短的一个通知就离开监狱却是不明智的。我向德克勒克先生表示了感谢，然后说，冒着看上去不领情的风险，我宁愿让大家再关注一周，以便让我的家庭和组织对我的释放做好准备。我说，明天就这样出去，可能会引起混乱。我请求德克勒克，从那天算起一周后再释放我。等了27年后，我当然能够再等上一个礼拜。

德克勒克对我的反应感到吃惊，他没有对我的要求作出答复，而是继续讲述释放我的计划。他说，政府会用飞机先把我送回约翰内斯堡，并正式在那里释放我。没等他说完，我就告诉他，我强烈反对以这种方式释放我。我想步行走出维克多·维尔斯特监狱的大门，并能向那些关照我的人表示感谢，向开普敦的人民表示问候。尽管我来自约翰内斯堡，但是，我已经在开普敦待了接近30年。我要回约翰内斯堡，但是，我会自己选择在什么时候回去，而不是在政府要我回去的某个时候回去。“一旦我获得自由，”我说，“我会自己照顾自己。”

德克勒克又一次显得不知所措。但是，他这次还是对我的拒绝作出了反应。他说了声“对不起”，就离开他的办公室去与别人商量。10分钟后，他满脸不高兴地回来说：“曼德拉先生，现在太晚了，计划已经无法改变了。”我回答说，这个计划是无法接受的，我想一周后在维克多·维尔斯特被释放，而不是在约翰内斯堡。这是一个十分紧张的时刻，当时，我们两人都没有顾得上琢磨其中的讽刺意味：一个囚犯要求待在监狱里，而监狱警当局反而催他快走。

德克勒克又一次说了声“对不起”，便离开了他的办公室。10分钟后，他带回了一个折中办法：“好，我可以在维克多·维尔斯特释放你，但是，释放时间不能往后延了。”政府已经告诉国外的媒体，我第二天将被释放，他们认为不能违背自己作出的声明。我觉得，不能再在这件事上争论。最后，我同意了这个折中办法，德克勒克为我们每人倒了一杯威士忌以示祝贺。我举起威士忌呷了一口，但仅仅是假装喝而已，因为这样的烈性酒对我来说劲儿太大了。

我直到接近午夜的时候才回到了我的别墅，一到了那里，我立即给我在开普敦的同事们捎信，我将在第二天被释放。我又设法给温妮捎信，并给住在约翰内斯堡的瓦尔特打了电话。他们都将于第二天乘包机飞到开普敦。那天晚上，几位来自被大家称为全国接待委员会的非洲人国民大会的人士来到我的别墅，为我起草我将在第二天发表的声明。他们一早就离开了我的别墅，尽管我心情十分激动，但我当晚还是好好地睡了一觉。

第十一部

自由

100...

释放我的那天，我 4 点半就醒了，只睡了几个小时。那天是 2 月 11 日，是一个万里无云的日子，也是开普敦结束夏季的一天。我做了一番简单的常规锻炼，然后洗漱并用了早餐。早饭后，我给几位住在开普敦的非洲人国民大会和联合民主战线人士打了电话，让他们来我住的别墅为我的释放做准备工作，并帮助我写讲话稿。监狱里的医生过来给我做了一次简单的身体检查。当时，我并没有老是在想我被释放后的前景，而是在想释放前我必须要做的许许多多的事情。正如人生经常发生的事情一样，重要关头往往使人感到千头万绪、不知所措。

有许多必须要讨论和解决的事情，但又几乎没有时间去做。接待委员会的几位同志，其中包括西里尔·拉马福萨和特雷弗·曼纽尔，高高兴兴地一大早就来了。我想首先向帕尔区人民发表讲话，他们在我被囚禁期间一直对我很好。但是，接待委员会坚持认为这不是一个好主意：如果我首先向那些富有的帕尔区白人发表讲话，会让人感到奇怪。确实，按照计划，我首先应该在开普敦大广场向开普敦人民发表讲话。

首先要解决的一个问题就是，我获得自由后的第一个夜晚在什么地方度过。我倾向于在开普公寓区度过那个夜晚，因为那里是开普敦黑人和有色人居住区，可以显示我和人民团结一致的决心。但是，我的同事和我的夫人都坚持认为，为了安全，我应该在主教大院与大主教德斯蒙德 · 图图住在一起，那是位于白人居住区内的一座豪华住宅。在我被关进监狱之前，一直不允许我住在这个居住区。我想，在一个高档的白人居住区度过我获得自由后的第一个夜晚，可能会传递一个错误的信号。但是，接待委员会解释说，主教大院已经成为图图领导下的多种族居住地，是开放的、包容的非种族主义的象征。

监狱为我提供了箱子和盒子，以便收拾行李。在我被囚禁的大约头 20 年里，我几乎没积累下什么东西。但是，最后几年我却攒了足够多的财产——主要是书和资料，足以弥补过去几十年的不足。我这些家当装了十几个箱子。

我释放的准确时间定在下午 3 点，但是，温妮、瓦尔特及其他从约翰内斯堡乘包机过来的人直到下午 2 点多才到达。房子里已经有几十个人，整个场面呈现出了一片喜庆的景象。司沃特准尉为我们大家准备了最后一次美餐。我对他表示感谢，不仅仅是因为他为我做了两年的饭，更是因为他和我做了两年的伴。詹姆斯·格雷戈里准尉也来到了现场，我热情地与他拥抱在一起。几年来，从波尔斯穆尔到维克多·维尔斯特，他给了我许多关照，我们从来没有讨论过政治，但是，我们的友谊是不言而喻的，我会怀念他给我带来的安慰。司沃特、格雷戈里和布兰德准尉这些人使我更加坚定了对基本人性的信仰，甚至也包括那些把我关押了 27 年半的人。

当时，几乎没有多少告别的时间。根据计划安排，温妮和我乘车去监狱的前大门。我已经告诉了监狱当局，我想与关照过我的警卫人员和狱警告别，我请他们和他们的家属在前门等着我，在那里，我将与他们一一道别。

下午 3 点过几分，一位著名的南非广播电台的主持人给我打电话，他要求我在距离大门前几百英尺处走下车来，这样，他们就能够为我拍摄正在走向自由的情景。这个要求似乎是合理的，于是我同意了。这是我第一次模模糊糊地认识到，事情可能并不像我所想象的那样平静。

到了 3 点 30 分，我开始紧张起来，因为已经过了计划安排的时间。我告诉接待委员会的工作人员，我的人民一直等了我 27 年，我不想让他们再等了。将近 4 点时，我们乘车离开了维克多·维尔斯特别墅。大约在距大门四分之一英里的地方，车子慢慢地停下来，温妮和我从车上下来，开始朝监狱的大门走去。

开始，我没能看到我们前面有什么动静，但是，当我们走到距离大门大约 150 英尺的时候，我看到一大群人正簇拥在那里。当时，现场有数百名摄影记者、摄像记者、新闻记者，以及数千名满怀希望的人。我为此感到震惊，并且有点紧张。我真的从来没有想到会有这样的场面，我想象至多会有几十个人，可能主要也就是狱警和他们的家人。但是，这个场面原来仅仅是开始。我发现，我们没有充分做好应付要发生的这一切的准备。

在距离大门大约有 20 英尺的地方，照相机开始咔嚓咔嚓地响个不停，那种声音听起来就像“金属动物”发出的噪音。新闻记者开始大声地提问题，电视记者也开始向前挤，非洲人国民大会的支持者则在叫喊和欢呼。即使这种混乱稍稍让我感到有点儿不知所措，但它仍然是一种令人愉快的场面。当一个电视台记者把一个长长的、黑糊糊、毛茸茸的家伙对着我的时候，我情不自禁地向后退了一步，还以为那是在我被关押期间发明的一种什么最新式武器呢！温妮告诉我，那是一种麦克风。

当我来到人群当中的时候，我举起了右拳，紧接着是一片欢腾。27 年来，我一直不能这样做，现在，它似乎给了我一种涌动的力量和激动。我们只在人群中待了几分钟，然后，就回到车上向开普敦驶去。尽管受到这样的接待使我非常高兴，但是，由于没有机会向监狱的管理人员说声再见，这还是使我感到十分苦恼。当我最后通过一道道大门从另一侧进入汽车的时候，尽管已经 71 岁，但我仍然感到我的生活才刚刚开始。我想，长达一万个日夜的囚禁生活终于结束了。

开普敦位于维克多·维尔斯特西南方 35 英里处，但是，由于没预料到在监狱门口有那么多人，司机选择了别的路线。我们的车队绕到监狱的后面，抄小路和近路向市区驶去。我们穿过美丽的绿色葡萄园和一方方的农田，我尽情地欣赏着周围的风光。

农村一片繁荣，而且管理得很好，但是，让我吃惊的是竟然有许多白人家庭全家人都站在路旁观看我们的车队。他们从收音机里已经知道，我们要选择另一条路线。有的人，可能有十几个人，甚至举起他们的右拳行非洲人国民大会会礼，这让我吃惊不小。这些来自保守的农业地区的少有的勇敢人士，表示了团结一致的愿望，这使我受到了巨大的鼓舞。在一个地方，我停下车并从车里走出来，向一个白人家庭打招呼，感谢他们的支持，并告诉他们，他们的支持使我受到了很大的鼓舞。我不由地想到，我正在返回的南非与我离开时的那个南非已经完全不同了。

当我们进入开普敦市郊的时候，我可以看到人们正在向市中心蜂拥而去。接待委员会在开普敦大广场组织了一个盛大的群众集会，那里是一个十分开阔的广场，直通到旧市政厅的前面。我将在旧市政厅的阳台上向群众发表讲话，因为站在阳台上可以俯视整个广场。我们听说，成千上万的人自从上午就一直等候在那里。根据计划，我们的车队将避开人群，转到市政厅的后面，我要从那里悄悄地进入大厦。

驱车到开普敦只用了 45 分钟，当我们行驶到大广场附近的时候，我们看到那里早已是人山人海。司机想右转弯绕过广场，但是，他却莫名其妙地直接闯入了人海之中。人群立即拥了过来，把我们的汽车围了个水泄不通。我们慢慢往前移动了一两分钟，然后被群众的身体挡在了那里。人们开始敲打车窗，然后又敲行李箱盖和车顶。在车里，听着外面就像是下冰雹一般。然后，人们开始兴奋地往汽车顶上爬，另有一些人则开始摇晃汽车。这时，我开始担心起来。我感到，这种爱的表达方式可能会置我们于死地。

司机比温妮和我更着急，他叫嚷着要从车里下来。我告诉他，先保持冷静待在车内，我们后面车内的那些人会来救援我们。阿伦·布塞克和其他人开始想把人们从汽车周围推开，为我的车清出一条路，但是并没有成功。我们坐在车内，就是想打开车门也是徒劳的，因为有那么多人挤在汽车周围。就这样，我们的数千名支持者围困了我们一个多小时。不用说，我计划开始发表讲话的时间早就已经过去了。

几十名会议执行官员最终赶过来实施救援，并慢慢地清出了一个通道。当我们最后挤出人群的时候，司机加大油门朝着与市政厅相反的方向驶去。“伙计，你打算去哪里？”我有些不安地问。“我不知道！”他说。从他说话的声音中，可以听出他十分心焦。“我以前从来没经历过这样的事情。”他说。然后，他继续漫无目标地往前行驶着。

当他静下心来的时候，我告诉他去我朋友杜拉·奥马尔律师家的方向，他当时住在该市的印度人居住区。我说，我们可以到那里去放松一下。这句话使他的情绪好了一点儿。很幸运，杜拉和他的家人都在家，但是，他看到我们感到很意外。27年来，我第一次成为一个自由人，他们并没有向我们表示问候，而是有些关心地说：“你们不是去大广场了吗？”

我们本来可以在杜拉家喝点冷饮，但是，几分钟后，图图大主教就打来了电话，因此，我们只在那里待了几分钟。当时，我不知道他是如何知道我们在那里的。他十分着急，说：“纳尔逊，你必须立即回到大广场。那里的人群开始变得越来越焦躁不安。如果你不赶快回到这里，我不敢说会发生什么事情。我想，或许会发生骚乱！”我说，我马上就赶过去。

我们的问题在于司机：他坚决不愿意再回大广场。我说服了他，于是，我们很快就驶上了回市政厅的大路。市政大厦四周都围满了人，不过，好像后门的情况稍好一些，于是司机设法把车开到了后门。当我在别人的带领下登上这座宏伟的、过去都是白人在里面工作的大厦顶层的时候，天几乎已经到了黄昏时分。我走出大厅，来到了阳台上，看到一眼望不到边的人群正在不停地欢呼。他们有的手里拿着小旗，有的举着标语，有的则在鼓掌，到处是一片欢笑的海洋。

我向人群举起了拳头，人群中响起了一片巨大的欢呼声。这些欢呼声使我重新焕发了斗争精神。“Amandla！”（政权！）我高声喊，“Ngawethu！”（属于我们！）他们应和着。“非洲！”我又喊，“Mayibuye！”（再回来！）他们呼应着。最后，当人群开始安静下来的时候，我掏出了我的讲话稿，然后伸手从胸前的口袋里掏眼镜，但眼镜却没在口袋里。匆忙之间，我把眼镜忘在了维克多·维尔斯特监狱里。我知道，温妮的眼镜度数与我的差不多，于是，就戴上了她的眼镜。

> 朋友们、同志们、南非同胞们：
>
> 我以和平、民主和自由的名义向你们致敬！我在这里，站在你们的面前，不是作为一个先知，而是作为你们——人民的忠实公仆。你们不懈而英勇地作出了牺牲，才使我今天有可能站在这里。因此，我将把我的有生之年交到你们的手中。

说句心里话，我想首先告诉人们，我不是一个救世主，而是一个普普通通的人。我之所以能成为一个领导人，实乃特殊的环境使然。我要感谢全世界的人民，他们为我的释放作出了巨大的努力。我感谢开普敦的人民，并向奥利佛·塔博、非洲人国民大会及其民族长矛军、南非共产党、联合民主战线、南非青年大会、南非贸易工会大会、民主运动组织、南非全国学生联合会，以及南非妇女组成的、长期以来一直反映良知声音的“黑腰带”组织致敬。我还公开向我的夫人和家人表达了感激之情，我说：“我深信，与我本人相比，他们遭受的痛苦和磨难要大得多。”

我清楚地告诉大家，隔离制度在南非是没有前途的，南非人民一定不要放弃大规模的行动。“地平线上已经出现了自由的曙光，我们更应该加倍努力。”我认为，有必要公开我与政府开始的谈判。“今天，”我说，“我想告诉你们，我与政府谈判的目标就是要实现国家政治形势的正常化。我要强调的一点是，除了坚持非洲人国民大会与政府之间就我们国家的未来进行谈判，我自己决不单独与政府谈判。”

我说，我希望很快能够营造一种有益于通过和谈取得一致的气氛，从而为结束武装斗争铺平道路。我说，营造这种气氛的步骤在非洲人国民大会 1989 年哈拉雷宣言中已经描述过。作为真和谈的一个条件，政府必须立即停止实行紧急状态法，并释放所有政治犯。

我告诉大家，德克勒克在实现政治形势正常化方面比任何其他国民党领导人都要开明。当时，我用经常萦绕在我心头的话说，我一直称德克勒克先生是一个“诚实的人”。当德克勒克似乎不想实践他的诺言的时候，我曾经多次想起这些话。

我绝不会屈服，并且斗争对我来说并没有结束，而是以不同的形式刚刚开始。让我的人民和政府明白这一点，对我来说是至关重要的。我重申，我是“一个忠诚的、守纪律的非洲人国民大会成员”。我鼓励大家回到自己的战斗岗位上，加强斗争，共同走过这段最后的路程。

到我讲完话的时候，已经到了晚上，我们被簇拥着回到汽车上向主教大院驶去。当我们进入那片古朴的建筑群时，我看到几百张黑色面孔正在等待着迎接我。当他们看见我们的时候，大家突然唱起歌来。当我看到图图大主教的时候，我张开双臂和他紧紧地拥抱在一起。这是一个用语言和胆识鼓舞整个国家的人，他使人民在最黑暗的时刻重新燃烧起了希望的火焰。我们被领进屋内，在那里，有更多的亲属和朋友在等候我们。但是，对于我来说，最高兴的还是有人告诉我有一个从斯德哥尔摩打过来的电话的时候。我立即意识到打电话的人是谁。奥利佛 · 塔博的声音比较低弱，但是，他的声音绝对不会被人认错。在这么多年之后，能再次听到他的声音使我非常高兴。当时，奥利佛正在瑞典接受康复治疗，他于 1989 年 8 月患上了轻度中风。我们约好要尽快见面。

我一直在梦想，一离开监狱就从从容容地开着车去特兰斯凯，去看一看我的出生地，看一看我小时候曾经在那里玩过的山丘及河流，看一看我至今还没有见到过的我母亲的墓地。但是，我的梦想必须推迟，因为我很快得知，非洲人国民大会已经为我制订了繁重的工作计划，而在这些计划中，没有一项是去特兰斯凯进行一次轻松的旅行。

101...

根据计划安排，我释放后的第二天下午要召开记者招待会。上午，我会见了许多同事，与他们商量招待会的议程和策略。我收到了一大堆贺电，并尽可能一封封地亲自拆看。这些贺电来自世界各地，有的是总统发来的，有的是首相发来的。但是，我特别记得有一位开普敦白人家庭妇女发来的一封贺电，她的贺电使我尤为开心。贺电说："释放你我很高兴，你将回到你的朋友和家人中，但是，你昨天发表的讲话却很令人厌烦。"

在进监狱前，我从来没有举行过那天举行的那种记者招待会。过去没有电视摄像机，而非洲人国民大会举行的记者招待会绝大多数都是秘密进行的。那天下午，有那么多的记者，他们来自许多不同的国家，我不知道是在向谁说话。在这些记者中，我发现黑人记者占了很大的比例，这使我很高兴。在记者招待会上，我还着重重申了几个主题：首先，我是非洲人国民大会的一个忠诚、守纪律的成员。我对许多资深的非洲人国民大会人士在国外观察我被释放的这一事件很留心，他们一直试图从远处评价我对非洲人国民大会的忠诚。我知道他们听到了一些谣言，说我偏离了组织，放弃了原则，所以，我每次都要先澄清这一点。当有的记者问我在组织中将起什么作用时，我告诉他们，非洲人国民大会让我起什么作用我就起什么作用。

我告诉记者们，在我继续支持武装斗争和提倡和谈之间并不存在矛盾。正是武装斗争的现实和威胁，才迫使政府走到了谈判桌前。我补充说，当政府停止向非洲人国民大会实施暴力的时候，非洲人国民大会也会以和平回报政府。有人提到制裁问题，我说，非洲人国民大会还没有要求减轻制裁，因为导致制裁的主要形势——黑人没有政治自由——仍然没有任何改变。我说，我虽已经走出了监狱，但是，我还没有得到真正的自由。

我还被问及白人的担心问题。我知道，人们预计我会拿白人撒气。但是，我并没有这样做。在监狱里，我对白人的愤怒已经有所缓和，但是，我对这种制度的仇恨却变得越来越强烈。我要让南非人明白，尽管我仇恨这个使我们相互仇视的制度，但是，我甚至对我的敌人也不乏爱意。

我想让记者们知道，白人在新的权力分配中所起的关键作用，我也绝不会忽略这个问题。我们不希望这个国家还没有得到解放就先遭到毁灭，而驱赶白人无疑将会使这个国家毁于一旦。我说，在白人的担心和黑人的希望之间存在一个中间地带，我们非洲人国民大会将会找到这个中间地带。“白人也是南非的同胞，”我说，“我们想让他们感到安全，并想让他们知道，我们对他们为这个国家的发展所作的贡献表示赞赏。”不分男女，只要是放弃隔离制度的人，都将被团结在我们为建设一个民主的、没有种族歧视的南非而进行的斗争之中。我们必须尽我们的所能，说服我们的白人同胞，一个新的、没有种族歧视的南非对所有的南非人都将是一个更好的国家。

在我第一次举行的记者招待会上，我发现，正如记者们很想了解我的政治思想一样，他们也很想了解我的个人感情和我的亲属。这对我来说是一件新鲜事儿，当我走进监狱的时候，一个记者绝不会想着询问关于我夫人和家人的问题，关注我的情感和最隐秘的时刻。尽管媒体对这些事感兴趣是可以理解的，但是，我发现要满足他们的这种好奇心是很困难的。我不是，并且从来就不是一个善于在大庭广众面前谈论自己的情感的人。记者们常常问我获得自由之后有什么样的感觉，我只能尽最大的努力去描述这类不好描述的事情，并且，我通常是不成功的。

开完记者招待会之后，图图大主教的夫人从约翰内斯堡打电话说，我们必须直接坐飞机去约翰内斯堡。温妮和我都希望在开普敦放松几天，但是，根据我们得到的信息，约翰内斯堡的人民越来越焦躁不安，如果我不立即赶过去，那边就会出乱子。那天晚上，我们乘飞机到了约翰内斯堡，但是，我被告知，当时有数千人围在我的老家——重新建成的奥兰多西 8115 号，去那里是不明智的。我勉强同意了，因为我渴望在自己的家里度过我释放后的第二个夜晚，但是，温妮和我还是住在了北郊一个非洲人国民大会支持者的家里。

第二天上午，我们乘直升机飞往索韦托第一国家银行体育场。我因而能够在上空转一圈儿，看一看索韦托这个由火柴盒式的房子、铁皮棚子和尘土飞扬的道路组成的大都市，这里是南非黑人的母城，也是我作为一个男人走进监狱之前所知道的唯一家园。尽管索韦托有了发展，有的地方也很繁华，但是，绝大多数人仍然十分贫穷。他们没有电，没有自来水，只能勉强维持生计。在像南非这样比较富裕的国家里，这并不是什么光彩的事。在许多地方，人们比我进监狱时还要贫穷得多。

我们绕着挤满了 12 万人的体育场上空盘旋了一周，然后降落在运动场的中央。体育场里到处都挤满了人，看上去好像要挤爆了。我表示，回到他们中间我很高兴，但是，随后我就对那些给城市黑人生活造成各种严重损害的人进行了谴责。我说，学生们必须回到学校，犯罪行为必须得到控制。我告诉他们，我听说有的犯罪分子装扮成自由战士，骚扰无辜，焚烧汽车，这些流氓在斗争中绝没有好下场。没有教化的自由，没有和平生活的自由，根本算不上是真正的自由。

> 今天，我满怀愉快的心情回到了索韦托。同时，我也怀着悲伤的心情回到了索韦托，我悲伤地得知你们仍然在野蛮的制度下遭受痛苦。没有房子，没有学校，没有工作，犯罪率依然居高不下……虽然我作为索韦托社区的一个成员而感到自豪，但我也为从报纸上看到索韦托的犯罪统计数字而深感不安。尽管我理解我们的人民被剥夺了权利，但是，我必须说清楚，城内的犯罪率居高不下是有害的，必须作为当务之急予以解决。

最后，我向所有善良的、怀有良好愿望的南非人张开了我的双臂，作为讲话的结束，我说："不分男女，只要是放弃隔离制度的人，都不会被排斥在我们的运动之外，我们的运动正朝着按照一人一票的普选制度建设一个没有种族歧视、团结、民主的新南非向前发展。"这就是非洲人国民大会的使命，这就是我多年寂寞地在监狱生活期间一贯坚持的目标，这就是在我有生之年要坚持的目标，这也是我44岁走进监狱的时候珍藏在心底里的一个梦。但是，我已经不再是一个年轻人，现在我已经71岁了，我已经浪费不起任何时间。

那个夜晚，我同温妮一起回到了奥兰多西8115号，直到这时，我才真正感到自己已经离开了监狱。对于我来说，8115号是我的人生世界的中心，是在我的精神地理中标有"X"标记的地方。当时，这套四室的房子在被付之一炬之后已经被重新建好。当我看到它的时候，我为它比我记忆中的那个家小得多又那么简陋而感到吃惊。与我在维克多·维尔斯特住的那座别墅相比，8115号只比得上别墅后面那个供佣人住的小房子。但是，一个人获得自由后居住的任何房子，与哪怕是最豪华的监狱相比，都会让人感到就像是一座城堡。

那一夜，尽管我回到家中很高兴，但是，我觉得自己最需要、最渴望的事还是否定现在的自己。我希望恢复一种正常而普通的生活，重新去做我年轻时做的工作，能够早上去我的办公室，晚上回到我的家中；能够出去逛逛，到杂货店里买一些牙膏；能够在晚上出去转转，看看自己的老朋友。这些普普通通的事情正是一个在监狱里的人最向往的和获得自由之后最想干的事情。但是，我很快意识到，这些事情都是不可能的。那天夜晚，不，而是随后几周、几月中的每个夜晚，房子周围总是围着数百位希望表示良好祝愿的人。人们在那里歌唱、跳舞和欢呼，他们的愉快情绪感染了我。这些人都是我的人民，面对他们，我没有权利也不希望否定我自己。但是，在把我自己交给我的人民的过程中，我也明白，我将再一次把自己从我的家中分离出来。

那个夜晚，我没有睡多少觉，因为歌声一直持续了好几个小时。非洲人国民大会和联合民主战线负责警卫我这所房子的人要求大家保持安静，以便让我们好好休息。在非洲人国民大会中，有许多人劝我搬到迪普克鲁夫扩建区去住，因为在我蹲监狱的时候，温妮已经在那里建了一处房子，离 8115 号只有几条街。按照索韦托居住水准，它算是一个很气派的地方，但是对我来说，它却是一所没有任何意义或留下任何记忆的房子。不仅如此，由于面积太大，费用太高，似乎也不适合一个人民的领导人居住。我尽可能地拒绝了那个建议，我不但要住在我的人民中间，而且还要像人民一样住下来。

102...

我的第一项任务就是向非洲人国民大会领导层汇报情况。2 月 27 日，也就是我出狱两周多之后，我乘飞机去卢萨卡会见全国执行委员会。能与几十年没见面的老同志见面，无疑是一次令人高兴的重逢。有许多国家的黑人领袖也参加了我们的聚会，我分别与津巴布韦的罗伯特·穆加贝、赞比亚的肯尼思·卡翁达、博茨瓦纳的奎特·马西雷、莫桑比克的华金·希萨诺、安哥拉的若泽·爱德华多·多斯桑托斯、乌干达的约韦里·穆塞韦尼进行了短暂的会谈。

在执行委员会的成员为我的获释感到高兴的同时，他们也很想对我这个被释放的人进行评价。从他们的眼神中，我可以看出他们有许多问题要问。曼德拉还是 27 年前走进监狱的那个人吗？或者，这是一个不同的曼德拉，还是一个被改造了的曼德拉？他挺过来了，还是垮掉了？他们听到过我与政府对话的报道，对此，他们当然十分关心。我不仅与外界失去了联系，而且自从 1984 年开始，我甚至不能与监狱内的同事们进行沟通。

我认真而严肃地说明我与政府谈判的真实情况，并讲述了我提出的要求和所取得的进展。他们看过我给博塔和德克勒克写的备忘录，知道这些文件坚持了非洲人国民大会的政策。我知道，前几年有些被释放的人去了卢萨卡，并散布谣言说："曼德拉现在软下来了，他已经被监狱当局收买了。他穿着三件套的西装，喝葡萄酒，还吃上等食品。"我听说过这些谣言，也想过予以驳斥。但我知道，驳斥这些谣言最好的办法就是直截了当、老老实实地把我所做的一切讲清楚。

在全国执行委员会召开的会议上，我被选举为副主席，在奥利佛康复疗养期间，由非洲人国民大会的总书记阿尔弗雷德·恩佐担任执行主席。在我们见面之后召开的记者招待会上，我被问及非洲人国民大会的长期支持者、赞比亚总统卡翁达博士所提的建议：既然我已经被释放，非洲人国民大会就应该在南非暂时停止武装斗争。我回答说，尽管我高度评价卡翁达博士的智慧和支持，但是，停止武装斗争还为时太早，因为我们还没有实现我们之所以拿起武器的目标。我说，帮助德克勒克安抚他的右翼支持者并不是非洲人国民大会要做的工作。

我开始访问非洲，这次出访包括许多国家。在我释放后的头 6 个月里，我在国外度过的时间比在国内度过的时间还要长。凡我所到之处几乎都有大批热情的围观者，尽管我十分疲劳，但仍然有许多人围观和护送，他们用这种方式鼓励我。在达累斯萨拉姆，我受到了大约 50 万人的热烈欢迎。

我的旅途十分愉快。我要看一看新的和老的景观，品尝一下不同的食物，与各种各样的人交谈一下。我必须尽快地使自己适应与我离开的那个世界完全不同的世界。随着旅行、通信和传播媒介的变化，世界的变化也在加速。现在，事物变化得如此之快，有时使你很难跟上这种变化。温妮想让我把速度慢下来，但是，要做的事情简直是太多了，实在无法放慢速度，组织上也要我好好利用一下由于我的释放所带来的欢快气氛。

在开罗，与埃及总统胡斯尼·穆巴拉克进行私人会晤后的那一天，根据计划安排，我要在当地会议大厅举行的大会上发表讲话。当我到达会场的时候，那里已经挤满了人，但安全方面却准备得并不充分。我对一位警察说，我认为应该加强安全措施，但是，他仅仅耸了耸肩了事。温妮和我在大厅后面的一个房间里等候，在约定的时间，警察挥手示意让我走进大厅。我告诉他，可以先护送我们代表团的其他人进去，因为我害怕当我走进大厅时会引起混乱，使他们无法进入大厅。但是，那个警察却催促我先进入大厅。情况确实如此，我一走进大厅，人群就拼命往前挤，并冲过警察组成的警戒线。他们热情地把我挤得东倒西歪，我感觉有些紧张，在混乱中还被挤掉了一只鞋。几分钟之后，秩序开始恢复正常。我发现，不光找不到自己的鞋，连我的夫人也找不到了。最后，大约过了半个小时之后，温妮才被领上了演讲台，回到了我的身边。这时，她已经被搞得心神不安。我再也无法向人群发表讲话，因为他们那么疯狂地喊叫着“曼德拉！曼德拉！”根本无法听清我的讲话。最后，我只好赤着脚与我难得如此安静的夫人一起离开了大厅。

我在开罗的时候举行了一次记者招待会。在招待会上，我说非洲人国民大会“准备考虑停止对抗”。这是给政府发出的一个信号，非洲人国民大会和政府都在尽力制造一种成功地进行谈判的气氛。非洲人国民大会要求政府结束实行紧急状态，释放所有的政治犯，废除所有的种族隔离法律，以便使国家的形势正常化。同时，政府则坚持先说服非洲人国民大会停止武装斗争。尽管我们还不准备宣布停止武装斗争，但是，我们想为德克勒克先生提供足够的勇气，以使他能坚持自己的改革战略。我们知道，我们最终将停止武装斗争，一方面是为更重要的谈判创造条件，另一方面也就可以使德克勒克先生能走到他的支持者——南非的白人选民面前，说：“看，这就是我的政策取得的成果。”

在完成非洲旅行之后，我又飞往斯德哥尔摩去看奥利佛。看望我的老朋友、律师和合伙人，这是我一直在盼望的一次重逢。奥利佛身体不太好，但是，当我们见面的时候，我们就像是草原上的两个孩子，从彼此的爱中找到了力量。我们开始时谈了一些往事，但是，当我们两人单独在一起的时候，我们谈论的第一个话题就是组织的领导班子问题。“纳尔逊，”他说，“你现在必须接任非洲人国民大会的主席。你知道，我仅仅是一直在代你工作。”我拒绝了他的要求，并告诉他，他在流亡中领导着组织，工作远比我过去做得更好。再说，以这样的方式变更职务，既不公平也不民主。“你已经被组织选举为主席，”我说，“让我们等到下一次正式选举时再说吧，到那时可以由组织决定。”奥利佛不同意我的意见，但是我也不肯让步。他要我出任主席，这说明了他为人谦让和无私，但是，这不符合非洲人国民大会的原则。

1990 年 4 月，我飞往伦敦参加为我在温布利举办的音乐会。许多国际艺术家都将参加演出，但多数我都不认识，同时，这次音乐会还将向全世界进行电视转播。我利用这个机会衷心感谢全世界为反对种族隔离所作的努力，他们在对南非实施制裁、督促南非政府释放我本人和其他政治犯，以及对我国被压迫人民给予的真诚支持等方面做了大量的工作。

103...

当我从监狱里出来的时候，因卡塔自由党主席、夸祖鲁班图斯坦首相 M. 布特莱齐正是南非政治舞台上的主角之一。但是，在非洲人国民大会圈子内，他却远远不是受大家欢迎的角色。布特莱齐酋长是大祖鲁国王塞奇瓦约的后裔，塞奇瓦约曾经在 1879 年伊散德尔瓦纳战役中打败了英国人。他青年时就读于福特黑尔大学，然后加入了非洲人国民大会青年团。我把他看作运动组织未来的年轻领导人之一，在非洲人国民大会暗中支持下，他当上了夸祖鲁班图斯坦的首相；即使是他创办了因卡塔自由党，作为一个祖鲁文化组织，非洲人国民大会也没有表示反对。但是，几年来，布特莱齐酋长却脱离了非洲人国民大会。尽管他坚决反对隔离制度，并拒绝按照政府所希望的那样，把夸祖鲁变成“独立的”班图斯坦，但他在民主运动中却是个刺儿头。他反对武装斗争，批评 1976 年索韦托暴动。他反对国际制裁，并向南非统一思想提出了挑战。但是，布特莱齐酋长仍然一贯要求释放我，并拒绝在释放我和其他政治犯之前与政府谈判。

布特莱齐酋长是我出狱后首先给他们打电话的人士之一，我应该感谢他对我的一贯支持。我的想法是尽快与他见面，以便设法解决我们之间的分歧。在我首次出访卢萨卡期间，我就产生了会见他的想法。但是，我的这个想法被否决了。在我被关押在维克多 · 维尔斯特监狱的时候，祖鲁国王古德威尔 · 斯维里斯尼一直邀请瓦尔特访问夸祖鲁班图斯坦首府乌伦迪，当时我曾敦促瓦尔特接受他的邀请。我认为，这是影响南非最受人尊敬、最有实力的王室首脑的好机会。瓦尔特要去的地方是诺格玛王宫，全国执行委员会有些勉强地批准了这次访问，因为去乌伦迪也就意味着承认班图斯坦当局。

当我从卢萨卡回来的时候，我与布特莱齐酋长和国王都通了电话，告诉他们，瓦尔特将去诺格玛看望国王，但不会去乌伦迪。国王说，他只能接受瓦尔特去首府看望他，其他地方都不行。“我是国王，”他说，“我邀请他到乌伦迪来看望我，他没有权利说要到别的什么地方看我。”我说：“阁下，我们面对着我们的全体成员构成的一堵墙，他们根本不让西苏陆先生去夸祖鲁。我们想方设法才使这个折中办法得到了批准，你能不能也通融通融？”但是，他没有让步，拒绝与瓦尔特见面。

从此之后，我们之间的关系就恶化了。5 月份，我说服非洲人国民大会让我去拜访夸祖鲁国王和布特莱齐。国王同意见我，但是，在我出访前一周左右，我收到了他的来信，说我必须一个人去。这肯定是不能接受的，全国执行委员会不可能屈服于这样的要求。我告诉国王，除非在我同事的陪同下，否则我不会去与他见面。夸祖鲁国王把这个要求当做对他的又一个冒犯，于是就取消了这次拜访。

我的目标是与夸祖鲁国王建立一种独立的关系，以便和我与布特莱齐酋长之间的关系分开。夸祖鲁国王是祖鲁人真正的世袭领袖，他们一直非常热爱他、尊敬他。在夸祖鲁，有更多的人忠于国王，而不是因卡塔自由党。

与此同时，纳塔尔却变成了杀人场。实际上，全副武装的因卡塔支持者已经宣布，在纳塔尔中部地区和彼得马里茨堡周围地区与非洲人国民大会根据地开战。许多村子被放火烧毁，有几十人被杀，数百人受伤，数千人成为无家可归的难民。仅 1990 年 3 月一个月里，就有 230 人在这次灭绝人性的暴力中丧生。在纳塔尔，祖鲁人正在屠杀祖鲁人，因为因卡塔自由党党员和非洲人国民大会会员都是祖鲁人。2月间，我被释放仅仅两周，我就去过德班国王公园，向10万人发表演讲，他们几乎全都是祖鲁人。我呼吁他们放下武器，和平地携起手来：“拿起你的长枪、匕首和砍刀，把它们统统扔进大海！关闭死亡工厂，立即结束这场战争！”但是，我的号召没有人听，战争和死亡仍在继续着。

我十分担心，因此，我愿意竭尽全力去会见布特莱齐酋长。3月间，在一场特别恐怖的暴力之后，我自行宣布，我将在彼得马里茨堡外的一个山村会见他。就个人而言，我们之间的关系十分密切，并且互相尊重，所以我希望能利用这种个人关系。但是，我发现，这样的会见对纳塔尔的非洲人国民大会领导人来说是无法容忍的。他们认为这是危险的，并且不让我去见他。后来，我还是去了彼得马里茨堡，在那里，我看到了非洲人国民大会支持者们被烧焦的遗骸，并尽力安慰他们的亲属，但是，我却没有见到布特莱齐酋长。

104...

3月间，经过我们多次协商之后，我们决定与德克勒克政府进行第一次面对面的谈判。这是一次“关于谈判的谈判”，初步敲定于4月初开始。但是，3月26日，在约翰内斯堡以南大约30英里处的斯卜航镇，警察没有警告就朝着一群非洲人国民大会的示威者开枪，当时有12人被枪杀，数百人受伤，并且多数都是在逃跑时被从背后击中的。警察在对付示威者时使用了真枪实弹，这实在是无法容忍的。警察声称他们的生命受到了威胁，而许多被从背后击中的示威者根本没有武器，他们不可能受到背向而逃、手无寸铁的人的威胁。政府不会随意给予为支持我们的正义要求而举行集会、示威的权利。这种行动最使我气愤，我告诉媒体，南非的每一个白人警察都把黑人当成了军事目标。经过与全国执行委员会商量，我宣布停止我们之间的谈判，并警告德克勒克先生，他不能一方面搞和谈，另一方面又在屠杀我们的人民。

不过，尽管中止了正式谈判，但是，经全国执行委员会批准，我还是在开普敦私下与德克勒克见了面，以便跟上和谈势头的发展。我们的讨论主要集中在新的谈判日期上，双方同意定在5月初。我提出了警察在斯卜航制造的骇人听闻的事件和黑人、白人受到不平等对待的问题，警察使用真枪实弹来对付示威者，而他们绝不会把枪口对准右翼白人抗议者。

政府方面并不急于开始谈判，他们指望欢迎我被释放所带来的兴奋浪潮平息下来。他们想拖延时间让我丢面子，以便证明被赞颂为救世主的前囚犯是一个很容易犯错误的人，已经跟不上当时形势的发展。

尽管表面上采取了改革措施，但德克勒克绝对算不上是一个伟大的救星。他只是一个渐进主义者，一个谨慎的实用主义者。他不愿意因为自己的改革措施而丢掉权力。他进行改革的目的恰恰相反：确保南非白人在新的统治制度下仍然占据统治地位。他不准备为结束白人统治制度而进行谈判。

他的目标是在“团体权利”的基础上建立一种分权制度，这种制度可以在南非保留占少数的白人继续当政的改良形式。他坚决反对多数原则，有时，他把多数原则称作“简单的多数主义”，因为，多数原则的实施也就意味着白人统治的结束。我们早就知道，政府坚决反对“大选获胜者决定一切”的威斯敏斯特议会制。尽管他准备允许占大多数的黑人参加投票和立法，但是，他仍想保留少数团体的否决权。从一开始，我就拒绝同他谈这个方案。我对德克勒克先生说，这是一种乔装改扮了的隔离制度，是一个“大选落选者决定一切”的社会制度。

国民党企图战胜我们的长远战略就是与因卡塔自由党建立反非

洲人国民大会的联盟，引诱开普地区说南非荷兰语的有色选民参加新国民党。从我被释放的那一刻开始，他们就开始拉拢开普地区的布特莱齐和有色选民。政府试图恐吓有色人，使他们相信非洲人国民大会是反对有色人的组织。他们支持布特莱齐竭力保留祖鲁政权的愿望，并通过让他相信“团体权利”和联邦主义使他认同新南非。

5月初，与政府举行的第一轮谈判花了三天多的时间。我方代表有瓦尔特·西苏陆、乔·斯洛沃、阿尔弗雷德·恩佐、塔博·姆贝基、阿迈德·卡特拉达、乔·莫迪塞、鲁思·蒙帕蒂、阿尔奇·古弥德、拜尔斯·诺德牧师、谢里尔·卡罗勒斯和我。谈判地点定在格鲁特舒尔，这座开普荷兰式大厦是南非第一个殖民总督府，塞西尔·罗德斯总督曾经在里面住过。我们的代表团成员中有人开玩笑说，我们被带进了敌人的埋伏圈。

但是，与原来预料的相反，谈判是在认真而轻松的气氛中进行的。历史上相互打了三个世纪的老对手走到了一起，并相互握手。许多人大声发出惊叹，这样的讨论为什么以前没有举行！政府向共产党的总书记乔·斯洛沃和民族长矛军司令乔·莫迪塞颁发了临时特赦令，看着这两个人与几十年来一直把他们视为恶魔的国民党政府领导人握手，这是极不寻常的事。正如塔博·姆贝基后来对记者说的那样，双方发现对方都没有“刺儿”。

谈判本身这一事实就是我国历史上的一个重要里程碑。正如我所指出的那样，谈判不仅提供了非洲人国民大会多年来一直在寻求的东西，而且也结束了以南非黑人与南非白人关系为特点的主仆关系。我们不是以请求者或请愿者的身份，而是以平等的南非人的身份，共同走到了谈判桌旁。

对我们来说，第一天或多或少算得上是一个历史教训。我向我们的伙伴解释说，非洲人国民大会自1912年创建时就一直想与政府和谈。德克勒克先生出于个人考虑建议说，分离发展的制度是作为一个善良的想法构思的，但是，在实践中它却行不通。对这件事，他说很抱歉，并希望通过协商进行弥补。这不仅仅是一种对隔离制度的解释，而且也表明他比其他国民党领袖更开明。

讨论的主要问题是政治犯和政治流放的界定问题。政府坚持采取一种狭义上的界定范围定义，试图限制我方有资格要求被赦免的人数。我们则坚持认为，界定范围要尽可能地放宽，任何由于政治动机而被判处有罪的人都应该有资格要求被赦免无罪。双方未能在“政治动机”犯罪定义问题上达成一致，显然，这将成为一个长期困扰我们的问题。

在三天谈判结束的时候，我们达成了一个后来被大家称为“格鲁特舒尔备忘录”的协议。双方都保证继续进行和平谈判，并敦促政府承诺取消紧急状态法。他们很快就在暴力事件经常发生的纳塔尔省以外的其他各省兑现了这一承诺。我们同意建立联合工作小组，以解决我们前进道路上存在的障碍问题。

当讨论立宪方面的问题时，我们告诉政府，我们准备要求通过选举产生的立宪机构起草新宪法。我们认为，起草的人应该由人民自己选择。但是,在选举宪法起草机构之前,必须要有一个过渡政府，由这个过渡政府监督整个过渡过程，直到选出新的政府。政府不能像现在这样，既当运动员又当裁判员。我们倡议设立多党协商大会，组成过渡政府，并提出指导宪法起草机构的原则。

105...

尽管我曾经想过出狱后立即去库努，但是，直到 4 月份我才能成行。在路上，我不能想在什么时候停留就在什么时候停留，因为不光要考虑安全问题，还要准备在各地演讲。到了 4 月，非洲人国民大会和特兰斯凯的军队领导人、非洲人国民大会的忠诚朋友班图·霍勒弥萨将军作了出访安排。但是，我心中想的最重要的事情仍然是先去我母亲的坟墓祭扫。

我首先去了库努和我母亲的墓地。她老人家的坟墓很简单，没有任何装饰，只盖着几块石头和一些胡乱堆起的砖块，与库努的其他坟墓没有任何区别。当时，我感到很难描绘我的感情，我恼恨当她老人家去世的时候我没能在她身旁，懊悔在她老人家在世的时候没能好好地照顾她，想象如果我选择另一种生活，那该又会是个什么样子。

那么多年后，我又看到了我的那个村庄，不论是已经发生变化还是没有发生变化，对我的触动都很大。我小的时候，库努人根本不问政治，他们不知道为非洲人的权利而斗争，人们顺其自然地接受生活，并没有改变它的梦想。但是，当我回来的时候，我听见库努村小学的学生们在唱着歌颂奥利佛·塔博和民族长矛军的歌曲，我为当时斗争已经渗透到了非洲人社会的各个角落而感到惊奇不已。

我所感受到的是社区的热情和简朴，它们把我带到了我的孩提时代。但是，让我感到不安的是，如果说村民们不比过去更穷，至少似乎仍然和过去一样穷。多数人依旧住在地面很脏的简易小房子里，没有电，也没有自来水。我小的时候，村子很整洁，水也没有污染，所见之处，到处是绿油油的草场。克拉尔被打扫得干干净净，表层土没有被破坏，田地划分得整整齐齐。而现在，村庄没有人打扫，水也已经被污染，遍地都是塑料袋和包装物。我小时候没见过塑料，曾认为它肯定在某些方面能够改善人们的生活。但是，库努在我眼中似乎是令人失望的，村民们似乎也不再有自豪感。

在那个月中，我还回到了另一个“家”。为了劝说 25 名民族长矛军政治犯，让他们接受政府的大赦离开监狱，我又回到了罗本岛。尽管我 8 年前就离开了这座岛，但是，我对这所监狱仍然记忆犹新，怀旧之感没有丝毫淡化。经过多年都是被别人探视之后，成为罗本岛上的一名探视者令我有一种奇特的感受。

但是，那天我并没有多少机会进行观光，因为我很快就见到了那些抗议政府实行大赦的囚犯。他们坚称，只有在战场上而不是在谈判桌上取得胜利之后，才会离开罗本岛。他们坚决反对这种特别的和解办法，因为按照这个办法，他们必须在接受特赦前列举自己所犯的罪行。他们谴责非洲人国民大会违背了关于无条件、一揽子赦免包括被流放者在内的所有政治犯的哈拉雷宣言。有一个人说："马迪巴，我与政府战斗了一生，现在我还得乞求他们原谅。"

我很同情他们的意见，但他们的意见是不切合实际的。每个战士都想在战场上打败自己的敌人，但是，就眼下的情况来说，这样的胜利是不可能实现的。现在，战场已经转移到了谈判桌上。我强调说，他们留在监狱里并不能推动我们的斗争事业向前发展。他们在监狱外比在监狱内作用更大。最后，他们同意接受政府的特赦。

6 月初，我被安排去欧洲和北美进行为期 6 周的访问。动身前，我私下会见了德克勒克先生，他当时想讨论一下制裁方面的问题。依据他在南非进行改革的成果，他让我停止关于继续进行国际制裁的呼吁。尽管我们知道德克勒克先生所做的工作，但是，我们认为，制裁仍然是迫使他进一步改革的最好的杠杆。我知道，欧共体和美国根据德克勒克所进行的改革努力，都倾向于放松制裁。我对德克勒克解释说，直到他彻底废除隔离制度并建立过渡政府之后，我们才能告诉我们的支持者不再继续呼吁。虽然他对我的答复感到有些失望，但是他并没有感到吃惊。

我和温妮第一站先到了巴黎，在那里，我们受到了弗朗索瓦·密特朗及其迷人的夫人达尼埃尔非常隆重的款待。达尼埃尔一直是非洲人国民大会的支持者。这不是我第一次到欧洲大陆来，但是，我依然被这个"旧世界"的美丽迷住了。虽然我不想吝惜赞美这座灯海城市的美丽，但是，当我在巴黎的时候发生了一个最重要的事件：南非政府宣布废除紧急状态法。我非常高兴，然而我很清楚，他们在我访问欧洲的时候采取了这一行动，目的是破坏我关于继续制裁的呼吁。

在去瑞士、意大利和荷兰之后，我又到了英格兰。我在那里停留了两天，看望了奥利佛和阿德雷德。我的下一站是美国，但我回南非时还要再回到英格兰，因为根据日程安排，我要会见撒切尔夫人。作为礼节，我离开英国前与她通了电话，她给了我严肃而善意的告诫。她说，她一直在关注我的行程安排，注意我每天参加的各种活动。"曼德拉先生，在我们讨论任何问题之前，"她说，"我必须要告诫你，你的行程安排得太累。你必须减掉一半，就是比你年轻一半的人，满足加在你身上的这些要求也会出现麻烦。如果你坚持这样做，你可能会无法活着走出美洲。这就是我对你的劝告。"

在我年轻的时候，我就在书上看到过关于纽约的介绍。能够看到成千上万条电报纸条、彩色纸带、撕成纸条的报纸同时从大楼窗口抛下以示欢迎，从两侧大厦耸立的大都市街道通过无疑是一种激动人心的经历。据报道，有 100 万人直接观看了我们的队伍穿过市区，看见他们对反对种族隔离斗争给予支持的热情场面使我深受感动。从报刊上看，纽约总是给人一种冷酷的感觉，但是，我第一天来到这座城市的感受却恰恰相反。

第二天，我们去了哈莱姆区，自从 20 世纪 50 年代看见索韦托的年轻人模仿哈莱姆的花花公子穿着时髦时装，这里就是在我心目中留下几分传奇印象的地方。据我夫人说，哈莱姆就是美国的索韦托。我在扬基体育场向广大民众发表演讲，告诉他们，一条牢不可破的生命线把南非黑人和美国黑人联系在了一起。我说，我们都是非洲儿女，两岸的黑人之间有血缘关系，我们都受到了 W. E. B. 杜波伊斯、马库斯 · 加维和马丁 · 路德 · 金这些伟大的美国人的鼓舞。在我还是一个年轻人的时候，我就非常崇拜"褐色轰炸机"乔 · 路易斯。他们不仅在拳击场上接受对手的挑战，而且在拳击场外也敢于接受种族歧视者的挑战。在监狱里，我支持美国黑人为反对种族歧视、种族差别和经济不平等所进行的斗争。对我们来说，哈莱姆就是反抗力量和黑人骄傲的象征。昨天，我看见一个年轻人穿着带有“BLACK BY NATURE，PROUD BY CHOICE”（天生是黑人，为选择而自豪）字样的T恤衫，更加深刻地体会到了这一点。我们通过我们的本质联系在了一起，而且也为我们的选择而相互感到骄傲。

在去孟菲斯和波士顿之后，我又去了华盛顿。在那里，我在两院联席会议上发表了演讲，并与布什总统单独进行了会晤。我感谢美国国会关于反对种族歧视的立法，并告诉他，新南非希望实现创建我所面对的这种两院体制的价值。我说，作为自由战士，我们不可能不了解像乔治·华盛顿、亚伯拉罕·林肯和托马斯·杰斐逊这样的伟人，也不可能“不被他们的行为所感动”。我还传递了继续对南非制裁的强烈愿望，因为我了解到，布什政府认为已经到了解除对南非制裁的时候。我敦促美国国会不要解除制裁。

甚至是在会见乔治·布什前，我就对他有了正面的印象，因为他是第一位在我出狱后打电话向我表示祝贺的外国领导人。从那时起，布什总统就把我记入了他可以就重大问题相互通气的世界领导人名录。我在监狱里的时候，就听说他是一个热情而思想敏锐的人。尽管我们在武装斗争和制裁问题上存在明显的分歧，但是，他仍然是一位可以有不同意见但能友好共处的人。

我从美国去了加拿大，在那里，我会见了马尔罗尼总理，并在他们的议会发表了演讲。按照计划，我们下一站是爱尔兰。在横跨大西洋之前，我们的小型喷气式飞机需要在位于北极圈北面的一个遥远的、被称作“鹅湾”的地方加油。我想借此机会在清新的空气中散散步，可当我在停机坪上散步的时候，我发现机场栅栏围墙外站着一些人，我问一位加拿大官员那是什么人。“爱斯基摩人。”他说。

在我生活在地球上的72年中，我从来没见过因纽特人（美洲爱斯基摩人），并且从来没有想到我会遇见他们。我翘首向栅栏墙边望去，发现有十几个十八九岁的年轻人，他们因为听说我们的飞机将在这里加油而来到了这个边远的飞机场。我小时候就曾经在教科书上看到过因纽特人（殖民者给他们起了个“爱斯基摩人”的名字），从殖民主义的教科书中，我印象中的因纽特人是非常落后的。

但是，通过与这些活泼的年轻人交谈，我得知他们从电视上看到了我被释放的消息，并且对南非发生的重大事件都很熟悉。他们有一个人还喊了一句：“Viva ANC！”（非洲人国民大会万岁！）历史上，因纽特人一直是受白人殖民主义者虐待的土著人，而南非黑人的情况与因纽特人的情况也差不多。对我触动最大的是，在我被关押的几十年里，这个小行星竟然变得如此之小。让我感觉有意思的是，生活在世界北屋脊上的年轻因纽特人竟然能看到非洲南端释放一名政治犯。电视使这个世界变小了，并且正在成为消除无知、促进民主的强大武器。

我在都柏林作短暂逗留之后又去了伦敦，在那里，我要与撒切尔夫人会谈 3 个小时。站在寒冷的室外与青年因纽特人交谈，使我有点儿感冒。去会见撒切尔夫人的那天正好是寒冷的冬天，并且下着雨。当我们动身的时候，温妮告诉我一定要穿上雨衣。当时，我们已经走到了宾馆的大厅，如果回去拿雨衣，肯定就会迟到。我是一个严格遵守时间的人，这不仅因为我认为迟到是对你要会见的人的不尊敬，而且也是对西方人坚持认为非洲人办事拖拉这种陈词滥调的一种反击。我告诉温妮，我们没有时间了，于是我们走出宾馆，站在雨中为儿童们签字留念。当我见到撒切尔夫人的时候，我感觉身体很不舒服，后来经诊断我患上了轻度肺炎。

但是，我的身体状况并没有影响我们之间的会谈。她像一位小学老师责备她的学生一样责备我没接受她的劝告，删减自己的行程。尽管撒切尔夫人在诸如制裁等许多问题上站在非洲人国民大会的对立面，但是，她仍然是一位直爽而热情的女士。在制裁问题上，我们那天的会谈没有取得一点儿进展。

106...

7月份，我对乌干达、肯尼亚和莫桑比克进行短暂的访问后回到了南非，回国后我立即要求与德克勒克见面。国内的暴力正在升级，1990年在暴力中死亡的人数已经超过了1500人，大大多于前一年因政治原因死亡的人数。经过与我的同事商量之后，我认为必须加快政治形势正常化的进程。我们的国家在流血，我们必须赶紧行动起来。

德克勒克先生6月份取消了紧急状态法似乎为恢复谈判搭起了舞台，但是，到7月份，政府安全部队又逮捕了大约40名非洲人国民大会成员，其中包括麦克·马哈拉基、普拉文·戈德汉、西皮韦·恩衍达和比利·奈尔，声称他们参与了被称作“乌拉行动”的共产党阴谋，企图推翻政府。德克勒克要求与我举行紧急会谈，并向我读了所谓的在袭击中没收的文件。当时，我感觉很为难，因为我对这件事一点儿都不了解。

会谈后，我想了解一下情况，于是给乔·斯洛沃打了电话。乔解释说，德克勒克先生读的那些段落是断章取义，“乌拉”是一个被废弃了的计划。政府想利用这个发现拆散非洲人国民大会与南非共产党之间的关系，不让乔·斯洛沃参加谈判。我回头去见德克勒克先生，并告诉他，他被自己的警察欺骗了，我们不打算与南非共产党断绝关系，或者把乔·斯洛沃从我们的谈判队伍中排挤出去。

7月中旬，在计划与全国执行委员会见面前不久，乔·斯洛沃带着一个建议单独来见我。他说，我们自觉自愿地暂时停止武装斗争，以便营造恰当的气氛，推动和谈向前发展。他说，德克勒克需要让他的支持者看到他的政策已经给国家带来了好处。我的第一反应就是反对，我认为时机尚不成熟。

但是，后来我逐渐认识到，我们必须采取主动，而且，这正是采取主动的最好办法。我也认识到，乔恰恰是提出这个建议的适当人选，因为他作为一个激进分子是没有争议的。他不会因此而被责备上了政府的当，受了政府的骗，或者变成了软蛋。第二天，我告诉乔，如果他在全国执行委员会上提出这个想法，我将给予支持。

当乔第二天在全国执行委员会上提出这个想法的时候，有的人坚决反对，说那样对德克勒克的支持者无疑是一种鼓励，而对我们自己的人则是一个打击。但是，我为这个建议进行了辩护，并说，武装斗争的目的是把政府弄到谈判桌上来，现在我们就是这样做的。我争辩说，“暂时停止”意味着随时可以撤销我们的决定，但是，对于显示我们的诚意却是必要的。几个小时的争论之后，我们的观点占了上风。

在非洲人国民大会内部，这也是一个有争议的意见。尽管民族长矛军并不活跃，但是，武装斗争的气氛对于许多人来说具有伟大的意义。即使是仅仅作为一种装饰加以利用，坚持武装斗争也是我们积极打击敌人的一种标志。因此，武装斗争深得人心，它远远大于地下斗争实际取得的效果。

8 月 6 日，非洲人国民大会和政府在比勒陀利亚签订了后来被大家称作“比勒陀利亚备忘录”的协议。在该协议中，我们同意暂时停止武装斗争。正如我一遍又一遍地对我们的支持者所讲的那样，尽管我们暂时停止了武装行动，但是，我们并没有终止武装斗争。该协议也为释放政治犯和发布某种形式的大赦令提出了具体的日期要求。大赦计划到 1991 年 5 月份完成，政府也同意对《国内安全法》进行审议。

在阻碍和平进程的问题上，唯有国内暴力升级问题最令人头疼和灰心丧气。我们都希望随着谈判的进行，暴力事件逐渐减少。但事实恰恰相反。警察和安全部队也很少抓人，城镇上的人们开始谴责他们助长和煽动暴力。我越来越清楚地认识到，安全部队是在纵容暴力。许多暴力事件表明，警察不是在平息暴力，而是在煽动暴力。

在接下来的几个月中，我走遍了被暴力困扰的约翰内斯堡南部法尔三角地区，安抚那里的受伤群众和死伤者的亲属。我一遍又一遍地听到同一个说法：警察和国防军正在破坏那里的稳定。有人告诉我，警察头一天在一个地方没收武器，第二天，因卡塔自由党的武装力量就用那些被没收的武器袭击我们的群众。我们还听说，警察甚至护送因卡塔自由党人互相接头并发动袭击。

9月份，我发表了一个讲话，在这个讲话中，我说暴力后面有一只黑手，并暗藏着一支神秘的"第三武装"，他们由脱离安全部队的人员组成，一直在企图破坏和谈。我们说不清这支第三武装的组成人员到底是些什么人，因为我自己也不知道。但是，我断定他们是存在的，他们的杀人黑手正在伸向非洲人国民大会和解放斗争。

我是在亲身经历了两次特别的暴力事件后才得出这个结论的。1990年7月份，非洲人国民大会接到情报，属于因卡塔自由党的某些人员正在一家旅馆里策划于7月22日在法尔三角区的斯卜航镇对非洲人国民大会人士进行重点袭击。通过我们的法律代理人，我们告诉法律与治安部部长、警察局局长和地区专员，警告他们即将发生暴力袭击，并敦促他们采取适当措施。我们要求警察，必须阻止因卡塔武装人员进入斯卜航参加因卡塔自由党集会。

7月22日，满载因卡塔武装人员的公共汽车在警车的护送下，在光天化日之下进入了斯卜航。他们在那里举行了集会，然后，这些武装人员开始实施暴力袭击，在一次可怕的、令人毛骨悚然的袭击中，他们大约杀害了30人。第二天，我探访了这一地区，亲眼目睹了过去我从来没见过并且希望再也不会见到的悲惨景象。停尸房内堆满了被砍死的尸体，有一具女尸的乳房都被用刀割掉了。不管这些杀人者是谁，但可以断定他们无疑是一群野兽。

第二天，我要求会见德克勒克先生，我愤怒地要求他对此事作出解释。"你们事先已经得到了警告，"我告诉他，"但仍然没采取措施。这是为什么？为什么一直不采取行动？为什么警察也在那里插手干坏事？”然后，我告诉他，在其他任何国家发生这样大的悲剧，当有30多人被屠杀的时候，国家的领导人都会发表声明表示哀悼，但他却一句话都没有说。对我提出的问题，他没有作任何答复。我要求德克勒克向我作出说明，但他却对此事未置一词。

第二个暴力事件发生在11月份，一伙因卡塔自由党党员进入了约翰内斯堡东部杰米斯顿市郊外的一个名叫藏基兹兹韦（Zonkizizwe）的牧场。Zonkizizwe是祖鲁语，意思是“欢迎各个民族的地方”。他们驱赶非洲人国民大会人士，有许多人被杀害。然后，因卡塔武装人员占领了非洲人国民大会人士的铁皮房屋，并没收了他们的全部财产。牧场的居民说，因卡塔成员当时是与警察一起来的。发生这一悲剧之后，警察和政府同样没有采取任何措施。南非黑人的生命从来没有像现在这么不值钱。

我又一次会见了德克勒克先生和他的法律与治安部部长艾德里安·弗劳克。我又问德克勒克先生，为什么在这次犯罪后警察没有采取任何措施。我说，袭击者可以很容易地被发现，因为他们现在占领了被害者的房子。德克勒克先生请弗劳克先生说明此事，然后，弗劳克以相当粗野的口气问我，房子位于谁的地产上，意思是说这些人都是非法定居者，因此，没有权利受到法律保护。我告诉他，事实上当地政府已经批准这些人在那块土地上居住。他的态度仍然是许多南非白人所采取的那种态度，只是简单地认为黑人部落自古以来就一直在相互残杀。德克勒克再一次告诉我，他将调查和处理此事，但是，他仍然什么也没有做。

在这一期间，政府采取了另一个行动，使事态更加火上浇油。政府作出了新的规定，允许祖鲁人携带所谓的“传统武器”在纳塔尔和其他地方举行政治集会和会议。这些所谓的传统武器——长矛、标枪、圆头棒、大头木棍，实际上是因卡塔自由党武装人员杀害非洲人国民大会成员时使用的武器。这件事使我对德克勒克先生的和平诚意打上了一个大大的问号。

那些反对和谈的人从暴力中获得了好处，而这些暴力总是在政府和非洲人国民大会准备朝着达成协议的目标迈进的时候突然发生。这些邪恶势力企图在非洲人国民大会和因卡塔自由党之间点燃战争的火焰，我相信许多因卡塔自由党成员也在密谋策划发动这样的战争。政府中的许多人，包括德克勒克先生，对发生在眼皮底下的事情采取的是一种视而不见或听之任之的态度。毫无疑问，警察和安全部队的最高领导正在帮助“第三武装”。这些疑点后来被媒体所证实。据报纸披露，南非警察的确在秘密资助因卡塔自由党。

随着暴力继续升级，我开始用另一种方式考虑暂时停止武装斗争的问题。许多非洲人国民大会人士已经有些躁动不安，于是到 9 月份，我在一次记者招待会上说，暴力的不断升级可能会使我们不得不再次拿起武器。形势看来很严峻，与政府谈判所取得的成果似乎要毁于一旦。

107...

1990 年 12 月，奥利佛经过 30 年的国外流亡生活之后回到了南非。有他在我身边，使我感到非常高兴。他回来是为了参加在约翰内斯堡举行的非洲人国民大会协商会议，来自国内外的 45 个不同地区的 1500 多名代表出席了这次会议。

在这次大会上，我称赞奥利佛在非洲人国民大会最黑暗的时期一直领导着非洲人国民大会，斗争的烈火从来没有熄灭。现在，他领导我们来到了看到光明和希望的未来的边缘。在我被关押的 27 年间，是奥利佛拯救了非洲人国民大会，并把它建设成一个具有实力和影响的国际性组织。在绝大多数非洲人国民大会领导人不是被关押就是被流放的时候，他担负起了领导非洲人国民大会的重任。

他是一位战士、一位外交家、一位政治家。

尽管我批评政府组织反革命活动，但是，正是奥利佛的讲话引起了一场风波。在开幕式上，他发表了一个颇有争议的讲话。在这个讲话中，他要求对我们的制裁政策进行重新评价。他坚持认为，除非采取主动缩小制裁的规模，非洲人国民大会将面临“脱离国际社会”的危险。欧共体已经开始缩减制裁的规模。西方国家特别是英国和美国，都要为南非进行的改革对德克勒克先生作出回报，认为这样就会鼓励他继续进行改革。我认为这是一个错误的策略，但是，我们必须承认国际上的实际情况。

尽管大家对奥利佛的讲话进行了讨论，并且，他的讲话也得到了全国执行委员会的批准，但是，他的建议却遭到了非洲人国民大会军事领导人的反对，他们坚持认为，必须保持原来的制裁规模。

这样一来，连我自己也成了抱怨和抨击的对象。他们批评参加和谈的人不与基层接触，与国民党领导人在一起的时间比与自己的人待在一起的时间还要多。大会上，有人还批评我搞“个人外交”，不与非洲人国民大会一般会员沟通。作为一个群众组织的领导人，必须倾听群众的意见。我接受了大家对我的批评，承认在让整个组织都了解谈判的过程方面有所疏忽。但是，我也知道我们与政府进行谈判的微妙，我们达成的任何协议都在一定程度上要依靠他们保守机密。尽管我接受了批评，但是，我相信我们没有别的选择，只能沿着同一条路向前走。我知道，我必须更加虚心和务实，让更多的人充分了解我们在谈判中所取得的进展，我在后面的谈判中没有忘记这一条原则。

每天，每个周末，报纸都会及时报道在我们的社区和城镇发生的新的流血事件。显然，暴力已成为南非的第一大问题。在纳塔尔以及约翰内斯堡周围的里夫地区，各种犯罪、政治对抗、警察暴行和地下团伙杀人事件时常发生，搅得许多社区的群众不得安生。只要暴力问题不解决，建立新的社会制度的道路就仍然是艰难曲折和不可想象的。

为了遏制暴力事件的升级，我与布特莱齐酋长取得了联系，安排与他进行会谈。1 月份，我们在德班的王室宾馆见了面。布特莱齐酋长首先向出席的代表们和媒体发表了讲话，但不是消除分歧而是在翻老账。他列举了非洲人国民大会对他进行的语言攻击，批评非洲人国民大会提出的和谈要求。当轮到我说话的时候，我不是选择与他针锋相对，而是感谢他多年来为我的释放所做的工作。我用事实叙述了我们之间长期存在的关系，强调了有关两个组织团结而不是分裂的许多问题。

我们的私下会晤取得了进展，布特莱齐酋长和我签订了一个规范双方下辖组织行为的协议。这是一个公平的协议，我认为如果这个协议得以执行，肯定会有助于制止流血事件的发生。但是，我要说的是，因卡塔自由党从来也没有执行过这个协议，当然我方也有违反这个协议的地方。

我们两个组织之间的暴力活动仍在继续着，每个月都有数百人死亡。3 月份，因卡塔自由党成员在约翰内斯堡北部的亚历山大镇发动了一次进攻，在 3 天的冲突中有 45 人被杀死，但仍然没有人被逮捕法办。

随着暴力活动的继续，我不能坐视不管，于是试图再与布特莱齐酋长见面。4 月份，我去了德班，我们又一次发表了措辞强烈的声明，并签订了另一个协议。但是，上面的字迹还没有干，协议就被浸泡在了血泊之中。我比任何时候都更加相信，政府在背后支持暴力活动，而暴力活动正在阻碍和谈。德克勒克先生对暴力不采取措施，使我们的关系濒临危险的边缘。

4 月间，在全国执行委员会为期两天的会议上，我提出了对德克勒克先生诚意的怀疑。全国执行委员会相信，政府在后面支持暴力活动，暴力正在搅乱和谈的气氛。在致政府的一封公开信中，我们要求罢免国防部部长马格纳斯 · 马伦和法律与治安部部长艾德里安·弗劳克的职务；禁止在公共场合携带传统武器；逐步取消移民工客栈，因为约翰内斯堡周围的城镇上的客栈里住着很多因卡塔自由党成员；撤销政府的反暴乱秘密部门；指定独立的委员会调查安全部队的不正当行为。

我们要求政府最晚在5月份满足我们的要求。德克勒克先生通过要求5月份召开多党派会议讨论暴力问题对我们的要求作出了答复，但是，我的回答是，召开这样的会议没有任何意义，因为政府完全知道要结束暴力必须做什么事情。5月份，我们宣布停止与政府谈判。

1991年7月，非洲人国民大会30年来第一次在南非国内召开了年会。有2244名代表出席了会议，他们都是从非洲人国民大会在国内外的分支机构民主选举产生的。在这次大会上，我全票当选非洲人国民大会主席。西里尔·拉马福萨被选为总书记，充分表明火炬将从老一代领导人手中传递给年轻一代。我只是在出狱时才与西里尔见过面，他被许多著名的非洲人国民大会领导人认为是一个合格的接班人。在非洲人国民大会中，他可能是最有经验的谈判人，他的谈判艺术无疑是在他担任全国矿工工会总书记时磨砺而成的。

在讲话中，我对大家赐给我如此大的荣誉而表示感谢，并告诉大家，要跟上我的前任奥利佛·塔博的巨大步伐是何等的困难。虽然我们当时正在与政府争吵，但是我说，和谈本身就是一种胜利。政府参加和谈这一事实，正是他们没有能力维持种族隔离的表现。我反复讲，和谈的过程不会是一帆风顺的，因为我们与之谈判的那些政客根本就不想交出他们自己的权力。“大家必须明白的一点，就是斗争并没有结束，和谈本身也是一种斗争，正如其他任何形式的斗争一样，和谈可能会发生多次反复。”

但是，和谈不能靠等待。就我们的利益来说，绝不能以任何理由拖延种族隔离的痛苦。我说，有必要尽快创建一个过渡政府。

大会强调，非洲人国民大会面临着一个最重要、最迫切的任务：

把一个非法的地下解放运动组织转变成一个合法的群众性政党。30年来，非洲人国民大会一直秘密地在南非发挥作用，有些工作习惯和斗争技巧已经根深蒂固。我们必须重新建立一个完整的组织，从最小的支部到全国执行委员会。在这个非常的变化时期，我们必须利用大约几个月的时间做好这件事情。

非洲人国民大会和共产党的大部分领导人都已经被流放。他们多数都在7月份回来参加了年会。他们并不熟悉今天的南非，对他们和我来说，南非是一个新发现的地方。但是，却有一批杰出的留在国内的联合民主战线和南非贸易工会大会的年轻领导人，以我们无法想象的方式全面了解了政治形势。从一定程度上说，这些组织在20世纪80年代一直作为非洲人国民大会在南非的替身开展活动。非洲人国民大会必须要把这些人吸收进自己的组织。

我们不仅面临着逻辑上的问题，而且面临着哲学方面的问题。当你们在与一个共同的敌人打仗的时候，使运动组织保持一致是一个相当简单的命题。但是，当敌人走到了谈判桌旁的时候，要制定一种政策就完全是另一回事儿。在新的非洲人国民大会中，我们不仅必须与许多不同的组织结合在一起，而且还必须考虑许多不同的观点。我们需要把组织统一到和谈的思想上来。

在头17个月的合法活动期间，非洲人国民大会吸收了70万新会员。这是激动人心的，但是，我们也不能对此沾沾自喜。就比例而言，这些会员中只有少部分是来自边远地区，这些地区对非洲人国民大会来说长期以来一直是最薄弱的地区。同时，国民党正在向非白人敞开大门，正忙着吸收那些对非国大不满的有色人和印度人。

自从我出狱后，政府就一直在对我夫人进行诽谤。在她被声称绑架了四位住在迪普克鲁夫的年轻人并造成其中一人死亡之后，温妮第一次遭到了谣言的诋毁，然后，她被指控绑架四人并造成一人死亡。连续对她的人格进行的这种造谣中伤，使温妮和我都很想赶快走上法庭，证明温妮在这些指控中都是无辜的。

2 月，对我夫人的正式审判在约翰内斯堡市内的兰德最高法院开庭。我参加了第一天的审理，像许多非洲人国民大会资深人士一样，我尽量多去参加对她的审理。我之所以这样做，既是为了表达对我夫人的支持，同时也为表明我相信她是无辜的。乔治·毕佐斯为她作了辩护，努力证明温妮与这起绑架和打死人的案件没有牵连。

3 个半月之后，法官认定她在这起绑架案中是有罪的，并且在一起流氓杀人案中是同谋。但是，法官很清楚，她本人并没有亲自参与杀人。她被判处 6 年监禁，但是根据她的请求，她很快被保释出狱。对我来说，不管判决结果如何，她毫无疑问都是无辜的。

108...

1991 年 12 月 20 日，经过长达一年半的关于“谈判的谈判”之后，真正的谈判开始了：民主南非大会（CODESA）是政府与非洲人国民大会及其他南非党派之间举行的第一次正式和谈。我们以前进行的所有双边谈判为这次谈判奠定了基础。谈判在约翰内斯堡史末资机场附近的一个现代化的展览中心，即世界贸易中心举行。出席民主南非大会的共有 18 个代表团，他们代表着南非各政治党派。另外，出席大会的还有来自联合国、英联邦、欧共体和非洲统一组织的代表。这个大会是在南非召集的一次最广泛的政治团体横向联合大会。

这次谈判无疑是一个历史盛会，当然也是自 1909 年开普和纳塔尔英国殖民地与前德兰士瓦布尔共和国及奥兰治自由邦同意组成一个统一的国家以来最重要的立宪大会。1909 年召开大会的目的并不是发扬民主，而是对民主的违背，因为当时的代表中没有一个是黑人。但是在 1991 年的今天，南非黑人已经占了大多数。

我们的筹备小组由西里尔·拉马福萨牵头，成员还有乔·斯洛沃和瓦利·穆萨。一周以来，他们一直与政府就选举、宪法、宪法起草机构和过渡政府问题进行讨论。来自 20 个不同党派的代表，包括来自班图斯坦政府的代表，已经同意了召开大会的基本原则。

在谈判开始就持乐观态度的人不会因为几个拆台者而扫兴。阿扎尼亚泛非主义者大会决定抵制谈判，他们指责非洲人国民大会和国民党勾结在一起，试图建立一个多种族政府。尽管一个月前，非洲人国民大会、阿扎尼亚泛非主义者大会和阿扎尼亚人民组织围绕共同目标发表声明，组建了联盟组织——爱国阵线，但是，仍然发生了这样的事情。阿扎尼亚泛非主义者大会害怕民主选举，因为他们知道，这样的选举将暴露他们并没有多少支持者。布特莱齐酋长也在抵制谈判，因为不允许他组成三个代表团：因卡塔、夸祖鲁政府和斯维里斯尼国王。我们认为，国王应当不属于任何政党，如果把国王纳入政党的范围之内，那么南非各部落应该都能派他们的最高领袖参加谈判。

在世界贸易中心举行的和谈不仅具有重要的历史意义，而且也具有自力更生的意义。与津巴布韦和安哥拉那样的非洲国家为建立新的社会制度所进行的和谈不同，他们需要外国人调解，而我们南非则是依靠我们自己消除分歧。德克勒克先生讲了关于在民主的基础上建立过渡性“权力共享”政府的必要性，国民党的首席谈判代表大卫·德维利尔斯甚至为实施种族隔离政策表示了道歉。

我在自己的公开讲话中指出，随着民主南非大会的产生，进步在南非最终将成为不可逆转的历史潮流。我说，政府通过其所管理的人民的批准才能取得统治权和合法性，我们正在举行的会议就是要创造这样一个合法的政权。我说，民主南非大会标志着选举产生一个起草新宪法的机构的开始，我看不出这样的一个宪法起草机构有任何理由在 1992 年不能产生。我呼吁政府，可以组成一个全国统一的过渡政府监督这种选举，控制国家宣传机构和武装部队，全面负责向新的、无种族歧视的、民主的南非过渡。

在第一天的大会上，最大的与会党派，其中包括国民党和非洲人国民大会，都支持签署一个意向声明，号召所有的党派都支持建立一个统一的南非，其最高法律将是受独立司法系统保护的宪法。国家的司法系统将保证法律面前人人平等，并起草“权利法案”，以保护公民的自由权利。总之，我们将要建立的是一个以成人普选权为基础的、多党派执政的民主政府。就我们而言，这是对新南非提出的可接受的最低立宪起点。因卡塔自由党拒绝签署这个声明，因为声明中要求建立“统一的南非”，这意味着不可能采取联邦制。

大会选举产生了五个工作组，以便在1992年初开始工作，做好1992年5月召开第二轮“民主南非大会”的各项筹备工作。工作组将探讨营造自由政治气氛中面临的问题、班图斯坦的未来、重新组建南非广播公司、检验诸如联邦制之类的各种立宪原则和创建过渡政府。各党派同意，各项决议将在“充分一致”的基础上作出，虽然没有作出界定，但实际上，充分一致就意味着政府与非洲人国民大会及其他多数党派之间达成了协议。

召开第一次民主南非大会的第一天，直到临近休会都没有出现意外的事情。在召开大会的前一天晚上，我在电话里与德克勒克先生一直谈到晚上8点。德克勒克先生问我，是否同意让他在第二天最后一个发言。尽管按照日程安排，我将对大会作总结，但是，我告诉他，我将把这个问题提交全国执行委员会。那天晚上，我的确也这样做了。尽管大家有些担心，但是，我说服他们允许德克勒克先生最后发言。我认为，这个问题不是一个关键性问题，我准备让德克勒克满意。

到这次会议快要结束的时候，一切似乎都很正常。我讲了谈判的重要性，我讲完话后，德克勒克接着讲。他强调了这次盛会的历史意义，论述了克服相互不信任的必要性。但是，随后他却做了一件令人意想不到的事情，开始攻击非洲人国民大会不坚持与政府之间达成的协议。他开始像一个校长训斥一个调皮的小孩子那样对我们讲话。他严厉地指责非洲人国民大会没有公布武器库的位置，然后又谴责我们保留“秘密武装”——民族长矛军，违反了1991年9月份达成的《全国和平条约》。他甚至用激烈的言词质问，非洲人国民大会是否有足够的诚意遵守自己签订的协议。

这是我绝对不能容忍的，如果我听任德克勒克先生讲这种话而不予以驳斥，那么我当时就会受到谴责。他讲完后，当天的会议本应随之结束。但是，会场的气氛变得非常安静。我没有允许会议就此结束，而是朝讲台走去。我不能让他讲完话就这样算了。我的声音里带着愤怒：

> 我对今天德克勒克先生的行为十分担心。他对非洲人国民大会发动了攻击，并且在攻击中一直很不诚实。即使是像他这样一个非法的、名声败坏的、少数人当政的政府的首脑，也要遵守一定的道德规范。他没有理由仅仅因为他是这样一个名声败坏的政府的首脑，就可以不遵守道德规范……如果一个人能来到这种性质的大会上玩弄他已经玩弄过的政治手腕，那么就没有人愿意同这样的人打交道。
>
> 政府官员曾一再劝说我，允许他们最后讲，他们特别期望在这里最后一个发言。现在我明白了他们为什么要最后讲，他滥用了他的职权，因为他指望我不会反驳他。他完全错了，我现在就要说几句。

我说，德克勒克先生用这样的语言对我们说话，这是不能接受的。我重申，是非洲人国民大会，而不是政府提出了和平讨论的倡议；是政府，而不是非洲人国民大会，一次又一次地不遵守自己签订的协议。以前我已经告诉过德克勒克先生，公然攻击非洲人国民大会没有什么用处，但是，他仍然在这样做。我强调，我们已经暂时停止了武装斗争，以显示我们支持和平的诚意，而政府却仍然在与发动战争的那些人共同策划战争。我要告诉他，只有当我们成为收缴武器的政府的一部分时，我们才上缴我们的武器，不到那时我们是不会上缴的。

我补充说，政府显然是在打自己的小算盘。他们参加和谈不是为了争取和平，而是在谋取自己的小政治利益，即使是在和谈的时候，他们也在暗地里资助秘密组织对我们实施暴力。我提到了最近披露的向因卡塔提供100万兰特的事实，德克勒克先生声称不知道此事。我说，如果拥有他这个职位的人“不知道这些事，那么他就不配当政府首脑”。

我知道我说得太严厉，于是，为了使整个谈判不再陷入僵局，我以缓和一点儿的口气结束了我的讲话：

> 我请他摊出牌来。让我们坦诚地在一起工作，不要有背着对方的事情。不要私下再打什么小算盘，也不要说服我们允许他最后发言，因为他想滥用这个特权攻击我们，并希望我们不予驳斥。尽管他犯了这样的错误，但我仍然准备与他一道工作。

第二天，民主南非大会召开了最后一次会议。德克勒克和我都尽力表现得像没发生不可挽回的伤害一样。在会议开始时，他和我公开握手，并表示我们将一道工作。但是，彼此之间已失去了信任，因此，和谈陷入了僵局。

民主南非大会第一次会议开幕6周后，国民党在波切夫斯特鲁姆参加了“补缺选举”。波切夫斯特鲁姆是德兰士瓦的一个保守的大学城，历史上一直是国民党的一个根据地。但是，国民党人出乎意料地被保守党右翼的候选人击败。保守党坚决反对政府与非洲人国民大会进行和谈的政策，其党员主要由认为德克勒克先生不再靠得住的南非白人组成。选举结果似乎让人对德克勒克先生的改革及和谈政策产生了怀疑。国民党十分惊慌，他们自己心脏地区的嫡系选民也在反对他们的政策。

德克勒克决定孤注一掷。他宣布，根据在波切夫斯特鲁姆补缺选举的结果，他号召于 3 月 17 日进行全国白人公民复决，对他的改革政策和与非洲人国民大会和谈进行投票表决。他说，如果公民复决遭到失败，他可以辞职。公民复决对年满 18 岁的所有的白人选民提出了一个直截了当的问题："你支持继续实行总统于 1990 年 2 月 2 日开始进行的、旨在通过和谈建立新政府的改革吗？"

非洲人国民大会反对把一切非白人排除在外的这种公民复决。同时，我们也很现实：我们当然不想让白人选民反对德克勒克为坚持和谈所作的努力。尽管我们原则上反对这次选举，但是，我们还是鼓励白人投"赞成"票。我们把这种投票表决看作支持和谈的一个信号，当然并不是支持德克勒克本人。

我们怀着几分不安的心情关注着德克勒克采取的这个行动。他和国民党搞了一次微妙的、昂贵的、美国式的政治活动，与此相伴的还有广泛的报纸和电视宣传、大量的广告和各种各样的集会。我们把这场闹剧看作德克勒克先生将对我们发动进攻的一次彩排。

最后，69% 的白人选民支持和谈，这给了德克勒克很大的鼓舞。他感觉自己是正确的，我却认为投票结果让他有点儿自鸣得意。他的手腕更强硬了，结果，国民党人在和谈中的立场也就强硬起来。这是一个危险的信号。

109...

1992 年 4 月 13 日，在约翰内斯堡举行的一次记者招待会上，在我的两位老朋友、老同志——瓦尔特和奥利佛的陪同下，我宣布与我夫人分手。形势变得如此困难，我认为我们的分手对各有关方面——非洲人国民大会、家庭和温妮，都是最佳选择。尽管我把这件事提交非洲人国民大会进行了研究，但是，离婚本身是基于我个人的原因。

我宣读了以下声明：

> 我自己同我夫人诺姆萨莫·温妮·曼德拉同志之间的关系已经成了众多媒体炒作的主题。我现在发表这个声明，以澄清自己的立场，希望我的声明能够使各种猜测不攻自破。
>
> 诺姆萨莫同志和我本人，在我们国家解放斗争的关键时刻结为连理。由于我们献身非洲人国民大会和为结束种族隔离进行的斗争而承受的压力，我们不能享受正常的家庭生活。尽管存在这些压力，我们相互之间的爱恋和双方对婚姻的忠贞却丝毫没有动摇……
>
> 二十多年来，我一直在罗本岛坐牢，对我个人而言，她是必不可少的支柱和安慰……诺姆萨莫同志单独承担起了抚养我们子女的重担……她以非凡的刚毅承受了政府对她一次又一次的迫害，并从来没有动摇过自己对自由斗争的无私奉献和支持。她的顽强精神进一步加强了我对她的尊敬、爱恋和不断加深的感情，也赢得了全世界广泛的钦佩。我对她的爱是始终不渝的。
>
> 但是，由于我们之间最近几个月中对许多问题有不同看法而造成的紧张状况，我们都认为分手将对我们双方是最好的选择。我的行动并不是因为媒体现在正对她进行指责而采取的……诺姆萨莫同志完全可以像过去一样，在她有生之年继续依靠我的慷慨支持。
>
> 我个人绝不会对诺姆萨莫同志和我曾经共同分享的生活感到后悔。尽管不应该出现这样的结局，但是，情况使我们不得不分手。离开我的夫人，我并无任何怨恨。从我第一次遇到

她的那一刻起，我就以我在监狱内外对她培育出来的所有的爱恋爱着她。女士们，先生们，希望你们能理解我所经历的这种痛苦。

或许，由于我为没能尽到一个做丈夫和父亲的责任感到痛苦而对一些事情视而不见。但是，正如我所相信的那样，当我在监狱里的时候，我夫人的生活比我的生活更艰难，我的回归对她比对我来说也更艰难。她嫁给了一个很快就离她而去的人，那个人变成了一个神，后来那个神又回了家，并证明他不过是一个人。

正如我后来在我女儿津泽的婚礼上所说的那样，自由战士似乎命中注定要过不稳定的个人生活。当你的生命就是斗争，像我的生命那样，你就几乎没有家庭生活的余地。这一直是我一生中最大的遗憾，也是我所作的最痛苦的选择。

“我们看着我们的孩子们在没有我们的指引下成长，”我在我女儿的婚礼上说，“当我们真的[从监狱里]出来的时候，我的孩子们说，‘我们认为我们有父亲，并且有一天他将会回来。但是，让我们失望的是，我们的父亲回来后又不和我们在一起了，因为他现在成了国父。’”作为一国之父是莫大的荣誉，但作为一个家庭之父却是莫大的愉快。然而，这种愉快对我来说实在是太少了。

110...

1992年5月，在中断了4个月之后，多党会议在世界贸易中心召开了第二次会议，即民主南非大会第二次会议。为了准备谈判，非洲人国民大会和政府的谈判者之间，以及非洲人国民大会与其他党派之间已经进行了秘密的磋商。在民主南非大会第二次会议开幕前一天，德克勒克先生与我之间进行了最后的会谈，就各代表团的磋商结果进行了讨论。自从民主南非大会第一次会议以来，这是我们两人第一次会见。

在民主南非大会准备召开的几天前，政府被两个丑闻搞得焦头烂额。第一个丑闻是负责改善班图斯坦黑人生活水平的发展援助署暴露出来的大规模腐败和行贿受贿案，第二个丑闻则是政府高级安全官员卷入了1985年杀害4名联合民主战线成员案，这4名成员中最著名的是马修斯·戈尼韦。这两个丑闻为警察涉嫌对非洲人国民大会实施袭击增添了证据。两个丑闻先后曝光，大大削弱了政府的信誉，提高了我们的威信。

在前几个月中，政府提出了许多半途而废的建议。这些建议，例如轮流执政，多数都是在竭力保护他们的权力。但是，通过过去几个月的和谈，非洲人国民大会和政府达成了一个关于实行两步过渡、最终建立一个完全民主的南非的尝试性协议。第一步，由民主南非大会各代表团任命一个多党“过渡执行委员会”，起到临时政府的作用，以便为各党派“建立平台”，起草临时宪法。第二步，举行大选，选出一个宪法起草机构和立法机关。在选举中，得到5%以上选票的所有政党都可以参加组阁。宪法起草机构的成员，50%通过全国选举产生，另外50%通过地方选举产生。这个机构将被授予起草宪法的权力和通过法律的权力。另外，还将成立一个独立的委员会，主持选举和保证选举的自由和公正。

还有许多问题，非洲人国民大会和政府没能达成协议，譬如说，宪法起草机构决定宪法方面的问题和同意某项“权利法案”所必需的投票率。在召开民主南非大会第二次会议前几天，政府才建议成立第二个机构——参议院，人员由各地区选出的代表组成，作为行使少数否决权的一种方式。他们还建议，在完成这些工作之前，民主南非大会第二次会议首先必须就临时宪法达成协议。但是，起草临时宪法将要花几个月的时间。

所有这些问题的谈判都在幕后进行，到 1992 年 5 月 15 日召开民主南非大会第二次会议的时候，达成协议的希望似乎依然十分渺茫。我们感到担心的是，已经达成的协议会因此受到影响。德克勒克先生和我在多数重大问题上都没有达成共识。政府似乎准备无限期地拖下去，他们的想法是等的时间越长，支持我们的人就会越少。

大会第一天结束的时候就出现了僵局。当时，主持谈判的两个法官建议德克勒克先生和我，晚上再举行一次会谈，以便设法找到一个妥协的办法。那天晚上，我们确实边喝咖啡边进行了会谈，虽然我们没有找到打破僵局的办法，但是我们却同意继续进行谈判。“全南非和全世界都在看着你和我，”我告诉德克勒克先生，“我们要挽救这个和平进程。让我们达成某种协议，让我们至少确定下一次谈判的日期。”我们决定，两人都在第二天的会议上本着让步的精神发表讲话。

第二天下午，我们按照与民主南非大会第一次会议期间双方同意的相反顺序发表讲话：由德克勒克先生先讲，我最后讲。德克勒克先生在讲话中坚持国民党不寻求“少数否决权”，但是，他们确实想要一种制衡制度，以防止占多数的种族“滥用权力”。尽管他的意见让我听起来像是对多数原则的公然反对，但是，当德克勒克讲完话后，我还是仅仅说，我们需要本着建设性的态度去工作，以便消除围绕和谈的紧张气氛。

尽管我们想在这个问题上持积极态度，但是大会第二天仍然在僵持不下的状态下闭幕。根据我的看法，僵局的原因是国民党一直不愿意由大多数人的意志决定他们的命运。

最终，民主南非大会第二次会议在四个基本问题上没能取得突破：政府坚持反对宪法起草机构以高得票率通过宪法（他们主要是要求拥有不正当的否决权）；维护地方政权，以便对将来的宪法进行限制；反对民主选举参议院，要求参议院对内阁的立法有否决权；把经过大会协商通过的临时性宪法定为永久性宪法。

这些都是难题，但是并不是无法解决的难题，我决心不让民主南非大会第二次会议出现的僵局阻碍和谈的进程。政府和非洲人国民大会都同意双方继续谈判，以促使问题得到解决。但是，后来发生的事情使问题的解决变得不再可能。

随着和谈陷入了僵局，非洲人国民大会及其盟友一致同意采取“浩浩荡荡的群众运动”的策略，以便通过这个策略向政府显示全国人民支持我们的程度，并表明南非人民不准备为了自由永远地等待下去。群众运动的形式包括罢工、示威和联合抵制等。开始采取群众运动的日期定在1992年6月16日，因为这个日子是1976年索韦托暴动周年纪念日，并计划在8月3日和4日举行两天的全国大罢工，把群众运动的声浪推向高潮。

但是，在举行罢工前又发生了一件事，使非洲人国民大会和政府之间的分歧进一步扩大。1992年6月17日，因卡塔自由党的武装力量偷袭了博伊帕通市的法尔镇，有46人被杀，其中多数都是妇女儿童。这是一周内非洲人国民大会人士遭到的第四次大屠杀。全国人民都为此感到震惊，并指责政府参与了这次大屠杀。警察没有制止这次犯罪，他们什么事情都没有做，既没有逮捕犯罪分子，也没有调查案情。德克勒克先生一声不吭，我感到忍无可忍，我的耐心已经达到了极限。政府正在使和谈陷入僵局，同时也在以隐秘的方式向我们的人民开战。那么，我们为什么还要同他们谈判？

发生大屠杀后的第四天，我向两万多名愤怒的非洲人国民大会支持者发表了讲话，告诉他们，我已经指示非洲人国民大会总书记西里尔·拉姆福萨停止直接与政府接触。我同时还宣布，全国执行委员会正在召开紧急会议研究对策。一时间，我们似乎又回到了沙佩维尔那些黑暗的日子。我把国民党的行为比作德国的纳粹党，公开警告德克勒克，如果他企图采取新的措施限制群众示威和自由表达，非洲人国民大会将发动全国范围的反抗运动，并且，我将是第一个志愿者。

在大会上，我看见有人打出了标语口号，上面写着："曼德拉，给我们枪！""胜利来自战斗而不是来自谈判！"我理解这种情绪，人民的确遭到了伤害，他们认为谈判不会有积极的结果。他们开始认为，推翻隔离制度的唯一办法是拿起枪杆子。发生博伊帕通惨案后，全国执行委员会中有人说："我们为什么要放弃武装斗争？我们应该放弃和谈，而不是放弃武装斗争。和谈绝不可能使我们实现自己的目标。"我开始同情这伙强硬派，但我逐渐认识到，没有别的选择，和谈是我多年来一直竭力主张的，我不能放弃和谈，但是，也到了让和谈凉下来的时候了，群众运动是介于武装斗争与和谈之间的中间道路。人民需要有一个出气的方式，群众运动就是这种出气的最好方式。

当我告诉政府我们准备停止和谈的时候，我们向德克勒克先生提交了一个备忘录，简要说明了我们退出和谈的理由。除了要求解决在民主南非大会第二次会议上提出的关于立宪的僵局，我们还要求追查暴力责任人，将他们绳之以法，并拿出加强对暴力事件发源地——客栈的治安管理办法。德克勒克先生给我们作了答复，要求与我面谈。我拒绝了他的要求，因为我认为，这样的面谈应该是有什么事情要谈，而当时我们没有什么事情好谈。

8月3日和4日举行了大罢工，支持非洲人国民大会的和谈要求，并抗议政府支持的暴力活动，群众运动终于达到了高潮。全国有400万工人待在家中拒绝上班工作，这是南非历史上最大的一次政治罢工。这次罢工的重头戏是10万人到比勒陀利亚工会大厦进行游行示威，我们在大厦前面的大草坪上举行了大规模的露天集会。我告诉游行群众，我们总有一天会作为南非第一个民主选举出来的政府，占领这座大厦。

面对这次群众运动，德克勒克先生说，如果非洲人国民大会故意把这个国家搞乱，政府将被迫考虑采取某种不愉快的措施。我警告德克勒克先生，任何反民主的行动都将产生严重的后果。我说，正是由于存在这种威胁，建立过渡政府才是最为关键的当务之急。

在这次群众运动的鼓舞下，非洲人国民大会中有一伙人决定去毕晓举行游行示威。毕晓是东开普西斯凯邦的首府，是由奥帕·基考佐准将领导的一个班图斯坦。西斯凯素有镇压非洲人国民大会的传统，1991 年，奥帕·基考佐准将宣布西斯凯处于紧急状态，以制止他所谓的非洲人国民大会支持的恐怖主义。1992 年 9 月 7 日上午，7 万名抗议者从四面八方向毕晓体育场涌去。当一支游行队伍想从一个篱笆墙开口处通过、选择另一条路进城时，毫无人性的班图斯坦军队朝游行队伍开了枪，打死了 29 人，打伤了 200 多人。那一天，毕晓作为野蛮的代名词被载入了史册。

正如古老的谚语所说的那样，最黑暗的时刻是黎明的前奏。毕晓的悲剧反而导致和谈的重新开始。为了找到共识，避免再发生毕晓这样的悲剧，我会见了德克勒克。谈判双方又开始定期进行会晤。双方作出了真诚的努力，希望和谈能回到正确的轨道上来。于是，9 月 26 日，德克勒克先生和我举行了一次正式的高峰会谈。

那天，我们两人签订了“谅解备忘录”——一份为以后举行的所有和谈树立样板的协议。根据这份协议，设立一个独立的机构监督警察的行动，采取措施对客栈加强管理，禁止在集会上携带“传统武器”。不过，“谅解备忘录”的真正重要意义在于，它打破了民主南非大会第二次会议关于立宪的僵局。政府最终同意建立一个单独的、选举产生的宪法起草机构，该机构将采用一个新宪法，并作为新政府的过渡立法机构。其余需要协商的事就只有选举这一机构的日期和该机构要形成决议所必须达到的得票率了。我们现在的目标就是要构建把南非建成一个民主国家的基本框架。

“谅解备忘录”迫使因卡塔宣布，从所有涉及政府和非洲人国民大会的和谈中退出来。这个协议使布特莱齐十分恼火，他因此与国民党疏远了关系，而与其他不讲信誉的班图斯坦领导人和只关心建立南非白人班图斯坦的白人右翼党派结成了联盟。布特莱齐要求废除“谅解备忘录”，结束民主南非大会，解散民族长矛军。

正如在停止武装斗争问题上首先建言一样，乔·斯洛沃又率先提出了一个有争议的建议：建立全国统一政府。10月份，乔·斯洛沃发表了一篇文章，他在文章中写道，与政府的和谈并不是像在战场上向被打败的敌人发号施令地提条件那样的停战谈判。甚至在大选后，非洲人国民大会要想控制局势也可能需要花几年的时间。非洲人国民大会执政的政府将仍然需要许多现政府的公共服务人员去管理国家。乔建议为全国统一政府增加“落日条款”，根据这一条款，在一定的时期内，非洲人国民大会将同国民党共同分享权力，大赦国家安全官员，并尊重公务员与政府签订的任何合同。“共同分享权力”本身就是非洲人国民大会内部有争议的条款，被认为是政府所要求的“少数否决权”的代名词。但是，在这个文件中，它仅仅意味着，如果国民党在大选中能获得足够的票数，就可以参加任何一个普选产生的政府。

经过多次讨论之后，我支持乔的意见，并在11月18日得到了全国执行委员会的认可。只要少数党没有否决权，全国执行委员会就同意“共同分享权力”的方案。12月份，我们与政府举行了新一轮秘密谈判。这次谈判共用了5天多的时间，是在丛林中一个狩猎别墅举行的。后来的情况表明，这轮谈判是一次关键的谈判，因为这是建立在“谅解备忘录”基础上的一次谈判。在这次丛林会议上，我们原则同意建立一个为期5年的全国联合政府，在联合政府中，所有在大选中得票率超过5%的党派，都将按得票率参加政府内阁。5年后，联合政府将变成一个按照简单多数规则选举的政府。1993年2月份，非洲人国民大会和政府宣布，就5年联合政府、多党内阁以及建立一个过渡性行政院原则上达成了协议。选举将在1993年底举行。

111…

我一直认为，一个人应当在其出生的地方有一个看得见摸得着的家。自从被释放后，我就打算在库努为自己建一所村舍。1993 年秋天，房子建成了。这所房子是模仿我在维克多 · 维尔斯特住过的那所房子建造的。大家经常对这所房子评头论足，但是，我对这些评论的回答很简单：维克多 · 维尔斯特那所房子是我住过的第一所宽敞、舒适的房子，我很喜欢那种样式。我对那所房子的结构十分熟悉，因此，在库努我也就不必在夜间摸索着找厨房。

4 月份，我在特兰斯凯的住处休了几天假。4 月 10 日上午，我刚要走出房子，去迎接特兰斯凯警察橄榄球队的几个队员，这时候，我的管家跑过来告诉我，有我的紧急电话，而且她失声痛哭起来。我向几位年轻人说了声“对不起”，然后就去接电话。一个同事告诉我，南非共产党总书记、民族长矛军的参谋长、在非洲人国民大会中最有影响的人士之一克里斯 · 哈尼，在约翰内斯堡郊区博克斯堡的家门口被近距离射杀身亡。博克斯堡多数居民都属于白人工人阶级，克里斯当时正在他们中间做团结工作。

克里斯之死对我本人和运动组织都是一个沉重的打击。他是一个自由战士和爱国志士，对工作尽职尽责。在南非青年中，他是一个伟大的英雄，他与青年人同呼吸共命运，青年人对他言听计从。如果有的年轻人不守规矩，能驾驭他们的可以说只有克里斯。南非失去了一位最伟大的儿子，失去了一位在把南非转变成一个新的国家过程中十分难得的人才。

南非是脆弱的。有人担心，哈尼的被杀可能会引发种族战争，青年们认为他们的英雄应该成为烈士，为了这位烈士，他们可以牺牲自己的生命。我首先乘直升机去萨巴莱勒看望克里斯的那位 82 岁高龄的父亲，向他老人家表示慰问。萨巴莱勒是位于特兰斯凯市科斐法巴区的一个尘土飞扬的小镇。我对这个地方很熟悉，因为马叹兹玛就住在这里。当我到达这个没有自来水、没有电的村镇的时候，我对这个小地方竟然孕育出像克里斯·哈尼这样以其激情和能力唤起整个民族的伟大人物而感到吃惊。他对乡下穷人的关心源于他在萨巴莱勒的童年，因为他的根扎得深而且实在，在任何情况下都不会丢掉自己的根。克里斯的父亲深切地表达了他失去儿子的痛苦，但是，令他感到欣慰的是，他的儿子是在斗争中牺牲的。

我一回到约翰内斯堡，就听说警察逮捕了一位南非白人抵抗运动右翼武装力量的成员。他是一位从波兰移居南非的移民，是被一位勇敢的南非白人妇女向警察报告了杀人犯的汽车牌照号之后被捕的。这个杀人犯是一个绝望的狂徒，一直试图破坏和谈进程。那天晚上，我应邀在南非广播电台向全国人民发表了讲话。在这种情况下，总是非洲人国民大会，而不是政府在努力地安抚人民。

我说，和平进程及和谈不能停止，我以我所拥有的权威"呼吁我们的人民保持冷静，以保持一支纪律严明的和平力量的方式向克里斯·哈尼表示怀念和敬意"。

> 今天晚上，我要向每一个南非人，其中包括黑人和白人，讲一讲我的肺腑之言。一位心怀偏见和仇恨的白人，一到我们的国家就犯下了如此卑鄙的罪行，把我们全国的人民推向了灾难的边缘。一位属于南非荷兰人的白人妇女，我们可以想象她冒着生命危险，使这个杀人犯被绳之以法……现在，是所有的南非人站在一起，从各个角落抗击那些想破坏克里斯·哈尼为之献出生命的属于我们大家的自由的时候了。

杀害克里斯是白人至上主义者企图阻止这种历史的必然结果，他们宁愿让国家陷入内战也不接受通过和平方式实现多数裁定原则。

我们采取了一个策略以便对非洲人国民大会的支持者有所交

代。为避免报复性暴力事件的发生，我们在全国安排了为期一周的、一系列的群众集会和示威。这样，就可以为人民提供一个表达他们不满的方式，而且又避免了暴力。德克勒克先生和我已经私下里进行了会谈，并一致认为，我们决不让杀害哈尼的凶手破坏和谈。

几天后，我们得知，保守党成员克莱夫·德比－刘易斯因与杀害克里斯·哈尼有牵连而遭到了逮捕。这就进一步说明，南非的确存在着“第三武装”。克里斯本人就曾经批评过最近有人从一个空军基地盗窃武器，警察初步进行的调查报告显示，杀死克里斯·哈尼的枪恰恰是来自那个空军基地的武器库。

整两周之后，又有一个重要人物去世了。这个人物的去世并不像克里斯之死那样使全国感到震惊，但是，却使我十分悲痛。长期以来，奥利佛·塔博身体就一直不太好，中风使他突然死亡。他的夫人阿德莱德早上一早就给我打来了电话，我立即赶到了奥利佛的床前。我没有得到向他告别的机会，因为当时他已经去世。

在柏拉图关于金属的寓言中，先哲把人分成了金、银、铅三类。奥利佛就是纯金，他的智慧、他的友情和博爱、他的宽容和慷慨、他的始终不渝的忠诚和自我牺牲精神，就像金子一样闪闪发光。他作为一个领导人，我非常尊敬他；他作为一个人，我是那样地热爱他。

尽管我被关押期间我们一直不在一起，但是，奥利佛在我的心目中从来就没有远离过我。尽管我们不在一起，但是，我通过许多方式一生中都在心里与他进行交流。这可能就是在他去世的时候，我之所以感到如此悲痛的原因。正如我对一位同事说的那样，我感觉自己就像是世界上最孤独的人。仿佛是我们刚刚重逢，他就被死神从我身边夺走了。当我看着他静静地躺在棺材里的时候，我感到自己身体的某个部分也离开了这个世界。

尽管我们还没有执政，但是，我要为奥利佛举行国葬。这是非洲人国民大会所能给他的最后的安慰。在索韦托体育场举行的群众集会上，数百名来自外国政府的显要人物聚集在一起，向这位在流亡期间仍然使非洲人国民大会充满活力的伟人表示敬意。民族长矛军为他举行了游行，并在他的墓前鸣枪 21 响志哀。奥利佛活着看到了释放政治犯和流亡者的归来，但是，他没能活到在一个自由、民主的南非亲自投上自己的一票。建设一个自由、民主的南非，这仍然是我们要实现的目标。

112...

尽管很少有人能记住 1993 年 6 月 3 日这个日子，但是，这一天却是南非历史上的一个里程碑。就在这一天，经过在世界贸易中心举行了几个月的和谈之后，多党会议投票确定了南非第一次进行全国性、不分种族、一人一票式选举的日子：1994 年 4 月 27 日。在南非历史上，占多数的黑人将第一次走到投票地点选举自己的领导人。根据协议，选民将选出 400 名代表，组成一个宪法起草机构。这一机构将既负责起草新宪法，又起到议会的作用。选举产生这个机构之后，它要做的第一件事就是选举总统。

谈判在 4 月份就已经恢复。当时，26 个党派，包括因卡塔自由党、阿扎尼亚泛非主义者大会和保守党，几个月以来一直敦促政府确定选举日期，但他们却一直敷衍搪塞。然而今天，这个日期被实实在在地确定了下来。

一个月后，即 7 月份，多党会议同意先起草一部临时宪法。其中规定，在全国和地区党派名单中，按比例选举成立 400 人的两院制议会，而参议院则通过地方立法机构间接选举。

地方立法机构选举与全国大选同时进行，地方立法机构可以起草自己的地方法规，而地方法规必须符合全国宪法。

布特莱齐酋长要求在选举前起草宪法，并站出来抗议在完成起草宪法之前确定选举日期。8月份起草的临时宪法第二稿虽然赋予了地方更大的权力，但是，却仍然没有平息布特莱齐酋长和保守党的不满。保守党把这些决议描绘成违背了南非白人的利益，他们成立了一个由南非国防部前部长康斯坦·维尔强将军领导的名为“阿非利加白人人民阵线”的组织，企图联合白人保守组织，统一到所谓“人民国家”，即“白人家园”的思想上来。

11月18日午夜刚过，多党会议举行了一次会议，批准了临时宪法。政府和非洲人国民大会携手搬掉了其余的障碍。新的内阁将由得票率超过5%的政党组成，形成决议需要一致通过，而不是政府建议的三分之二的人同意。全国大选将在1999年举行，这样，全国统一政府的任期将长达5年。最后，政府同意我们所坚持的一次投票选举办法，而不是由全国立法机构和地方立法机构分别选举。两次选举只能使多数选民产生混乱，因为他们绝大多数都是一生中第一次参加投票选举。在选举前的一个时期内，由各党派人士参加的一个过渡性执行委员会将确保为选举创造合适的气氛。事实上，过渡委员会就是1993年12月22日至1994年4月27日大选期间的临时政府。一个拥有广泛权力的独立选举委员会将负责选举的管理工作。我们真正地迈进了新时代的门槛。

我从来没有过分关心对个人的奖励。一个人不会仅仅为得奖而成为一名自由战士，但是，我与德克勒克先生共同分享了1993年度的诺贝尔和平奖，这让我深受感动。对我来说，诺贝尔和平奖具有特殊的意义，因为这涉及南非的历史。

自从第二次世界大战以来，我是诺贝尔委员会给予这种殊荣的第三个南非人。阿尔伯特·鲁图利酋长于1960年获得过这个奖项。第二位获得诺贝尔和平奖的南非人是大主教德斯蒙德·图图，他在种族隔离制度最恐怖的岁月里无私地与种族隔离邪恶势力进行了斗争，在1984年获得了诺贝尔和平奖。

荣誉属于全体南非人民，特别是属于那些在斗争中战斗的南非人，我要代表他们接受这个荣誉。但是，诺贝尔奖是我从来没想到过的一种奖励。即使是在罗本岛上那些最艰难的岁月里，因为我们一直坚持武装斗争，“大赦国际”也未曾支持过我们，这个组织不可能为坚持暴力的人撑腰。正是由于这个原因，我认为诺贝尔委员会绝不会把和平奖授予一个创建民族长矛军的人。

我对挪威和瑞典人民怀有特别的感情。在 20 世纪 50 年代和 60 年代，当我们去西方为非洲人国民大会寻求支持的时候，我们的处境十分艰难。但是，在挪威和瑞典，我们却受到了热情的欢迎，他们为我们合法的自卫行动提供了各种援助，其中包括奖学金和其他资金，并为政治犯提供了人道主义援助。

在挪威，我利用发表演讲的机会，不仅感谢诺贝尔奖委员会，并向他们介绍了南非将成为一个正义和平等的新南非的未来蓝图，而且也称赞了我的获奖伙伴 F. W. 德克勒克先生。

> 他承认在实施种族隔离制度的过程中对我们的国家和人民犯下了严重的错误，这需要巨大的勇气。他深谋远虑，理解和接受所有的南非人必须通过和谈并作为和谈过程中的平等参与者，一起决定他们的未来。

常常有人问我，我怎么能够在那么严厉地批评德克勒克先生之后与他一起接受这个奖项。尽管我不会收回我对他的批评，但我可以说，他对和平进程作出了真正的、不可缺少的贡献。我不想损害德克勒克先生的威信，因为他威信越低，和谈进程就会越慢。要想与对手和平共处，你就必须与对手一道工作，使对手变成你的伙伴。

尽管正式选举全国宪法起草机构直到 1994 年 2 月才开始进行，但是，我们在新宪法被批准通过后就立即开始准备竞选。其实我们算不上超前，因为国民党从释放我们那天起就已经开始了竞选活动。

尽管民意测验显示非洲人国民大会遥遥领先，但是，我们从来没有认为胜利已经在握。我告诫大家，要克服过分的乐观主义。我们阅读了好多关于某些政府有望赢得大选而最终却得了个第二名的资料。我们面对的是一个经验丰富、组织严密、经济实力雄厚的竞选对手。

我们的竞选是在由珀珀·莫莱斐、泰勒·勒寇塔和凯特索·戈德汉组成的领导能力很强的竞选班子的领导下开展的，他们都是联合民主战线中善于动员群众的活动家。任务十分艰巨，我们估计将有2000万人参加投票，而且他们多数都是第一次参加选举。我们的许多选民都是文盲，投票的场面也有可能把他们吓回去。根据独立选举委员会统计，全国将设立一万个投票站。我们设法对十多万人进行了培训，对他们实施选举方面的教育。

我们选举工作的第一个阶段是开展被大家称作“人民论坛”的活动。非洲人国民大会候选人将走遍全国各地，在乡镇和村子里召集会议，听取人民的愿望、担心、想法和不满意见。“人民论坛”与候选人比尔·克林顿在美国问鼎总统道路上举行的选民见面会差不多。“人民论坛”就相当于人民的议会，与我小时候在“大王宫”看见的那种酋长会议是完全不同的。

我醉心于“人民论坛”这种形式，11月份，我在纳塔尔开始参加“人民论坛”，然后去了德兰士瓦和奥兰治自由邦北部的PWV地区。有时，我一天参加多达三四个“人民论坛”。人民当然也非常喜欢“人民论坛”这种形式，过去没有人就他们自己的国家应该做什么征求过他们的意见。

把“人民论坛”的建议搜集起来之后，我们开始走向全国各地，把我们的信息传递给人民。在非洲人国民大会中，有的人主张把竞选活动简化成一种解放选举，并告诉人民：请投我们的票，因为我们使你们得到了解放。我们决定，向他们描绘我们创建的新南非的前景，请求人民投非洲人国民大会的票，这不仅因为我们与种族隔离政策斗争了80年，更因为对于建立一个他们所希望生活在其中的南非来说，我们是最有资格的。我认为，我们的竞选应该着眼于将来，而不是盯着过去。

非洲人国民大会起草了一个长达 150 页的文件。这个文件被称作《建设与发展纲领》。它简要说明了我们的计划：我们将通过发展公共事业创造工作机会，建造 100 万户带有供电设施和冲水厕所的新房子，扩建基本卫生设施并为所有的南非人提供 10 年义务教育，通过土地产权法重新配置土地，停止对基本食品征收增值税。我们还将致力于在私人和公共领域采取一系列更广泛、更积极的措施。这个文件被编写成一个名为《为全南非人创造更美好的生活》的宣言，这个标题后来成为非洲人国民大会竞选的口号。

正如我们告诉人民我们将要干什么那样，我认为我们还必须告诉人民我们能干什么。许多人认为，通过自由、民主选举，生活一夜之间就会发生变化，但是，情况远非如此。我经常对大家说："不要指望大选之后，马上就能坐上奔驰车，在自己后院的游泳池里游泳。"我告诉我们的支持者："除了你们将增加自尊心并成为你自己国家的公民之外，生活不会戏剧性地发生变化。你们必须要有耐心，可能必须等上 5 年才能看到结果。"我向他们提出挑战，我说不会资助他们。"如果你们想继续在贫穷中生活，没有衣服穿，也没有饭吃，"我告诉他们，"那么你就到那些黑酒店里去酗酒吧。但是，如果你们想过上美好的生活，就必须努力工作。我们不能为你们包办一切，你们必须脚踏实地地去劳动。"

我还告诉白人听众，我们需要他们，不想让他们离开这个国家。他们像我们一样，都是南非人，这里也是他们的家园。直言不讳地说，我对隔离制度十分反感。但是，我一遍又一遍地说，我们应该忘记过去，把精力集中到为大家创建一个更美好的未来上来。

每逢集会，都要告诉大家如何投票。选票本身是一张窄长的纸条，左边是按降序排列的政党的名称，右边是该政党的符号和政党领袖的照片。选民要在靠近他们选择的政党的下一栏中打上一个

“×”号。我告诉我的听众：“选举那天，认真看一下你们的选票，当你看见一个年轻、漂亮的人，就打个‘×’号。”

113...

通向自由的道路远不是平坦的。尽管在新的一年里，过渡执行委员会开始行使职权，但是，仍有几个政党退出了大选，并采取了抵制政策。在布特莱齐的支持下，斯维里斯尼国王要求夸祖鲁实行自治，呼吁夸祖鲁省内的人都不参加投票。白人右派把这次大选说成是一次背叛，吵闹着要建立所谓“人民国家”，但是，他们又没有说在哪个地方建立以及如何建立。在整个南非，没有一个白人占多数的地方行政区域。

1994 年 2 月 12 日是各政党登记注册的最后一天。这一天，因卡塔自由党、保守党和“阿非利加白人人民阵线”没有参加登记。博普塔茨瓦纳班图斯坦政府也拒绝参加大选，并反对被并入统一的南非。我为这些重要的群体选择不参加大选一事感到烦恼不已。为了争取他们，我们作出了一些重大的让步：同意他们就本地和全国立法机构进行两次投票，保证地方有更大的权力，把纳塔尔省重新命名为夸祖鲁－纳塔尔，同意把具有共同文化和语言的群体可以实行“内部”自决这一原则写进宪法。

我安排于 3 月 1 日在德班与布特莱齐酋长见面。我在这次会见之前的一次集会上说：“我将向这些想把我们的国家拖向战争深渊的人跪下乞求。”布特莱齐酋长同意临时登记参加选举，以换得把我们之间在立宪问题上的分歧提交国际调解的许诺。我非常高兴地同意了他的意见。在注册登记的最后一天，维尔强将军也以一个名为“自由阵线”的新政党的名义登记参加选举。

尽管博普塔茨瓦纳的首领卢卡斯·曼高佩选择了不参加大选，但是，大选的浪潮很快使形势发生了变化。我多次敦促他，让他的人民自行决定是否参加大选，但是，他根本不听。要参加大选的人发动了群众游行示威和罢工，并很快蔓延到了博普塔茨瓦纳的公共服务部门，广播和电视也停止了播放。在马费坑大街上，班图斯坦警察与罢工工人和罢课学生们之间发生了冲突。曼高佩从他的白人右翼盟友那里调来了援兵。很快，他自己的军队就抛弃了他，在3月初的一次政变中，他被赶下了台。几周后，西斯凯的基考佐准将也宣布缴械投降，并请求南非接管西斯凯班图斯坦。

纳塔尔的暴力越来越严重。因卡塔自由党的支持者们不准我们在纳塔尔进行竞选。15名非洲人国民大会选举工作人员在张贴非洲人国民大会宣传品之后被枪杀和砍死。3月份，约翰·克里格勒法官向我和德克勒克先生报告，由于缺乏夸祖鲁政府的合作，如果不直接进行政治干预，自由选举将无法举行。为了显示非洲人国民大会在纳塔尔的力量，非洲人国民大会在德班市中心举行了游行示威，然后，因卡塔自由党企图也在约翰内斯堡举行游行示威，从而造成了悲惨的后果。

3月28日，数千名因卡塔自由党成员挥舞着长矛和圆头棒穿过约翰内斯堡市区到市中心集结。同时，一伙因卡塔武装人员企图进入非洲人国民大会总部谢尔大厦，但是被武装警卫击退。市中心也发生了不明身份枪手的枪击事件，共造成53人死亡。这是一个令人恐怖的景象，南非似乎已经濒临内战的边缘。因卡塔正在企图拖延大选，但是，德克勒克先生和我是不会动摇的。这个日子是神圣的，不允许有任何改变。

我已经同意国际调解，4月13日，一个由前英国外交大臣卡林顿爵士和前美国国务卿亨利·基辛格为首的代表团来到了南非。但是，当因卡塔自由党被告知，选举日期不容调解时，他们拒绝与调解人见面，因此，两位调解人没有与任何人进行会谈就离开了南非。

当时，布特莱齐酋长知道，无论发生任何情况，大选日期都是不会更改的。4 月 19 日，离大选日期仅剩一周的时候，布特莱齐酋长接受了关于允许祖鲁民主立宪的条件，并同意参加大选。

在投票日的 10 天前，德克勒克先生和我单独在电视上进行了辩论。在福特黑尔大学读书的时候，我就是一个声情俱佳的辩论选手。在我参加非洲人国民大会后的最初几年中，我走上讲台参加过多次激烈的辩论。在罗本岛开采石灰石的时候，我们也锻炼过辩论的技巧。所以，我对电视辩论充满了信心。尽管如此，辩论前一天，我们举行了一次模拟辩论。在模拟辩论中，记者艾利斯特 · 斯帕克斯巧妙地充当了德克勒克先生的角色。据我的竞选顾问班子说，我过于认真，他们说我讲话的速度太慢，缺乏进攻性。

但是，当举行实际辩论的时间到来的时候，我非常坚决地抨击了国民党的所作所为。我指责国民党，通过散发说非洲人国民大会的口号是“杀一个有色人，杀一个农民”的富有煽动性的连环画，煽动开普地区的有色人与非洲人之间的种族仇恨。我说：“在这个国家中，没有一个组织像新国民党那样故意制造分裂。”当德克勒克先生批评非洲人国民大会计划耗资数百万美元用来建造房屋和提供社会福利的时候，我反驳说，他是在担心我们会把如此多的财力用在黑人身上。

但是，当辩论接近尾声的时候，我感觉我对将来在全国统一政府中成为我的伙伴的这个人也许过于残酷无情了。在作总结时，我说：“德克勒克先生与我本人之间的交流不应掩盖一个重要的事实。我认为，我们是全世界来自不同种族但却对同一个国家有着同样的忠诚和同样的爱的人之光辉典范……尽管德克勒克对我提出了批评，”我然后看着他说，“先生，你依然是我信赖的人士之一。我们将共同面对这个国家的问题。”这时，我伸过手去握住了他的手说：“我为握着你的手共同前进而感到自豪。”德克勒克先生似乎有些吃惊，但他很高兴。

114...

我于4月27日参加了投票选举，这是4天的投票时间中的第二天（某些特定群体包括老人、残疾人和住在国外的南非人被允许在4月26日投票选举）。我之所以选择在纳塔尔参加投票是想向住在这个分离省份中的人民显示，去投票站投票并没有什么危险。我是在位于德班正北一个青翠的小山城伊南达的奥哈兰治高等学校参加投票的，因为，非洲人国民大会的第一任主席约翰·杜比就安葬在这里。这位非洲爱国战士于1912年帮助建立了非洲人国民大会，在他的坟墓旁边投上我神圣的一票，让历史画上了一个圆满的句号，因为他82年前开创的历史使命马上就要完成了。

当我来到位于一所小学上面的土坡上，伫立在他的坟墓前的时候，我所想的不是现在，而是将来。当我走到投票站的时候，我脑子里想的是那些用他们的生命换来了今天的英雄，他们为了现在即将完成的事业作出了最后的牺牲。我想到了奥利佛·塔博、克里斯·哈尼、鲁图利酋长和布拉姆·费希尔。我怀念那些伟大的非洲英雄，正是因为他们作出了伟大的牺牲，几百万南非人才能在这个日子里参加投票选举。我想起了乔西亚·古弥德、G. M. 奈克、阿布杜拉·阿布杜拉赫曼、莉莲·恩高义、海伦·约瑟夫、玉苏福·达杜、摩西·考塔尼。4月27日那天，我并不是一个人去投票站，我与他们一起投上了我那神圣的一票。

在我走进投票站之前，一位不恭敬的媒体记者问："曼德拉，你要选谁？"我笑了，说："你知道，整个上午，我一直在为选谁而感到苦恼。"我在非洲人国民大会几个字后面的空格中打了个"×"号，然后把折叠起来的选票投进了一个简易的木箱中。我投下了我有生以来第一张选票。

非洲人那天去投票站投票的情景一直在我记忆中燃烧。耐心的人们排着长龙，蜿蜒穿过乡镇和城市那尘土飞扬的道路和街道。那些等了半个世纪才等来一生中第一次投票选举的老年妇女说，她们一生中第一次感觉自己像人类；白人则说，他们为最终生活在一个自由的国家里而感到自豪。投票期间，全国人民沉浸在一片欢快的气氛之中。暴力和爆炸事件也不再发生，我们的国家宛若获得了新生。投票选举工作中，后勤服务方面发生了问题，选票放错了位置，有的地方出现了非法投票站和骗人的谎言，但与民主和正义的压倒性胜利相比，根本就不算什么。

统计投票结果花了好几天的时间。我们获得了全国选票的62.6%，略低于我们希望的三分之二的得票率（不需其他政党帮助就可以通过最终的宪法），从而使我们有资格在国家机构中的400个席位中占有252个席位。非洲人国民大会在北德兰士瓦和东德兰士瓦、西北地区、东开普和自由邦取得了绝对优势。在西开普，我们的得票率是33%，而国民党在这个地区获得了胜利，他们在有色选民中的得票率特别高。在夸祖鲁－纳塔尔，我们获得了32%的选票，因卡塔自由党在这一地区的大选中胜出。在纳塔尔，由于害怕发生暴力和恐吓，我们许多选民都待在家中，没有能参加投票。有人举报，出现了许多假票和废票。但是，这些问题并没有影响大局。我们低估了因卡塔自由党在夸祖鲁的力量，他们在选举那天充分显示了自己的影响力。

在非洲人国民大会中，有人因我们没有进入三分之二这个门槛而感到失望，但我却不这样认为。事实上，我倒是松了一口气，如果我们得到三分之二的选票，并能够起草宪法而不受因别的政党介入而带来的影响，那么，人们就会说我们通过了一个非洲人国民大会的宪法，而不是南非的宪法。我要的是一个真正全国统一的政府。

5月2日晚间，德克勒克先生发表了一个措辞温和的讲话，承认竞选失败。在经过了3个多世纪的统治之后，占少数的白人终于承认在大选中失败，并把权力交给了占多数的黑人。那天晚上，非洲人国民大会准备在约翰内斯堡市中心的卡尔顿大酒店舞厅里举行庆祝大会。当时，我患了重感冒，我的医生要我待在家中休息。但是，没有什么事情能阻止我去参加庆祝大会。大约9点钟，我走上了舞台，看到的是一张张幸福、快乐的笑脸。

我向大家解释说，我的声音由于感冒有些沙哑，我的医生劝我不要来参加这个庆祝会。然后我说："我希望你们不要告诉他我没能遵守医嘱。"我向德克勒克先生表示祝贺，他表现得很得体。我感谢所有的非洲人国民大会成员和民主运动组织的成员，他们工作得如此出色，如此长久。那天晚上，伟大的自由战士马丁·路德·金的夫人科雷塔·斯科特·金也在舞台上，当我引用她丈夫那段不朽的名言时，我敬重地看了她一眼。

> 这是我们国家的生活中最重要的时刻之一。我满怀骄傲和欣喜站在你们的面前——我为这个国家的每一个普通老百姓而骄傲。你们表现了这样一种镇定而有忍耐的决心，要求收回自己的国家政权。现在，令人高兴的是，我们可以公开大声宣布：我们终于得到了自由！我们终于得到了自由！我为你们的勇气所折服，并怀着对你们大家充满热爱的心情站在你们面前。在我们历史上的这个时刻，领导非洲人国民大会对我来说是最高的荣誉。我是你们的公仆……重要的不是个人，而是集体……现在，医治旧伤、建设一个新南非的时候已经到来。

自从统计结果明确显示将由非洲人国民大会组建政府的那一刻起，我就把呼吁和解、包扎这个国家的伤口、加强信任和信心作为自己的使命。我知道，许多人，特别是在人数上占少数的白人、有色人和印度人，都正在对前途感到忧虑，我希望他们放心。我反复提醒大家，解放斗争并不是一种反对任何一个团体或种族的战斗，而是反对一种压迫制度的斗争。我利用一切机会表明，全南非人现在必须团结起来，我们是一个国家、一个民族、一样的人民，我们要携手并肩走向未来。

115...

5 月 10 日拂晓，天空中万里无云。在过去的几天里，我一直高兴地忙于接待政要和前来在就职典礼之前表示敬意的各国领导人。这次就职典礼将是国际领导人在南非土地上的一次最盛大的聚会。

就职典礼在比勒陀利亚由工会大厦组成的一个美丽的圆形露天戏场举行。几十年来，这里一直是白人霸权的象征，现在，这里却变成了各种肤色和民族织成的一道彩虹，南非第一个民主的、没有种族歧视的政府就要在这里诞生。

在这个秋风送爽的日子里，我在我女儿泽尼的陪同下来到了会场。在讲台上，德克勒克先生首先宣誓就任第二副总统，然后，塔博 · 姆贝基宣誓就任第一副总统。当轮到我宣誓就职的时候，我庄严地说出了自己的誓言：遵守和坚持宪法，为共和国的繁荣、昌盛和共和国的人民贡献自己的一切。面对在座的嘉宾和全世界的目光，我说：

> 今天，我们大家欢聚一堂……为新生的自由带来了光荣和希望。经受了太长太长的人道灾难之后，一个全人类都为之骄傲的社会就要诞生了。
>
> ……我们，不久前还是囚犯，今天却被给予了宝贵的特权——在自己的土地上作为主人接待世界各国的客人。我感谢我们尊贵的国际友人出席这个大会，与我国人民共同庆祝这个属于正义、和平、人类尊严的伟大胜利。

> 我们终于获得了政治解放。我们决心把我们所有的人民都从贫穷、被剥夺、痛苦、性别歧视及其他歧视的束缚中解放出来。
>
> 绝不能让这个美丽的国家再次发生一伙人压迫另一伙人的悲剧，绝不能！绝不能！……太阳将永远照耀在这个辉煌的人类成就之上。
>
> 让自由主宰一切。上帝保佑非洲！

不长时间之后，当南非喷气式飞机、直升机和军事运输机壮观的编队从工会大厦上空呼啸着进行各种造型表演的时候，我们都惊奇地抬头望着天空。这不仅是尖端技术和军事力量的展示，而且也是军队忠于民主、忠于自由公正选举出来的政府的表现。仅仅不长时间之前，南非国防军和警察的最高将领，胸前挂着绶带和勋章向我敬礼，并宣誓效忠。我不禁想起没有多少年前，他们不但不向我敬礼，而且还逮捕过我。最后，排成V字形的黑斑羚喷气式飞机在其尾部喷出了黑、红、绿、蓝和金黄色的彩烟，那是新南非国旗的图案。

那天，我认为更有象征意义的是黑人、白人分别用科萨语和南非荷兰语演唱我们的两首国歌。白人唱的是“*Nkosi Sikelel' iAfrika*”(《上帝保佑非洲》)，而黑人唱的是“*Die Stem*”——原先的共和国国歌。尽管那天黑人和白人都不熟悉各自唱的歌词，但是，他们将很快从心底里体会到这些话语的含义。

就职典礼那天，我一直沉浸在一种历史感之中。20世纪中的第一个十年期间，也就是残酷的英布战争之后以及我本人降生之前不几年，南非的白人解决了他们之间的分歧，并建立起了一种白人在黑人自己的土地上统治黑人的社会制度。他们创造的这种制度，形成了世人皆知的最残酷、最野蛮的社会基础。现在，在20世纪最后一个十年，也就是在作为我个人的第八个十年里，这个制度被永远地推翻了，取而代之的是一个承认所有的人，不分他们是什么肤色都享有权利和自由的社会制度。

正是由于成千上万的难以想象的牺牲才换来了今天，这些人作出的牺牲是绝对无法计算的，也是绝对无法得到回报的。正如过去的那么多其他日子一样，那一天我感到，我仅仅是那些先我而去的南非爱国者的代表。那条漫长而崇高的斗争道路似乎已经到了终点，现在将由我把它延续下去。我为不能向他们表示感谢和他们不能看到自己的牺牲换来的今天而感到难过。

种族隔离政策在我的国家和我的人民身上留下了深深的、持久的伤痕。我们大家要从深深的伤害中得到康复，即使不需要花费几代人的时间，也可能要花费许多年的时间。但是，几十年的压迫和野蛮统治还有另一个意想不到的作用，那就是，它造就了像奥利佛·塔博、瓦尔特·西苏陆、鲁图利酋长、玉苏福·达杜、布拉姆·费希尔、罗伯特·索布克韦这样伟大的时代人物。对于这些如此勇敢、智慧、慷慨大方的人物，可能再也没有人去了解他们。也许，只有如此深重的压迫才能打造出这种高尚的人格。我们国家的地底下蕴藏着许多矿产和宝石，但是，我总认为，我们国家最宝贵的还是它的人民，他们比最纯正的钻石还要纯净和宝贵。

我正是从这些斗争中的同志身上弄清楚了勇敢的含义。我一次又一次地看到，人们不分男女，为了一个理想而去冒险和牺牲生命，我亲眼目睹了我们的人民勇敢地、不屈不挠地面对攻击和折磨，显示了难以想象的力量和坚韧。我知道，勇敢并不是不畏惧，而是战胜了畏惧。我记不清我自己有多少次感到畏惧，但是我把这种畏惧藏在了勇敢的面具后面。勇敢的人并不是感觉不到畏惧的人，而是征服了畏惧的人。

我从来也没有对发生这种伟大转变丧失希望。这不仅仅是因为我提到的那些伟大的英雄人物，而且也因为我们国家的普通老百姓所表现出来的勇敢精神。我知道，每个人的内心深处都存在着仁慈和慷慨。没有一个人由于他的肤色、背景或宗教而天生仇恨另一个人。人们一定是通过学习才会有恨，如果他们能够学会恨，那么他们也一定能够学会爱，因为爱在人类的心中比恨来得更自然。即使是在监狱里那些最冷酷无情的日子里，我也会从某个狱警身上看到若隐若现的人性，可能仅仅是一秒钟，但是，它却足以使我恢复信心并坚持下去。人的善良就像是可以隐藏但绝对不会熄灭的火焰。

我们睁大眼睛开展斗争，绝不能幻想斗争的道路是一帆风顺的。当我作为一个年轻人参加非洲人国民大会的时候，我看到了我的同志为他们的信仰付出的代价，并且，这种代价往往是十分昂贵的。对于我自己，我绝不会为献身于斗争而后悔，我随时准备去面对影响我个人的各种困难。但是，我的家庭为我献身斗争付出了可怕的代价，或许，他们付出的代价实在是太高了。

在生活中，每个男人都有两项义务：一项是对家庭、对父母、对妻子、对孩子的义务，另一种是对人民、对社会、对国家的义务。在文明的社会中，每个男人都能根据自己的爱好和能力尽到这些义务。但是，在像南非这样的国家里，对于像我这样的出身和肤色的男人，要想尽到这两项义务几乎是不可能的。在南非，一个黑人要想作为一个人去生活，可能会受到处罚和隔离；在南非，一个想为他的人民尽义务的人，必然会被迫离开他的家和家人，去过一种孤身奋战、带有秘密和反叛性质的生活。我并非一开始就作出了把我的人民置于我的家人之上的选择，但是，为了为我的人民服务，我被剥夺了作为一个儿子、兄弟、父亲和丈夫尽自己的义务的权利。

这样，我献身于我的人民——我从来不认识、从来没见过面的数百万非洲人，是以牺牲我最了解、最热爱的人为代价的。这是一个简单的问题，也是在一个孩子问他父亲时让人难以回答的问题。“你为什么不能和我们在一起？”这位父亲一定会说出这样一句近乎可怕的话：“还有与你一样的别的孩子，许许多多的孩子……”然后，他的声音就渐渐地听不清了。

我并不是一生下来就渴望着自由，因为我生下来就是自由的，我以我能知道的各种方式享受着自由：我在我母亲那个小房子周围自由地奔跑，我在穿过我村庄的清清的小河里自由地游泳，我在星光下自由地烤玉米，我骑在牛背上自由地歌唱。只要我听我父亲的话并遵守部落的风俗习惯，人间和天上的律条都不会找我的麻烦。

只有当我开始知道我童年的自由之梦其实是幻想的时候，我才发现，作为一个年轻人，我的自由已经被剥夺，因此，我开始渴望自由。开始，作为一个学生，我仅仅是要我自己的自由：晚上能待在户外的自由，想读什么书就读什么书的自由，想去哪里就去哪里的自由，这些都是一些暂时的自由。后来，作为约翰内斯堡市的一个年轻人，我渴望得到基本的、有尊严的自由：发挥自己潜力的自由，维持生计的自由，结婚的自由和拥有家庭的自由，这些都是在遵纪守法的生活中不受束缚的自由。

但是，后来我慢慢地发现，不仅我没有自由，我的兄弟姐妹也没有自由。我发现，不仅我的自由被剥夺，像我一样的每个人的自由都被剥夺了。正是在这个时候，我加入了非洲人国民大会；就是在这个时候，我对自己自由的渴望转变成了对人民自由的更大的渴望。正是这种更大的渴望，即为人民争取尊严和有尊严地生活的自由，才使我的生活充满了活力。因此，我从一个胆怯的青年变成了一个勇敢的青年，从一个遵纪守法的律师变成了一个“罪犯”，从一个热爱家庭的丈夫转变成了一个没有家的人，从一个热爱生活的人转变成了一个“修道士”。我并不比别人道德高尚和富有自我牺牲精神，但是，我发现在我知道我的人民不自由的时候，我甚至不能享受我被允许享受的最起码、最有限的自由。自由是看不见摸不着的，我的人民任何一个人身上戴着枷锁就等于所有人身上都戴着枷锁，而我的人民身上都戴着枷锁也就等于我的身上也戴着枷锁。

正是在那些漫长而寂寞的岁月里，我对我自己的自由的渴望才变成了我对所有的、不论黑人或白人的自由的渴望。我同时也知道，正像被压迫者的亲身感受一样，压迫者必须得到解放。剥夺别人自由的人是可恨的囚犯，他被锁在偏见而心胸狭窄的铁窗背后。如果我要剥夺别人的自由，我也就不是真正自由的，就像当我的自由被别人剥夺时我也一定不自由一样。在这样的情况下，被压迫者和压迫者同样都被剥夺了人性。

当我走出监狱的时候，解放被压迫者和压迫者双方就成了我的使命。有人说，这个使命已经完成了，但是我认为，情况并非如此。事实上，我们还没有自由，我们仅仅是获得了要自由的自由，获得了不被压迫的权利。我们还没有迈出旅途中的最后一步，而且在更漫长、更困难的道路上，我只不过刚刚迈出了第一步。因为，获得自由不仅仅是摆脱自己身上的枷锁，而是尊重和增加别人的自由的一种生活方式。我们献身于自由的考验才刚刚开始。

我已经走过了漫漫的自由之路。我一直在努力地沿着这条路走下去，但在这条路上，我也迈错过脚步。我已经发现了一个秘密，那就是，在登上一座大山之后，你会发现还有更多的山要去攀登。我在这里稍停片刻，悄悄地看一看周围的壮丽景观，回头看看我已经走过的那段路程。不过，我只能稍息片刻，因为伴随着自由而来的责任，使我不敢就此却步，我的漫漫自由路还没有到达终点。

[译名对照表]

A

阿比索托 abeSotho

阿比泰姆布 abeThembu

阿布杜拉 · 阿布杜拉赫曼 Abdullah Abdurahman

阿布杜拉叶 · 迪亚罗 Abdoulaye Diallo

阿布杜雷 · 扎赛特 Abdulhay Jassat

阿布拉姆 · 莫伊勒娃 Abram Moilwa

阿德莱德 · 塔博 Adelaide Tambo

阿尔伯特 · 鲁图利 Albert Luthuli

阿尔博提娜 · 西苏陆 Albertina Sisulu

阿尔弗雷德 · 恩佐 Alfred Nzo

阿尔及利亚抵抗组织 FLN（Algerian resistance）

阿尔奇 · 古弥德 Archie Gumede

阿非利加白人人民阵线 Afrikaner Volksfront

阿伦 · 布塞克 Allan Boesak

阿马巴查 amaBaca

阿马崩瓦纳 amaBomyana

阿马恩古提亚纳 amaNgutyana

阿马嘎莱卡 amaGcaleka

阿马木棼古 amaMfengu

阿马木旁多 amaMPodo

阿马木旁多米斯 amaMPodomis

阿马穆俳夫家族 amaMpemvu clan

阿迈德 · 布拉 Ahmed Bhoola

阿迈德 · 卡特拉达 Ahmed Kathrada

阿蒙苦梢 umngqusho

阿米纳 · 帕哈德 Amina Pahad

阿穆佛苏拉 umphothulo

阿瑟 · 戈德里克 Arthur Goldreich

阿瑟 · 莱泰勒 Arthur Letele

阿瑟 · 威灵顿 Arthur Wellington

阿扎尼亚泛非主义者大会 Pan Africanist Congress Of Azania（PACA）

阿扎尼亚人民组织 Azanian People's Organizaation

埃达 · 马提木苦陆 Ida Mthimkhulu

埃德温 · 莫福参亚纳 Edwin Mofutsanyana

埃克苏玛，A. B. A. B. Xuma

埃劳佛大街 Eloff Street

埃里克 · 恩彩乐 Eric Ntsele

埃马非卡尼 iMfecane

埃米格兰特 Emigrant

埃塞俄比亚暴动军司令部 Ethiopiaan Riot Battalion

艾德莱 · 史蒂文森 Adlai Stevenson

艾德里安 · 弗劳克 Adriaan Vlok

艾迪 · 丹尼尔斯 Eddie Daniels

艾尔克特 · 格温奇 Alcott Gwentshe

艾哈迈德 · 本 · 贝拉 Ahmed Ben Bella

艾丽斯市 Alice

艾利伽 · 莫考尼 Elijah Mokone

艾利斯特 · 斯帕克斯 Allister Sparks

艾伦 · 莫莱特 Aaron Molete

艾伦 · 佩顿 Alan Paton

艾诺奇 · 恩拉珀 Nnoch Nhlapo

艾韦琳 · 马赛 · 曼德拉 Evelyn Mase Mandela

爱国阵线 Patriotic Front

爱伦 · 恩卡彬德 Ellen Nkabinde

安布罗斯 · 里夫斯 Ambrose Reeves

安德烈 · 斯凯福勒 Andre Scheffler

安德鲁 · 库耐尼 Andrew Kunene
安德鲁 · 马桑多 Andrew Masondo
安德鲁 · 默里 Andrew Murray
安德鲁 · 木兰基尼 Andrew Mlangeni
安迪巴 · 托伊佛 · 杰 · 托伊佛 Andimba Toivo ja Toivo
安东 · 莱彼德 Anton Lembede
安卡利巴 Khalipa
奥卡木博准将 Brigadier Aucamp
奥兰多 Orlando
奥兰多东 Orlando East
奥兰多西 Orlando West
奥兰治自由邦 Orange Free State
奥利佛 · 塔博 Oliver Tambo
奥卢塞贡 · 奥巴桑乔 Olusegun Obasanjo
奥帕 · 基考佐 Oupo Gqozo
奥斯卡 · 穆培塔 Oscar Mpetha
奥斯瓦德 · 皮洛 Oswald Pirow
奥祖茂 Autshumao

B

巴雷特 · 铁西 Barrett Tyesi
巴利韦 · 曼德拉 Baliwe Mandela
巴木巴塔 Bambatha
巴纳巴基 · 布拉伊 Banabakhe Blayi
巴纳德 Barnard
巴培迪 Bapedi
巴斯纳，H. M. H. M. Basner
巴苏陀兰 Basutoland
巴索托 Basotho
拜尔斯 · 诺德 Beyers Naude
班图 · 霍勒弥萨 Bantu Holomisa
班图管理机构 Bantu Authorities
班图教育法 Bantu Education Act
班图世界报 Bantu World
班图体制 Bantustan System
班图自治政府促进法 Bantu Self Government Act
棒哈立法大会 Bunga Legislation
保留福利设施隔离法 Reservation of Separate Amenities Act
保罗 · 马哈巴内 Paul Mahabane
宝施（公诉人）Prosecutor Bosch
保守党 Conservative Party
鲍勃 · 赫普尔 Bob Hepple
贝瑟尔 Bethal
贝专纳人民党 Bechuanaland People's Party
本 · 马拉赛拉 Ben Mahlasela
本 · 穆贝基拉 Ben Mbekela
本杰明 · 博格兰德 Benjamin Pogrund
比尔 · 克林顿 Bill Clinton
比基沙 Bikitsha
比克法官 Justice Bekker
比勒陀利亚 Pretoria
比勒陀利亚备忘录 Pretoria Minute
比利 · 奈尔 Billy Nair
毕晓 Bisho
波尔斯穆尔监狱 Pollsmoor prison
波特拉考 · 利宝罗 Potlako Leballo
伯塔 · 玛裟巴 Bertha Mashaba
博茨瓦纳 Botswana
博达豪尔 Beda Hall
博福特堡 Fort Beaufort
博克斯堡 Boksburg
博普塔茨瓦纳 Bophuthatswana
博塔，P. W. P. W. Botha
不道德行为法 Immorality Act
布克 · 华盛顿 Booker Washington
布拉姆 · 费希尔 Bram Fischer
布拉姆方丹 Braamfontein
布兰德准尉 Warrant Officer Brand
布隆方丹非洲人国民大会 Bloemfontein Conference
布鲁诺 · 姆陀罗 Bruno Mtolo
布特莱齐 Mangosothu Buthelezi

C

采波 · 莱特拉卡 Tsepo Letlaka
晁塔 · 摩特拉医生 Dr. Chota Motala
城市区域法 Urban Areas Act
茨瓦纳人 Tswanas

D

达布拉曼兹 Dabulamanzi
达夫妮 · 杜穆里埃 Daphne du Maurier
达利班佳 Dalibunga
达利基里 · 曼德拉 Daligqili Mandela
达利旺伽（即 K. D. 马叹兹玛）Daliwonga
打败丁冈纪念日 Dingane's Day
大会联盟 Congress Alliance
大赦国际 Amnesty International
大卫 · 阿斯特 David Astor
大卫 · 博帕佩 David Bopape
大卫 · 德维利尔斯 Dawie de Villiers
大西洋宪章 Atlantic Charter
大学教育扩展法
Extension of University Education Act
丹尼尔 · 马伦 Daniel Malan
丹尼斯 · 布鲁特斯 Dennis Brutus
丹尼斯 · 戈尔德伯 Dennis Goldberg
丹尼斯 · 希利 Denis Healey
旦 · 图鲁麦 Dan Tloome
道克尤 · 赛克斯瓦勒 Tokyo Sexwale
德 · 韦特 · 纳尔 De Wet Nel
德 · 韦特法官 Judge de Wet
德比 · 辛格 Debi Singh
德拉米尼神甫 Father Dlamini
德兰士瓦非洲人国民大会的执行委员会
Transvaal Executive Committee
德兰士瓦律师协会 Transvaal Law Society
德兰士瓦印度青年大会 Transvaal Indian Youth Congress
德兰士瓦印度人大会 Transvaal Indian Congress（TIC）
德斯蒙德 · 图图 Desmond Tutu
迪迪 · 库玛 Didid Xhoma
迪利扎 · 穆吉 Diliza Mji
东非、中非、南部非洲泛非自由运动组织
Pan African Freedom Movement for East, Central, and Southern Africa
杜波伊斯 Du Bois
杜拉 · 奥马尔 Dullah Omar
杜马 · 诺克韦 Duma Nokwe

E

恩彩拉曼兹 Ntselamanzi
恩德贝勒人 Ndebeles
恩干盖里兹韦国王 King Ngangelizwe
恩古奔库卡国王 King Ngugengcuka
恩古尼人 Nguni people
恩卡贝尼 · 门耶 Nqabeni Menye
恩卡佩尼，J. J. Nkampeni
恩凯达玛 Nkedama
恩凯考 · 达林迪叶波 Nxeko Dalindyebo
恩科萨纳 · 穆格基 Nkosana Mgxaji
恩科波 Engcobo
恩塔托 · 莫特拉纳 Nthato Motlana

F

发展援助署 Department of Development
法达纳 Fadana
法蒂玛 · 弥尔 Fatima Mere
法里德 · 亚当姆斯 Farid Adams
法纳加洛语 Fanagalo
凡尔赛和会 Versilles peace conference
反非洲人国民大会的联盟 anti-ANC alliance
反恐怖法 Terrorism Act
范 · 阿德上校 Colonel Van Aarde
范 · 赫尔顿 Van Heerden
范 · 尼克（公诉人）Prosecutor Van Niekerk
范 · 任斯博狱警 Warder Van Rensburg
范尼 · 范 · 德默韦 Fanie van dr Merwe
非欧洲人团结运动
Non-European Unity Movement
非英格兰（纳尔逊·曼德拉养母，摄政王夫人）
No-England
非洲矿工工会
African Mine Workers Union（AMWU）
非洲人国民大会 / 非国大
African National Congress（ANC）
非洲人民组织
African People's Organization（APO）
非洲声明 African Claims
非洲统一组织 Organization of African Unity
菲利普 · 考萨纳 Philip Kgosana

菲什·基茨英 Fish Keitsing
斐济莱·巴姆 Fikile Bam
费雷德·卡恩森 Fred Carneson
费斯特尔（金矿老板）Festile
佛利狱警 Warder Fourie
佛罗伦斯·麦托米拉 Florence Matomela
弗拉格·博西亚罗 Flag Boshielo
弗兰克·勒本特莱勒 Frank Lebentlele
弗朗索瓦·密特朗 François Mitterrand
弗朗西斯·巴尔德 Frances Baard
弗雷达·莱弗森 Freda Levson
弗雷迪耶·恩基迪 Freddie Ngidi
弗里茨·范·西特尔特 Fritz Van Sittert
弗农·贝瑞奇 Vernon Berrange
福特黑尔大学
Fort Hare（University College）

G
高尔·瑞德贝 Gaur Radebe
高诰（马布托太太） Gogo（Mrs. Mabutho）
戈佛雷·皮彻 Godfrey Pitje
戈佛雷·塞库库尼 Godfrey Sekhukhune
戈利克·穆贝基尼 Garlick Mbekeni
戈万·姆贝基 Govan Mbeki
哥伦布·马蒂奇泽拉 Columbus Madikizela
格达拉·穆帕卡尼斯瓦 Gadla Mphakanyiswa
格拉姆斯敦 Grahamstown
格雷特·维尔强 Gerrit Viljoen
格里菲思·穆森基 Griffiths Mxenge
格里克队长 Captain Gericke
格林伍德·恩告提亚纳 Greenwood Ngotyana
格特·西班德 Gert Sibande
格特鲁德·恩特拉巴提 Gertrude Ntlabathi
隔离法 Ghetto Act
工商工人联盟
Industrial and Comercial Workers Union
公共安全法 Public Security Act
古德威尔·斯维里斯尼 Goodwill Zwelithini
国际红十字会组织 International Red Cross
国家安全管理系统
National Security Management System
国家安全局 Bureau of State Security（BOSS）
国家紧急状态 / 紧急状态令 State of
Emergency/Emergency regulations
国民党 National Party
国内安全法 Internal Security Act

H
哈比卜·布尔吉巴 Habib Bourguiba
哈拉雷宣言 Harare Declaration
哈里·格瓦拉 Harry Gwala
哈利斯，C. C. Harris
哈罗德·汉森 Harold Hanson
哈罗德·麦克米伦 Harold Macmillan
哈罗德·沃尔佩 Harold Wolpe
海尔·塞拉西 Haile Selassie
海尔曼一迈克尔合伙律师事务所
Helman and Michel law firm
海伦·苏兹曼 Helen Suzman
海伦·约瑟夫 Helen Joseph
海弥·巴萨纳 Hymie Basner
海弥·达维多夫 Hymie Davidoff
海宁 Hynning
汉斯·穆勒 Hans Muller
豪利沙沙（曼德拉的氏族名）Rolihlahla
合众党 United Party
和平主义 Pacifism
荷兰归正会 Dutch Reform Church
赫尔伯格中士 Sergeant Helberg
赫克托·彼得森 Hector Pieterson
赫尼·费里斯 Hennie Ferris
赫索格，J. B. J. B. Hertzog
黑人大会组织 Black People Convention
黑人父母联合会 Black Parents Association
黑人觉醒运动
Black Consciousness Movement（BCM）
黑腰带组织 Black Sash Group
黑兹尔·戈德里克 Hazel Goldreich
亨德里克·沃尔沃德 Hendrik Verwoerd
亨利·法兹 Henry Fazzie
亨利·基辛格 Henry Kissinger
胡斯尼·穆巴拉克 Hosni Mubarak

华金·希萨诺 Joaquim Chissano

J
基督复临安息日会 Seventh-Day Adventist
基卡雷卡兰 Gcalekaland
吉克瓦 Giqwa
吉米·阿普里尔 Jimmy April
吉米·坎特 Jimmy Kantor
吉米·克鲁格 Jimmy Kruger
加韦·马克斯 Gawie Marx
佳巴福，D. D. T. D. D. T. Jabavu
佳克·吐力 Jake Tuli
佳士提斯·达林迪叶波 Justice Dalindyebo
佳士提斯·潘扎 Justice Panza
贾瓦哈拉尔·尼赫鲁人权奖
Jawaharlal Nehru Human Rights Award
简·范·里贝克 Jan van Riebeek
建设与发展纲领 Reconstruction and Development Program
杰夫·马塞莫拉 Jeff Masemola
杰克·霍奇森 Jack Hodgson
杰里迈亚·莫尔森 Jeremiah Mollson
杰利曼 Jelliman
杰瑞·摩劳伊 Jerry Moloi
金矿协会 Chamber of Mines
津巴布韦非洲人民联合会
Zimbabwe African People's Union
津泽斯娃·曼德拉 Zindziswa Mandela
进步联合党 Progressive Federal Party
禁止通婚法
Prohibition of Mixed Marriages Act
90 日拘留法 Ninety-Day Detention Law

K
卡非尔（非洲黑人）Kaffir
卡林顿爵士 Lord Carrington
卡罗丽尼·莫佐莱迪 Caroline Motsoaledi
卡马利尔·法巴萨 Gamaliel Vabaza
开普敦 Cape Town
凯普将军 General Kemp
凯特索·戈德汉 Ketso Gordhan
凯西姆·帕特尔 Cassim Patel
堪格鲁·冒托 Kangaroo Maoto
康古莱斯·穆巴塔 Congress Mbata
康斯坦·维尔强 Constand Viljoen
康斯坦茨·穆贝基尼 Canstance Mbekeni
抗议不公平法律运动 Campaign for the Defiance of Unjust Laws
考拉尼·克高劳考 Kolane Kgoloko
科萨 Xhosa
柯莱门茨·卡德利埃 Clements Kadalie
科比·库依茨 Kobie Coetsee
科嘎玛 Kgama
科克女士 Miss Koch
科雷塔·斯科特 Coretta Scott
科莫 Komo
克拉尔 kraal
克拉基伯雷寄宿学院
Clarkebury Boarding Institute
克拉伦斯·马克韦图 Clarence Makwetu
克莱夫·德比一刘易斯 Clive Derby-Lewis
克朗金矿 Crown Mines
克勒曼少校 Major Kellerman
克雷汉斯兄弟 Kleynhans brothers
克里斯·哈尼 Chris Hani
克里斯田·德·维特 Christiaan De Wet
克鲁格中士 Sergeant Kruger
克罗伊斯 Croesus
克瓦麦·恩克鲁玛 Kwame Nkrumah
肯尼迪法官 Justice Kennedy
肯尼思·卡翁达 Kenneth Kaunda
库克，A. J. A. J. Cook
库鲁尼·木卡伊 Krune Mqhayi
库玛 Xhoma
库努（村）Qunu
夸马塔 Qamata
夸祖鲁 Kwazulu
奎特·马西雷 Quett Mashire

L
拉夫迪 Laveday
拉各斯独立国家大会 Lagos Congference of

Independent States
拉哈贝王朝 Rharhabe
拉鲁·奇巴 Laloo Chiba
拉麦拉（间谍）Rammaila
拉默哈诺，C. S. C. S. Ramohanoe
拉姆拉尔·布里亚 Ramlal Bhoolia
拉姆颇福，F. L. F. L. Rumpff
拉泽·希代尔斯基 Lazar Sidelsky
莱昂内尔·波恩斯坦 Lionel Bernstein
莱克斯·塔塔尼 Rex Tatane
莱索托 Lesotho
莱瓦尼卡 Lewanika
莱卫·马迪 Levi Madi
兰道尔·皮特尼 Randall Peteni
兰奈尔·马乔宝兹 Lionel Majombozi
劳贝·雷布朗特 Robey Leibbrandt
劳吉·恩扎迈拉 Locke Ndzamela
劳斯伯瑞·鲍克韦 Roseberry Bokwe
雷·哈麦尔 Ray Harmel
雷基·赛普泰姆波 Reggie September
雷克斯·维尔什 Rex Welsh
雷蒙德·穆拉巴 Raymond Mhlaba
莉莲·恩高义 Lilian Ngoyi
里昂·莱韦 Leon Levy
丽比叶·曼德拉 Leabie Mandela
丽波曼 Lieberman
利奥波德·桑戈尔 Leopold Senghor
利比里亚 Liberia
利沃尼亚立里斯里夫农场
Rivonia Liliesleaf Farm
利沃尼亚审判 Rivonia Trial
联合民主战线
United Democratic Front（UDF）
联合民族独立党 United National
Independence Party（UNIP）
联合犹太改革圣教
United Jewish Reform Congregation
联盟大会 All-in Conference
谅解备忘录 Record of Understanding
列昂尼德·勃列日涅夫 Leonid Brezhnev
林肯·木肯塔尼 Lincoln Mkentane
卢卡斯·曼高佩 Lucas Mangope
鲁道夫法官 Judge Ludorf
鲁思·弗斯特 Ruth First
鲁思·蒙帕蒂 Ruth Mompati
路德宗传教团 Lutheran mission
罗贝·雷布朗特 Robey Leibbrandt
罗本岛监狱 Robben Island prison
罗伯特·莱沙 Robert Resha
罗伯特·穆加贝 Robert Mugabe
罗伯特·索布克韦 Robert Sobukwe
罗得西亚 Rhodesia
罗德尼·迈克尔 Rodney Michel
罗德斯大学 Rhodes University
罗马天主教 Roman Catholicism
罗斯·穆达 Rose Mda

M

马贝尔·曼德拉 Mabel Mandela
马布托，J. J. Mabutho
马迪巴（曼德拉的氏族名）Madiba
马迪巴·泰姆比基勒·曼德拉
Madiba Thembekile Mandela
马丁·路德·金 Martin Luther King
马尔科姆·弗雷泽 Malcolm Fraser
马格纳斯·马伦 Magnus Malan
马基德·莫佛 Mackeed Mofokeng
马卡纳 Makanna
马卡托·莱瓦尼卡·曼德拉
Makgatho Lewanika Mandela
马卡紫薇·曼德拉 Makaziwe Mandela
马科斯，J. B. J. B. Marks
马科斯·西苏陆 Max Sisulu
马克·穆琅叶尼 Max Mlonyeni
马克汉达 Makhand
马库斯·加维 Marcus Garvey
马雷少校 Major Marais
马丽·本森 Marry Benson
马尼拉·甘地 Manilal Gandhi
马萨巴莱拉·英瓦 Masabalala Yengwa
马斯拉·帕泽 Masla Pather
马叹兹玛，K. D. K. D. Matanzima

马替奥罗牧师 Reverend Matyolo
马修斯，Z. K.　Z. K. Mathews
马修斯 · 戈尼韦 Matthew Goniwe
玛格丽特 · 撒切尔 Margaret Thatcher
玛库茨瓦娜 · 曼德拉 Makhutswana Mandela
玛托娜 Mathona
迈克尔 · 哈迈尔 Michael Harmel
迈克尔 · 科贝特 Michael Corbett
迈克尔 · 斯克特 Michael Scott
麦克 · 丁加克 Mike Dingake
麦克 · 洛维 Mike Louw
麦克 · 马哈拉基 Mac Maharaj
麦克唐纳 · 马赛库 MacDonald Maseko
麦里塔法 Melithafa
曼彩博 · 摩什威士韦 Mantsebo Moshweshwe
曼德拉方案 Mandela Plan
曼德拉－塔博律师事务所 Mandela and Tambo law firm
芒罗准将 Brigadier Munro
贸易工会南非大会 South African Congress of Trade Unions（SACTU）
梅利格立酋长 Chief Meligqili
蒙齐瓦 Montshiwa
弥尔敦 · 玛盖 Milton Margai
秘密兄弟会 Broederbond
民主南非大会 Convention for a Democratic South Africa（CODESA）
民主人士大会 Congress of Democrats（COD）
民族长矛军 / 民族之矛 Umhonto we Sizwe
民族青年团 League of Nations
民族意识团体 National Minded Bloc
敏纳尔上校 Colonel Minnaar
摩洛哥 Morocco
摩舒舒 Moshoeshoe
摩西 · 考塔尼 Moses Kotane
摩西 · 马布黑达 Moses Mabhida
摩西 · 穆拉 Mosie Moola
莫才泰，K. T.　K. T. Motsete
莫基提弥，S. S.　S. S. Mokitimi
莫拉维 · 凯查利亚 Maulvi Cachalia
莫莱特，Z. B.　Z. B. Molete
莫莉 · 费希尔 Molly Fischer
莫里斯 · 弗兰克斯 Maurice Franks
莫罗卡，J. S.　J. S. Moroka
莫洛默曹 · 塞库库尼 Moroamotsho Sekhukhune
姆孙古利 · 穆古达尔瓦 Msunguli Mgudlwa
姆卫佐 Mvezo
木丁基酋长 Mdingi Chief
木芬古人 Mfengu people
穆巴谢河 Mbashe River
穆丁佳尼 Mdingane
穆考玛 Maqoma
穆克孜韦尼 Mqhekezweni
穆拉尔瓦 · 曼德拉 Mlahlwa Mandela
穆旁多比尼酋长 Chief Mpondombini
穆旁多人 Mpondo people
穆萨 · 迪纳特 Moosa Dinath
穆斯塔法博士 Dr. Mustafa

N

内森 · 马库斯 Nathan Marcus
内维尔 · 亚历山大 Neville Alexander
纳丁 · 戈迪默 Nadine Gordimer
纳尔逊 · 曼德拉 Nelson Mandela
纳纳 · 西塔 Nana Sita
纳税人协会 Ratepayers Association
纳塔尔 Natal
纳塔尔南非印度人大会 Natal Indian Congress
娜达伊玛妮 Nodayimani
奈杜，G. R.　G. R. Naidoo
奈杜，M. D.　M. D. Naidoo
奈克，G. M.　G. M. Naicker
耐特 · 布瑞格曼 Net Bregman
南非白人 / 阿非利卡人 Afrikaner
南非白人抵抗运动右翼武装力量 Afrikaner Weerstandsbweging（AWB）
南非大学 University of South Africa
南非妇女联合会 South African Women's Federation（SAWF）

南非广播公司 South African Broadcasting Corporation（SABC）
南非国防军队 South African Defense Force（SADF）
南非荷兰语 Afrikaans
南非贸易工会大会 Congress of South African Trade Unions（COSATU）
南非卫理公会 Methodist Church of South Africa
南非学生组织 South African Students' Organization（SASO）
南非印度人大会 South African Indian Congress（SAIC）
南非有色人组织 South African Coloured People's Organization（SACPO）
尼尔·巴纳德 Niel Barnard
尼古拉斯，G. G. Nicholas
尼古拉斯·贝泰尔 Nicholas Bethell
尼古拉斯·戈德里克 Nicholas Goldreich
尼亚提·康基萨 Nyathi Khongisa
纽克莱尔 Newclare
诺玛福·达林迪叶波 Nomafu Dalindyebo
诺玛木旁多 nomaMpondo
诺曼·罗森伯 Norman Rosenberg
诺曼·赛伽帕尼 Norman Sekgapane
诺塞凯尼·范妮 Nosekeni Fanny
诺坦楚·曼德拉 Notancu Mandela

P
帕特里克·“泰勒”（恐怖）·勒寇塔 Patrick “Terror” Lekota
帕特里克·马库贝勒 Patrick Maqubela
帕特里克·莫劳 Patrick Molaoa
潘金达沃 Bangindawo
叛国审判辩护基金会 Treason Trial Defense Funds
旁多兰/旁多人 Pondoland/Pondo people
佩迪（族）Pedi
皮克·博塔 Pik Botha
皮克雷·卡赛弥 Pixley ka Seme
皮利斯·马赛库 Phyllis Maseko
皮利索 Piliso
皮特·巴登霍斯特 Piet Badenhorst
皮特·贝莱威尔德 Piet Beyleveld
皮特·恩泰特 Peter Nthite
皮特·拉宝罗克 Peter Raboroko
皮特·摩洛茨 Peter Molotsi
皮特·穆达/A. P. 穆达 Peter Mda/A. P. Mda
皮特勒斯·莫莱福 Petrus Molife
贫民窟法 Ghetto Act
珀珀·莫莱斐 Popo Molefe
珀西·尤塔 Percy Yutar
破坏法 Sabotage Act
普雷特利叶斯中尉 Lieutenant Pretorius
普林斯陆上校 Colonel Prinsloo
普林斯中尉 Lieutenant Prins
普通法修正案 General Law Amendment

Q
乔·格里蒙德 Jo Grimond
乔·基卡比 Joe Gqabi
乔·马修斯 Joe Matthews
乔·莫迪塞 Joe Modise
乔·斯洛沃 Joe Slovo
乔丹·恩古巴尼 Jordan Ngubane
乔尔·卡尔森 Joel Carlson
乔尔·乔菲 Joel Joffe
乔纳斯·马特罗 Jonas Matlou
乔舒亚·恩考茂 Joshua Nkomo
乔舒亚·马库伊 Joshua Makue
乔西亚·古弥德 Josiah Gumede
乔治·毕佐斯 George Bizos
乔治·马叹兹玛 George Matanzima
乔治·穆贝基拉 George Mbekela
乔治·皮克 George Peake
乔治·舒尔茨 George Shultz
乔治高诗镇 George Goch
青年团 Youth League
琼斯牧师 Reverend Jones
丘脉河 Tyume River
全非大会 All-African Convention
全国和平条约 National Peace Accord

全国行动理事会 National Action Council
全国行动委员会 National Action Committee
全国志愿者委员会 National Volunteer Board

R

人口登记法 Population Registration Act
人民大会 Congress of the People
人民公投 Votes for All
人民论坛 People's Forums
容欣利兹韦·达林迪叶波 Jongilizwe Dalindyebo
容欣塔巴·达林迪叶波 Jongintaba Dalindyebo
若泽·爱德华多·多斯桑托斯 José Eduardo Dos Santos

S

萨巴塔·达林迪叶波 Sabata Dalindyebo
萨克韦，C. K. C. K. Sakwe
萨雷尔·替基 Sarel Tighy
萨姆·马赛 Sam Mase
萨特斯·库珀 Saths Cooper
塞尔比·恩根达尼 Selby Ngendane
塞库库尼兰 Sekhukhuneland
塞伦，M. E. M. E. Theron
塞缪尔·木卡伊 Samuel Mqhayi
塞缪尔·达什 Samuel Dash
塞奇瓦约国王 King Cetywayo
塞索托语 Sesotho
塞西尔·罗德斯 Cecil Rhodes
塞西尔·威廉姆斯 Cecil Williams
赛法库·马宝高·马卡托 Sefako Mapogo Makgatho
赛罗佩·苔玛 Selope Thema
赛皮瑞皮尔·马如朋 Seperepere Marupeng
森恩先生（国际红十字组织代表）Senn
沙卡 Shaka
沙佩维尔大屠杀 Sharpeville Massacre
山迪勒国王 King Sandile
山杠人 Shangaans
社团区域法 Group Areas Act
圣雄甘地 Mahatma Gandhi
释放曼德拉运动 Free Mandela Campaign
司马利·西万德拉 Smallie Siwundla
司沃特准尉 Warrant Officer Swart
斯蒂芬·德福 Stephen Tefu
斯蒂夫·茨韦特 Steve Tshwete
斯彭格勒上校 Colonel Spengler
斯坦雷·罗兰 Stanley Lollan
斯特恩上校 / 将军 Colonel/General Styn
斯特劳斯，J. G. N. J. G. N. Strauss
斯特里尼·穆德雷 Strini Moodley
斯瓦尼普尔中尉 Lieutenant Swanepoel
斯威士兰 Swaziland
所罗门·恩古贝斯 Solomon Ngubase
索布胡萨国王 King Sobhuza
索菲亚顿 Sophiatown
索托人 Sotho people
索韦托（西南城镇的缩写）Soweto（South-Western Townships）

T

塔博·姆贝基 Thabo Mbeki
塔德赛上校 Colonel Tadesse
塔陶木库鲁 Tatomkhulu
塔亚纳基·皮利太太 Thayanagee Pillay
泰姆布兰 / 泰姆布人 Thembuland/Thembu people
坦茨，N. B. N. B. Tantsi
坦噶尼喀 Tanganyika
坦桑尼亚 Tanzania
唐·戴维斯 Don Davis
唐纳森奥兰多社团中心 Donaldson Orlando Community Center
陶布卢克 Tobruk
特布兰奇－布雷基施律师事务所 Terblanche & Briggish Law Firm
特布兰奇中尉 Lieutenant Terblanche
特兰斯凯 Transkei
特雷弗·曼纽尔 Trevor Manuel
特鲁特准尉 Warrant Officer Truter
特瑞弗·赫德尔斯顿 Trevor Huddleston

特瑞格福辩护律师 Advocate Trengove
提亚拉哈 Tyhalarha
通行制度 Pass system
图布姆兹王子 Prince Thumbumuzi
土地法 Land Act
土著人代表权利法
Representation of Natives Act
土著人代表委员会
Natives Representatives Council
土著人管理法 Native Administration Act
土著事务部门 Native Affairs Department
团结运动组织 Unity Movement
托马斯·马士法尼 Thomas Mashifane
托马斯·提图斯·恩考比
Thomas Titus Nkobi
托尼·奥多德 Tony O'Dowd

W

瓦尔特·波拉克 Walter Pollak
瓦尔特·苔卡 Walter Teka
瓦尔特·西苏陆 Walter Sisulu
瓦利·穆萨 Vallii Moosa
旺多尼·贝非卡杜 Wondoni Befikadu
威尔逊·康考 Wilson Conco
威利·麦瑞 Willie Maree
威廉·史密斯 William Smith
威廉·阿龙桑 William Aronsohn
威廉·恩考茂 William Nkomo
威廉·土布曼 William Tubman
威廉姆斯，W. H. W. H. Willemse
威特沃特斯兰德大学 University of the Witwatersrand
威特沃特斯兰德土著劳工协会
Witwatersrand Native Labor Association
韦塞尔斯上校 Colonel Wessels
韦赛尔，F. C. F. C. Wessel
韦斯雷旅社 Wesley House
维尔比拉伍德先生 Wellbeloved
维尔顿·穆夸毅 Wilton Mkwayi
维克多·穆珀博 Victor Mbobo
维克多·提亚姆扎西 Victor Tyamzashe
维克多·维尔斯特监狱 Victor Verster prison
维克多·西尔维斯特 Victor Sylvester
维特金—希代尔斯基—埃代尔曼律师公司
Witkin, Sidelsky and Eidelman law firm
魏斯勒阳 Wesleyan
文达人 Vendas
温妮·曼德拉 Winnie Mandela
温妮娅 Winnie
温斯顿·丘吉尔 Winston Churchill
沃尔菲·克代士 Wolfie Kodesh
沃尔斯特中士 Sargeant Vorster
乌拉行动 Operation Vula
乌姆塔塔 Umtata
乌苏姆兹·梅克 Vusumuzi Make
乌伊西勒·米尼 Vuyisile Mini

X

西德尼·恩克苏 Sidney Nxu
西德尼·肯特利奇 Sydney Kentridge
西里尔·拉马福萨 Cyril Ramaphosa
西蒙·卡普韦普韦 Simon Kapwepwe
西蒙·萨巴拉拉 Simon Tshabalala
西南非人民组织 South-West African People's Organization（SWAPO）
西苏陆太太（瓦尔特·西苏陆的母亲）
MaSisulu
希尔德顿 Healdtown
消极抵抗 passive resistance
小利沃尼亚审判 Little Rivonia Trial
谢里尔·卡罗勒斯 Cheryl Carolus
辛格，J. N. J. N. Singh
辛沙 Hintsa
新时代 New Age
刑法修正案 Criminal Laws Amendment Act
行动计划 Operation Mayibuye
休·盖茨凯尔 Hugh Gaitskell
休斯牧师 Father Hughes
选民分离代表法
Separate Representation of Voters Act
学生基督教协会
Students Christian Association

Y

雅各布斯上校 Colonel Jacobs
亚的斯亚贝巴 Addis Ababa
亚历克斯 · 道格拉斯一霍姆 Alex Dougglas-Home
亚历克斯 · 赫普尔 Alex Hepple
亚历山大 · 克尔 Alexander Kerr
亚历山大镇 Alexandra Township
亚洲人土地占有权利法 Asiatic Land Tenure Act
扬 · 史末资 Jan Smuts
耶和华见证人教会 Jehovah's Witnesses
叶甫（埃塞俄比亚外交部长）Yefu
伊恩 · 史密斯 Ian Smith
伊夸狄 Iqadi
伊莱亚斯 · 莫佐莱迪 Elias Motsoaledi
伊丽莎白港 Port Elizabeth
伊萨克 · 本蒂 Isaac Behndy
伊斯雷尔 · 梅赛尔斯 Israel Maisels
伊斯梅尔 · 阿尧博 Ismail Ayob
伊斯梅尔 · 弥尔 Ismail Meer
医生公约 Doctors' Pact
因卡塔自由党 Inkatha Freedom Party
英格考勃 Engcobo
游击战俱乐部 Yu Chi Chan Club
有色人 Coloureds
有色人人民大会 Coloured People's Congress
玉苏福 · 达杜 Yusuf Dadoo
玉苏福 · 凯查利亚 Yusuf Cachalia
约翰 · 波凯拉 John Pokela
约翰 · 杜比 John Dube
约翰 · 基茨韦 John Gaetsewe
约翰 · 威尔克斯 · 布斯 John Wilkes Booth
约翰 · 沃斯特（B. J. 沃斯特）John Vorster
约翰内斯堡福特监狱 Johannesburg Fort prison
约翰尼斯 · 摩洛茨 Johnnes Molotsi
约翰森 · 恩格卫韦拉 Johnson Ngwevela
约韦里 · 穆塞韦尼 Yoweri Museveni

Z

泽法尼 · 马托朋 Zephania Mothopeng
泽卢斯特 Zeerust
泽尼 · 图布姆兹 · 曼德拉（曼德拉的小女儿）Zaziwe Thumbumuzi Mandela
扎查里亚 · 莫莱泰 Zachariah Molete
扎丘斯 · 马哈巴内 Zaccheus Mahabane
詹姆斯 · 恩章韦 James Njongwe
詹姆斯 · 格雷戈里 James Gregory
詹姆斯 · 卡莱塔 James Calata
镇压共产主义条例 Suppression of Communism Act
志愿者日 Day of Volunteers
种族隔离法 Color Bar Act
朱利斯 · 布朗德 Jules Browde
朱利叶斯 · 尼雷尔 Julius Nverere
孜林德劳佛酋长 Chief Zilindlovu
兹韦立班纪利 · 兆伊 Zwelibhangile Joyi
自由党 Liberal Party
自由日大罢工 Freedom Day Strike
自由宪章 Freedom Charter
自由阵线 Freedom Front
祖备达 · 帕特尔 Zubeida Patel
祖鲁兰 / 祖鲁人 Zululand/Zulu people

[纳尔逊 · 曼德拉年表]

1918 年 7 月 18 日：纳尔逊 · 曼德拉出生在特兰斯凯首府乌姆塔塔附近的姆卫佐村。

1923 年：南非土著人国民大会（1912 年成立）正式改名为非洲人国民大会。

1927 年：曼德拉 9 岁，父亲逝世前把他托付给泰姆布部落摄政王容欣塔巴收养。

1928 年：曼德拉到克拉基伯雷寄宿学校读书。

1937 年：曼德拉到希尔德顿省博福特堡的魏斯勒阳学院学习。

1938 年：曼德拉开始在福特黑尔大学读书，在此期间与奥利佛 · 塔博等人结识。

1940 年：曼德拉因参与学生罢课被校方暂令退学，回到家乡后，又因不满容欣塔巴为他操办的婚事而出走。

1941 年：曼德拉到约翰内斯堡，先是在克朗金矿当保安，后搬到亚历山大镇，并结识了瓦尔特 · 西苏陆。

1942—1947 年：在维特金－希代尔斯基－埃代尔曼律师事务所工作。

1942 年：曼德拉通过函授获得福特黑尔大学的文科学士学位。随后，靠贷款在威特沃特斯兰德大学攻读法律。

1943 年：亚历山大黑人居住区的非洲人为抗议车票涨价，举行了为期 9 天的抵制公共汽车运动。曼德拉参与了这次运动。

1944 年：曼德拉结识了当护士的艾韦琳，不久即结婚。 同年参加非洲人国民大会，并参与组建主张改革的非洲人国民大会青年团。

1946 年 8 月：德兰士瓦金矿工人罢工，要求增加工资，遭到政府武装镇压。

1948 年：曼德拉当选为非洲人国民大会青年团全国书记。同年，国民党竞选获胜，马伦政府上台，开始全面推行种族隔离制度。

1949 年 12 月：非洲人国民大会青年团推举詹姆斯·莫罗卡为非洲人国民大会主席候选人，他击败埃克苏玛当选为主席，瓦尔特·西苏陆当选为秘书长，曼德拉与塔博进入非国大全国执委会并通过“行动纲领”。

1950 年：马伦政府通过《人口登记法》和《社会区域法》，使种族隔离制度进一步系统化。

1950 年 5 月 1 日：非洲人国民大会、印度人大会、南非共产党组织罢工集会，遭马伦政府镇压，18 名非洲人被杀，30 多人受伤。

1950 年 6 月 20 日：面对即将于 7 月生效的《镇压共产主义条例》的威胁，南非共产党宣布自行解散。

1950 年 6 月 26 日：非洲人国民大会和印度人大会联合组织全国性大罢工，曼德拉负责两个组织间的协调工作。

1950 年底：曼德拉当选非国大全国执行委员会委员、非国大青年团全国主席。

1951 年：马伦政府颁布《班图权利法》。

1951 年 12 月：曼德拉和西苏陆将“行动纲领”的具体计划提交非国大年度大会，建议在 1952 年 4 月 6 日南非白人庆祝统治 300 周年时举行群众抗议活动。

1952 年 4 月 6 日：在两次致函马伦总理均未得到合理答复后，非国大决定在全国举行抵制不公正法律的群众大会，曼德拉当选为反抗运动全国志愿者总指挥。

1952 年 6 月 26 日：1950 年全国大罢工纪念日，反抗运动正式开始。当天深夜，曼德拉散会后因宵禁时间在外行走而遭到逮捕。这是他第一次进监狱，但很快被释放。

1952 年 7 月 30 日：警察在全国范围内袭击了非洲人国民大会和印度人大会的 16 处工作站。两个星期后，逮捕了反抗运动的 20 位领导人，其中包括纳尔逊·曼德拉。他们后来被判 9 个月监禁，缓期两年执行。

1952 年 10 月：曼德拉当选为非洲人国民大会德兰士瓦省主席。

1952 年 12 月：非洲人国民大会全体会议选举阿尔伯特·鲁图利为主席，选举纳尔逊·曼德拉为副主席。曼德拉在取得律师合格证书后，与奥利佛·塔博合办律师事务所，并受非国大委托制订了“曼氏计划”。

1953 年：马伦政府颁布《班图教育法》，曼德拉提出建立社区学校以进行抵制。

1954 年：德兰士瓦法律协会请求最高法院取消曼德拉的律师资格，理由是他在反抗不公正法律运动中所起的领导作用，但这一请求被最高法院驳回。在“曼氏计划”获得通过后，曼德拉着手落实组织机构的改革工作，并全力准备召开南非人民代表大会。

1955 年 6 月 26 日：南非人民代表大会通过了著名的《自由宪章》。

1955 年 9 月 27 日：警察在全国范围内进行大规模搜捕活动，至少有 500 人在办公室或家里遭到搜身。

1955 年底：对曼德拉的管制禁令到期；随后，警察又对他宣布了为期 5 年的禁令。同年，与艾韦琳的婚姻关系破裂，3 个孩子随母亲生活。

1956 年 12 月 5 日：1000 多名警察同时出动，在全国范围内对黑人解放运动积极分子进行搜捕，曼德拉与其他非国大领导人被捕。被捕的 156 人被控犯有叛国罪。

1957 年 12 月：大法官放弃起诉叛国案中的 61 名被告，其中包括鲁图利酋长、奥利佛·塔博等。

1958 年：曼德拉与温妮相识。

1958 年 6 月 14 日：处于管制禁令之下的曼德拉争取到 6 天婚期，在温妮的家乡比萨纳举行婚礼。

1958 年 8 月：叛国案的正式审判开始。

1958 年底：温妮 · 曼德拉因参加反通行证法游行而遭到逮捕，当时她已有身孕，出狱后不久生下泽尼。

1959 年 1 月 19 日：法庭又宣布撤销对 64 名被告的指控。这样，156 名被告仅剩下 31 人受审，曼德拉仍在其中。

1959 年 4 月 6 日：非国大中的非洲主义派和自由宪章派正式分裂。在罗伯特 · 索布克韦领导下，非洲主义派正式宣布成立阿扎尼亚泛非主义者大会。

1960 年 3 月 21 日：反通行证运动游行开始。沙佩维尔惨案发生，警察向示威群众开枪，打死 69 人，伤 180 人。随后，警察在兰伽地区又杀害了 6 名示威者。

1960 年 3 月 30 日：政府宣布实行紧急状态法。

1960 年 4 月 8 日：南非议会根据《镇压共产主义条例》宣布非洲人国民大会和泛非主义者大会两个组织为非法。

1960 年 8 月底：政府取消紧急状态，释放被捕者。

1960 年 12 月：曼德拉与温妮的第二个女儿出生，取名津泽。

1961 年 3 月 29 日：法庭对叛国案作最后宣判：所有被告无罪。随后不久，曼德拉开始转入地下活动。

1961 年 5 月 29 日：曼德拉号召全国举行为期三天的罢工，但因为组织不得力，曼德拉于第二天即宣布停止罢工。

1961 年 6 月 26 日：反抗运动 9 周年纪念日。转入地下的曼德拉向南非人民发表长篇声明。

1961 年 12 月：曼德拉创立“民族长矛军”。

1961年12月16日："民族长矛军"发起第一次军事行动。

1962年7月20日：曼德拉在出席"东非、中非和南部非洲泛非自由运动大会"、访问非洲15国以及伦敦后，潜回南非。

1962年8月5日：曼德拉在从德班返回约翰内斯堡途中被捕。

1962年10月25日：曼德拉被指控犯有煽动罢工罪和无护照出国罪。

1962年11月7日：曼德拉被判处5年监禁。

1963年7月11日：非国大"民族长矛军"司令部被查获，一些非国大的主要领导人被捕，其中包括西苏陆等人。警方发现曼德拉参与了"民族长矛军"的组织工作，将他从罗本岛转到比勒陀利亚监狱。

1963年10月9日：震惊世界的利沃尼亚审判开庭。由于起诉书不准确，法官不得不撤销起诉。

1963年12月3日：利沃尼亚审判重新开庭。

1964年4月20日：法庭辩论开始，曼德拉利用提供供词的机会宣读了著名的"法庭宣言"。

1964年6月11日：法庭裁定，曼德拉犯有指控中提出的4条罪行。9名被告中，有8名被判有罪。

1964年6月12日：法官宣布判处曼德拉等8名被告终身监禁。

1965年：温妮·曼德拉受到5年管制禁令的处罚。

1967年6月21日：《恐怖主义法》正式生效。

1969年5月21日：温妮被捕。

1970年2月16日：温妮与其他被告全部获释。

1976年6月16日：索韦托学生举行示威游行，遭到警察野蛮镇压，导致了持续多年的索韦托暴动。

1976年8月：温妮再次被捕，后不久在判决中胜诉并获释。曼德拉代表罗本岛的政治犯起草了一份声明，支持学生的抗议运动，谴责南非当局的镇压暴行。

1976年10月26日：特兰斯凯黑人家园宣布"独立"。

1977年5月16日：温妮又一次被捕，次日被流放到奥兰治自由邦布兰德福特镇。

1979年：津泽离开了母亲温妮去读书。

1980年：非国大宣布当年为"行动年"。"释放曼德拉"的群众运动从南非国内蔓延到国外。

1981年3月：曼德拉被提名为伦敦大学名誉校长候选人，得票达7199张。

1982 年 4 月 1 日：曼德拉与西苏陆等人从罗本岛监狱被秘密转移到开普敦的波尔斯穆尔监狱。

1983 年：博塔正式提出“三院制议会”方案。

1983 年 8 月：南非联合民主战线成立。

1984 年 5 月：监狱当局通知曼德拉夫人可以开始“接触性探视”。

1984 年 9 月：法尔三角地区的黑人城镇发生暴乱，并迅速蔓延到全国。

1985 年初：南非当局允许英国保守党人贝泰尔勋爵和美国乔治敦大学法律系教授达什访问曼德拉。

1985 年 6 月：非国大在赞比亚举行协商会议，专门讨论政策问题。

1985 年 7 月 13 日：南非政府宣布实行紧急状态。

1986 年起：以南非政府司法部长库依茨西为首的 4 名部长开始与狱中的曼德拉举行谈判。

1986 年 9 月 16 日：欧洲共同体宣布对南非实行经济制裁。

1986 年 10 月 2 日：美国参议院投票赞成对南非实行经济制裁。

1987 年 11 月 5 日：利沃尼亚叛国案中年龄最大的姆贝基被释放。获释前，他在波尔斯穆尔监狱会见了曼德拉。

1988 年 2 月 24 日：南非政府禁止联合民主战线和 17 名其他黑人反对派组织参与政治活动。

1988 年 8 月：曼德拉因肺病住院治疗。4 个月后，他又被转移到维克多 · 维尔斯特监狱。

1988 年 12 月 28 日：温妮领导的“曼德拉联合足球俱乐部”将 4 名黑人青年绑架到温妮的住宅。

1989 年 1 月 27 日：索韦托社区领袖要求温妮解散她的足球俱乐部，被温妮拒绝。

1989 年 2 月 2 日：博塔因病辞去国民党领袖职务，德克勒克当选为新主席。

1989 年 7 月 5 日：南非总统邀请曼德拉到官邸“用茶”。狱中的曼德拉接受了邀请，并向博塔递交了一份声明。

1989 年 8 月 14 日：博塔辞去总统职务，由德克勒克继任。

1989 年 8 月 21 日：《哈拉雷宣言》获得通过，提出南非谈判七点方针。

1989 年 9 月 20 日：国民党在大选中获胜，德克勒克正式宣誓就任南非总统。

1989 年 10 月 11 日：德克勒克总统会见一批黑人宗教领袖，其中包括德斯蒙德·图图大主教。

1989 年 10 月 15 日：包括西苏陆在内的 8 名黑人领袖被南非政府无条件释放。

1989年11月23日：曼德拉在狱中与姆贝基长谈3个小时，讨论西苏陆等人访问卢萨卡非国大总部一事。

1989年12月13日：德克勒克在总统官邸会见曼德拉。

1990年1月25日：开普敦左派周报《南方》全文发表了曼德拉在会见博塔时递交的5000字声明。

1990年2月2日：德克勒克在议会宣布重大改革措施，包括取消对非国大、泛非大和南非共产党的取缔令。

1990年2月11日：南非当局无条件释放曼德拉。当晚，曼德拉在开普敦市政大厦广场发表演说。第二天，他在开普敦举行了出狱后的第一次记者招待会。2月13日，他回到索韦托家中。

1990年2月25日：曼德拉到黑人暴力冲突最严重的德班访问，呼吁加强团结，实现和平。

1990年2月27日：曼德拉率非国大国内代表团到赞比亚卢萨卡的非国大总部参加非国大全国执委会议。

1990年3月2日：曼德拉当选为非国大副主席。

1990年5月2—4日：以曼德拉为首的非国大代表团和以德克勒克为首的政府代表团举行首次会谈。

1990年5月：曼德拉访问非洲6国。

1990年6月4日：曼德拉出访非洲、欧洲和美洲14国。

1990年7月25日：南非警方制造“红色阴谋”事件，逮捕了40多名非国大成员和南非共产党员。

1990年7月26日：曼德拉与德克勒克举行紧急会晤。

1990年8月6日：非国大与政府的第二次会谈如期举行。

1990年底：非国大与政府谈判又一次陷入僵局。曼德拉与德克勒克先后两次会晤，使气氛得到缓和。

1991年6月30日：种族隔离制正式宣告结束。

1991年7月2—7日：曼德拉当选为非国大主席。

1991年12月20—21日：举行关于制定新宪法的谈判。

1992年3月17日：白人公民投票结果表明，大部分人对德克勒克总统的改革持赞成态度。

1992年6月17—18日：发生博伊帕通大屠杀。

1992 年 11 月 26 日：德克勒克提出时间表，最迟在 1994 年 4 月底以前举行多种族选举。

1993 年 4 月 1 日：在中断 9 个多月后，恢复制宪谈判。

1993 年 6 月 3 日：谈判会议确定 1994 年 4 月 27 日为选举日。

1993 年 9 月 8 日：曼德拉呼吁取消对南非的所有经济制裁。

1993 年 10 月 15 日：曼德拉与德克勒克共同获得诺贝尔和平奖。

1993 年 11 月 14 日：曼德拉表示，非国大承诺次年组成的民族团结政府将包括当时的白人总统德克勒克。

1993 年 11 月 16 日：曼德拉与德克勒克就制宪谈判关键问题再次举行会谈，并取得进展。

1993 年 12 月 7 日：过渡行政委员会正式成立，从而使黑人有史以来第一次在国家事务上有发言权。

1993 年 12 月 10 日：曼德拉与德克勒克在奥斯陆接受诺贝尔和平奖。

1993 年 12 月 22 日：南非白人议会通过了南非历史上第一部非种族主义的临时宪法。该临时宪法被用来指导南非民主进程，直至建立一个真正的民主国家。

1994 年 2 月：曼德拉作出重大让步，表示非国大同意起草有关建立一个白人家园的宪法草案。

1994 年 4 月 8 日：德克勒克总统、非国大主席曼德拉、因卡塔领袖布特莱齐和祖鲁国王古德威尔·斯维里斯尼举行四方首脑会谈，谈判解决威胁选举的暴力行为。随后，非国大发表声明，承认斯维里斯尼为夸祖鲁－纳塔尔省的合法君主。

1994 年 4 月 19 日：布特莱齐正式宣布参加南非首次大选。

1994 年 4 月 26—28 日：南非举行第一次多种族大选，非国大取得决定性胜利。

1994 年 5 月 9 日：多种族议会正式开幕，纳尔逊 · 曼德拉当选为新政府总统。

1994 年 5 月 10 日：纳尔逊 · 曼德拉宣誓就职总统。翌日，南非新内阁宣誓就职。

1998 年 7 月 18 日：曼德拉 80 岁生日，与第三任妻子格拉萨结婚。

1999 年 6 月：曼德拉卸任总统。后大力兴办学校，并为南非防治艾滋病投入大量心力。

2004 年：南非广播公司举办“最伟大的南非人”票选活动，曼德拉被选为“最伟大的南非人”。

2013 年 6 月 8 日：曼德拉因肺部感染病情恶化，紧急入院救治。后病情缓慢好转。

2013 年 7 月 18 日：曼德拉在病床上度过 95 岁生日。

2013 年 12 月 5 日：曼德拉在约翰内斯堡住所逝世。

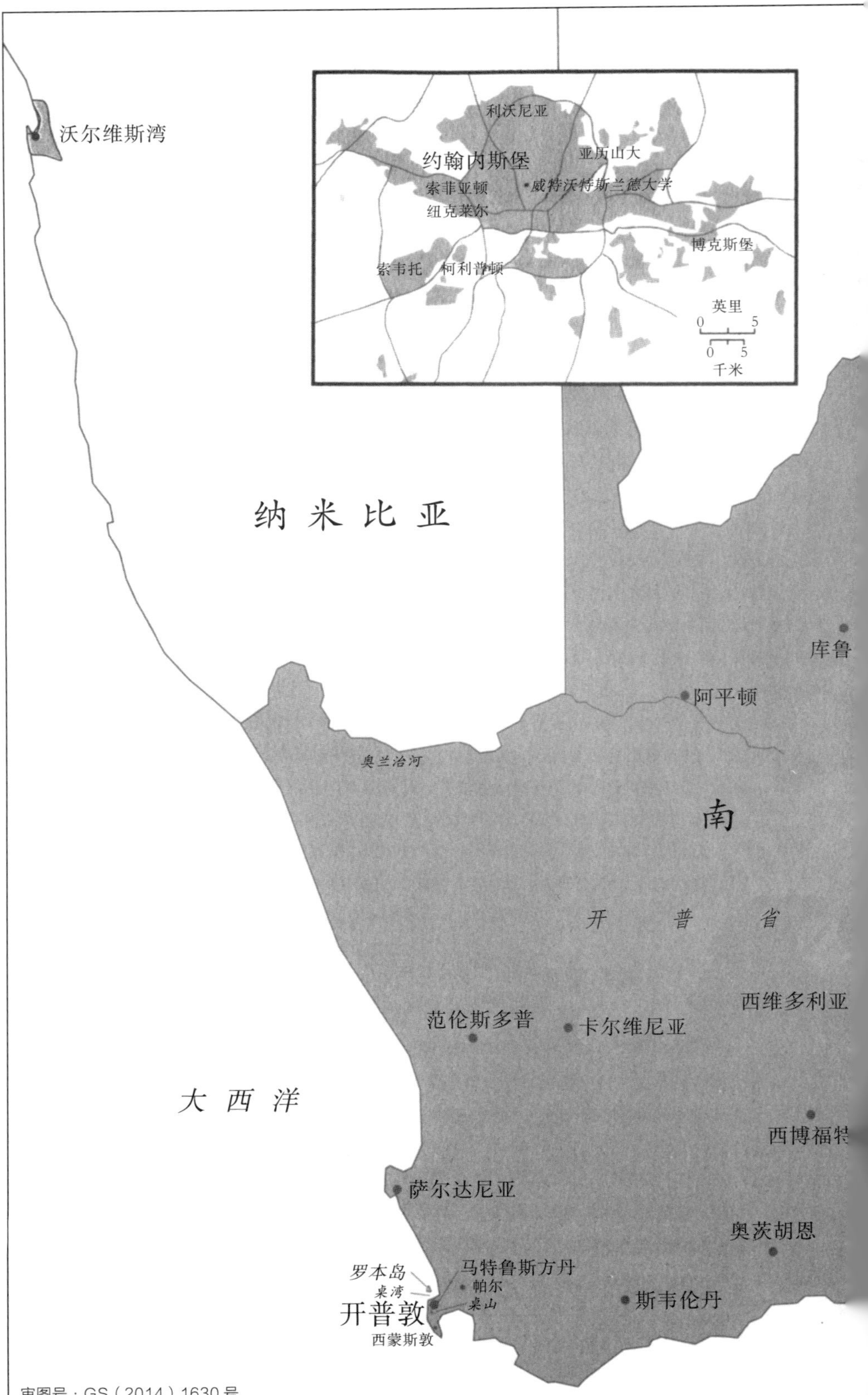

审图号：GS（2014）1630 号

想象另一种可能

理
想
国

imaginist

[MIRROR]
理想国译丛

imaginist

002